国家社科基金
后期资助项目
GUOJIA SHEKE JIJIN HOUQI ZIZHU XIANGMU

古典实用主义的线索与视域

The Clue and Horizon of Classical Pragmatism

孙 宁 著

华东师范大学出版社
·上海·

图书在版编目（CIP）数据

古典实用主义的线索与视域 / 孙宁著.—上海：华东师范大学出版社，2023

ISBN 978-7-5760-3756-2

Ⅰ.①古… Ⅱ.①孙… Ⅲ.①实用主义-研究 Ⅳ.①B087

中国国家版本馆 CIP 数据核字（2023）第 046132 号

古典实用主义的线索与视域
GUDIAN SHIYONG ZHUYI DE XIANSUO YU SHIYU

著　　者　孙　宁
责任编辑　王海玲
责任校对　王丽平　　时东明
装帧设计　刘怡霖

出版发行　华东师范大学出版社
社　　址　上海市中山北路 3663 号　邮编 200062
网　　址　www.ecnupress.com.cn
电　　话　021-60821666　行政传真 021-62572105
客服电话　021-62865537　门市(邮购)电话 021-62869887
地　　址　上海市中山北路 3663 号华东师范大学校内先锋路口
网　　店　http://hdsdcbs.tmall.com

印 刷 者　上海昌鑫龙印务有限公司
开　　本　787 毫米×1092 毫米　1/16
印　　张　34.25
字　　数　455 千字
插　　页　2
版　　次　2023 年 6 月第 1 版
印　　次　2023 年 6 月第 1 次
书　　号　ISBN 978-7-5760-3756-2
定　　价　118.00 元

出 版 人　王　焰

国家社科基金后期资助项目
出版说明

后期资助项目是国家社科基金设立的一类重要项目，旨在鼓励广大社科研究者潜心治学，支持基础研究多出优秀成果。它是经过严格评审，从接近完成的科研成果中遴选立项的。为扩大后期资助项目的影响，更好地推动学术发展，促进成果转化，全国哲学社会科学工作办公室按照"统一设计、统一标识、统一版式、形成系列"的总体要求，组织出版国家社科基金后期资助项目成果。

全国哲学社会科学工作办公室

目　录

上编　感知与实在：古典实用主义的内在线索

下编　观念的合生与互释：围绕古典实用主义展开的思想史研究

序　一

孙宁将他新近完成的书稿《古典实用主义的线索与视域》交给我，让我提些意见。我乐见中青年学者在实用主义研究上的长进，也乐于阅读他们的研究成果。拿到这部书稿后，我本想尽快看，不想突发眼疾，只好暂时放下。近些天眼疾好转，我选择性地翻看了书稿的重要部分（包括导论和结语，以及对爱德华兹、爱默生、罗伊斯、皮尔士、詹姆士、米德、杜威等人的阐释）。对全面地评价这部书稿来说，这当然是不完备的，但我毕竟大体上能对这部书稿说些看法了。

我国学界对实用主义的研究早在20世纪80年代中期就已开始抛弃以往流行的简单化批判模式，更自觉地理解并接受了马克思主义的求实态度。许多专家各自从不同的角度出发做出了不同程度的创新性研究。孙宁的书稿延续和发展了这种潮流，但有更多的创新。特别是他大量引用所论及的哲学家及相关人士的原著，联系思想和时代背景做出分析，大概很少有人能及，足见作者在由易到难上所下的充分功夫。在一定意义上，这部书稿可以说是新时期具有标志性意义的一部论著。

孙宁的书稿之所以具有标志性意义，主要在于他研究实用主义的独特视野。这突出表现在他在像其他研究者那样将"经验"概念视为实用主义的核心概念时，还对这一概念做了独特的解释：经验是在最宽泛的意义上理解心灵和实在的基本方法。借助这种方法，部分和整体、方法和体系、理论和实践、感知和实在等得到了统一，实用主义的各种不同意义、实用主义和其他各种哲学思潮、哲学和非哲学的各种文化也得到了统一。关于这些，孙宁在书稿的导论和结语中都有简明扼要的阐释。他明确指出，本书的一个主要目标是在"方法—体系—世界观"的整体视域中探讨实用主义的思想特征和多维面向。正是由于把方法、体系和世界观统一起来，他才能够从多维的角度探讨实用主义，克服了以往研究实用主义的种种片面性，还原了实用主义的本来面貌。除此之外，我还发觉这部书稿已经超越了对实用主义的一般性介绍和评价，沿着美国建国以来思想文化发展的潮流来理解和阐释实用主义，认为它是一种能从整体上体现美国的生活和实践精神，也最能体现美国社会独特的发展和走向的哲学。

还要指出的是，尽管书稿的基本视角是从整体着眼，但它没有忽视方法和体系的各个具体层面，反而是从这些具体层面展开的，并且后者占了全书的绝大部分篇幅。全书分为上下两篇。上编"感知与实在：古典实用主义的内在线索"从以爱德华兹为代表的清教传统开始，搜索了实用主义在美国哲学史上萌芽、产生和发展的历史变迁，揭示了几位代表人物各自的思想特征以及他们之间的内在联系。下编为"观念的合生与互释：围绕古典实用主义展开的思想史研究"，这部分研究试图阐明，思想的特殊性在于它可以无限地互指、互文和互释，这一点从根本上决定了对思想的研究必须和思想史相结合。孙宁认为，我们必须在思想史背景中推进对问题的研究，因此不但要探讨思想在某个特殊时代所处的特殊位置，还要探讨思想从何处来，又往何处去。他在下编中正是这样做的。他讨论了皮尔士对康德的超越，詹姆士与柏格森的关联，杜威思想的历史定位和实用主义的宗教观。这些考察不但揭示了实用主义与其他思想家的思想关联，还在一个更加丰满的语境中落实了实用主义的特殊内涵。总之，上编和下编的研究证明孙宁的实用主义研究在关注整体视域的同时也关注思想的各个细节，很好地做到了整体性和特殊性的统一。

如何评价孙宁的这部新著，专家和读者们当然可以有不同的观点。我作为最早看到这部书稿的读者之一，对之有非常好的印象，甚至为该研究中的突破感到振奋。我真诚地向各位推荐这部书稿，并希望大家对此提出批评。

刘放桐

2021 年 6 月

序 二

早在 20 世纪末，哈贝马斯便说过，"实用主义"在西方已经从贬义词变成了褒义词。相比之下，在中国，这一转变似乎还很遥远，关于实用主义的各种误解、偏见仍在学术圈内外不胫而走。如何正本清源，公正地对待实用主义，展现实用主义的思想意义和学术价值，仍是中国学者所面临的挑战。迎接这一挑战的方式可以多种多样，首要的，也是最为急迫的，是从学理层面着力开掘实用主义的内涵。道理很简单：没有学理上的内涵深厚，实用主义的价值就不会得到真正的彰显；没有学理上的启人深思，实用主义就不会受到人们的青睐与关注。实用主义之所以在西方已经变为褒义词，在很大程度上是因为 20 世纪下半叶以来，众多西方学者在实用主义那里重新找到了走出学理困境的路径。因此，能不能在学理上站得住，是重新评价实用主义的关键。孙宁的这部大作之所以引起我的浓厚兴趣，原因就在于，它是近年来我国学术界从学理层面深入探究实用主义的具有代表性的成果。

孙宁的大作以"感知"与"实在"为轴心，带动对于整个古典实用主义的阐释，视角十分独特。"实在"是西方哲学的核心话题，也是它的终极关怀。长期以来，一种看法颇为盛行：传统实在论以二元分离的表象主义为前提，实用主义既然反对二元分离的思维方式，自然对实在论话题并无兴趣。当代实用主义代表人物罗蒂、布兰顿等人都曾对此直言不讳。然而孙宁的研究使我们看到，古典实用主义者们对于"实在"有着别具一格的阐发，既立意新颖，又可为挽救实在论开辟一条新路，为实在论的重建提供新的契机。在这个意义上，实用主义的实在论学说具有不可替代的理论价值。孙宁的研究充分展示了实用主义的这一重要思想资源，别出机杼，难能可贵。

与传统实在论相比，当代实在论的探究更多地落在对"感知"的追问上。"感知"曾一度消失在西方哲学家的视域之外，语言转向使感知问题彻底边缘化。"感知"似乎已被哲学家们遗忘。但语言转向并没有真正克服原先的困难，心灵与世界的分离被语言与世界的分离所承继，依然顽固地伫立在那里。哲学家们终于意识到，要真正解决这一难题，就必须重新回到感知那里，感知问题的解决才是兑现实在论承诺的关键。孙宁的研究使我们看到：实用主义者的感知理论不仅是对传统经验主义的继承，而且充分汲取了德国观念论的思想养料；它为推进实在论的提升，帮助实在论走出困境，在学理上做出了自己独特的贡献。

孙宁的研究是对古典实用主义的再诠释，它将古典实用主义的源头推至清教主义者爱德华兹和超验主义者爱默生那里，将实用主义与美国精神传统结合在一起，对于理解实用主义的文化基因很有启发。从爱默生那里寻找实用主义的起源，这个工作不是没有人做过，新实用主义者韦斯特的《美国人对哲学的逃避》为我们提供了一个很好的叙事。孙宁这一研究的不同之处在于：它不仅将更早的爱德华兹纳入眼底，而且从"感知"与"实在"这两个主题入手，凸显了实用主义的学理深度；它关注的不是美国人对哲学的"逃避"，而是美国人对哲学的"贡献"。孙宁细致地向我们展示了这种贡献的细节。他对"感知"与"实在"在古典实用主义者那里的复杂论述做了耐心的勘查和整理，对皮尔士、詹姆士、杜威这些经典代表人物的相关思想做了迄今为止中国学者所能做到的最深入的发掘，对国内学界所轻视的一些"边缘实用主义者"，如罗伊斯、桑塔亚那、米德等，给予了应有的重视，同时还在开阔的视野下考察了一些实用主义者的思想史意义，所有这些都弥补了过去实用主义研究的缺失。孙宁的这项研究在对原始文献的参照、对国内外已有成果的利用等方面，均走在国内学术界的前沿，令人赞佩。

实用主义研究在中国曾经有过一段空白，出现了断层。令人欣喜的是，以孙宁等人为代表的年轻一代学者已经崭露头角，正在成为我国实用主义研究的中坚力量。他们的研究横跨新老实用主义，与国际学术界交流更加深入，学理上更加纯粹。我相信，"咬住"这个方向坚定地走下去，在不久的将来，我国的实用主义研究局面定会有一个大的改观，实用主义由一个贬义词变为褒义词定将成为现实。对此，我充满期待。

是为序。

陈亚军

2021 年 12 月

上　编

感知与实在：古典实用主义的内在线索

第一章 导论

赶着你的羊群——你的感觉——去放牧，

让它们在实在的绿茵上吃草。

鲁米（Rumi）：《神秘的知觉》

事物有不同的性质，灵魂有不同的倾向。没有什么东西是简单呈现给灵魂的，灵魂也永远不会简单呈现给对象。正因为如此，我们才会对着同一个事物哭泣和发笑。

帕斯卡尔（Blaise Pascal）：《沉思录》

"诸多怪问题中最怪的一个"

在自然漫长的演进过程中，心灵是一个晚近出现的现象，但心灵在出现之后却开始在反思中区分自身和世界，然后重新尝试建立两者的关联，由此制造了一个永恒的哲学难题。1911 年 11 月 14 日，杜威（John Dewey）在给莫尔（Addison Webster Moore）的信中写道："如果你退一步看我和世界的关系，就会发现这是哲学存在以来诸多怪问题中最怪的一个。"[①] 可以毫不夸张地说，各个时代的核心哲学思考都是围绕着这个怪问题展开的。

[①] CJD 03273. John Dewey，*The Correspondence of John Dewey*，*1871 - 1952*. The Center for Dewey Studies (electronic edition). 该文献按杜威研究的国际惯例，以缩写 CJD 加信件编号进行引用；下文均以此形式，不再说明。

作为有思想的生命，我们无法逃避这个问题，人的特殊存在状态驱动我们反思自己在世界中所处的位置。虽然迄今为止哲学家并没有找到一个确定的答案，但推动思想不断发展的正是这种悬而未决性。正如狄金森（Emily Dickinson）所言，"能猜出的谜，我们很快厌弃"①。

虽然哲学问题是永恒的，但呈现和讨论问题的具体方式无一例外地反映了思想的时代特征。本书的研究对象是古典实用主义（为简便起见，以下均称实用主义，但本书的论题和论域始终是古典实用主义），也就是由皮尔士（Charles Sanders Peirce）和詹姆士（William James）开创，经由杜威、米德（George Herbert Mead）等人发展起来的哲学思潮。在本书的主体部分（上编），我将考察实用主义者就这一谜题给出的特殊解答。为了说明心灵与世界的关系，艾布拉姆斯（Meyer Howard Abrams）提出了"镜"（mirror）与"灯"（lamp）这组著名的隐喻。② 实用主义者要探讨的是，在被动复制世界的"镜"与主动照射世界的"灯"之外是否还有第三种可能？我们很快想到了"经验"（experience）这个最关键的实用主义概念。正如麦克德莫特（John McDermott）所指出的，"在美国式的意识中存在这样一种发展，即从'对经验的体验'到得出'经验的观念'，最后再到杜威提出的'经验的方法'，这一发展无论是从文化还是从哲学的角度来看都是至关重要的"③。选择"经验"这个旧概念来阐明一种新思想是极为冒险的，杜威晚年将《经验与自然》（1925 年）中的"经验"替换为"文化"也从一个侧面说明了这项工作的困难程度。但无论如何，实用主义者要做的是，剥离那些固化和僵化的认识，在经过更新的"经验"视域下更好地理解心灵与世界的关系。

实用主义者还试图阐明，为了理解围绕"经验"展开的第三种可能，

---

① Emily Dickinson, *The Complete Poems of Emily Dickinson*. Boston: Little Brown, 1976, p. 538.

② Meyer Howard Abrams, *The Mirror and the Lamp: Romantic Theory and the Critical Tradition*. Oxford: Oxford University Press, 1953.

③ John McDermott, *The Culture of Experience: Philosophical Essays in the American Grain*. New York: New York University Press, 1976, p. 7.

我们必须以一种崭新的方式来理解哲学工作。他们要求我们在给出一个问题的答案之前思考该问题在何种意义上是一个"问题"。在这个意义上，一种基于"经验"的哲学方案并不只是理解心灵与世界的第三个选项，而是重构问题本身的一种尝试。也正是在这个意义上，我们说实用主义者在"解答"问题的同时也在"消解"问题，在"改造"哲学的同时也在"摧毁"哲学。用罗蒂（Richard Rorty）的话来说，"实用主义者总是试图用非哲学的语言表达反哲学的观点"①。但换一个角度来看，这些"非哲学"甚至"反哲学"的思考同时又是非常严肃的哲学工作，它的最终目标并不是要埋葬哲学，而是要重塑哲学的自我形象。根据实用主义者的构想，一种健康的哲学不应该在观念或语言内部把握世界的本质结构，而是应该在最宽泛的自然、历史和社会语境中探讨人的生存性实践；同时，一种健康的哲学不应该为某些看似先天的直觉和约定的习惯提供基础，而应该引导我们以完全开放的态度质疑一切拥有特权的语汇，通过不断拓展和重构已有的问题域来为思想的推进提供契机。

自实用主义问世至今，近一个半世纪过去了。在过去的这一百多年里，实用主义的发展经历了由盛到衰，再到全面复兴的曲折历程。当初的一种地域性哲学流派，已演变为一场在国际范围内具有广泛影响的哲学运动。可以说，实用主义是目前西方学术界十分活跃并有广泛影响的学术流派，这个流派话题复杂多样，成员众多，有着非常强大的当代学术生命力。经过一百多年的学术积累，国外学者已经对实用主义理论的各个面向进行了全面而深入的探索，国内的诸位前辈老师也已经在此领域深耕多年，硕果累累。在全面总结和评估已有研究成果的基础上，本书试图从"问题史"和"思想史"两个视角出发，对实用主义进行系统而深入的学理探究，在"方法—体系—世界观"的整体视域中考察实用主义的思想特征和多维面向。

---

① Richard Rorty，*Consequences of Pragmatism*．Minneapolis：University of Minnesota Press，1982，p. xiv.

上编的意图与方法

在本书的上编，我将以"感知与实在"为线索考察实用主义的认识论和本体论，并以此为切入口较为充分地刻画实用主义的特征、结构和细节。我希望通过这些讨论完成五个目标。

第一，尝试以"感知与实在"为线索给出一个关于实用主义的整体理论叙事。不可否认，实用主义内部存在着巨大的理论张力。实用主义者既分享了共同的思想资源，又在一些关键的理论节点上采取了极为不同的思路和方法。除此之外，他们对实用主义本身的理解也存在较大的分歧。皮尔士极力将自己的"实效主义"（pragmaticism）和詹姆士、杜威、席勒（Ferdinand C. S. Schiller）等人的"实用主义"（pragmatism）区分开来。① 洛夫乔伊（Arthur Lovejoy）甚至区分了 13 种实用主义立场，他指出，这些立场"不但相互区分，在内在逻辑上也是相互独立的"②。尽管如此，我仍然认为实用主义的各种版本在内在逻辑上是相互关联的。我相信，通过这条在认识论（感知）和本体论（实在）层面同时展开的线索，我们能够在学理层面给出一个清晰、完整和可信的理论叙事。

第二，试图通过本书的研究阐明，尽管实用主义在首要的意义上是一种哲学方法，但它同时也是一个完整的哲学体系。诚然，皮尔士曾多次指出实用主义是一种理解概念的方法，它本身并不是一种哲学。③ 杜威也在《经验与自然》中将哲学的首要任务界定为对方法本身的评估，即"批判

---

① CP 5：414. Charles Peirce, *Collected Papers of Charles Sanders Peirce*. Cambridge，MA：Harvard University Press，1931－1958. 该文献按国际皮尔士研究惯例，以缩写 CP 加卷数加段落数进行引用；下文均以此惯例为准，不再说明。

② Arthur Lovejoy，"The Thirteen Pragmatisms," in *The Thirteen Pragmatisms and Other Essays*. Baltimore：The Johns Hopkins Press，1963，p. 13.

③ CP 5：464；8：206；8：209.

的批判"（a criticism of criticisms）。① 但不能被忽视的事实是，皮尔士的实用主义方法最终落脚于一种整全性的"综合哲学"（synechistic philosophy），而晚年的杜威则在《经验中的自然》（1940 年）中指出："如果考虑到不同的问题和假设是如何在一个确定的视角中联系在一起的，我的确有一个体系。在这个意义上，我不得不撤回以前做出的认为哲学不需要体系的批评性言论。"② 甚至对一切体系保持极大警惕的詹姆士也在一份关于《一些哲学问题》（1911 年）的备忘录中写道，该书只是一个"哲学导论"，"我希望在此基础上完成我的体系，这个体系目前看来还是只建了一侧的拱门"。③ 因此，我的基本判断是，在实用主义的语境中，对方法的强调并不意味着脱离体系性的考量，甚至从某种意义上来说，实用主义就是一种围绕"经验"展开的系统哲学。这一结论将在本书的研究中得到有力的支撑。

第三，经过一百多年的研究积累，经典实用主义者的思想已经得到了大量不同方向，甚至相互抵牾的解读。本书的最终结论同时也是我个人对这些思想家的解读，尽管这些解读可能并不成熟，甚至有极大的可能在未来会得到修正和拓展。虽然杜威提醒我们警惕"哲学家谬误"（philosopher's fallacy），即将探究者本人的立场（探究的前件）和探究结果混淆起来，但我想任何研究者在充分认识到这一点的前提下都有责任对研究对象做出自己的解读，因为这种研究者与研究对象的碰撞是让思想真正活起来的唯一方式。

第四，试图跳出狭义的实用主义论域，在一个更为宽泛的思想视域中探讨实用主义的形成和发展。在历时性的方向上，我尝试追溯美国思想的

---

① LW 1：298. John Dewey, *The Collected Works of John Dewey*, *1882 - 1953*. Carbondale：Southern Illinois University Press，1969 - 1991. 该文献按杜威研究的国际惯例，以缩写 EW，MW 和 LW 分别代表早期作品、中期作品和晚期作品，并以缩写（EW，MW 或 LW）加卷数加页码进行引用；下文均以此惯例为准，不再说明。

② LW 14：141 - 142.

③ WWJ 7：5. William James, *The Works of William James*. Cambridge，MA：Harvard University Press，1975 - 1988. 该文献以缩写 WWJ 加卷数加页码进行引用；下文均以此形式，不再说明。

源流，勾勒一条从清教传统到超验主义者，再到实用主义者的连续性线索。我试图阐明，尽管存在一些明确的时间节点可作为实用主义的肇始点，比如詹姆士在《哲学概念与哲学后果》（1898 年）中第一次引入"实用主义"概念，皮尔士在《如何使我们的观念清晰》（1878 年）中第一次提出实用主义准则，甚至更远一点，"形而上学聚乐部"的成立（1872年），但我们应该看到，实用主义的萌芽要远远早于这些显性的时间节点。我们必须看到，实用主义的"新"思路隐含着某些"原始根基"（primal roots），这些"本土"（native）基因在很大程度上决定了实用主义最终呈现的理论形态和思想特质。[1] 在共时性的方向上，我在研究中有意识地纳入了与实用主义者同时代的其他哲学家，比如罗伊斯（Josiah Royce）和桑塔亚那（George Santayana）。我试图阐明，实用主义的发展史同时也是思想的接受史和互衍史。这些不同于实用主义的思想路径不仅为我们提供了理解实用主义的生动参照，也让我们意识到，实用主义和同时代的其他思潮有机地合生在一起，它们互相引用和阐释，交错和叠加成一个具有鲜明时代特征的思想有机体。

第五，试图探讨实用主义对当下思想的关切性，为进一步挖掘实用主义的理论价值提供可供操作的抓手。从某种意义上来说，阐明一种思想就是阐明它的繁殖力。用实用主义者的话来说，任何观念都必须是一种"活生生的观念"（living idea）。因此，如果说上一个目标着眼于实用主义的"来龙"，那么这一个目标则着眼于实用主义的"去脉"，即探讨实用主义还能为思想的推进贡献什么。可以看到，当代的各种新实用主义思潮都在从实用主义汲取不同的资源。只有准确而全面地把握实用主义思想本身，我们才能在"实用主义-新实用主义"的连续体中探讨理论进展的可能性。除此之外，与本书的议题相关的、实用主义者对心灵与世界的探讨对相关问题的当下进展也具有极大的启发性，并与各种非实用主义语境下的讨论

---

[1] 参见 Bruce Wilshire, *The Primal Roots of American Philosophy: Pragmatism*, *Phenomenology*, *and Native American Thought*. University Park: The Pennsylvania State University Press, 2000。

发生了实质性的交集。当然，这些讨论已经超出本书的论域，希望以后有机会进行更为深入的探索。但本书的研究至少能为进一步的理论工作提供一个坚实的基础以及一些可供操作的材料和思路。

除了以上的几个目标，本书的写作还有几点方法上的考量。首先，充分意识到理论叙事的界限和难度。一方面，和任何理论叙事一样，本书的叙事要求我在浩如烟海的材料中剔除不相关或较少相关的部分，并对剩下的关键部分进行有效的组织。另一方面，正如前面所指出的；实用主义内部存在着大量的异质性，这些异质性塑造了实用主义的厚度和深度，让它变得更加立体和丰满，但同时也给我们的梳理和澄清增加了极大的难度。在研究的过程中，我将在最大程度上保留实用主义内部的异质性和多样性，而不是笼统地将它们吸纳到一些大标签之下。我会尽量澄清思想的每一个步骤和面向，揭示其内部的张力，甚至冲突，并在必要的时候保留结论的开放性。

其次，本书的研究在很大程度上遵循了实用主义的理论旨趣：较之于思想的生成物，更关注思想的生成过程；较之于思想的确定结论，更关注思想的效应和得到的反馈。并且，更为重要的是，选择一种叙事并不必然意味着排除其他叙事。根据实用主义者的见解，解释同时意味着被解释，解释的目的不是取代其他解释，而是与其他解释一起进入无限的对话和互释过程中。因此，本书的理论叙事在任何意义上都不是研究实用主义的总体原则或关于实用主义的最终结论。

最后，作为一部哲学著作，本书的讨论主要是围绕着实用主义的方法和体系展开的，采用的方法主要是论证和说理。但是，我还是试图通过对方法和体系的讨论进一步揭示出某种更为基底的东西，即一种让方法和体系如此这般产生的东西，对此"世界观"也许是较为恰当的表达。因此，本书的最终目标是在"方法—体系—世界观"的整体视域中探讨实用主义的内在逻辑和建筑形态。

在下面的篇幅中，我通过两个步骤对本书的论域进行初步的界定。首先，通过两条主轴对实用主义做初步的定位：第一条主轴是"清教徒、超验主义者与自然主义者";第二条主轴是"康德、黑格尔与达尔文"。其次,对实用主义者的感知观和实在观做一个大致的勾勒。它们不是最终的结论,但可以为接下来更为具体的讨论提供一些可用的抓手。

清教徒、超验主义者与自然主义者

杜威在《哲学与文明》(1927 年)中指出:"哲学家是历史的一部分,被卷入历史的进程;尽管他们在某种程度上是未来的创造者,但同时也是过去的造物。"① 这里的哲学家当然包括以消解西方哲学传统和重塑美国精神为己任的实用主义者。毋庸置疑,以爱德华兹(Jonathan Edwards)为代表的新英格兰神学家和实用主义者身处两个极为不同的世界。在 19 世纪的最后 20 年中,正是那些导致清教传统最终衰落的社会因素导致了实用主义思潮的兴起和壮大。但是如果我们能够抛开这些表面的分歧,就会发现一条从清教传统到超验主义,再到实用主义的隐性线索,这条线索在很大程度上规定了实用主义的理论形态和思想特质。我们无法在有限的篇幅中叙述这条线索的方方面面(比如个体心理、政治思想、社会文化等),下面只在学理层面做一些简要的勾勒。

从哲学上来看,新英格兰神学家主要用到了两个思想资源。首先是洛克(John Locke)的经验主义。在新英格兰神学家看来,洛克的《人类理解论》(1760 年)在首要意义上是一部心理学著作。他们认为洛克的"感觉心理学"(sensational psychology)包含以下几个关键结论:首先,洛克区分了观念和语词,认为观念是我们心灵中关于对象的"图像"(image),而语词则是我们为了交流观念而制造出来的"符号"(sign)或"标记"(marks)。观念与事物的真实存在相关,而语词则完全是人为的"约定"(convention),它在很多时候是一种武断而任意的强加。其次,为了理解语词,我们必须追溯至观念,因为后者和事物跟我们的感觉直接相连。洛

---

① LW 3:4.

克指出，"菠萝"这个词并不能告诉我们"菠萝的真正味道"，我们只有亲口尝了菠萝才能获得"那种有名的可口水果的观念"。① 再次，复杂观念作为简单观念的复合并不是从感觉行为中完全抽象出来的理智行为，而是必须向前追溯至感觉。不同于明确区分心灵功能（人独有的理智灵魂和人与动物共有的感觉灵魂）的经院心理学，洛克认为理智的灵魂必须建立在感觉的灵魂之上。以上这些结论对新英格兰神学家产生了强烈的吸引力，他们认为这种基于感觉的心理学可以帮助我们从虚假的修辞走向真正的激情。和洛克一样，爱德华兹提出，我们并不是通过辨识蜂蜜的成分而知道它是甜的，而是在亲口品尝过之后才知道的。与此同时，新英格兰神学家还对洛克的感觉心理学做出了符合清教语境的关键补充：感觉必须包含爱与恨，换言之，感觉必须同时是一种情感（affection），或者更确切地说，所有感觉都必须上升为神圣的情感（holy affection）。正是在这个意义上，爱德华兹将"恩典"（grace）称为"一种新的简单观念"。

除了洛克的经验主义，新英格兰神学家的另一个主要思想工具是牛顿（Issac Newton）在《自然哲学的数学原理》（1687 年）和《光学》（1704年）中提出的关于物理世界的构想。如果说洛克给新英格兰神学家提供了感知神性的基本手段，那么牛顿则为他们提供了理解神圣创造的最终构想。爱德华兹很有可能在接触洛克之前就已经熟悉了牛顿的《自然哲学的数学原理》，他试图阐明，作为永恒意识的上帝必须和牛顿式的空间本质地关联起来。爱德华兹在早期的《论存在》（1955 年）中探讨了空间、重力和原子。他指出："我相信下面这一点是自明的：空间对任何人来说都是必然、永恒、无限而无所不在的。……空间就是上帝。"② 他要求我们在最完整的意义上理解上帝与实存的同一，即上帝的完满性必须同时从意识上和空间上得到展现。因此，尽管爱德华兹通常被归为观念论者或被称为

---

① John Locke, *An Essay Concerning Human Understanding*. Oxford：Clarendon，1990，bk. 3，ch. 4，sec. 11.

② Jonathan Edwards, *The Philosophy of Jonathan Edwards from His Private Notebooks*. Eugene：University of Oregon Press，1955，p. 2.

"清教柏拉图主义者"（Puritan Platonist），但他的主要思想资源却是洛克和牛顿的经验论。我们将会看到，他试图在清教的神学传统中重新改造这些资源，最终得到了非常独特的感知观和实在观。

以爱默生（Ralph Waldo Emerson）为代表的超验主义者与清教传统的关系大致反映了西方思想的永恒母题，即儿子对父亲的反叛。超验主义并不是发自于美国本土的思想运动，而是一场在外来思想资源刺激下促成的"自由神学"思潮。在这个意义上，米勒（Perry Miller）建议我们将超验主义思潮界定为"从新英格兰的加尔文主义中得到解放，并从浪漫主义文学和德国的哲学观念论中找到新的宗教表达形式"①。不满于清教传统的加尔文主义，超验主义者试图寻找一种不同于感觉主义心理学的宗教路径，但当时新英格兰已有的思想资源中只有苏格兰常识学派的直觉主义可供他们使用。这种情况在英国浪漫主义和经由柯勒律治（Samuel Coleridge）译介的德国观念论进入新英格兰之后得到了根本的改变。除此之外，超验主义者还从新柏拉图主义、基督教神秘主义、印度哲学、苏菲派哲学等处广泛地吸收所需的思想资源。

但另一方面，清教传统和超验主义之间并不只是单纯的断裂。米勒在1940年尝试性地提出了从爱德华兹到爱默生的连续性线索，并引发了激烈的讨论。② 宏观地看，正如伯勒（Paul Boller）所指出的，在超验主义者那里，"愤怒的神、原罪、特殊的中选、永恒的责罚"这些加尔文主义的核心要素被抛弃了，但"道德理性主义、苦行主义和召唤的理论"却在很大程度上得到了保留。除此之外，超验主义者还将清教语境中的预先决定转化为"仁慈的必要性"（beneficent necessity），将恩典转化为"创造性的灵感"（creative inspiration）。③ 本书的理论叙事是以承认这种连续性为

---

① Perry Miller，ed. *The American Transcendentalists: Their Prose and Poetry*. Garden City：Doubleday Anchor，1957，p. ix.

② Perry Miller，"Jonathan Edwards to Emerson，" *The New England Quarterly*，13：4（1940），pp. 589 - 617，reprinted in Perry Miller，*Errand into the Wilderness*. New York：Harper，1964，pp. 184 - 203.

③ Paul Boller，*American Transcendentalism，1830 - 1860: An Intellectual Inquiry*. New York：Capricorn，1974，p. 172.

前提而展开的。爱德华兹指出，个体的体验和情感应该在宗教中占据核心位置，而超验主义者几乎以同样的立场反对上帝一位论（Unitarianism），认为个体对神圣的觉知无法在后者的精神视域中真正实现。米勒指出，爱德华兹和爱默生的分歧并不在于接受还是拒斥以加尔文主义为核心的系统神学，而在于前者坚持认为我们必须解释从自然那里得到的印象，而后者则认为我们与接收到的印象之间有一种"自发的关联"。而这一分歧背后的根本原因在于，爱德华兹所持的原罪观让他无法完全信任印象，而无此限制的爱默生则可以大胆地宣称"心灵和事物之间并无内在的分离"。[1] 我们将会看到，超验主义者在抛弃了加尔文主义之后保留了新英格兰神学从感觉出发的基本方法，但又做出了一些关键的修正：他们用直觉代替类比，并试图将神秘主义引入清教传统的理性神学。通过这些修正，清教传统的经验论色彩逐渐被超验主义的观念论倾向所取代。

实用主义是清教传统和超验主义的"孩子"，它既继承了清教传统的经验论色彩，又继承了超验主义的观念论倾向。一方面，我们可以在实用主义中发现明显继承于清教传统的遗产。爱德华兹强调"心的感觉"之于"脑的理解"的优先性，在同样的意义上，皮尔士指出："最清晰的推理本身最终服从于情感"[2]。他还告诫我们："智慧的人追随他的心，但不信任他的脑。"[3] 在剥离了神学语境之后，这些论断进一步演化为实用主义的基本方法。爱德华兹提出，我们并不是通过辨识蜂蜜的成分而知道它是甜的，而是在亲口品尝过之后才知道的，这种"实用主义萌芽"经过爱默生式的"自我依靠"（self-reliance）最终变成了皮尔士提出的实用主义准则：概念的意义就是概念的效应。詹姆士在《宗教经验之种种》（1902 年）中明确指出了实用主义者在方法上对爱德华兹的继承："最终我们得到了经验主义的准则：你将根据它们的果实而不是根来认识它们。乔纳森·爱德

---

① Miller，*Errand into the Wilderness*，p. 185.

② CP 1：672.

③ CP 1：653.

华兹的《宗教情感》明确阐发了这一论点。"①

除此之外，新英格兰神学家试图通过强调个体的体验和情感来净化天主教，他们要求我们抛开所有宗教教义而直逼宗教的最原始含义：人与神的纽带（religare）。不管实用主义者探讨的"人的宗教"（religion of humanity）是否真正意义上的宗教，它至少沿袭了清教传统关于宗教的基本构想，正如杜威在《一种共同信仰》（1934 年）中所指出的，一种基于经验的"宗教性"（religiousness）必须脱离"所有与它们无关的当前信仰和体制化实践"②。

另一方面，超验主义和实用主义之间的密切关联也不是有待揭示的事实。③ 从某种意义上来说，皮尔士是受超验主义影响最深的实用主义者。他在一处手稿中提到，爱默生的《论自然》（1836 年）对他的幼年心灵产生了巨大影响。④ 他还在《心灵的法则》（1892 年）中指出，虽然没有明确接受爱默生等人的超验主义思想，但这些思想的"病菌"早已潜伏在他的灵魂深处，最终以数学概念的形式或在物理学探究的过程中"浮出表面"。⑤ 爱默生在《命运》（1860 年）中指出，生命的最好状态是"用内在的眼睛看到事物中的统一性，看到法则的无所不在"⑥。无须任何修改，我们完全可以将此论述视为出自皮尔士之口。如果说皮尔士在爱默生那里看到了无所不在的法则，那么詹姆士则从爱默生那里获得了多元论的核心洞见。他在爱默生诞辰百年的演讲（1903 年）中指出："神性存在于任何地方，这样的确信会让人轻易地变成一个多愁善感的乐观主义者，拒绝贬损

---

① WWJ 15：25.

② LW 9：8.

③ 参见 Russell Goodman，*American Philosophy and the Romantic Tradition*. Cambridge：Cambridge University Press，1990。

④ MS 1606. Charles Peirce，*Microfiche Version of the Peirce Manuscripts*. Houghton Library at Harvard University（http：//www. cspeirce. com/digitized. htm）. 该文献即皮尔士手稿，按国际皮尔士研究惯例，以缩写 MS 加手稿编号进行引用；下文均以此惯例为准，不再说明。

⑤ CP 6：102.

⑥ WE 6：30. Ralph Waldo Emerson，*The Works of Ralph Waldo Emerson*. Boston & New York：Fireside，1909. 该文献以缩写 WE 加卷数加页码进行引用；下文均以此形式引用，不再说明。

任何东西。爱默生对于差异的极端感知让他站在这一弱点的对立面。"① 詹姆士的整个哲学构想（尤其是他的彻底经验主义）正是以这种对特殊化和个体性的极端易感性为出发点。也正是在这个意义上，麦克德莫特将爱默生视为詹姆士的"主人"（master）。② 在杜威思想中，我们同样可以看到超验主义的影响。麦克德莫特指出，在实用主义者中间，杜威最充分地认识到了爱默生的重要性，不仅如此，杜威还"在一个新的背景中转换了爱默生的天才和语言"③。比如，爱默生在《论自然》的最后指出，"每一个精神都为自己建起一座房子，房子之外建起一个世界，世界之外建起一个天国。那时你才知道世界是为你而存在的，因为你是一个完美的现象"，总之，"你要建起你自己的世界"。④ 近一个世纪之后，杜威在《新旧个人主义》（1929 年）中写道："为了获得完整的个体性，我们每一个人都要培育自己的花园。但这个花园没有围栏，它没有明确的边界。我们的花园就是从某个角度触及我们存在方式的世界。"⑤

概而言之，实用主义者从超验主义者那里继承了三个主要遗产。首先，和超验主义者一样，实用主义者认为认识是从自身的倾向、兴趣和目的出发的创造性活动。从某种意义上来说，爱默生在《自我依靠论》（1841 年）中提出的结论是实用主义准则的准备步骤。他指出："好或坏仅仅是随时可相互转换的名称而已。唯一的正确就是顺从我的本性，唯一的错误就是违背我的本性。"⑥ 其次，实用主义者继承了超验主义者对"超验"的理解："超验"既不是超出经验，也不是先于经验，而是从寻常的

---

① WWJ 11：114.

② WWJ 11：xxii. 参见 also John McDermott，"Spires of Influence：The Importance of Emerson for Classical American Philosophy," in Maurice Wohlgelernter，ed.，*History，Religion and Spiritual Democracy*. New York：Columbia University Press，1980，pp. 181 - 202。

③ John McDermott，*Streams of Experience：Reflections on the History and Philosophy of American Culture*. Amherst：University of Massachusetts Press，1986，p. 43.

④ WE 1：79. R. W. 爱默生. 自然沉思录 ［M］. 博凡，译. 上海：上海社会科学院出版社，1993：64. 本书出自爱默生著作的引文在使用中译本之处均有标注，下同。

⑤ LW 5：122 - 123.

⑥ WE 2：52. R. W. 爱默生. 自然沉思录 ［M］. 博凡，译. 上海：上海社会科学院出版社，1993：129.

(ordinary) 经验进展到超乎寻常的（extraordinary）经验。再次，实用主义者继承了超验主义者关于整全性的洞见。爱默生在《超灵》（1841 年）中指出，超灵"进入我们的思维和手中，变成智慧、美德、力量和美。我们的生命作为部分和粒子前后相继、相互区分，但每个人的内部又存在着整体的灵魂。这种灵魂是智慧的沉默和普遍的美，平等地和每个部分和粒子相联系，它是永恒的一"①。爱默生探讨的"超灵"（over-soul）就是皮尔士探讨的"最终意见"（ultimate opinion）。在同样的意义上，詹姆士指出："我们的某些经验的容器既然像这样是共同的，那么经验本身有一天也可能变为共同的。如果这一天最终到来，我们的思想就会终结于一种完全的经验性的同一，这样一来，我们关于真理的争辩也就会终结了。"② 沿着这条思路，我们可以将爱默生的超灵、罗伊斯的基督教共同体、詹姆士的世界灵魂（anima mundi）、皮尔士的符号共同体，甚至杜威的伟大共同体（Great Community）都放到同一语境下来解读。与此同时，爱默生还能帮助我们看到，在这三个遗产中，如果我们只看到第一个遗产，而没有将后两个遗产同时纳入考量，将会对实用主义产生怎样的误解。

除了一般意义上的超验主义，本书的讨论还会涉及超验主义的一个特殊变种，即美国的自然主义传统。美国的自然主义传统一直从梭罗（Henry David Thoreau）延伸至当代的伯格比（Henry Bugbee）以及晚近的生态哲学（ecological philosophy）。在超验主义本身早已式微的今天，自然主义作为一种"在世超验主义"（worldly transcendentalism）仍然在当下的美国思想地图中保持着旺盛的生命力。尽管美国的自然主义传统并不是哲学意义上的"自然主义"，但我们可以看到，实用主义者从这个传统中继承了一些特殊的基因，这些基因不但帮助他们远离了还原论的自然主义，还深刻地影响了他们关于"经验"的整体构想。

关于从清教传统到超验主义再到实用主义的这条隐性线索，上面只是给出了一些非常简要的提示，本书的讨论还会进一步充实更多的细节。我

① WE 2：253.

② WWJ 3：42.

认为，为了准确而全面地理解实用主义，我们必须仔细追溯这个思想传统。不但要问清教传统和超验主义在何种意义上奠定了实用主义的理论气质和思想路径，还要反过来问实用主义在哪些方面更新和推进了清教传统和超验主义。当然，也应该看到，实用主义在继承"父母"的特征时也形成了一些让它成为独立个体的思想特质。桑塔亚那在《美国哲学的文雅传统》（1911 年）中提炼了美国精神中的两个对立传统：以加尔文主义和超验主义为代表的"文雅传统"（genteel tradition）和以实用主义（特别是詹姆士）为代表的年轻精神；前者的象征是"殖民风格的大厦和女性气质"，后者的象征是"摩天大楼和男性气概"。桑塔亚那指出："通过将文雅传统发展至它的反面，詹姆士以一种浪漫主义的方式回避了这一传统。……他在文雅传统的中立元素中恢复了革命性的力量，给这些元素重新注入生机，根据自身的喜好单独地强调它们。"[①] 尽管桑塔亚那的观察有简单化的嫌疑，但也突显了不能被忽视的关键分歧。在新英格兰的神学语境中，此世的勤勉和努力虽然是中选的最好证明，但此世积累的财富随时可以因为彼世的追求而被抛弃。作为乐观的进步主义者，实用主义者显然不会认同这样的观念。超验主义者的柏拉图主义倾向让他们服从于最高的精神性原则，而实用主义者则是坚持可错论的改良主义者。我们在刻画这条连续性线索时，也应该将这些分歧纳入考量。

康德、黑格尔与达尔文

根据康德（Immanuel Kant）的哥白尼式革命，对象只有在成为"我的对象"时才能获得客观有效的知识。实用主义者继承了康德的这一遗产。[②] 和康德一样，实用主义者认为，认识就是心灵在自己的判断中决定

---

① George Santayana，*The Genteel Tradition: Nine Essays by George Santayana*. Lincoln：University of Nebraska Press，1998，pp. 37 - 64.

② 参见 Murray Murphey，"Kant's Children：The Cambridge Pragmatists，" *Transactions of the Charles S. Peirce Society*，4：1（1968），pp. 3 - 33。

世界的诸特征。与此同时，他们又试图在一种将来时态中转译这一论断，即一切认识都是以目的为导向的探究，这里的"目的"是根据具体的问题性情境做出的合理假设。皮尔士指出，实用主义的最显著特征是强调"理性认知与理性目的之间不可分割的关系"，这是他在研究康德的过程中得到的最终洞见。① 杜威同样看到了实用主义与康德式观念论的亲缘性。他指出："如果观念论认为明确的知识对象是由理智决定的，那么工具主义［杜威有时也称自己的实用主义为工具主义］就是观念论的。"②

但实用主义者在继承康德的同时又对他提出了严厉批评，认为康德是"旁观者理论"（spectator theory）的典型代表。要而言之，实用主义者认为康德发起的这场哥白尼式革命并不令人满意，因为就其最终效应而言，这场革命最终还是落脚于由先验主体主宰的哲学图景，心灵最终还是站在对象外部观察对象，并没有真正影响世界，也不受世界的影响。正是由于这种不彻底性，皮尔士将康德称为"有些困惑的实用主义者"③。这种困惑的显著表现是，康德没能摆脱一种"恶的理智主义"（vicious intellectualism）。根据詹姆士的界定，恶的理智主义者"认为我们的心灵可以作用于一个已经完成的世界，并断言它的内容，但没有力量重新决定已经被给予的世界的特征"④。

实用主义者认为，为了从根本上摆脱旁观者理论和恶的理智主义，我们必须放弃关于知识的二元论构想（材料和形式的二分），在"经验"这个交互进程理解心灵与世界的相互交缠。詹姆士在《实用主义》（1907 年）中指出，实用主义的方法就是"将心灵与实在静态'符合'这种绝对空洞的概念变成我们的个别思想与包含其他种种经验的伟大宇宙之间的丰富而积极的交往"⑤。可以看到，这是一种思维范式上的彻底更新。"交互"（transaction）探讨的并不是两个关系项之间的相互关系，而是从整体情境

① CP 5：412.
② MW 10：338.
③ CP 5：525.
④ WWJ 7：111.
⑤ WWJ 1：39.

开始到整体情境结束的动态过程，它考虑的不是某一项的逻辑优先性，而是对整体交互情境的引导和重塑。杜威在《确定性的寻求》（1929 年）中指出："旧的中心是产生认识的心灵，独立拥有全部能力的心灵将能力作用于同样独立的外部材料。新的中心是不确定的互动，这些互动发生于自然进程中，自然进程本身也是不确定的，但能够通过有目的的操作产生新的不同结果。自我或世界、灵魂或自然（在孤立和封闭的意义上）都不是中心，就像地球或太阳都不是宇宙的绝对中心和必然参照系。各个互动的部分构成一个流动的整体，只有一个力量试图向某个特殊方向改变这个整体，中心才突现出来。"① 对康德发起的哥白尼式革命而言，这种新的思维范式无疑是一次再革命。

这种再革命的后果主要体现在四个方面。第一，从狭义的认识转向最宽泛意义上的经验。实用主义者试图阐明，世界在首要意义上并不是等待被认识的静态对象的集合，而是一个在"动荡的"（precarious）经验中不断展开的世界。正如杜威在《哲学复原之需要》（1917 年）中所指出的，经验"在首要意义上并不意味着知识，而是做和经受的方式"②。这一转向要求我们看到经验并不是认识的前阶段，相反，广义的经验是探讨狭义的知识的基本语境。

第二，从封闭的自我转向开放的有机体。在实用主义的语境中，有机体首先是一个生命，它必须通过和环境的不断交互让自己的生命持存下去。正是在这个意义上，有机体必须不断地超出自己的表皮，所谓的"自我意识"或"认知主体"是必须被彻底抛弃的理论虚构。更重要的是，有机体在与环境的交互过程中建构起一个独特的"周遭世界"（Umwelt，ambient world），这个世界不是确定的形而上学框架，而是不断延伸的意义系统。杜威在《经验与自然》中指出："为了回答困扰哲学的问题，我们必须看到有机体在环境中，神经系统在有机体中，脑在神经系统中，大脑皮层在脑中。并且，它们并不像弹子在盒子中，而是作为事件在历史

---

① LW 4：232.

② MW 10：26.

中，在一个运动的、生长的、永不结束的进程中。"①

第三，从先天的认识模式转向后天的习惯。实用主义者试图阐明，用于认识的概念和判断形式并不预先存在于心灵中，它们都是有机体在根据环境做出调适的过程中形成的暂态习惯，用以处理生存实践中的各种问题，同时引导我们的经验进程。这个从习惯出发的功能主义视角要求我们彻底放弃基于理性自律的启蒙诉求，从探讨心灵的自我立法转向探讨在交互进程中涌现的规范性，从抽象的理性（reason）转向在具体情境中引导行动的智性（intelligence）。正如杜威在《人性与行为》（1922 年）中所指出的，"理性是一种结果和功能，而不是一种原始力量。我们所需要的是那些有助于公允而一致地预测后果的习惯和倾向。这样我们的判断才合理，我们才能成为理性的生物"②。

第四，从认识世界转向改造世界。实用主义是一种极具实践感的哲学，它要求我们彻底反转理论之于实践的优先性。实用主义者试图将"知"再次放回到"行"的视域，并在一个统一了理论认知（episteme）和实践制作（techne）的更宽泛的实践语境中探讨人类知识的进步。在实用主义者看来，重要的不是在"行动与思维"之间做出区分，而是在"盲目的、无创建的、无意义的行动与自由的、有意义的、被引导、负责任的行动"③ 之间做出区分。

当然，实用主义对康德的这种超越并不是一蹴而就的，其间经过了两个关键步骤。第一个步骤是黑格尔（Georg W. F. Hegel）。19 世纪后半叶，美国涌现了一批"新黑格尔主义者"，他们开始从各个层面挖掘黑格尔的理论价值，其中最突出的是以哈里斯（William Torrey Harris）和布罗克迈耶（Henry Conrad Brokmeyer）为代表的圣路易黑格尔主义者。皮尔士、罗伊斯、詹姆士和杜威是《思辨哲学杂志》（*Journal of Speculative Philosophy*）的主要撰稿者，而该杂志正是圣路易黑格尔主义者的主要

---

① LW 1：224.

② MW 14：170.

③ LW 1：324.

阵地。

除了事实性的交集，实用主义者都自觉认识到黑格尔对自身思想的决定性影响。皮尔士指出，"黑格尔发现宇宙的任何地方都充满了连续的生长"，这是"黑格尔的秘密"，而自己的哲学可能是"披着奇怪的外衣复兴了黑格尔"。① 他还指出："如果黑格尔不是笑着蔑视前两个环节［即皮尔士意义上的第一性和第二性］，而是将其视为三位一体的实在中独立或明确的元素，那么实用主义者也许就应该将他视为实用主义真理的伟大辩护者。"② 尽管米德的功能主义心理学与黑格尔相去甚远，但乔阿斯（Hans Joas）指出，米德早年经历了一段实质性的黑格尔阶段，这一阶段对他为克服二元论所做的各种努力产生了极为重要的影响。③ 我认为乔阿斯的这一判断是准确的。杜威和黑格尔的关系则更为密切。他在理论自传（1930年）中指出，尽管他在之后的思想发展中"逐渐漂移了黑格尔主义"，但黑格尔却在他的思想中留下了"永久性遗产"（permanent deposit）。他指出："黑格尔哲学体系的形式现在在我看来完全是人造的，但其中的内容却具有非凡的深度，并且，如果脱离那些机械化的辩证框架，他的许多分析具有超常的敏锐度。如果要我选一个哲学体系去拥护，我仍然认为黑格尔的体系比任何其他体系具有更为丰富而广泛的洞见。"④ 不同于这几位实用主义者，詹姆士对黑格尔更多地持否定态度。他在《心理学原理》（1890年）中将黑格尔的辩证法比作"心灵的滑稽剧状态"（pantomime-state of mind），因为黑格尔"先将关系翻译成不可能性和相对性，然后再通过奇迹实现'超越'和同一"。⑤ 但是他在《彻底经验主义》（1912年）中提出的纯粹经验理论却带有明显的黑格尔式特征。在《多元的宇宙》（1909年）中，詹姆士一方面批判了黑格尔的绝对概念和理智主义，另一

① CP 1：42.

② CP 5：436.

③ Hans Joas，*G. H. Mead: A Contemporary Re-examination of his Thought*. Cambridge，MA：MIT，1985，pp. 54 ff.

④ LW 5：154.

⑤ WWJ 8：349.

方面又表达了他对黑格尔的同情和理解。他指出，黑格尔"试图通过探讨事物间的'辩证'关系让系统变得更加具体"，而他的追随者们却完全忽视了黑格尔对"特殊性"的诉求，无意于"让单薄的逻辑体系变得厚实"。① 从这些角度来看，詹姆士和黑格尔的距离并不像表面上看起来那么遥远。正是因为以上这些学理上的紧密关联，哈贝马斯（Jürgen Habermas）才称实用主义为"一个遗失了的青年黑格尔主义分支"②。

概而观之，黑格尔在三个方面对实用主义者产生了巨大的吸引力。首先，黑格尔的辩证法可以在一定程度上帮助他们克服各种形式的二元对立，用动态的关系消解静态的关系项。其次，黑格尔关于精神的构想能够帮助他们取消有限与绝对之间的鸿沟，在经验内部实现一种朝向无限的解放。再次，最为关键的，实用主义者发现黑格尔的思路可以和他们所向往的有机世界观很好地结合起来。不同于近代以来的机械世界观，这种新的世界观将生成（becoming）而非存在（being）视为基本的本体论范畴，从探讨相互独立的事物（thing）转向探讨相互依存的事件（event）。从某种意义上来说，黑格尔是从机械世界观转向有机世界观的最初环节。

但实用主义者意识到，黑格尔的语汇并不能真正刻画这种有机的世界观，为此还需要有另一个关键步骤，那就是用达尔文（Charles Darwin）的进化论语汇对黑格尔加以改造。马戈利斯（Joseph Margolis）指出，实用主义者的一个核心洞见是："离开达尔文的黑格尔在概念上是狂野的，离开黑格尔的达尔文对哲学而言则几乎是不相干的。"③ 关于这个改造步骤，杜威在一篇自传性文章（1930 年）中指出："早年我在芝加哥大学的时候，曾经开设过一个关于黑格尔逻辑的研讨班。当时我试图用'重适'（readjustment）和'重构'（reconstruction）来重新解释黑格尔的范畴。但是我逐渐意识到，如果能够完全从黑格尔式的外衣中解放出来，这些概

---

① WWJ 4：65.

② Jürgen Habermas, *Autonomy and Solidarity: Interviews*. New York：Verso, 1986, p. 193.

③ Joseph Margolis, *Pragmatism's Advantage: American and European Philosophy at the End of the Twentieth Century*. Stanford：Stanford University Press, 2010, p. xiv.

念的实际含义便能更好地得到理解。"① 杜威在《作为经验的艺术》（1934
年）中的这段论述典型地代表了这种转译："如果生命要持续并在持续中
不断拓展，就要克服对立和冲突的要素，将它们转化为具有更高能力和更
多意义的生命的不同面向。通过拓展（而不是通过收缩和被动适应），有
机的生命调适的奇迹才会实际发生。通过节奏获得的平衡与和谐在此萌
芽。平衡的发生不是机械和惰性的，而是源于张力。"②

实用主义者将黑格尔式的思辨进化论视为有机进化论的前驱，并在
"物种"（species）这个概念中看到了用生命形式代替抽象环节，用有机生
长取代辩证历程的可能性。不同于斯宾塞（Herbert Spencer）式的进化论
语汇（物质、运动、力），达尔文用生物学而非物理学的模式来理解进化。
"物种"之间不存在实质性的界限，不同物种之间的区分并不是基于生命
体固有的"本质"（essence），而是在各种环境因素的作用下形成的"变
异"（variation），变异是已有调适的结果，同时也会根据未来的调适做出
修正。实用主义者敏锐地看到了进化论对哲学的重大影响，即从本质主义
的理论模型转向过程主义的理论模型，从基于分类和定义的方法论原则转
向构造交互情境的方法论原则。除此之外，他们还进一步将生物学意义上
的"适者生存"（survival of the fittest）凝练为哲学语境中的独特概念：
"习惯"（habit）。习惯是有机体在和环境的交互过程中存留下来的稳定形
态或模式（survival of the stable）。在实用主义的世界观中，习惯不仅是
生命的存在模式，还是自然本身的组织方式，更体现了宇宙的最终秩序。

从更宏观的视角来看，正如怀特海（Alfred North Whitehead）在
《科学与现代世界》（1925 年）中所指出的，近代以来的世界观曾经有可能
沿着生物学模式发展，却因种种原因走向了物理学模式以及在此基础上建
立起来的机械论世界观。③ 物理学的研究围绕动力因展开，而生物学的研

---

① Paul Arthur Schilpp, ed. *The Philosophy of John Dewey*. New York：Tudor，1951，p. 18.

② LW 10：21.

③ Alfred North Whitehead, *Science and the Modern World*. Cambridge：Cambridge University Press，1946，p. 51.

究则围绕目的因展开，前者试图确定机械作用的因果链条，后者则试图探讨在目的引导下的生物功能和有机进程。在这个意义上，实用主义对进化论语汇的借用和转译，是生物学模式在经过了几个世纪的消沉之后首次向物理学模式的统治地位发起冲击。

《物种起源》（1859 年）于初版的次年发表于美国的《科学和艺术杂志》（*American Journal of Science and Arts*）。伯勒指出，达尔文的理论对"镀金时代"（The Gilded Age）产生了深远的影响，特别是在思想层面，它"推动了静态的、形式主义的思维方式的衰退，同时也推动了从一个状态到另一个状态的永恒进化过程的动态世界观的兴起"①。从任何角度来看，进化论都是实用主义的核心部件。② 皮尔士明确地指出："当下的哲学要求彻底的进化主义。"③ 詹姆士的心理学理论实际上就是以进化论为基本预设的自然主义方案。而在杜威那里，进化论更是实质性地帮助他走出了黑格尔式的观念论。通过用后达尔文时代的进化语汇和有机语汇转译黑格尔的思辨语汇，杜威看到了从机械世界观转向有机世界观的关键契机。

实用主义者从达尔文那里获得了三个关键洞见。首先，进化中存在绝对偶然的"机遇"（chance）。达尔文认为，进化只是生存奋斗的副产物，而不是生存奋斗的目标，有机体不是为了实现进化的目的才进行生存奋斗，而是因为必须进行生存奋斗才得以进化；自然选择可以解释变化是如何发生的，但不能决定会出现何种变化。皮尔士用"偶成论"（tychism）这个古老的概念来界定关于"绝对机遇"的学说：绝对机遇是真正的未决定性，而不是因短视或无知而造成的暂时的不确定性，它是完全脱离法则的状态，因而是绝对不可控的。实用主义者试图阐明，因为绝对机遇的存在，哲学思考也就无法排除那些无法从既有形式中派生的新形式，更不能用某个确定的形式来强制统一这个充满偶然性的过程。

---

① Paul Boller，*American Thought in Transition: The Impact of Evolutionary Naturalism*，1865 - 1900．Lanham：University Press of America，1981，pp. xi-xii.

② 参见 Philip Wiener，*Evolution and the Founders of Pragmatism*．Cambridge，MA：Harvard University Press，1949。

③ CP 6：14.

其次，实用主义者也看到，进化论在强调偶然性的同时也强调目的性，虽然这里的目的不是目的论意义上的目的，而是有机体与环境在交互过程中形成的"自然目的"（比如心脏的目的是输送血液）。在这个意义上，进化论并没有取消从目的出发的"设计"，而是在生物学的语境中将它重新理解为功能性模式。杜威在他的早期文章《灵魂与身体》（1886 年）中指出："试图摆脱目的论和智性的人只会发现目的论和智性是一种普遍原则和行动力。达尔文主义远没有抛弃这个原则，而是将它作为宇宙和事物结构的普遍法则。自然自始至终是目的论的。"①

再次，达尔文试图阐明，任何一个物种都不是被独立创造的，而是由其他物种演化而来，不同物种之间的表面"断裂"只不过是因为某些原本在场的中间环节最终绝迹了。从这种连续性原则出发，实用主义者探讨了两个层面上的连续性：内外间的连续性（inner-outer continuity）和高低级的连续性（higher-lower continuity）；前者涉及有机体和环境之间的连续性交互，后者涉及有机体在这种交互中的连续性演化。这些生物学层面的探讨还进展到形而上学和宇宙论层面。从某种意义上来说，詹姆士在《彻底经验主义》中和杜威在《经验与自然》中的探讨就是一种基于连续性的形而上学构想，而皮尔士的"连续论"（synechism）则是连续性原则在宇宙论层面的明确表达。

概而观之，实用主义者将进化论的生物学语汇引入哲学语境，将偶然性、目的性和连续性这三个维度有机地整合于围绕"经验"展开的理论范式中。在这个范式中，"机遇"和"规范"有机地整合在一起。更为重要的是，除了这些学理上的关联，达尔文的进化论还在一定程度上为这种新范式的出现扫清了思想上的障碍。正如杜威在《达尔文主义对哲学的影响》（1909 年）中所指出的，"《物种起源》攻击了绝对的永恒这艘神圣的方舟，认为那些被视为固定而完满的形式是有起源且可消灭的，由此引入一种思维模式，这种模式最后一定会改变知识的逻辑，进而促成道德、政

---

① EW 1: 102.

治和宗教的变革"①。

初步勾勒实用主义的感知观和实在观

以上通过"清教徒、超验主义者与自然主义者"和"康德、黑格尔与达尔文"这两条主轴对实用主义进行了初步的定位，如果说前一条主轴确定了实用主义的思想特质，那么后一条主轴则规定了实用主义的理论路径。接下来，在这个基本框架下，将对实用主义的感知观和实在观做一个大致的勾勒。这些概览性的要点虽然不是最终的结论，但可以为接下来的讨论提供基本的抓手。站在当下的理论节点回过头去看，这些思路也许已经成为某种意义上的常识。但当下时代的常识在提出之初一定是极为大胆的冒险，思想史的事实已经无数次地印证了这一点。

先来看实用主义的感知观。实用主义对古典知觉理论做出了三点修正。首先，古典理论将认识理解为感性（aisthesis）与推论（dianoia）合作的产物：感性提供直接的经验材料，推论对这些材料做进一步的组织和建构。根据这一模式，我们一般会在感觉（sensation）和知觉（perception）之间做出区分。实用主义者试图阐明，感知是一个同时包含"给"（give）与"取"（take）的进程，其中既有被动接受的部分，又有主动建构的部分。用杜威的话来说，感知就是交互进程中的"经受"（undergoing）与"做"（doing）。因此，感觉和知觉的区分尽管在理论上是可能的，但在实际的感知进程中则是无法实现的。其次，实用主义者试图在一个连续性的语境中探讨从感知到知识的发展。他们试图阐明，这一过程的实质既不是最小单位的"联合"（association），也不是从殊相到共相的"抽象"（abstraction），而是一种有机的"生长"（growth）。生长是从不成熟的状态到成熟的状态，它是整体经验情境之间的动态区分，而不是对具体经验进程的抽象归纳。最后，最为重要的是，实用主义者要求我们抛弃任何意

---

① MW 4：3.

义上的二分，在一个整体的语境中探讨心灵与世界的关系。因此，对感知的合理解释最终落脚于有机体与环境的交互活动，它并不要求我们跨越心灵与世界之间的抽象"界面"（interface）。根据以上这些构想，实用主义者在感知观上具有六个鲜明特征：

第一，实用主义者拒斥关于感知的基础主义谬误（fallacy of fundamentalism）。他们试图阐明，感知是有机体与环境在不断交互中的相互影响，其中被动接受和主动建构的部分只是功能性的区分，任何一方都不能作为另一方的基础。杜威用"回路"（circuit）这个概念来阐明这种对近代认识论的超越：感知并不是刺激物刺激有机体，然后有机体做出反应这样一条时序性的反射弧（reflex arc），而是刺激物和有机体在协同运作中构成的回路，它们相互规定，我们无法说出感知从哪里开始，到哪里结束。这是一种思维范式的彻底更新，即用以关系为主导的思维范式取代以关系项为主导的思维范式。

第二，实用主义者拒斥关于感知的所予谬误（fallacy of givenness）。从某种意义上来说，实用主义者是最早拒斥所予神话的当代哲学家。詹姆士明确指出："我们没有器官或官能去感知单纯被给予的秩序。在当下被客观给予的真实世界是当下所有存在和事件的总和。"[①] 除了从整体主义路径出发拒斥所予，实用主义者还试图重新界定原初意义上的经验。他们试图阐明，这些经验的不是感觉材料或语义原子，而是交互情境的"质性"（quality），它们首先是被拥有或感受的，然后才是被认识的。杜威在《经验与自然》中指出："质性永远不在有机体'之中'，它们总是由有机体之外的事物和有机体共同参与的互动的性质。"[②] 杜威探讨的这种"质性"也就是皮尔士意义上的"第一性"（firstness）。

第三，实用主义者拒斥关于感知的唯我论谬误（fallacy of egoism）。他们指出，感知中既包含核心部分又包括边缘部分，从某种意义上来说，边缘部分更为重要，因为它让感知的界限变得模糊，让它从个体意识一直

---

① WWJ 4：95.

② LW 1：198.

延伸至周遭环境。尽管实用主义者试图阐明，由于表皮和感觉器官在选择和过滤外部信息上的功能性差异，处于同一个环境中的两个有机体很有可能生活在两个完全不同的"周遭世界"，但这个世界不是以"我"为原点建立起来的形而上学概念，而是有机体和环境在不断交互的过程中发展起来的意义和价值系统，它的主要特征不是划定自身的界限，而是不断拓展已有的界限。

第四，实用主义者拒斥关于感知的视觉中心主义谬误（fallacy of visuality）。自古希腊以来，哲学的目标就是教人如何看得对、看得好。实用主义者拒斥这条以"看"为中心的思路，他们试图阐明，我们并不只是通过看来认识一个确定的世界，而是首先像婴儿一样通过摸、抓、踢、咬等身体活动去感知世界。因此，用看来认识世界不过是一种理性主义的幻想与僭妄，看的模式和身体的其他感知模式紧密地交缠在一起。杜威在《作为经验的艺术》中指出："当我们用眼睛来感知水的流动、冰的寒冷、石的坚固、树的裸露时，视觉之外的其他性质不但显而易见，还起着控制作用。"① 也正是在这个意义上，米德强调接触之于认知，手之于脑的优先性。

第五，实用主义者拒斥关于感知的"误置具体性谬误"（fallacy of misplaced concreteness）。这个由怀特海提出的谬误是指用抽象的结构错误地代替具体的生成。在实用主义者看来，这一谬误的典型代表是传统经验论的联合论思路。他们指出，感知的进程并不是原子式观念的简单叠加，而是一个原始意义统一体在比较和区分中的不断分化。因此，感知并不是一般化，而是特殊化的进程，并不存在任何意义上的"感知一般"。

第六，实用主义者拒斥关于感知的静止（或非流动性）谬误（fallacy of immobility）。实用主义者指出，在"似是而非的当下"（specious present）做出的感知活动既有对过去的回忆，又有对将来的预期，因而是一个包含了过去、当下和将来三个维度的连续体。实用主义者还试图阐

---

① LW 10：129.

明，感知是在时间中形成和发展的"习惯"。作为习惯的感知，一方面是不断累积的过去在当下的体现，另一方面又通过面向未来的引导和调适得到不断的更新。在这一视角下，实用主义者还特别强调感知是一个学习的过程，因此对感知的探讨必然涉及对感知能力的训练。

杜威在《哲学复原之需要》中指出了"经验"在实用主义语境中的五点特殊内涵。这五点内涵可以进一步帮助我们理解实用主义的感知观。第一，传统观点认为经验只涉及知识，实际上经验是"生命体与物理及社会环境之间的互动"；第二，传统观点认为经验是心理内容，实际上经验"暗示了一个进入到人的做和经受中，并通过人的回应发生改变的真正的客体性世界"；第三，传统观点认为经验是可复制的过去经验，然而"经验最重要的形式是实验性的，是通过努力去改变被给予的，它的特征是投射，是向前探入未知，因此，与未来相连是经验的显著特征"；第四，传统观点认为经验是原子式的独立单位，实际上经验充满了真正的内在关联；第五，传统观点将经验与理性的概念运作对立起来，并认为推论是处于经验之外的，实际上"推论存在于每一个有意识的经验中，反思是本能的，且是持续的"。①

根据以上这种新的感知观，实用主义者试图在实在观上也做出相应的更新。根据实用主义准则，概念的意义就是概念的效应。为了理解实在，我们必须从实在的效应着手。皮尔士指出："和其他任何性质一样，实在就是实在物制造的一种特殊的可感效应。实在物的唯一效应在于产生信念，所有受它们刺激产生的感觉都以信念的形式进入意识。"② 对实用主义者而言，实在的效应在首要意义上是这样一种感受，即我们的生命活动遭遇了某种限制。皮尔士强调有"盲目的力"（blind force）或"野蛮事实"（brute fact）存在，詹姆士要求我们回到"不断绽放、嗡嗡作响的混乱"（blooming, buzzing confusion），杜威则提醒我们存在是"动荡的"（precarious）和"固执的"（stubborn）。在这种生命体验的基础上，"实

---

① MW 10：6.
② CP 5：406.

在"作为一个哲学概念在实用主义语境中具有五个鲜明特征：

第一，实用主义者试图取消实在和思维的二元论构想。他们试图用"问题性情境"来消解"现象之幕"，将表象（appearance）和实在（reality）的根本对立转化为出现（appearance）与消失（disappearance）、中心（central）与边缘（marginal）、做（doing）与经受（undergoing）、实际（actual）与理想（ideal）之间的流动性图景。在此基础上，他们提出了"经验"这个关键概念。不同于"表象"和"实在"这种"单管"（single-barrelled）概念，经验是"双管"（double-barrelled）的。

第二，实用主义者试图在一种生成的形而上学中构想实在。实用主义者所处的时代是一个新旧世界观更替的时代，即从基于存在的世界观进展到基于生成的世界观。这种世界观彻底更新了近代以来的微粒论（corpuscularianism）范式，不再探讨相互独立的"事物"是如何存在的，而是探讨相互依存的"事件"是如何生成和发展的。这样一来，实在就不再占据主词的位置，而变成了派生于事件生成过程中的一种性质；"事件"是第一位的，"事物"是第二位的；"情境"是第一位的，"对象"是第二位的。存在不再是生成的实现状态，相反，生成才是存在的基本模式。

第三，作为生成的实在必须包含不断涌现的"新要素"（novelty）。皮尔士用"偶成论"来界定这种实在观。偶成论探讨的是绝对机遇，即真正的未决定性。在这个意义上，探讨实在的基本语境不是机械论，也不是目的论，而是突现论（emergentism）。虽然突现总是能追溯至过去因果链中的元素，但我们无法只从过去的结构中推导出突现的新事物。在这个意义上，实用主义者探讨的实在是完全开放的。在面对这样的实在时，确定性显然不是他们的首要考量；相反，他们要求我们放弃以确定性为最终诉求的理论虚构，和活生生的自发性直接照面。

第四，实用主义者对实在的探讨最终落脚于规范性。在实用主义者那里，心灵的形式和实在的结构是本质相关的，他们不仅探讨如何让我们的观念变得清晰，还探讨实在是如何在可控进程中趋向一般的。但不同于传统的目的论语境，实用主义者探讨的趋向一般并不是指向任何先在的目的，而是指实在如何在可控的实验进程中逐渐趋向合理性（reasonableness）。在这个意义上，实在必须将规范维度下的"目的"（purpose）和"理想"（ideal）纳入自身。

第五，最为重要的是，对实在的探讨在实用主义者那里始终是一个实践议题。他们要问的是，探讨人与实在的关系最终会给人的生命带来何种实质性的生长。在实用主义者看来，实现这种生长的前提条件是质疑一切业已成型的理论和教条，在自身的生命体验中不断确认实在的"可塑性"。在这个意义上，真正的实在观最终应该是生命活动的结果，而非学院哲学的结论。杜威将这样的洞见称为"经过教化的天真"（cultivated naïveté）。他指出："我们无法恢复到原始的天真，但是我们可以实现观察、聆听和思考上的经过教化的天真。"①

关于下编的简要说明

在初步勾勒了实用主义的感知观和实在观之后，下面对本书的下编"观念的合生与互释：围绕古典实用主义展开的思想史研究"略作说明。思想的特殊性在于，它们可以无限地互指、互文和互释，这一点从根本上决定了对思想的研究必须和思想史研究结合起来。我们不但要探讨思想在某个特殊时代所处的特殊位置，还要探讨思想从何处来，又往何处去；简言之，我们必须在思想史背景中推进对问题本身的研究。这也是我个人所秉持的研究取向。为此，我在下编中收入了自己在研究实用主义的过程中所做的一些思想史考察。优秀的思想史研究者不但要兼顾事实层面的准确性和叙事层面的自洽性，还必须是一个敏锐的区分者和综合者。他既要在表面的相似性中看到关键的差异，也要在表面的不连续中找出连续性；他既要避免仓促的结论和匆忙的勾勒，又要准确地把捉到思想与思想之间的吸引力和亲缘性。

---

① LW 1: 40.

　　下面对收入下编的几个研究略作提要。尽管皮尔士和康德之间的亲和性是一个不争的事实，但澄清皮尔士和康德的关系并不是一个简单的任务。第十一章的研究试图揭示皮尔士和康德在理论上的深度关联，并从三个方面具体阐明皮尔士对康德的继承和超越，即从殊相的实在进展到共相的实在，从知性范畴进展到自然法则，从个体意识进展到普遍心灵。同时本章还将指出，尽管皮尔士在极大程度上受惠于康德，但他最终呈现给我们的哲学形态并不是康德式的。皮尔士将主体和对象的二元世界观彻底更新为符号化的三元世界观，这一点对把握皮尔士与康德的关系是极为关键的。

　　第十二章讨论了詹姆士与柏格森（Henri Bergson）的学理关联。不同于已有的视角，本章选择"像"（image）和"纯粹经验"（pure experience）这两个在柏格森和詹姆士思想中处于核心位置的概念作为讨论的切入口。本章首先考察柏格森对"像"的讨论，然后比较"像"和"纯粹经验"在所处体系和具体特征上的异同，最后在这些讨论的基础上进一步探讨两者在方法和体系上的亲缘性。基于这些亲缘性，我们可以说詹姆士的彻底经验主义和实用主义是一种柏格森式的生命哲学。

　　第十三章和第十四章分别从逻辑和形而上学的视角出发对杜威的思想进行了历史性的定位和考察。第十三章首先从西方思想史的几个视角和实用主义的内部关系入手，对杜威的探究逻辑进行了初步的定位，然后对《逻辑：探究的理论》（1938 年）做了概要性的考察，并分别从经验性、生成性、想象性、实践性这四个特征着手探讨这种独特逻辑形态的特征及效应。第十四章从"过程"（process）与"事件"（event）这两个关键概念着手，探讨了杜威的形而上学。本章的讨论首先将杜威的形而上学放在过程性思维这个大的思想背景中加以考察，然后分别从事件的时间性、个体性、工具性和审美性着手刻画这种特殊形而上学构想的各个面向。

　　第十五章考察了实用主义与古希腊思想的亲缘性，试图澄清实用主义在哪些地方贴近了，又在哪些地方远离了古希腊思想，并通过这种回溯和对勘澄清实用主义本身的思想位置。本章的讨论围绕实用主义的三个基本思想特征展开，即目的论、反二元论和多元论。这三个视角下的辨析将具体阐明主导古希腊思想的核心问题在实用主义者那里得到了何种意义上的继承和修正。本章的最后指出，尽管古希腊思想开启，甚至规定了实用主义者所批判的旧哲学范式，但从另一个角度来看，实用主义者所构想的健康哲学形态也在尚未学术化和学科化的古希腊文化中得到了鲜明体现。这一点是实用主义和古希腊思想最深层次的渊源。

第十六章用较大的篇幅探讨了实用主义者的宗教观。库克里克（Bruce Kuklick）指出，从爱德华兹到杜威存在着一个连续的神学传统。[①]不仅如此，这个传统还一直向后延伸至美国当代的公民宗教（civil religion）。我认为，对理解实用主义而言，宗教维度不仅是不可或缺的，甚至是关键性的，因为它不仅揭示了实用主义思想背后的隐秘动力，也让我们看到了实用主义者在世求索的最终落脚点。在简短的引论之后，本章分别在皮尔士、詹姆士和杜威的语境中探讨如下问题：实用主义在何种意义上是一种世俗哲学，在何种意义上又是一种超越世俗的哲学？人如何在世界中安身立命的"实用"态度最终又落脚于怎样一种精神视域中？

尽管以上这几个研究只是我从本人的研究兴趣出发择取的一些特殊视角，但我们已经可以从中看到，作为一种独特的思想形态，实用主义如何在与其他思想的合生和互释中获得自身的丰富性和立体性。詹姆士在《实用主义》中借用意大利实用主义者帕皮尼（Giovanni Papini）的比喻将实用主义比作"走廊"："无数个房间通向这一走廊。在一个房间中，你会发现有人正在写一部无神论的著作；在接下来的一个房间中，你会发现有人正双膝着地祈祷信仰和力量；在第三个房间中，一个化学家正在探索身体的性质；在第四个房间中，一个唯心主义的形而上学体系正在被构想；而第五个房间则正在展示形而上学之不可能性。但所有的房间都拥有同一个走廊，为了进出各自的房间，每一个人都必须穿过这条走廊。"[②] 在做出这

---

① 参见 Bruce Kuklick, *Churchmen and Philosophers: From Jonathan Edwards to John Dewey*. New Haven：Yale University Press，1985。

② WWJ 1：32.

些思想史的考察之后，我们发现实用主义不只是扮演了走廊的角色，它进入了每个房间，将不同视角下的素材有机地整合为一个极为独特的建筑。关于这个建筑，可以借用詹姆士对他的夏季度假屋的描述："哦，这会是你所看到过的最令人愉悦的房子，它有十四扇门，全都是向外开的。"① 这一结论对本书上编的考察而言同样适用。

---

① Gerald Myers，*William James: His Life and Thought*. New Haven：Yale University Press，1986，p. 53.

第二章　清教传统中的感知与实在：
以爱德华兹为例

> 如果将知觉的门扉打扫干净，那么每一个事物都会以无限的面目示人。人总是封闭自己，直到他从洞窟的窄缝间看到所有事物。
>
> 　　　　　布莱克（William Blake）：《天堂与地狱的联姻》

引　言

从 1620 年至 1640 年，"大迁徙"（the Great Migration）把将近两万名新教徒从英国本土带到马萨诸塞湾的殖民地。迁徙的动力不只是寻找新的经济机会，还有根除既有的腐败和堕落，重建一个健康的新教国度的强烈愿望。米勒用下面这段优美的文字勾勒了这群被称为新英格兰清教徒（puritans）的人："他是幻想家，却从不忘记二加二等于四这样的实际；他是耶和华的战士，却永远不会出现在吃亏者的阵营里。他是激进的革命家，但又不是无政府主义者；拥有权力的时候，他既用铁腕手段治理，也兼顾基本的法则。他是实际的理想主义者，却又讥诮世事。他来到新英格兰，要建立一个完美社会和属于上帝选民的王国，他从不期望这个王国尽善尽美，只希望它是易犯错的人类所能做到的最好程度。他信奉上帝揭示的箴言，却按照节制的方式生活；他的信仰来自上帝，他的行为却依权宜变动。他是教条主义者，又是机会主义者。对他来说，真理一经写下，就是确定的、不可变更的和完整的，禁止任何进一步的增补；于是他无须为增补经卷这种直接浅显的工作花费力气，而是将能够付出的全部精力都用于研究和解释这些真理。他遵循着必须支配这个世界的原则生存于世，却又无时无刻不认为自己只是暂时为之，真正的家园另在别处。约翰·考顿（John Cotton）说：'每个活生生的虔诚基督徒身上都有另一种奇特的混合品质，那就是对世事勤勉，又对世界麻木，这种品质如此玄妙以至无人能解，可他们就是知道。'清教徒的典型类型就是抓住所有机会，从不放过，'为了利益而发奋努力'，同时'做个对世界麻木绝情的人'。他能从印第安人手中夺取新英格兰，能在七大洋间纵横贸易，也能在各大陆上投机经营，'不过他并不为这些事操心，也能合理支配到手的利益'。"①

正是这群对世事勤勉又对世界麻木的人奠定了新英格兰的精神特质。韦伯（Max Weber）认为这种精神特质是构成"资本主义精神"的关键要素："孜孜不倦、持之以恒地进行系统性的职业劳作将会得到这样的宗教评价：此乃至高的禁欲手段，同时也是对再生者以及真诚信仰最可靠、最鲜明的考验。"② 清教徒既是理想主义者，又是强力的实干家，他们通过强烈的归属感和使命感将自己与旧世界决然地区分开来。关于"中选"（elect）的想象是这种新英格兰精神背后的主要驱动力。不同于路德式的"因信称义"（sola fide），无条件中选是加尔文主义的一条主要教义。③ 在新英格兰的语境中，工作的勤勉和尘世的收益被视为中选的标志。这些中选者称自己的国家为"赎身者的国度"（nation of redeemers）、"圣徒的国

---

① Perry Miller, ed., *The Puritan: A Sourcebook of Their Writings*. New York：Dover，2001，p. 61.

② 马克斯·韦伯. 新教伦理与资本主义精神 [M]. 袁志英，译. 上海：上海译文出版社，2019：132.

③ 一般认为，盛行于新英格兰的加尔文主义有五条基本教义，取每条教义的首个字母，这组教义又被称为"TULIP"：第一，人的总体堕落（Total Depravity），即人的情感、意志和身体无不深深处在原罪之中。第二，无条件的中选（Unconditional Election），即上帝依自身意志选择他的选民，人世的因素不能影响他的选择。第三，有限的赎罪（Limited Atonement），即耶稣基督是只为选民而死，只有选民的罪才能通过耶稣基督的死而被赎净。第四，不可抗拒的圣恩（Irresistible Grace），即被选中的人不能抗拒上帝的召唤。上帝有两种召唤，一种是通过福音的外在召唤，另一则是圣灵运作在身心之中的内在召唤，在内在招唤之下，中选者通过自发地悔过而重生。第五，圣徒式的坚定（Perseverance of Saints），即已经获救的将永远获救，出于上帝的选择、人子的献身和圣灵的运作，已经获得的救赎不可能再次失去。

度"（nation of saints）或"山巅之城"（city upon a hill），而美国远离欧洲世界的特殊地理位置则进一步地加强了这种想象。这种"卓异主义"（exceptionalism）情结不但驱动清教徒驱逐和迫害了大量作为"敌基督者"的印第安土著，也在很大程度上塑造了当下的"美国例外主义"（American exceptionalism）。

但是，在这些外显的精神特质之下，清教徒以一种更加复杂而微妙的方式理解个体与世界的关系，并由此体认个体与上帝的关系。通过本章的研究，我试图阐明，清教徒在任何意义上都不是对世界麻木的，他们在此世与彼世之间设立的对立也不是决定性的。这一点在新英格兰神学家爱德华兹那里得到了最佳的示例。本章将以爱德华兹为例探讨清教传统中的感知观与实在观。我试图阐明，在爱德华兹那里，表面的二元论（dualism）实际上是由交叉和互返关系构成的双重性（duality）。在此基础上，我还试图阐明，这些关于感知和实在的思考为之后的美国思想发展埋下了许多或隐或显的线索。

混合的感知与类比的艺术

新英格兰的总体语境是神学的，任何哲学思考都在这个语境中展开。因此，解读爱德华兹的一个首要前提是，他首先是一个信仰者，其次才是一个思想家，他的主要工作是在理智的界限内维护和塑造宗教传统。作为坚定的加尔文主义者，爱德华兹认为人与上帝的关系是誓约（covenant）性的，在这个意义上，他的神学是一种圣约神学（Federal Theology）。具体而言，人与上帝的誓约关系包括工作誓约（covenant of works）、圣恩誓约（covenant of grace）和救赎誓约（covenant of redemption）。其中，工作誓约是上帝与亚当在伊甸园结下的道德律法，作为回报，人由此获得永恒的福祉；圣恩誓约是上帝的承诺，上帝承诺将他的神性带给他的选民，并通过基督之死最终完成人的救赎；救赎誓约则是上帝与基督之间的约定，它规定基督必须为信仰者的原罪而死。

但另一方面，爱德华兹不仅是互教者，还是革新派，他试图超越狭义的宗教教义，在一个更深的层面上探讨个体与上帝之间的关系。爱德华兹试图阐明，只有基于"宗教情感"（religious affections）的宗教信仰才是有意义的，也只有在此基础上展开的信仰行为才具有真正的宗教效力。从这个意义上来说，爱德华兹的神学又是一种个体神学。独自存在是生命的基本规定和根本命运，个体需要在独自存在中处理与上帝的关系。库克里克指出："爱德华兹将一个核心问题留给了美国的后代思想家：处于神秘莫测的宇宙的慈悲之下的一个孤独的信仰者是如何断言道德自由的？"[1] 这样的发问方式是清教传统的内核，它不仅在极大程度上影响了超验主义者和实用主义者，还隐含地预示了后来的自由神学。

因此，我们在考察爱德华兹时必须同时兼顾圣约神学和个体神学这两个维度。这是我对爱德华兹的基本解读。并且，考虑到"宗教情感"在爱德华兹思想中所处的核心位置，我们甚至能更加大胆地推论，在爱德华兹的语境中，圣约神学必须以个体神学为前提。接下来的讨论正是在这些解读的视角下展开的。

爱德华兹对宗教情感的讨论是从感知开始的。我们已经在导论中指出了洛克在新英格兰语境中的关键位置。爱德华兹是洛克意义上的感觉论者，他将事物作用于我们而形成的感觉观念作为知识的自明性基础。他在《论心灵》中指出："我们通过直接感觉直觉地认识事物，它们是自明的真理，比如草是绿的，太阳发光，蜂蜜是甜的。当我们说草是绿的，我们的意思是，当我们看到草时，总能唤起绿的观念，且能够自明地认识这一点。"[2]

除此之外，爱德华兹还从洛克那里继承了一个更为关键的洞见。洛克区分了观念和语言，观念是我们从事物那里得到的直接印象，语言则是交流观念的人造工具。为了向你传达我心中的观念，我必须将观念转化为公

① Bruce Kuklick, *A History of Philosophy in America*, 1720 - 2000. Oxford: Clarendon, 2001, p. 25.

② Jonathan Edwards, *The Philosophy of Jonathan Edwards from His Private Notebooks*. Eugene: University of Oregon Press, 1955, p. 33.

共的符号（声音或文字），然后你再将接收到的符号转化为心中的观念，交流由此完成。洛克在《人类理解论》中指出，语词是观念的"符号"（sign），或者说观念的"可感标记"（sensible marks），而"语词所代表的观念是它们的一般直接意义"。①洛克还指出，不同于作为"心理图像"（mental image）的观念，作为人造工具的语词是一种人为的"约定"（convention），它和观念之间"并无自然的关联"，在很多时候是"一种完全武断的强加"。② 近代早期的经验论者完全遵循了这一思路，他们认为观念是对事物的直接复制，语词则是对观念的再翻译，而较之于作为摹本之摹本的语词，作为忠实摹本的观念要更接近事物的真实存在。③

爱德华兹继承了近代经验论者的思路。他认为语词作为人为的约定不但和真实观念相分离，还会不可避免地混淆和阻碍我们对事物的真正理解。他在《论心灵》中指出："我们习惯于以一百种不同的方式应用相同的语词，并将观念和语词紧密相连，这将会导致一千种错误。我们会认为通过习俗和语词相连的观念也是以同样的方式相互关联的。"④ 可以看到，爱德华兹以另一种方式复述了培根提出的市场假象。⑤ 他试图阐明，如果

---

① John Locke, *An Essay Concerning Human Understanding*. Oxford: Clarendon, 1990, bk. 3, ch. 2, sec. 1.

② John Locke, *An Essay Concerning Human Understanding*. Oxford: Clarendon, 1990, bk. 3, ch. 2, sec. 8.

③ 比如，休谟（David Hume）在《人性论》中指出，语言"是不经任何许诺而由人类协议所逐渐建立起来的"，而"协议只是一般的共同利益感觉；这种感觉是社会全体成员互相表示出来的，并且诱导他们以某些规则来调整他们的行为"。（休谟. 人性论 [M]. 关文运，译. 北京：商务印书馆，2006：526 - 527）贝克莱（George Berkeley）则在《人类知识原理》中指出："我们稍一注意，就可以发现，即使在最严格的论证中，代表观念的有意义的名称，也并不一定在每一次应用时，都要在理解中激起它们原来所表示的观念。（乔治·贝克莱. 人类知识原理 [M]. 关文运，译. 北京：商务印书馆，1973：15）

④ Jonathan Edwards, *The Philosophy of Jonathan Edwards from His Private Notebooks*. Eugene: University of Oregon Press, 1955, p. 33.

⑤ 培根（Francis Bacon）在《新工具》中指出："市场假象是四类假象当中最麻烦的一个。它们是通过语词和名称的联盟而爬人理解力之中的。人们相信自己的理性管制着语词，但同样真实的是语词亦起反作用于理解力；正是这一点使得哲学和科学成为诡辩性的和毫不活跃的。且说语词，它一般地既是照着流俗的能力而构制和应用的，所以它所遵循的界线也总是那对流俗理解力最为浅显的。而每当一种具有较强敏锐性或观察较为认真的理解力要来改动那些界线以合于自然的真正的区分时，语词就拦在路当中来抗拒这种改变。"（培根. 新工具 [M]. 许宝骙，译. 北京：商务印书馆，1986：30 - 31. 译文有改动）

我们被禁锢在语词的使用中，经验的冲击就会变得无力，生动的感觉就会成为机械的习惯，人和事物的关系就会变得遥远。

爱德华兹要求我们从语词回归感觉，在直接的感觉观念中触及活生生的事物。他在手稿中指出："心灵的力量就在于激发真实观念，从而生动而清晰地把握它们的能力。如果我们把握了这种能力，就能同时激发好几个真实观念，并在此基础上看到它们之间的连接和关系。"① 在此基础上，爱德华兹进一步区分了两种认知模式："脑的理解"（the understanding of the head）和"心的感觉"（the sense of the heart）。前一种模式是运用语言的理智模式，后一种模式则是"感觉性知识"（sensible knowledge），它包括了最宽泛意义上的"感受"（feeling）和"意志"（will），比如"美和丑、爱和恨、身体或心灵的愉悦和舒适、痛苦、烦恼、不幸、欲望和渴望、尊敬、默许、希望、害怕、轻视、选择、拒绝、接受等"②。

根据一般的解读，爱德华兹强调观念之于语词，心的感觉之于脑的理解的优先性。③ 但我认为这是一种误读。虽然爱德华兹区分了脑和心、理解和情感，但他并没有试图做出非此即彼的选择。正如库克里克所指出的，在爱德华兹那里，"情感只是为了拥有被理解的东西而外化了的理解，而理解只是为了认识被感受到的东西而内化了的情感"④。这一点对我们理解爱德华兹的感知观而言是关键性的。爱德华兹试图阐明，感知是心的感觉和脑的理解的"混合模式"（mixed modes）。⑤ 他还将混合模式下的感知称为"理想的把握"（ideal apprehension），认为它包含了"心灵的所有活

---

① WJE 18：458. Jonathan Edwards, *The Works of Jonathan Edwards*. Jonathan Edwards Center at Yale University（http：//edwards. yale. edu）. 该文献以 WJE 加卷数加页码进行引用；下文均以此形式引用，不再说明。

② WJE 18：460.

③ 参见 Norman Fiering, "Will and Intellectual in the New England Mind," *William and Mary Quarterly*, 29：4（1972），pp. 515–58；John Smith, "Introduction," in Jonathan Edwards, *Religious Affections*. New Haven：Yale University Press, 1959。

④ Bruce Kuklick, *Churchmen and Philosophers: From Jonathan Edwards to John Dewey*. New Haven：Yale University Press, 1985, p. 33.

⑤ WJE 18：455.

动和激情"。①

正是这一结论让爱德华兹在很大程度上超越了近代经验论的语境。首先，尽管爱德华兹认为知识必须从自明的感觉观念开始，但他对感觉观念的理解已经超越了简单观念或直接印象。在爱德华兹的语境中，感觉必然是"心的感觉"，因而不可避免地带上了"心的欲望"（appetite of the mind）。② 这些欲望包含了前面提到的最宽泛意义上的感受和意志。其次，作为混合模式的感知中并不存在从感觉到理解的层级递进，它兼具情感和理智，因而是被感受到的命题。换言之，心灵在受到事物作用的同时也给出了关于事物的确证，这种确证既是被感受到的，又可以通过语言的形式得到表达。可以看到，爱德华兹已经预见了实用主义对传统经验论的几个关键改造。把这几个结论放到詹姆士或杜威的语境中，同样能够成立。

但我们应该看到，爱德华兹的最终兴趣并不在于关于认知的哲学讨论，而在于探讨上帝如何施于圣恩，人又是如何做出回应。因此，在爱德华兹的神学语境中，探讨混合模式下的感知是探讨宗教情感的准备步骤。他在《宗教情感》（1746 年）中将对上帝的感知称为"精神性理解"（spiritual understanding）。一方面，精神性理解和一般感知之间存在关键区分。从功能来看，精神性理解"是一种新知觉或精神性感觉的原则，它的整个性质不同于心灵的其他感觉，就像味觉不同于其他感觉一样"③。从对象来看，"精神性感觉知觉到神圣性的美，后者与自然人知觉到的所有东西都大不相同"④。另一方面，和一般感知一样，精神性理解也是两种模式的混合，或者更确切地说，它是最完善和最理想的混合状态。爱德华兹指出："心灵不仅在思辨和注视，还在品味和感受。"⑤ 他还指出："神圣情感并不是无光的热度，而是永远产生于由理解提供的信息。"⑥

---

① WJE 18：459.

② Edwards，*The Philosophy of Jonathan Edwards from His Private Notebooks*，p. 55.

③ WJE 2：205 - 206.

④ WJE 2：260.

⑤ WJE 2：272.

⑥ WJE 2：266.

现在的问题是，一般感知和对上帝的感知是如何关联起来的？实际上这个问题是清教传统中的核心问题，即如何从个体进展到上帝的问题。爱德华兹试图阐明，因为一般感知和宗教情感都是混合模式下的感知，所以这里并不存在从具体到抽象、从特殊到一般的递进。不同于这条抽象主义路径，爱德华兹试图用"类比"来理解两者的关系。

为了理解这条思路，我们必须提到在清教徒中流行的拉莫斯逻辑（Ramian logic）。这种得名于法国新教思想家拉莫斯（Petrus Ramus）的逻辑之所以在新英格兰地区的文法学校盛行，拉莫斯在圣巴托罗谬之夜的殉教当然是一个有力的促因，但主要原因则在于这种逻辑的朴实性和简单性。拉莫斯逻辑抛弃了围绕主词、谓词和三段论展开的亚里士多德逻辑，将逻辑简单地界定为"好的思维技艺"（ars bene dissere）。它主要由两部分构成：首先是"发明"（inventio），即根据直接观察将对象区分为不同的"主题"（topics）或"位置"（loci）；其次是"排列"（dispositio），即将这些主题或位置以二分（dichotomy）的形式系统地排列在思维图表中。米勒指出，拉莫斯逻辑"不在于耐心地探究，而在于快速地调查。它的主要考量是分类，因为如果在论证的过程中能够实现正确的二分，那么适当的次序自然会自己显现，就像隐形的墨迹在火上自动显现一样。真理不需要证据，只需要断言。因此，真正的教义是由一系列的公理组成的，而正确的陈述则是自明的"①。奥格（Walter Ong）进一步归纳了拉莫斯逻辑的另外两个主要特征：首先，拉莫斯逻辑是"对思维外存在的个体性探究，而不是思维本身的逻辑"②。因此，它是一种"对任何主题的可能性进行思考的艺术，只要这一主题能够创造坚定的信仰"③。其次，拉莫斯逻辑并不是一种对话性修辞，"当秉持拉莫斯精神的清教心灵开始写诗时，它最初是

① Perry Miller, *The New England Mind: The Seventeenth Century*. Cambridge, MA: Harvard University Press, 1982, p. 151.

② Walter Ong, *Ramus, Method and the Decay of Dialogue: From the Art of Discourse to the Art of Reason*. Cambridge: Cambridge University Press, 1958, p. 290.

③ Ong, *Ramus, Method and the Decay of Dialogue: From the Art of Discourse to the Art of Reason*, p. 94.

说教性的，但逐渐变成了反思性的诗歌，它并不向特定的人说话，而是沉思对象，比如月亮"①。概而观之，首先，拉莫斯逻辑以基于二分的断言代替论证和推演，因而在很大程度上是直觉性的；其次，拉莫斯逻辑并不研究思维本身的形式，而是直接取材于实在的结构，它认为逻辑只能复制那些体现在上帝造物中的形式。

为了理解拉莫斯逻辑，我们还必须理解这种逻辑背后的世界观。米勒指出，拉莫斯逻辑是"将世界中的所有观念、感觉、原因和知觉都集合在一起，将它们以简单而对称的形式排列，这样一来，逻辑上划分和细分的图示实际上就是宇宙的蓝图"。进一步，"拉莫斯认为，主导分组和归类的'二分'原则来自柏拉图，即所有的观念和事物都像进入方舟的动物那样是成对的，因为世界是对称的"。②

二分既可以是选言式二分（p∨q，-p，则q），也可以是类比式二分，即基于相似性，从一个类比项推得另一个类比项。爱德华兹认为，在这两种类比方式中，选言式二分帮助我们区分真实和虚假的宗教情感，从而为精神性理解提供引导。他清醒地看到，在伴随第一次大觉醒（Great Awakening）而兴起的宗教复兴运动中出现了种种虚假和妄想，许多所谓的信徒并没有表现出真正的宗教情感，而驳斥和纠正这些现象正是《宗教情感》的主旨。爱德华兹指出："我们需要吸取教训，分辨真假宗教，将得救的情感和体验与种种哗众取宠的表演和虚张声势的表现区分开来。"③与感知相关的则是类比式二分。爱德华兹在一次布道中指出："认识到上帝是神圣而仁慈的与感受到这种神圣和仁慈的可爱与美是不同的，就好像从理性上判断蜂蜜是甜的不同于品尝到蜂蜜的甜美。有理性判断的人并不一定知道蜂蜜尝起来是什么味道的，只有品尝过之后，我们才知道蜂蜜的味道。"④

---

① Ong, *Ramus, Method and the Decay of Dialogue: From the Art of Discourse to the Art of Reason*, pp. 287 - 8.

② Perry Miller & Thomas Johnson, eds., *The Puritans*. New York: Harper & Row, 1963, vol. 2, pp. 31 - 2.

③ WJE 2: 89.

④ Jonathan Edwards, *A Jonathan Edwards Reader*. New Haven: Yale University Press, 1995, p. 112.

可以看到，爱德华兹将关于上帝的宗教情感类比为对蜂蜜的感知，亲身感受到上帝的圣恩就像亲口品尝到蜂蜜的滋味。这种一般感知和宗教情感之间的类比在新英格兰的宗教叙事中比比皆是，很多一直延续并保留在当下北美的宗教语汇中，比如"沙地上的建筑""风暴中的海浪""竞食腐肉的乌鸦""哺育婴儿的乳汁"，等等。

相比于推理和论证，基于相似性的类比是更为原始的思维方式。人总是借助已经理解的东西去理解尚未理解的东西。比如，我们用最熟悉的身体形象去理解世界中的对象：河口（the mouth of a rive）、山脚（the foot of a mountain）、梳齿（the teeth of a comb）、瓶颈（the neck of a jug），等等。在这种基于相似性的类比中，熟悉之物和不熟悉之物的界限消失了，我可以成为任何东西，任何东西也可以成为我。正是在这个意义上，维科（Giovanni Battista Vico）在《新科学》（1725 年）中指出，理性的形而上学告诉我们，人可以通过理解变成所有东西（homo intelligendo fit omnia），而想象的形而上学则试图阐明，人恰恰是因为不理解才变成所有东西（homo non intelligendo fit omnia）。[①] 从这个角度来看，类比在清教传统中的运用并不只是修辞层面上的，它还是个体与上帝发生关系的最终途径。在一般感知和宗教情感的类比关系中，个体所熟悉的有限存在和个体所不熟悉的神性存在之间形成了一条明确的通路。

但反过来看，在通过相似性寻求理解的同时，类比也突显了类比项之间的本质差异。在爱德华兹的神学语境中，这种差异性最终表现为个体心灵与上帝心灵的差异，人与上帝的相像（likeliness）最终源于两者的不相像（unlikeliness）。由于这种差异性，个体在做出类比的同时也在进行"解码"（decoding）的工作：个体必须在自己的存在体验中探索上帝的秘密。虽然一般感知是我们理解宗教情感的线索和提示，但谜面显然无法穷尽谜底的全部意义。托马斯·布朗（Thomas Browne）在 17 世纪写道："我从两本书中获得我的神性。除了上帝写的那本书，还有他的仆人自然

---

① Giovanni Battista Vico，*The New Science of Giovanni Battista Vico*. Ithaca：Cornell University Press，1948，para. 405.

写的那本普遍的、公共之书。自然之书展现在所有人的眼前，那些从未在上帝之书中看到上帝的人可以在自然之书中看到他。"① 但自然之书并不等于上帝之书。和所有信仰基督教的心灵一样，爱德华兹深刻地理解了圣保罗的箴言："我们现在是对着镜子观看，模糊不清；到那时，就要面对面了。"（《哥林多前书》13：12）

在这种基于相似性最终又指向差异性的类比中，两个类比项之间存在着既开放又确定的关系。个体从自身的感受和领悟出发建立其和上帝的关系，它们是个体根据自己的视角创造的独特通路；但从更深的层面来看，这些关系又是由上帝规定的，它们体现了上帝的最终意志。我们还应该看到，在一般感知和宗教情感的类比中，两者之间的交叉和互返关系是首要的，对立关系则是次要的。一方面，根据清教徒的构想，地上的存在是通向天上的钥匙，用爱德华兹的话来说，"世界中的事物被如此排列和设计乃是为了传达精神性的事物"②。因此，一般感知必然进展到宗教情感。另一方面，而宗教情感又必须通过一般感知获得它的生动性和真实性。考虑到这种交叉和互返的关系，一般感知和宗教情感的类比同样涉及混合的艺术。对这种艺术而言，综合是第一位的，区分是第二位的。

意识、实存与上帝

将爱德华兹的立场归为观念论是一个被普遍接受的论断，他的早期著作为这种解读提供了有力证据。③ 爱德华兹在《论存在》中指出："拥有知识和意识的存在是唯一真正严格意义上的实体性存在，其他事物是依靠它们而存在的。有人认为物质性事物是最实体性的存在，而精神更像是一个

---

① Thomas Browne, *Religio Medici and Other Works*. Oxford: Clarendon, 1964, p. 15.

② Edwards, *A Jonathan Edwards Reader*, p. 16.

③ 参见 H. N. Gardiner, "The Early Idealism of Jonathan Edwards," *The Philosophical Review*, 9: 6 (1900), pp. 573 - 96; I. Woodbridge Riley, *American Philosophy: The Early School*. New York: Dodd, Mead, 1907, pp. 126 - 87; Harvey Townsend, *Philosophical Ideas in the United States*. New York: American Book, 1934, pp. 39 - 61.

阴影，我们可以看到这种观点显然是错误的。只有精神才是正当的实体。"① 在《论心灵》中，他更加明确地表达了这种贝克莱式的观念论立场："所有存在都是心理的，也就是说，所有外部事物的存在都是理念的。"②

但我认为，对爱德华兹的观念论解读存在较大的问题。首先，爱德华兹明确承认心灵并不足以涵盖全部的存在领域。他在《论心灵》中指出："当我们说世界（即物质性的宇宙）仅存在于心灵当中，这一论断的严格性与抽象性程度让我们必须特别小心，以免混淆和错误地理解。这一论断并不是说整个世界都包含在某个几英寸的狭窄空间内，或是包含在大脑的微小观念当中，这样的理解是自相矛盾的。"③ 其次，爱德华兹不仅处在近代微粒论的世界观之中，还像经验论者那样，认为世界是由"原子"（atom）或"最小物质"（minimum physicum）构成的。④ 他在《论心灵》中探讨的"实体"（substance）就是一种"实心的"（solid）物质性微粒，而不是精神实体。⑤ 再次，更为关键的是，根据这种世界观，感知既不是心灵的构想，也不是心灵与实在的相互作用，而是外部实在对感官的实际作用。柏拉图在《蒂迈欧篇》中提到了两种流（efflux）：作为"内火"的视觉之流和从其他物体流射出来的微粒之流。前者在遭遇后者时受到影响，这种影响通过眼睛传达给心灵，最终形成各种感觉。⑥ 而洛克则告诉我们："我们称为白色的感觉或观念是由一定数量的微粒（globules）所产生的，这些微粒以自身为中心旋转，并以逐渐加快的速度击中视膜。"⑦ 在这两种模型之间，爱德华兹无疑会认同洛克的构想。在爱德华兹和洛克那里，外部实在是产生知识的最终动因。

---

① Edwards, *The Philosophy of Jonathan Edwards from His Private Notebooks*, p. 8.
② Edwards, *The Philosophy of Jonathan Edwards from His Private Notebooks*, pp. 29 - 30.
③ Edwards, *The Philosophy of Jonathan Edwards from His Private Notebooks*, p. 39.
④ Edwards, *The Philosophy of Jonathan Edwards from His Private Notebooks*, p. 13.
⑤ Edwards, *The Philosophy of Jonathan Edwards from His Private Notebooks*, pp. 60 - 3.
⑥ 参见 Plato, *Timeaus*, 45b2 - 46c6, 67c4 - 68d7.
⑦ Locke，*An Essay Concerning Human Understanding*, bk. 4, ch. 2, sec. 11.

在爱德华兹那里，事物和心灵之间的区分是决定性的。下面这一事实尤其明确地体现了这一点。洛克区分了第一性的质和第二性的质，而贝克莱则试图证明，这些性质本质上都是观念性的，事物本身的性质和由人归属给事物的性质之间并不存在绝对的区分。爱德华兹并不认同贝克莱的批评，他在洛克提出的第一性的质——凝性（solidity）、广延（extension）、形相（figure）、运动（mobility）——中特别挑出了凝性，将其余都归入第二性的质。他认为只有凝性是事物本身的性质，其余性质则是人归属给事物的。① 所谓凝性，也就是拒绝被进入和被分割的性质，用爱德华兹的话来说，"凝性就是对其他凝性的阻力（resistance）"②。爱德华兹认为，我们无法设想事物在没有凝性的情况下存在，因为"凝性就是事物"。③

观念论解读和经验论解读之间的明显矛盾给界定爱德华兹的实在观带来了很大的难度。爱德华兹并没有像康德那样试图调和这两种立场，而是以一种非常独特的方式在神学语境中化解了这个矛盾。为了说明这一点，我们需要两个步骤。

第一个步骤是理解意识的双重性。在爱德华兹那里，意识既指受造者的一般意识，又指创造者的神圣意识，前者是相对的，后者是永恒的。他在《论存在》中指出："心灵如何可能想象任何应该存在但不被知道的东西？这是完全不可能的。你会说，之所以如此是因为任何东西都只存在于意识中。是的，任何东西要么存在于受造的（created）意识中，要么存在于非受造的（uncreated）意识中。"④ 在这种双重性中，一般意识和神圣意识本质相关，它们之间的联系是首要的，对立是次要的。

一般意识和神圣意识之间的联系是双向的。一方面，爱德华兹试图阐明，一般意识可以通过宗教情感最终进展到神圣意识。他在《论心灵》中指出："一般而言，真理可以用最严格和最形而上学的方式来定义，它是

---

① Edwards，*The Philosophy of Jonathan Edwards from His Private Notebooks*，pp. 31-2.

② Edwards，*The Philosophy of Jonathan Edwards from His Private Notebooks*，p. 1.

③ Edwards，*The Philosophy of Jonathan Edwards from His Private Notebooks*，p. 60.

④ Edwards，*The Philosophy of Jonathan Edwards from His Private Notebooks*，pp. 6-7.

个体观念与上帝观念之间的一致。"① 这条从个体知者到绝对知者的路径也深刻地影响了后来的罗伊斯和人格主义者。在此基础上，爱德华兹还试图阐明，一般意识和神圣意识之间的一致性是由上帝直接规定的，在这个意义上，一般意识从一开始就是神圣意识的一个面相或片段。爱德华兹认为，原罪就是远离一般意识和神圣意识之间的这种原初一致性，而重新恢复这种关系则是救赎的完美表达。与此同时，一般意识和神圣意识之间的阻隔只是功能性的暂时障碍，个体可以通过训练自己的感知、辨别和表达能力不断地切近上帝，而这种努力同时也是中选的确切标志。另一方面，尽管爱德华兹不承认神圣意识受到一般意识的影响或接受来自一般意识的贡献，但他认为神圣意识必须在一般意识中得到反映。又因为一般意识在运作的过程中必然带上个体的倾向性，所以一般意识并不只是被动地反映神圣意识，同时也在主动地参与神圣意识。在这个意义上，神圣意识始终处在围绕一般意识展开的创生过程中。爱德华兹在《谦逊的探究》（1749年）中指出："上帝的创造是一种当下的、连续的、直接的运作。"② 在这种双向的交通过程中，一般意识通过自我体认和自我表达主动地参与神圣意识，以各种不同的方式表达两者之间的必然关联。

第二个步骤是理解上帝和物质性实存的同一性。前面指出，爱德华兹的所有哲学思考都是在神学语境中的进行的。现在，上帝的神圣活动和物质性微粒的机械运动之间产生了不可调和的矛盾。爱德华兹认为，这个矛盾可以通过如下的方式得到化解："这里的秘密在于：所有物体的实体都是上帝心灵中无限精确和极为稳固的观念。"③ 换言之，"上帝与实存是同一的"④，并且"从形而上学的严格性和恰当性上来说，上帝就是存在，除此之外并无其他"⑤。

---

① Edwards，*The Philosophy of Jonathan Edwards from His Private Notebooks*，p. 30.

② Edwards，*A Jonathan Edwards Reader*，p. 185.

③ Edwards，*The Philosophy of Jonathan Edwards from His Private Notebooks*，p. 32.

④ Edwards，*The Philosophy of Jonathan Edwards from His Private Notebooks*，p. 33.

⑤ Edwards，*The Philosophy of Jonathan Edwards from His Private Notebooks*，p. 48.

这样的思路当然不是爱德华兹首创的。比如，牛顿就在《光学》中指出："上帝在开始造物时就把物质做成实心的、有质量的、坚硬的、不可入的、可运动的粒子，其大小、形状和诸如此类的其他一些性质以及空间上成这样的比例等都最有助于达到他创造它们的目的。这些原始粒子是些固体，比任何由它们组成的多孔的物体都要坚硬得无可比拟，甚至坚硬得永远不会磨损或破裂成碎块；没有任何普通的力量能把上帝自己在最初创世时造出来的那种物体分割。"① 非常类似，爱德华兹在《论心灵》中指出："上帝最初创造了一些具有确定重量和形相的原子，让它们以一定的速度向某个方向运动，并由此产生了宇宙中永远连续的自然变化。"② 他还在《论存在》中指出："凝性来自上帝能力的直接运作。"③ 当然，牛顿和爱德华兹之间也存在着关键的区分：前者通过探讨上帝创造物质最终走向了自然神论；而后者则更强调物质存在和神性存在本质上是同一种存在，这种强调让爱德华兹始终维持在加尔文主义的神学框架下。除了将上帝等同于物质性实存，爱德华兹还将上帝和空间等同起来。他在《论存在》中指出："我相信下面这一点是自明的：空间对任何人来说都是必然、永恒、无限而无所不在的。……空间就是上帝。"④ 他还指出："空间就是那个必然、永恒、无限而无所不在的存在。"⑤

我们可以根据以上两个步骤来最终界定爱德华兹的立场。物质性实存是神圣意识，但不是一般意识；具有凝性的物质性实存和个体心灵对立，但不和神圣心灵对立，因为物质性实存就是神圣心灵本身。在这个意义上，爱德华兹所持的是一种特殊的神学观念论。根据这种神学观念论，个

---

① 牛顿. 光学［M］. 周岳明，等，译. 北京：科学普及出版社，1988：223. 我们还可以在剑桥柏拉图主义者那里找到类似的思路。参见 Frederick Copleston, *A History of Philosophy*. Garden City：Doubleday，1964，V/I，pp. 69 ff；John Tull Baker, *A Historical and Critical Examination of English Space and Time Theories from Henry More to Bishop Berkeley*. Bronxville：Sarah Lawrence College，1930。

② Edwards, *The Philosophy of Jonathan Edwards from His Private Notebooks*, p. 39.

③ Edwards, *The Philosophy of Jonathan Edwards from His Private Notebooks*, p. 16.

④ Edwards, *The Philosophy of Jonathan Edwards from His Private Notebooks*, p. 2.

⑤ Edwards, *The Philosophy of Jonathan Edwards from His Private Notebooks*, p. 9.

体心灵和物质性实存是相互外在的，而神圣心灵和物质性实存则是同一的，这是个体心灵和神圣心灵的本质区别。我们还可以将这种神学观念论进一步分解为本体论和认识论层面的命题：一方面，它在本体论层面是一种非实在论，因为它认为物质就是上帝的观念；另一方面，它在认识论层面又是一种实在论，因为它认为知识是由外部实在作用于心灵而产生的。

　　但爱德华兹的特殊之处在于，在区分一般意识和神圣意识的同时，他还试图强调两者之间存在着双向的交通。基于这种交通，一般意识和物质性实存之间就不再是单纯的相互外在关系。爱德华兹认为，虽然物质性实存外在于个体心灵，但因为神圣意识反映在一般意识中，和神圣意识同一的物质性实存也能在某种意义上被纳入个体心灵。他指出："外在于我们的事物是以确实的模式进入我们心灵的上帝观念。因此，这些事物中的真理就是个体观念与上帝观念之间的一致。要给出一个关于存在的完全抽象的观念是不可能的，我们只能在具体的经验中发现上帝与实存是同一的。"① 可以看到，尽管实在与心灵的关联最终依赖于一般意识和神圣意识的交通，但它的发生场所却是在具体的经验中。个体心灵在各自的经验中体认和探索与神圣意识同一的实在结构，在主动参与神圣意识的同时也在主动地塑造物质性实存。爱德华兹在《宗教情感》中将这种体认和探索称为"实验宗教"（experimental religion）。他指出："如同用事实来检验意见和观念的实验哲学，一种实验宗教以同样方式检验宗教情感和意图。"② 实验宗教的首要目的是将尽可能多的新关系引入既有的框架，并通过这种引入实现宗教性的升华。从某种意义上来说，后来实用主义者提出的方案就是这种围绕经验展开的实验宗教的世俗化版本。

　　从宽泛的视角来看，爱德华兹的实在观无疑处在 17 至 19 世纪的自然神学这条大的线索当中。根据自然神学的思路，自然之书是上帝之书的"活生生的象形文字"（living hieroglyph）。爱德华兹在《神圣事物的图像》

---

① Edwards，*The Philosophy of Jonathan Edwards from His Private Notebooks*，p. 33.
② WJE 2：151.

（1728 年）中指出，上帝和他的造物之间有一种"伟大而惊人的相似"①。他一方面强调造物不过是上帝"图像"（image）或"影子"（shadow），另一方面又试图阐明，我们只能在自然中理解神性存在，正如他所指出的，"可见世界壮丽无比，它有无法把握的宽度和不可理解的高度"②。正是在这个意义上，以爱德华兹为代表的清教徒在任何意义上都不是对世界麻木的。也正是在这个意义上，爱德华兹强调了感知的重要性，因为感知的敏锐度和丰富性决定了我们对神性存在的最终理解，而在经验中体认和探索神圣意识是我们把握实在的唯一路径。爱德华兹的思路在爱默生那里得到了直接的继承，从某种意义上来说，爱默生的《论自然》以超验主义的方式重新阐述了爱德华兹式的自然神学。除此之外，这条通过经验来关联自然和精神的思路还深刻地影响了后来的实用主义者，只不过在实用主义者的"经验"构想中，主导自然之书的不是牛顿的物理学，而是达尔文的进化论。

二元论及其弥合：从清教传统到实用主义

基于二元论的种种张力是清教世界观的基本特征：一方面是出于上帝的"神召"（calling）而勤勉工作③，另一方面则是对物质的弃绝和对彼岸的向往④；一方面是拒斥任何外在律法和体制性诉求，认为圣恩之下的"内

---

① Edwards，*A Jonathan Edwards Reader*，p. 16.

② Edwards，*A Jonathan Edwards Reader*，p. 21.

③ 英国清教思想家伯金斯（William Perkins）在《论人的工作或神召，以其种类与正确的使用》中将"神召"定义为"上帝为了公共的利益，命令和强加给我们的某种生活形式"。神召的两条基本原则是：首先，"任何人无论从事什么工作，其言行都必须按照神召行事，因此他必须将自己限制在神召的界限或辖区之内"；其次，"每个人都必须勤勉地履行神召的职责"。Edmund Morgan，ed.，*Puritan Political Ideas*，*1558 - 1794*. Indianapolis：Hackett，2003，p. 36，p. 39，p. 42.

④ 清教女诗人布拉德斯特里特（Anne Bradstreet）在《肉身与精神》中假借精神之口对肉身说："我的眼睛穿透天空，/看见汝所不见之物。/……若天上之城能将我接纳，/任你所愿尽管拿走世界。" Anne Bradstreet，*The Works of Anne Bradstreet in Prose and Verse*. Charlestown：Abram E. Cutter，1867，pp. 384 - 5. 1630 年布拉德斯特里特跟随丈夫迁徙至新英格兰，她以女性特有的敏感体验新世界的自然环境和精神环境。她的诗篇是美国第一批重要诗作，也是清教传统的宝贵遗产。

在之光"（inner light）已经是得救的充分条件的唯信仰论（antinomianism），另一方面则是强烈的政治改良欲望以及在此基础上发展起来的神学民主政治①；一方面是上帝的主权（sovereignty），另一方面则是人的责任（responsibility）。但我们也看到，这种二元论实际上又是由交叉和互返关系构成的双重性。对清教徒而言，双重性的确立同时意味着二元论的弥合。

我们同样可以在本章的讨论中清楚地看到二元论的张力：一方面是心的感觉，另一方面是脑的理解；一方面是牛顿式的物理世界，另一方面则是神圣心灵的创造。同时，我们也可以看到一系列指向综合的双重性：爱德华兹不仅探讨了混合了心的感觉和脑的理解的一般感知，还探讨了一般感知和宗教情感如何通过类比实现相互的转化；他不仅探讨了一般意识和神圣意识的双向联系，还探讨了一般意识如何在和神圣意识发生关系的同时和物理性实存发生关系。概而观之，在外显的二元论背后，爱德华兹以一种更加复杂而微妙的方式理解个体与世界的关系。

实用主义者在很大程度上继承了清教传统的这种基因。但遗憾的是，后世对于清教传统的一般理解在很大程度上掩盖了这种学理上的传承，其中也包括实用主义者。比如，詹姆士在《实用主义》中批评了清教徒的道德主义。在清教徒看来，"避免'恶'的方法不是去'扬弃'它，或将它作为一个基本的、但已被克服的因素保存下来，而是完全抛弃和超越它，制造一个完全没有它的地位和名称的宇宙"。而在詹姆士看来，真正的实用主义者应该"真诚地接受一个严峻的宇宙"②。在同样的意义上，杜威在《确定性的寻求》中批评了"严苛的清教主义"（stern Puritanism）。他指

---

① 清教牧师威廉斯（Elisha Williams）在《新教徒的根本权利与自由》中指出，一方面，政府是必要的，因为：（1）个体之间必须建立共同认可的律法，以此作为对错的标准与衡量一般性争议的尺度；（2）必须有共同认可的且不偏不倚的权威裁决者根据已有的律法裁判各种事务；（3）在裁决产生后，必须有适当的力量支持与施行这些裁决。但另一方面，属于个体的某些权利又永远不可能被政府剥夺，其中最重要的是自我保存的权利和施以惩罚的权利。另外，社会成员还保留那些与社会目的无关的自然权利，以及在宗教事务上的实践和判断的权利。Morgan, ed., *Puritan Political Ideas*, p. 272, p. 276.

② WWJ 1：142.

出："人的道德任务不是根据理念创造一个世界，而是在人格中理智地把握已经蕴含在实际世界中的意义和价值。"① 可以看到，这些批评所针对的只是加尔文主义的道德观，并未涉及清教传统的感知观和实在观，也没有实质性地反对清教传统的世界观。

我们已经在上面的讨论中提示了一些关键的实用主义萌芽。我们还会在之后的讨论中看到，实用主义者以自己的方式接续和发展了弥合二元论的工作。在清教传统的神学语境中，这种弥合是在垂直的方向上进行的；而在实用主义的世俗语境中，这种弥合则是在水平的方向上进行的。如果说雅各的"天梯"生动地代表了前一种想象，那么实用主义者提出的"纯粹经验之流"则明确地揭示了后一种构想。

① LW 4：51.

第三章　超验主义语境中的感知与实在：以爱默生为例

　　那一次，客观的物体、颜色、光线，也都不再有任何可辨识的意义。那些物体上它们自己本身，浸浴在明亮而骇人的辽阔寂静中。那一刻，你对物体不再关心，无需像阿米巴变形虫那样用你的身体笼罩一切。物体变得洁净无瑕，因为你把自己从中抽离来；一次崭新的经验，就像人第一次看到大峡谷、草原、海洋。一个充满了随着你的呼吸的韵律而跳动的光线和鲜活色彩的洁净无瑕的世界，你变成了一切物体，与它们不再有所区别，你就是那朵令人眩晕地高挂在空中的白云，蓝天也是你，还有那窗台上天竺葵的红叶子和窗帘布纤细的双股纬线。

费里尼（Federico Fellini）：《我是说谎者》

引　言

　　1836 年，超验主义俱乐部（Transcendental Club）在马萨诸塞州的剑桥成立，同年还出版了爱默生的《论自然》，这两个事件共同标志着一场被称为"超验主义"的思潮正式揭开序幕。我在导论中指出，超验主义的思想资源在很大程度上是外来的。除了德国观念论和英国浪漫主义这两个主要资源，对超验主义产生重要影响的还有新柏拉图主义、基督教神秘主义、印度哲学、苏菲派哲学等。正是在这个意义上，爱默生在《超验主义者》（1842 年）中指出，超验主义是"被新时代重塑的最古老的思想"①。但超验主义者并不是简单地拼凑这些资源，而是将它们视为永恒的诸面相。他们在消化和吸收这些资源的同时也将它们超验主义化，进而将它们熔铸成一个整全性的精神视界。

另一方面，援引外来资源的动力是解决自身面对的问题。在这些思想资源的帮助下，超验主义者试图用一种极为自由的精神宗教（spiritual religion）来取代加尔文主义的神启宗教（revealed religion）。爱默生在《年轻的美国人》（1844 年）中指出："旧宗教像新英格兰乡间的安息日清晨，教导着人的匮乏、自我否定和悔恨！"② 从这个角度来看，尽管超验主义运动没有纲领性的原则，但我们仍然可以提炼出一些共同要素来明确界定它的理论倾向，比如人格的神圣性、对上帝的内在直观，以及个体经验之于社会体制的优先性等。可以看到，这些倾向构成了后来自由主义宗教运动的核心要素。爱默生在《论自然》的开篇就指出："我们的先辈们与神灵，与自然直接晤面，领承天启；而我们，和他们一样长有双眼的我们，却只能借助他们的双眼来'目睹'神灵和自然。我们为什么不能拥有由我们的亲眼所见激发出来的而不是由我们的先辈留给我们的诗和哲学？我们为什么不能拥有上苍直接启示给我们的宗教本身而不是宗教的历史或历史中的宗教？"③ 在 20 世纪的语境中，这种叩问在北美催生了一种"精神性的，但非宗教性的"（spiritual，but not religious）泛宗教文化。从宽泛的意义上来说，实用主义同样处在这种文化之中。

在本章的讨论中，我将以爱默生为例考察超验主义者的感知观和实在观。在关于美国哲学的主流叙事中，爱默生始终居于非常边缘的位置，他

---

① WE 1：311. 这让我们想到詹姆士给《实用主义》所加的副标题："一些旧思维方式的新名称"。詹姆士指出："实用主义方法中完全没有什么新的东西。苏格拉底熟练地使用它，亚里士多德有条理地使用它，洛克、贝克莱和休谟用这种方法对真理做出了重大贡献。"WWJ 1：30.

② CE 1：220. Ralph Waldo Emerson, *Collected Works of Ralph Waldo Emerson*. Cambridge, MA：Harvard University Press，1971 - 2013. 该文献以缩写 CE 加卷数加页码进行引用；下文均以此形式引用，不再说明。

③ WE 1：9. R. W. 爱默生. 自然沉思录［M］. 博凡，译. 上海：上海社会科学院出版社，1993：2.

与实用主义者的关联也只是得到了零星的提示。① 与此不同，实用主义者
反倒更为清楚地看到了爱默生之于美国哲学传统的重要性。比如，詹姆士
在爱默生诞辰一百周年的讲话中称爱默生为"真正的先知"②。而杜威则在
1903 年芝加哥大学的一次讲演中指出，爱默生是"新世界的公民，他的名
字应该像柏拉图那样广为流传"③。所幸的是，我们已经看到一些在哲学论
域中探讨爱默生的严肃尝试。④ 和这些尝试一样，本章的讨论也是在哲学
论域中展开的，这些围绕感知与实在展开的讨论将深刻地呈现爱默生与实
用主义者的内在关联。

在表面和深处之间：关于感知的"居间艺术"

如果说清教传统的主要思维方式是类比，那么超验主义者的主要思维
方式则是隐喻（metaphor）。根据传统的观点，隐喻就是省略的明喻
（elliptical simile）。但我们也可以通过类比来理解隐喻。类比和隐喻有着
源头上的亲缘关系，如果说类比是一种照实的比较（literal comparison），
那么隐喻则是一种形象的比较（figurative comparison）。尽管任何比较都
必须建立在相似性的基础上，但不同于照实的比较，形象的比较要求一种
不相似性（unlikeliness）或不协调性（incongruousness），它让两个距离
较远的东西突然接近，人为地制造出一种语义上的扭转（twist）。事实上，
隐喻的词源"meta-pherein"（to carry beyond）已经包含了这一层意思：

---

① 参见 John Stuhr, *Classical American Philosophy*. New York：Oxford University Press，1987；
Elizabeth Flower & Murray Murphey, *A History of Philosophy in America*. New York：Putnam，
1977；John Smith, *The Spirit of American Philosophy*. New York：Oxford University Press，
1963。

② WWJ 11：114.

③ MW 3：191.

④ 参见 Richard Poirier, *The Renewal of Literature: Emersonian Reflections*. New York：Random
House，1986；Cornel West, *The American Evasion of Philosophy: A Genealogy of Pragmatism*.
Madison：University of Wisconsin Press，1989；Stanley Cavell, *The Senses of Walden*. Chicago：
The University of Chicago Press，1992。

它要求超出原本的意域，转换已有的事实。在这个意义上，隐喻不但建立了一种关系，还帮助我们打开了一个崭新的视界，在这个视界中重新认识发生关系的关系项。

隐喻是爱默生的基本方法。他在日记中写道，"我的理性功能相对来说是较弱的"，"我的思考和说话并不具有逻辑的模式，我也不妄想获得"；较之于单纯的命名和推理，他更倾向于"道德的想象力"和"对修辞的热爱"。① 在爱默生那里，语言除了平实意义（plain sense），还有完整意义（full sense），我们需要通过隐喻从前者进展到后者。尽管隐喻的大量运用给我们的解读带来了极大的困难，但挖掘表层下深层含义不仅是我们研究爱默生的主要方法，也是我们理解其感知观的关键所在。

和清教徒一样，爱默生对感知的理解也处在传统经验论的语境中：感知是事物给感官造成的强制效应。他在《自我依靠论》中区分了"知觉"（perception）和"观念"（notion）："知觉不是异想天开的，而是不可避免的。如果我们看到一种特性，我的孩子们随后也会看到，最后，全人类都会看到——虽然碰巧在我之前没有人看到过它。因为我对它的知觉如同太阳那样，是一件明晃晃的事实。"② 但我们不能就此认为爱默生探讨的"不可避免的事实"就是因果层面的感觉印象。我们在前一章中提到，爱德华兹试图用"心的感觉"代替简单观念或直接印象。在同样的意义上，爱默生认为近代经验论是一种"琐碎经验主义"（paltry empiricism），这种经验论将零碎的材料作为知识的出发点，用表层的刺激与应激代替更深层次的认知进程。关于这种"琐碎经验主义"，爱默生在《经验》中指出："我们必须对时间因素造成的欺骗保持相当的警惕。吃饭、睡觉或挣足一百美元都要花去我们大量的时间，而只剩下很少的时间供我们来获取一种希望和洞察力，而希望与洞察力才是照亮我们生命的光。我们摆弄花园，吃饭，与妻子讨论家务，而所有

① Ralph Waldo Emerson, *Emerson in His Journals*. Cambridge, MA: Harvard University Press, 1982, pp. 45 - 6.

② WE 2: 65 - 66. R. W. 爱默生. 自然沉思录 [M]. 博凡, 译. 上海: 上海社会科学院出版社, 1993: 141. 爱默生于 1841 年发表了第一组随笔集, 于 1844 年发表了第二组随笔集。在本章中, 凡出自这两组随笔集的篇章均未标注发表时间。

这些事在我们心中都没有留下痕迹，过一个星期我们就将这些事忘得一干二净。然而，当一个人回复到离群独处的状态时，他就会神清气爽，得到一种天启，他将带着这种精神状态，带着这种启示走向一个新的世界。"①

从理论的最终效应来看，如果说爱德华兹的思路只是对近代经验论的一种局部修正，那么爱默生的思路已经从根本上超越了近代经验论的语境。为了克服琐碎经验主义，他主要援引了以下两个非经验论的思想资源。首先是德国观念论。爱默生通过柯勒律治和卡莱尔（Thomas Carlyle）的译文熟悉了德国观念论。② 他在《经验》中以自己的方式转述了现象和本体的康德式区分："我们最后发现我们所追求的'真实性'不过是一种舞台布景和赝品之类的东西。这件可悲的事使我懂得了怀有这样的希望是多么轻薄。这种赝品式的东西以及诸如此类所有其他的东西都只是在表面上兜圈子，从未把我引入真实性中……是的，灵魂永不触及它们的对象。一个我们无法航行其上的海洋用无声的波浪在我们与为我们所关注并和我们保持联系的事物之间激荡着。……万物具有烟雾般的消散性与狡黠性，即使我们抓住了它们最牢靠的部分，这消散性与狡黠性使它们也能从我们手下溜走。……所有与自然的一闪而过的撞击都是突发性的，人与任何外物的关系都是隔膜而偶然的。"③

与此同时，爱默生又对这一区分做出了关键改造，而正是这一改造构

---

① WE 3：85 - 86. R. W. 爱默生. 自然沉思录 [M]. 博凡，译. 上海：上海社会科学院出版社，1993：234.

② 1829 年，佛蒙特大学校长马什（James Marsh）出版了柯勒律治的《反思之助》（*Aids to Reflection*），这是柯勒律治著作的第一个美国版本，也是超验主义者的一个主要原始文本。爱默生在该书出版的当年就进行了仔细阅读，并在给他阿姨的信中提到自己对柯勒律治产生的热情，以及这种热情如何进一步扩展到康德、费希特（Johann Gottlieb Fichte）、谢林（Friedrich Wilhelm Joseph Schelling）以及另一个用英语传播德国哲学的重要哲学家，卡莱尔。值得一提的是，1833 年赫奇（Frederick Henry Hedge）在对《反思之助》的评论中第一次使用了"超验哲学"这一概念，并指出这种哲学将"自由直观"放在首要位置。这一提法比超验主义俱乐部的成立还早三年。Frederick Henry Hedge, "Coleridge's Literary Character," in Joel Myerson, ed., *Transcendentalism: A Reader*. Oxford：Oxford University Press，2000，pp. 78 - 96. 另外，并非偶然地，杜威在晚年也将马什出版的《反思之助》称为自己的"第一本《圣经》"。Corliss Lamont, ed., *Dialogue on John Dewey*. New York：Horizon，1959, p. 15.

③ WE 3：52 - 53. R. W. 爱默生. 自然沉思录 [M]. 博凡，译. 上海：上海社会科学院出版社，1993：202 - 203.

成了超验主义的鲜明特征。我们可以在这个步骤中看到柯勒律治和卡莱尔的显著影响。柯勒律治指出，洛克式的感知只是一种原始想象（primary imagination），它必须进展到二级想象（secondary imagination）。二级想象"溶解、扩散、驱除，并由此来重建……它本质上是有生命力的，即使所有对象（作为对象）本质上是固定的、僵死的"①。在柯勒律治的影响下，爱默生区分了经验和真理，他认为我们可以通过感觉经验和知性推理获得经验，但只能在精神的直观中获得真理。不同于现象和本体的区分，经验和真理不再处于"现象之幕"的两边，而是可以通过本质上不同的方式在经验进程中被获得。因此，爱默生的最终诉求既不是超越经验，也不是寻找先于经验的绝对前提，而是试图从寻常的（ordinary）经验进展到超乎寻常的（extraordinary）经验，即问出寻常之外去。他在《论自然》中指出："智慧的永恒标志就是从平常中看到神奇（see the miraculous in the common）。"② 在这个意义上，我们可以将爱默生的立场界定为"超验经验主义"（transcendental empiricism）。首先，不同于"琐碎经验主义"，超验经验主义不只停留于感觉经验的"平实意义"，还试图通过创造性的转换和增殖探讨"完整意义"。其次，更为重要的，超验经验主义要求我们只在经验内部探问"额外的"（extra）意义，但不试图寻找超出经验本身的原则或规定。正因为如此，《论自然》的要旨并不是像近代思想家那样通过"自然之书"探索"上帝之书"的秘密，而是在经验中体认自然进程的神圣面向。在卡莱尔那里，这样的路径被界定为"自然的超自然主义"（natural supernaturalism）。

　　除了对德国观念论的吸收和改造，爱默生还从英国浪漫主义那里汲取资源。浪漫主义者要求我们通过"内在之眼"（the inward eye）看到事物的"内在生命"（inner life）。比如，华兹华斯（William Wordsworth）在

---

① Samuel Coleridge, *Biographia Literaria*. Oxford：Oxford University Press，1939，vol. I，p. 202.

② WE 1：78. R. W. 爱默生. 自然沉思录［M］. 博凡，译. 上海：上海社会科学院出版社，1993：63.

《丁登寺旁》中写道:"我们的身体入睡了,变成了一个活的灵魂;因为和谐的力量,也因为愉悦的深沉力量,我们的眼睛变得安静,得以看清事物的内在生命。"在同样的意义上,爱默生要求我们从表面的看进展到深入事物内部的看,从事物表面的裂隙中窥探关于事物的真理。他在《感觉与灵魂》(1842 年)中指出:"我们居住在自然的表面。我们居住在表面之间,表面和表面叠得如此之近,让我们无法洞察内部的有机体。事物是多么精妙!每一个原因背后都有另一个原因。对最坚决的探究者来说,真理飞得如此之高,潜得如此之深。"① 他还在《怀疑主义者蒙田》(1850 年)中指出:"事物表面上说的是一回事,实际上说的却完全相反。"② 需要指出的是,不同于一般的本质主义思路,爱默生并不是要把握规定事物的本质,他要阐明的是,任何被我们接受为"本质"的东西必定存在着可以进一步深入的"裂隙"。在这个意义上,爱默生是一个彻底的反基础主义者。他在《圆》中写道:"我们一生都在学习这样的真理:围绕每一个圆可以再画一个圆;自然没有终结,而每个终结都是一个开端;正午时分总有另一缕曙光升起,每个深渊下面还有一个更深的深渊。"③

但这样的洞见也让认识"真理"变得极为困难。1838 年爱默生在一篇讲演中指出:"真理就像细散而难以控制的头发,就像一个狡猾多端的人,就像无法搬运和装填的货物,真理就像光一样难以把捉。"④ 这些隐喻充分展现了真理的隐蔽性。在浪漫主义的语境中,这样的认识最终引向了悲观主义。⑤ 与此类似的,爱默生也在《经验》中哀叹:"梦把我们带进另外的

① CE 10:154.
② WE 4:176. 爱默生. 爱默生随笔 [M]. 蒲隆,译. 上海:上海译文出版社,2010:347.
③ WE 2:281. 爱默生. 爱默生随笔 [M]. 蒲隆,译. 上海:上海译文出版社,2010:169.
④ WE 1:166.
⑤ 柏林(Isaiah Berlin)在《浪漫主义的根源》中这样评论浪漫主义的悲观主义:"一旦认识到我们之外某些更大的、难以把捉、难以获得的东西,你要么像费希特要求的那样对它产生爱的情感,要么对它产生恐惧的情感。如果是后者,恐惧就会变成偏执。这种偏执在 19 世纪累积,在叔本华那里达到了一个高度,并主导着瓦格纳的作品。它在 20 世纪的各种作品中达到了顶峰,这些作品沉溺于如下的思想:无论我们做什么,总有一些腐蚀因素,总有虫子藏在花蕾的某处;无论那些是我们必须根除的人,还是那些让我们的所有努力变得无用的非人之力,总有一些东西导致我们的永久性挫败。"Isaiah Berlin, *The Roots of Romanticism*. Princeton:Princeton University Press,2001,p. 108.

梦，幻象永无终了。"① 但另一方面，爱默生又在《超灵》中乐观地指出："灵魂发现真理并揭示真理。当我们看到真理时就会认出真理，让怀疑论者和冷嘲热讽者信口开河去吧。"② 他还在另一处告诉我们，灵魂能在看到真理时认出真理，因为"在灵魂的每一个行为中都有人和上帝的统一"③。可以看到，浪漫主义的负面情绪和清教传统的积极信念在爱默生这里达到了微妙的平衡。

在德国观念论和英国浪漫主义的帮助下，爱默生明确拒斥了清教传统中的感觉心理学，他试图阐明，对感知的探讨要从表面转向深处，从因果效应的层面转向精神效应的层面。这样的思想倾向深刻地影响了后来的实用主义者。比如，詹姆士在《多元的宇宙》中以一种爱默生式的方式指出："思维只处理表面。它只能命名，但无法测量实在的厚度。它的不充分性是根本的、持存的，而不是暂时的。"④ 基于表面和深处的区分，爱默生在《超验主义者》中区分了"唯物主义者"和"唯心主义者"：前者的思考建立在"感觉材料"（the data of the senses）上，后者则认为这些材料并不是最终的；前者着眼于"事实、历史、环境的力量和人的动物性需求"，后者则着眼于"思维和意志的力量、灵感、奇迹和个体文化"。爱默生进一步指出，根据这样的区分，超验主义者是唯心主义者。⑤

但我们要进一步追问的是，超验主义者是何种意义上的唯心主义者？在拒斥"感觉材料"之后，爱默生并没有到经验之外去寻求真理的原则，而是试图在经验中探讨深入把握事物的可能性，并在近代认识论的狭窄论域之外重新界定"经验"的丰富内涵。实际上这就是后来实用主义者的基本思路。爱默生在《美国的学者》（1837 年）中写道："我们真正知道的是

---

① WE 3：53. R. W. 爱默生. 自然沉思录［M］. 博凡，译. 上海：上海社会科学院出版社，1993：203.

② WE 2：262. 爱默生. 爱默生随笔［M］. 蒲隆，译. 上海：上海译文出版社，2010：158. 译文有改动。

③ WE 2：274. 爱默生. 爱默生随笔［M］. 蒲隆，译. 上海：上海译文出版社，2010：164.

④ WWJ 4：112.

⑤ WE 1：311－312.

什么事物的意义呢？小桶里的粗粉、锅里的牛奶、街头的歌谣、船只的消息、眼睛的一瞥、身体的形态和走路的姿势。给我看这件事物的终极的理由，给我看隐匿着的最高的精神原因的激动人心的外观，这最高的精神常常隐藏在自然之人迹罕至的外围。让我看每一件琐事里面包含着的两极性，正是这两极性才使琐事进入到一条永恒的定律的辖域。商店、犁耙、账簿都趋向相同的原因，这同一原因也使光线波动，使诗人歌唱；世界不再是一堆死气沉沉的杂记、一个堆放杂物的房间，它有形式，有条理；世界再也没有琐碎的什物，没有令人费神的哑谜，它是一幅将最远的高峰与最低的壕沟连成一体，充满内在生机的图画。"① 可以看到，爱默生试图将经验中的因果效应（"琐事"）和精神效应（"永恒的定律"）、非人的部分和属人的部分都放在一个宽泛的场域中加以考量（"它是一幅将最远的高峰与最低的壕沟连成一体，充满内在生机的图画"）。并且，这种考量不是简单地并置，而是在两者之间不断制造张力，从而最大限度地获得额外的意义。

而另一方面，在拒斥感觉心理学的同时，爱默生继承并发展了清教传统的一个主要倾向：感知是纯粹个体性的事务，对感知的探讨并不涉及任何普遍命题。如果说爱德华兹还在尝试探讨关于感知的"一般理论"（混合模式下的感知），那么爱默生则完全放弃了这样的尝试。在爱默生那里，对感知的探讨最终落脚于个体的性情（temperament）。他在《经验》中指出："性情是贯穿珠子的铁丝。"② 他还指出："人的性情是一种在人的人格整体中起否决和制衡力量的东西……是最终起作用的因素。"③ 这样一来，讨论的焦点就从对感知的分析转向了性情的培养和能力的训练。用超验主义者常用的一个比喻来说，只有当个体的容器模铸好了，真理才能够灌注

---

① WE 1：110-111. R. W. 爱默生. 自然沉思录［M］. 博凡，译. 上海：上海社会科学院出版社，1993：90-91. 译文有改动。

② WE 3：54. R. W. 爱默生. 自然沉思录［M］. 博凡，译. 上海：上海社会科学院出版社，1993：204.

③ WE 3：57. R. W. 爱默生. 自然沉思录［M］. 博凡，译. 上海：上海社会科学院出版社，1993：207. 译文有改动。我们几乎可以断定，爱默生启发了詹姆士在《实用主义》中做出的关于性情的著名论断。WWJ 1：11.

其中，个体的接受力（receptivity）最终决定了他能够接纳多少真理。这就是爱默生在《超灵》中所说的"神圣的心灵流进我们的心灵"①。这种流入不是被动的静候，而是主动的训练，因为真理偏爱主动提升的生命。这是从清教神学家到超验主义者，再到实用主义者的一贯确信。

在爱默生的语境中，感知的训练首先涉及平衡的艺术。一方面，他告诫我们，要警惕"感觉的独裁"（the despotism of sense）。他在《感觉与灵魂》中指出："感觉对于灵魂来说太过强烈，感觉将我们野蛮化。当理想的世界在感觉面前后退，我们就踏上了退化的进程。野蛮人向他的感觉投降，他服从于突发的喜悦与恐惧，他是下流的，是一个醉鬼。"这种短视的感知为了"当下感觉"抛弃了"多年感觉的总和"。② 另一方面，他又在《论自然》中告诫我们，要警惕"小家子气的聪明"（penny-wisdom），也就是用我们引以为傲的知性和理性去计算感性。他指出，如此工作的人"只能是个半人……凭这样一种恢复力量的方式就像一个被迫出逃的国王在重振河山时不是以某种果断的方式重新登上宝座，而是以一英寸一英寸地向叛臣们购买自己国土的方式来恢复王位"。③ 因此，感知的训练需要我们在这两个极端之间保持微妙的平衡。在这种平衡中，世界的冲击和心灵的创造都不占据绝对的优先位置，它们在一个新的高度统一起来。

其次，感知的训练也涉及想象的艺术，即通过想象延迟和拉伸当下的感觉。爱默生在《诗与想象》（1854 年）中指出："想象的心灵附着于它们的形象，不希望将这些形象过快地变成枯燥的现实。"④ 一方面，想象的艺术是欢迎矛盾的大胆实验。爱默生在《圆》中指出："对我来说，没有一件事实是神圣的，也没有一件是渎神的。我仅仅在实验，我是一个无止境的探索者，身后没有过去。"⑤ 这种实验的实质是通过打乱秩序和改变位置

---

① WE 2：263. 爱默生. 爱默生随笔［M］. 蒲隆，译. 上海：上海译文出版社，2010：158.

② CE 10：158.

③ WE 1：75 – 76. R. W. 爱默生. 自然沉思录［M］. 博凡，译. 上海：上海社会科学院出版社，1993：61 – 62.

④ CE 8：6.

⑤ WE 2：297. 爱默生. 爱默生随笔［M］. 蒲隆，译. 上海：上海译文出版社，2010：179.

来制造新的意义。爱默生将"语言和行动的前后一致（consistency）"视为敌人，他指出："你为什么要在任何时候都要使自己的语言和行动都滴水不漏呢？你为什么仅仅为了不致使你的话与你的过去在这个或那个公共场合所说的话相矛盾就把你头脑中已经僵死的记忆拉了出来呢？就算你自相矛盾了，那又能怎样呢？"① 他还在《精神法则》中指出："保持前后一致的愚蠢的念头纠缠着心灵浅陋的人，并且为那些平庸不堪的小政客、小哲学家和小教士所偏爱。一个伟大的灵魂如若被这种念头所扰，那他就什么事也干不了。"② 另一方面，想象的艺术又以和谐的整体性为最终诉求。爱默生认为，我们不仅可以通过想象从当下感觉冲击中找出更多和更深的关系来，还可以通过想象对这些关系进行重构，将被短视蒙蔽的和谐整体再次揭示出来。他在《论自然》中指出："回复到世界原初的、永恒的美的问题只能通过灵魂的救赎来解决。我们观看自然时所看到的废墟与贫瘠不存在于自然中，而只存在于我们自己的眼睛里。视象的轴心与事物的轴心并不吻合，所以不是透明的，而是昏暗的。世界缺少统一，显得零乱不堪的原因是人自身的零乱不堪。"③

　　这样的感知训练帮助我们最大限度地探索经验的两极性。这种平衡和想象的艺术不但要求我们将事物的表面和深处同时纳入考量，还要求我们通过不断的上升和下降制造各种不协调，甚至扭曲，由此打开崭新的视界。在这个意义上，爱默生探讨的并不是从表面到深处的"灵魂转向"，而是一种在表面和深处之间的"居间艺术"。因此，从表面上来看，爱默生在《论自然》中描述了一条从"物用"（Commodity）上升到"前景"（Prospects）的道路，但这条上升的道路同时也是一条下降的道路，它的主旨是在动态的关系中探讨生长的可能性。用爱默生的话来说，"他的内在感官与外在感官总是息息相通的，纵然他已进入成年，但其童心

---

① WE 2：287. 爱默生. 爱默生随笔［M］. 蒲隆，译. 上海：上海译文出版社，2010：173.

② WE 2：58. R. W. 爱默生. 自然沉思录［M］. 博凡，译. 上海：上海社会科学院出版社，1993：134.

③ WE 1：77. R. W. 爱默生. 自然沉思录［M］. 博凡，译. 上海：上海社会科学院出版社，1993：62.

仍然未泯"①。

自然、精神与"透明的眼球"

　　"自然"和"精神"是贯穿爱默生思想发展的两个核心概念。我们可以从这两个概念着手来界定爱默生的实在观。一方面，爱默生认为自然和精神的区分不是类的区分，而是程度的区分，即自然以不完善的方式摹写了精神。他在《论自然》中指出："精神的本性就是创造；精神存在于自然的背后，又贯穿于自然的全体。"②这一构想在随后发表的《美国的学者》和《在神学院的演说》（1837 年）中得到了进一步展开。除此之外，我认为爱默生在《自然的方法》（1841 年）中最为明确地阐述了这一构想。他指出，"在神圣的秩序中，理智是首要的，自然是次要的，自然是心灵的记忆"，正是在这个意义上，"我们在自然中永远不会是陌生者或低劣者，因为自然就是我们的骨血"，并且，"我们可以在自然中安全地研究心灵，因为我们无法直视心灵本身，就像我们在池塘的表面探索太阳，因为我们的眼睛无法直视它的光芒"。③ 根据这些论述，我们可以将爱默生的立场界定为观念论。事实上，这也是长久以来对爱默生（以及超验主义）的标准解读。

　　但另一方面，爱默生又认为自然和精神的区分是决定性的。在这个意义上，他又是实在论者。他在《论自然》中明确区分了灵魂和自然（包括我们的肉体）："从哲学的观点来看，宇宙是由自然和灵魂两部分构成的。因此，严格地来说，所有这一切都与我们人是分离的，哲学家们称这一切为'非我'。这就意味着所有其他人及我本人的肉体都应划入'自然'的范围。"④

---

① WE 1：14. R. W. 爱默生. 自然沉思录［M］. 博凡，译. 上海：上海社会科学院出版社，1993：5.
② WE 1：67. R. W. 爱默生. 自然沉思录［M］. 博凡，译. 上海：上海社会科学院出版社，1993：154.
③ WE 1：188 - 189.
④ WE 1：10. R. W. 爱默生. 自然沉思录［M］. 博凡，译. 上海：上海社会科学院出版社，1993：2 - 3.

在爱默生那里，这种区分来自不同层面的生命体验，这些体验中既涉及表面的常识主义，也涉及更深的生命洞见。关于表面的体验，爱默生在《诗与想象》中指出："所有合乎理性的心灵——比如伊索、亚里士多德、丁尼生、路德、莎士比亚、塞万提斯、富兰克林、拿破仑——都有一个标志，那就是常识的克制。这样的常识不会去干预绝对的东西，而是按事物的字面意思和表象理解它们。这种常识相信物质的存在，不是因为可以触碰或理解物质，而是因为物质与我们一致，因为宇宙不会取笑我们，宇宙作为健康与生命的居所是真诚的。"[1] 关于更深层的体验，爱默生和浪漫主义者一起分享了一种关于主体有限性的深刻洞见：主体被理解为派生的现象，意识结构被置于不受其控制的存在论背景中。爱默生在《补偿》中指出："事态犹如汹涌的大海，海水以完美的平衡涨落，大海下面是真正的存在（Being）的原始深渊。本质（Essence）或上帝不是一种关系，也不是一个部分，而是整体。存在就是巨大的肯定，排除了否定，自我平衡，吞噬了所有关系、部分和时间。自然、真理、德性就是从那里涌出的。"[2] 由这种体验得到的必然结论是，一定存在某些无法被精神所同化的东西。这样的认识在晚年的爱默生那里表现得尤为明显。他在《命运》（1860年）中写道："自然不是感伤主义者，它不会纵容或娇惯我们。我们必须看到，世界是粗暴而无礼的，它并不介意溺死一个个体，也不介意像吞没一粒微尘一样吞没你的船只。"[3] 爱默生还指出："自然就是你所做的，但自然还包括很多你不能做的。这里有两种东西：生命的条件和生命。我们曾经以为正面的力量就是全部，现在我们懂得，还有一半是负面的力量或生命的条件。"[4]

我认为自然和精神之间的这种永恒张力是爱默生试图揭示的关键洞见。用他在《超验主义者》中的话来说，一方面，世界是我的"阴影"，

---

[1] CE 8：1.

[2] WE 2：116. 爱默生. 爱默生随笔 [M]. 蒲隆，译. 上海：上海译文出版社，2010：121. 译文有改动。

[3] WE 6：12.

[4] WE 6：20.

"世界就像融化的蜡一样倒入我的模子"；另一方面，"世界也会背叛模子的形状"。①因此，较之于将爱默生的立场简单地界定为观念论或实在论，我们更应该在一种动态的关系中看待这两个视角。一方面，自然必须在精神的塑造下才能获得它的规定性。爱默生在《论自然》中指出："自然不是固定不动而是流动不居的。精神改变着它，浇铸着它，制造着它。自然的板滞和粗糙只表示观看它的人的精神的匮乏。对纯洁的精神来说，它是流变的，飘忽而顺从的。每一个精神都为自己建起一座房子，在房子之外建起一个世界，在世界之外建起一个天国。"② 他还在《经验》中指出："我们只能将那些我们有能力赋予生机的东西赋予生机，而我们能看到的只是我们将之赋予了生机的东西。"③ 另一方面，精神在规定自然的同时也受到自然的规定，虽然精神可以以各种方式塑造自然，但最终结果可能已经包含在自然本身当中了，正因为如此，灵魂才能在看到真理时认出真理。爱默生在《超灵》中指出，自然是"错误的最高批评家，对必然出现的事物的唯一预言家"④。因此，精神和自然不是相互独立的自足实体，它们在相互规定中成为它们所是的东西。自然和精神之间的这种双向规定性从卢克莱修（Lucretius）一直延续至斯宾诺莎（Baruch de Spinoza），最终在爱默生这里得到了超验主义的表达。

但自然和精神的这种相互规定并不能完全涵盖爱默生的实在观。这里我们要再次提及爱默生思想中的清教基因。和感知一样，爱默生认为对实在的体认和理解也是纯粹个体性的事务，实在本质上是围绕个体展开的动态结构。他在《自我依靠论》中指出："一个真正的人不属于任何别的时间和空间，他永远处于事物的中心。他出现在哪里，自然就出现在哪里。

---

① WE 1：315 - 316.
② WE 1：79. R. W. 爱默生. 自然沉思录 ［M］. 博凡，译. 上海：上海社会科学院出版社，1993：64.
③ WE 3：54. R. W. 爱默生. 自然沉思录 ［M］. 博凡，译. 上海：上海社会科学院出版社，1993：204.
④ WE 2：252. 爱默生. 爱默生随笔 ［M］. 蒲隆，译. 上海：上海译文出版社，2010：151.

他测度着你，测度着所有的人和所有的事情。"① 他还在《经验》中指出："当我们获得一种体验时，每一种体验就像五颜六色的透镜，每一个透镜都给世界染上它们自己的色彩，而且每个透镜只显示处于它的焦点上的事物。"② 在此基础上，爱默生还试图阐明，因为个体可以无限地接近永恒，因此实在本质上也是可以无限扩大的。他在日记中写道："在我所有的讲座中，我教授的其实是一个教条，即私人个体的无限性。"③

现在我们要从"个体的无限性"重新思考爱默生的实在观。爱默生在《论自然》中提出了"透明的眼球"（transparent eyeball）这个著名隐喻："站在空旷的土地上，我的头脑沐浴在清爽的空气里，思想被提升到那无限的空间中，所有卑下的自私都消失了。我变成了一个透明的眼球，我是一个'无'，我看见了一切，普遍的存在进入到我的血脉，在我周身流动。我变成了上帝的部分或分子。我最熟的朋友的名字此时听起来也觉得陌生和偶然；此时，成为兄弟，成为熟人，成为主人或仆人都显得那么琐屑，都是一种无谓的纷扰。我是无可争辩、永恒的美的热爱者。"④ 我将从这个复杂的隐喻中区分出以下三层意思，它们对我们理解爱默生的实在观而言都是关键性的。

首先，这个隐喻提示我们，在爱默生那里，精神和自然的相互规定同时也意味着相互转化和吸收。在这个过程中，精神和自然逐渐获得某种同缘性（consanguinity），最终成为一个相互包容的普遍概念——"透明的眼球"。尽管"透明的眼球"试图表达"我就是世界，世界就是我"这样的洞见，但最终得到的结果还是被"我"看到的东西。尽管爱默生指出

---

① WE 2：61. R. W. 爱默生. 自然沉思录［M］. 博凡，译. 上海：上海社会科学院出版社，1993：138.

② WE 3：54. R. W. 爱默生. 自然沉思录［M］. 博凡，译. 上海：上海社会科学院出版社，1993：203.

③ Emerson, *Emerson in His Journals*, p. 236. 詹姆士清楚地看到了爱默生的这一洞见，他在后者诞辰一百周年的讲话中指出："现实可以微缩在笔尖上，最平常人的行为，假如真正地运作起来，就可以达及永恒。" WWJ 11：115.

④ WE 1：15-16. R. W. 爱默生. 自然沉思录［M］. 博凡，译. 上海：上海社会科学院出版社，1993：6.

"透明的眼球"是一个"无"，但它又是一个带有明确意向和倾向的容器，它在纳入世界的同时也在模铸世界。正是在这个意义上，爱默生在《经验》中指出："宇宙就是这样不可避免地带上了我们赋予它的色彩，每一个客体接连不断地坠入主体本身之中。主体存在着，主体扩大着，所有的事物或迟或早都进入到主体之中。我怎么存在着，我就怎么看着；我们使用什么语言，我们就只能说出我们是什么。"① 从这个角度来看，这个隐喻带有强烈的观念论色彩。但我们也应该看到，"坠入"和"进入"这样的表达说明爱默生还是保留了"内"和"外"的基本区分。因此，"透明的眼球"并没有让自然最终消失在精神中，精神的主要功能是不断纳入自然，让自然从惰性的物质状态转向积极的流动状态。

其次，我们看到，在不断纳入自然的同时，精神本身也发生了根本性的改变，它变成了上帝的部分或分子。在这个意义上，这个隐喻提示了一种特殊的观念论："透明的眼球"实际上是上帝的心灵，被"透明的眼球"看到的普遍存在实际上是被上帝心灵所把握的世界本身。爱默生在《论自然》中指出："世界不受制于人的意志。它那森严的秩序是不容我们破坏的。因此，对我们来说，它是神圣的心灵之现成的解释者。"② 这让我们马上联想到爱德华兹的神学观念论。在爱德华兹那里，物质性实存不等同于一般意识，但等同于神圣意识。同样，如果说爱默生试图在个体心灵的层面保持内和外、精神和自然的张力，那么在上帝心灵的层面，这种张力被消除了。爱默生在《自然的方法》中指出，如果"接受者"（receiver）是"全能给予者"（All-Giver）的一部分，那么"接受"（reception）同时就是"给予"（giving）。③

再次，我们在探讨爱默生的"神学观念论"时也应该看到，爱默生探讨的上帝并不是神启宗教中的神圣存在，而是精神宗教中的"超灵"

---

① WE 3：80. R. W. 爱默生. 自然沉思录［M］. 博凡，译. 上海：上海社会科学院出版社，1993：229.

② WE 1：68. R. W. 爱默生. 自然沉思录［M］. 博凡，译. 上海：上海社会科学院出版社，1993：55.

③ WE 1：186.

（over-soul）。在爱默生那里，自我依靠（self-reliance）是超验主义的基本原则。他在《自我依靠论》的开篇就呼吁："信赖你自己吧——每一颗心都应和着那根铁弦发出的旋律而跳动。"① 这不仅是"不服从者"（nonconformist）的政治宣言②，还从更深的层面上确立了人与世界的基本关系，用爱默生在《美国的学者》中的话来说，"我们要用我们的双足行走，我们要用自己的双手劳动，我们要说出我们自己的心里话"③。但另一方面，爱默生不认为属于个体的生命高度和属于群体的生命宽度是两个非此即彼的选项，获得生命的高度并不必然以放弃生命的宽度为前提。他在《社会与孤独》（1870 年）中指出："孤独是不可行的，而社会则是致命的。……我们应该将头脑放在孤独中，将双手放到社会中。"④ 在《经验》中，爱默生用另一个隐喻表达了个体与社会的张力："只有整个社会才能给我们提供我们所寻求的和谐。涂染上各种颜色的轮子必须转得很快才能显示出白色来。……一种巨大的力量也不固定在哪一个男人和哪一个女人身上，它一会儿从这个人身上迸发出来，一会儿从那个人身上迸发出来。"⑤ 在爱默生那里，这种张力最终落脚于关于超灵的构想。他对超灵的界定是："每个人独特的存在包含在其中，并且跟别人的化为一体。"⑥ 根据这一界定，与其说超灵是神性存在，不如说它是共同心灵（我可以同时成为兄弟、熟人、主人或仆人）。正如爱默生在《历史》中所指出的，"对

① WE 2：49. R. W. 爱默生. 自然沉思录 ［M］. 博凡，译. 上海：上海社会科学院出版社，1993：126.

② 关于自己的政治立场，爱默生在《论自然》中写道："一个人要想成为一条真正的汉子，他就得做一个不服从者。……归根到底，除了你内心的完整同意外，没有什么东西是神圣的。放松你自己，你将会得到来自世界的支持。" WE 2：51 - 52. R. W. 爱默生. 自然沉思录 ［M］. 博凡，译. 上海：上海社会科学院出版社，1993：128. 他还指出，"因意见偶同而结成的同盟"是对生命的浪费，它"涣散着你的力量"，"空耗着你的时间"，并且"使你的性格变得模糊"。WE 2：55 - 56. R. W. 爱默生. 自然沉思录 ［M］. 博凡，译. 上海：上海社会科学院出版社，1993：131 - 132.

③ WE 1：114. R. W. 爱默生. 自然沉思录 ［M］. 博凡，译. 上海：上海社会科学院出版社，1993：94.

④ WE 7：20.

⑤ WE 3：60 - 61. R. W. 爱默生. 自然沉思录 ［M］. 博凡，译. 上海：上海社会科学院出版社，1993：209 - 210.

⑥ WE 2：252. 爱默生. 爱默生随笔 ［M］. 蒲隆，译. 上海：上海译文出版社，2010：151.

所有的个人来说，存在着一个普遍心灵。每一个人都是一个入口，通向这同一个心灵，以及它的各个方面。……每一个人是普遍心灵的又一个化身。它的所有特点都表现在他身上"①。被上帝把握的实在同时也是被"我们"把握的实在。实在的构造并不取决于单个的灵魂，而取决于共同的心灵。在这个意义上，爱默生探讨的"超灵"和后来芝加哥学派探讨的"心灵"无疑是一脉相承的。

　　根据以上的讨论，我们可以概要性地得出以下结论：在个体心理学的层面，自然和精神之间存在着相互规定的永恒张力，我们无法将爱默生的立场简单地界定为观念论或实在论。但是在精神宗教的层面，普遍存在又最终同化为神圣精神，由此得到了一种特殊的神学观念论。只不过在爱默生的语境中，这种神圣精神最终展现为作为共同心灵的超灵，而非神启宗教中的上帝。

居间者、综合者与远见者：从超验主义到实用主义

　　和清教神学家一样，超验主义者对双重性有着敏锐的认识。如果说清教神学家试图在个体和上帝的关系下探讨一种交叉和互返的双重性，那么超验主义者则在一种更为自由的精神状态下体认和反思这种双重性。爱默生在《补偿》中指出并探讨了自然中随处可见的"两极性"（polarity）。他指出："在指针一端外增加磁力，另一端就产生相反的磁力。如果南极吸引，北极则要排斥。为了腾空这里，你必须压缩那里。一种不可避免的二元论把大自然一分为二，所以，每一件事物只是一半，并且表明还有另一半才能使事物形成一个整体，例如精神与物质，男人和女人，单与双，主观和客观，内与外，上和下，动与静，是和非。"② 可以看到，对爱默生而言，对两极性的体认最终指向二元论的弥合，他在这一点上深刻继承了清

---

① WE 2：9-10. 爱默生. 爱默生随笔［M］. 蒲隆，译. 上海：上海译文出版社，2010：49-50.
② WE 2：94-95. 爱默生. 爱默生随笔［M］. 蒲隆，译. 上海：上海译文出版社，2010：107. 译文有改动。

教传统的基因。对他的感知观而言，这种弥合突出表现在通过不断制造表面和深处的张力来促成经验整体的不断生长；对他的实在观而言，这种弥合则突出表现在从个体的无限性出发探讨自然和精神之间的同缘性。

但超验主义者在承前的同时也在启后。在上面的讨论中，我们已经可以看到一些明显的实用主义萌芽，比如对感觉材料的拒斥和对经验的重新定义，又比如对自我依靠的强调。从某种意义上来说，实用主义者探讨的经验的"双管性"正是从爱默生式的"两极性"发展而来的，而作为整体范畴的"经验"则是爱默生式的"超灵"在脱离超验主义语境之后的重新表达。并且，由于最终取消了自然与精神的区分，爱默生的"超验经验主义"方案在实用主义者那里得到了更为有效的展开。在"经验"的整体性视域中，体认自然进程中的精神性不再需要额外的理论阐明，而变成了纯然实践的事务。

从更为宏观的视角来看，我们还可以从爱默生那里发现一些鲜明的思想特质，这些特质深刻地影响了后来的实用主义者。首先，和实用主义者一样，爱默生是一位"居间者"（in-betweenist）。作为居间者的爱默生要求我们最大限度地停留于经验的中间部分，这个部分不是"平均"（average）部分，而是不同经验相互汇流、发生撞击的部分。他在《经验》中指出："我们存在的中心地带是在温带，虽然我们可能爬至被纯粹的几何学和毫无生气的科学所统辖的贫瘠而寒冷的极地，或者沉入纯感觉的地域。在两者之间是一条生活的平分线，也是思想、精神和诗的平分线——那是一条狭窄的条带（a narrow belt）。……中间的世界（mid-world）是最好的。"① 我们已经看到，在这条狭窄的条带上生活需要精细的平衡艺术。正如爱默生所指出的，我们"必须在一条头发般纤细的线上行走才有成功的'可能性'。智慧的人由于智慧的过量而变成了愚人"。② 这样的构

---

① WE 3：65 - 66. R. W. 爱默生. 自然沉思录［M］. 博凡，译. 上海：上海社会科学院出版社，1993：213 - 215. 译文有改动。
② WE 3：68. R. W. 爱默生. 自然沉思录［M］. 博凡，译. 上海：上海社会科学院出版社，1993：217.

想深刻地影响了实用主义者。杜威在《作为经验的艺术》中提到有一类哲学家"完全接受生活与经验中的不确定、神秘、怀疑以及半途的知识，通过想象和艺术，他们不断回到这些经验，以获得更深、更强的经验"①。他将莎士比亚（William Shakespeare）和济慈（John Keats）归于这类哲学家。毫无疑问，爱默生也是这类哲学家。和爱默生一样，实用主义者探讨的"半途的知识"（half-knowledge）是在经验的汇流中获得的暂态平衡，它同时指向经验中已经生成和尚未生成的部分。

其次，和实用主义者一样，爱默生是一位"综合者"（synechist）。作为综合者的爱默生要求我们从一种基于关系项的"机械哲学"（mechanic philosophy）进展到一种基于关系的"动态哲学"（dynamic philosophy）。这种动态哲学首先表现为对恒定性的质疑。爱默生在《经验》中指出："我们爱追究事物真相的倾向把我们引向恒定性，然而身体的健康在于身体的循环，心智的健全在于应变和沟通的能力。我们需要我们的对象不断变化。"② 在同样的意义上，实用主义者试图阐明，不确定性是首要的，确定性是派生的。比如，詹姆士指出，纯粹经验之流"同时充满着一与多"，但就其本质而言，"它是彻底的变化，它是如此模糊，以至于各方面都相互渗透，我们既抓不住其中的区别点，也抓不住其中的同一点"。③ 其次，更为重要的是，这种动态哲学试图阐明，各种相互关联的意义还可以在一个整体性的视域中相互转化和相互吸收，生成更为丰富的意义。这样的构想在皮尔士的"综合哲学"和杜威的"经验形而上学"中得到了进一步展开。在皮尔士那里，爱默生式的"超灵"变成了他所探讨的"最终意见"（ultimate opinion），而爱默生式的"透明的眼球"则在其关于宇宙演化的构想中得到了重新表达。而在杜威那里，这个整体性的视域变成了一个极其宽泛的存在域，它最大限度地包含了所有属人的存在和非人的存在。

---

① LW 10：41.
② WE 3：58. R. W. 爱默生. 自然沉思录［M］. 博凡，译. 上海：上海社会科学院出版社，1993：207－208.
③ WWJ 3：46.

再次，和实用主义者一样，爱默生是一位"远见者"（visionary）。他试图阐明，视界（vision）取决于远见，为了看到事物的内在生命，我们首先要看得远。这里的"远"既意味着深度和广度上的拓展，也意味着向未来的时间维度敞开。爱默生在《圆》中指出："在自然界，每时每刻都是新的，过去总是被吞没、被忘却；只有来者才是神圣的。除了生命、变迁、奋发的精神，没有什么可靠的东西。"[1] 他还试图阐明，为了提升和延展当前的视界，我们必须知道自己该往何处看，又为了什么而看。从某种意义上来说，实用主义的主要思路正是围绕着这个洞见展开的。两者的唯一不同在于，爱默生式的远见者更多的是直观者，而不是实用主义者式的行动者。在爱默生到伦敦拜访卡莱尔之后，卡莱尔写道，爱默生像"一个苦行僧般闲坐在开满鲜花的河岸，如果一个疲倦的工人或角力手不小心冲撞到他，也许会撞碎他许多骨头"[2]。"苦行僧"和"工人或角力手"这组形象非常生动地刻画了爱默生和实用主义者的区分。在实用主义者那里，被远见到的是为了解决某个特殊问题而被预设的"可预见目的"（end-in-view）；而在爱默生那里，被远见到的则是世界这个最大的谜语的"谜底"。前者将我们引向行动，后者将我们引向沉思。但是，至少在皮尔士那里，这种表面区分的背后存在着更为深层的连续性。我们在导论中提到，皮尔士说超验主义的"病菌"早已潜伏在他的灵魂深处，其中最明显的影响就是这种沉思性的猜谜。皮尔士从1890年开始构思题为《猜谜》的长文，该文是发表于《一元论者》中的六篇形而上学论文的雏形。可以肯定的是，该文的直接灵感是爱默生的诗歌《斯芬克司》。[3] 和爱默生一样，皮尔士试图给出关于宇宙的终极谜底（基于三性范畴的基本结构）。

根据以上这三个思想特质，我们可以将超验主义视为清教传统和实用主义之间的中间状态。在新英格兰神学启蒙的基础上，爱默生试图用超验

---

[1] WE 2：298. 爱默生. 爱默生随笔［M］. 蒲隆，译. 上海：上海译文出版社，2010：180.

[2] James Anthony Froude, *Thomas Carlyle: A History of His Life in London*, 1834 - 1881. New York：Charles Scribner's Son, 1884, vol. I, p. 360.

[3] CE 9：5 - 9.

主义的语汇再次阐明心灵与世界的本质关联，并在这种关联中重新理解我们对实在的感知。而实用主义者则试图用进化论的语汇阐明，心灵是在世界漫长的进化过程中出现的特殊现象，我们不需要通过神秘的直观来把握心灵与世界的原初关系，因为这种关系渗透在有机体和环境的每一个交互情境中。实用主义者试图阐明，为了体认和理解这种关系，我们需要的不是清教传统中的"虔敬之眼"（reverent eye）或超验主义的"直观之眼"（intuitive eye），而是自始至终都和自然中的其他存在紧密交缠在一起的有机生命体。

第四章　自然主义语境中的感知与实在：
以梭罗和伯格比为例

我们这个种属可以短暂地中断其蚁窝似的活动，思考一下其存在的本质以及其继续存在的本质，在思想界限之内，在社会之外之上：对着一块比任何人类的创造物都远为漂亮的矿石沉思一段时间；去闻一闻一朵水仙花的深处所散发出来的味道，其香味所隐藏的学问比我们所有书本全部加起来还多；或者是在那充满耐心、宁静与互谅的短暂凝视之中，这种凝视有时候，经由某种非自愿的相互了解，会出现于一个人与一只猫短暂的互相注目之中。

列维-斯特劳斯（Claude Levi-Strauss）：《忧郁的热带》

引　言

尽管以梭罗为代表的自然主义被视为超验主义的特殊版本，但这种"在世超验主义"（worldly transcendentalism）提出了有别于超验主义的独特运思。爱默生通过表面和深处之间的不断位移来深化对事物的感知，最终获得关于真理的洞见。在梭罗的语境中，这种隐喻性的位移被具象化为地理位置的改变。梭罗试图阐明，为了"问出平常之外去"，我们必须"问到自然之中去"，移居瓦尔登湖畔这个实际行动就是由这一信念所驱动的。① 从

---

① 我们还可以在美国文学中找到这一思路的大量实例，比如库珀（James Cooper）、马克·吐温（Mark Twain）、麦尔维尔（Herman Melville）、海明威（Ernest Hemingway）等人的作品。

1845 年 7 月 4 日开始，到 1847 年 9 月 6 日结束，梭罗以实验性的姿态在瓦尔登湖畔一共生活了两年两个月又两天。他的目标从一开始就很明确：在瓦尔登湖畔寻找一种独自但不孤独的（alone but not lonely）存在方式，在独居中心无旁骛地体验和观察。他在《瓦尔登湖》（1854 年）中写道："大部分时间内，我觉得寂寞是有益于健康的。有了伴儿，即使是最好的伴儿，不久也要厌倦，弄得很糟糕。我爱孤独。我没有碰到比寂寞更好的同伴了。"①

本章将以梭罗为例考察自然主义语境中的感知观和实在观。美国的自然主义传统从梭罗一直延伸至晚近的生态哲学（ecological philosophy）。在考察了梭罗的感知观和实在观之后，为了更完整地呈现自然主义者的思路，我还将暂时跳脱本书的时间区间，对 20 世纪生态哲学家伯格比的思想稍做讨论。最后，我将在这些讨论的基础上简要地考察自然主义和实用主义的关系。尽管美国的自然主义传统并不是哲学意义上的"自然主义"，但我们可以看到，实用主义者从这个传统中继承了一些特殊的基因，这些基因不但帮助他们远离了还原论的自然主义，还深刻地影响了他们关于"经验"的整体构想。

生活在表面：梭罗论感知与实在

如果说爱默生的主要方法是隐喻，那么梭罗的主要方法则是观察和记录。梭罗认为，离开表面的隐喻是误导性的。他在《瓦尔登湖》中指出："我们处于这样一种危险当中，那就是忘掉了所有事物和事件不用隐喻直接说出来的语言。"② 不同于爱默生，梭罗并不区分表面的看和深处的看。关于我们的感知，梭罗给出的诊断不是看得不够深，而是没有忠实地观察

① Henry David Thoreau, *Walden*. Princeton：Princeton University Press，2004，p. 135. 亨利·戴维·梭罗. 瓦尔登湖［M］. 徐迟，译. 上海：上海译文出版社，1982：125. 本书出自梭罗著作的引文在使用中译本之处均有标注，译文有改动之处亦做标注，下同。

② Thoreau，*Walden*，p. 111. 亨利·戴维·梭罗. 瓦尔登湖［M］. 徐迟，译. 上海：上海译文出版社，1982：103. 译文有改动。

和详尽地记录。在梭罗那里，最彻底地探索表面就是最深刻的直观。如果说爱默生式探讨的是表面和深处之间的"垂直"位移，那么梭罗式探讨则完全是一种"平移"，他只探讨呈现，而不探讨呈现背后的东西。在这个意义上，他是最严格的现象论者。梭罗试图阐明，感觉经验并不是对"真理"的分有和模仿，我们只能在感知中获得关于实在的所有理解。他在《河上一周》（1849 年）中写道："除了纯粹感觉能够给予我们的，我们无须再祈求一个更高的天堂。"①

但另一方面，梭罗并没有天真地认为我们可以如其所是地感知和描述外部事物，而是强调任何"看"（seeing）都已经是一种"看作"（seeing as）。和爱默生一样，梭罗从德国观念论汲取资源。他在日记中写道："谁能说出事物之所是？我们只能说自己是如何看的。"② 这种康德式的表达还被梭罗转译为自然主义的独特语汇："无论我坐在何处，生活在何处，都有相应的风景从我辐射开去。"③ 可以看到，康德通过哥白尼式革命确立的先验原点被梭罗具象化为感知者在自然中所处的特殊位置，这个位置决定了事物本身的核心意义。

初看起来，这里存在不可调和的矛盾：梭罗一方面要求我们忠实地观察和记录事物，一方面又认为作为单纯材料的感觉现象并不存在，感知最终是由感知者所处的位置决定的。但是在梭罗的语境中，这个矛盾完全是一种理论的虚构。罗宾逊（David Robinson）提到了清教神学家布朗逊（Orestes Brownson）对梭罗的深刻影响，而布朗逊又是法国哲学家库桑（Victor Cousin）的拥趸，后者试图建立一种结合了洛克式经验论和康德式观念论的"折衷哲学"。④ 但是对梭罗而言，这种折衷哲学还需要进展到

---

① WT 1：382. Henry David Thoreau, *The Writings of Henry David Thoreau*. Boston：Houghton Mifflin, 1894. 该文献以缩写 WT 加卷数加页码进行引用；下文均以此惯例为准，不再说明。

② JT 12/4/1846. Henry David Thoreau, *The Journal of Henry D. Thoreau*. New York：Dover, 1962. 该文献以缩写 JT 加日期进行引用；下文均以此惯例为准，不再说明。

③ Thoreau, *Walden*, p. 81. 亨利·戴维·梭罗. 瓦尔登湖 [M]. 徐迟，译. 上海：上海译文出版社, 1982：75. 译文有改动。

④ David Robinson, *Natural Life: Thoreau's Worldly Transcendentalism*. Ithaca：Cornell University Press, 2004, p. 13.

一种真正的"自然哲学"：一旦我们真正置身于自然中，我和世界的区分就成了毫无意义的争论。在自然中，我们无法区分出哪些是我给世界的，哪些又是世界给我的，来自世界的部分和来自我的部分在最大程度上整合为一种"原初现象"（primordial phenomenon）。关于原初现象的描述在梭罗的作品和日记中随处可见。比如，"有一次巧极了，我就站在一条彩虹的桥墩上，这条虹罩在大气的下层，给周围的草叶都染上了颜色，使我眼花缭乱，好像我在透视一个彩色的晶体。这里成了一个虹光的湖沼，片刻之间，我生活得像一只海豚。要是它维持得更长久一些，那色彩也许就永远染在我的事业与生命上了"①。通过观察并记录这些原初现象，梭罗在"我"和世界之间维持着微妙的平衡，并在这种双重性中体认生命的丰富意义。他在日记中写道："我既宁静又满足：鸟儿和鱼儿像在寓言中一样飞翔和游泳，道德离我也不是很远；鹅群的迁徙变得重要，并带上了道德意味；一日中的事件带上了神话的特征，最琐碎的事情也具有了象征意味。……每一个偶然事件都是伟大导师的寓言。"②

梭罗进一步将原初现象界定为"事实"（fact）。他指出："如果你直立而面对着事实，你就会看到太阳闪耀在它的两面，它好像一柄东方的短弯刀，你能感到它的甘美的锋镝正剖开你的心和骨髓，你也欢乐地愿意结束你的人间事业了。"③ 在梭罗的语境中，事实这个"两面"范畴明确表达了世界和心灵的交缠，这种交缠构成了生命活动的基本场域。他在日记中写道，事实是"温暖、湿润而具体化的"④。基于这样的考量，我并不赞同卡维尔（Stanley Cavell）对梭罗的解读。卡维尔认为，梭罗继承了后康德的观念论和浪漫主义者的方案，着重处理了物自体的这个核心问题，他将世

① Thoreau, *Walden*, p. 202. 亨利·戴维·梭罗. 瓦尔登湖 [M]. 徐迟，译. 上海：上海译文出版社，1982：187.

② JT 4/18/1852.

③ Thoreau, *Walden*, p. 98. 亨利·戴维·梭罗. 瓦尔登湖 [M]. 徐迟，译. 上海：上海译文出版社，1982：91.

④ JT 8/5/1851.

界的"外在性"(externality)处理为世界与我的"相邻性"(nextness)。①
而我的基本判断是,在梭罗那里不存在"现象"和"本体"的区分,只存
在"事实"这个唯一论域。这不仅意味着他贯彻了从清教传统到超验主义
的基本倾向,即在经验中体认"双重性",而非在理论中虚设"二元论",
还意味从梭罗的"自然主义"到实用主义的"自然主义"存在着一条有待
揭示的隐秘线索。

在这个围绕生命事实展开的论域中,基本的论题不是理论层面的,即
如何穿透现象到达本质,而是实践层面的,即如何忠实地观察和记录事
实。在梭罗看来,这个实践问题的解决需要一种根本性的"位移"(独
处),通过最大限度地"贴近"事实来实现对自身生命的洞察。他在《瓦
尔登湖》中指出,"由于闭上了眼睛,神魂颠倒,任凭自己受影子的欺骗,
人类才建立了他们日常生活的轨道和习惯,到处遵守它们,其实它们是建
筑在纯粹幻想的基础之上的",人们忘记了实在本身是"极好的"。② 他还
在《河上一周》中写道:"最稀有的诗就是对事实的真正描述。"③ 通过忠
实地观察和记录事实,心灵与世界同时展现出最生动和最丰富的面貌,并
在这种不断展开和深入的探索中得到最完整的界定。

在观察和记录的同时,梭罗又认为所有事实都倾向于形成一个最终的
统一体。在这一点上,他完全继承了超验主义者的整体性诉求。④ 他在
《瓦尔登湖》中指出:"如果我们知道自然的所有法则,我们就只要明白一
个事实,或者只要对一个现象做忠实描述,就可以举一反三,得出一切特
殊的结论来了。现在我们只知道少数的法则,我们的结论往往荒谬。这当
然不是因为自然不规则或混乱,而是因为我们在计算中忽视了一些本质要

---

① Stanley Cavell, *The Senses of Walden*. Chicago: The University of Chicago Press, 1992, p. 95,
p. 107.

② Thoreau, *Walden*, p. 95 - 6. 亨利·戴维·梭罗. 瓦尔登湖 [M]. 徐迟, 译. 上海:上海译文
出版社, 1982:89. 译文有改动.

③ WT 1:325 - 326.

④ 罗宾逊指出,梭罗在 19 世纪 40 年代对印度教典籍的研读加强了这种整体性倾向。Robinson,
Natural Life: Thoreau's Worldly Transcendentalism, p. 101.

素。我们所知道的法则与和谐，常常局限于经我们考察了的一些事物；但更多的表面矛盾却呼应着法则，它们所产生的和谐更为惊人，我们只是尚未发现。我们的特殊法则都出于我们的视角，就像从一个旅行家看来，每当他跨出一步，山峰的轮廓就要变动一步，虽然绝对的只有一个形态，却有着无数侧面。即使裂开了它，即使钻穿了它，也不能窥见其全貌。"① 在梭罗看来，不仅事实倾向于和其他事实关联在一起，而且所有事实的背后也许存在着一个"唯一"事实，即作为法则的事实。这个唯一事实就是爱默生意义上的"真理"，也是皮尔士意义上的"法则"。

还要特别指出的是，作为记录者和观察者的梭罗和作为整体主义者的梭罗之间并不存在矛盾。因为在梭罗的语境中，个体事实和唯一事实之间没有层级性的断裂，它们都处在同一个平面上。梭罗通过描写瓦尔登湖的湖面说明了这一点："在这样的高处坐在一个树桩上，湖的全景尽收眼底，细看那圆圆的水涡，那些圆涡一刻不停地刻印在天空和树木的倒影中间的水面上，要不是有这些水涡，水面是看不到的。在这样广大的一片水面上，并没有一点儿扰动，就有一点儿，也立刻柔和地复归于平静而消失了，好像在水边装一瓶子水，那些颤栗的水波流回到岸边之后，立刻又平缓了。"② 可以看到，梭罗的视界中不存在任何意义上界限，不管是幕前和幕后的界限，还是表面和深处的界限。生命在唯一的平面上运动，这个平面就是作为"原初现象"的"事实"。梭罗有时也将这个平面称为"实在"。他在《瓦尔登湖》中指出："生也好，死也好，我们仅仅渴求实在（crave only reality）。"③ 他还告诫我们："只有永远渗透实在，发掘围绕我们的实在，我们才能明白什么是崇高。"④

---

① Thoreau, *Walden*, p. 290 - 1. 亨利·戴维·梭罗. 瓦尔登湖 [M]. 徐迟, 译. 上海：上海译文出版社，1982：267 - 268. 译文有改动。

② Thoreau, *Walden*, p. 187 - 8. 亨利·戴维·梭罗. 瓦尔登湖 [M]. 徐迟, 译. 上海：上海译文出版社，1982：174.

③ Thoreau, *Walden*, p. 98. 亨利·戴维·梭罗. 瓦尔登湖 [M]. 徐迟, 译. 上海：上海译文出版社，1982：91. 译文有改动。

④ Thoreau, *Walden*, p. 97. 亨利·戴维·梭罗. 瓦尔登湖 [M]. 徐迟, 译. 上海：上海译文出版社，1982：90. 译文有改动。

如果说超验主义者探讨的核心问题是如何将普遍存在纳入视野，那么梭罗的自然主义作为一种"在世超验主义"探讨的核心问题则是如何"发掘围绕我们的实在"。梭罗认为我们只能在对事实的感知中获得关于实在的全部理解。因此，训练感知也就成为我们挖掘实在的唯一路径。他在日记中指出，感知的训练和提升要以一种"诗性的知觉"为最终目标。[①] 为了实现这个目标，我们可以从梭罗的文本中归纳出三条主要途径。

为了获得诗性的知觉，最主要的途径是独处。个体永远知道什么对自己来说才是最好的，这是清教传统和超验主义的基本预设。以此为前提，梭罗做出了更为极端的推论，他试图阐明，个体必须和群体完全分离开来才能获得完整性。[②] 他在《瓦尔登湖》中写道："一个单独旅行的人要今天出发就出发；而结伴的却得等同行的准备就绪，他们出发之前可能要费很长的时日。"[③] 他还要求每个人找到属于自己的节奏和节拍："如果一个人跟不上他的伴侣们，那也许是因为他听的是另一种鼓声。让他踏着他听到的音乐节拍而走路，不管那拍子如何，或者在多远的地方。"[④] 这些结论在《公民的不服从》（1849 年）中以政治宣言的形式得到了更为明确的表达。在梭罗那里，"公民的不服从"是个体生命的成熟状态，而不是冲动的反抗和暴力的抵制，它的最终落脚点不是无政府主义，而是强调个体应该根据自己的独立判断采取行动。梭罗指出："我发现，当一粒橡实紧挨着一粒栗子落地，没有哪个慢下来为另一个让路。每一个都遵循自己的法则，

---

① JT 8/28/1851.

② 爱默生在《命运》中指出："一个人必须像马戏团的骑师一样在私人特性和公共特性的马之间不停转换。" WE 6：49. 不同于爱默生，梭罗并没有耐心在个体生命和群体生活之间保持微妙的平衡。他写道："我却不愿意任何人由于任何原因，而采用我的生活方式；因为，也许他还没有学会我的这一种，说不定我已经找到了另一种方式，我希望世界上的人，越不相同越好；但是我愿意每一个人都能谨慎地找出并坚持他自己的合适方式，而不要采用他父亲的，或母亲的，或邻居的方式。年轻人可以建筑，也可以耕种，也可以航海，只要不阻挠他去做他告诉我他愿意做的事，就好了。"Thoreau, *Walden*，p. 71. 亨利·戴维·梭罗. 瓦尔登湖 [M]. 徐迟，译. 上海：上海译文出版社，1982：64-65.

③ Thoreau, *Walden*，p. 72. 亨利·戴维·梭罗. 瓦尔登湖 [M]. 徐迟，译. 上海：上海译文出版社，1982：66.

④ Thoreau, *Walden*，p. 326. 亨利·戴维·梭罗. 瓦尔登湖 [M]. 徐迟，译. 上海：上海译文出版社，1982：300.

尽最大的努力去发芽、生长、繁盛，直到也许一个遮蔽并摧毁了另一个。如不能按自己本性生长，植物便会死亡，人同样也是如此。"①

　　对感知的训练而言，独处的作用是关键性的。因为只有在独处中我们才能以最小的阈值生活，不让过剩的对象和关系分散我们的注意力。梭罗试图阐明，我们只有在"节俭"（economy，"节俭"也是《瓦尔登湖》第一篇的标题）而非"过剩"（excess）的状态下才能深刻地体认和探索生命的种种事实。这个"少即是多"的洞见是超验主义的关键遗产。在相同的意义上，爱默生要求我们拒斥"琐碎经验主义"。如果我们回过头去看"透明的眼球"这个隐喻，就会发现爱默生首先要求我们"站在空旷的土地上"，让"头脑沐浴在清爽的空气里"。事实上，梭罗正是在爱默生的建议下才移居瓦尔登湖畔的。这种在独处中训练感知的方法一直延续到当代的自然主义者。比如，在右眼意外失明之后，还在读大学的阿克塞尔罗德（Howard Axelrod）移居到佛蒙特森林中的一间小屋，像梭罗一样独居了两年。他在自己的回忆录中写道，在独处中，"我的感觉变得越来越协调，它们通过许多轻柔的丝线将我和清晨的光线、空气中细微的变化、风和雨的运动连接起来。……在只能看到雪的时候，一种深层的注意力持续存在着"②。他还告诉我们，在森林中，"时间到处存在，不是分钟和小时，也不是日和星期，而是季节、世纪、千年。在狂野中，时间是如此巨大。我感到时间和空间重新结合在一起，自己好像回到了某些自然的元素，就好像鱼回到了水中"③。这些文字向我们展现了一条从爱默生到梭罗，再到当代自然主义者的连续线索。

　　梭罗提出的第二条途径是反思我们使用的语言。他试图阐明，我们不是用语言简单地记录观察到的事实，而是在语言的帮助下辨析和区分感知的微妙差异和丰富层次，因此感知的训练同时也是语言的训练。他在《瓦

---

① WT 10：156.

② Howard Axelrod，*The Point of Vanishing: A Memoir of Two Years in Solitude*. Boston：Beacon，2015，pp. 50 - 1.

③ Axelrod，*The Point of Vanishing: A Memoir of Two Years in Solitude*，p. 41.

尔登湖》中指出："我们必须辛辛苦苦地找出每一行诗每一个字的原意来，尽我们所有的智力、勇武与气量，来寻思它们的原意，要比通常应用时寻求更深更广的原来意义。"① 梭罗认为，为了找到并使用一种具有高度敏锐性和创造力的语言，我们必须首先认识到语言既不是现成的思维工具，也不是心灵内部的运作，它必然带有世界的"重量"（weight），且是和世界一起生成的。爱默生在《论自然》中指出："词语是自然事实的标记。……如果我们对每一个用来表达一个道德事实或认识事实的词语进行追根溯源的话，我们就会发现，这个词原本是从一种物质性的状态转借而来的。'正确'的本义是'直'，'错误'的本义是'扭歪'，'精神'最初是指'风'，'违犯'最初是指一条线垂直折转，'轻蔑的'最初是指'眉毛上抬'。"② 梭罗和爱默生分享了相同的洞见："物质性"（material）语言是"非物质性"（immaterial）语言的基础，语言首先是世界本身的语言。

　　但在语言和世界之间重新建立起关联并非易事。当我们带着语言中的概念来到世界中的某个陌生之处，我们通常所做的是寻找与这些概念相同或相近的东西，就好像戴着笨重的皮手套去捡起那些精细的宝石。梭罗认为，为了重新获得已经丧失的敏感性，我们需要认识到语言首先是一种自然符号，然后才是被心灵用来表征事物的约定符号。爱默生认为语言的再度精细化必须通过隐喻的使用来实现，但梭罗并不认为隐喻是我们的唯一选项。梭罗对隐喻的担忧是，任何隐喻在某种意义上都已经是一种固定的释义，因此，我们无法通过真正"活的隐喻"来洞见关于事物的真理。在梭罗看来，语言的训练首先是对事物的忠诚（fidelity to the thing），即通过不断地记录和描述来切近事实。他在《瓦尔登湖》中指出，局限在书本里我们容易忘记另一种语言，"那是一切事物和事件不用隐喻直接说出来

---

① Thoreau, *Walden*, p. 100. 亨利·戴维·梭罗. 瓦尔登湖［M］. 徐迟，译. 上海：上海译文出版社，1982：93.

② WE 1：31. R. W. 爱默生. 自然沉思录［M］. 博凡，译. 上海：上海社会科学院出版社，1993：20. 这样的例子在英语中随处可见。比如 outsider 来自 outside，scruple 来自 scrupulous（鞋里的一颗小石子），inspire 和 expire 来自 wind，等等。

的语言，唯有它最丰富，也最标准"①。我们可以在《河上一周》《缅因森林》（1864 年）、《科德角》（1865 年）和梭罗的日记中发现这种语言的大量使用。不过从更深的层面来看，爱默生式的隐喻和梭罗式的记录实际是语言的同一种运用。比如，当我们说晚秋万物凋零的景象是"灰色的"，在爱默生的语境中，这显然是一个隐喻，而在梭罗的语境中，它则是对于原初现象的直接记录。这里的关键在于，在超验主义和自然主义的语境中，心灵和世界是交缠在一起的，最大胆的心灵创造同时也是对事物最彻底的忠诚。

梭罗提出的第三条途径是位移。他在《河上一周》中写道："站在新的山顶上，最熟悉的水面也充满了新的不可预期的乐趣。"他还描写了风景如何在逆流而上的过程中一点点展开："就好像摊开一张地图，岩石、树木、房子、山丘和草地在风和水的不停变化中占据各种新的位置，最简单对象的各种变形也足以让我们充满乐趣。"② 在梭罗的语境中，位移不仅是空间位置的改变，还是整个时空框架的转换。我们也许会有这样的经验，当我们没入游泳池的一瞬间，周遭世界的结构和肌理好像发生了根本性的转变。在梭罗看来，这种时空的转换能在最大程度上促成感知的提升。一个最具代表性的范例是从阳光下转换到月光下。苏格拉底教导我们要走到阳光下去看，而梭罗则在《夜与月光》（1862 年）中写道："不要用日光的标准来理解我的思想，你们要努力认识到，我是为夜晚发言的。"③他告诉我们："在夜里，我们眼睛的一部分是合上的，或者回到脑袋中休憩。其他感觉占据了主导地位。"④ 在这种位移中，白天的视觉变成了夜晚的其他感觉，比如嗅觉和听觉。⑤ 梭罗在《瓦尔登湖》中的"声音"一章

---

① Thoreau, *Walden*, p. 111. 亨利·戴维·梭罗. 瓦尔登湖 [M]. 徐迟，译. 上海：上海译文出版社，1982：103. 译文有改动。

② WT 1：460.

③ WT 9：400.

④ WT 9：403.

⑤ "光"和"视觉/理解"的对应大量保留在日常用语中，比如："I'm in the dark." "Your argument is transparent." "The explanation is crystal clear." "That really sheds light on the problem." 这样的关联也许来源于我们在婴儿时期对光亮的喜爱以及从看中得到的愉悦感。

中记录了大量夜晚的声音，并试图通过聆听来超越"观看/理解"的感知结构。在此基础上，他还试图将潜意识和无意识的领域纳入属于夜晚的感知。他在《瓦尔登湖》中写道："为什么我们总是将我们的知觉降低到最愚笨的程度，并作为常识赞美它？最平常的常识是睡着的人的意识，在他们打鼾中表达出来。"①

通过以上这三条训练感知的途径，梭罗提示了如何在表面生活的同时拒斥"琐碎经验主义"。在梭罗看来，对感知的训练不只是为了单纯地"认识"对象，而是为了揭示心灵和世界在根源上的同缘性，由此找到生命的真正意义。这种同缘性就是爱默生所说的"普遍的存在进入到我的血脉，在我周身流动"。我们也可以再次援引阿克塞尔罗德来示例这种同缘性："当我穿着雪鞋穿过树林，或者在夜晚坐在柴火炉旁边，我越来越感到自己内部的某些东西正在延伸和变得清楚。在孩童时，我经常在营地中获得这种感觉，它在我的胸腔中蔓延，甚至超出我的胸腔，我的身体，直到我和土地之间并不存在任何分界线。"② 不同于爱默生，梭罗试图阐明，我们并不是只能通过个体的无限性（"透明的眼球"）才能直观到这种同缘性，因为它存在于每一个原初现象中。但无论如何，正是由于心灵与世界存在着这种原初的同缘性，对感知的探讨和对实在的探讨才本质地关联在一起。

作为荒野的自然：伯格比的洞见

在《瓦尔登湖》出版后的约一个世纪，伯格比在他的博士论文（1948年）中考察了亚里士多德的存在概念，进而提出了一种与个体位置相关的存在论思路。这条思路虽然与海德格尔（Martin Heidegger）相近，但它受到的主要影响却是来自梭罗的自然主义。伯格比的讨论并没有落脚于一

---

① Thoreau，*Walden*，p. 325. 亨利·戴维·梭罗. 瓦尔登湖［M］. 徐迟，译. 上海：上海译文出版社，1982：299. 译文有改动。

② Axelrod，*The Point of Vanishing*，p. 86.

种关于存在的形而上学，而是呈现为一种围绕"定位"（positioning）展开的"存在拓扑学"（topology of Being）。这种存在拓扑学在《内在的早晨：日记形式的哲学探索》（1958 年）中得到了进一步的阐明。和梭罗的《瓦尔登湖》的一样，该书是一次关于自我筹划和自我定位的实验。①

和梭罗一样，伯格比认为对存在的探讨必须以"独处"为基本前提。他在《美国的荒野》（1974 年）中指出："真正的孤独是公共生活的源泉，它为公共生活提供尺度，尤其是当后者决心消弭，忘记了自己从何处来，又往何处去的时候。"② 但是对伯格比这一代自然主义者而言，独处的要求遭遇了越来越多的阻碍。杂务的侵扰造成了个体精神力的极大退化，与俗常的混乱关系也让我们的阈值无限制地升高。这样一来，抽身而出就需要一种前所未有的决断力，一种彻底的脱离和出神（ekstasis）。伯格比试图阐明，我们需要找到一个真正异己的位置，并通过不断前往这个位置来最大限度地汲取力量。并且，更为重要的是，一个位置的效力与它的稀有程度是成正比的——它越难找，就越能帮助我们看清自然的存在模式和非自然的存在模式的本质区别。伯格比将这个稀有的位置界定为"荒野"（wildness）。他在《美国的荒野》中写道："一个位置如何能有如此的力量？这种力量只能来自某种极端的方式——根据我们与实在关系，将我们作为某个需要解决的问题进行定位。无疑，我们的处境总是暗含着形而上学意味，而荒野作为一个位置将我们与这种形而上学意味紧紧维系在一起，因为它不允许我们将周遭环境视为理所当然。"③

在梭罗那里，"野性"（wildness）首先是生命活动的特征，它和生命活动的其他特征是并置的。他在《瓦尔登湖》中写道："我在我内心发现，而且继续发现，我有一种追求更高的生活，或者说探索精神生活的本能，

---

① Henry Bugbee, *The Inward Morning: A Philosophical Exploration in Journal Form*. New York：Harper & Row, 1958. 书名《内在的早晨》取自《河上一周》中的一首诗歌。除此之外，伯格比在此书中采用了日记的形式，这也是他对梭罗的继承和致敬。

② Henry Bugbee, "Wilderness in America," *Journal of the American Academy of Religion*，42：4（1974），p. 620.

③ Bugbee, "Wilderness in America," p. 620.

对此许多人也有过同感，但我另外还有一种追求原始的行列和野性生活的本能，这两者我都很尊敬。我之爱野性，不下于我之爱善良。"① 但是到了伯格比这里，"荒野"在首要意义上是一个存在空间，这个空间最完美地展现了"实在的简单性和绝对性"。② 伯格比还进一步将这个空间理解为"世界的基础"："世界的基础被奠定了，事物各在其位且坚实站立。"③

在伯格比的语境中，作为位置的荒野同时也是一种潜在的可能性，它同时拒斥和邀请我们进入。伯格比指出："在梭罗的时代，最广泛的诉求是探险，是寻求新的东西，是与那些即便没有歪曲也限制了生命的习俗成规决裂，是探索与发现新的开始和更为坚实的基础，也是对力量的测试，借此力量人们能够发现自我，并获得恰当的尊严。凭借荒野提供的邀请与机遇，人类得以繁荣发展，共同体得以建立。荒野呼唤人们去建功立业，去进行能够让自身获益的工作，并以一种积极肯定而不是勉勉强强的姿态去生活。"④ 伯格比试图阐明，我们与荒野的这种"原初"（primordial）关系并不是对象化的，而是在生存实践中不断展开的紧张关系，它是力与力的碰撞，而不是反思性的建构或描摹，因而先于任何知性的把握和理性的机巧。伯格比指出："较之于言说的主题化（thematization），荒野更接近于言说的出处（whence）。"⑤

因此，真正的荒野只能被遭遇，不能被刻意寻找。伯格比指出，在荒野中，"我们和众存在生活在一起，而不是出于自己的意图对它们进行草率地削减。我们不应该用意图（intention）来替代关注（attention），而应该在关注中体现意图，或者说体现留意（give heed），这样我们知觉到的东西也许能够唤起灵感，并产生累积的效应。知觉者和知觉对象共同创建着这个世界：在对我们的回应中，事物的意义得以成型。在荒野中，人与

---

① Thoreau, *Walden*, p. 210. 亨利·戴维·梭罗. 瓦尔登湖 [M]. 徐迟，译. 上海：上海译文出版社，1982：195.

② Bugbee, *The Inward Morning*, p. 75.

③ Bugbee, "Wilderness in America," p. 619.

④ Bugbee, "Wilderness in America," p. 614.

⑤ Bugbee, "Wilderness in America," p. 616.

自然的合作关系就是这样一种相互性关系，这种关系并不考虑自然能够如何为我所用。这一关系是对话式的，我们在其中的责任是，按照事物的原本位置揭示它们向我们展示的意义"①。换言之，来到荒野中的我们可以带有自己的倾向和性情，但需要最大限度地抛弃主体的僭妄，让自己完全暴露在偶然而动荡的存在中。我们不是试图确定各种存在的相互关系，由此给出关于存在的最终构造，而是在和存在的对话中确认生命的意义。

但伯格比也清醒地看到，这种完全开放的姿态是很难维持的。他指出："人们在荒野中出于本能的探险"很容易被"对'荒野经验'的有意识的寻求"所侵蚀。② 他还看到，某些"欺骗性的表象"正在替代我们与环境之间关系，比如"那些生态学概念"。③ 简言之，作为世界基础的荒野变成了单纯的口号，作为生命的行动的拓荒变成了无力的修辞。为了纠正这样的结果，伯格比给出了类似于梭罗的方案：在事实的表面探讨以另一种方式感知和体认这种原初关系的可能性。他在《内在的早晨》中指出，我们需要"介入当下的瞬间"，以此来帮助"对实在的反思性理解"。④ 关于这种探索，伯格比提出的建议之一是用"聆听"取代"言说"。这种聆听是存在源头的聆听，是完全向荒野的广袤和沉默敞开。伯格比指出："我们的言说总是潜藏在倾听中。那些古老而本真的、能够唤醒人心的言说乃是来自对某些诉说的倾听，在这些诉说中，荒野所扮演的角色绝不是微不足道的。位置的沉默、孤寂、无限的显现与随之而来的可能言说密切相关，在那些从主流生活远远撤离的人们的生活中，这种相关性表现得尤为明显。借着这种撤离，他们也许能够再次恢复自我，并通过将自己置于极端的发问当中获得崭新的生活——就像获得最初的生命一样。"⑤ 伯格比的灵感显然来自梭罗。后者在《河上一周》中写道："有些东西人从来无

①　Bugbee，"Wilderness in America," p. 619.
②　Bugbee，"Wilderness in America," p. 615.
③　Bugbee，"Wilderness in America," p. 620.
④　Bugbee，*The Inward Morning*, p. 105.
⑤　Bugbee，"Wilderness in America," p. 616.

法谈论，对此我们最好保持沉默。最高的交流只能通过寂静之耳实现。"①

居有和勘测：自然主义者与实用主义者

以上我们以梭罗和伯格比为例讨论了自然主义语境中的感知观和实在观，这些讨论中已经包含了实用主义的诸多特征。一方面，我们可以在自然主义者的感知观中发现极为明显的实用主义要素。比如，伯格比在几乎和实用主义者完全相同的意义上指出："经验是我们所经受的，是我们对世界的参与，是借出或保留自我，它取决于我们的回应、敏感、警觉或麻木。"② 他还指出，经验中并不存在"可以让我们的注意力停留的固定参照点"，"停顿并不存在，因为每个事物都是流动的高潮"。③ 我们完全可以将这些描述不加任何修改地放到杜威的《经验与自然》中。又比如，梭罗要求我们将白天的感知模式转换为夜晚的感知模式，用月光下的嗅觉和听觉取代日光下的观看。在同样的意义上，詹姆士在《信念的意志》（1896 年）中指出："客观证据和确定性无疑是很好的观念，但在这个被月光照耀和被梦造访的星球上，我们去哪里寻找它们？"④

另一方面，梭罗探讨的"实在"这个连续而流动的平面实际上就是实用主义者探讨的"经验"。詹姆士在《宗教经验之种种》中援引了《瓦尔登湖》中的段落，并指出："在年轻而健康的时候，在夏日里，在林中或山上，有些日子的空气好像在和平地低语，存在的善和美像干燥温暖的天气一样包围着我们，或者与我们和谐鸣响，就好像我们的内在之耳与世界的安全性一起精妙共鸣。"⑤ 可以看到，这种状态正是实用主义者试图通过理论工作达到的生存论目标。只不过不同于梭罗，他们并不认为心灵与世

① WT 1：366.
② Bugbee, *The Inward Morning*, p. 41.
③ Bugbee, *The Inward Morning*, p. 52.
④ WWJ 6：22.
⑤ WWJ 15：222.

界的这种"和谐鸣响"一定要通过独居于自然中才能实现，它更多地取决于思维范式的转变，即回到区分人与自然之前的天真状态，将两个相互外在的存在域融合为一个更为包容的存在域。

除此之外，梭罗和伯格比的"生态自然主义"和实用主义者的"哲学自然主义"都可以被归入广义的"自然主义"范畴。尽管这两种自然主义是两个不同方向的运思，但这并不妨碍它们分享了一些关于"自然"的关键洞见。我们可以从前面的讨论中看到，较之于爱德华兹式的清教传统和爱默生式的超验主义，"自然"在梭罗式的自然主义中获得了一种崭新的含义，它的内涵也得到了前所未有的拓展。从清教传统开始，土地与人的关系就是美国民族想象的一个重要组成部分。移民自法国的作家克莱范科（Hector St. John de Crèvecoeur）写道："我一走到我自己的土地中，个人财产、专有权、独立这些闪光的观念便提升了我的心灵。……如果丧失了对土地的明确所有权，那么我们美国农民将会变成什么样子？……原来未开化的土地被我的父亲转化为怡人的田园，作为回报，我们从田园那里得到了所有的权利。在田园之上建立起了我们的等级、自由、作为公民的力量，以及作为这一区域的占据者的重要性。"① 在清教徒那里，个体通过对土地的拥有获得自身的规定性，重要的不是单纯的物质性占有，而是自由劳作、按劳获酬、自给自足这些观念带来的道德满足和自由想象。正是在这个意义上，杰弗逊（Thomas Jefferson）指出："如果上帝有自己的选民的话，那么被上帝选中的一定是那些在土地上劳作的人，上帝在这些人的胸膛中特别地放置了坚固而真实的美德。"②

但是在梭罗那里，自然不再表达为被驯化的土地，而是表达为未经人触碰的荒野，与之对应的人也从"居有者"（inhabiter）变成了"拓荒者"（frontier）。拓荒者不是通过劳作，而是通过勘探不断确认自己在自然中的位置，通过不断推进物理边界拓展自己的精神边界。根据梭罗式的自然主

---

① J. Hector St. John de Crèvecoeur, *Letters from an American Farmer and Sketches of Eighteenth Century America*. London：Penguin, 1981, p. 54.

② Thomas Jefferson, *Notes on the State of Virginia*. London：Penguin, 1999, p. 170.

义，"自然"是一种最极端意义上的动荡存在，它兼具亲和性和冷漠性，它既是优美和安全的，又是蛮荒、广袤与危险的。这条思路在伯格比那里得到了进一步推进。伯格比认为存在的基本场域是荒野而非田园，真正意义上的独处只有在遭遇荒野时才是可能的。因此，在自然主义的语境中，自然兼具"母体"和"荒野"这两个维度，它们分别决定了对待自然的两种态度，这两种态度在实用主义那里得到了完整的继承。

　　一方面，作为母体的自然是产生、安放和传递生命的场所，它在最大限度上包容我们的生命活动。在这个意义上，居有并不是强行占据，而是回归母体，我们在建构家园的同时重新找回与自然的原初关系。爱默生在《论自然》中将自然称为自己的"地面""工作场地""运动场""花园"和"床铺"。[①] 卡维尔提示我们，梭罗的《瓦尔登湖》和海德格尔的《筑·居·思》中存在极高程度的亲缘性。[②] 在同样的意义上，杜威在《作为经验的艺术》中指出："我们在与世界的交往中形成习惯，通过这些习惯我们也居有世界。世界变成了家园，而这个家园又是我们每一个经验的一部分。"[③] 他还在《新旧个人主义》（1930 年）中指出："为了获得完整的个体性，我们每个人都要培育自己的花园。但这个花园是没有藩篱的，它没有明确的边界。我们的花园就是以某个角度触及我们的存在方式的世界。"[④] 并且，在实用主义者那里，哲学意义上的自然主义无非是想阐明，人是在自然进程中孕育和生长的。比如，杜威在《经验与自然》中指出："人需要土地来行走，需要海洋来游泳或航行，需要天空来飞翔。他必须在世界中行动，为了实现这一点，他还必须在某种程度上成为自然的一部分。"[⑤] 而这样的洞见已经包含在自然主义者对自然的理解中了。比如，梭罗在《河上一周》中指出："即便自然有时从外面看是微薄而稀疏的，它

---

① WE 1：19. R. W. 爱默生. 自然沉思录 [M]. 博凡，译. 上海：上海社会科学院出版社，1993：9.
② Cavell, *The Senses of Walden*, p. 131.
③ LW 10：109.
④ LW 5：122 - 123.
⑤ LW 1：309.

仍然能以根基处的慷慨让我们满足。"①

　　另一方面，我们在居有自然的同时也在拓荒，我们既在建造自己的家园，也必须在舒适的环境之外筹划和规定自身。因此，安顿（settlement）同时意味着抛弃和离开。导致这种不定性（unsettlement）的根本原因是自然中存在完全非人的"荒野"。诚然，在实用主义的语境中，自然中属人的部分和非人的部分最大限度地交缠在一起，在这个意义上，绝对的"荒野"并不存在。但实用主义者的一个基本共识是，自然既包含可以被我消化和吸收的部分，也包含抗拒和阻碍我的部分，既有熟悉性（familiarity），又有陌生性（strangeness）。实用主义者将自然主义语境中的"荒野"转译为皮尔士意义上的"盲目的力"（blind force）或"野蛮事实"（brute facts），詹姆士意义上的"不断绽放、嗡嗡作响的混乱"（blooming, buzzing confusion），或杜威意义上的"动荡"（precarious）存在。

　　这样的认识要求我们在面对自然时采取一种实验性的态度。卡维尔指出，从某种意义上来说，梭罗移居瓦尔登湖畔的行动是大迁徙的"再现"。②初看起来，这个类比是突兀的。因为新英格兰清教徒受"神召"的驱动，而梭罗则在日记中写道："我必须说我不知道是什么让我离开了瓦尔登湖。我的离开不可解释，正如我的到来不可解释一样。真诚地说来，我到那里去是因为我已经准备好了，我的离开也是出于同样的原因。"③但是换一个角度来看，这两个行动都是一个决定性的实验，即试图让自己最大限度地暴露于存在的偶然性，通过从熟悉到陌生的转变来实现经验的拓展和生命的提升。在自然主义者那里，个体必须通过不断地测量和勘探让自己在一个动荡的自然中安顿下来，个体在勘测自然的同时也规定了自身，这是一个互相校准的过程。曾经做过勘测员的梭罗自学了勘测的技能。爱默生在梭罗的悼词中指出，梭罗具有"测量的天生技能"。④梭罗本

---

① WT 1：419.

② Cavell，*The Senses of Walden*，p. 8.

③ JT 1/22/1852.

④ Ralph Waldo Emerson，"Thoreau，"*The Atlantic*，1/8/1862.

人也在《瓦尔登湖》中写道："你得做一个哥伦布，寻找你自己内心的新
大陆和新世界，开辟海峡，并不是为了做生意，而是为了思想的流通。"①
这种实验性姿态在实用主义者那里得到了最高程度的继承，而测量和勘探
也成为实用主义语境中的基本意象。我们不难将梭罗的观察和记录与皮尔
士在海岸测量局所做的工作关联起来。而杜威则在《经验与自然》中提出
了一种作为"批评地形图"（ground-map）的经验形而上学，试图"为接
下来的更为复杂的三角丈量法建立基线"②。

　　概而观之，梭罗式自然主义和实用主义之间的种种相似性最终可以收
束到一点，即对"自然"的理解。对实在的感知最终落脚于对自然的居有
和勘探。这种根源上的相似性提示我们梭罗在何种程度上预见了实用主义
者的思路，而实用主义者又在何种程度上继承和发展了梭罗的思想基因。
这种关于定位的"场所"逻辑最终进入实用主义的语汇，成为"经验"哲
学的核心部件。

---

① Thoreau, *Walden*, p. 321. 亨利·戴维·梭罗. 瓦尔登湖［M］. 徐迟，译. 上海：上海译文出
　　版社，1982：295 - 296.
② LW 1：309.

第五章 观念论语境中的感知与实在：
以罗伊斯为例

> 如果存在一个普遍而至高的意识，而我又是其中一个观念，那么上帝就会在我死后记住我。而被上帝记住，让至高的意识维持我的意识不就是不朽吗？
>
> 乌纳穆诺（Miguel de Unamuno）:《生命的悲剧意味》

引 言

本章的任务是以罗伊斯为例考察美国观念论者的感知观和实在观。根据一般的哲学史叙事，罗伊斯通常被归为新黑格尔主义者，但这一界定并不能完整地呈现罗伊斯的思想全貌。暂且不论新黑格尔主义是一个极为宽泛且多元的范畴，美国"黑格尔主义者"的主旨向来并非忠实地还原黑格尔的思想，而是试图从各个方向对后者做出实质性的修正和推进。[①] 这一点在罗伊斯这里表现得尤为明显。我们将在本章的讨论中看到，罗伊斯的观念论表现出一些无法完全纳入观念论语境的鲜明特征。为了解释这些特征，我们需要将目光转向美国本土的思想资源。在后一视角下，我们发现罗伊斯的思想并不是一个孤立的事件，它不仅继承了清教传统和超验主义的大量遗产，也和实用主义发生了事实性的交集和学理上的关联。正是在

---

① 参见 David Watson, "The Neo-Hegelian Tradition in America," *Journal of American Studies*, 14: 2 (1980), pp. 219-34。

这个意义上，罗伊斯的感知观和实在观构成了本书叙事线索中的一个关键环节。

这里要特别指出的是，本章的讨论以如下的解读为前提，即罗伊斯在其思想发展的晚期经历了一个明显的"解释转向"。一些研究者认为，罗伊斯的思想历程中并不存在真正意义上的转向。比如，奥西尔（Randall Auxier）试图阐明，罗伊斯从未以任何方式改变过他的基本观点，更没有在最后抛弃"绝对"概念。① 与此相对，另一些研究者则倾向于认为这个解释转向是实际存在的，它不但可以被明确刻画，还对罗伊斯的晚期思想产生了极为重大的影响。② 我的判断是：一方面，罗伊斯的解释转向是明确存在的，这种转向的根本动因是他对实用主义资源（特别是皮尔士）的消化和吸收，这一点在他对感知和实在的探讨中得到了突出示例；另一方面，罗伊斯对实用主义资源的消化和吸收并没有让他成为一个真正的实用主义者，他的"绝对实用主义"（absolute pragmatism）最终只是带有实用主义特征的绝对主义。在下面的篇幅中，我会分别考察罗伊斯的感知观和实在观。在此基础上，我将进一步澄清罗伊斯和实用主义的关联。

从基于意志的感知到基于忠诚的感知

在 1895 年的一次讲座中，罗伊斯请听众设想如下情景：一个孩子因为玩具坏了而哭泣，但是如果我们再给他一个同样的复制品，只会让他哭得更加厉害。原因很简单：孩子只想要原来的那个玩具。罗伊斯指出："我不要其他的！我坚持认为，这种实际的激情和轻率的爱是知识的个体化原则的基础。"③ 罗伊斯的最终结论是：意志是所有认知背后的根本驱动力。这

---

① Randall Auxier，*Time，Will，and Purpose: Living Ideas from the Philosophy of Josiah Royce*. La Salle：Open Court，2011，p. 14.

② 参见 Frank Oppenheim，*Royce's Mature Philosophy of Religion*. Notre Dame：University of Notre Dame Press，1987；*Royce's Mature Ethics*. Notre Dame：University of Notre Dame Press，1993。

③ Cited from John Clendenning，*The Life and Thought of Josiah Royce*. Madison：University of Wisconsin Press，1985，p. 233.

也是贯穿其思想发展始终的关键结论。因为认知必然包括感知，所以对感知的探讨也必须在"意志哲学"的视域中展开。

这里我们要特别提到叔本华（Arthur Schopenhauer）对罗伊斯的影响。罗伊斯在哥廷根跟随洛采（Rudolf Hermann Lotze）学习时大量阅读了叔本华。返美之后，他随即开设了美国大学中的第一门哲学研究生课程，课程的主题即是叔本华。他在《基督教的问题》（1913 年）的前言中告诉我们，有人将他视为叔本华的追随者，而非黑格尔的门徒，这一判断是公允的。① 叔本华在《作为意志和表象的世界》中指出："意志这个词，好像一道符咒似的要为我们揭露自然界中任何事物的最内在本质……过去人们总是把'意志'这概念概括在'力'这概念之下，我恰好反其道而行之，要把自然界中每一种力设想为意志。"② 和叔本华一样，罗伊斯将意志视为最根本的范畴，但他并不像叔本华那样认为意志永远无法完全投射到表象世界，由此陷入厌倦和痛苦。罗伊斯试图阐明，对意志的探讨并不必然引向悲观主义。他在中期著作《世界与个体》（1899—1901 年）中阐明了这样一种核心构想：在意志哲学的基本论域中，可以通过对"时间性"（temporality）的探讨克服叔本华式的悲观主义。罗伊斯的这条理论路径深刻地影响了詹姆士的意志哲学，只不过后者更倾向于用尼采（Friedrich Nietzsche）式的权力意志和卡莱尔式的英雄主义来克服悲观主义。

根据《世界与个体》的构想，意志和时间性本质地关联在一起，时间性是意志行为的基本形式。罗伊斯指出："只有体现为意志的形式，且只有关涉到一个目的论过程之各个阶段的关系，时间（无论是处于我们的内在经验中，还是被把握为世界秩序的整体）才具有意义。时间是意志的形式，实在的世界是一个时间性的世界。"③ 罗伊斯认为，正是基于这种关联，我们对时间性的体验为困于表象世界的意志提供了出路。

---

① Josiah Royce, *The Problem of Christianity*. New York：MacMillan, 1913, vol. I, p. xii.
② 叔本华. 作为意志和表象的世界［M］. 石冲白，译. 北京：商务印书馆，1982：165 - 166.
③ Josiah Royce，*The World and The Individual*，*second series*. New York：MacMillan, 1901, p. 132.

罗伊斯讨论了我们对时间性的双重体验：我们既体验到时间序列中的每个元素，它们拥有各自的位置，并将其他元素排除在外，又体验到每个作为瞬时点的当下都无限地超出自身，内在地展现出某种整体意义。在这种双重体验中，当下的世界和永恒的世界本质地关联起来："一个时间性的世界必须被看作一个整体，即一个永恒的世界。"① 既然当下的世界和永恒的世界可以在时间性的双重体验下本质地关联起来，那么以时间性为基本形式的意志就可以在这种体验中从个体意志进展到包容世界整体的"永恒意识"（Eternal Consciousness）。罗伊斯指出："一种意识可以与世界中的事件整体和时间整体联系在一起，就像人的意识可以与一个单一的旋律或节奏联系在一起，并与这一旋律或节奏所占据的短暂却仍有长度的时间联系在一起，这样一种意识我称之为永恒意识。"② 在罗伊斯看来，从个体意志到永恒意识的推进就是克服悲观主义的关键步骤。

要特别指出的是，罗伊斯的意志哲学并不是一个世俗的理论方案。事实上，从罗伊斯出版的第一部著作《哲学的宗教层面》（1885 年）开始，神学的底色就清晰地彰显于他的每一部著作，《世界与个体》同样如此。在《世界与个体》的语境中，永恒意识实际上就是上帝的神性存在。这样一来，罗伊斯的最终落脚点就变成了"上帝与人的联合"（这也是《世界与个体》最后一章的标题）。他指出："在上帝中，我们意识到自己的意志是如何通过与上帝的合一得到实现的，上帝的意志又是如何通过我们在整体中的特殊参与得到满足的。"③ 正是在这个意义上，罗伊斯不但接续了清教传统和超验主义以来的神学传统，也为后来的人格主义（personalism）运动提供了大量思想资源。

在这个理论框架下，个体意志下的感知必然进展到永恒意识下的全知。所谓永恒意识下的全知，罗伊斯借用经院哲学的术语指出，就是"在

---

① Royce，*The World and The Individual*，*second series*，p. 133.

② Royce，*The World and The Individual*，*second series*，p. 142.

③ Royce，*The World and The Individual*，*second series*，p. 435.

同一时刻是任何事物"（totum simul）①。换言之，感知必然要超出当下，最大限度地将过去和将来纳入自身。罗伊斯指出，这个全局性的视角并没有取消过去、当下和将来的区分，因为永恒意识并没有取消时间性，而是"将整个时间进程视为一个单一内在意义的表达"②。

事实上，这一思路在罗伊斯的博士论文《论知识原则的相互依赖》（1878 年）中已经有所体现。他在博士论文中处理的主要问题是如何避免怀疑主义，大致思路如下：和康德一样，罗伊斯认为判断所表达的主谓关系只存在于思维中。但他对康德做出一个重要改造：判断是出于个体意志的行动，思维中的主谓关系本质上是个体意志的表达。因此，在判断中起决定作用的并不是统觉，而是基于意志的当下行动。罗伊斯对康德的另一个改造是将连续性引入判断。他指出，判断作为基于意志的行动必须是由当下向过去和将来不断延伸的连续运作，个体意志在这种连续运作中不断跃出自身。因此，虽然每个出于个体意志的判断虽然都是当下瞬时的，但它又与其他判断一起处在一个整体的判断序列中。通过将个体判断引入整体序列，怀疑主义也就最终得到了克服。③ 在《世界与个体》中，这个方案最终在围绕个体意志和永恒意识展开的形而上学框架中得到了落实。罗伊斯指出："有限存在的所有表象，它们的有限性片断都只是整体真理的面向。一存在于多中，而多又存在于一中。所有完成的意义都统一于一个意义，这就是真实世界所表达的意义。"④

但这里遗留了一个关键问题：我们可以在神学的视域下将个体意志下的感知推进到永恒意识下的全知，而一旦回到哲学的视域中，我们就必须说明作为"多"的感知是如何成为作为"一"的全知的，即当下的感知是如何在不产生矛盾和冲突的情况下与其他判断一起处在一个整体的判断序

---

① Royce, *The World and The Individual*, *second series*, p. 143.

② Royce, *The World and The Individual*, *second series*, p. 144.

③ Josiah Royce, "Of the Interdependence of the Principles of Knowledge." Ph. D. Dissertation, Harvard University Archives, 1878, p. 53.

④ Josiah Royce, *The World and The Individual*, *first series*. New York: MacMillan, 1899, p. 394.

列中的。罗伊斯在《世界与个体》上册的增补部分（"一、多与无限"）中探讨的正是这个问题。公允地说，这个问题在《世界与个体》提供的理论框架内无法得到恰当的解决。1898 年，罗伊斯参加了皮尔士的剑桥讲座（"推理及万物逻辑"），并在后者的启发下得到了一个崭新的思路：用"解释"（interpretation）来中介"一"和"多"之间的张力。这些思考最终在《基督教的问题》中得到了完整呈现。

在《基督教的问题》中，罗伊斯仍然将意志视为认知的本质，但意志的首要内涵变成了"解释的意志"（the will to interpret），即寻求解释和被解释的意愿。不同于一般意义上的意志，解释的意志不再寻求自我满足，而是主动交出自身，向自身之外的可能性敞开，通过加入一个更大的意义系统来克服自身的有限性。在这个理论框架下，朝向永恒意识无限放大的意志主体被替换为主动寻求解释和被解释的解释者，主体对对象的欲求被替换为解释者之间的对话关系，作为全知者的上帝被替换为不断展开的互释进程。这样一来，探讨意志的基本语境就从主体和对象之间的二元结构转向了你、我、他之间的三元结构，也就是罗伊斯意义上的"解释共同体"（Community of Interpretation）。罗伊斯指出："如果存在这样一个人，我可以向他解释你，而那个人也愿意我向他解释你，那么我就会变成一个解释者。如果我有幸成为这样一个解释者，我们三人——你，我的邻人，我将向别人解释你；你，我的倾听者，我将要对你说出我的解释——就构成一个共同体。让我们给这类共同体起一个技术性的名称，我们称之为解释共同体。"①

在这个新的理论框架下，对感知的理解也得到了三点重要的更新。首先，罗伊斯批判了"知觉"（percept）和"概念"（concept）的二分。为了弥合这种二分，他并不是通过引入第三种认识模式（比如想象力）来综合知觉和概念，而是试图用三元的解释关系取代二元的认知关系。罗伊斯认为，知觉和概念、直觉和理智之间不存在明确的区分，解释无法被还原

① Josiah Royce, *The Problem of Christianity*. New York：MacMillan，1913，vol. II, p. 211.

为纯粹的知觉或概念，也不是两者的综合，基于解释的感知观是直觉主义和概念主义之外的第三个选项。他指出："构成任何解释整体的既不是知觉或概念，也不是二者的结合，更不是它们在我们的实践活动中的综合。相反，我们在所有的社会和精神关系中寻找解释。离开了解释进程，我们的生命是不完整的。"① 正是在这个意义上，罗伊斯一方面明确反对柏格森和詹姆士式的直觉主义，并和皮尔士一起站在反直觉主义的阵营中，另一方面又对刘易斯（Clarence Irving Lewis）式的"概念实用主义"（conceptualistic pragmatism）保持警惕。

在二元的思维范式中，感知的基本结构是 A 知觉到 B；而在三元的思维范式中，感知的基本结构则是 A 向 C 解释 B，这里的 A 和 C 既可以是不同的个体，也可以是同一人格中的不同视角。罗伊斯指出，尽管我们出于各种目的以各种方式进行解释，但这些解释都有一个共通点，那就是"假定其他心灵的态度"②。他还指出，因为解释的实质是不同态度在同一个人格中的内部对话，所以它的基本模式和社会交往活动中的对话并无二致。在这个意义上，作为解释的感知本质上是一种"社会进程"。③ 可以看到，这种解释转向意味着理论视角的彻底转换，即从私人的主体意识语境转向公共的社会实践语境。正如罗伊斯所指出的，"解释是对话，而不是孤独的事业"④。从这个角度来看，罗伊斯不仅抓住了批判私人感觉的关键要点，还在一定程度上预见了后来芝加哥学派的理论方案。

其次，因为解释本身可以得到进一步解释，所以感知在原则上是可以无限延伸的，但这种延伸不是像爱默生那样将普遍存在纳入自身，而是在连续的解释进程中不断地超出自身。和《世界与个体》一样，对时间性的探讨同样在《基督教的问题》中占据核心位置，但理解时间性的基本框架不再是当下和永恒的双重维度（在同一时刻是任何事物），而变成了无限

① Royce，*The Problem of Christianity*，p. 136.
② Royce，*The Problem of Christianity*，p. 113.
③ Royce，*The Problem of Christianity*，p. 150.
④ Royce，*The Problem of Christianity*，p. 148.

延宕和拓展的解释序列，这个进程既不存在绝对的起点（"多"），也不存在绝对的终点（"一"）。罗伊斯指出，知觉和概念都是"自我限制的"（self-limiting），前者受到世界本身的限制，后者则终止于某种"普遍类型"或"理想形式"。而解释进程则可以无限地进行下去，能够终止这一进程的只有外部的强力中断，比如死亡或故意制造的社会性分离。① 他还指出，单纯的知觉是"荒凉的"（lonesome），而单纯的概念是"贫瘠的"（sterile），而解释则要求我们去"寻求目所未见的，耳所未闻的"，同时努力去理解"尚未进入我们心灵的东西"。② 在这个意义上，由解释构成的世界无限地大于由知觉和概念构成的世界。在罗伊斯那里，最宽泛意义上的世界是解释的世界，而哲学的目标则是揭示这个世界的"大纲"（the ground plan）。③

再次，基于以上两个更新，探讨感知的基本路径从"我"如何感知最终变成了"我们"如何感知。用罗伊斯的话来说，"和朋友商议，注视爱人的眼睛，或者服务于生命的事业"，以这种方式，我们得以"触碰到实在的内核"。④ 罗伊斯意义上的"我们"既非随意的"人群"（crowd），也非机械的"集合"（aggregate），而是有机的解释共同体。在解释共同体中，每个成员都能明确地认识到自己所扮演的解释性角色，并根据共享的记忆和共同的目标展开互释性的对话和交流。罗伊斯试图阐明，"我们"层面的感知涉及两个关键维度：首先是寻求解释和被解释的意愿；其次，更为关键的，是对解释共同体的"忠诚"（loyalty）。他在《基督教的问题》中区分了三种态度：尼采式的"确认生活的意志"（affirm the will to live），叔本华式的"否认生活的意志"（denial of the will to live），以及自己所选择的"忠诚的态度"（attitude of loyalty）。他指出，忠诚的态度既不确认也不否认生活的意志，它的本质是意识到"除非成为共同体的一

---

① Royce，*The Problem of Christianity*，pp. 149 - 50.

② Royce，*The Problem of Christianity*，p. 151.

③ Royce，*The Problem of Christianity*，p. 280.

④ Royce，*The Problem of Christianity*，p. 163.

员，否则我的生命不具有任何理论上或实践上的意义"①。他还强调，解释共同体的成员不但需要互相忠诚和对共同体忠诚，还需要对忠诚的态度本身保持忠诚，即"对忠诚的忠诚"（loyalty to loyalty）。罗伊斯将忠诚视为最高的生活理想，并认为这一理想涵盖了科学、道德和宗教层面上的一切要求。他试图阐明，一种基于忠诚的感知态度不仅要求我们去观察和模仿被共同体所承认的理想模式，以此指导自身的感知，还要求我们全身心地投入解释进程，对感知的模式展开更有创造性的想象和探究。

从观念性实在到符号化实在

在考察了罗伊斯的感知观之后，现在我们要来看他的实在观。罗伊斯在《康德与现代哲学进程》（1881 年）中对自己的实在观做出了完整界定，其中前五个要点为："（1）实在是当下瞬间的感觉内容。（2）实在是以广延性或相继秩序组织感觉内容的形式。（3）实在是一种行为，我们可以由此认识未在当下出现的过去，也可以认识存在于个体意识之外的其他意识，以及时空中除所予经验之外的其他可能经验，还可以预期未被给予的未来。（4）以下事实证明了我们给出的关于行为对象的终极理论：当下瞬间通过认识和预期将这些对象投射进过去、未来和可能的真理世界，将它们把握为实际意识或可能意识的时空对象。（5）除了包含在这些材料和投射行为中的实在，我们无法设想其他实在，因为设想实在就是进行投射的行为。"② 我们可以从这些论断中明确看出罗伊斯的观念论立场：实在就是观念的当下投射。同年 12 月 28 日，他在给詹姆士的一封信中更加明确地指出，"在意识的事实之外绝对不存在超越的实在"，"思想和情感就是一切"。③ 根

---

① Royce，*The Problem of Christianity*，p. 313.

② Josiah Royce，"Kant's Relation to Modern Philosophic Progress," *Journal of Speculative Philosophy*，15（1881），pp. 379 - 80.

③ John Clendenning，ed. *The Letters of Josiah Royce*. Chicago：University of Chicago Press，1970，p. 108.

据一般的解读，这个观念论立场一直贯穿了罗伊斯的整个思想历程。但我们应该看到，他的"观念论"在解释转向之后同样得到了相应的更新。

从他的博士论文开始，克服怀疑主义就是一直是罗伊斯思想中的一个母题。就这个论题而言，如果说实在论者的首要问题是给出区分真理和谬误的标准，那么观念论者的首要问题则是说明，既然一切实在都是观念的投射，那么谬误在原则上究竟是如何可能的。罗伊斯在《世界与个体》中区分了观念的内在意义和外在意义：根据观念的内在意义，"观念的对象在某种意义上是事先规定的，是通过对观念的内在意义所包含的那种对对象的注意，从所有其他对象中挑选出来的"；根据观念的外在意义，"观念试图与某个特殊对象相符合，不是和随意选择的对象相符合，也不是和碰巧符合观念结构的东西相符合，而是和确定的对象相符合"。① 虽然罗伊斯指出观念论者应该坚持内在意义在逻辑上的首要性，但外在意义和内在意义的区分，以及"挑选"和"符合"这样的表述至少说明罗伊斯在思考某种不依赖于观念的外在性。不过，《世界与个体》中的罗伊斯并没有沿着这条道路走得太远，而是转而从另一条整体主义的思路来克服个体意识的有限性和可错性，即通过永恒意识来保证个体经验的有效性，用绝对知者的无限性来中介个体知者的有限性。尽管如此，我们还是可以看到罗伊斯的观念论带有某种非观念论的倾向。

《世界与个体》第一卷的副标题是"四个历史性存在概念"。罗伊斯考察和批判了"实在论"（realism）、"神秘主义"（mysticism）和"批判理性主义"（critical rationalism）这三种存在概念，并提出了第四种存在概念，也就是他所持的"综合观念论"（synthetic idealism）。根据罗伊斯的界定，综合观念论认为"最终呈现在完成经验中的实在就是观念系统的全部意义"②。要特别注意的是，综合观念论并不是其他三种存在概念的对立面，而是以某种特殊的方式将三者"综合"（或者说"扬弃"）于自身之中。首先，实在论认为对象是观念之外限制对象的存在，综合观念论则认为，

① Royce, *The World and The Individual*, *first series*, p. 319.
② Royce, *The World and The Individual*, *first series*, p. 61.

观念的确有意识地寻求某种异在性，但这种异在性并不是外部对象，而是某些超出当下的决定性。其次，神秘主义在直觉中将世界等同于自我，综合观念论则认为，当下尚不是永恒，自我与世界的等同不是在某种"出神状态"下被一次性把握的，而是在理性目的的引导下逐渐把握世界的"深层脉搏"。再次，批判理性主义认为实在必须本质地包含有效的观念形式，综合观念论则认为，这里的有效性不仅要涉及当下的经验，还要涉及将来的可能经验，在这个意义上，一般形式并不是"真实存在的全部本性"①。可以看到，综合观念论的实质是超出当下的思维进程，在一个向未来展开的全局性视域下探讨观念和实在的同一性。

我们已经指出，皮尔士的剑桥讲座对罗伊斯的思想发展产生了关键性的影响。在《世界与个体》中，罗伊斯试图阐明综合观念论在何种意义上有别于其他观念论。在皮尔士的帮助下完成的解释转向让罗伊斯找到了解决问题的关键：观念的直接投射实际上是一个复杂的解释过程，因此，观念性实在就是解释性实在。以此为前提，罗伊斯的实在观在《基督教的问题》中得到了实质性的修正。

首先，根据这种解释性的实在观，观念论的起点不再是当下的主观意识，而是共存和互释的"人格"（persona）或皮尔士意义上的"解释项"（interpretant）。罗伊斯建议我们恢复"人格"在拉丁语中的本来意味，即共同体的"面具"（mask）。他指出："独自一人的我是迷失的，甚至比非存在还要糟糕。我需要一个商谈者，我需要我的共同体。解释我，也让我加入解释，让我们成为一个共同体。只有共同体才是我们的生命，才是我们的救赎，只有共同体才是真实的。这才是不容否认的意志的态度。因为如果没有解释者，就不存在解释；如果没有解释，就不存在世界。"②

其次，根据这种解释性的实在观，观念论的终点不再是被永恒意识所把握的绝对经验，而是解释共同体的最终结论。罗伊斯指出："我不但在解释作为我的解释对象的你，同时，作为一个理想的解释者，我的目标是

---

① Royce，*The World and The Individual*，*first series*，pp. 353–8.
② Royce，*The Problem of Christianity*，vol. II，p. 325.

实现解释共同体统一的图景。"① 他还在最后一次的"形而上学"课程（1916 年）的课堂笔记中指出："实在是真命题的对象。这是一个目的论观念。……实在就是实现这样一种目的，这种目的通过关于实在的真命题或真判断得到表达。"② 这里的真命题或真判断就是皮尔士意义上的"最终意见"（ultimate opinion），也就是解释共同体的最终结论。根据这一思路，个体和绝对的关系变成个体判断和最终意见之间的动态关系。

最后，根据这种解释性的实在观，实在在首要意义上不再是观念的投射，而是变成一个符号化的存在域。在皮尔士的影响下，罗伊斯认为我们的所有经验本质上都是"经验符号"（experience-sign），它们不断地超出自身，通过指向其他符号获得自身的意义。罗伊斯指出："我们得到的经验是符号的领域。……你永远无法通过诉诸知觉或概念彻底认识经验的事实。……经验事实首先是属于时间秩序的一个事件，它既总结了之前的无限事实序列的意义，又进入之后的无限事件序列的意义。……我们认为过去是真实的，因为我们认为自己的记忆是需要解释的符号。我们当下的行为又解释着未来的期望，因此我们认为自己的期望是未来的符号。"③ 在此基础上，罗伊斯跟随皮尔士走向了彻底符号化的世界观。皮尔士指出，宇宙中"弥漫着"（perfused with）符号。④ 在相同的意义上，罗伊斯在《基督教的问题》中明确提出了自己的"形而上学理论"："世界事件在真正的时间秩序中就是符号"，而"宇宙是由真正的符号及其解释构成的"。⑤ 他还在前引的课堂笔记中指出："存在就是去指示某物（to be is to signify something）。"⑥

根据这个彻底符号化的世界观，观念论和实在论、内在性和外在性从相互对立的选项变成了符号化存在的两个不同面相。一些研究者尝试性地

① Royce, *The Problem of Christianity*, vol. II, p. 212.

② Josiah Royce, *Metaphysics*. Albany: State University of New York Press, 1998, p. 79.

③ Royce, *The Problem of Christianity*, vol. II, pp. 289 - 90.

④ CP 5: 448.

⑤ Royce, *The Problem of Christianity*, vol. II, p. 284.

⑥ Royce, *Metaphysics*, p. 269.

探讨了晚期罗伊斯思想中的实在论倾向。[1] 在承认这一倾向的前提下，我主张选择另一种解读策略：罗伊斯的首要考量并不是如何将实在论引入观念论，由此构造另一种"综合观念论"，而是试图探讨符号化实在如何表现出内在性和外在性这两个不同的面相。当然，因为罗伊斯并没有明确阐述他的符号化世界观，我所刻画的很有可能是一个"皮尔士化"的罗伊斯。但无论如何，如果我们承认罗伊斯的解释转向，那么这种符号化的实在观就很有可能是罗伊斯的最终落脚点。

罗伊斯与实用主义

在考察了罗伊斯的感知观和实在观之后，我们要进一步澄清罗伊斯和实用主义的关系。我们可以在罗伊斯的早期著作中发现一些明显的实用主义要素。比如，他在《哲学的宗教方面》中指出："我们带有偏见地喜爱世界的规律性、必然性和简单性，因此我们持续地操作感觉材料，为了建立一个有规律的、必然的简单宇宙的观念。"[2] 从中我们不仅看到实用主义者对传统经验论的主要批判，还可以看到罗伊斯式的绝对主义背后的多元论倾向。晚年的罗伊斯将自己的立场更为明确界定为"绝对实用主义"。他在 1906 年的讲座中指出："我个人主张自己既是实用主义者，也是绝对主义者，我相信这两种理论是相互包含的。因此，我认为它们不仅是可调和的，而且是真正调和的。"[3] 我们可以从本章的讨论中清楚地看到，罗伊斯在关键的理论节点上借鉴和吸收了实用主义者（特别是皮尔士）的核心思路。[4]

在本章所刻画并强调的解释转向中，皮尔士对罗伊斯的启发无疑是关

---

① 参见 Frank Oppenheim，*Royce's Mature Ethics*，p. 201。

② Josiah Royce，*The Religious Aspect of Philosophy*. Boston：Houghton Mifflin，1885，p. 322.

③ Josiah Royce，*Lectures on Modern Idealism*. New Haven：Yale University Press，1919，p. 258.

④ 参见 Frank Oppenheim，*Reverence for the Relations of Life: Re-imagining Pragmatism via Josiah Royce's Interactions with Peirce，James，and Dewey*. Notre Dame：University of Notre Dame Press，2005。

键性的。可以毫不夸张地说，皮尔士直接促成了罗伊斯的解释转向。罗伊斯在给詹姆士的一封信（1901 年 6 月 21 日）中写道，皮尔士的剑桥讲座"对我而言永远是划时代的。它们让我走上了新的轨道"[①]。皮尔士让罗伊斯这个成长于加州的西部人认识到，较之于个人主义的拓荒精神，以共同体为出发点的交流意愿也许更为重要。在学理层面，皮尔士给罗伊斯提供了两个主要启示：如何在数学上明确界定无限序列，以及解释共同体的概念，前一个启示主要体现在《世界与个体》第一卷的增补部分，后一个启示则主要体现于《基督教的问题》第二卷。根据霍金（William Ernest Hocking）的回忆，罗伊斯在去世前两年（1914 年）告诉他，如果《世界与个体》再版，他想把题目改为《世界、共同体与个体》。[②] 而就另外两位主要的实用主义者而言，从 1875 年和詹姆士初次见面，到 1882 年加入詹姆士任职的哈佛大学哲学系，再到 1910 年詹姆士去世，罗伊斯和詹姆士的互动贯穿了他的整个哲学生涯。佩里（Ralph Barton Perry）在他的两卷本巨著《威廉·詹姆士的思想与性格》（1935 年）中花了三章和两个附录的篇幅来探讨两者的关系。[③] 除此之外，我们还能在罗伊斯的解释共同体和杜威的民主共同体之间找到一些重要的关联。[④]

这些事实和学理上的交集促使我们在更宽泛的视角下考察罗伊斯和实用主义者的思想。库克里克建议将他们都纳入分享了一系列"新康德主义"主题的"剑桥实用主义者"阵营。[⑤] 他还指出，正如罗伊斯将自己的立场界定为"绝对实用主义"，我们也可以将詹姆士的立场界定为"多元观念论"（pluralistic idealism）。[⑥] 事实上，罗伊斯本人在 1906 年的讲座中

---

① Clendenning, ed. *The Letters of Josiah Royce*, p. 422.

② William Ernest Hocking, "On Royce's Empiricism," *The Journal of Philosophy*, 53: 3 (1956), p. 58.

③ Ralph Barton Perry, *The Thought and Character of William James*. Boston: Little Brown, 1935, vol. 1, pp. 726 - 36; vol. 2, pp. 778 - 824.

④ 参见孙宁. 想象的共同体：从罗伊斯到杜威 [J]. 社会科学战线，2016（03）：19 - 24.

⑤ Bruce Kuklick, *Josiah Royce: An Intellectual Biography*. Indianapolis: Bobbs-Merrill, 1972, p. 2.

⑥ Kuklick, *Josiah Royce: An Intellectual Biography*, p. 5.

指出，观念论者在"真正意义上"是实用主义者，因为他们都将真理和"行动、实践和意志"关联起来，他们都认为真理不是"某种脱离行动的死物"，而是"建构、过程、活动、创造和实现"。①

另外，和实用主义者一样，罗伊斯的思想同样有着深刻的黑格尔背景。麦克德莫特将罗伊斯的早期立场界定为新黑格尔主义。② 类似地，克伦德宁（John Clendenning）将 19 世纪 90 年代界定为罗伊斯的"黑格尔阶段"。③ 而卡格（John Kagg）则试图阐明，罗伊斯的整个思想历程都贯穿着对黑格尔的细致研读，这些研读的成果在罗伊斯晚年出版的《忠诚的哲学》（1908 年）中得到了实质性的体现。④ 这些论断提示我们，有可能在新黑格尔主义的语境中探讨罗伊斯和实用主义的关联。

除了以上这两个视角，有些研究者还倾向于在实用主义内部区分出两条线索（基于皮尔士对实效主义和实用主义的区分），并将罗伊斯归于皮尔士式的实效主义阵营。在倾向于对罗伊斯作实用主义解读的研究者中，这是一个较为主流的视角。比如，奥本海姆（Frank Oppenheim）将皮尔士和罗伊斯的实用主义都界定为基于理性的"预见性"（prophetic）实用主义，并和詹姆士与杜威的自然主义实用主义区分开来。⑤

但是在强调关联的同时，我们也应该看到罗伊斯与实用主义者的明显分歧。首先，从任何角度来看，罗伊斯的思想体系都是以绝对主义为鲜明特征的。受罗伊斯影响颇深的人格主义者布莱特曼（Edgar Sheffield Brightman）在《人格与实在》（1958 年）中这样界定罗伊斯式的"绝对观念论"："整个宇宙是一个完美而包罗一切的心灵（至少是一个类似于心灵的统一体）；自然、人类个体和人类社会中的每一样事物都是绝对心灵的

---

① Royce，*Lectures on Modern Idealism*，pp. 85 - 6.

② John McDermott，*The Drama of Possibility*. New York：Fordham University Press，2006，p. 33.

③ Clendenning，*The Life and Thought of Josiah Royce*，p. 230.

④ John Kagg，"American Interpretations of Hegel：Josiah Royce's Philosophy of Loyalty，" *History of Philosophical Quarterly*，26：1（2009），pp. 83 - 101.

⑤ Frank Oppenheim，"The Peirce-Royce Relationship，Part 2，" *The Journal of Speculative Philosophy*，12：1（1998），pp. 35 - 46.

一个相位、方面或阶段（或者从广义上来说，一个部分）。"① 这样的立场是实用主义者无法接受的。在他们看来，这种构想是"封闭宇宙"（block universe）的典型代表，它没有给实用主义者所强调的机遇、偶然性和新要素留下任何空间。

其次，罗伊斯与实用主义者的分歧不但涉及罗伊斯早期和中期的绝对主义构想，也涉及解释转向之后的一系列结论。比如，帕克（Kelly Parker）指出，罗伊斯晚期的绝对实用主义和皮尔士的实效主义之间仍然存在如下分歧：首先，皮尔士明确拒斥通过先验论证建立知识对象的路径；其次，皮尔士并不认为真理概念必须包含统一性和终极性；最后，皮尔士并不认为真理概念必须包含超越时间进程的不变性和确定性。② 皮尔士的真理概念中是否包终极性和不变性，这当然是一个值得商榷的问题。但至少可以肯定的一点是，罗伊斯和皮尔士对真理的要求在程度上是不同的。除此之外，罗伊斯还试图将解释进程的结果人格化，而不是像皮尔士那样停留在最终意见的层面。比如，解释进程的最终结果在《宗教洞见的资源》（1912 年）中被进一步解释为"超人"（superhuman）意识。③ 这种人格化的真理观在一定程度上削弱了实用主义者所追求的开放性和多元性。

詹姆士和杜威也看到了罗伊斯和实用主义之间的距离。詹姆士在评论《哲学的宗教方面》时将罗伊斯的立场称为"泛神论的一元论"（pantheistic monism）。他指出，罗伊斯不像其他的黑格尔主义者那样对这一立场的困难视而不见，他试图在绝对的视域中保留对具体的诉求，但是，"尽管罗伊斯勇敢而出色地做出了尝试，我们并不确定他最终解决了这一难题"④。而杜威则在《罗伊斯式哲学的意志论》（1915 年）中指出，罗伊斯的意志

① Edgar Sheffield Brightman, *Person and Reality*. New York: Ronald, 1958, p. 297.

② Kelly Parker, "Josiah Royce: Idealism, Transcendentalism, Pragmatism," in Cheryl Misak ed., *The Oxford Handbook of American Philosophy*. Oxford: Oxford University Press, 2008, pp. 121 - 3.

③ Josiah Royce, *The Sources of Religious Insight*. Washington: The Catholic University of America Press, 2001, pp. 266 - 7.

④ WWJ 17: 387.

论引向的是"本体论绝对主义"，其中"并不涉及任何根据后果的确定或测量"，不同于实用主义，罗伊斯的参照是"理智主义的"，而非"实践的"。在这个意义上，他无法认同罗伊斯提出的"绝对实用主义"的自我定位。①

关于罗伊斯和实用主义的关系，我的基本判断是：与其说罗伊斯的立场是绝对实用主义，不如说他的立场是带有实用主义特征的绝对主义，解释共同体的引入只是让罗伊斯有所保留地消化和吸收了实用主义资源，并没有让他的绝对主义立场发生实质性的转变。在这个意义上，罗伊斯的"解释转向"是绝对主义内部的转向，它的目标不是克服绝对主义，而是充实绝对主义。一个明确的例证是，对罗伊斯而言，在实用主义者那里处核心位置的达尔文主义是无法成立的。他在早期出版的《现代哲学的精神》（1892 年）中明确指出："真正的魔鬼不是犯罪，而是野蛮的机遇。"②他还在《世界与个体》中指出，尽管"必须给我们的多样性留出空间"，但"存在的统一"始终是第一位的。③ 这种信念足以让我们将罗伊斯和实用主义者区分开来。

这种分歧背后的根本原因或许在于，罗伊斯在首要意义上并不是哲学家，而是神学家。在罗伊斯那里，解释共同体最终必须进展为基督教共同体或"爱的共同体"（Beloved Community）。根据这个推进步骤，对解释共同体的忠诚最终落脚于被基督徒分享的记忆和希望，前者是基督的受难和重生，后者则是上帝之国的最终降临。一方面，基督教共同体并没有违背解释共同体的基本原则，即通过无限延展的互释进程来克服个体自身的有限性或"被造性"（creatureliness）。记忆是过去的符号，希望则是将来的符号，而基督徒的赎罪实践实质上就是对这些符号的解释和再解释。正是在这个意义上，罗伊斯认为圣保罗（Saint Paul）对基督教的解释和传播比耶稣的事迹更为重要。但另一方面，基督教共同体又在某种意义上重新

---

① MW 10：87.

② Josiah Royce, *The Spirit of Modern Philosophy*. Boston：Houghton Mifflin, 1892, p. 469.

③ Royce, *The World and The Individual*, *first series*, p. 395.

回到了《世界与个体》中的全知者。罗伊斯在《宗教洞见的资源》中指出，实用主义者认为，因为新事物的不断涌现，所以不存在完成的世界，这种看法当然是正确的，但这并不否认有一个"神圣意志"包容了从过去到将来的整个时间序列。换言之，"在不断的流动和个体行动的相继序列中，一切都是暂时的；在意义的统一体中，一切又都是永恒的"①。

因此，如果说实用主义者只要求"先见者"（foreseer），那么罗伊斯还要求"永见者"（everseer）。在罗伊斯看来，解释的根本任务不是要看得远，而是要看得全，不是在解释进程中尽可能地克服个体的有限性，而是最终与真理同一。这是清教传统和超验主义在罗伊斯那里留下的"永久性遗产"。他指出，个体的生命必须基于某些"永远不能被还原为纯粹属人的经验概念"，除非"超越个体层面的生命真实存在，否则人类的努力就没有意义，实用主义和观念论者提出的意义就会淹没在混乱当中"。② 这些结论和实用主义的"人本主义"诉求是背道而驰的。尽管实用主义者并不缺少宗教维度（本书第十六章的讨论将阐明，宗教维度是实用主义思想的核心部件），但他们并不会接受作为终极解释者的神圣意志。

---

① Royce，*The Sources of Religious Insight*，p. 160.

② Royce，*The Sources of Religious Insight*，p. 149.

第六章　不可通约的两条道路：作为怀疑主义者和
自然主义者的桑塔亚那

　　只有怀疑主义者（或游荡者、审美者）才能逃脱，因为他们不提出任
何建议。他们，人性真正的捐助者，破坏狂信的目的，并分析它的狂热。
我感觉跟皮朗在一起比跟圣保罗在一起更安全，因为诙谐的智慧比不羁的
神圣更温柔。

萧沆（Emil Cioran）：《解体概要》

引　言

　　桑塔亚那在多大程度上算是一个美国哲学家，这是一个充满争议的问
题。1872 年，9 岁的桑塔亚那来到美国；1912 年，49 岁的桑塔亚那离开
美国，在欧洲度过了他余下的生命。杜兰特（Will Durant）曾指出，桑塔
亚那只是因为地理因素而成了一个美国哲学家，"他是一个欧洲人，生在
西班牙，在无知的幼年被转送到了美国。成熟之后，他像回到天堂一般回
到了欧洲，他在美国的日子就像是在服缓刑"[1]。但是我们也应该看到，尽
管桑塔亚那始终与美国精神保持着微妙的距离感，但他同时又是美国思想
的深刻观察者、批评者和对话者。他不仅在问题域上和同时代的美国哲学
家相互交叉，甚至重叠，更是作为批判实在论（critical realism）的主要

---

[1] Will Durant, *The Story of Philosophy: The Lives and Opinions of the Great Philosophers of the Western World*. New York: Time Inc., 1933, p. 454.

成员成为当时美国哲学图景的重要组成部分，并和其他思潮（比如实用主义和过程哲学）发生了极富启发性的互动。

桑塔亚那的哲学思考深刻体现了处于新旧交替时期的美国思想。他在强调动物信仰（animal faith）的同时不忘提醒我们关注精神的超拔性，而这种提醒往往伴随着不可抑制的乡愁。在他看来，精神在当下现实中的运动是滑落，而非攀升，精神性的顶峰属于早已逝去的旧世界。而实用主义者则更倾向于从旧的思维框架中挣脱出来。在他们看来，从动物性到精神性的进程可以通过对人类经验的重新组织和建构得到实现。旧世界有旧世界的精神性，新世界有新世界的精神性，界定这两种精神性的概念和范畴完全不同，也不应该相同。在同一个时间节点上，桑塔亚那和实用主义者标示了探索精神性的不同方向。

对新与旧的强烈体认让桑塔亚那的哲学立场变得非常微妙。他在《怀疑主义与动物信仰》（1929 年）中指出："我们必须摇摆在如下两种立场之间，即一种坦率地缩减至唯我论的彻底的先验主义，以及一种假定为俗常之物的前提的唯物主义。"[1] 实用主义者和过程哲学家则没有这样的困扰。在他们看来，"本质"和"物质"只是两个虚构的端点，唯一存在的是过程性的"事件"（event）。正如怀特海在《过程与实在》中所指出的，"如果我们接受桑塔亚那的立场，就会产生一层现象之幕，一种伴随着行动和价值判断的原始轻信，以及一种从幕前指向幕后实在的神秘象征主义"[2]。但不管怎样，在桑塔亚那看来，摇摆于这两种立场之间正是人类的根本命运。他并不试图去弥合这两种立场，也不试图寻找某种中间视角，而是承认两者之间的裂隙，并在这种张力中寻找关于生命的洞见。

这种独到的哲学思考集中汇聚于《怀疑主义与动物信仰》。作为阐述桑塔亚那哲学思想的纲领性著作，该书也是其思想由前期转向后期的主要

---

[1] George Santayana, *Scepticism and Animal Faith: Introduction to a System of Philosophy*. New York: C. Scribner's Sons, 1923, p. 17.

[2] Alfred North Whitehead, *Process and Reality: An Essay in Cosmology*. New York: Free Press, 1978, p. 216.

标志。其时桑塔亚那已从哈佛辞职，正式脱离了哈佛的观念论五人小组，转而到牛津任教。① 一方面，它为早期的《理性的生命》（1905—1906 年）提供了本体论上的支撑。在五卷本的《理性的生命》中，桑塔亚那试图构建"一部关于人类理智的推论性传记"。他认为理性生命并不是一种纯然理性活动的集合，而是冲动与观念的联合，因此理性生命的最佳表达也许就是对至善的精神追求和对实现道德成就的渴望。《理性的生命》的任务就是全面展现这种人本主义的道德哲学，并以一种黑格尔式的兴趣详细地刻画理性的发展史。另一方面，《怀疑主义与动物信仰》又是其后一系列著作的开篇和提纲。② 而桑塔亚那晚年的著作，比如以反民主、反自由主义为基本立场的政治著作《主宰与权力》（1949 年），则从各个方面继续阐发和深化了《怀疑主义与动物信仰》中的思想。

本章将通过考察《怀疑主义与动物信仰》，特别是其中提出的"本质"（essence）概念，来呈现桑塔亚那独特的哲学思考。桑塔亚那以一种柏拉图式的兴趣思考并追求本质。柏拉图教导我们要"永远坚持走向上的路"③，而到了桑塔亚那这里，思考的方向没有丝毫的转移，他写道："人类命运的真理总是清楚的，只要我们沉浸其中的动物性的烦恼没有阻止我们看到它。抬起我们的双眼是如此容易，虽然我们很少会这样做。当一个全神贯注的诗人强迫我们去这样做的时候，我们将被捕获，被责难，最后被引渡。"④ 桑塔亚那提出了通向本质的两条道路："根本的怀疑主义"（the ultimate scepticism）和"物质的本体论"（the ontology of matter）。在他看来，正如生命在先验主义和唯物主义之间的摇摆是无法规避的事

① 五人小组的成员包括詹姆士、罗伊斯、桑塔亚那、帕尔默（George Herbert Palmer）、闵斯特伯格（Hugo Münsterberg）。辞职的原因是多样的：受不了学院的束缚，想全身心地投入写作，以及健康原因——"我在哈佛不够自由，教书也不是我的天职。我想从合约中解放出来，想看看各种各样的景色，想过一种欧洲式的生活。"参见 John McCormick, *George Santayana*. New York：Alfred A. Knopf, 1987, p. 209。

② 即《本质的领域》（1928 年）、《物质的领域》（1930 年）、《真理的领域》（1938 年）和《精神的领域》（1940 年），这四本著作被统称为《存在的领域》。

③ Plato, *Republic*, 621c.

④ Paul Arthur Schilpp, ed., *The Philosophy of George Santayana*. New York：Tudor, 1951, pp. 120‑1.

实，这两条道路最终是不可通约的，这种不可通约性揭示了生命在动物性和精神性之间的震荡。

通向本质的道路一：根本的怀疑主义

通向本质的第一条道路是根本的怀疑主义。桑塔亚那在《怀疑主义与动物信仰》中首次提出了"根本的怀疑主义"。在他看来，软弱的自我不能将怀疑主义进行彻底的应用，而"根本的怀疑主义还剩下最后一步要走，它将带领我去否定任何材料的存在，无论它可能是什么样的材料；而因为材料被假定为在任何时候都吸引我注意力的整体，我将否定任何事物的存在，并将与此相关的思维范畴一同废止掉。……对任何事物之存在的信念，包括我自己的存在，都是某种不能被理性所证明的，并像任何其他信念一样，有赖于非理性的确信和生命的激励的东西"①。这里，与笛卡尔（René Descartes）和休谟一样，桑塔亚那将怀疑主义视为一种方法。但笛卡尔最终找到了真观念，休谟获得了简单印象；而对桑塔亚那来说，作为方法的怀疑主义却最终不得不被作为结果接受下来。怀疑主义从单纯的方法进展成了理性生命的一个基本前提。在桑塔亚那看来，任何将直接经验到的材料纯化、缩减至某种本质存在的行为都是一种动物性生命的狂信，这种对其实并未给予之物的确信被称作"动物信仰"："对存在的确信表现了动物性的警惕：它在自身之中及周围设定各种隐匿的和即将发生的事件。"②

桑塔亚那用一个著名的论断来表达根本的怀疑主义："没有任何所予是存在的"（Nothing given exists）。③ 尽管动物性生命倾向于去设定各种

---

① Santayana，*Scepticism and Animal Faith*，p. 35.

② Santayana，*Scepticism and Animal Faith*，pp. 35-6.

③ 在桑塔亚那那里，"存在"（existence）的意思并不是始终如一的。当他在讨论"没有任何所予是存在的"时，显然只赋予存在以思辨层面上的意义。但当他试图将这一准则运用到不同的层面时，则转而以一种自然主义的方式思考存在，将存在视为"自然事件之流"。参见 Santayana，*Scepticism and Animal Faith*，p. 49。

前提、观点以及自然之流中的各种事件和材料，但如果以此命题为行动准则，它们仍然能够无畏地去否定对象的存在。在桑塔亚那看来，存在的感觉"属于存在自身的陶醉和麻醉"①。存在本身就是一种幻觉，而怀疑主义就是要将动物性生命从这种自我陶醉的境地中抽离出来。并且，如果我们承认没有任何所予是存在的，我们同时也要承认没有任何所予是不存在的。在这样的怀疑主义准则之下，最后我们只能得到桑塔亚那所谓的"当下的唯我论"（solipsism of the present moment）。不同于笛卡尔的主体性"我思"，这种状态以主体和对象的同时消失为特点。根据其本义，唯我论主张"我"的唯一存在，但是桑塔亚那用根本的怀疑主义提醒我们，在抽掉了"我"的知觉和"我"的历史的双重有效性之后，这样的"我"还剩得下什么东西呢？因此，"当下的唯我论"认为我们唯一可以确定的实在就是当下意识闪现的内容。然而，我们并不能真正知道意识的内容，因为意识行为永远不可能对其自身呈现；甚至我们都不能说某个意识是"当下"出现的，因为"当下"只有在与其他时刻联系起来时才获得它的意义。于是，"当下的唯我论"就成了某种封闭的东西，它不能成为它自身以外的任何东西。它不能被描述和把握，并且没有任何意义，因为只有在场者与不在场者之间的关系才能赋予事物以意义，失去了不在场者的支撑的当下在场者又如何能够找到自我安置的空间呢？这样，"当下的唯我论"就完完全全成了一个消极的东西。到此为止，桑塔亚那使思考将我们引向了一个困难的位置：为了给知识寻求一个坚实的基础，怀疑主义最终找到了一个不能够被怀疑的原点，而从这一个原点出发，却不能建立起任何东西。

　　困难还不止于此。首先，我们需要思考，怀疑主义者通过将知识削减至无的做法来摧毁理性生活的做法是否设立了一个关于知识的过高标准？正如杜威所指出的那样，对确定性的寻求起初只是自然针对人类生命周围出现的不安全状况所安排的某种调节，然而理性主义哲学家却将普遍性和

---

① Santayana, *Scepticism and Animal Faith*, p. 37.

必然性作为知识的唯一标准，尤为甚者，怀疑主义简单地接受了这一标准，并将它用来反对一切的理智活动。于是，根据这一标准，知识就只剩下三种形式：自明的、否定之否定所得的，以及简单的"当下"。根本的怀疑主义在否定了前两种形式之后，将自己限制于最后一种形式之中。这种立场，连同它对知识的过高要求，使理性生活被釜底抽薪，变得无迹可寻。其次，怀疑主义者需要证明，他们是如何将根本的怀疑主义一以贯之地运用于哲学思考和生活当中的。事实上，他们在哲学上的过高要求和他们在生活中的日常行事之间的断裂足以让桑塔亚那称怀疑主义是一种不真诚的哲学："身处在日常生活之中就是身处在哲学之中，以此为立场的我才是真诚的。"① 再次，与任何方法论一样，怀疑主义会遭遇到对其本身之方法的合法性的质疑，难道我们就可以不假思索地运用怀疑主义的方法而对这一方法本身不进行任何怀疑吗？运用根本的怀疑主义，我们最终得到了思考的起点，即当下的唯我论，但是从这一起点出发，我们却得不到任何关于怀疑主义的合法证明。

　　这些对怀疑主义的思考让桑塔亚那对怀疑主义持保留态度。我们可以借助怀疑主义取得某些思考的成果，但绝不能将它作为我们思考的终点。怀疑主义"只是一种练习，并不是生命本身"②，这种练习从根本上来说仍然是自我沉溺的，对于获得知识并无用处。不过即便如此，这种极端形式的练习却能够将我们的思想推进到一个新的高度。这种练习让动物性生命意识到自身所设立的各种动物信仰，这些动物信仰以教条、公理或理性本身的形式出现，让我们身陷其中而浑然不觉。在桑塔亚那这里，怀疑主义作为手段并不是要粉碎理性，而是要成为一个火把，时刻提醒身处迷雾中的我们要偶然从身处的动物信仰中抬起双眼。然而火把终究只是火把，生命的繁荣并不能只依赖于某些破坏性的准则，而是要找到某个方向；火把给我们提供了一个明亮的视域，接下来的方向仍要靠动物性生命自己摸索。通过根本的怀疑主义，我们走到了当下的唯我论；但桑塔亚那说，我

---

① Santayana，*Scepticism and Animal Faith*，p. vi.

② Santayana，*Scepticism and Animal Faith*，p. 69.

们还需要更进一步，从当下的唯我论进展到对本质领域的发现。

对一个自称唯物主义者的哲学家来说，将"本质"作为最后的基础是非常冒险的一步。人们会问：如果把柏拉图式的意味从本质中抽离掉，那么这一概念还能为我们提供什么东西？桑塔亚那的回答是："我所称的本质并不是存在和生存于某个更高领域的某物，而只是怀疑主义和分析的最后残余。无论我们认为我们会遭遇到何种存在的事实，在被宣称的事实与任何其他不同的事实以及无之间总还存在着明显不同的特征。这些通过感觉、思想或者想象辨识出来的特征就是本质。由这些本质所构成的本质的领域仅仅是简单的范畴，这个领域可以无限地延伸，在此中所有的特性都是逻辑上明确的和观念上可能的。离开了它们所指向的事件，这些本质就是非存在，而因为本质的领域被定义为具有无限的可理解性且不含任何偏见，因而它不能对实存的世界做出任何控制，也不能决定何种特征将以何种秩序出现在事件当中。"① 简言之，本质就是我们通过怀疑主义抛弃了所有未经证实的信念的积成物之后所剩的残余，这些残余直接而无疑地显现在我们的心灵之中，这些看似虚无缥缈的本质是我们唯一可以抓住的实在。

进一步，本质并不是原型。它不能被置于因果性当中，亦不是至善。作为怀疑主义的剩余物，本质没有任何特权能够将存在赋予事物。甚至，不同于柏拉图式的具有倾向性和选择性的本质，桑塔亚那的本质从来都不能决定谁将在这世界中现实化，谁将不会现实化，换句话说，现实化的过程只是一个在无限的可能性中随机选择的过程，本质的领域只是为这些选择的过程提供了一个场域，在这一场域之上，"事件"得以出现。因此，在桑塔亚那看来，本质理论是对"柏拉图主义中一切伤感情调的纠正"，因为它排除了一切的意图和判断，同时也排除了一切的道德见识。② 在桑塔亚那看来，一切道德见识都是以某种先入之见为前提的，而本质的领域应该"是一个完美的民主国度，在这里，每个存在者或可能存在者都具有

---

① Schilpp, *The Philosophy of George Santayana*, pp. 28 - 9.

② Santayana, *Scepticism and Animal Faith*, p. 77.

公民权"①。这样，剥离了层层的动物信仰以及和动物信仰相伴而行的偏见和预设，根本的怀疑主义"最终触到了底部，而我的质疑也最终在绝对的确定无疑中找到了可敬的休息"②。这一最终的基底，尽管确定无疑，却不带有任何形而上学的意味；它是可依赖的，因为我们可以抛去一切动物性的前设和幻相而安居其上。

尽管桑塔亚那多次告诉我们用肯定的方式来讨论本质是多么困难，我们还是要试着赋予本质以某些特征。首先，本质的是无限的。本质的领域是无限的，我们的每一次感知都对应于某一个本质，比如，我们这一次感知到的红和我们下一次感知到的红分别是不同本质的现实化。以这种方式，桑塔亚那给出了他自己对"谬误"的看法，并不存在本质为"真"的事物，也不存在本质为"假"的事物，真假都是本质在符号化的进程中被动物性生命把握的信仰。另一方面，因为本质的领域是无限的，因此已经现实化了的本质只占到其中很少的一部分，还有巨大数量的本质没有被现实化，而这一些本质，比如"圆的方"，和那些已经现实化了本质相比具有同样的权利和机会。其次，本质之间是相互关联的。每一个事件都是由本质以某种特殊而又精确的方式排列起来所组成的，桑塔亚那称这种排列起来的本质为"转喻体"（trope）。不同于本质能够被瞬时展示，转喻体只能被一个相位一个相位地呈现，因此转喻体也可以被理解为一个过程。同样的，这种由本质所组成的多义网络也只是自然之流中的某个片段，充满了偶然性。

这样，我们通过第一条道路，也就是根本的怀疑主义，最终达到"本质"。这是一条做"减法"的道路，剥开层层的动物信仰，最后找了本质。在桑塔亚那看来，只要我们能够意识到动物性的幻相，走到这一步就是必然的。在他看来，消除幻相只有三种途径。第一，通过死亡，这是最终的方法但并不令人满意，因为死亡还是不能解决生前的困惑；第二，纠正前

---

① Santayana，*Scepticism and Animal Faith*，p. 80.

② Santayana，*Scepticism and Animal Faith*，p. 74.

有的错误，以新的更好的信念代替已有的信念，这依然是在信念内部兜圈子；第三，也是桑塔亚那认为唯一可以执行的："考虑幻相但不屈从于它，仅仅将它作为幻相接受下来，仅让其断言其实际所是的东西并禁止其断言任何种类的存在，这样，无论它对我有没有好处，至少它不会欺骗我。这种非欺骗性的幻相的残余就会是一个真理，一个其存在不需要解释的真理，因为它会以不同的方式显现，以至于谈论它是不可能的。"① 本质不是为了某种目的而创造或构建出来的东西，从根本上来说，它不是用来获取知识，而是为了避免欺骗。一方面，对本质的界定是精细而微妙的；另一方面，对本质的发现只需要"坦率与勇气"，因为本质"只赖于公共经验。为了证明其自身，它只需要星辰、四季、大群的动物以及关于生与死，关于城邦与战争的思考"。② 在经历了根本的怀疑主义所带来的阵痛之后，桑塔亚那用诗化的语言为我们描绘了本质的领域："无论我对其的一瞥是如何简洁，它将居存于其自身的世界之中，并因其自身而发光。没有任何材料会被书写在其之上，没有任何充溢或者空乏的时间框架会将它拘禁其中；它之中的任何东西都不会被告知于我，我也不能得知任何旁观者的建议。它将是世界和经验不在之处的一个事件。它的外在特性将停止存在，而仅保留其内在的、逻辑的、本来的特性。它将是一个本质。"③

通向本质的道路二：物质的本体论

除了第一条道路，桑塔亚那还为我们指明了通向本质的第二条道路，那就是物质的本体论。桑塔亚那对唯心主义的拒斥并不是理论思辨的结果，而是直接基于他经验世界的方式。同他热爱的卢克莱修、亚里士多德和斯宾诺莎一样，桑塔亚那认为世界无限地大于自我。怀着对动物信仰的深刻认识，桑塔亚那问：哪些基本前提是我们离开了它就不能生存的？他

---

① Santayana, *Scepticism and Animal Faith*, pp. 72 - 3.

② Santayana, *Scepticism and Animal Faith*, p. ix.

③ Santayana, *Scepticism and Animal Faith*, pp. 73 - 4.

最终发现，这些基本前提最终可以概括为一个词：唯物主义。事实上，在桑塔亚那的思想中，这一立场是从一开始就被给定的："自然主义是一切有待展开的严肃思考的基础，对我来说这一必然性从一开就再清楚不过了。"① 但是，为了避免自然主义容易使人产生的过多联想（心理主义，对绝对目的的追求），桑塔亚那索性采用了"唯物主义"这个虽然"粗鲁"且不讨人喜欢却安全得多的概念。②在桑塔亚那看来，唯物主义就是"简单而寻常的知觉，维系在它对世界冲动的信任之上"③。物质是寻常知觉的对象，也就是动物信仰设定的唯一对象。"所有那些在人类经验中能够被当作信仰对象的名称或符号，从根本意义上来说，指向的都是物质。这些物质的永久变相为我们揭示了物质在其自身之流中所经历的种种相位，同时也揭示了自我在行动时做出的种种相应的设定。"④ 这一设定将物质放到基础性的本体论地位上。首先，物质是自我能够在此之上展开行动的唯一场地，它建立了一个与我们的身体维系在一起的行动场，这一行动场不是任何心灵创造的，也不受任何理智控制，在此之中更没有任何目的的作用；其次，相对于物质来说，理性只能算是二级产物，而非控制原则。沿着这条思路，桑塔亚那指出："物质之所以能够引出情感和思维，是因为物质是宇宙中唯一的基质、力量和行动者；这一条原则，而非物质是唯一的实在，是唯物主义的第一原则。"⑤

接下来的步骤就是将物质作为一个本体论范畴与本质区分开来，正是在这个步骤中，我们沿第二条道路再次遇到了本质概念。同亚里士多德一样，桑塔亚那认为这一区分是必然的。在亚里士多德那里，组成世界的材料是由物质和形式结合所得。虽然物质和形式在某种程度上是相对的，这一个语境中的物质也许在另一个语境中就成了形式，但在亚里士多德看来，总有某种"始基"或"第一物质"（materia prima）存在。"第一物

---

① Schilpp，*The Philosophy of George Santayana*，p. 9.
② Schilpp，*The Philosophy of George Santayana*，p. 508.
③ Schilpp，*The Philosophy of George Santayana*，p. 505.
④ George Santayana，*Realms of Being*. New York：C. Scribner's Sons, 1942, p. 43.
⑤ Schilpp，*The Philosophy of George Santayana*，p. 509.

质"作为最单纯的、无定形的物质总是潜在地向任何形式敞开。我们的心灵接受的永远只能是具有形式的东西，因此我们永远就只能够去切近"第一物质"而不能真正把握到它，然而我们又清楚地知道，如果没有"第一物质"，就不可能有任何存在。进一步，亚里士多德在《形而上学》中提出了一组关键的概念：潜能（energeia）和现实（dumamis）。潜能是指事物的这样一种存在状态，具有能够实现其本质和目的的潜在力量，但还没有实现出来。潜能作为动变的一种本原，但这本原不在被运动物中，而在他物之中，即使在某种情况下不在自身之中，也是作为自身中的他物。而现实则是指与潜能相对的另一种事物的存在状态，即存在着的事物自身或是获得了自己本质的事物。与"潜能"相关的另一个概念是"隐德莱希"（entelekheia），两者都对应于"现实"，其区别在于"潜能"（在活动中）侧重于活动的过程，而"隐德莱希"（在目的中）则侧重于完成的结果。在桑塔亚那的语境中，拥有无限的本质领域从物质的领域中找到自己的依托，在这个意义上，物质可以被视作还没有现实化的自然，它是无形的，且不对现实存在负任何责任。但是同亚里士多德的"第一物质"一样，物质却是真正隐秘的上帝，宇宙从它那里获得自己的多样性和现实性。

到这里我们得以一窥物质本体论的本来面目：物质是无形而潜在的存在之源，它是本质能够被现实化的条件。桑塔亚那一再强调，对本质来说，物质是"无形的它物"（formless other）。本质是动物性生命在运用了根本的怀疑主义之后的产物，它涉及的是动物信仰；而物质作为潜在的"第一物质"是本体论意义上的基质。如果强行把两者混合在一起，双方都会遭遇到灭顶之灾。物质提供了本质所不能提供的东西：物质作为一种力量将永恒的特性和关系注入时间之流中。在这个意义上，桑塔亚那的物质扮演了同莱布尼兹（Gottfried Wilhelm Leibniz）的上帝一样的角色：它从无限个可能的世界中选择出一个现实的世界。然而两者的差别又是明显的：莱布尼兹的上帝选择的是所有可能的世界中最好的一个，而桑塔亚那的物质，因为不考虑任何价值，进行无原则的随意选择。然而，物质又从根本上保证了本质的运行。在四卷本《存在的领域》中，本质构筑起一个无限的大全，它们是物理对象的形式，同时也是直接的非物质的思维对象的形式。然而，只有一小部分本质能够被展现在这个世界中，而这种选择的工作正是属于物质的，尽管我们永远不能理解这种选择是如何进行的。因此，物质除了是支撑存在的"第一物质"，还是将潜能转化为现实的"动变本原"。这里我们不妨提出另一个桑塔亚那所亲近的思想家：斯宾诺莎。在斯宾诺莎论及自我保存时把意志把握为一种体验快乐，增强行动力量的一种努力（conatus），这为亚里士多德的思考拓出了一个新的维度：在潜能和现实之下流淌的力才是真正根基性的东西。基于同样的思路，桑塔亚那指出："行动的场域就是物质的领域。"① 在另一处，桑塔亚那写道："无论物质是什么，它一定是展现了填满这整个世界的客体的外貌，并承受着它们的运动。"物质将本质指派给自然，正是因为有了这种指派自然，才能够展现动物性生命。

桑塔亚那认为，我们的思维并不是对本质的直接把握，而是一种符号化的认识（symbolic cognition）。也就是说，我们不是通过直接唤起本质来认识物质领域，而是将本质当作物质领域的符号。作为动物性生命，我们所能做的只是不断抛弃一个不合适的符号去寻找另一个较为合适的符号。因此，物质的本体论并不能保证我们对自然世界做出一个"真实"而又精确的把握，它只能保证在已经通过符号展示给我们心灵的这些本质之外，还有更宽广的领域在等待着我们。这种立场确保了我们在经历了根本的怀疑主义之后，能够不陷入虚无主义，依然在内心保有一种健康的哲学。②

到这里，我们沿着第二条道路，也就是物质的本体论，再一次得到了对本质的思考。我们发现，沿着这条道路，我们对本质的认识加深了。在前一条道路上，我们急于摆脱动物性生命的狂信，通过根本的怀疑主义这把利器，在大刀阔斧地进行削减之后最终得到了本质的概念。可是，沿着第二条道路，我们发现，找到了本质并不等于拥有了本质，并且，本质的

---

① Santayana, *Realms of Being*, p. 43.
② 参见孙宁. 谬误的本质：蒙塔古与桑塔亚那 [J]. 世界哲学，2013（02）：133 - 141.

现实化也不是动物性生命积极作用的结果，而是作为基质的物质任意选择的结果。从某种程度上来说，第二条道路让我们陷入了一种不可知论的困境。桑塔亚那坦然承认这一点，但他要问：把不可知论视为一种悲哀的我们是否对"知"抱有太高的标准了呢？人类的心灵为什么不能是一系列醒着的梦的综合，我们为什么不能把这种境况作为"常态的疯狂"（normal madness）接受下来呢？在早年的一首十四行诗中，桑塔亚那这样写道："尽管我梦如斯，且熟稔于胸／苏醒仍如午夜魔魅般骤临，／我将一无所知，若梦境破碎／飘向天堂或坠入地狱深处，／愿我所知如此，且别无其他：／真理是梦，唯当我梦成真。"[1]

以直觉切近本质，以精神悬置事物

到此我们已经沿着两条道路达到本质概念，但是我们要问：这两条道路的关系是怎样的呢？根本的怀疑主义冒着陷入唯我论的危险寻找剥离动物信仰之后的残余物，而物质的本体论则希望为本质的领域找到一个基底，尽管这个基底对我们来说或许是不可知的。前者致力于削除，后者则致力于设定，这两条道路无论如何是不可通约的。正是因为如此，桑塔亚那才会提出，我们必须摇摆在先验主义和唯物主义两种立场之间。但是，任何摆动都会出现一个平衡点或中间点，尽管这个平衡点只是瞬时的；在桑塔亚那看来，我们在两条道路之间的这种无休止的摇摆同样也能获得一个瞬时的平衡点，那就是对本质的"直觉"（intuition）。

直觉是对本质的一种观看，是维系在本质之上的注意力："在怀疑主义的消逝点——也就是生命的高峰处，直觉被吸收进它的对象之中。"[2] 最佳的直觉状态"将意识不到它自身，也意识不到时间和环境"[3]。对本质的直觉"并没有注意到自己，而仅仅认识到了本质。对于本质，它没有内在

---

① George Santayana, *Sonnets and Other Verses*. New York: Duffield, 1906, p. 7.

② Santayana, *Scepticism and Animal Faith*, p. 126.

③ Santayana, *Scepticism and Animal Faith*, p. 130.

地添加任何东西，无论是在特性上，还是强度上，因为雷声的强烈程度就是它的本质的主要组成，而每种痛苦所特有的难过以及每种愉悦的传递性同样是苦乐本质的主要组成。事实上，上述本质一旦给定，就没有任何东西先于直觉，在它旁边不存在而且紧接着也不会产生任何东西。这种对有别于本质的直觉本身的遗忘并不是一种疏忽，毋宁说，这是一种幻相的缺席"①。我们可以从这些表述中清楚地看到，在根本的怀疑主义的终点，沉入对象的直觉因为这种对自身的遗忘而从动物信仰中解放出来，并升华成为揭示本质的根本性"事件"。桑塔亚那说，这种体验如果得以圆满完成，我们也许就能够理解"亚里士多德为何会把存在的领域（或者其一部分）称为神（deity），并庄严地宣布其不可让渡的存在就是永恒的生命"②。

但是，动物性生命往往将眼光全部投注在已经设定好的事物上，即已经符号化了的本质上，而忽视了在这一设定之前就已经起作用的直觉。在桑塔亚那看来，我们不应该因此责备动物性生命，因为这种态度乃是我们身处自然之中的常态。但我们还是要偶尔抬起我们的双眼，用直觉去把握本质被符号化之前的状态。桑塔亚那写道："离开了直观的本质不仅会像通常那样变成非存在，更糟糕的是，还会变成无沉思的对象，无努力的目标，离开了生活的隐秘而又盲目的理想。它将会是没有价值的。"③ 在桑塔亚那看来，直觉是"生命处在它最好的阶段"④，因为：首先，直觉是一切动物性生命行动的起点；其次，尽管直觉会不可抑止地走向符号化的动物信仰，但若是对其进行单独考察，它是纯粹而健康的。然而问题是，我们能否对直觉做单独的考察？桑塔亚那指出："如果生命的有机体能够达到很好的运作，那么它将会达到与之相关的那部分本质的直觉。它不会关心对象所会发生的任何可能的流失，或者它自身所包含的缺点，也不会意识到它自身，以及时间和周围的环境。但这一直觉将会持续存在在时间中，

---

① Santayana，*Scepticism and Animal Faith*，p. 126.
② Santayana，*Scepticism and Animal Faith*，p. 127.
③ Santayana，*Scepticism and Animal Faith*，pp. 128 - 9.
④ Santayana，*Scepticism and Animal Faith*，p. 130.

如果没有一些摆动，它存在的脉搏就很难继续存在下去，这种摆动，很有可能就是一种快速的消亡（quick evanescence）。"① 尽管桑塔亚那没有明确指出，这种"快速的消亡"无疑是指出直觉以符号化的方式被迅速地固定在了动物信仰之中。

本质的领域即便能够被直觉把握，这种把握也注定要成为一种"快速的消亡"。因此，在这个意义上，桑塔亚那不仅不是一个直觉主义者，而且对直觉主义抱有深刻的反思。直觉，如果真的能在最初的忘我状态中升华为本质，也还是主观性的，"这项工作起步于坦诚的自我遗忘，并以充满激情的自我屈从而告终"②。动物性生命最终将直觉固定为动物信仰。在这个意义上，本质和直觉决定性地分属于两个不同的存在领域。然而，这种关于直觉的洞见并不能让我们再进一步。如果只把直觉当作一种原发的行为，那么除了眼睁睁地看着它消逝，我们什么也做不了。但是对桑塔亚那来说，直觉还是一种艺术，是一种需要通过训练和哲学启蒙才能获得的特殊能力。这样，我们就从以直觉来切近本质进展到了以精神来悬置事物。

首先需要指出，所谓的悬置，并不是指抽身而出。作为动物性生命的人，还是需要同各种实在打交道，需要去获取食物，躲避攻击，需要置身于充满幻相的偶然世界之中；但是通过直觉，人可以过一种沉思性的生活，而正是这种生活将动物信仰减至最低，并开启进入各种可能观念的多重视角。对直觉的训练将生活从俗常意义上的道德世界或政治世界抽身而出，这种抽身而出被桑塔亚那表达为"反陶醉"（disintoxication），这种"反陶醉"只能通过沉思来获得。桑塔亚那将俗常的生活称为理性的生活（对应于早期著作《理性的生命》），将沉思性的生活称作精神生活（the spiritual life），或者干脆把它称为"精神性"（spirituality）。比如，他试图在《对诗和宗教的阐释》（1900 年）中阐明，诗和宗教实际上是在表达

① Santayana，*Scepticism and Animal Faith*，p. 130.

② Santayana，*Scepticism and Animal Faith*，p. 128.

同一种东西：精神性。①

　　桑塔亚那指出："所谓精神，我指的不仅是正在被给予的本质所蕴含的被动直观，还指那种对它们的出现做出反应的理智和信仰。"② 进一步，"我所说的精神，指的是在纯粹存在中标示本质、时间、场所或价值之不同的分辨之光（the light of discrimination）；这种活生生的光随时会降临到物上，正如物散布在重量、运动和多样性中，随时会被照亮一样。精神是明晰性的一个源泉，但会随风飘逝，居无定所，并且无时不具有事件的自然和历史的实在性，而非材料的那种被给予的或似是而非的实在性。简言之，精神绝不是现象，它并不分享本质在被给予时的特有的感性的现实性，它特有的现实性在于行动中的理智。精神，或在其中实在的精神的直觉，因此形成一个新的存在的领域……将本质召唤到跟前"③。精神性不同于理性，理性将其自身封闭在某个固定的领域中，而精神性则带着敞开的视角随时准备将本质召唤到跟前。和亚里士多德一样，桑塔亚那区分出精神和灵魂（psyche）。精神超越了动物性生命的状态，因为不带任何动物性的兴趣；而灵魂，在亚里士多德的意义上，与个体的生命关联在一起。

　　那么，"精神性"又是什么？在桑塔亚那看来，精神性是将存在引向本质的不可或缺的一个步骤，它指的是超出动物性存在的一种状态，是一种对俗常事物的悬置。在通过悬置达到的"反陶醉"状态中，一切偏见、预设和情感都暂时离场。桑塔亚那对东方的智慧一向抱有很强的亲近感④，在他看来，我们需要通过哲学思考获得如何与世界打交道的心境和策略。同禅宗一样，桑塔亚那认为悬置并非简单地抽身而出，而是为了更为有效和有力地与世界融为一体。因此，桑塔亚那提醒我们时刻注意：精神性绝不是什么超越生活的东西，它恰恰就是生活本身。同时，桑塔亚那也意识

---

① 参见 George Santayana, *Interpretations of Poetry and Religion*. New York：C. Scribner's Sons，1900。

② Santayana, *Scepticism and Animal Faith*, p. 272.

③ Santayana, *Scepticism and Animal Faith*, pp. 273 - 4.

④ 参见 Anthony Woodward, *Living in the Eternal: A Study of George Santayana*. Nashville：Vanderbilt University Press，1988，ch. 4。

到精神生活最终还是要落回到理性的生活之中，因为即使以其最纯粹和最极端的形式，即对存在的完全反陶醉，精神生活最终还是一种生活，而正因为它是一种生活，我们最终还是要考虑它的健康性以及维系其上的价值。

精神性的悬置是对一切价值的悬置，其最主要的特点是对一切价值和一切价值评估的超越，它唯一能够提供给我们的，是一种能够以冷静的姿态去获得接触永恒的愉悦感。与尼采不同，桑塔亚那认为对一切价值的悬置并不要求对一切价值的废除，对深困在理性和价值中的动物性生命的省悟并不要求我们为此把超人作为我们的目标。对尼采来说，健康的生命将永恒轮回作为自己的新信仰，由此生命能够跳出自身高喊："这就是以前的生存吗？好罢！再来一次！"[①] 对生存的绝望可以被勇气所诛灭，虽然人生是痛苦的，但还是下决心继续生存下去，这是作为新信仰的永恒轮回思想的最重要的实践态度。对桑塔亚那来说，健康的生命永远植根于动物性生命中，它不需要从新信仰中获得勇气，通过精神性，它从自我陶醉中抬起自己的双眼："在俗常事物之中，精神悬置了事物，开始漫游，开始大笑，开始祈祷。"[②] 尼采始终是一个进化论者，他关注的始终是个人的纵向超越，这种思考的根本要义在于，生命所达到的高度必须以它所丧失的宽度为的代价，这种要求乃是出自生命自身的内在本质。这一点尤其表现在尼采对群体的憎恨上。而站在自然主义立场的桑塔亚那则认为，生命的宽度是一个不可或缺的维度；生命的要义不在于用一种力量克服另一种力量，而在于动物性生命本身所展开的各种行动。精神性，作为对动物性生命自身对自身的洞见，不可能超越其自身，因此也就不可能是对动物性生命的逃离，更不可能是对此的一种解放。在引渡人类的途径上，更让桑塔亚那觉得亲近的并不是尼采式的超人，而是叔本华式的诗人："当一个全神贯注的诗人强迫我们去这样做的时候，我们将被捕获，被责难，最后被

① 尼采. 查拉图斯特拉如是说［M］. 钱春绮，译. 北京：生活·读书·新知三联书店，2007：178.
② Santayana，*Scepticism and Animal Faith*，p. 171.

引渡。"①

在他的晚年著作《主宰与权力》的前言中，桑塔亚那这样写道："在不朽的形式之下，任何时代都有平等的过去和平等的未来，我们时代的口味和野心不可能被严肃地对待。每一样事物都驱使我们以一种科学的，实在论者的，生物学的眼光来看待人类事物，事物就如其所是地从物质的王国中升起，带着精神的折光。"② 这种对精神的念念不忘也许是因为桑塔亚那血液里的天主教残余，但无论如何，对桑塔亚那来说，精神性是最应该被人类所珍惜的，因为这是他们在自然世界中唯一真正的安慰。

自然主义者眼中的动物性和精神性

但是在桑塔亚那看来，对精神的追求最终还是要回到物质的王国，因为物质永远占据着基础性的位置。自始至终，桑塔亚那都把他的哲学称作自然主义，而他所传达的智慧就是自然主义者的智慧。他写道："第一个哲学家，作为生命与自然的首位观察者，是最优秀的。我认为只有印度人和古希腊的自然主义者，还有斯宾诺莎切中了主要的命题，即人及其精神同宇宙之间的关系。"③

自然主义主张用自然的进程去解释宇宙中的所有事物，无论是物质的，还是思维的。非常粗略地，自然主义可以被大致地归为三类：首先是天真的自然主义。天真的自然主义者作为自然的真正观察者天生地保有一颗自然的心灵。他们从来没有体会到怀疑主义的阴影，也不对知者与被知做出任何区分。对他们来说，呈现给我们的世界也就是世界本身。德谟克利特和卢克莱修是这一类自然主义者的代表。当然，我们并不能因此说这类自然主义者的思想都是前理性的。诚然，狄俄尼索斯精神代表了这类自然主义诗化的一面，但是我们同样也能看到，卢克莱修是怎样以一种理性

---

① Santayana, *Scepticism and Animal Faith*, pp. 120-1.

② George Santayana, *Dominations and Powers*. London: Transaction, 1995, p. xxii.

③ Santayana, *Scepticism and Animal Faith*, p. viii.

的方式来进行他的哲学思考的。因此，我们不妨这样来表达，这些希腊思想者的理性是如此清澈和生动，以至于能够被轻易地吸收进它的对象中。这些思想者充分地意识到：理性的能力不在于自我保存，而在于与世界的深刻结合。其次是假定的自然主义。有别于天真的自然主义，这类自然主义的最主要的特点是对怀疑主义的运用。由于怀疑主义的思考，假定的自然主义者们把自然主义作为弥合知者与被知间裂隙的中介。自然主义不再是他们与世界之间的关系的一个自然特性，而成为一个假设。他们假设自然在原则上是可知的，并且存在作为客观法则的自然规律。他们还进一步指出，如果没有这些自然规律的存在，任何的科学知识都是荒谬的。我们可以看到，假定的自然主义几乎是所有科学研究的预设。科学研究确信科学知识能够将人类从迷信、恐惧、专制、生理痛苦以及贫困中解放出来，科学就是要在自然法则和规律的范围之内，运用测验的方法，寻求对现象的自然解释。然而，我们看到，这种假定的自然主义将会不可避免地滑向第三类自然主义，也就是神学的自然主义。神学的自然主义带着一种将假定的自然主义固定为信仰的冲动，认为除非引入上帝或者某些具有神性的事物，否则我们就无法解释知识的存在。的确，我们是处在自然的进程中，并且我们自身也是自然系统的一个组成部分，但是如果这个系统不是被预先设定，我们又怎么能够把握自身和其他事物呢？因此，假定的自然主义最终变成了神学的自然主义。在桑塔亚那看来，只有天真的自然主义者才是真正的自然主义者。目的论永远不适合真正的自然主义，因为无论目的论其以何种面貌出现，都是由动物性生命所派生出来的盲目价值，认为我们可以依赖目的论以及由此而派生出来的永恒感而生存甚至发展的想法不过是无根基的幻相。

　　现在，我们要问：在这种自然主义的背景下，我们应该如何来把握已经通过双向思考得到了本质的概念呢？桑塔亚那曾经指出，有人将他的本质理论误解为超验的绝对主义。如果我们脱离桑塔亚那的自然主义，而单单考虑他为我们提供的道路（用精神悬置事物，以无限切近本质），那么我们同样也会很容易地产生这种误解。但如果考虑到他的自然主义，这些误解就能够很容易地被打消：对处在自然之中的生命来说，精神对本质的切近永远不应该是某种超验的递送，相反，它应该是伴随着动物性生命的挣扎并经过动物信仰洗礼的深刻智慧。通过精神性和精神生活，本质的领域和物质的领域可以和谐共存，并建构起一幅完整的自然主义的图景。

由此，桑塔亚那得以回答对自然主义的两个诘难。第一个诘难是道德相对主义。为了更好地理解桑塔亚那的立场，我们需要区分出道德相对主义（moral relativism）和道德的相对性（the relativity of morals）。道德相对主义通过承认不同价值的存在，最终把对多元价值体系崇拜作为最后的价值接受下来，因而从根本上来说，仍然是一个以价值为导向的立场。对桑塔亚那来说，除了让我们继续在价值的泥潭里打滚，这种立场并不能提供给我们任何其他的洞见。而相反，道德的相对性则要求我们以一定的距离去观察道德，不是去评判它们，只是观看它们。这种疏离的观察，直接来自本质与我们的关系。本质的领域，作为无限和永恒的领域，永远位于动物信仰之外。动物性生命所把握的道德，说到底仅仅是被符号化了的本质。因此，如果我们认为自己可以对道德做出任何评判，那么这种想法本身也仅仅是动物信仰的幻相罢了。在这种立场之下，桑塔亚那对个体性的强调是必然的。正如本质潜在地向一切可能性开放一样，个体对道德的思考也必然纷繁芜杂。但我们并不能因此认为桑塔亚那的自然主义是不负责任的。自然主义，作为一种真诚的哲学，永远都将自己的目光放在对生命的观察之上，行动的生命因这种观察而获得的洞见而更好地展开自己的行动。动物性生命永远不可能站在生命本身之外去捕获本质，它们所能做的，是通过精神抬起自己的双眼去无限地切近本质。更为彻底的，桑塔亚那从来不把这种自然主义的洞见作为一种我们都必须遵守的绝对命令，也不认为这种立场是最为深刻的。自然主义，在桑塔亚那这里，意味着无限的行动的可能性。因此，道德的进步在桑塔亚那看来是没有意义的，他也不会因而让我们在道德上持有一种可错主义（fallibilism）的立场。相反，他总是在教导不要总是渴望去理解世界，无论是从物理上，还是从精神上。我们能在这个世界上获得多少符号化的知识和价值，这并不重要，重要的是我们作为有限的动物性生命在这个世界上所展开的行动。因此，从根本上来说，自然主义是关涉存在方式和存在过程的实践性立场。

对自然主义的第二个诘难是悲观主义和决定论倾向。如果我们将目的论引入自然主义，那么自然主义确实可以被看作一种带有悲观主义色彩的决定论；但是，如果我们通过根本的怀疑主义将目的论移出自然主义，将会发现自己面对的是一个模糊而不精确的世界。桑塔亚那一直在告诉我们，动物性生命与一个梦无异，但如果我们把这个观点当作他全部的观点，那就大错而特错了。对桑塔亚那来说，对生命的看法应该被更为精确地表述为：醒着的动物性生命是一个能够被控制的梦。他告诉我们："我无意将自己假扮成处在宇宙的中心或是其源头，也无意划出它的圆周。我只是处在真理的牢笼里做动物式的勘探和幻想，首先从一个方面，然后再从另一个方面，冀望着实在并不像我所经验的那么简单，而是更为广大，更为复杂。"① 桑塔亚那追求的是朝向无限可能性的精神生活，而不是一种排除了一切错误的决定论进程。精神性生活并不能帮助我们摆脱动物性的状态以及各种随之而来的幻相，但是这种生活为我们提供了一个场地，在这一场地之上，我们可以漫游，可以大笑，可以将自己的目光聚焦在本质之上。这条精神性的道路不是准则，而是智慧；不应该被教授，而应该被沉思。在桑塔亚那看来，哲学家绝不是什么先知，而只是最普通的常人。他们从日常生活中汲取智慧，并试图赋予生活以一种"更为精确和周到的形式"②。在桑塔亚那看来，精神生活始终是此岸的东西，它同我们的个体经验息息相关，以一种更高层次的关照来表达动物性的生活。精神性不相信实体化的动物信仰，却又深深地扎根其中，这就是桑塔亚那赋予精神性的最深刻的洞见。依此思路，真正重要的并不是人类的自由，而是我们在世界之中的行动。这些行动，连同由精神生活所带来的片刻的安慰，为我们提供了一幅完全异于悲观主义的图景。

因此，对于如何生活这一哲学的根本问题，桑塔亚那的回答是睿智

---

① Santayana, *Scepticism and Animal Faith*, p. vi.

② Santayana, *Scepticism and Animal Faith*, p. v.

的：既不是单纯的行动主义，也不是单纯的精神至上主义，而是行动，并且沉思。在这样两个端点之间，桑塔亚那仍然选择了摇摆的立场。在桑塔亚那看来，所有这些智慧全部可以从对本质的思考中导出，而整个哲学史对本质的思考都滥觞于柏拉图："我的理论是柏拉图主义的一个变形，旨在使柏拉图式的逻辑和道德与自然的事实契合起来。"① 但是，因为受希腊式的政治情感的驱使，柏拉图和亚里士多德都从对本质的研究转移到了对存在的研究，在他们那里，本质最终都迈出了自然物质与自然力量的领域，并以它们的管理者的面目出现。正是这一点让桑塔亚那离开了柏拉图，他指出："在柏拉图的所有思考中，为了弥补宇宙论的缺失，道德和理念被赋予了一种超自然的力量。在这一点上，我不再是他的学生。超自然就是将自然延伸到不可知当中，在那里有无限的空间可供超自然安顿其自身。但是，我不相信如下的虚构：这些在神话中被描述的自然的更为深远的部分可以被用来构建和更为容易地管理人类社会。"② 这种虚构，在桑塔亚那看来，使人类在接下来的几个世纪中都将本质与存在混淆起来；而在柏拉图之后哲学史则不得不浸淫在如下两种分裂的立场中：赞美这种虚构，或者将它视为是一种谎言。

　　早年跟随詹姆士学习心理学的经历让桑塔亚那意识到作为不同于存在的本质是如何深陷于存在之流中的，尽管如此，他认为我们对于本质仍有谈论的空间，虽然处在存在之流中，本质还是会以某种超越的方式存在。在桑塔亚那看来，与其说真理是本质与存在的统一，不如说真理存在于本质与存在的这种张力之中，真理不再是对本质的完全把握，而是在自然之流中时刻闪现的本质的光照，是本质在存在中投下的影子。然而，如果我们还是要谈论光和影子，我们不是仍然还处在柏拉图式的语境当中吗？我们还是要问：基于这种对于真理的理解，我们该如何来摆脱不可知论？桑塔亚那建议我们区分出两种不可知论：一种是由观念论立场引出的不可知论，比如康德式的物自体；另一种则是由真诚的唯物主义立场所引出的不

① Santayana, *Realms of Being*, p. 24.
② G. W. Howgate, *George Santayana*. New York：Russell & Russell, 1938, p. 245.

可知论，即桑塔亚那提出的物质的本体论。事实上，在撰写《物质的领域》第一稿时，桑塔亚那暂时性地将题目定为《不可知之物》(*The Unknowable*)。基于这一思路，桑塔亚那指出了自己与斯宾塞之间的亲缘关系："整体来说，我属于斯宾塞的阵营。……当我擦亮我的眼睛去诚实地观看事物时，我清楚地发现世界就是斯宾塞所描述的那样，而非黑格尔或柏格森所描述的那样。"[1] 斯宾塞认为现象背后虽然有实体存在，但这种实体却是不可知的。在他看来，可知的只是实体的表现，是经验现象；不可知的则是绝对的实体，也就是他所说的"力"(force)。然而，桑塔亚那并不像斯宾塞那样仅仅满足于指出这种不可知的实体或者"力"，因为他认为不可知论本身也需要反思，像斯宾塞那样的不可知论立场是极为粗糙和不负责任的。桑塔亚那问：不可知论者想要知道的知识是否可能？这种对知识的极端立场是否已经超出了足够让我们生存的知识范围？甚至，进一步，我们为什么不能像那些实证主义者一样，把注意力转向我们能够知道的东西呢？带着这样的反思，桑塔亚那认为知识的有限性并不能而成为科学的障碍，也不能因此而被当作一种走向宗教的新契机。桑塔亚那在《科学的革新》中指出，科学中的革新是"完全合法的"，并且应该"受到欢迎"，并且，科学"在符号化的概念当中寻找实践的确证，而不是为了获得某种终极的洞见"。[2]

作为一个警觉的怀疑主义者，桑塔亚那要求我们时刻在本质与存在之间做出区分，但是我们为什么不在一开始就抛弃本质呢？因为动物性生命永远不可能只满足于自己的动物性，这是人类之所以会陷入迷茫的根本原因，也正是人类的超拔之处。在桑塔亚那看来，在动物性与精神性之间不停摇摆是人类根本的命运。虽然桑塔亚那最终与柏拉图对理念的设定分道扬镳，但他划出的精神的领域却完全是柏拉图式的，只不过这种精神性完全祛除了神话和超自然的色彩。精神性从物质的领域中升起，通过沉思的

---

[1] Howgate, *George Santayana*, p. 241.

[2] 参见 George Santayana, *Some Turns of Thought in Modern Philosophy*. New York：C. Scribner's Sons，1933，pp. 71 - 86。

灵魂得到对本质的深刻洞察。对桑塔亚那来说，精神性是自然主义的一个不可或缺的维度。但另一方面，我们也应该看到，尽管和清教徒一起分享着对精神性的诉求，但在桑塔亚那看来，后者的追求无疑是一种精神性的迷狂。他在回忆录《人与地》中写道："对清教徒而言……内心的平和并不源于期望事物是对的，而是源于生活在一个完全不同的领域中，在这个领域中，事物的错误本性似乎是让我们从它们的统治中解放出来的基础。"① 清教徒试图摆脱动物信仰，从一切事物中抽身而出，在桑塔亚那看来，这条道路本身就深陷在动物信仰中。

在通过两条道路得到本质概念之后，我们要问：我们一定要在这两条道路之间做出非此即彼的选择吗？这两条道路虽然不能通约，但是难道不可以和谐共享吗？进一步，先验主义和唯物主义、生命的精神性和动物性之间难道无法找到一个平衡点吗？桑塔亚那从不否认，作为最伟大的生命的观察者，柏拉图从一开始就领悟到了哲学所赠予的我们智慧：无论以何种姿态，生命终归还是朝向本质的。但问题是，这种智慧真的要求我们放弃动物性的生命吗？桑塔亚那问：物质真的是精神的对立面吗，站在物质的洪流中的我们真的不能和本质发生关系了吗？在道德上，桑塔亚那问：在我们把目光盯准最高的善的同时，难道我们不应该考虑自身的自然本性与这种善之间的关系吗？这种自然主义的见解让桑塔亚那强调了物质的重要性，甚至为物质确立了本体论上的基础性地位。如果离开物质的基础性力量，本质就永远也不可能现实化为自然之流，并与我们发生关系。在这样一种运作中，生命永远会在动物性的一面和精神性的一面之间摇摆不定，而这种处于两个端点之间的张力，正是生命的全部意义所在。倾向于确定性的动物信仰要问：这种摇摆的终点在何处？已有的哲学史则反问我们：会有终点吗？在桑塔亚那看来，当动物性生命意识到这一反问背后的意义时，它已经是一个最真诚的哲学家了。作为一个真诚的哲学家，桑塔亚那清醒地意识到："我的体系并不是宇宙的体系。我所说的存在的领域

---

① George Santayana, *Persons and Places: Fragments of Autobiography*. Cambridge, MA: MIT, 1986, p. 63.

并不是宇宙的一部分，也不是伟大的宇宙本身：它们只是事物的种类或范畴，这些种类和范畴在我看来明显不同，并且值得被区分开来。我不知道宇宙中会有多少事物落到每一个类别之中，也不知道是否还有其他存在的领域，因为对前者我没有方法去探知，对后者也许那些其他的领域碰巧是在我个人对于世界的观察中没有被区分开来的。"①

　　终其一生，桑塔亚那都在寻求关于生命的洞见。1912 年，他离开了当时任教的哈佛去了欧洲，再也没有回到过美国。在欧洲，他像是一个逍遥学派的学者，住在各地的旅馆。1941 年，他最终在罗马定居了下来。他生命的最后几年是在修女医院度过的。作为唯物主义者的桑塔亚那最终在一家天主教医院里安详地走完了自己的生命。从此以后，桑塔亚那可以完完全全地从生命的洪流中抽身而出了。然而我们还处在生命之中，因此我们仍旧要问自己这样的问题：到底要过怎样的生活？是动物性的，还是精神性的？在自然主义者眼中，生命只有处在自然的进程中才能获得它的意义。但无论是从此岸还是从彼岸来看待生命，我们终究还是要谈论精神，谈论生命的高度。对于如何摆脱这样的困境，桑塔亚那从来没有给过我们答案，并且他从一开始就不想给出答案。生命注定要在动物性和精神性之间摇摆，这是生命的无奈之处，但同时也是生命的有力之处，桑塔亚那所寻求的，是能够让生命的钟摆"能在某个时候于它的至高处暂时停止，以获得短暂的不平衡状态"②。这种状态，以它所特有的宁静感，能让我们从动物信仰中抬起双眼，真真切切地望向本质。不过，最后还有一点需要指出，桑塔亚那并不认为他的方法具有任何价值上的优越性，因为自然主义者必须永远让自己向世界敞开，他写道："我并不是要让那些持其他意见的人来按照我的想法思考。如果他可以的话，就让他把自己灵魂的窗户擦得更亮，那么多样和美丽的景色就会更加明亮地在他眼前铺陈开来。"③

---

① Santayana，*Scepticism and Animal Faith*，p. v.

② Santayana，*Scepticism and Animal Faith*，p. 107.

③ Santayana，*Scepticism and Animal Faith*，pp. vi-vii.

第七章　皮尔士论感知与实在

第一节　从二元表征到三元解释：广义符号学对显象学的转译与更新

这是哪一种符号？这很难说清楚。因为如果我说到符号，你马上会想到某个可以与其他东西区分开来的东西，但那里任何东西都无法和其他东西相区分；你也会马上想到用其他工具或手制造的符号，如果把工具或手拿开，符号还留在那里，但那时什么工具都没有，甚至没有手、牙齿或鼻子，所有这些东西都是很久以后才出现的。

卡尔维诺（Italo Calvino）:《宇宙奇趣》

解读皮尔士的困难和策略

本章的任务是讨论皮尔士的感知观和实在观。在进入具体的讨论之前，我们要对任务的困难性有一个充分的认识，其中既涉及皮尔士思想本身的复杂性，也涉及皮尔士表达和阐述思想的特殊方式。

首先，皮尔士通过一种复杂的建筑术来构筑自己的"综合哲学"（synechistic philosophy），这种建筑术的构想可以追溯至康德和亚里士多德。一方面，皮尔士认为，理论的建筑术要像康德那样确定各个理论部件之间的相应关系。但不同于康德，皮尔士的体系中并不存在真正意义上的"拱顶石"，他的建筑术由相互之间极其依赖的诸要素构成，其中任何一个要素在原则上都不具有较之于其他要素的优先性，这给我们分析皮尔士的思想体系带来了极大的困难。另一方面，皮尔士认为，真正的建筑术还应该像亚里士多德那样在最大程度上整合人类精神的各个面向。他在《猜谜》（1887 年）中指出："本书要推介的是一种亚里士多德式的哲学，即大致地给出一个包罗性极广的理论，在接下来的很长一段时间内，人类理性的所有工作——每一个哲学流派和哲学种类、数学、心理学、物理科学、历史、社会学以及其他任何学科——就在于补全这一理论的细节。"① 这个诉求决定了皮尔士的体系并不是一次成型的，他需要在建构体系的同时整合不断出现的新材料，处理不断出现的新问题，由此来修正和补全已经成型的体系。墨菲（Murray Murphey）这样描述这个动态过程："皮尔士相信建筑式的理论，因此他总是一个体系建构者，在每一个阶段，他都有一个关于整体性哲学体系的明确概念。大致而言，他的方法是，首先尽可能完整而体系化地形成自己的立场，然后再逐一地解决其中出现的某些困难。当他处理这些特殊的问题时，他很少留意体系中余下的部分。当困难被解决之后，他才回到体系本身，并着手更新整个体系，以便将新的结果整合进去。因此，皮尔士在不同的时间处理不同的问题，这并不意味着他的立场发生了彻底的转向，而是说体系中的主要问题在不同的时间是不同的。"② 这种建构体系的方式造成了解读皮尔士的主要困难：我们必须始终着眼于理论的整体，但整体又随着新材料和新问题的出现而不断发生着变化。

其次，皮尔士表达和阐述思想的特殊方式也给我们带来了很大的困难。他的通常做法是，多次写下关于某个问题的思考，通过反复地雕琢和澄清来获得一个最终令自己满意的结论。并且，表面的重复中往往隐含着立场上的关键改变。正如墨菲所指出的，"典型的皮尔士式程序是：以适当的术语提出一个理论，修正和改进理论的内容，同时保留原来的形式和术语。因此，不变的术语就掩盖了对立场的大面积修正，这就给读者造成了极

---

① CP 1：1.

② Murray Murphey, *The Development of Peirce's Philosophy*. Cambridge：Cambridge University Press，1961，pp. 2-3.

度的困惑"①。皮尔士将这种渐进的方法称为"徒步主义"（pedestrianism）。这一方法的最终成果是皮尔士身后留下的一万两千多页已出版的文字和八万多页未出版的手稿。因此，解读皮尔士的问题不在于材料的匮乏，而在于材料的过于丰富。从 1982 年起，印第安纳大学开始以编年的形式出版《皮尔士著作集》，至今已出版了 7 卷（第 1—6 卷、第 8 卷），距离全部完成依然相当遥远。要在这些可以追溯至每一日的材料中遴选和编排一个"决定版"的皮尔士显然是不可能的。一个最典型的尝试是霍桑（Charles Hartshorne）与韦斯（Paul Weiss）所编的哈佛版《皮尔士文集》，该文集原计划出版 10 卷，但是实际只出版了 6 卷，伯克斯（Arthur Burks）在 20 多年后又补出了 2 卷。② 由于各种原因，《皮尔士文集》的编撰是较为自由的，相信每个皮尔士研究者对这一尝试的成功与否都有自己的判断。除此之外，皮尔士在很多时候并不能以清晰简洁的方式来展示自己的思考过程和最终结论，正如《皮尔士文集》的编者在第一卷前言中所指出的，"大致而言，当皮尔士的思想处于最好状态的时候，他的写作是最不好的"③。而皮尔士本人也认识到，他写的东西"只是一个目录，是纠缠的绳结"④。虽然这背后的主要原因在于问题本身的复杂性和思想本身的界限，但我们也不能排除皮尔士的个人因素。皮尔士生前并不缺少景仰者和祝福者，但没有人能真正地理解他。由于没有人能系统地考察他的理论并给出批评意见，皮尔士只能痛苦而缓慢地修正自己的立场，在这个过程中，由于没有获得来自外界的必要摩擦和冲击，维持自身理论的平衡变得越来越困难。晚年的皮尔士甚至有意识地以朦胧风格（obscurantism）写作，这让解读他的文本变得更加困难重重。

　　但这些障碍并不妨碍皮尔士成为一个伟大的思想家。我个人在与这些

---

① Murphey, *The Development of Peirce's Philosophy*, pp. 88 - 9.

② 根据原编者的意图，第 7 卷涉及物理学及相关论题，第 8 卷涉及心理学，第 9 卷包含通信和评论，第 10 卷包含传记和简要的索引。实际出版的第 7 卷标题为"科学与哲学"，第 8 卷标题为"评论、通信与传记"。

③ CP 1：v.

④ CP 6：184.

困难角力的过程中得到了很多智性上的乐趣和享受，相信这也是每位皮尔士研究者都能够深切体会到的。关于皮尔士的思想已经有了各种不同的解读路径。比如，古奇（Thomas Goudge）认为，皮尔士的思想中存在着自然主义和超验主义的永恒冲突，而这种冲突让我们无法得出"单一而自洽的理论结果"[1]。较之于古奇，安德森（Douglas Anderson）则提出了一个更为温和的解读策略，即皮尔士的各部分思想之间尽管存在着不可调和的张力，但仍存在着某种"持存的分类"（perennial classification），它们构成了贯穿皮尔士思想的缆线状（strands）结构。[2] 我认为，尽管这些解读是经过深思熟虑之后得出的结论，但在很大程度上违背了皮尔士对建筑术的诉求。在皮尔士看来，最终的理论建筑不但应该统一相互分离的思想片断，还可以最大限度地包容各种相互冲突和对立的观点。基于这样的认识，我更赞成墨菲、胡克威（Christopher Hookway）和豪斯曼（Carl Hausman）等人的解读策略，即从体系着手研究皮尔士的思想。墨菲指出，尽管皮尔士最终没能完成他的体系，但"皮尔士并不认为这些不同面向构成了不同的体系，而是认为它们是同一个建筑体系的不同修正版本"[3]。胡克威建议我们用皮尔士提出的"规范性希望"（regulative hope）这个基本原则来统一他的思想。[4] 而豪斯曼则试图阐明，皮尔士的建筑术最终落脚于他的"连续论"（synechism）。[5] 尽管我赞成从整体出发的解读策略，但我并未采用上述这些解读方案，而是试图从狭义的哲学论域进展到皮尔士意义上的"广义符号学"（semiotics），通过"符号进程"（semiosis）来统一皮尔士的思想。本章的讨论是这种解读策略的具体应用和典型示例。

---

[1] Thomas Goudge, *The Thought of C. S. Peirce*. Toronto: University of Toronto Press, 1950, pp. 5-7.

[2] Douglas Anderson, *Strands of System: The Philosophy of Charles Peirce*. West Lafayette: Purdue University Press, 1995, pp. 30 ff.

[3] Murphey, *The Development of Peirce's Philosophy*, p. 3.

[4] Christopher Hookway, *Peirce*. London: Routledge & Kegan Paul, 1985, p. 115.

[5] Carl Hausman, *Charles S. Peirce's Evolutionary Philosophy*. Cambridge: Cambridge University Press, 1993, p. 192.

这一节的讨论将具体考察皮尔士的感知观。我将首先阐明皮尔士的两个基本预设以及它们所揭示的核心问题，然后考察显象学语境中的知觉理论和遗留问题，最后在广义符号学的视域下重新思考皮尔士的感知观。我将阐明，只有在经过符号学转译和更新的显象学中，如何整合因果进程和认知进程这个皮尔士思想内部的疑难才能得到解决，在这个意义上，关于感知的"综合哲学"最终落脚于广义符号学所探讨的符号进程。

反直觉主义与直接实在论：知觉理论的两个预设

尽管皮尔士的思想历程中存在一些关键性的转折，但有两个基本预设始终保持不变，这两个预设也是本节讨论的主要抓手。第一个预设是反直觉主义（anti-intuitionism）。皮尔士的早期哲学思考在很大程度上是围绕对笛卡尔的批判展开的。1877 年至 1878 年，他在《大众科学月刊》（*Popular Science Monthly*）上发表的六篇重要论文中首次提出并阐述了实用主义方法。他指出，探究必须产生于"真正的怀疑"（real doubt），而非笛卡尔式的怀疑，真正的怀疑不能是假装的，它必须源于真实存在的"不安"（uneasiness）或"刺激"（irritation），并终止于某个能引发行动的信念。但经常被忽视的一点是，皮尔士对笛卡尔的批判在他发表的第一组哲学论文中就已经系统地展开了。1868 年至 1869 年，他在发表于《思辨哲学杂志》（*Journal of Speculative Philosophy*）的三篇论文（简称"认知系列"）中明确拒斥了"笛卡尔式的直觉主义"（Cartesian intuitionism），提出了与之相对的反直觉主义立场。如果说批判笛卡尔式的怀疑为皮尔士提供了澄清实用主义方法的主要契机，那么批判笛卡尔式的直觉主义则为他的整个思想体系奠定了基础。

关于反直觉主义，皮尔士提出了四个要点：第一，我们并不具备内省的能力，所有关于内在世界的知识都是基于外部事实的假设性推论；第二，我们并不具备直觉的能力，每一个认知都由之前的认知所决定；第三，我们并不具备不借助符号进行思维的能力；第四，我们并不拥有绝对的不可认知物的概念。在阐明了这四个要点之后，皮尔士得出了如下结论：每一个认知进程都受到另一个认知进程的中介，笛卡尔式的直觉性知识并不存在。为了形象地驳斥直觉主义，他还给出了如下图示：三角形代表我们的认知对象，它逐渐向下运动，浸入代表认知的水面，水面在三角形上截取的线段就是每一时刻的认知，线段越长代表我们的认知越清晰、越生动。皮尔士指出，假设三角形刚没入水面的瞬间是不依赖任何先在认知的直觉，我们总能够找出比当时水面在三角形上截取的线段更短的线段来，因此这个最初的瞬间是不存在的。①

可以看到，这个反直觉主义的立场直接引出了皮尔士的实用主义方法。因为每一个认知进程都受到另一个认知进程的中介，所以思维的意义"不在于实际思考了什么，而在于这一思维是如何通过被下一思维表征而与后者相连的"②。另一方面，经常被忽视的一点是，皮尔士对直觉主义的批判已经预见了二十世纪五六十年代英美哲学中对"所予"（the given）展开的系统批判以及由此引发的整体主义转向。早在塞拉斯（Wilfrid Sellars）和蒯因（Willard Van Orman Quine）之前，皮尔士就已经明确地拒斥了可以脱离推论关系而独立存在的意义单位。因此，对感知而言，不存在任何意义上的"感觉材料"，即使最初级的感知也只能从它所处的关系整体中获得意义。皮尔士在"认知系列"中指出，手感（texture）和声调（pitch）只有在关系中才能被把握。③ 我们还可以在 1877 年的手稿中找到如下论断：不存在纯粹的感觉，只有"思维的感觉性元素"，因此所谓的"终极感觉"（ultimate sensation）中从一开始就隐藏着关系。并且，不同

① CP 5：263.

② CP 5：289.

③ CP 5：220－223.

的感觉并不是独立的个体，我们对红色和蓝色的感觉永远是"红色和蓝色和它们之间的关系"。所有感觉之间的区别并不是本质的区分，而是关系性的区别，比如强度的差异。① 我们可以从这些论述中明显地看到，皮尔士是关于感知的推论主义者。从推论主义的视角来看，任何"感知"都是"知觉"，而皮尔士本人在讨论感知时也无一例外地使用了与"知觉"相关的一系列概念。因此，下面的讨论一律使用"知觉理论"这样的表述。

皮尔士的第二个预设是直接实在论（direct realism）。因为这个预设和下一节的讨论直接相关，所以仅在这里略作提要。从某种意义上来说，皮尔士是最倾向于承认外部对象的实用主义者。他在《评弗雷泽的〈乔治·贝克莱著作集〉》（简称《贝克莱评论》，1871 年）中指出："总有一个事物限制我们的思维，因此，有某个不是由思维创造的东西影响我们思维。诚然，直接呈现给我们的只有思维，但这些思维的原因是感觉，而感觉又受到思维之外的某物的限制。"② 不同于其他实用主义者，皮尔士并没有诉诸"互动"或"交互"，而是在区分"内"与"外"的基础上强调了这两个维度之间的不对等关系。比如，他在 1903 年的哈佛讲座中指出："事物对我的作用远比我对事物的作用大得多。"③ 在这个意义上，皮尔士比詹姆士和杜威更接近近代经验论的传统，即将外部对象造成的直接效应作为知识的起点，同时将产生这种效应的因果进程理解为知识的绝对限制。他和近代经验论者的关键分歧在于如何把握这种直接效应，是停留在殊相的层面（唯名论），还是进展到共相的层面（唯实论）。

可以看到，皮尔士在前一个预设的帮助下拒斥了"所予神话"，在后一个预设的帮助下规避了取消一切外部限制的融贯论立场，从而同时保留了观念论和经验论的洞见。如果这个理论方案能够成立，将给我们提供一幅较为合理的知识图景。现在的问题是，应该如何来协调这两个预设之间

---

① WCP 3：235 - 237. Charles Peirce, *Writings of Charles S. Peirce: A Chronological Edition*. Bloomington：Indiana University Press，1982 - 2009. 该文献以缩写 WCP 加卷数加页码进行引用；下文均以此惯例为准，不再说明。

② CP 8：12.

③ CP 1：324.

存在的明显的矛盾：如何在推论主义的语境中探讨对我们的认知起限制作用的外部对象？这实际上就是当代英美哲学论域中的核心问题：在区分了因果进程和认知进程、刺激和信念网络之后，如何在一个更大理论框架中将它们整合起来？比如，塞拉斯提出的解决方案是，将外部对象对我们的因果刺激和基于推论的认知进程明确区分开来，由此得到一个双层的理论结构，不同的层次分别处理不同的问题。而奎因则试图通过一种自然化的认识论（naturalized epistemology）方案阐明，关于外部世界的知识不是感觉证据和辅助翻译这两部分的叠加，而是一个完整的经验科学问题。

与这些方案不同，皮尔士以一种非常独特的方式解决了这个疑难，接下来的讨论将从他的知觉理论着手阐明这一点。一般认为，皮尔士对知觉的探讨主要集中在后期的"显象学"（phaneronology）。但实际上，显象学语境下的讨论只对知觉进程的不同层次做出区分和说明，并没有真正解决上面提到的这个根本矛盾。因此，尽管不同的解读者试图在显象学内部帮助皮尔士建构一个整全性的知觉理论，但这些尝试最终都有所欠缺。[①]我的建议是，为了实现一种基于推论主义的直接实在论，我们必须将视角从显象学推进到广义符号学。这个推进步骤将帮助我们得出如下结论：刺激和推论的结合只有在经过符号学对显象学的转译和更新之后才是可能的，探讨知觉的基本论域必须从狭义的认识论转向广义的符号学。与此同时，这些符号学语境中的思考也就上面提出的一般问题给出了特殊的回答：因果进程和认知进程的有机整合最终落脚于皮尔士意义上的符号进程。

知觉、知觉判断、percipuum：显象学语境中的区分和综合

1900 年之前，皮尔士对知觉的研究并没有系统地展开，而是零星地散

---

① 参见 R. F. Almeder，"Peirce's Theory of Perception," *Transactions of the Charles S. Peirce Society*，6：2（1970），pp. 99 - 110；Susan Haack，"How the Critical Common-sensist Sees Things," *Histoire Épistémologie Langage*，16：1（1994），pp. 9 - 34；Sandra Rosenthal，"Peirce's Theory of the Perceptual Judgment：An Ambiguity," *Journal of the History of Philosophy*，7：3（1969），pp. 303 - 14。

见于各处。在与"认知系列"同时期的《新范畴表》（1867 年）中，皮尔士以一种康德式的思路区分了"印象"（impression）和"概念"（conception）。他指出，印象离开了统一它们的概念就无法被把握。① 但是在同一篇文章中，他又基于自己的反直觉主义立场指出，在"实体的杂多"（manifold of substance）和"存在的统一"（unity of being）之间只存在概念，因此，没有概念参与的印象在原则上是不存在的。② 随着思想的推进，皮尔士逐渐意识到印象是一种多余的设定，不经过任何中介的单纯印象是不存在的，由此从区分材料和形式的康德式构想转向了一种推论主义的知觉理论。1891 年，他在评论詹姆士的《心理学原理》时指出，对"知觉是否是无意识的推论?"这个问题的回答是肯定的。③ 另一方面，我们可以从上面提及的图示中看到，尽管皮尔士认为直觉和非直觉的区分并不存在，但不同的认识进程之间仍然存在层次上的区分（不同的线段长度代表不同程度的清晰性和生动性）。皮尔士认为，只有对这些层次做出区分，一种非笼统意义上的反直觉主义才有可能成立。

1900 年之后，皮尔士提出了一种显象学的系统构想，并开始用一系列相对成熟的语汇阐述自己的知觉理论。皮尔士最初使用的是"现象学"（phenomenology），1904 年之后不再使用"现象学"，改用"显象学"。④显象学是研究"显象"（phaneron）的学问。皮尔士意义上的显象学包含两个要点：首先，"显象是指在任何意义上呈现给心灵的东西的总体，不管这些东西是否符合任何实在物"⑤。不同于"现象"或"表象"，显象并不暗示任何意义上的二分（现象和本体、表象和实在），因而是一个极为宽

---

① CP 1：549.

② CP 1：550.

③ Murphey, *The Development of Peirce's Philosophy*, p. 360.

④ 这里不引入显象学和现象学的关系，但这两者之间的关联值得深入地探讨。参见 Herbert Spiegelberg, "Husserl's and Peirce's Phenomenologies: Coincidence or Interaction," *Philosophy and Phenomenological Research*, 17：2（1956），pp. 164 - 85；William Rosensohn, *The Phenomenology of Charles S. Peirce*. Amsterdam：B. R. Grüner, 1974；Richard Kenneth Atkins, *Charles S. Peirce's Phenomenology: Analysis and Consciousness*. New York：Oxford University Press, 2018。

⑤ CP 1：284.

泛的存在域。正是在这个意义上，皮尔士在给詹姆士的一封信中指出，他的"显象"非常接近于后者的"纯粹经验"。[①] 其次，显象学的目的不是描述心理进程和精神生活，而是通过对显象的精细考察揭示它的最一般化特征，也就是皮尔士的三性范畴，即"第一性"（firstness）、"第二性"（secondness）和"第三性"（thirdness）。在这个意义上，作为范畴理论的典型示例，显象学必须"将最微小的精确性和最宽泛的一般化结合起来"[②]。

显象学的主要任务是区分知觉的不同层次，并说明这些层次之间的相互关系。它的起点是最特殊的具体性，而它的最终目标又是揭示显象的最一般化特征。皮尔士认为，为了完成这个任务，显象学家必须同时具备以下三种能力：首先，他要有艺术家的敏感性。皮尔士指出："太阳照亮被雪覆盖的地面，除了落下阴影的地方。你问任何普通人地面的颜色是什么，他都会告诉你是白色的，阳光照到的地方是纯白的，阴影处有一点灰。但他描述的并不是眼前的事物，而是在他眼中事物应该是怎样的理论。艺术家会告诉他，阴影并不是灰的，而是沌蓝的，而阳光下的雪则有一种丰富的黄色。现象学的研究最需要这种艺术家的观察力。"其次，他必须能够明确地决定自己看到了哪些特征，以便进一步展开探究。最后，他必须"用数学家的一般化能力制造抽象的公式以把握显象特征的本质"，他必须看到，每个显象最终都示例了基于三性范畴展开的三元结构。[③]

皮尔士在1903年前后的一篇手稿中集中探讨了显象学视域下的知觉理论。[④] 这一理论围绕三个核心概念展开：知觉（percept）、知觉判断（perceptual judgment）和percipuum（为了区分于知觉和知觉判断，这里保留了原词）。下面我们将逐一考察这三个概念。

首先来看知觉。皮尔士指出，知觉"站在门口敲着我的灵魂之门"，

---

① CP 8：301.

② CP 1：287.

③ CP 5：42.

④ CP 7：597 - 688.

作为"一种有力的东西","它不给自己的呈现提供任何理由、辩护和借口。它并不表达任何存在的权力,只是沉默地将自身强加于我"。① 概而言之,知觉是由事物强加给我们,它强迫我们承认它,但不给这种承认提供任何理由。皮尔士又进一步区分了知觉的两种表现形式:第一种,知觉表现为"情感或感觉的质"(the qualities of feeling or sensation)。第二种,这些质被知觉者以某种明确的方式把握为某个清晰而生动的知觉。在第一种形式中,知觉者没有任意选择和变动的自由。在第二种形式中,每个知觉又因为质与知觉者之间的作用与反作用而获得某种"独特性"(singularity)。② 皮尔士认为,知觉的这两种形式分别对应于显象中的第一性和第二性要素。

这里的核心问题是如何界定显象中的第一性和第二性要素。在皮尔士的范畴理论中,"第一性"作为一个基本范畴代表了一切尚未进展到关系的独立存在。他对第一性要素的界定是:"每一个质都是确实而自成一类的,不涉及任何他物之所是或如何是。"③他还在另一处指出,第一性是"某个是其所是的东西,它既不指涉在它之内或之外的任何其他东西,也不涉及任何外力和理由。"④ 因此,作为第一性的显象不具有任何意义上的一般性,也就不可能是感觉材料论意义上的"一般材料"。皮尔士将这种状态界定为"原初初始性"(primordial originality)。⑤ 他这样描述处在第一性下的知觉状态:"当亚当睁开双眼看到世界时,他没有做出任何区分,也没有意识到他自己的经验,他看到的是最初的、当下的、直接的、新鲜的、崭新的、主动的、初始的、自发的、自由的、生动的、转瞬即逝的。对此的每一种描述都是错误的。"⑥ 皮尔士还试图阐明,作为第一性的显象只能被拥有或感受,不能被界定或分析。他指出:"一旦我们断言它,它

① CP 7:619-621.
② CP 7:625.
③ CP 7:625.
④ CP 2:85.
⑤ CP 2:85.
⑥ CP 1:357.

就已经丢失了它的单纯性，因为断言已经暗示了对其他方面的否定。……第一性如此柔软，你无法在触摸它时不去毁掉它。"① 不同于第一性，"第二性"作为另一个基本范畴代表了成对出现的作用力和反作用力。作为第二性的显象是根据当下此处的作用和反作用关系而获得的某种确定性，它让"原初初始性"成为当下此处的"这一个"知觉。皮尔士指出："严格来说，第二性除了何时何地发生，没有其他存在。因此，严格来说，不同的第二性之间不存在共同的性质。"②

皮尔士曾用"感质"（quale，复数为 qualia）来界定知觉中的第一性要素。事实上，他也是第一位使用"感质"概念的现代哲学家。他指出："每个感质都是自在自为的，它不指涉任何其他存在。"③ 但要注意的是，皮尔士意义上的"感质"既不是感觉材料的属性，也不是经验的现象特征，而是显象的整体性质（显象并不对表象和实在做出二分）。他在 1898 年指出："每一个真正得到综合的感觉都具有一个独特的感质；每一个艺术作品，对我来说的每一个当下时刻、每一天和每一周都具有一个独特的感质；我的整个个体意识也具有一个特殊的感质。"④ 可以看到，皮尔士的"感质"非常接近杜威的"质性"。正是在这个意义上，和杜威一样，皮尔士在知觉的第一性和第二性要素之间做出区分也是一种功能性的动态区分。

再来看知觉判断。皮尔士认为，尽管知觉的第二性要素已经涉及在具体关系中被把握的"这一个"，但我们还是可以在如下意义上区分知觉和知觉判断：知觉只是单纯的呈现，而作为第三性的知觉判断则以"心理命题"（mental proposition）的形式对知觉做出断言。如果说第一性涉及感受核心（feeling core），第二性是基于作用和反作用的斗争（struggle），那么第三性就已经进展到作为共相的一般观念（general idea）。皮尔士指

① CP 1：357–358.

② CP 1：532.

③ CP 6：224.

④ CP 6：223.

出："心灵声称在知觉判断中告诉未来的自己当下知觉的特征是什么。相反，知觉则立足当下，并不做这样的声称。"① 这里的关键在于，知觉判断实际上是站在第三方的视角对第二性中的作用和反作用关系做出判断，它已经从二元关系（dyad）进展到了三元关系（triad）。这样一来，作为第三性的知觉判断就和结合了第一性和第二性的知觉明确区分开来。皮尔士在哈佛演讲中指出："共相和第三性注入我们的知觉判断和所有推理当中。"②

　　皮尔士将知觉判断对知觉的这种判断称为"表征"（represent）。③ 不同于"表征主义"（representationalism）意义上的"表征"，皮尔士语境中的"表征"不是心灵内的东西表征心灵外的东西，而是知觉进程中各要素之间的关系。除此之外，这里还要特别澄清以下两点。首先，从静态的视角来看，皮尔士认为"知觉判断表征知觉的方式只有一种，那就是作为指示符（index）或征兆（sympton），就像风向标指示风向或温度计指示温度"④。我们知道，皮尔士那里有三类基本的对象符号：像似符（icon）、指示符（index）和抽象符（symbol）。像似符如实地模写对象，它们在形相上与对象的某些特征相同或类似，典型的像似符有照片、画像、雕塑、各类图形等；指示符与对象构成某种因果或时空的关联，典型的指示符有路标、箭头、指针、专有名词、指示代词等；抽象符与对象之间的联系完全是约定的，比如数学、科学和音乐中的各种记号。在这个分类框架下，一方面，作为指示符的知觉判断并不是如实地模写知觉，而是用一个命题抽象地概括具体的呈现；另一方面，作为指示符的知觉判断也没有脱离一定的因果或时空关联去表征知觉，这种表征并不是单纯的约定，而是受制于某种强迫性。

　　其次，从动态的视角来看，知觉判断对知觉的表征是通过朝向未来的

① CP 7：630.
② CP 5：150.
③ CP 7：628.
④ CP 7：628.

溯因推论（abductive inference）得到某个一般性命题。皮尔士在哈佛讲座中指出，"溯因推论和知觉判断相融在一起，它们之间没有明确的界线"，或者说，"知觉判断是溯因推论的极端情况"。[①] 根据皮尔士的实用主义方法，溯因推理（abduction，有时也被称为 retroduction 或 hypothesis）就是假设性地提出某个命题，并在未来的探究过程中证明、推翻或修正这个命题。皮尔士指出，我们的知觉判断也是同样意义上的溯因推理："我说一块石头是硬的。这意味着只要石头是硬的，每当我们用刀子以适当的力度划它，都会失败。说一块石头是硬的，就是预测不管我们如何尝试，都会失败。"[②] 可以看到，在皮尔士的语境中，知觉判断本质上是一种面向未来的判断，它关心一个知觉命题能否在未来得到验证，以及由此获得的意义和效用上的连续性。他指出，"真正的事实是怎么样的并不取决于我表征了什么，而是取决于经验性的反应会是什么"，换言之，表征"指涉的是未来的经验"。[③]

　　知觉（第一性和第二性）和知觉判断（第三性）的区分存在一个关键问题。根据皮尔士的范畴理论，第三性中本质地包含了第一性和第二性。他指出："不但第三性预设和包含了第二性和第一性的观念，而且我们永远不可能在不伴随第三性的现象中找到第二性或第一性。"[④] 他还在另一处指出："第一性、第二性和第三性都是第三性或思维的三个性质。"[⑤] 因此，知觉判断在表征知觉的同时也本质包含了知觉，它们的区分最终只是第三性内部的区分。皮尔士意识到，知觉和知觉判断的区分即便不是不可能，也是非常微妙的。他在哈佛讲座中指出，我们无法指出阿基里斯是如何通过哪几个步骤追上乌龟的，"形成知觉判断的过程同样也是如此，这个过程是潜意识的，且无法用逻辑批判来处理，知觉判断不需要分离的推论行

---

① CP 5：181.

② CP 1：615.

③ CP 5：97.

④ CP 5：90－91.

⑤ CP 1：537.

为，只需要在一个连续性进程中运作"①。

鉴于知觉和知觉判断的这种不可区分性，皮尔士提出了一个同时包含两者的概念：percipuum。皮尔士对此的界定是："直接在知觉判断中得到解释的知觉。"② percipuum 取消了知觉和知觉判断的区分，但又试图保留两者之间的张力，因此是一个动态的概念。皮尔士这样描述这种动态的张力："我看见桌上有一个墨水台：那是一个知觉。我移动头部，就得到了一个关于墨水台的不同知觉。这一知觉和其他知觉联合起来。我所谓的墨水台是一个普遍知觉，是从知觉而来的准推论，或者我可以说是知觉的组合照片。……因此，当我接受思维关于某个内在主题的假设，我受到对阻力的意识的支配，并承认墨水台是一个外在对象。之后我也许会质疑这一点。而一旦我开始质疑，我会发现不管我怎么看墨水台都出现在那里。……我被驱使着得出这一结论，无论我多么抗拒它。这一结论简要来说就是：墨水台是一个真实事物。当然，虽然墨水台是真实而外在的，但这丝毫不影响它成为……一个普遍知觉。"③

豪斯曼认为，percipuum 的实质是作为第三性的"普遍知觉"（generalized percept）。④ 伯恩斯坦也指出："当 percipuum 出现时，我们已经处于第三性的层面。"⑤ 我的看法是，percipuum 是一个在区分中保持张力的动态概念，它既不能被还原为知觉或知觉判断，也不是知觉和知觉判断的中间状态，它刻画的是第一性、第二性和第三性之间的流动图景。percipuum 不可能单纯停留在某一性，它可以从第一性经过第二性推进到第三性，也可以从第三性经过第二性回溯到第一性。皮尔士的基本构想是，任何两个区分项之间必然存在某种中介关系，这就意味着我们在区分

---

① CP 5：181.

② CP 7：643.

③ CP 8：144.

④ Carl Hausman, "In and out of Peirce's Percepts," *Transactions of the Charles S. Peirce Society*, 26：3 (1990)，p. 282.

⑤ Richard Bernstein, "Peirce's Theory of Perception," in Edward Moore & Richard Robin eds., *Studies in the Philosophy of Charles Sanders Peirce*. Amherst：The University of Massachusetts Press, 1964，p. 176.

的同时也在综合。因此，如果说知觉和知觉判断探讨的是知觉进程中的区分，那么 percipuum 探讨的则是知觉进程中的综合。这种综合不仅是三性范畴的综合，还是时间维度下的综合。皮尔士指出，知觉不仅是当下此刻的知觉，还是一个连续时间进程中的知觉，percipuum 必然包含"预期"（antecipuum）和"回忆"（ponecipuum），因此它不是一个"绝对事件"。①

对 percipuum 的探讨让显象下的知觉理论最终变成一种"综合哲学"。皮尔士在 1890 年前后指出："康德错误地认为观念先是分开呈现，然后再由心灵统一在一起。他认为心理综合先在于每一个分析。真实发生的情况是，呈现的东西本身没有部分，但可以被心灵分析，也就是说，心灵在事后的分析中辨识出各部分。"② 我们将在下一章的讨论中看到，詹姆士也得出了类似的结论。但是如果说詹姆士从反联合论的思路出发拒斥了康德式的"联合"，强调了原初整体的逻辑优先性，那么皮尔士则从三性范畴的动态关联出发，提出了一幅关于知觉的流动图景。在这幅图景中，相互中介的关系代替了封闭的意义单位。

以上我们围绕知觉、知觉判断和 percipuum 这三个概念考察了显象学语境中的知觉理论。概而观之，这种知觉理论的基本构想是：首先，通过取消二元区分的"显象"将被强加给我们的东西和被我们拥有或感受到的东西有机地整合起来；其次，借助范畴理论将知觉进程中各层次区分开来，再通过 percipuum 将这些层次在一幅流动的图景中综合起来。这个理论构想存在两个缺陷：第一，"显象"并不是唯一存在域，它并不包括皮尔士意义上的"盲目的力"（blind force）。因此，显象学下的知觉理论并不能令人满意地说明尚未进入知觉进程的某物如何和知觉进程发生关系，因而并没能有效地调和推论主义方案和直接实在论诉求。第二，尽管皮尔士通过 percipuum 对知觉进程中的三性区分做出了一定程度的综合，但仍然

---

① CP 7：648. 皮尔士还讨论了康德对时间的两种理解，一种是无限可分的物理时间，另一种是作为整体被直观到的时间，并指出，我们应该根据第二种时间来理解 percipuum。（CP 7：652）但这条关于时间性的线索并没有在基于范畴理论的显象学中得到充分展开。

② CP 1：384.

无法在基于层级区分的显象学框架下得到一幅完全流动的知觉图景。下一部分的讨论将阐明，为了克服这些缺陷，我们必须从显象学的视域转向符号学的语境。

符号表征与动态对象：符号学语境中的转译和更新

符号学对显象学的转译和更新要完成两个步骤：首先，在符号学的语境中转译知觉判断对知觉的表征；其次，在符号学的语境中更新对尚未进入知觉进程的某物的理解。这些符号学语境中的思考将会帮助我们重新理解皮尔士的知觉理论。

我们先来看第一个步骤。在显象学语境中，知觉判断站在第三方的视角对第二性中的作用和反作用关系做出判断，并且，知觉判断对知觉做出断言的实质是用作为指示符的知觉判断去指示知觉。可以看到，这些讨论已经隐含了皮尔士的符号学构想：知觉判断对知觉的表征实质上是一个符号进程，A表征B实际意味着A将B解释为C。因此，知觉判断对知觉的表征这个表面的二元结构背后是一个三元结构，即表征体（representamen）、对象（object）和解释项（interpretant）的符号关系。

这里要就多出来的第三元，也就是解释项作几点说明。第一，我们一般认为解释项是符号在解释者头脑里唤起的效用或效果，这是对皮尔士的严重误解。皮尔士明确要求对解释项做祛心理化的理解。他在写给魏尔比夫人（Lady Victoria Welby）的信中指出："符号对某个人格（person）产生影响，这个影响就是符号的解释项。……我加入'对某个人格'只不过是为了息事宁人（a sop to Cerberus）。"① 正是在这个意义上，皮尔士的符号学从根本上有别于索绪尔（Ferdinand de Saussure）的符号学。因为在索绪尔那里，能指（signifier/signifiant）和所指（signified/signifié）

---

① Charles Hardwick，ed. *Semiotics and Significs: The Correspondence between Charles S. Peirce and Victoria Lady Welby*. Bloomington：Indiana University Press，1977，pp. 88-9.

"都是心理的，而且由联想的纽带连接在我们的脑子里"①。从更宽泛的视角来看，皮尔士也是 20 世纪初反心理主义浪潮的主要推动者，他对解释项的祛心理化理解和弗雷格（Gottlob Frege）对"思想"（Gedanke）的探讨分享了同样的初衷，即试图用可交流的公共属性来取代主观的心理状态。只不过在弗雷格那里，公共属性最终落脚于柏拉图式的第三领域；而在皮尔士这里，公共属性最终落脚于无限展开的互释进程。

第二，皮尔士认为解释并不是一次成型的，而是一个无限延宕的进程，这就意味着得出知觉判断的过程永远处在未决定的开放状态中。他在手稿中指出："表征的意义就是脱掉不相关外衣之后的表征本身。但这件外衣永远不能被完全脱掉，它只是变成了某种更为透明的东西。这样就有了一个无限后退。最后，解释项不过是持有真理之火把的另一个表征，而作为表征它又拥有自己的解释项。看，这样就又有了一个无限后退的序列。"②

第三，皮尔士区分了解释项的三个层次："直接解释项"（immediate interpretant）、"动态解释项"（dynamic interpretant）和"最终解释项"（final interpretant）。他对这三个层次的界定是：直接解释项体现了每个符号自身的"可解释性"；动态解释项是"符号在解释者身上所制造的直接效用"，它是"单一的实际事件"；最终解释项是"在条件允许某个符号能发挥其完全效用的情况下，一个符号对于任何心灵都能制造的效用"，它是"在符号被充分思考的情况下，每个解释者一定会得到的解释结果"。③在皮尔士那里，解释项的这三个层次缺一不可：缺少直接解释项，解释进程就失去了最初的原点；缺少动态解释项，解释进程就不能作为行动实际展开；缺少最终解释项，解释进程就无法获得阶段性的结论。

概而观之，用三元的"解释"转译二元的"表征"至少有两个理论后果。首先，皮尔士不再需要用 percipuum 作为中介来关联知觉和知觉判

---

① 费尔迪南·德·索绪尔. 普通语言学教程［M］. 高名凯，译. 北京：商务印书馆，1999：100.

② CP 1：339.

③ Hardwick，ed. *Semiotics and Significs*，pp. 110 - 1.

断。符号进程中不存在单纯的中介（tertium quid），因为任何一项都是中介，都随时处在解释和被解释的状态中。这样一来，皮尔士的知觉理论就从"逐级主义"（gradualism）进展到了"连续主义"（synechism）。皮尔士认为，只有在连续主义的构想下，流动中的综合才是真正可能的。他指出，连续性意味着"所有的事物都畅游在一个连续的统一体当中"①。在连续的符号进程中，知觉进程中的三性要素不再是层级递进的关系，而是完全流动的解释和被解释关系，三性中任何一性都可以作为对象、表征体或解释项出现。

其次，基于解释的知觉理论从封闭的私人空间进展到可交流的公共空间。皮尔士对解释项的祛心理化理解已经明确揭示了这一点。他试图阐明，作为符号进程的知觉必须完全抛弃个体心理层面的"本地性"（locality），因为符号的本性就是不断和其他符号发生关系，它们总是要求超出自身，在解释与被解释的过程中和其他符号一起构成无限延伸的解释空间。在此基础上，皮尔士还试图阐明，在无限展开的解释与被解释关系中，任何知觉都不是绝对自明的，它们的意义是在后续的符号进程中逐渐丰富的。他指出："任何认知和符号都不是绝对精确的，甚至知觉也是如此。"② 在这个可错论的视角下，作为符号进程的知觉是实验性的，它在不断的测试和验证中探索自己在符号进程中所处的位置，并在此基础上重构符号进程本身。正是在这个意义上，皮尔士指出："必须被考虑的不是'我的'经验，而是'我们的'经验；这里的'我们'具有无限的可能性。"③

下面我们再来看第二个步骤，即在符号学的语境中重新理解尚未进入知觉进程的某物。皮尔士在"认知系列"中提出了"直接对象"（immediate object）。他指出："每一个认知都包含某些被表征的东西或被我们意识到的东西，以及使此表征得以实现的自我行动或自我激情。前一个部分可被

---

① CP 1：171.

② CP 4：542.

③ CP 5：402.

称为认识的客观元素，后一部分可被称为认知的主观元素。认知本身是对客观元素的直观，因此这些客观元素或许可被称为直接对象。"① 但皮尔士逐渐认识到，直接对象并不能完全指称在认知进程外部限制认知的某物，因为直接对象本质上是和认知进程共同出现的，我们无法在离开主观元素的前提下来谈论客观元素。基于这样的认识，他在符号学体系中提出了不同于直接对象的"动态对象"（dynamical object）。他指出："直接对象是符号本身所表征的，其存在依赖于符号对它的表征；动态对象则是以某种手段决定符号之表征的实在。"② 他还在另一处指出，直接对象可以被符号表征，而动态对象则无法被符号"表达"（express），只能被符号"指示"（indicate）。③

根据埃科（Umberto Eco）的解读，动态对象的提出表明了符号学无法回避的问题：有某物存在。埃科指出："动态对象促使我们制造符号进程。我们制造符号，是因为有某物需要被言说。用一个有效但并不十分哲学化的表达来说，动态对象就是踢我们的某物（something-that-sets-to-kicking-us），并且说：'说话！'或者说：'说说我吧！''考虑我吧！'"在这个意义上，动态对象就是"物自体"，它"总是在场，但又只能通过符号进程被捕捉"。④ 埃科敏锐地看到了动态对象之于符号学的重要性，但他的解读有一个关键失误：他没有看到，动态对象本身就是符号进程的一个重要环节。因为这种误解，埃科认为我们还需要帮助皮尔士回答如下的问题：动态对象一开始是如何进入符号进程的？埃科给出的回答是：在皮尔士那里，经验的最初是"刺激与回应之间的单纯符合"。这里的符合当然不是符合论意义上的，而是说，"如果某人记录下我们每次接收同一刺激时的神经系统进程，并且他的记录总是呈现 x 的形态，我们就说，x 恰当地符合刺激物，因此是刺激的像似符。因此，我们可以说，这个像似符表

① CP 5：238.

② CP 4：536.

③ CP 8：314.

④ Umberto Eco, *Kant and the Platypus: Essays on Language and Cognition*. New York：Harcourt Brace，2000，p. 14.

现了与刺激物的相似性。……这种被我们称为相似性的符合完全不涉及一个点对点符合对象或刺激物特征的'形象'"①。可以看到，埃科的最终结论是，能够最终进入符号进程的是动态对象的像似符，而非动态对象本身。

但事实上，在皮尔士的成熟思想体系中并不存在康德意义上的物自体。他在"认识系列"中指出："（最宽泛意义上的）可认知性和存在不仅在形而上学上是等同的，还是两个同义的概念。"② 他在晚期的《实用主义的基础》（1906 年）中更加明确地指出："那个表征应该与之相一致的东西本身也是表征性的或符号性的，它是既是本体的，又是可理解可把握的，它与物自体完全不同。"③ 皮尔士的一个核心洞见是，尽管有思维之外的某物限制着我们的思维，但我们可以在一个足够长远的思维进程中完成对它的认识，动态对象也就由此和皮尔士意义上的"最终意见"（ultimate opinion）关联起来。在皮尔士的语境中，动态对象的"外在性"指的是外在于个体心理，即无法被个体把握，但它可以被共同体认识。因此，任何外在性都是一种暂态，它实际指向的是潜在性和可能性，是尚未发生但将会发生的关系。他在晚年的手稿中写道："如果对象的属性（既那些关于对象的真断言或真声明）永远保持不变，不管你、我或任何人对此有多么不同的想法，我将任何这样的对象称为外在的，外在的与心理的相对。"④ 因此，不同于埃科的解读，皮尔士的真正构想是，动态对象虽然外在于个体思维，但不外在于符号进程本身。换言之，在符号进程起点限制符号进程的动态对象在符号进程的终点成为符号进程本身。根据这种构想，动态对象同时是符号进程的"动力因"和"目的因"。

根据以上两个步骤，我们可以在符号学的视域下重新理解皮尔士的两个基本预设。一方面，皮尔士的反直觉主义在符号学中得到了最终阐明：

---

① Eco，*Kant and the Platypus: Essays on Language and Cognition*，p. 105.

② CP 5：257.

③ CP 5：553.

④ CP 6：327.

知觉的本质是既无开端也无终结的符号进程，它们永远处在连续的解释和被解释关系中。因此，探讨知觉进程的基础没有任何意义。另一方面，皮尔士的直接实在论在符号学中得到了重新的解释：从思维外部强迫和限制思维的外在性不再被理解为个体意识的动力因，而被理解为符号共同体的目的因。这样一来，内和外之间的关系就被转译为已有符号进程和将来符号进程的关系。

广义符号学视域下的知觉理论

迪利（John Deely）区分了两个符号学传统：第一个符号学传统（semiology）从索绪尔一直延续至结构主义者，第二个符号学传统（semiotics）则从潘索（John Poinsot）一直延续至皮尔士。第一个是以语言为中心的符号学传统，第二个传统并不局限于以语言为代表的高阶符号，强调从自然符号到约定符号，从生物状态到语言状态的连续进程。[①]我们不妨将这两个传统下的符号学分别称为狭义符号学和广义符号学。

皮尔士的广义符号学揭示了一个彻底符号化的世界观。这个彻底符号化的世界观将符号性存在理解为最一般的实在模式（mode of ens reale）。它的彻底性主要表现在三个方面。第一，广义符号学认为探讨符号的基本论域应该从人的心灵拓展到产生心灵的自然进程本身。不同于近代早期以来的狭义符号观，皮尔士认为约定符号并不是对观念的人工翻译，而是从自然符号发展而来，它们的前身是自然中的迹象（symptom）或预兆（auspice），比如烟是火的迹象，鸟的特殊飞行轨迹是某种天气的预兆等。因此，广义符号学的论域不是个体或群体的心理层面，而是最宽泛意义上的"自然-文化"连续体。

第二，广义符号学认为人不仅使用符号，人本身就是符号。皮尔士和

---

① John Deely，*Basics of Semiotics*. Bloomington：Indiana University Press，1990，p. 109. 也参见 Thomas Albert Sebeok，"Ecumenicalism in Semiotics," in Thomas Albert Sebeok，ed.，*A Perfusion of Signs*. Bloomington：Indiana University Press，1977，pp. 180 – 206。

其他实用主义者一样拒绝用"表皮"之内的某个神秘部分来界定人本身。他在哈佛讲座中指出："现代哲学从来未能完全摆脱笛卡尔式的心灵观，即心灵'居于'松果腺中。现在每个人都嘲笑这样的观点，但每个人又继续以大致相同的方式理解心灵，认为心灵在某人之内，从属于他，又和真实的世界关联在一起。我们需要一整个系列的讲座来揭露这个谬误。"① 但不同于其他实用主义者，皮尔士又试图通过一条特殊的思路来阐明这一点。他试图阐明，人既不是心理性存在，也不是物理性存在，而是符号性存在。他在《人的如镜本质》（1892 年）中指出："个体不过是包含一般观念的符号。"② 作为符号的人没有当下此处的固定本质，他永远在制造解释和被解释的关系，并在不断展开的符号进程中逐步获得他的自身规定性。与此同时，实用主义者探讨的"周遭世界"（Umwelt）也被皮尔士最终转译为符号网络（semiotic web）。

第三，广义符号学认为不仅人是符号，宇宙中的所有存在也都是符号，用皮尔士的话来说，宇宙中"弥漫着"（perfused with）符号。③ 在皮尔士的宇宙中，成为符号是成为事物的先决条件，一个非符号性的存在不但无法实存，也是无法被构想的。正是在这个意义上，迪利认为广义符号学在最宽泛意义上包含了人类符号学（anthroposemiotics）、动物符号学（zoosemiotics）、物理符号学（physiosemiosis）和植物符号学（phytosemiosis）。④

在广义符号学的视域下，我们理解知觉的背景也得到了相应的更新。首先，从静态的视角来看，皮尔士试图通过显象实现的祛二元论构想在一个彻底符号化的宇宙中得到最终落实。彻底符号化的宇宙中既没有心理存在和物理存在的区分，也不存在任何非符号性的基底。在这个"符号一元论"（semiotic monism）的视域下，知觉的本质不再是用一个符号性的存

---

① CP 5：128.

② CP 6：270.

③ CP 5：448.

④ Deely, *Basics of Semiotics*, p. vii.

在去表征另一个非符号性的存在，而是不同符号之间的相互解释。在这个意义上，广义符号学语境中并不存在如何关联符号与所指对象的"语义学问题"，因为表意模式（modi significandi）和存在模式（modi essendi）是同一种存在模式——符号性存在——的不同面向。皮尔士指出："只有当对象本身具有符号或思维的性质时，符号才能成为关于那个对象的符号。"① 这样一来，因果进程和认知进程，刺激和推论就在广义符号学的符号进程中得到了统一。这样一来，知觉理论要考虑的首要问题不再是分属不同领域的存在（因果进程和认知进程）是如何发生关系的，而是各种存在是如何在解释和被解释的关系中维持自身又超出自身的。换言之，知觉理论的主导问题不是理性的推论进程应该以何种方式回应或答复因果秩序，而是如何从已有符号进程进展到未来的符号进程。

其次，从动态的视角来看，彻底符号化的宇宙中不存在两个完全无关的符号，任何符号在原则上都能和任何其他符号发生关系，只不过大多数关系通常尚未被激活。在这个意义上，并不存在真正意义上的"死的"符号（即不会制造关系的符号），最多存在惰性的符号。皮尔士指出："每个思维符号都必须被相继的思维符号翻译或解释，它们都必须遵守这一法则，无一例外，除非它们想突然停止并最终死亡。"② 符号的这种极端外向性（outreaching）不仅意味着符号化的知觉进程总是在处于延宕的未决定状态，还意味着知觉本身就是一个不断生长的连续统，这就要求我们从生成的视角而非存在的视角出发来考察知觉。知觉理论的首要目标不是静态的描述和分析，而是着眼于未来的关系建构。这样一来，广义符号学视域下的知觉理论就不能只停留于显象学，而必须进展到规范科学和形而上学关联起来。显象层面的经验就必须和通过实验性探究得到的经验以及关于世界的最一般经验本质地关联起来。在这个意义上，知觉理论必须是皮尔士意义上的"综合哲学"，即一种能在最大程度上整合各种资源的理论建筑。

———————————

① CP 1：538.

② CP 5：284.

第二节　多态的实在与连续的演化：广义符号学
视域下的实在观

> 如今的宇宙中再也不存在容器和被容物，只有重叠和凝聚在一起的符号占据了整个空间……再也无法建立一个参照点：银河持续转动，我无法计算它的转数，任何一点都可能是起点，任何与其他符号堆叠的符号都可能是我的，但发现这一点毫无用处，因为很明显，离开了符号，空间不会存在，或者从未存在过。
>
> 　　　　　　　　　　　　　　　　卡尔维诺：《宇宙奇趣》

实在作为盲目的力

心灵与实在的张力是贯穿皮尔士思想发展的一个核心主题。他在"认知系列"中指出："并不存在不和心灵相关联的物自体，虽然和心灵相关联的事物无疑是处于这种关系之外的。"[①] 可以看到，皮尔士试图在以下两个选项之间保持微妙的平衡：一方面拒斥完全独立于心灵的存在，另一方面又试图保留事物对思维的限制功能。这种"内"和"外"之间的张力在《贝克莱评论》中得到了更加明确的表达。一方面，皮尔士试图抛弃康德式的物自体，将不可认知的物自体转化为原则上的可认知性。他指出，唯实论者应该"否认存在绝对不可认知的、无法进入心灵的实在自身"[②]。另一方面，他又指出："唯实论者认为，在经验中向我们心灵直接呈现的对象真的像它没被心灵经验到时那样存在。也就是说，他坚持一种直接知觉的理论。因此，他不会将心灵外的存在和心灵中的存在区分为两个不相称的模式。当事物和个体心灵处于心灵认知事物的关系中时，事物就在心灵中，这一点丝毫不会削减事物的外部存在。因为唯实论者不认为心灵是一

---

① CP 5：311.

② CP 8：13.

个容器，如果把事物放进来，事物就不能存在于外部了。他会说，在关于
事物的真概念和事物本身之间做出区分只不过是从两个不同的角度看同一
个事物，因为在真判断中，思维的直接对象就是实在。"① 我们还可以在晚
期的《大逻辑》（1893 年）中找到这样的表述："我们习惯于谈论一个外在
宇宙和一个内在的思维世界，但它们仅仅相互毗邻，彼此并没有真正的界
线。"② 在这一表述中，尽管心灵和实在之间不存在明确的界限，但它们并
没有相互消化和吸收，作为相互"毗邻"（vicinities）的部分，它们仍然是
有所区别的。

　　一些研究者倾向于认为，皮尔士的最终体系中并不存在与心灵无关的
实在。比如，胡克威认为，皮尔士最终通过他的经院唯实论克服了"外在
性"。③ 史密斯（John E. Smith）则从负面的视角指出，将认知等同于实
在是"大部分现代哲学的伟大谬误，皮尔士也未能幸免"④。我的看法是，
综观皮尔士的整个思想发展历程，他自始至终都没有放弃对外在性的探
讨。当然，皮尔士并没有探讨一种抽象的外在性，而是从实用主义者强调
的经验效应着手，将外在性理解为一种被切实体验到的抗拒和阻碍。他在
晚年的手稿中写道，他所坚持的连续论虽然"无法忍受二元论（dualism）"，
但"并不想灭绝二元性（twoness）"。⑤ 关于这种二元性，皮尔士在另一处
手稿中指出："我们生活在两个世界中：事实的世界和幻想的世界。……我
们将幻想的世界称为内部世界，将事实的世界称为外部世界。……我们时
不时地发现，从外部侵入的野蛮观念粗暴地打扰我们的内部世界，蔑视我
们自己颁布的法令。我将这种对我们思维方式的强迫性改变称为事实世界
或经验的影响。"⑥ 除此之外，他还在哈佛讲座中得出了如下结论："或多

---

① CP 8：16.

② CP 7：438.

③ Christopher Hookway，"Reference，Causation，and Reality，" *Semiotica*，69：3（1988），p.
337.

④ John E. Smith，"Community and Reality，" in Richard Bernstein，ed.，*Perspectives on Peirce：
Critical Essays on Charles Sanders Peirce*. Westport：Greenwood Press，1965，p. 119.

⑤ CP 7：570.

⑥ CP 1：321.

或少地，人总会平静地期望某个结果，但突然被迫认识到某个完全相反的结果。一种双重性（duality）被强加给他。……他所熟悉的旧期望就是他的内在世界，或者说他的自我（Ego），而陌生的新现象则来自于外部世界，或者说非我（Non-Ego）。"①

可以看到，内部与外部的二元性或自我与非我的双重性，在皮尔士那里并不是抽象的理论设定，而是具体的生命体验，这些体验指向一个简单的事实：实在的某些部分会违背我们的预期和愿望，尽管我们希望它们尽快消失，但它们依然会固执地存在着，阻止我们去相信自己愿意接受的信念。皮尔士试图阐明，我们并不是去主动地把握这部分实在，而是被迫受到它们的冲击。他在1900年前后的一篇评论文章中指出，哈姆雷特是否精神失常完全取决于莎士比亚是否这样想，但桌上的墨水台不一样，尽管我或许可以成功说服自己和其他人，将墨水台视为幻觉，但最终总有一些界限——照相机、平衡感、新的目击者等——强迫我们接受它的存在。概而言之，"墨水台有一种盲目的力（blind force），不管我们做出怎样的努力，这种力总能让它侵入我们的宇宙"②。

在皮尔士关于实在的构想中，"盲目的力"是一个不可或缺的组成部分。他在《小逻辑》（1902年）中指出："盲目的力是与理性或逻辑的力明确区分开来的经验元素。"③ 在此基础上，对盲目的力的体认还进一步以"偶成论"（tychism）的形式被整合进皮尔士的思想体系。简言之，偶成论是关于绝对机遇（absolute chance）的学说，绝对机遇是真正的未决定性（real indeterminacy），而不是由短视或无知而造成的暂时的不确定性，它是完全脱离法则的状态，因而是绝对不可控的。

但我们也应该看到，根据皮尔士的范畴理论，第一性中不仅潜在地包含了第二性的契机，而且最终将不可避免地进展到第三性。首先，盲目的力的冲击必然和抵抗同时出现，这种作用与反作用的关系决定了盲目的力

---

① CP 5：57.

② CP 8：153.

③ CP 1：220.

必然进展到皮尔士意义上的"野蛮事实"（brute fact）。在皮尔士那里，事实在一组特殊的作用与反作用关系中得到确定，它只涉及第一性和第二性，尚未进展到第三性。① 如果说"盲目性"是指第一性层面上的绝对不可控性，那么"野蛮性"则是指第二性层面上的确定性，即不可变更的"这一个"。其次，皮尔士试图阐明，每一组特殊的作用与反作用关系都指向一般性的"法则"（law），也就是说，作为第一性的盲目的力在进展到作为第二性的野蛮事实之后，还必须进一步进展到作为第三性的法则。如果我们将这两点纳入考量，那么皮尔士关于实在的构想就必然会超出盲目的力。他在手稿中写道，"实效主义者不需要否认行动、实际发生、个体性、存在等观念中包含了某种完全反理智的野蛮的力"，但"尽管这种野蛮的异在性明显不同于任何概念，实效主义者认为它并不足以构成实际的实在"。② 为了完整地呈现皮尔士的实在观，我们还需要引入另一个关键维度，即作为"最终意见"（ultimate opinion）的实在。

实在作为最终意见

为了将詹姆士等人的"实用主义"和自己的"实效主义"明确区分开来，皮尔士提出了以下两点关键分歧：首先，不同于强调个体信念的实用主义，实效主义认为实用主义准则探讨的并不是个体层面的心理效应，而是共同体层面的一般效应。皮尔士指出："实用主义准则本身——我们必须通过考察概念的结果来正确把握概念——就会将我们引向某些不同于实践性事实的东西，也就是作为思维之真正解释者的一般观念。"③ 其次，实用主义停留在殊相层面，而实效主义则认为作为共相的一般观念是真实存在的，在这个意义上，实用主义是一种"唯名论"，实效主义则是一种

① EP 2：270 - 271. Charles Peirce, *The Essential Peirce: Selected Philosophical Writing*. Bloomington：Indiana University Press, 1992. 该文献按国际皮尔士研究惯例，以缩写 EP 加卷数加页码进行引用；下文均以此惯例为准，不再说明。

② CP 8：195.

③ CP 5：3.

"唯实论"。皮尔士指出："想知道实用主义是什么的人应该理解实用主义在形而上学层面是想解决如下问题：一般性如何不受关于它的思维的影响？因此，在证明实用主义之前，我们需要衡量经院唯实论的利弊。如果一个人不是已经确信存在真正的一般性，实用主义就很难进入他的脑袋。"[①] 可以看到，后一种分歧实际上是前一种分歧的最终落脚点：一种关于共相存在的唯实论构想决定了实效主义在方法论层面的基本倾向。[②]

　　皮尔士在"认知系列"中将自己的立场界定为"经院唯实论"（scholastic realism），这一立场在《贝克莱评论》中得到了更为充分的阐述。皮尔士在后来的哈佛讲座中指出，尽管多次修正自己的立场，但他始终坚持《贝克莱评论》中的唯实论立场。[③] 很明显，"经院唯实论"是经院哲学影响下的产物。皮尔士在 1862 年至 1867 年间深入研究了中世纪逻辑，特别是邓斯·司各脱（John Duns Scotus）的著作。[④] 这些研究的结果是，在 1862 年之前，皮尔士的文本中不存在任何经院哲学的术语，但在 1867 年之后，大量经院哲学的术语开始进入他的文本。除此之外，这里还要特别指出柏拉图对皮尔士的影响。皮尔士从 1860 年开始研读柏拉图，此后直到去世都未中断。[⑤] 他不仅赞同柏拉图为共相安排的本体论位置，也对柏拉图式的"灵魂转向"——从具体的存在转向理念或原型——产生了强烈的共鸣。为了完整地把握皮尔士的立场，我们必须将这两部分影响同时纳入考量。

---

① CP 5：503.

② 席勒指出，根据詹姆士的提示，皮尔士的实效主义认为"真理应该有实践后果"，而他和詹姆士的实用主义（人本主义）则认为"真理就是由实践后果构成"。它们分别对应于"狭窄的实用主义"和"宽泛的实用主义"。F. C. S. Schiller, *Studies in Humanism*. New York：MacMillan，1912，p. 5. 可以看到，根据皮尔士本人的论述，席勒和詹姆士并没有抓住他的核心洞见。实效主义和实用主义根本区分并不在于是否彻底地运用了实用主义方法，而在于选择唯实论还是唯名论的视角去理解真理。

③ CP 1：20.

④ 参见 John Boler，*Charles Peirce and Scholastic Realism: A Study of Peirce's Relation to John Duns Scotus*. Washington：University of Washington Press，1963。

⑤ 皮尔士在手稿中告诉我们，他通常阅读英译的柏拉图和希腊文的亚里士多德，但是为了检验波兰哲学家鲁托斯拉夫斯基（Wincenty Lutoslawski）的著作，他从 1897 年开始阅读柏拉图的原文。在 1897 至 1901 年的手稿中，我们可以找到数百页关于柏拉图对话的笔记，对《申辩篇》和《克拉底鲁篇》的部分翻译，一份柏拉图所用隐喻的目录，以及对柏拉图文体风格的研究。（MS 1604）

什么是皮尔士意义上的经院唯实论？综合皮尔士的论述，我尝试对它做出如下界定：有些一般性在某些意义上是实在的（some generals are in some sense real）。这一界定中包含了三个关键问题。

第一个问题是，什么是作为"一般性"的实在？皮尔士在《贝克莱评论》中指出，区分唯名论和唯实论的关键问题是：何谓实在？唯名论者认为实在必须是"外在于生命的物"（res extra animam），而唯实论者则认为"真判断中的直接思维对象是实在的"。[①] 他还指出，唯名论者只相信物的客观性，而唯实论者则"相信所有必然概念的客观性，比如空间、时间、关系、原因等类似概念"[②]。关于作为一般性的实在，这个定义实际上并不是最恰当的。在发表于《大众科学月刊》的论文《归纳的概率》中，皮尔士给出了更好的界定："实在不过是充分研究后得到的最终意见的对象。"[③] 在这个界定中，"一般性"不再是"直接思维对象"或"必然概念"，而变成了"最终意见"，这个表述上的变化明确揭示了一般性的本质：不是个体心理层面的殊相，而是公共交流空间中的共相，它是社会性维度下的法则，而非私人意识中的观念。豪斯曼将作为法则的一般性界定为"独立于心理行为的可重复条件"，认为它们"作为独立的动态组织条件并不被我们所遭遇的特殊经验后果所穷尽，但又能有效地回应这些后果"。[④] 我认为这一界定大致是妥当的，但没能完整地揭示出法则的本质，即在社会交往中形成的一般效应，进而成为能够引导社会行为的普遍规范。作为"一般性"的实在就是这个意义上的法则，也就是皮尔士所说的"最终意见"。

第二个问题是，一般性在"何种"意义上是实在的？皮尔士在《贝克莱评论》中指出："必须有共相，因为我们发现自己的意见受到了限制。因此，有某种不是由我们的思维创造的东西在影响我们的思维。"[⑤] 皮尔士

---

① CP 8：17.

② CP 8：16.

③ CP 2：269.

④ Hausman, *Charles S. Peirce's Evolutionary Philosophy*, pp. 3 - 4, p. 8.

⑤ CP 8：12.

在何种意义上说共相不是由我们的思维创造，又是在何种意义上说共相限制着我们的思维？他进一步区分了虚构与实在："对象被分为两类，一类是虚构、梦境等，另一类则是实在。前者只在你、我或某人的想象中存在，而后者则独立于你、我或任何人的心灵存在。实在是无论我们如何思维它，都不受我们所思影响的东西。"① 以上的论述包含两层含义。首先，实在独立于个体思维，它不由个体思维创造。皮尔士在"认知系列"中指出："实在是信息和理性推理或迟或早会产生的东西，因此，实在独立于任何你我的多变性。"② 其次，实在又是共同体心灵的产物，它以最终意见的形态限制着个体思维。皮尔士指出："最后，任何真实的东西都是我们最终所知的完整信息的理想状态，因此，实在依赖于共同体的最终决定。而思维也只是基于它引出了一个未来思维而存在，后者的价值在于与前者一致，但又发展了前者。以这种方式，思维的当下存在依赖于之后的思维，因此，思维的存在只是潜在的，它依赖于共同体的未来思维。"③

因此，在皮尔士的语境中，作为一般性的实在（"最终意见"）必须同时包含以下两个要点：首先，最终意见的实在性并不意味着外在于思维，而是意味着独立于个体思维；其次，它不依赖于个体思维，但最终取决于共同体心灵，它作为共同体在长期探究之后得出的最终结论限制着个体思维。根据这两个要点，皮尔士在《贝克莱评论》中指出："人类意见从长远看会趋向于一个明确的形式，也就是真理。任何人只要有足够的信息，并对某个问题进行足够的思考，就会得出一个明确的结论，而这一结论是其他任何心灵在足够有利的条件下都会得出的。因此，这个最终结论虽然不独立于思维一般，却独立于思维中模糊和个体性的部分，它独立于你、我或任何人之所思。"④

我们还可以通过辨析"存在"（exist）和"实在"（real）进一步说明

① CP 8：12.
② CP 5：311.
③ CP 5：316.
④ CP 8：12.

最终意见在何种意义上是实在的。在皮尔士那里，存在是第二性，实在是第三性，前者是殊相的存在模式，后者是共相的存在模式。他明确指出："实在是作为第三性的第三性，也就是说，它是第二性和第一性的中介。"①他还进一步区分了三种存在模式：being、existence 和 reality，分别对应于第一性的"可能"、第二性的"事实"和第三性的"法则"。② 下表简要梳理和对比了与此相关的各种立场：

	柏拉图	亚里士多德	中世纪唯实论	中世纪概念论	中世纪唯名论	皮尔士
共相	存在实在	存在实在（？）	非存在实在	非存在实在	非存在非实在	非存在实在
殊相	存在非实在	存在实在	存在实在	存在实在	存在实在	存在非实在

根据这张表格，我们可以将皮尔士和他的两个主要思想资源区分开来。首先，在对殊相的理解上，皮尔士并没有简单地承袭中世纪的唯实论，他认为殊相虽然可以存在，但不能实在。在他看来，殊相的"存在"和共相的"实在"是两个本质不同的范畴（分别作为第二性和第三性），坚持这种区分是坚持唯实论的必要前提。他指出："甚至邓司各脱也太唯名论了，因为他说共相可以收缩到殊相的个体性模式。"③ 也正是在这个意义上，皮尔士将自己的立场称为"极端的经院唯实论"④。其次，在对共相的理解上，皮尔士也没有简单地承袭柏拉图的理念论，他认为共相虽然实在，但并不存在。他的理由同样是，殊相的"存在"和共相的"实在"是两个本质不同的范畴。皮尔士认为，真正的共相必须完全跳脱殊相的层面，而柏拉图试图通过殊相的反面特征（比如非时空性、非因果性）来界定共相，这条思路仍然是一种"唯名论柏拉图主义"（nominalistic platonism）。⑤

---

① CP 5：121.

② CP 6：452；CP 6：342－343.

③ CP 8：208.

④ CP 8：208.

⑤ CP 5：503.

　　第三个问题是，最终意见是否单纯的心理性存在？如果说上一个问题涉及最终意见的本体论状态（作为第二性的殊相，还是作为第三性的共相），那么这个问题则涉及最终意见的存在属性。1891 年至 1893 年，皮尔士在《一元论者》（*The Monist*）上发表六篇形而上学论文（简称"一元论者系列"）。该系列的一个基本结论是：只有客观观念论（objective idealism）才能为科学提供恰当的形而上学基础，并对经验做出合理的解释。他在《理论的建筑》中指出："一个关于宇宙的合理理论是客观观念论。该理论认为物质是衰落的心灵，根深蒂固的习惯变成了物理法则。"[①]类似地，他在《心灵的法则》中指出："物质只是特殊的、部分死亡了的心灵。"[②] 我们可以从这些表述中看到，根据皮尔士的客观观念论，所有物理事件本质上都是潜在的心理事件，物质和心灵之间没有质的区分，只有活性程度上的区分。正如他在《人的如镜本质》中所指出的，"所有心灵都或多或少地参与了物质的性质，因此将物质的心理面和物理面绝对区分开来的做法是错误的。从外部看一个事物，考量它与其他事物的行动关系和反应关系，它就表现为物质；从内部看一个事物，考量它作为感觉的直接性质，它就表现为意识"[③]。如果物质是衰落的心灵，那么实在论和观念论的区分就变得不再重要。豪瑟（Nathan Houser）指出，皮尔士的"客观观念论"非常接近于其父（Benjamin Peirce）所持的"观念实在论"（ideal-realism）。[④] 我认为这一判断是准确的。皮尔士在手稿中写道："在恰当的意义上，实在论是一种观念论，它认为观念在实在世界中扮演某种角色。"[⑤]

　　"一元论者系列"的另一个主要结论是，真正意义上的客观观念论必须是"演化的"（evolutionary）。在演化的视角下，物质与心灵是连续的，物理事件和心理事件之间并不存在绝对的界线。这样的构想一直延续至皮

---

① CP 6：25.

② CP 6：102.

③ CP 6：268.

④ Nathan Houser, "Introduction," EP 1：xxxv.

⑤ MS 967.

尔士的思想终点。比如，他在 1906 年指出："思维并不必然地和大脑联系在一起。它出现在蜂群和结晶体中，贯穿整个物理世界。"① 除此之外，皮尔士还试图阐明，尽管这个连续进程的大方向是从物质到心灵的演进，但其中也会发生阶段性的双向转换，物质可以演化为心灵，而衰落的心灵也会反过来退化为物质，最典型的例子是，根深蒂固的习惯会变成惰性的物理法则。这种演化的客观观念论在詹姆士和杜威那里发展成为明确的自然主义构想。公允地看，皮尔士的客观观念论和自然主义还是有一定的距离。主要的原因是，皮尔士并不认同詹姆士和杜威的泛科学化思路，他认为严格的规范科学不能是一种生成性的研究。超验主义的影响可能是另一个原因。和爱默生一样，皮尔士认为精神和自然之间的张力不可能通过相互的消化和吸收完全消除。正如前面所指出的，他认为心灵和实在虽然相互"毗邻"，但仍然是有所区别的。

根据演化的客观观念论，一般性的存在属性得到了最终的落实：作为一般性的最终意见是"物质-心灵"这个连续进程的最终结果，它不仅是共同体得出的最终结论，也是世界本身的完成状态。事实上，这也是皮尔士的核心洞见：最终意见并不仅是观念性的，它以法则的形态成为世界的有机组成部分；心灵的法则同时也是世界的法则，它们共同构成了实在的法则。

在此为止，我们考察了皮尔士实在观的两个维度：作为盲目的力和作为最终意见的实在。可以看到，随着皮尔士思想的推进，作为最终意见的实在占据了越来越关键的位置。他在《实用主义是什么》（1905 年）中指出："一般性是实在不可或缺的一个成分，离开规则的单纯个体存在或个体现实是无效力的存在。混乱是纯粹的无。"② 他还在给詹姆士的一封信（1897 年 3 月 13 日）中写道："在我的晚期文章中，我比以前更加地看到，作为力量的野蛮运用的行动并不是目的，一般性才是目的。"③ 但这并不意

① CP 4：551.

② CP 5：431.

③ CP 8：250.

味着皮尔士抛弃了实在的第一个维度。根据他的范畴理论，尽管第三性中包含了第一性和第二性，但第一性和第二性并不会因为第三性的实现而被扬弃。事实上，这也是皮尔士对黑格尔的主要批评，黑格尔试图将第一性和第二性还原为第三性。

现在的问题是，这两个维度应该如何统一起来？通常的解读策略是同时保留这两个维度。比如，罗森塔尔（Sandra Rosenthal）指出，实在在皮尔士那里具有"双重含义"，即"处于知觉起点的实在"和"处于知觉终点的实在"。[①] 而法布（Ilya Farber）则用"强迫性实在论"（obtrusive realism）和"投射性实在论"（projective realism）来刻画这组相互冲突的倾向。[②] 类似地，哈克（Susan Haack）也将皮尔士的立场界定为"元基础融贯论"（proto-foundherentism），即基础主义（foundationalism）和融贯论（coherentism）的复合体。[③] 但是我认为，考虑到皮尔士对"综合哲学"的强烈诉求，这两个维度应该最终整合为一个关于实在的整体构想。我尝试在下面的讨论中提出两种解读策略：形而上学和规范科学视角下的解读，以及广义符号学视域下的解读。我将阐明，前一种解读策略最终落脚于后一种解读策略。

形而上学和规范科学视角下的实在演化

前面指出，皮尔士意义上的客观观念论是演化性的。我们由此得到提示：能否从演化的视角来探讨两个实在维度之间的关系？皮尔士认为，这种探讨在形而上学层面是可行的。在他的思想体系中，对实在的探讨首先是一个形而上学问题，形而上学研究实在的最一般特征。他指出："形而

---

① Sandra Rosenthal, *Charles Peirce's Pragmatic Pluralism*. Albany: State University of New York Press, 1994, p. 89.

② Ilya Farber, "Peirce on Reality, Truth, and the Convergence of Inquiry in the Limit," *Transactions of the Charles S. Peirce Society*, 41: 3 (2005), pp. 541-66.

③ Susan Haack, "Reflections of a Critical Common-sensist," *Transactions of the Charles S. Peirce Society*, 32: 3 (1996), pp. 359-73.

上学是关于实在的科学。实在由规则构成。真正的规则是积极的法则。积极的法则是有效的合理性，换言之，是真正合理的合理性。"①

作为实在之科学的形而上学构想可以一直向前追溯至亚里士多德，而皮尔士正是从亚里士多德那里获得了演化形而上学的关键洞见。1887 年 4 月 28 日，皮尔士与妻子朱丽叶（Juliette Pourtalai）搬至宾夕法尼亚州的米尔福德（Milford），并于次年在米尔福德的东北部购置了一处农场。从 1891 年到 1914 年去世，皮尔士一直住在这个被他命名为"阿里斯贝"（Arisbe）的农场。正是在这段时期，皮尔士开始系统构造自己的形而上学，其中最突出的成果就是"一元论者系列"。费奇（Max Fisch）指出："住在阿里斯贝的这段时期，皮尔士对自己的哲学做了修正。……他对亚里士多德、伊壁鸠鲁（Epicurus）、费洛得姆（Philodemus）、柏拉图和早期宇宙论者的研究促进并帮助他做出了这些修正。上面这一排序是根据他们对皮尔士的重要性得出的，迄今为止极少人甚至没有人对此做出考察。"② 的确，迄今为止尚没有一部专著系统地研究皮尔士与古希腊思想的关联，这不能不说是一个遗憾。前面的讨论强调了柏拉图对皮尔士的影响。但正如费奇所指出的，亚里士多德对皮尔士的影响是关键性的。

皮尔士和亚里士多德共享了一个关于形而上学的基本预设：形而上学的建筑必须以逻辑为基础。皮尔士在《小逻辑》中指出："没有建立在逻辑科学上的形而上学是所有科学探究分支中最不可靠和最不安全的。"③ 从 19 世纪后半叶到 20 世纪前半叶，哲学家的普遍做法是用逻辑来取代形而上学，或者建立一种实质上是逻辑推理的形而上学。皮尔士并没有采用这样的做法，而是像亚里士多德那样，在一个更深的层面探讨逻辑和形而上学的关联。和亚里士多德一样，皮尔士将思维和实存本质地关联起来，认

---

① CP 5：121.

② Max Fisch，"Peirce's Arisbe：The Greek Influence in his Later Philosophy," *Transactions of the Charles S. Peirce Society*，7：3（1971），p. 204.

③ CP 2：36.

为逻辑的形式就是实在的结构，概念性范畴（conceptual categories）同时也必须是实体性范畴（substantive categories）。

　　除了从思维的结构推进到实存的结构，皮尔士还在亚里士多德那里看到了从演化的视角来看待这个结构的可能性。他在《科学史的教训》（1896 年）中指出，亚里士多德探讨了从潜能到实现的过程，在这个意义上，"他的体系就像所有最伟大的体系一样，是演化性的"[①]。他还在哈佛讲座中指出："亚里士多德的理论和所有现代哲学之间有实质的区分（也许谢林和我的哲学除外），因为它至少区分了两个实在的等级。除了实际的反应性存在（actual reactive existence），亚里士多德还看到了一种生成的存在，一种潜能的存在（esse in potential），我称之为将来的存在（esse in futuro）。"[②] 皮尔士还看到，除了潜能与实现，亚里士多德有时还会谈论另一种存在模式："隐德来希"（entelechy），即潜能的完全实现。他认为这三种存在模式非常契合自己提出的三性范畴，即"积极的质性可能性"（第一性）、"实际的事实"（第二性）和"在未来控制这些事实的法则"（第三性）。[③] 皮尔士认为，不同存在模式的"实在性"有程度上的差异。他指出："存在的目的和最高的实在是演化所产生的观念的活生生的人格化。真实的东西是较不真实的东西的法则。"[④] 但不同程度的实在性可以在演化的视角下关联起来，"较不真实的东西"是"真实的东西"的潜在状态。因此，区分实在的存在模式是连续进程中的暂态区分。

　　在亚里士多德那里，不同存在模式之间的演化是"目的"（telos）规定下的必然进程。而达尔文则试图阐明，真实的演化进程中并不存在亚里士多德意义上的目的，只存在功能性的目的，即生物为适应环境而做出的调整。和达尔文一样，实用主义者探讨的都是这种非终极意义上的目的，也就是杜威提出的"可预见目的"（ends-in-view）。但较之于其他实用主

---

① CP 1：22.

② EP 2：180.

③ CP 1：22 - 23.

④ CP 1：487.

义者，皮尔士与传统目的论的关系最为暧昧。他在《心灵的法则》中提出了一种关于人格的"发展目的论"（developmental teleology）。① 他指出，一方面，"对未来的指涉是人格的本质要素。如果一个人目的已经给出，就不再有发展和生长的空间，人格也就不会存在。先定目的（predetermined purposes）的单纯实现是机械的"②。另一方面，人格的发展又体现了观念的最终协同，而"协同意味着观念的一种目的论式和谐，就人格而言，这种目的论不仅是对先定目的（predeterminate end）的追求，还是一种发展目的论。协同性是人格的特征，它是当下的、活生生的一般观念，尽管我们并没有在当下意识到，但这种协同性已经决定了我们的未来行为"③。这两段表述中的张力清晰地呈现了皮尔士与传统目的论的暧昧关系。

除此之外，如果说其他实用主义者倾向于用"零敲碎打的"（piecemeal）方式获得与具体的探究情境相关的结论，那么皮尔士更强调以系统方式切近全局性的共识。他相信，只要科学共同体进行足够长时期的探究实践，就能获得某个最终真理，这个真理可以在原则上规避一切相对性和可错性。皮尔士在哈佛讲座中指出："为了理解实用主义，我们必须义不容辞地去探究一个终极目标，我们能够在被无限延长的行动过程中追求这一目标。"④ 他还在另一处指出："最后，在所有普遍性当中，我们获得了一个最高的记号（Seme），这一记号可以被认为是每一个真命题的对象，如果我们非要命名它，可以（虽然有一些误导性）称之为'唯一真理'（The Truth）。"⑤ 为了完整地理解皮尔士的实效主义，我们必须将这种对终极真理的诉求纳入考量，而正是这种诉求在极大程度上缩短了他和传统目的论之间的距离。

但是在讨论实在的演化时，皮尔士并没有退回到亚里士多德意义上的

---

① 参见 Vincent Colapietro, *Peirce's Approach to the Self: A Semiotic Perspective on Human Subjectivity*. Albany：State University of New York Press，1989，pp. 76 - 7。
② CP 6：157.
③ CP 6：156.
④ CP 5：135.
⑤ CP 4：539.

目的，而是尝试从一个新的视角来探讨演化进程中的目的性。我们知道，皮尔士将哲学分为三个主要分支：显象学、规范科学（包括逻辑学、伦理学和美学）和形而上学。这三个部分不仅示例了三性范畴的基本结构，还有机地整合为一个完整的理论建筑。皮尔士认为，形而上学层面的探讨不仅要向前回溯至显象学，还要进一步与规范科学相结合。这是他对亚里士多德做出的一个重要更新。

首先，形而上学必须回溯至显象学。皮尔士指出："形而上学，即便是坏的形而上学，都有意或无意地依赖观察。这一点之所以没有被普遍认识到，唯一的原因是每个人的经验中都浸透着形而上学所依赖的那类现象，他们通常不会注意到它们。"[1] 我们在讨论皮尔士的知觉理论时指出，他的三性范畴是通过对显象的归纳得到的，在这个意义上，围绕三性范畴展开的形而上学也应该以显象学为起点，形而上学是从显象中提炼得到的一般结构。不过，对显象学的回溯在何种意义上更新了传统形而上学，这一点要在杜威那里才能得到完整的揭示。我们将在后面的讨论中看到，杜威认为形而上学必须通过一种指示性方法不断地回到经验的显象层面，这种形而上学构想要求我们对传统的形而上学范畴做出彻底的更新。

其次，形而上学必须和规范科学结合起来。皮尔士试图阐明，我们可以通过规范科学在"应该是"和"不应该是"之间做出区分，由此将传统意义上的"目的性"转译为规范科学层面的"规范性"。经过这样的转译，我们不再需要抽象的先在目的，而是在经验科学的进程中确立应该是和不应该是的标准。而演化进程中的目的也由此获得了可被理解的兑现价值，即在可控进程中逐渐趋向的合理性（reasonableness）。正是在这个意义上，皮尔士指出："世界是合理的，也就是说，它不断趋于合理，因为合理性就是世界之所是，也是它的全部所是。"[2] 可以看到，皮尔士关于"规范

---

[1] CP 6：2.

[2] CP 2：34.

性"的洞见正逐渐受到研究者的重视。①

关于皮尔士意义上的规范性，这里要特别强调两点。首先，在皮尔士的语境中，规范性的获得必须遵循严格的方法，应该是和不应该是的区分并不是随意而武断的，而是在严格探究之后得出的结论。不同于"守成的方法"（the method of tenacity）、 "权威的方法"（the method of authority）或"先天的方法"（the method of the a priori），"科学的方法"（the method of science）通过严格的"自我控制"（self-control）最大限度地消除了结论的随意性、个体性和当下性。皮尔士指出："自我控制似乎是这样一种能力：以一种拓展之后的眼光去看待实践对象，而不只是着眼于临时的紧急事态。这是人唯一有理由值得骄傲的自由。"② 强调规范的严格性将皮尔士和其他实用主义者明确区分开来。詹姆士在《信念的意志》中指出："'好'、'坏'和'义务'……没有独立于人的绝对本质。它们是情感和欲望的对象，除了实际地存在于活生生的心灵中，它们在存在中没有立足点和锚定处。"③ 皮尔士在给詹姆士的一封信（1897 年 3 月 13 日）中对此提出了明确的批评："每个事物都必须接受实践结果的检测，这是我在早期文章中表达的主要观点，因此，在我看来，如果我对您在书中所表达的大致目标把握正确的话，我和您在大体上是相当一致的。但在我的后期文章中，我比之前更加彻底地看到，一切事物的目的并不只是作为力量之暴力运作的行动，而是一种一般化，这样的行动趋向于规则化（regularization）和思想（离开行动的思想只能停留在非思想阶段）的实现。"④ 在同样的意义上，皮尔士还批评了杜威试图用经验的"自然史"来代替规范科学的做法。

其次，皮尔士认为，规范性的论域必须从狭义的逻辑推理拓展到更为

① 参见 Cornelis de Waal & Krzysztof Piotr Skowronski, eds., *The Normative Thought of Charles S. Peirce*. New York: Fordham University Press, 2012。
② CP 5: 339.
③ WWJ 6: 150.
④ CP 8: 250.

宽泛的规范科学（逻辑学、伦理学和美学）。一方面，对规范性的探讨必然涉及伦理学。皮尔士认为，逻辑上的"好"和道德上的"善"本质相关。他指出："理性推理在根本上包含了自我控制，因此逻辑推理是道德的一个特殊种类。我们会看到，逻辑的好坏也就是一般上对真理和谬误的区分，而归根到底，这种区分不过是更为一般性的道德上好坏（或者说正义与邪恶）之分的一个特殊应用。"① 他还在哈佛讲座中指出："如果像实用主义教导我们的那样，我们所思考的东西必须通过我们准备去做的事情得到解释，那么，作为告诉我们应该思考什么的理论，逻辑必须是对告诉我们如何审慎去做的理论——也就是伦理学——的一种应用。"② 除了揭示逻辑推理中的伦理维度，皮尔士还试图阐明，一般意义上的伦理学本身也是一种严格的规范科学。正如波特（Vincent Potter）所指出的，皮尔士认为"伦理学关心的并不是直接指出某个行动是对的还是错的，它关心的是：是什么决定对的是对的，又是什么决定错的是错的。它处理的是确实具有意义的规范或理念"③。另一方面，对规范性的探讨还必然涉及美学。皮尔士认为，逻辑上的"好"不仅要推进到道德上的"善"，还要进一步推进到"审美的善"（esthetic goodness）。他指出，"在无任何隐秘考虑的情况下，事物自身是值得被理性地推荐的。它必须是一个可赞美的理念，具有只有理念才有的那种善"，在这个意义上，"道德的善只是审美的善的一个特殊种类"。④

综合以上两个要点，如果我们要从"规范性"的视角来重新审视实在演化中的"目的"，就必须认识到，规范性是在严格的探究进程中趋近的合理性，同时，对规范性的考量必须从狭义的逻辑推理拓展至更宽泛的规范科学语境。

概观这部分的讨论，如果说形而上学视角为我们提供了关于实在演化

---

① CP 5：108.

② CP 5：35.

③ Vincent Potter, *Charles S. Peirce: On Norms and Ideals*. New York：Fordham University Press, 1997, p. 32.

④ CP 5：130.

的基本构想，并在一个连续的进程中将作为盲目的力的实在和作为最终意见的实在本质地关联起来，那么规范科学视角则向我们解释了实在演化的具体过程，将抽象的目的性转化为可控的规范性。但这个解读策略遗留了一个根本性的矛盾：根据皮尔士的构想，作为盲目的力的实在具有真正意义上的"外在性"，即它是从思维外部强迫和限制思维的，而作为最终意见的实在虽然"外在于"个体思维，但不"外在于"共同体心灵。为了最终解决这个矛盾，由此得到一种真正意义上的"综合哲学"，我们必须从狭义的哲学进展到皮尔士的广义符号学。

广义符号学视域下的多态实在

皮尔士在"一元论者系列"中指出："德谟克利特认为事件由三种方式产生：第一，没有确定因，通过绝对机遇产生；第二，通过外在强制或动力因产生；第三，通过内在本性或目的因产生。"① 在皮尔士那里，这三种方式分别对应于第一性、第二性和第三性的存在模式。皮尔士的最终结论是：首先，一个被现代人遗忘，但被古希腊人深刻把握的洞见是，一个存在并不是只有一种存在模式，不同的存在模式可以是同一个存在的不同面向。在这个意义上，实在可以是多态的（polymorphic），它可以在不同视角下呈现为偶成性（盲目的力）、一般性（最终意见）和目的性（规范性）。其次，各个存在模式通过"连续论"（synechism）的原则关联在一起，因此多态的实在又是一个有机的整体。

"synechism"的词根 syn 既有 with 的含义，又有 to hold（echein）的含义，它的合义为 to hold together 或 to be continuous。在皮尔士的体系中，连续论原则不仅适用于具体的显象层面，也适用于最一般的范畴层面。一方面，具体存在只有在和其他存在的相互依存和连续转化中才能被理解；另一方面，三性范畴本身也构成了一个相互关联的连续统（continuum）。

---

① CP 6：36.

因此，连续论也是理解实在的基本原则。根据皮尔士的构想，真正的连续统并不能被部分所穷尽。他指出："一个连续不断的连续统并不包含明确的部分，它的部分在界定部分的行动中被创造，而正是这种界定破坏了连续性。"① 在连续论的原则下，实在的各个面向并不是简单地叠加在一起，我们不能从实在中抽取某个面向，以此作为实在的定象（fixation），这会从根本上破坏实在的连续性。

这样一来，如何界定连续统就成了皮尔士需要解决的关键问题。皮尔士通过两条路径来界定连续统。第一条路径是用关系逻辑取代亚里士多德式的古典逻辑。亚里士多德在《形而上学》中留下一个矛盾：他一方面认为实体是普遍形式，另一方面又认为普遍性本身不是实体。这里的问题在于，他无法确定普遍性是实体的构成（Z 卷），还是实体的发生（Θ 卷）。皮尔士认为，导致这个问题的主要原因是，亚里士多德无法理解一种关系性的实体，因为关系性实体的概念在主谓结构的古典逻辑框架内是无法被理解的。②

皮尔士在 1870 年发表了《对一种关系逻辑标记法的描述：由对布尔逻辑演算概念的推广得来》，该论文是他对布尔（George Boole）的代数逻辑演算所做的改造，这一改造不仅是皮尔士早期逻辑研究的突出成果，也为他赢得了作为逻辑学家的国际性声誉。当然，皮尔士并不是第一位提出关系逻辑的逻辑学家。19 世纪中期，德摩根（Augustus de Morgan）就已经在尝试用关系逻辑突破古典逻辑。德摩根认为，传统的三段论推理只是关系组合的特殊表现形式，三段论前提和结论中的系词可以用其他表示传递或逆传递关系的概念来替换且仍然成立，因此，三段论规则陈述的其实是关系的对称性和传递性。在皮尔士看来，德摩根只是构造了与古典三段论格式类似的关系逻辑，这种改造只是用关系推理转译了古典三段论，并没有真正摆脱传统逻辑的框架。他认为，只要我们仍然将关系理解为逻辑系词的拓展，就无法超出用关系组织逻辑项的古典视域，真正进展到对连续统本身的分析。

---

① CP 6：168.

② CP 4：354.

我们不在这里讨论关系逻辑的技术性细节，只是简单地指出，为了克服德摩根的不彻底性，皮尔士引入了专门的符号来修改和扩展关系逻辑。他还在布尔的基础上增加了一些运算关系，其中既包括算术关系，也包括非算术的逻辑关系，进而提出了一个比德摩根系统更加数学化、更便于演算的符号系统。但皮尔士在这里遇到了一个关键问题：在建构关系逻辑的体系时，他在很多时候并没有明确区分自己处理的是关系还是关系项。这背后的根本问题在于，我们是否能在脱离关系项的前提下讨论关系本身？如果这一点无法实现，那么关系逻辑就无法从分析逻辑项之间的关系真正进展到对连续统本身的分析。仅从皮尔士的关系逻辑体系来看，他并没有最终解决这个问题。正是在这个意义上，墨菲指出，皮尔士"从未找到一种方式来有效地处理连续统概念。连续理论所许诺的那种宏伟综合总是逃避他，而一个伟大系统的闪亮图景最终只是空中楼阁"[1]。

皮尔士的第二条路径是广义符号学。我认为，如果我们将讨论的视域从狭义的哲学拓展至广义的符号学，那么墨菲的结论可能就无法成立了。在广义符号学的视域下，独立自足的逻辑项变成了符号性存在，而符号性存在的本质在于超出自身，和其他符号发生潜在或实际的关系。因为不存在实体意义上的逻辑项，逻辑项之间的关系就成了关系之间的关系或对解释的再解释。这条符号学路径对我们理解皮尔士的实在观具有关键意义。我们在上一节区分了狭义符号学和广义符号学，并阐述了广义符号学的主要特征。现在，在广义符号学的视域下，我们可以重新来思考实在在何种意义上是多态的，实在的不同面向又在何种意义上构成一个连续的进程。

首先，从静态的视角来看，在彻底符号化的宇宙中，我们不再区分物理存在和心理存在，因为存在只有一种性质，那就是符号性。正如皮尔士所指出的，"所有现象都是一种性质的，虽然有一些现象更加心理化、更加自发，另一现象更加物理化、更加规则"[2]。他认为，并不存在真正意义上的"死的"符号（即不会制造关系的符号），最多存在惰性的符号，因

---

[1] Murphey, *The Development of Peirce's Philosophy*, p. 407.
[2] CP 7：570.

为符号的本性就是不断制造关系。他在"认知系列"中指出："每个思维符号都必须被相继的思维符号翻译或解释，它们都必须遵守这一法则，无一例外，除非它们想突然停止并最终死亡。"① 与此同时，这个彻底符号化的宇宙中也不存在任何非符号性的基底。皮尔士在给罗素（Francis Russell）的一封信中指出："实在物就是符号。试图剥去符号得到实在物的做法就像是试图剥开洋葱得到洋葱本身。"②

根据这幅宇宙论图景，一方面，认知的本质不再是用一个符号性存在去表征另一个非符号性存在，而是不同符号之间的中介和互释。因此，广义符号学语境中并不存在符号如何指称对象的"语义学问题"。皮尔士指出："只有当对象本身具有符号或思维的性质时，符号才能成为关于那个对象的符号。"③ 另一方面，广义符号学语境中不存在根本性的二元对立，意义模式（modi significandi）和存在模式（modi essendi）、思维和实存是同一种存在模式——符号性存在——的不同面向。因此，皮尔士考虑的首要问题并不是分属不同领域的存在如何发生关系，而是各种符号性存在如何在符号的互释进程中规定自身又超出自身。

其次，从动态的视角来看，在彻底符号化的宇宙中，第一性、第二性和第三性的存在模式从实在的不同面向变成了同一个符号进程的不同阶段。这样一来，皮尔士关于实在的演化观也就获得了最终的落脚点，实在的两个维度在广义符号学的视域下得到了重新理解。一方面，在野蛮的力的维度，实在之于个体思维的外在性被转译为尚未发生的关系。彻底符号化的宇宙中不存在两个完全无关的符号，任意两个符号——不管它们相隔多远——原则上都能发生关系，即使这些关系通常尚未被激活。在这个意义上，外在性意味着潜在性和可能性。另一方面，在最终意见的维度，皮尔士探讨的"最终真理"被转译为作为整体的"符号进程"。尽管符号的

---

① CP 5：284.

② Joseph Brent, *Charles Sanders Peirce: A Life*. Bloomington：Indiana University Press，1993，p. 300.

③ CP 1：538.

开放性意味着它总是在处于延宕的未决定状态，但它又必然依其本性和其他符号发生关系，而所有这些关系又构成了作为最终整体的符号进程。从整体性的视角来看，通过互释达成共识是必然的，暂时的对立和冲突只是意味着该系统仍须引入更为丰富的中介符号，并建立更为开放的解释关系。在这个意义上，皮尔士的"最终意见"就是得到最充分展开的符号进程。

最后，符号进程的首要特征是生成，而非存在。因此，在广义符号学的视域下，实在的演化不是三性存在模式之间的抽象关系，而是符号进程本身的有机生长，实在不是存在模式的静态集合，而是不断生长的连续统。对这个连续统而言，以未来为导向的建构是第一位的，对既有存在的描述和分析是第二位的。这就引出了对实在的第三点理解，即在"符号社会学"（semiotic sociology）的视角下重新审视实在的规范性维度。在符号社会学的视角下，符号在互释中获得的共存状态是首要的，它的核心问题是如何引导符号共同体在不断展开的符号进程中逐渐达到理想的共存状态。这一点从根本上决定了广义符号学视域下的实在观必须是一种"关于实在的社会理论"。① 皮尔士指出："实在概念的起源表明这一概念在本质上包含了一个共同体的观念，这一共同体没有明确的界限，但能够促成知识的明确增长。"② 在这个意义上，符号社会学探讨的不是"我的"实在，而是"我们的"实在。皮尔士指出："必须被考虑的不是'我的'经验，而是'我们的'经验；这里的'我们'具有无限的可能性。"③

可以看到，在广义符号学的视域下，我们不但成功解释了强迫和限制思维的外在性，还通过符号性存在解决了如何在抛弃关系项的前提下讨论关系本身的难题。与此同时，在广义符号学的视域下，三性存在模式之间的演化最终呈现为有机生长的符号进程，多态实在的各个面向也从静态的关联变成了动态的生成。正是在这个意义上，一种关于实在的"综合哲学"最终落脚于皮尔士的广义符号学。

---

① CP 6：610.

② CP 5：311.

③ CP 5：402.

第八章　詹姆士论感知与实在

第一节　从感知者到纯粹经验：彻底经验主义语境中的
分析、训练与沉浸

我已经习惯于单纯的幻觉：那分明是一座工厂，我却看到一座清真寺，天使组成的击鼓队，天宇路上驰行的四轮马车，沉没在湖底深处的沙龙，还有妖魔鬼怪，还有种种神秘：一出歌舞剧的标题在我眼前展示出种种令人恐怖的景象。然后，我用词语的幻觉解释我各种具有魔力的诡辩。

兰波（Arthur Rimbaud）：《地狱一季》

作为心理学家与哲学家的詹姆士

在探讨作为哲学家的詹姆士时，我们要同时将作为心理学家的詹姆士也纳入视野。其中既有历史原因，也有学理原因。从历史上来看，作为美国心理学学科的主要奠基者，詹姆士最初是以心理学家的身份走上历史舞台的。根据新英格兰的传统，美国大学最初将心理学放在哲学中教授，心理学课程不仅包括感觉层面的研究，还包括道德层面的探讨，它在教理上混合了洛克式的感觉主义心理学、苏格兰常识学派的直觉主义和一些康德主义的要素，并根据新英格兰的清教背景将它们转化为可以让宗教和道德远离无神论和唯物论威胁的思想资源。到了19世纪晚期，在一大批前往德国学习的学生（包括詹姆士[①]）纷纷回国之后，这种情况得到了根本性的改善，其中最为突出的表现是，建立实验心理学实验室的潮流在 1888 年至 1895 年间震荡全美。1875 年，詹姆士在哈佛建立了美国第一个实验心理学实验室，1876 年至 1878 年，开设了新的本科生心理学课程。在此潮流下，美国的心理学学科最终在 20 世纪初得到明确的界定：其躯壳是德国的实验心理学，精神是达尔文主义，探讨的核心议题则是作为生理活动的心理进程。

从学理上来看，詹姆士哲学思考的出发点是对传统经验论的批判和改造，而这条思路最初是从心理学的角度来切入的。他在深受新心理学影响的同时也看到了后者的根本问题：新心理学是以联合论（associationism）为基本前提的理论方案。密尔（John Stuart Mill）和斯宾塞在 19 世纪后半叶发展了传统经验论的联合论，并将这一思路导向生物学领域，而代表联合论另一支流的贝恩（Alexander Bain）的著作则成为英国心理学研究的学科标准。[②] 与此同时，联合论路径也成为主导德国实验心理学的方法论原则，而德国本土的新康德主义则要等到 20 世纪初格式塔心理学的兴起才开始慢慢复兴。

詹姆士对联合论做出了两个主要批判。首先，他试图阐明，心理学研究的对象不是原子观念，而是被思维的关联本身（connection thought-of）。他要求我们在反思自己的心理状态时不再使用"队列"（train）、"链

---

① 1867 年 11 月 7 日，詹姆士在从柏林写给好友瓦德（Thomas Ward）的信中写道："我觉得已经是时候让心理学开始成为一门科学了。我们对于神经的物理变化和意识的表现（感性知觉）之间的关系已经做出了一些测量，将来还可能会有更多。我要继续学习已经知道的东西，可能还会做一些相关的研究。赫尔姆霍茨（Hermann von Helmholtz）和冯特（Wilhelm Wundt）已经在海德堡做了一些研究，我希望过了这个冬天，在明年夏天的时候就到他们那里去。"（CWJ 4：226）1868 年的 6 月，詹姆士前往海德堡跟随冯特和赫尔姆霍茨学习实验心理学，但因为抑郁，于六天后中断学习回到了柏林，并于同年回国。直到 1882 年詹姆士才再次访问冯特，后者于 1879 年在莱比锡开设了心理学实验室。此处 CWJ 指 William James, *The Correspondence of William James*. Charlottesville：University Press of Virginia, 1992 – 2004. 该文献以缩写 CWJ 加卷数加页码进行引用；下文均以此形式引用，不再说明。

② 密尔于 1865 年出版了《对威廉·汉密尔顿爵士的考察》，并于 1869 年编辑出版了他父亲的《对人类心灵现象的分析》；斯宾塞于 1870 年出版了《心理学原理》的决定版（初版于 1855 年）；贝恩于 1855 年出版了《感觉与理智》，于 1859 年出版了《情感与意志》。

条"（chain）、"束"（bundle）、"堆"（heap）这种表达，转而使用"河"（river）或"流"（stream）的意象。[①] 今天我们也许已经对后两个意象习以为常，但这一转变在詹姆士所处的时代尚处于萌芽阶段的崭新方向，并且在联合论心理学和行为主义心理学的前后夹击下举步维艰。其次，詹姆士还试图阐明，我们要探讨的不是原子观念之间的联合，而是原初整体中的区分和比较（discrimination and comparison）。因此，心理学研究的不是最小单位的叠加，而是对一个整体的功能性划分。这一洞见直接导致詹姆士背离了冯特等人所持的构造主义路径，转向功能主义路径。[②]

除了对联合论的批判，詹姆士和新心理学之间还存在一个更深层面的分歧：詹姆士拒绝像新心理学那样从实证主义的立场出发拒斥所有的形而上学议题。如果我们细致地考察詹姆士出版的第一部主要著作《心理学原理》（1890 年，以下简称《原理》），就会发现以上这些心理学方法论上的反思无一例外地被推进到了对哲学传统的反思。在很多时候，我们发现詹姆士是从心理学的视角出发重新审视哲学的问题。因此，尽管《原理》是心理学史上的一部关键性著作，但它的理论后果已经在很大程度上超出了经验科学的论域。由此造成的结果是，《原理》给它的研究者带来了大量困惑。比如，对实用主义多有诟病的阿德勒（Mortimer Adler）指出，《原理》是"一组互不关联的章节的集合"，它在任何意义上都不构成一个体系，其中关于意识之流、概念、想象和推理的章节"混合了亚里士多德和休谟"，是"坏的哲学心理学"，而关于本能、习惯、情感、催眠、人格的章节则"大量引用生理学、生物学和医学的研究成果"。[③]

但实际上，这种"混乱"暴露的并不是《原理》的缺陷，反而是《原

---

① WWJ 8：233.

② 20 世纪 30 年代之前，美国的心理学研究大致可分为承袭自冯特、屈尔佩（Oswald Külpe）和铁钦纳（Edward Bradford Titchener）等人的构造主义路径，以及从詹姆士、盖尔顿（Francis Galton）、霍尔（Granville Stanley Hall）、鲍德温（James Mark Baldwin）等人一直延伸到芝加哥学派的功能主义路径。30 年代之后，华生（John Watson）等人的行为主义开始成为另一条主要的研究思路。

③ Mortimer Adler, *Platonism and Positivism in Psychology*. New Brunswick：Transaction, 1995, pp. 86 - 7.

理》的深刻性。不同于其他经验科学，心理学的特殊之处在于，心理进程
既是心理学研究的对象，又是研究心理学的主体，这种自反性是心理学的
内在界限。为了突破这一界限，心理学必须诉诸哲学。正如柯林伍德
（Robin Geoge Collingwood）所指出的，心理学是"一阶思维"，它只处
理作为特殊现象的思维，而不处理思维与对象的关系。而哲学则是"二阶
思维"，因为哲学不但思考对象，还思考自己对于对象的思考，也就是处
理思维与对象的关系。① 詹姆士清楚地看到了这一点，他指出，心理学的
材料必须包含四个部分：第一，心理学家；第二，被研究的思维；第三，
思维的对象；第四，心理学家的实在。② 从经验观察转向自我反思的地方
正是形而上学开始的地方。詹姆士在《简明心理学教程》（1892 年，以下
简称《教程》）中坦承，心理学"极为脆弱"，"在它的每一个关节，都有
形而上学批评的水渗漏出来"。③ 因此，虽然《原理》有意地规避了形而上
学层面的讨论，但这并不意味着我们可以将詹姆士的哲学著作和心理学著
作明确地区分开来。④ 我认为，解读詹姆士的基本原则是，必须将作为心
理学家和作为哲学家的詹姆士同时纳入考量。

　　心理学和哲学的这种张力不仅体现在《原理》中，还贯穿了詹姆士的
整个思想发展历程。尽管早期詹姆士和晚期詹姆士的区分是一个尚存争议
的问题，但不可否认的是，《原理》中的詹姆士在首要意义上还是一个经
验科学家，他试图在最大程度上维持结论的开放性，以至于几乎要滑向不
可知论；而《多元的宇宙》（1909 年）和《彻底经验主义》（1912 年）中
的詹姆士则认为必须存在一个关于宇宙的最终构造，尽管这个构造以多元
论的样貌呈现。可以看到，詹姆士终其一生都在直接经验与最终体系之间

---

① Robin Geoge Collingwood，*The Idea of History*. Oxford：Oxford University Press，1946，pp. 1 - 2.

② WWJ 8：184.

③ WWJ 14：400.《简明心理学教程》是詹姆士为本科生课程改写的《原理》缩写本，不过它并不是简单的压缩，加入了很多新的观点和材料。当时的哈佛学生称《心理学原理》为"James"，称《简明心理学教程》为"Jimmy"。

④ 哈佛版著作集的编者将第 5 卷和第 13 卷分别命名为《哲学论文集》和《心理学论文集》，这种做法进一步加剧了这种误解。

摇摆，他的思想也由此成了一个谜题。佩里指出，在哲学思考中，比起"不一致性"（inconsistency），詹姆士更惧怕思考的"稀薄性"（thinness）。① 我完全同意这个判断。在研究詹姆士时，我们不得不同詹姆士一起挣扎于这种思想的厚度中。从这个角度来看，詹姆士留给我们的主要遗产并不是清晰的概念和自洽的理论，而是通过无休止地探问经验而产生的一系列开放性问题。因此，在研究詹姆士的思想时，我们并不是要寻求一致性，而是要澄清它的每一个步骤和面向，揭示其内部的张力甚至冲突，并在必要的时候保留它的开放性。我们既不能为了照顾某个既定的结论而肆意修剪材料，也不能将詹姆士的某个思想阶段作为阐释其他阶段的基础。

除此之外，詹姆士的思想还有另一个特质。一方面，他试图"声讨一切高贵的、轮廓鲜明的、固定的、永恒的、理性的、如庙堂一般的哲学体系"②；另一方面，他又确信哲学思考必须最终落脚于某个"活的理由"（living reason）或"活的假设"（living hypothesis）。所谓活的理由或活的假设，首先，它必须是生动的、能给我们造成强烈的印象；其次，我们无法逃离这个理由或假设；最后，我们由此做出的决定在原则上是不可逆的。在詹姆士那里，一个思想的结论可以是非体系性的，但它一定是被生命所接受和确信的，能够让生命更好地发挥能量、践行意志，在这个意义上，它可以也必须被明确界定。真理必须对生命实践产生切实的效应，这是贯穿清教传统、超验主义和实用主义的核心线索。从这个前提出发，我们最终要做的不是论证詹姆士的立场，而是阐明为什么它们对詹姆士本人的生命实践而言是关键性的。并且，如果其他人也要选择詹姆士本人所选择的立场，那么他就必须将这一立场同自己的生命实践真正关联起来，而不仅仅在理论的层面被"说服"。从某种意义上来说，这几个步骤已经超出了狭义的哲学论域。

尽管如此，在充分认识到这两个思想特质的前提下，我仍然认为詹姆士的思想是一个连续的发展历程，其中并不存在任何意义上的断

---

① Perry, *The Thought and Character of William James*, vol. 2, p. 668.
② WWJ 2：49.

裂。不仅如此，我还认为这个连续的发展历程最终落脚于詹姆士的彻底经验主义。这是我对詹姆士的基本解读，也是本章讨论的核心前提，这一点将在本章的讨论中得到说明。在本节的讨论中，我将首先考察詹姆士分析感知的两条路径，即基于感知者的分析和基于纯粹经验的分析；然后，根据詹姆士对感知的讨论，我将探讨詹姆士与爱默生的深度关联，并将詹姆士刻画为具有强烈超验主义倾向的彻底经验主义者；在完成了这两个工作之后，本节的讨论将从感知的分析进展到感知的训练和沉浸。

"给"与"取"：基于感知者的分析

感知在首要意义上并不是获得知识的官能，而是一种生理现象，因此，探讨感知的基本语境应该从传统的官能心理学（faculty psychology）转换为生理心理学（physio-psychology）。这一思路由斯宾塞在《心理学原理》（1855 年）中首次提出，继而在达尔文的《人类和动物情感的表达》（1872 年）中得到进一步的阐发，然后在詹姆士的《原理》（1890 年）中得到更为深入而全面的探讨，进而对马赫（Ernst Mach）的《感觉的分析》（1897 年）、利波特（Theodule Ribot）的《情感心理学》（1896 年）等著作产生了实质性的影响。在这一视角之下，探讨感知的基本方法从近代认识论框架下的哲学分析转向了量化实验的科学方法，并在一定程度上促成了从传统经验论向实证主义的推进。

1846 年，德国医生韦伯（Ernst Heinrich Weber）提出了刺激强度与感觉强度之间的对应关系。1860 年，德国心理学家费希纳（Gustav Fechner）在《心理学要素》中尝试对这种关系进行测量和统计，并试图将心理学发展成一门精确的实验科学。尽管詹姆士支持从官能心理学到生理心理学的推进，但他对所谓的"韦伯-费希纳"（Weber-Fechner）定律持保留态度，因为他对测量感觉强度的可能性表示怀疑。他在《教程》中指出，虽然"感觉的外部成因可以有许多部分"，但每个感觉都是一个

"完全整数"（complete integer）。①

　　詹姆士将这种质疑拓展到哲学论域，并将康德作为自己的主要攻击对象。他指出，尽管《原理》在很多地方都使用了"自我"（ego）这一概念，但这一用法必须和康德式的"先验统觉"明确区分开来。詹姆士认为，统一"杂多"的康德式统觉本质上是一种联合论式的运作，但实际存在的却是作为"原始统一体"（primitive unity）的"单一的心理过程、感受、心灵状态"。② 不同于康德，詹姆士认为并不存在"杂多"，任何的"多"（manyness）实际上已经是一种"一"（oneness）。与此同时，也不存在将"多"联合起来的"我"，《原理》中的自我只是表达了"多同时被认识"（the Many is simultaneously known）的原则。③ 比如，詹姆士指出，我们看到桌上有一叠牌，不是看到"a pack of cards on the table"，而是拥有"the-pack-of-cards-is-on the-table"这样一个整体性经验。④ 又比如，我们不是听到雷声，而是拥有"thunder-breaking-upon-silence-and-contrasting-with-it"这样一个整体性经验。⑤ 在他看来，我们的感觉在任何意义上都不是"盲的"，它们从一开始就是一种"综合"，而康德所刻画的思维运作只是一种"内部机械车间"（internal machine-shop），这个虚构的理论模型并没有真正揭示出经验的实际运作。⑥ 他指出："在我看来，康德式和后康德式思辨的全部教训在于它们的简单性。"⑦ 这种简单性的最突出表现是康德将原则上不可穷尽的关联简化为几个有限的"范畴"。⑧ 概而言之，在詹姆士的语境中，对感知的探讨必须以"原始统一体"这个整体性视域为基本前提，这和他所持的反原子主义立场是完全一致的。

---

① WWJ 14：27.
② WWJ 8：268.
③ WWJ 8：344.
④ WWJ 8：268.
⑤ WWJ 8：234.
⑥ WWJ 8：344.
⑦ WWJ 8：346.
⑧ WWJ 8：520.

现在的问题是，应该如何在这个整体性视域中分析感知？詹姆士在《原理》和《教程》中区分了感觉（sensation）和知觉（perception）。他在《教程》中指出，感觉不同于知觉之处在于"感觉对象或内容的极端简单性"，感觉是"亲知的知识"（knowledge of acquaintance），知觉是"描述的知识"（knowledge-about）。① 但詹姆士在界定感觉的这种极端简单性时遇到了困难。一方面，他在《原理》中将感觉界定为"在实践上或审美上引起我们兴趣的可感性质的特殊集合"。他指出，离开了我们的兴趣，感觉就变成了"个体事物"，"并不值得我们给它一个独立的名称"。② 另一方面，他又试图将这种现象论的界定推进到实在论的界定。他指出，感觉并不是"主观事实"，而是"让我们认识到它们所揭示的实在的踏脚石"。③相比于感觉，对知觉的界定则较为清晰：知觉是在感觉基础上的"再次选择"，"它选择出一些感觉，认为它们最为真实地表征了事物，其他的感觉则变成了根据瞬时条件而改变的表象"。这一过程实际上包含了双重选择：首先，在所有的当下感觉中择取那些最能代表不在场感觉的感觉；其次，在这些感觉中再次选择出最能代表客观实在的感觉。④ 关于感觉和知觉的区分，詹姆士还借用英国哲学家霍奇逊（Shadworth Hodgson）的一个比喻，"如果说感觉是一把卷尺，那么知觉就是标示其长度的刻度机"⑤。

我们注意到，在《教程》中，詹姆士把对感觉的探讨放在最前面（第2章至第6章），而在《原理》中，对感觉的探讨则被放在第17章，在此之前，詹姆士已经讨论了习惯、思维之流、注意力、概念、回忆等主题。如果将"原始统一体"作为詹姆士的基本前提，并考虑到《教程》是本科生课程的纲要，我们就有理由相信《原理》的安排更符合詹姆士的本意。但问题的关键并不在于章节的编排顺序，而在于詹姆士深刻地意识到，感觉和知觉的区分只有在理论的反思中才是可能的。他在《教程》中指出：

---

① WWJ 14：19.
② WWJ 8：170.
③ WWJ 8：22.
④ WWJ 8：274 - 275.
⑤ WWJ 8：585.

"不可能严格界定感觉，在实际的意义活动中，通常所谓的感觉和知觉以无法察觉的程度互相融合。我们只能说，所谓的感觉就是意识进程中的第一件事。"在某种意义上，甚至感觉本身也是"认知性的"（cognitive）。①并且，如果我们一定要探讨感觉，就必须将它放在知觉的维度中加以考察。换言之，我们不能从感觉出发来理解知觉，只能从知觉出发来理解感觉。詹姆士指出："离开了选择性的兴趣，经验就变成了彻底的混乱。只有兴趣才能提供重音和强调，光和影，背景和前景。简言之，只有兴趣才能提供可理解的视角。"②

随着詹姆士思想的推进，感觉和知觉的区分变得越来越模糊。他在1903 年至 1904 年间的一份手稿中写道："我们知道，知觉是外来印象和统觉这些印象的已有观念相互融合的结果。我们还知道，这种融合是如此彻底，我们通常不可能区分它的元素。"③ 他还在《实用主义》（1907 年）中指出："就是在感觉的领域内，我们的心灵也有一定的选择自由。通过我们的取舍划定这个领域的界限，通过我们的强调标出它的前景和背景，通过我们建立的秩序从这个或那个方向去看它。"④

但是至少在《原理》中，感觉和知觉之间还是有所区分。这一区分的主要依据是，知觉体现了人类理智所独有"同一感"（the sense of sameness），即思维之流的不同部分可以思维相同的东西。詹姆士将这种功能界定为"概念"："我们将明确辨识一系列永久性思维对象的功能称为概念（conception），并将作为此功能之载体的思维称为观念（concept）。"他还指出，"concept"是一个可以抛弃的误导性概念，我们会误认为它是思维对象，事实上它只是"心灵的构想状态"（conceiving state of mind）。而"conception"则明确表达了詹姆士的功能主义立场："它既不是心理状态，也不是心理状态所指示的东西，而是两者间的关系，即心理状态指示那个

---

① WWJ 14：17 - 18.
② WWJ 8：381.
③ WWJ 18：31.
④ WWJ 1：119.

特殊事物的功能。"①

根据联合论的思路，概念是最小单位之间的黏合剂。不同于这条思路，詹姆士试图通过另外两种方式来理解概念。首先，他在《原理》中将概念的运作比作"筛子"（sieve）。他指出："我们用筛子去收集世界的内容。大多数事实和关系从筛孔中漏掉了，因为对概念而言，它们要么太精细，要么太不重要了。但无论何时，当物理实在被把捉到，并被等同于我们已经理解的某物，它就留在筛子上，概念的所有谓词和关系也就变成了它的谓词和关系。换言之，它服从于筛子的网络。"② 根据这个意象，概念的主要功能是过滤，而非组织，概念化过程的主要结果是损失，而非建构。詹姆士指出："概念形成了一个本质上不连续的系统，它将自然流动的知觉经验翻译成一组停滞且石化的概念。"③ 除此之外，他还在《多元的宇宙》中使用了另一个类似的意象："网"（net）。他指出："生命的本质是连续的变化，而我们的概念则是不连续且固定的，让概念符合生命的唯一模式是在一些位置武断地截停生命的流动，好让概念保持一致。但这些概念并不是实在的一部分，它们并不是真实的位置，而是我们自己的假设。你不能用概念来蘸取实在，就好像你不能用网来舀水一样，不管你的网孔多么细密。"④

在《理性的情感》（1896 年）中，詹姆士从另一条途径来理解概念：概念是"为了某个特殊目的对事物进行的分类"，在这个意义上，概念是一种"目的性工具"（teleological instrument）。⑤ 相比于前一种方式，这一构想更接近詹姆士的成熟立场。他在《实用主义》中指出："我们所有的概念，也就是德国人称为'Denkmittel'的东西，都是我们通过思维它们来处理事实的工具。"⑥ 不同于传统意义上的范畴，工具性的概念并不规

---

① WWJ 8：436.

② WWJ 8：455.

③ WWJ 8：442.

④ WWJ 4：113.

⑤ WWJ 6：62.

⑥ WWJ 1：84.

定思维的一般模式，只处理特定情境中的特殊问题，并根据具体目的而不断地修正和调整。不过在这条思路中，詹姆士特别强调了概念的运作会损害和削减经验。他指出，作为工具的概念"只需要简单性，而只有在世界是简单的情况下，一个简单的概念才等同于世界。而与此同时，不管世界包含了何种简单性，其本身都是一个极其复杂的事态"①。

抛开这些负面的效应，詹姆士还试图通过这两种方式阐明，概念的每一次运作都是出于个体的倾向和目的。他指出："离开了理解者带有偏向性的私人目的这一事实，整个理解、固定和抓住意义的功能都是没有意义的。"② 更重要的是，概念的每一次运作都带有某种"意义的感觉"，这些"转瞬即逝的过渡性心理事实"被詹姆士称为"边缘"（fringe）或"倾向感"（feeling of tendency），它们"过于微弱和复杂，以至于无法追溯"。③正是在这个意义上，概念既非柏拉图式的"共相"，也非先天的"范畴"，而是和实际的感知紧紧地纠缠在一起。詹姆士在 1904 年至 1905 年间的一份讲课稿中写道："概念和知觉是汇流的（confluent）。知觉产生概念，概念产生知觉。"④ 他还试图在《彻底经验主义》中进一步阐明，知觉和概念的区分只是功能性的，它们协同地运作于纯粹经验之流中。

我们可以从上述讨论中得出结论：从感觉到知觉再到概念运作是一个无法分割的融合体。正如感觉和知觉之间不存在明确的区分，知觉和概念也不能被放在二元论的框架下加以理解。詹姆士在《彻底经验主义》中指出："感觉和统觉观念如此紧密地融合在一起，你无法说出彼此的开端与结束，就像前不久展出的那些精巧的环形活动画景，你无法说出真实的前景与画布的交汇点。"⑤ 他还在给席勒的一封信（1906 年 1 月 30 日）中将这个融合体统称为知觉，并区分了知觉的三个层次：首先是感知觉（sense-perception），其次是对时空秩序的知觉（perception），最后是作为逻辑、

---

① WWJ 6：62.
② WWJ 8：456.
③ WWJ 8：446.
④ WWJ 19：344.
⑤ WWJ 3：16.

数学和分类之起源的对比性知觉（perception of comparison）。①

接下来，詹姆士试图阐明，作为融合体的感知还是同时包含过去、当下和将来的连续统。首先，感知是"将过去的对象视角性地投射到当下意识"②。这种投射在我们的感知中扮演了"完形化"（Gestalting）的重要角色。詹姆士指出："我们认为我们在一种连续性的视角中观看事物。我们也许只看到了一部分，但我们能够想象到余下的部分。"③ 他还在《对教师的心理学谈话》（1899 年）中示例了这种完形化的投射："当我们听别人说话或自己阅读一页书的时候，我们大部分的所见或所听是来自记忆的。我们忽略印刷错误，在看到错误字母时想象正确的字母。而在听别人说话时，我们实际听到的东西是很少的。我们只要去外国的剧院看一场戏就能认识到这一点，困扰我们与其说是我们听不懂演员的话，不如说是我们听不到他们说的词。事实是，我们在家的时候同样听到非常少的词，只不过我们的心灵对英语中单词的连接更为熟悉，可以在一点点暗示的基础上给出理解的必要材料。"④ 其次，感知体现了身体与环境在交互中的功能，它包含了"调适"（adjustment）与"执行"（execution），调适构成了"核心自我"，而执行则属于"较不亲密和更为流动的"自我。⑤ 最后，感知同时也是一种预测。詹姆士在德国学习时接触了赫尔姆霍茨的理论，并在《原理》中大量引用后者的论述。赫尔姆霍茨认为大脑就是一台猜测机，感知是大脑根据既有的期望或信念而对感觉输入原因做出的"最佳猜测"，在这个意义上，我们能感知到什么在根本上取决于我们"准备"感知什么。并且，由于大脑期望的和它所实际接收到的信息之间存在误差，感知的运作还涉及预测误差的最小化。

可以看到，这是一条功能主义的思路，它试图通过将感知理解为"融

---

① CWJ 11：159.
② WWJ 8：594.
③ WWJ 8：605.
④ WWJ 12：96.
⑤ WWJ 8：289.

合体"和"连续统"而取消传统认识论在材料和形式之间做出的区分。但詹姆士无法回避的一个问题是，感知中有被我们亲知和拥有的部分，也有被概念描述和把握的部分，尽管我们可以根据詹姆士的功能主义路径将此理解为相对区分，但仍然能够直观地感受到其中包含"给"（give）与"取"（take）的双重运作。詹姆士也意识到了这一点，他在《原理》中指出，一个被感知到的对象必须包含两个要素：呈现（present）和被关注（attended to）。① 不过他试图对这两个要素也做出功能主义的解释，这样就引出了功能主义心理学的两个关键概念：习惯和注意力。

一方面，在感知中呈现的东西实际上就是我们的习惯。詹姆士指出，感知在很多时候是一种"习惯性行为"。作为习惯性行为的感知大多数时候在低于"观念线"（ideational line）的"感觉线"（sensational line）上运作。② 换言之，作为习惯性行为的感知并不伴随被明觉的意志，是一种"不经意"（inattentive）状态。③ 我们知道，休谟将自我界定为"知觉束"（bundle of perceptions），而詹姆士则将人界定为"习惯束"（bundle of habits）。④ 一旦我们认识到休谟的工作语境正是詹姆士所批判的联合论，就会发现这并不是同一层次上的简单替换。詹姆士指出，休谟用分离性来反对统一性，但他在这样做的同时"将孩子和洗澡水一同倒掉了"，对休谟而言，"纯粹的统一体和纯粹的分离性之间并不存在任何中间物（tertium quid）"⑤。而詹姆士则试图阐明，在最基础的感知层面上存在的并不是相互分离的感觉印象，而是某种原始统一性，尽管这种统一性在大多数时候处于被明觉的观念性之下。因此，在感知中被给予我们的并不是某种简单观念或印象，而是活生生的习惯性行为本身。

另一方面，除了习惯中的"被动"呈现，我们又能在感知中"主动"关注。詹姆士在《实用主义》中指出："就是在感觉的领域内，我们的心

---

① WWJ 8：417.
② WWJ 8：121.
③ WWJ 8：123.
④ WWJ 8：109.
⑤ WWJ 8：333 - 334.

灵也有一定的选择自由。通过我们的取舍划定这个领域的界限，通过我们的强调标出它的前景和背景，通过我们建立的秩序从这个或那个方向去看它。"① 在他看来，英国经验论者的主要缺陷就在于对注意力缺少关注，即没有看到感知者必然在自身兴趣和倾向的推动下有所关注。② 他在《原理》中指出："数以百万计的外在事物被呈现给我的感觉，但都没有进入我的经验。为什么？因为我对它们没有兴趣。我的经验只涉及我同意关注的事物。只有被我注意到的东西才能塑造我的心灵，离开了选择性的兴趣，经验就变成了彻底的混乱。只有兴趣才能提供重音和强调，光和影，背景和前景。简言之，只有兴趣才能提供可理解的视角。"③ 他还在《教程》中指出："心灵选择让自己满意的，它决定哪个特殊感觉被当作比其他感觉更真实有效。"④

詹姆士在《原理》中对注意力做出了分类：首先，他区分了感觉的关注（sensorial attention）和理智的关注（intellectual attention），前者是指向感觉对象的注意力，后者是指向观念对象的注意力；其次，他区分了直接的关注（immediate attention）和派生的关注（derived attention），前者是对象因为自身引起我们的兴趣，后者是对象因为其他事物的关系而引起我们的兴趣；最后，他区分了被动的、非意愿的，因而不需要我们做出努力的关注和主动的、出于意愿的关注。⑤ 在各种注意力的运作中，詹姆士提出了两个相互协同的基本模式："感觉的调适"（sensorial adjustment）和"观念的准备"（ideational preparation）。⑥ "感觉的调适"主要是指感觉器官在感知过程中做出的身体性调适，比如"当我们在看或听时不自觉地调适我们的眼睛和耳朵，同时转动我们的头和身体；我们在尝或闻时根据对象调适舌头、嘴唇和呼吸；我们在感受一个表面时以适当的方式运动自己

① WWJ 1：119.
② WWJ 8：380.
③ WWJ 8：380 – 381.
④ WWJ 14：156.
⑤ WWJ 8：393 – 394.
⑥ WWJ 8：411.

的触觉器官"。除此之外，"理智的注意力"（intellectual attention）也有类似的运作。詹姆士引用费希纳的实验结论指出，当我们将注意力从一个理智对象移向另一个理智对象时，我们有一种"改变方向或将张力置于不同位置的不可描述的感觉"，也就是我们通常所说的"集中注意力"（straining the attention）。① 而"观念的准备"就是我们在上面讨论的预测。詹姆士通过引用冯特等人的实验结论表明，感知在很大程度上是"预期性地想象印象或反应是什么"。②

在功能主义的语境中，对注意力的讨论还涉及注意力的"范围"（span）和"效应"（effect）。詹姆士指出，对注意力的范围而言，可被同时关注的事物数量"取决于个体的理智能力、把握的形式、事物本身是什么"③。但他又提醒我们注意，虽然心理学家通过各种实验考察可被一个注意力把握的最多对象数量是多少，但无论注意力的范围如何，它们的对象只能是一个单一的对象。他指出："所谓关注，就是心灵在一些同时出现的可能对象和思路中以清楚生动的形式把握一个对象。"④ 关于注意力的效应，詹姆士首先探讨了注意力在感知中的效应。比如，同一幅画在画家看来会显得很暖或更冷，取决于画家关注的是画面中的暖色调还是冷色调。如果我们注意去听乐句中某个音，这个音就会比通常情况下听到的更响。又比如，如果我们长时间地注意某个想象中的图像，此图像给我们的实在感就会越来越强烈。⑤ 除此之外，詹姆士还探讨了通过注意力的主动区分获得清晰性，通过有意识的关注保留记忆，并援引大量实验证明注意力与缩短反应时间的关联。⑥

我们在这部分讨论的一开始就指出，詹姆士的基本预设是，由于经验的原始统一性，我们没有必要再设定一个康德式的先验主体来组织和协调

---

① WWJ 8：411－412.

② WWJ 8：415.

③ WWJ 8：383.

④ WWJ 8：381.

⑤ WWJ 8：402.

⑥ WWJ 8：403 ff.

经验。可以看到，这个功能主义的理论方案试图通过习惯来刻画感知进程最初的那种统一性，并通过注意力来强调在整体性视域中的选择性运作。但这里存在一个根本问题：不同于相对"被动"的习惯，对注意力的探讨必然涉及一个无法回避的问题，即选择的主动性问题（这种主动性即使在被动的非意愿关注中也同样存在）。詹姆士援引赫尔姆霍茨的一个实验结论指出，注意力的平衡是一个无法实现的状态。比如，在下面这幅图中，我们只能关注左边或右边，无法同时关注两边。① 又比如，在上面提到的例子中，画家只能选择性地关注画面中的暖色调或冷色调，而不可能同时关注两者。这些事实最终指向的结论是：存在一个不断做出选择的感知主体，而这个结论正是实用主义者极力想要消解的。在用"经验"取代"知识"时，实用主义者实际上提出了一个非常极端的要求，即取消认知主体以及与之相关的一切特权。他们主张，在讨论"经验"时，我们必须停止追问"谁在经验？"这样的问题，转而探讨在具体情境中展开的交互进程。但至少对《原理》时期的詹姆士而言，要真正做到这一点是很困难的。这也从一个侧面提示我们，以上对感知的探讨仍是一种"中途"的思考。对詹姆士而言，对感知的分析还要从基于感知者的分析进展到基于纯粹经验的分析。

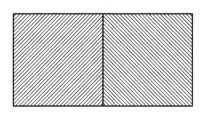

边缘与过渡：基于纯粹经验的分析

詹姆士在《原理》中指出："我们最为生动地感受到的自我最内在的

———————
① WWJ 8：399.

那部分绝大部分是由被称为'调试'的脑部运动组成的，由于我们对这些运动缺少关注和反思，我们对它们的感知与分类也就常常失败。我们总有一种模糊的感觉，认为在这些脑部运动之外还有一种更多的东西存在。至于这种东西是模糊的生理过程，还是一种主观的东西，或者说成为其'自身对象'的思维，现在仍然是一个开放的问题。我们对自我本质的其他猜测同样是开放的——比如自我究竟是不可分的、活动的灵魂实体，还是第一人称'我'的一种人格化?"① 可以看到，在《原理》中，意识作为"更多的东西"是否存在仍然是一个"开放的问题"，这一问题的答案在《彻底经验主义》中得到最终落实：意识并不存在。

杜威在《詹姆士心理学中的消逝主体》（1940 年）中指出，詹姆士对意识的质疑并不是出现在《原理》之后，而是在《原理》之中已经出现。② 盖尔（Richard Gale）对这一解读提出了疑义，他认为至少在《原理》中，詹姆士还是持一种意识和对象的常识性二元论。③ 我个人支持杜威的判断。但我对《原理》的解读要比杜威更激进：我认为詹姆士不但在《原理》中表达了对意识的质疑，还有意识地放弃用一个实体化的意识来担任经验的载体。根据这种解读，《原理》和《彻底经验主义》之间并不存在实质性的断裂，相反，从《原理》到《彻底经验主义》构成了一条连续的线索。一个最有力的例证是在《原理》时期发表的《认知的功能》（1885 年），这篇后来被收入《真理的意义》（1909 年）的文章在很大程度上预示了《彻底经验主义》的主要思路。并且，如果我们仔细考察收入《真理的意义》中的各篇文章，就会发现该文集不仅如副标题所言是"《实用主义》的后续"，而且可以被视为《彻底经验主义》的导言。

当然，至少在《原理》中，詹姆士并没有完全放弃意识，而是试图重新界定意识。为此他提出了两条思路。首先，詹姆士指出，意识并不是指

---

① WWJ 8：291 - 292.

② LW 14：155 - 167.

③ 参见 Richard Gale, "John Dewey's Naturalization of William James," in Ruth Anna Putnam, ed. *The Cambridge Companion to William James*. Cambridge：Cambridge University Press, 1997, pp. 50 ff。

某个主体的意识，而是对"意识之流"（a stream of Sciousnes）的一种主观化称谓。"Sciousnes"是他从苏格兰神经学家和心理学家费瑞尔（David Ferrier）那里借用的一个概念，用来指称对于对象的纯粹而简单的觉识（awareness），这种觉识并不需要一个伴随性的自我，可以单纯表现为祛主体性的意识之流。①

其次，詹姆士还试图从生理心理学的路径出发，将意识活动把握为一个身体性过程。根据这一思路，所谓的精神活动"实际上是对身体性活动的一种感觉，而绝大多数人却忽视了这些身体性活动的确切本质"②。由詹姆士和丹麦心理学家朗格（Carl Lange）分别于19世纪独立得出的"詹姆士-朗格理论"（James-Lange Theory）充分说明了这一点，这一理论至今未被证伪，并在心理学和神经科学领域产生着持续的影响。一般认为，先由外部刺激引发情绪，再由作为心理状态的情绪引发身体性表达。而詹姆士则认为事实恰恰相反："身体变化直接跟着对刺激性事实的感知，而我们对身体变化的感受就是情感。"③ 因此，真实的情况是，我们不是因为感到悲伤而哭泣，感到害怕而逃跑，因为愤怒而打人，而是因为哭泣而感到悲伤，因为逃跑而感到害怕，因为打人而愤怒。概而言之，身体性活动是第一位的，作为心理状态的意识是第二位的。詹姆士在《原理》中指出："如果我们想象一些强烈的感情，然后试图从我们对这些感情的意识中抽离身体性的征状，我们会发现抽离之后什么都没有剩下。感情并不是由'心质'（mind-stuff）构成的，离开了身体，感情不过是一种冰冷而中立的理性化知觉。"④ 他还在《理性的情感》中指出："认知不过是一个总体性身体运动现象的一个瞬间或一个截面。"⑤

十多年之后，詹姆士在《"意识"存在吗？》（1904年）中提出了一个更为彻底的结论："我思"本质上就是"我呼吸"。他指出："我自信地认

① WWJ 8：290－291.
② WWJ 8：288.
③ WWJ 9：1065.
④ WWJ 9：1067.
⑤ WWJ 6：72.

为，我自身之内的（作为现象被我明确认识到的）思维之流不过是一个漫不经心的名称，如果我们仔细检视，就会发现它主要是由我的呼吸之流构成的。康德所说的那个必须伴随所有对象的'我思'实际上是伴随对象的'我呼吸'。"① 斯内尔（Bruno Snell）指出，在早期希腊人那里并不存在"身体"（soma）和"心灵"（nous）的区分，只存在同时包含这两个维度的"灵魂"（psyche），灵魂是"让人维持活力的力量"，是产生和维持生命"呼吸器官"或"生命的呼吸"。② 可以看到，詹姆士对"我呼吸"的探讨正是在类似的意义上展开的，从这个角度来看，他的最终结论实际上也是对西方思想源头的回归。

但是在《原理》中，詹姆士并没有在这两条思路的帮助下完全抛弃意识。他区分出了自我的四个层面：物质性自我、社会性自我、精神性自我，以及纯粹自我（pure Ego）。③ 他面对的一个主要困难是，如何能够在对自我的不同层面做出区分的同时，又将它们作为一个整体统一起来。他告诉我们，这些自我层面的背后存在一个"核心自我"（the nucleus self），至于核心自我是一个"精神性的实体"，还是一个"虚妄的词语"，我们并不知道。我们能够知道的是，这一内核是"用来感受的"，它不只是"理性的存在"，也不是"记忆的总和"。④ 根据对核心自我的感受，詹姆士还尝试给出了一个关于"我"（I）的微妙定义："除了瞬时感到的身体性生命，'我'对于思维来说并不意味任何其他东西。虽然只能被模糊地识别，但我自身身体的存在感也许就是我的意识性自我和最根本的'我是'感的绝对起源。所有的统觉也许都是通过一种不能直接意识到其自身的思维而为它而存在。"⑤

除此之外，詹姆士还认为总有某个东西将"多"统一到"一"中，这

① WWJ 3：19.
② Bruno Snell, *The Discovery of the Mind*. Cambridge：Cambridge University Press，1953，pp. 8 ff.
③ WWJ 8：280 ff.
④ WWJ 8：286.
⑤ WWJ 8：323.

个东西被他称为"思维"（Thought）。他指出："思维（从现在起，我用以大写'T'开头的'思维'指称当下的精神状态）将过去的个体性事实统一起来，这种统一只有通过思维才能实现。……思维并不捕获这些事实，然而这些事实一旦存在，就已经属于思维了。"① 詹姆士还进一步将这个意义上的"思维"界定为"元自我"（Arch-Ego）："从常识出发，我们或许可以暂时这样说：存在一个'元自我'主导着整个思维之流，并且所有的自我都在这一作为'元自我'中得到体现，'元自我'是自我统一体中同一而不变的原则。我们很快将会看到，形而上学中的'灵魂'和康德哲学中的'先验自我'不过是为了满足这一常识性的迫切需求的一些尝试。但是，至少就目前来说，为了表达常识所主张的这种永不消失的对经验的所有权，我们并不需要搬出形而上学或康德哲学的那些假设。"②

　　但是，就在《原理》中，詹姆士自己将这个常识性表述推进到了形而上学假设。他指出，从大脑的"细胞事件"（cell-events）到"意识阈"（threshold of consciousness）之间存在无法跨越的界线，脑部细胞事件的"整合"（integration）永远发生在这条界线之下，我们无法实际解释它们是如何上升成为意识的。③ 因此，为了解决身心关系问题，灵魂的设定"遇到的逻辑阻力是最小的"。在灵魂中，意识的前后相继和脑部进程的前后相继"既确实地联系在一起又互相决定，至于如何或为什么，没有人知道"。④ 他还指出，心理学当然可以只坚持"经验平行论"（empirical parallelism）而不涉及灵魂的这个形而上学设定，但"灵性主义的"（spiritualistic）读者仍然可以选择相信灵魂。⑤ 詹姆士本人无疑是灵性主义者。比如，他在给席勒的一封信（1900 年 4 月 6 日）中指出："我找不出任何理由否认宇宙中的有些东西不能永远处在半途的状态。"⑥ 虽然詹姆

① WWJ 8：321.
② WWJ 8：321.
③ WWJ 8：159.
④ WWJ 8：163.
⑤ WWJ 8：163.
⑥ CWJ 9：182.

士在信中谈论的是鬼魂（ghost），但同样的结论显然也适用于既非心理也非物理的灵魂。

以上的讨论让我们看到《原理》关于意识存在与否的摇摆立场。虽然《原理》试图阐明流动的思维之外并不需要一个额外的知者（knower），但这一目标并没有完满地实现。对詹姆士而言，造成这种结果的根本原因也许并不是问题本身的复杂性，而是经验的流动性和丰富性：我们有时候可以明确地体认到自我，有时候只能模糊地感受到伴随着经验的自我，还有的时候则完全以一种无我的状态处在经验的洪流中。如果说这幅流动的经验图景在《原理》中只是心理学研究的背景资源，那么在《彻底经验主义》中则最终演变成了关于纯粹经验之流的形而上学构想。在这样一种形而上学构想中，詹姆士最终摆脱了"谁在经验？"的问题，真正开始探讨经验本身。1904 年，他明确地指出："早前的 20 年我将'意识'误认为是一种实体，后来的七八年间我建议我的学生将意识视为非存在，并试图在经验的实在中为它找到一个实用主义的等值物。现在，我认为公开地和完全地抛弃意识的时机已经成熟了。"①

虽然我认为从《原理》到《彻底经验主义》是一个渐近的过程，但我们也应该看到，不同于之前的著作，《彻底经验主义》在首要意义上是一部形而上学著作，而只有在这种形而上学构想中，彻底抛弃意识才是可能的。正如梅耶（Gerald Myers）所指出的，"较之于将意识之流理解为由一个个前后相继的瞬时性精神状态以最少的交叠构成的序列，我们现在必须探寻这些相继状态能够共同分享的某一存在的可能性。这一存在也许能够持存在这些相继的状态中"②。被意识之流的相继状态所分享的某种存在就是纯粹经验（pure experience），而彻底经验主义就是关于纯粹经验的形而上学理论。

在西方哲学的发展历程中，从亚里士多德到近代经验论者，再到晚近

---

① WWJ 3：4.
② Gerald Myers, *William James: His Life and Thought*. New Haven：Yale University Press，1986，p. 361.

的实证主义者和现象学家，不同的哲学家出于不同的意图要求我们以不同的方式回到"经验"（empeiria）。艾耶尔（Alfred Jules Ayer）指出，詹姆士的彻底经验主义是他"对哲学理论做出的最原创和最富有成果的贡献"①。概而言之，他的贡献主要体现在以下两处。首先，詹姆士指出："自德谟克利特以降，整个知觉哲学就对如下悖论争论不休：一个实在如何能同时处于两个位置，既在外部空间中，又在人的心灵中"，而表征主义理论尽管避免了这个"逻辑悖论"，但违背了"生命感受"，因为我们看到的不是"中介性的心理图像"，而是"直接看到房间和书本"。② 为此，他提出了纯粹经验这个"双管"（double-barrelled）概念。我们不能对这一概念做进一步的分析，因为这样做会将这个"双管"概念人为地拆解成"单管"概念。③ 其次，詹姆士试图阐明，纯粹经验之流中已经包含了分离性（disjunctive）和连接性（conjunctive）关系，这些关系本身就是经验的要素，而不是我们在经验单位之间建立的额外联系（比如休谟式的习惯性联想）。在这个意义上，詹姆士的经验主义要比休谟式的经验主义更"彻底"。他指出，"普通的经验主义总是倾向于取消事物之间的联系，或者最多坚持事物间的分离性关系"，而"一种彻底经验主义既不能将任何非直接经验到的元素纳入它的结构，也不能将任何直接经验到的元素排除在它的结构之外。对这种哲学而言，连接各经验的关系本身也必须是经验到的关系，而任何经验到的关系都和系统中的其他东西一样'实在'"。④

詹姆士遇到的批评在很大程度上是由于这个理论方案的彻底性。关于第一点，詹姆士想要阐明的不仅是纯粹经验这个双管概念在逻辑上的首要性，还是它在本体论上的首要性。在他的语境中，纯粹经验在首要意义上是一个本体论范畴，它是构成实在的基本材料。很多批评者认为这一步骤是不必要的。比如，桑塔亚那认为后期的詹姆士走向了一种终极的物理

---

① Alfred Jules Ayer, *The Origins of Pragmatism: Studies in the Philosophy of Charles Sanders Peirce and William James*. San Francisco: Freeman, Cooper, 1968, p. 173.

② WWJ 3: 8.

③ WWJ 3: 7.

④ WWJ 3: 22-23.

学，这种物理学将直接在经验中被给予的本质都安置进自然的组成序列之中，此举的失当之处在于詹姆士没有意识到"对决定论的体验并不能作为决定论的证明"。桑塔亚那认为，詹姆士不应该放弃早期的非唯我论以及与之相关的"浪漫主义洞见"，而正是这种洞见将处于动物地位的人维持在关于宇宙的不可知论上。① 更晚近的普特南（Hilary Putnam）则指出，詹姆士的形而上学中仍然存在作为"某物"（etwas）的纯粹经验，而"我们完全不应该赞同詹姆士思想中的这一要素"②。

关于第二点，詹姆士认为经验中已经包含了最丰富的过渡和关联，因此，经验完全是一个自组织过程，它并不需要额外的组织者或超结构。这样的认识需要我们清除所有主体意识的残余，而这一点通常是很难做到的。比如，格式塔心理学家柯勒（Wolfgang Köhler）指出，尽管经验域中充满了"动态的相互依赖"，但它并不是像詹姆士所说的是一个"统一的连续体"，而是由相对独立的"单位"组成。③ 当然，柯勒并不是要回到联合论，他的一个主要担心是，经验如何被组织的过程很难在彻底经验主义的语境中得到恰当的说明，因为对组织的探讨必须涉及材料和形式的区分。④

但不管怎样，为了准确把握詹姆士的彻底经验主义，并在这一语境中探讨感知，我们就必须接受这个方案的彻底性。这样一来，作为纯粹经验的感知进程就从心理学研究的对象变成了构成实在的基本材料，并且，我们也不能再从感知者的视角去分析感知，而是应该探讨作为纯粹经验的感知进程是如何自组织的。虽然《彻底经验主义》并没有详细讨论纯粹经验之流的自组织过程，但我认为詹姆士在《原理》中提出的一些范畴（詹姆士意义上的工具性概念）可以帮助我们理解彻底经验主义视域中的感知。

---

① Schilpp, *The Philosophy of George Santayana*, pp. 16 - 7.

② 希拉里·普特南. 三重绳索：心灵、身体与世界 [M]. 孙宁，译. 上海：复旦大学出版社，2017：19.

③ Wolfgang Köhler, *Gestalt Psychology: An Introduction to New Concepts in Modern Psychology*. New York: Mentor, 1947, p. 80.

④ Köhler, *Gestalt Psychology: An Introduction to New Concepts in Modern Psychology*, pp. 198 - 9.

不过我们要注意，这些范畴的论域已经从《原理》转换到了《彻底经验主义》，因此它们不再是意识或思维的范畴，而是纯粹经验的范畴。

首先，詹姆士告诉我们，每一个感知都具有独特的"情绪"（mood）、"调性"（tonality）或"氛围"（atmosphere）。他指出："当我们高兴或忧伤的时候，相同的对象并不会引发相同的思想。事实上，最显著的莫过于我们无法在失落时保持令人愉悦的形象。风暴、黑暗、战争、疾病的形象、贫穷和死亡让抑郁的想象持续地蒙受痛苦。但精神高涨时的乐观性情认为恶的预兆或阴暗的思想不可能永远持存。思想会在瞬间转向鲜花、阳光、春天和希望的形象。当我们带着一种情绪读北极或非洲的旅行记录时，会引发对自然之恶意的恐惧感。当我们带着另一种情绪去读时，只会引发对人的坚定意志和勇气的热情反思。很少有小说像《三个火枪手》那样涌现着快乐的动物精神。"① 可以看到，这种情绪或调性实际上就是后来杜威所探讨的交互情境的"质性"（quality）。

其次，在整体的质性情境中，我们可以尝试界定每个感知的"内核"（nuclear）和"边缘"（fringe）。感知的"内核"帮助我们确定感知的是"这一个"或"那一个"对象，在这个意义上，詹姆士将内核称为对象的"符号"（sign）。他指出："一般而言，如何一个对象同时以 abcd 的不同方式影响我们，我们得到的还是一个特殊的完整印象，这个印象向我们的心灵描述了那个对象的个体性，它变成了对象得以呈现的符号。这个完整印象在之后经验的帮助下才分解为 a、b、c、d。"② 如果说"内核"是某个特殊对象的符号，那么"边缘"则是指围绕着某个内核的、被隐约感受到的各种关系和其他对象。詹姆士指出："心灵中的每一个明确形象都在围绕着它的活水中浸泡和上色。……形象的意义和价值全部在围绕和伴随着它

---

① WWJ 8：544.

② WWJ 8：475－476. 里德（Thomas Reid）在同样的意义上指出，"将我们的手放到桌子上，注意随之而来的感觉，并尽可能地将所有关于桌子及其性质，或者关于任何外在事物的思考放到一边"，因此我们可以得到一种感觉，我们并不能对这种感觉进行明确的反思，但这种感觉确乎又是外在事物存在的"符号"（sign），虽然非常困难，但我们仍然能将它们挑选出来。Thomas Reid，*Inquiries and Essays*. Indianapolis：Hackett，1983，p. 37.

的光晕或半影中。"① 根据这样的理解，每个被感知到的形象都不存在明确的边界，而是以某种类似于晕涂法（sfumato）的方式逐渐融入周围的事物和事件。不仅如此，我们在前面提到，涉及概念运作的思维也存在边缘部分。詹姆士将这个意义上的边缘称为"概念的暗示"（suggesting of conception）。② 除了"边缘"，詹姆士有时还会用"光晕"（halo）、"半影"（penumbra）、"泛音"（overtone）、"弥漫"（suffusion）这样的表达。③ 他指出，"边缘"并不是将分离的感觉黏合起来的心理材料，而是对象的一部分。因此，我们的感知必须包含实质性（substantive）和过渡性（transitive）这两部分，前者是被明确把握的性质，后者则是被模糊把握的关系，这两部分共同构成了连续的经验之流。④ 还要特别指出的是，核心和边缘是融合于纯粹经验之流中的暂态区分，我们无法将它们明确分离并单独加以考察，因为这种区分会在经验进程中不断地变动、转换和重构，正如詹姆士在《宗教经验之种种》中所指出的，"随着生命的展开，我们的兴趣发生着持续的变化，由此，在我们的观念体系中，各个观念的位置也随之发生变化，意识中较为中心的变为较为周边的，而较为周边的则变为较为中心的"⑤。

最后，对感知的探讨还需要用到另一个重要范畴："过渡"（transition）。詹姆士在《原理》中指出："我们的思维之流就像是一条河流。总体而言，占据主导的水流并不复杂，水中的东西依据引力的牵引而漂流，遵循的规则是无需费力的注意力。但间隙还是有阻塞和淤堵截断水流，制造出漩涡，让里面的东西暂时移向别处。如果真实的河流可以感受，它会觉得这些漩涡和阻塞就是它要做出努力的地方。"⑥ 如果我们用纯粹经验之流替换思维之流，这一表述同样适用。詹姆士还用到另外两个意象来描述流动中

---

① WWJ 8：246.
② WWJ 8：439.
③ WWJ 8：249.
④ WWJ 8：249.
⑤ WWJ 15：161.
⑥ WWJ 8：427.

的过渡。首先，过渡并不是断裂，而是像"竹子的竹节"，竹节不是将分开的竹段黏合起来，而是让一个竹段自然地过渡到另一个竹段。① 另一个更著名的意象是，思维之流中的独立性和过渡性部分就像鸟的飞行（flight）和栖息（perching）："当流动的速度变慢，我们以相对平缓而稳定的方式意识到我们思维的对象。当流动的速度变快，我们意识到的是通路和关系，是从对象出发的过渡，或对象与其他事物之间的过渡。事实上，如果概观我们美妙的意识之流，我们首先感受到的是它各个部分的不同步调。就像鸟的生命充满了飞行和栖息的不停变换。"②

在彻底经验主义的语境中，以上这些范畴为我们刻画了一种流动的感知观。根据这幅图景，感知之间的相融和过渡是首要的，对感知的界定和分类则是次要的。正是在这个意义上，詹姆士在《彻底经验主义》中区分了"证实和完成了的认识"和"处于过渡和发展中的认识"，他认为我们的绝大部分认识都"生活在过渡的阶段中，而非旅程的终结点"。③ 不过，对詹姆士而言，这些范畴只是给我们理解感知提供了暂时的帮助，他的最终结论是：纯粹经验之流永远处于变动与重组的过程中，因此在原则上是不可分析的。从某种意义上来说，经验的这种不可分析性正是詹姆士试图在《彻底经验主义》中阐明的根本洞见。这一洞见也将我们引向下一部分的讨论。

神秘的感知：作为超验主义者的彻底经验主义者

詹姆士在《原理》中引用霍奇逊的话指出，意识的当下瞬间是"整个序列中最为晦暗的部分"④。在他看来，心理学和哲学研究能否帮助我们获得关于感知的真正洞见，是一个需要存疑的问题。他在《宗教经验之种

---

① WWJ 8：234.

② WWJ 8：236.

③ WWJ 3：34.

④ WWJ 8：323.

种》中探讨"潜意识自我"（subliminal self）时指出："醒着的意识，也就是我们所谓的理性一致，不过是意识的一种特殊类型。除此之外，穿过朦胧的屏障，还存在全然不同的意识形式。"① 他还在未完成的《一些哲学问题》（1911 年）中指出，尽管概念体系作为一种"骇人的缩略"（monstrous abridgments）多少相当于"我们永远无法完全把握的知觉实在的某个特殊方面"，但"这永远不够，我们向往其余的部分"。② 根据以上这些提示，我要在这里特别提出我对詹姆士的一个解读，即作为超验主义者的詹姆士。与本节的论题相关的，我还将阐明，这一解读对我们完整把握詹姆士的感知观来说是必不可少的。

詹姆士的父亲既是虔诚的牧师，同时又是斯维登堡（Emanuel Swedenborg）主义者，且和新英格兰的超验主义者过从甚密。老詹姆士对詹姆士的影响是显而易见的，正如梅耶所指出的，"最终让他［老詹姆士］满意的在很大程度上是他自创的宗教，对威廉·詹姆士的宗教而言同样如此"③。并且，我们还可以想象，从小浸染在这种环境中的詹姆士如何将斯维登堡的神秘主义与爱默生的超验主义结合起来，进而深刻地体认到经验的不确定性、不可解释性和神秘性。

詹姆士在《多元的宇宙》中将爱默生界定为绝对主义者。他指出，绝对主义者"在永恒的相下"（sub specie eternitatis）观看世界。④ 他还在《宗教经验之种种》中指出："现代超验主义观念，也就是爱默生主义，似乎让上帝在抽象理念之中蒸发。超验主义信仰的目标不是具体的神，也不是超人格，而是内在于事物的神性，是宇宙的根本的精神性结构。"⑤ 詹姆士认为自己所持的彻底经验主义是这种绝对主义的反面。他在一处手稿中写道，我们应该用"中介之链"（chain of intermediaries）代替"绝对"。⑥

---

① WWJ 15：308.

② WWJ 7：53.

③ Myers，*William James: His Life and Thought*，pp. 17-8.

④ WWJ 4：27.

⑤ WWJ 15：34.

⑥ WWJ 18：239.

他还在另一处指出，自己更乐于接受"一个用浓浓的油画颜料铺就的宇宙"，而不是"一个用铅笔勾画的宇宙"。①

但詹姆士也看到了爱默生内部的巨大张力。他在 1905 年的一个笔记本中写道："爱默生的形而上学包含了这样一个柏拉图式的信念：支配一切的理性是所有事物的基础。他有时将神性原则称为理智，有时称为灵魂，有时称为一。无论如何称呼，我们总能在某个时刻洞见到它。但一个时刻不可能走得很远，一个人也不可能决定其他人的法则，因为每个人都有自己的神圣视角。因此，爱默生那里有两种倾向，一种倾向于绝对一元论，另一种倾向于彻底个体主义。这两种倾向听起来非常矛盾，但爱默生用他的极端主义形式同时包容了它们。"② 詹姆士甚至认为后一种倾向在爱默生那里占了上风。1903 年，他在爱默生诞辰百年的演讲中指出："神性存在于任何地方，这样的确信会让人轻易地变成一个多愁善感的乐观主义者，拒绝贬损任何东西。爱默生对于差异的极端感知让他站在这一弱点的对立面。"③

从某种意义上来说，詹姆士的彻底经验主义正是以"对差异的极端感知"为出发点的。以一种爱默生式的敏感性和敏锐度，詹姆士将经验刻画为"不断绽放、嗡嗡作响的混乱"（blooming，buzzing confusion）④。更为重要的是，爱默生思想中的张力在詹姆士那里同样存在。在爱默生那里，这种张力最终表现为超灵（Over-Soul）和个体接收者（individual receptor）之间的交互运动。詹姆士指出，爱默生的启示是："任何一支笔的笔尖都可以是实在的缩影，最平常人的行为，如果是真正驱动的，也可以抓住永恒。"⑤ 极为类似地，詹姆士一方面在《宗教经验之种种》中提出了"超信仰"（Over-belief），他告诉我们，超信仰"几乎就是所有人的宗

———————

① WWJ 18：202.

② Lawrence Buell, *Emerson*. Cambridge，MA：Harvard University Press，2003，p. 163.

③ WWJ 11：114.

④ WWJ 8：462.

⑤ WWJ 11：115.

教"①；另一方面，他又在《多元的宇宙》中指出，尽管爱默生教导我们要"抬起自己的眼睛"，但"我却是永远有限的，让我有同感的所有范畴都和这个有限的世界，和有历史的事物交织在一起"②。

除了整体思想上的亲缘性，这里还要特别指出詹姆士和爱默生在感知观上的密切关联。首先，他们都认为真正的感知必须涉及事物的内在生命。我们在第三章中指出，爱默生要求我们从表面看向深处。在同样的意义上，詹姆士要求我们在最大程度上警惕停留于表面的抽象概念和理性框架结构。他在《多元的宇宙》中指出，我们可以将概念和知觉结合起来，由此得到由"静态关系"构成的"地图"，以此把握"事物的位置"，但就关于事物的真理而言，事物的位置不过是"最轻微的一种"，它并不能"帮助我们洞见事物的内在"。③ 他还指出："真正存在的不是事物，而是正在形成的事物。事物一旦形成就马上死亡，无数的概念就可以用不同的方式分解和界定它们。但你可以通过一种直觉性的同情进入事物的形成过程，这样分解的可能性就掌握在你的手中，你就不必担忧哪种方式更接近绝对的真理。实在在概念性分析中逝去，在未被分割的状态下焕发生机——它发芽和生长、变化和创造。……哲学寻求的应该是对实在的运动做活的理解，而不是跟着科学徒劳地将死的结果拼凑在一起。"④

其次，詹姆士和爱默生都认为感知必须是个体性的，任何感知都必须是基于个体视角的感知。詹姆士指出："基于独特的兴趣，由每一个人类心灵所产生的被称为我或我的创造物在道德上也许是一个谜，但它却是一个最根本的心理学事实。没有任何心灵具有与其比邻的我同样的兴趣。与其他所有的事物一样，这一比邻的我处在对我来说是陌生的世界中，同时又以同样的方式将其自身与世界区分开来。"⑤ 和爱默生一样，詹姆士得出

---

① WWJ 15：407.
② WWJ 4：27.
③ WWJ 4：122-123.
④ WWJ 4：117-118.
⑤ WWJ 8：278.

了下面这个贯穿其思想发展历程的基本结论：哲学思考的落脚点不是合理的结论，而是个体的视界（vision）。在詹姆士那里，哲学作为一种"见解"，必须先有见（vision），然后才有解（explanation）。如果我们理解了这一点，也就能理解詹姆士对论证的弱化。他在《多元的宇宙》中指出："一个人的视界便是关于他的唯一伟大的事实。……哲学表达的是人的内在性格，而关于宇宙的一切定义不过是人类性格对此经过慎思之后的回应。……纵观整个哲学史，各种哲学体系可以被削减至几个主要的类型。这些被隐藏在人们的惯用套话与机巧理性当中的类型不过是众多的视角，不过是人们对生命的整体性的冲动与流动的感受模式罢了。各人出于各自整体的性格与经验选择自己所'喜爱'（preferred）（没有其他词比'喜爱'更能妥帖地表达这里的意思）的模式，并将其作为最好的、最适合自己的工作态度。"① 他还告诉我们："在把握了他的核心洞见之后，理解一位作者就变得容易了。"②

但是和爱默生一样，詹姆士又要求我们在最宽泛的意义上探讨个体性。爱默生在《论自然》的最后一部分"前景"中写道："目前，人运用到自然中的力量仅仅是他的力量的一半。他仅仅凭知性在这个世界上劳动。他生活在这个世界上，仅仅用一点'小家子气'的聪明来把握世界。在绝大多数时候都是这样工作的他只能是个半人。"但是，爱默生继续写道："许多现在归之于'动物磁性'（animal magnetism）名下的让人捉摸不透、颇有争论性的事实，祈祷、雄辩力、自我治愈以及孩童的特有的智慧……这些例子都说明理性在某一瞬间能达到的巅峰状况，也表明有一种不在时空中，而是来自生命内部，瞬间释放出来的力量存在。"③ 詹姆士同样在个体体验的多样性和丰富性中看到了自我的无限潜力。他在《多元的宇宙》中区分了当下瞬间的"核心自我"（central self）和"更宽广的自

---

① WWJ 4：14 - 15.

② WWJ 4：44.

③ WE 1：75 - 76. R. W. 爱默生. 自然沉思录［M］. 博凡，译. 上海：上海社会科学院出版社，1993：61 - 62.

我"（wider self），并指出："当下每一瞬间的自我都是一个更宽广的自我的一部分，这个更宽广的自我以各种半径震动着，就好像罗盘上的风向标，但实际上他是连续的，他的有些可能性还不能被我们在当下洞察。"①在《原理》和《教程》之后的心理学研究（主要见哈佛版著作集第 13 卷）和《宗教经验的种种》中，我们可以发现大量关于出神、潜意识和多重人格的讨论。詹姆士认为，因为个体的无限可能性，所以有大量可被感知但仍未被感知到的东西存在。他试图通过这些研究探索个体性的边界，并由此拓展感知的广度和深度。

再次，詹姆士和爱默生都认为存在超越个体心灵的感知，在这个意义上，感知的界限在原则上是可以无限扩大的。在《原理》中，作为科学家的詹姆士指出："一个心理学家面对他眼前的世界只能选择相信他知道这个世界；他研究自己的思想或者其他人的思想，并相信这两者涉及的是同一个世界；他的结论只能是，其他人认识世界的方式与他认识世界的方式是一致的。对他来说，不管是否能够得到解释，知识是必须被承认的最终关系，就像没有人会试图去解释不同或相似的关系一样。"② 但他马上又指出："在全知者看来，每个当下的大脑状态都记录了大脑拥有者之前的所有历史。"③ 他还在《认知的功能》中指出："我们相信我们拥有共同的知觉。我们之所以如此相信，是因为我们每个人的知觉都会随着他人知觉的变化而变化。"④ 这一结论在《彻底经验主义》中得到了更接近神秘主义的表达："我们的某些经验的容器既然像这样是共同的，那么经验本身有一天也可能变为共同的。如果这一天最终到来，我们的思想就会终结于一种完全的经验性的同一，如此，我们关于真理的争辩也就终结了。"⑤

这里要特别指出的是，实验心理学只是詹姆士探索心灵的一个维度，另一个通常被忽视的维度是他的心灵研究（psychical research），这些材料

---

① WWJ 4：131.
② WWJ 8：212.
③ WWJ 8：228.
④ WWJ 2：30.
⑤ WWJ 3：42.

可参见哈佛版著作集第 16 卷。詹姆士试图通过心灵研究探讨从个体感知进展到超个体感知的可能性。他在《纯粹经验之种种》的结论部分指出："有意识的个体和一个更广阔的自我之间是连续的。"① 类似于爱默生式的"透明的眼球"，詹姆士用下面两个意象来说明自我与普遍存在之间的连续性。第一个意象是他在《原理》中提出的"世界灵魂"（anima mundi）。詹姆士指出："就我自身而言，我承认当我变得形而上学，想去设定更多的时候，我发现如下的假设比绝对的个体性灵魂更有说服力，即有一个世界灵魂存在于我们所有人的思维之中。同时，作为心理学家，我们又完全不需要形而上学，现象对我们来说就已经足够了。"② 我们不仅可以看到作为心理学家的詹姆士和作为形而上学家的詹姆士之间的斗争，还可以看到他已经在尝试让思维之流流向主体边界之外，进入一种类似于纯粹经验之流的整体性当中。詹姆士使用的第二个意象是"母亲之海"（mother sea）。不同于第一个意象，这个意象贯穿了他思想发展的始终。1899 年 1 月 28 日，詹姆士在给瓦德的信中写道："母亲之海是一种个体化形式。我们必须渗入世界的经验，然后和我们更深更真的自我重新结合在一起。"③ 随着思想的推进，"母亲之海"的意象逐渐剥去了个体倾向，开始更接近普遍存在。在他去世的前一年，詹姆士在《一个"心灵研究者"的自信》（1909年）中写道："我们的生命就像海中的岛屿，或像森林中的树。……树的根在黑暗的地下交接在一起，岛屿也通过海床连在一起。在宇宙意识的连续体中，我们的个体性不过是偶然筑起了一些围栏。我们的心灵投入其中，就像投入母亲之海或蓄水池之中。"④

　　可以看到，以上这些关于感知的探讨已经从心理学和哲学研究进展到了一种神秘主义的洞察。在这个意义上，流动的感知变成了神秘的感知。但是和超验主义者一样，詹姆士并不想通过对神秘性的探索跃出经验本

① WWJ 15：405.

② WWJ 8：328.

③ CWJ 8：491.

④ WWJ 16：374.

身，而是试图从寻常（ordinary）经验进展到超常（extraordinary）经验，这是他从超验主义者那里继承的主要遗产。在此基础上，詹姆士最终得出了彻底经验主义的立场。他在《理性的情感》中指出，从根本上来说，经验主义者和信仰者的逻辑是一样的，他们都认为"所知之外还是更多（a plus ultra），它孕育着未被想象到的可能性"。而两者之间的唯一区分在于，经验主义者说"你没有权力将你的拟人性确证带入这个更多中"，而信仰者则说"你没有权力否认这一点"。但无论如何，詹姆士告诉我们："对奇观和神秘的单纯本体论情感让某些心灵带有一些对崇高的狂喜，仅仅是因为这个审美的原因，任何哲学体系都不可能完全驱除这种情感。"① 詹姆士不但没有驱除这种情感，还让它成为全部思考的一个隐秘背景。他在生前发表的最后一篇文章《一个持多元论的神秘主义者》（1910 年）中介绍了美国哲学家和诗人布拉德（Benjamin Paul Blood）。詹姆士认为，在布拉德身上，多元论和神秘主义以一种让他倍感亲近的方式结合在一起。他写道："布拉德早期的神秘主义，如果我们愿意，可以被理解为是一元论的，但后来这种神秘主义开始发出带有'左派'色彩的反抗声音，这种声音在我听起来完全是多元论的。不得不承认，这种崭新的神秘主义形式让我大为振奋。我感到，这种来自神秘主义的证据能够为我自己的多元论提供支撑。"② 正是在这个意义上，霍尔姆斯（Oliver Wendell Holmes Jr.）在给波洛克（Frederick Pollock）的一封信（1910 年 9 月 1 日）中指出："他［詹姆士］的这种希望让他关掉了灯，好给奇迹留下机会。"③

感知的训练与沉浸

但我们不能忘记，尽管有这种隐秘的神秘主义倾向，詹姆士的实用主

---

① WWJ 5：59.

② WWJ 5：173.

③ Mark DeWolf Howe，ed. *Holmes-Pollock Letters: The Correspondence of Mr. Justice Holmes and Sir Frederick Pollock 1874 - 1932*. Cambridge，MA：Harvard University Press，1941，vol. 1，p. 167.

义哲学又是一种极具实践感和行动力的思想形态。正如他在《多元的宇宙》中所指出的，"回归生命并不能通过说话实现，它是一个行动"①。在这种实践视域下，感知本质上是一种生命行动。因此，我们应该在实践传统而非沉思传统中探讨感知。

　　一方面，作为一种生命行动，感知必然受到生命本身的限制。詹姆士在《原理》中以假想的形式探讨了这些限制对感知的影响："假设我们能在一秒的长度内注意到一万个不同的事件，而不是像现在一样只能注意到十个，如果我们的生命注定只能拥有固定数量的印象，那么我们的生命就比原先缩短了一千倍。我们活不过一个月，因而对季节的变化一无所知。如果出生在冬季，我们对夏季的认识就像我们现在对石炭纪的认识一样。有机体的运动对于我们的感觉来说是如此缓慢，我们看不到这些运动，只能推断它们。太阳停滞在天空，月亮也几乎不动，如此等等。但是如果我们反转这个假设，假设一个人只能获得我们现有感觉的千分之一，因而拥有比我们长一千倍的生命。冬季和夏季对他来说就像是一刻钟。蘑菇和其他速生植物生长得如此之快，就像是瞬间创生的；地球上年生植被的涨落就像开水不停地滚沸；动物的运动变得不再可见，就像我们看不见子弹和炮弹的运动；太阳像流星一样擦过天空，在身后留下一条燃烧的痕迹；如此等等。"②

　　但另一方面，除了这些来自生命本身的必然限制，还有一些可以被克服的暂时性阻碍。1906 年，詹姆士在哥伦比亚大学所做的题为"人的能量"的讲演中谈道："人类个体在生活中通常远远没有触碰到他的界限，他拥有各种形式的力量，但出于习惯，他常常没有善加使用。他所发挥的能量远低于他所能发挥的最大值，他的行为也远低于适宜的额度。在初级的官能、协调的行为、抑制和控制的力量中，在每一种我们所能想到的方式中，他的生命都缩减得就像一个歇斯底里症患者的视野那样狭小。歇斯底里症患者尚可原谅，因为他得病了，而对没得病的我们来说，这不过是

---

① WWJ 4：131.

② WWJ 8：601.

一种根深蒂固的习惯——一种对完全的自我感到自卑的习惯，这种习惯是极坏的。"① 他还告诉我们："要么某些不寻常的刺激带给我们精神上的兴奋，要么某些不寻常的必然的观念促使我们在意志上做出额外的努力。简言之，只有兴奋、观念和努力才能带领我们跨过精神上的障碍。"② 詹姆士谈论的这些生命习惯中当然包括感知的习惯，他建议我们通过自己的意志力抛弃这些习惯，通过训练提升感知的广度和深度。

在詹姆士那里，习惯是一切生命活动的路径与模式，生命总是在不断抛弃旧习惯，获得新习惯，这种不停地起飞与栖息就是生命的节奏。辩证地看，习惯既会限制与禁锢生命，也可以在不断更新中让生命上升至一个新的高度。而詹姆士的根本诉求就在于通过意志的激发更新习惯，让生命获得新的形式。他在《对教师的心理学谈话》中指出："只要存在新的刺激物与新的兴奋点，新的习惯就可以被建立。生命的丰富性就在这些改变中，有时这些改变是如此关键和具有革命性，以至于它们改变了人的整个价值序列和观念体系。在这种情况下，旧有的习惯秩序被割裂了；并且，如果新的动机继续存在下去，新的习惯就会形成，并赋予人一种新的，或者说重生的'本性'。"③

为了实现这一点，詹姆士首先要求我们培养对习惯的敏锐度和洞察力，尤其是要极力避免那些有可能将生命引向衰弱的习惯。他在《原理》中指出："要是年轻人能够意识到他们多么快就会变成只由习惯构成的活物，那么他们在自己的可塑阶段就会更加留意自己的行为。我们的习惯决定着我们命运的好坏，且不可回头。任何一个最微小的习惯，无论是好是坏，留下的印记都不可能是小的。"④ 除此之外，他还在《原理》中提出了更新习惯的两条原则：首先，我们要通过各种条件激励自己，为自己创造一个更新的起点；其次，在新习惯固定之前不能破例。在这两条原则之

---

① WWJ 11：144.

② WWJ 11：132.

③ WWJ 12：53.

④ WWJ 8：130 - 131.

外，詹姆士加上了另外一条：抓住每一个可能机会去践行你的决定。这一原则的本质是，根据自己的意志，在所有重要的生命事件中坚定、及时而明确地行动。但詹姆士也看到，习惯的更新并没有固定的法则，而是只能落实到一个"最后的实践性准则"，即"每日通过一些小的免费练习保持官能的活力，即在一些小而不必要的地方保持系统化的禁欲主义或英雄主义，每一日或两日做一些没有理由需要去做的事情。这样，当危险迫近之时，你也许会发现自己对所要经受的考察已经有了足够的心理准备和训练"。①

和其他生命活动一样，感知的训练最终落实为感知习惯的更新。詹姆士指出，对人的大脑而言，唯一可做的事情"要么是加深旧的路径，要么是制造新的路径"②。在更新感知习惯的视角下，注意力的运作和出于意志的行为、詹姆士的心理学研究和意志哲学深度地关联起来。

在具体的操作层面上，詹姆士认为感知的训练可以从两个方面进行。首先是努力提升持续的关注力。他指出，一次主动关注只能维持几秒，持续的主动关注一定是连续努力的结果。但持续的主动关注需要对象的变化，持续关注一个完全不变的对象是极为困难的，它们会在一段时间后自然地滑出我们的关注。因此，"如果一个心灵能更容易、更丰富地实现持续的关注，那么它就越新鲜，越有创意。在这样的心灵中，对象发芽、抽枝和生长"③。詹姆士将拥有这种心灵的人称为"天才"（genius）："一般认为，天才超出常人的地方就在于他们的持续关注力。"④ 但他又认为持续的关注力可以通过教育获得，而"能够提升这种能力的教育将是最杰出的教育"⑤。其次是尽可能地取消固定的兴趣。他指出，如果我们让幼儿园的孩子说出一朵花或一只鸟的特征，他们绝对说不出那些他们平常并不关注的特征。因此，"我们一般看到的是那些已经被我们前知觉（preperceive）

---

① WWJ 8：130.

② WWJ 8：112.

③ WWJ 8：397－398.

④ WWJ 8：400.

⑤ WWJ 8：400.

的事物，而能被我们前知觉到的只有那些已经被贴上标签的事物，这些标签已经印在我们的心灵中了。一旦丢失储存的标签，我们的理智就会迷失在世界中"①。但这些标签是可以被刻意打乱的。詹姆士告诉我们，在少儿阶段，我们对直接的感觉刺激总是异常敏感，"比起属于自己，孩子似乎更属于抓住他注意力的每一个对象"；而成熟之后，我们形成了所谓的"固定兴趣"，"我们的注意力不再回应处于固定兴趣之外的对象"。② 当然，这两个方面并没有涵盖训练感知的全部手段。

感知的能力可以通过训练提升，这一思路从超验主义者一直延续至实用主义者，后来又成为吉布森（Eleanor Gibson）等人提出的"知觉学习"（perceptual learning）的主要资源。吉布森指出，詹姆士建议我们"通过学习不同的联系来提高区分的能力"。但这一观念必须有一个前提，即认为"刺激包含了丰富的潜在多样性和信息，这些多样性和信息不一定能得到回应。区分的学习不在于增加不同的回应，也不在于形成身体性复制或认知性表征，而在于发现对象的不同特征和刺激事件中的不变量"。③ 詹姆士要求我们在经验的推进中不断做出精细的区分，但这些区分又不能变成固定的标签，它们必须是可更新的。简言之，感知和表达能力的形成并不是现成且一劳永逸的，而是一个不断学习的过程。

因此，在彻底经验主义的语境中，感知的训练最终只有一条原则：不遗漏任何一个细微的经验。正是在这个意义上，库克里克将詹姆士称为"理性生活与情感生活的精细观察者"④。借用威尔谢（Bruce Wilshire）的表达来说，詹姆士的最终洞见不是向上的超越，而是追求"与物质世界之间的令人窒息的亲密"（the breathtaking intimacy of the material world）⑤。在《原理》中，詹姆士将对这种"亲密性"的体验称为"温暖

---

① WWJ 8：420.

② WWJ 8：394.

③ Eleanor Gibson, *An Odyssey in Learning and Perception*. Cambridge, MA：MIT, 1991, p. 357.

④ Bruce Kuklick, *A History of Philosophy in America*, 1720 - 2000. Oxford：Clarendon Press, 2001, p. 156.

⑤ Bruce Wilshire, "The Breathtaking Intimacy of the Material World：William James's Last Thoughts," in Putnam, ed., *The Cambridge Companion to William James*, pp. 103 - 24.

而亲密"（warmth and intimacy）的感觉。① 在他看来，强调这种感觉是我们逃离认识论难题的最终出路。他指出："在整个哲学史中，主体和它的对象都被视为绝对不连续的实体，这样一来，对象对主体的呈现，或主体对于对象的'把握'就带上了悖论的性质，哲学家不得不发明各种各样的理论去克服这种悖论。表征主义的理论将心理'表征''形象'或'内容'作为中介放到这个鸿沟中。常识主义的理论不去触碰这个鸿沟，宣称我们的心灵能够通过自我超越的一跃清除它。超验主义的理论认为有限的知者无法越过这个鸿沟，因此引入绝对者来进行这一跃。"② 与此相反，詹姆士探讨的这种"温暖而亲密"的感觉让心灵与世界的关系从单纯的认知关系进展到了一种全然不同的关系中。

詹姆士要问的是：在这样一种全新的关系中，在"主体-对象"的框架下探讨感知是否还有意义？我们是否应该完全放弃把握（grasp）对象的诉求，让自己完全沉浸在经验的洪流中？他在《彻底经验主义》中尝试性地探讨了这种沉浸的状态："首先吸引我们注意的是那些被感知到的事物属性，它们的危险性、美、稀有性、有用性等。在我们与自然打交道的过程中，这些属性将对象着重强调出来。不管一个突显出来的对象是一个怎样的精神性事实，它一定能够给我们造成直接的身体效应：改变我们的声调和张力、心跳和呼吸，以及血管和内脏的活动。"③ 这种状态要求我们放弃自身的认知者立场，转而将自己理解为梅洛-庞蒂（Maurice Merleau-Ponty）意义上的"世界之肉"（flesh of the world）。④ 和梅洛-庞蒂一样，詹姆士探讨的是这样一种构想：身体在"插入"（in-sertion）世界的同时也将世界"纳入"（in-taking）身体。这就是"我呼吸"在生存论层面上的表达。这种"插入"和"纳入"共同构成了詹姆士在《原理》探讨的"占

---

① WWJ 8：233.

② WWJ 3：27.

③ WWJ 3：75.

④ 参见 Megan Rust Mustain，*William James*，*Maurice Merleau-Ponty*，*and the Search for Relations*. Carbondale：Southern Illinois University Press，2002。

有"（appropriation）。① 我们必须将这种"占有"和康德意义上的"统觉"严格区分开来。对实用主义者而言，这种占有就是让世界变成自身所熟悉的处所。梅洛-庞蒂指出："我们应该避免说我们的身体在空间中或在时间中，而是说它居有（in-habits）了时空。"② 正是在相同的意义上，杜威在《作为经验的艺术》中指出："我们在与世界的交往中形成习惯，通过这些习惯我们也居有（in-habit）了世界。世界变成了家园，而这个家园又是我们每一个经验的一部分。"③

但是在詹姆士（和其他实用主义者）的语境中，沉浸并不是一种被动的状态，它不是沉思，而是行动。在这个意义上，感知的训练和沉浸并不是相互排斥的。他在《原理》中写道："最好生活在参差的边缘上（ragged edge），最好永远都啮咬锉刀（gnaw the file）!"④ 他还在《彻底经验主义》中指出："生命既处于转变之中，又处于连接之中。生命的存在感在有的时候似乎会更强烈一些，这时，我们在生命中的冲锋与突围就像是发生在火线上的真正的战斗，又像是农民点燃的野火以稀薄的火线掠过秋日干枯的田野。在这条火线上，我们既向前生活着，又向后生活着。这样的生活既是过去的，又是将来的，因为它既延续了过去，又延伸至将来。"⑤ 詹姆士用"啮咬锉刀"以及"火线上的冲锋与突围"这两个意象刻画了我们在纯粹经验之流中所处的状态，它们的本质是在行动中主动地制造关系。正如麦克德莫特所言，在詹姆士那里，"自我的异化就是没有能力去制造关系"⑥。因此，对詹姆士而言，沉浸在经验之流中并不意味着随波逐流，而是成为一个主动制造关系的探索者和实验者。在这一点上，他再次和爱默生产生了共鸣，后者在《经验》的最后写道，人与世界之间的"真正罗曼

---

① WWJ 8：323；WWJ 8：612. 与占有相对的是"抛弃"（disown）。

② Maurice Merleau-Ponty, *The Phenomenology of Perception*. London：Routledge，2002，p. 161.

③ LW 10：109.

④ WWJ 8：179.

⑤ WWJ 3：42.

⑥ McDermott, *The Culture of Experience*, p. 105.

司"（true romance）在于"将天才转化为实践的伟力"。① 在同样的意义上，詹姆士在日记中写道（1870 年 4 月 30 日）："我要以如下方式设定（真实的、好的）生命：生命为了世界自觉地抵制自我（Ego）。生命必须由做、受难和创造组成。"②

第二节 从哲学立场到生命洞见：人本主义与彻底经验主义视角下的实在观

会概括的人只是一个白痴，能够特殊化才是出众的美德。

布莱克：《对约书亚·雷纳多先生之论文集的旁注》

詹姆士式实在论的内部张力

尽管詹姆士从未将自己归入实在论阵营，但是他在思想发展的各个阶段都展现了鲜明的实在论倾向。他在《原理》中提出了思维的五个特征，其中第四个特征是："思维总是处理独立于它的对象。"③ 虽然他在两年后出版的《教程》中去掉了第四个特征，将思维的五个特征改为四个特征，但这一改动的原因并不是立场的转变，而是他认为没有必要在本科生的心理学教材中特别讨论这个本体论问题。④ 詹姆士在《原理》的最后一章对"经验"做出了如下界定，这一界定如实反映了他在该时期的实在论倾向：经验首先意味着"外部的东西对我们造成的印象，无论是出于对象的自发，还是因为我们自己的运作和行为"，而"事物之间的时空连接"就是"经验的秩序"，这种秩序是"我们思维形式的无可争议的真实因

---

① WE 3：86. R. W. 爱默生. 自然沉思录［M］. 博凡，译. 上海：上海社会科学院出版社，1993：234. 译文有改动。

② William James，ed.，*The Letters of William James*. Boston：The Atlantic Monthly Press，1920，vol. 1，p. 148.

③ WWJ 8：220.

④ WWJ 14：140.

（vera causa）"。①

接下来，詹姆士在阐述成熟的实用主义思想的《真理的意义》中明确指出："人本主义者并不忽视客观性特征和真理的独立性。"② 他还在收入该文集的《实用主义者的真理观及其误解者》中回应了对实用主义的八个误解，其中是第三个误解是，实用主义者认为自己没有权利相信出现在自己面前的实在，第四个误解（作为第三个误解的扩大化）则是认为没有一个实用主义者是认识论上的实在论者。詹姆士对此的回应是："实用主义者认为，满意对于建构真理是不可或缺的，但我屡次说过，满意是不充分的，除非它能引向实在。倘若假设的实在被排除在实用主义者的论域之外，那么无论留存的信念多么令人满意，他都会直接将其称作谬误。对实用主义者和他的批评者而言，如果真的对象不存在，真理也就不会存在。如果没有一些被映射的物质给观念提供认知的光泽，后者只能停留在心理的表面。这就是为什么我从一开始就小心地设定'实在'，并在整个讨论中始终作为一个认识论实在论者（epistemological realist）的原因。"③

到了《彻底经验主义》，尽管该理论的主要思路是用纯粹经验取代主体和对象的二元论，但詹姆士又在某些时候表现出了更加强烈的实在论倾向。他指出："中介性的心理形象并不存在，我们直接看到作为物理存在的房间和书本。"④ 在这个意义上，"较之于贝克莱或密尔的观点，彻底经验主义与自然实在论的关系要近得多"⑤。他还在 1907 年的一次访谈中明确指出："没有一个实用主义者是怀疑论者，他们从不怀疑我们最终能够通过理论进入实在的核心。"⑥

从历史的视角来看，美国的实在论思潮——新实在论（new realism）和批判实在论（critical realism）——在很大程度上是由詹姆士的思想

---

① WWJ 9：1217.

② WWJ 2：49.

③ WWJ 2：106.

④ WWJ 3：8.

⑤ WWJ 3：37.

⑥ WWJ 18：227.

（特别是他对意识的思考）所引发的。从某种意义上来说，《意识存在吗?》（1904 年）对美国实在论运动的奠基性作用并不亚于摩尔（George Edward Moore）的《驳斥观念论》（1903 年）在英国实在论中所处的位置。当时美国的很多实在论者不但是詹姆士在哈佛的学生，还公开表明了詹姆士对他们的影响，其中包括桑塔亚那、蒙塔古（William Pepperell Montague）、德拉克（Durant Drake）、佩里（Ralph Barton Perry）、帕拉特（James Bissett Pratt）、斯特朗（Charles Augustus Strong）和老塞拉斯（Roy Wood Sellars）等人。[①] 而更晚近一些的普特南在詹姆士那里找到实在论（他将詹姆士的立场界定为"自然实在论"或"直接实在论"）的关键洞见也不是偶然的。[②]

但我们应该看到，詹姆士并不是传统意义上的实在论者。正如普特南所指出的，詹姆士过于强调心灵对实在的建构，比如他常说世界是由我们"构造"（make up）的，这在很大程度上对他的实在论立场构成了威胁。[③] 詹姆士在《原理》中指出，对象的"是"（is）在很大程度上取决于我们的"让它是"（let it be），或者说这两者在原则上是不可区分的："当一个观念以某种方式刺激到我们，就好像是电刺激到了我们的自我，我们便相信这一观念'是'一个实在；而当这个观念以另一种方式与我们的自我相关联时，我们则说，我们'让'这个观念成为一个实在。想要解释这里的'是'与'让它是'所分别对应的意识态度显然是徒劳的。直陈语气（indicative mood）与祈使语气（imperative mood）不但是语法上的最终范畴，也是思维的最终范畴。……我们的决定或意愿可以将一个初步可能的对象变成一个实在的对象，我们对这一对象的个人态度也由波动变成稳

---

① 参见孙宁. 匹兹堡学派研究：塞拉斯、麦克道威尔、布兰顿［M］. 上海：复旦大学出版社，2018：35 - 37.

② 普特南指出，他对自然实在论的兴趣"最初是由我在最近几年阅读詹姆士和奥斯汀（John Langshaw Austin）的知觉理论而唤醒的"。Hilary Putnam, *Words and Life*. Cambridge, MA：Harvard University Press, 1994, p. 293.

③ 希拉里·普特南. 三重绳索：心灵、身体与世界［M］. 孙宁，译. 上海：复旦大学出版社，2017：4 - 7.

定，从'毫不上心'到'认真对待'，这种转变在生活中是最为寻常的。"①
这一观点在《实用主义》中得到了更为明确的表述："当我们谈论'独立
于'人的思维的实在时，这样的实在是很难找到的。"②

理解这种特殊实在论的关键在于，早在罗蒂攻击镜式哲学之前，詹姆
士就已经将"旁观者理论"以及相关的"复制"或"摹写"模式作为主要
的攻击对象。他在《评论斯宾塞对心灵的定义》（1878 年）中指出："就我
个人而言，我无法逃离下面这个处处强加给我的想法：认知者并不是一面
无处落脚、到处漂流的镜子，被动地反映他偶然遇到、简单存在的秩序。
认知者一方面是一个行动者，是真理的一个系数，另一方面又在表达他帮
助创造的真理。心理兴趣、猜测和假定是人类行动（这些行动在极大程度
上改变了世界）的基础，它们帮助创造了人类声称的真理。换言之，心灵
自出生以来就拥有一种自发性，一种投票权。它不是单纯的旁观者
（looker-on），而是处于游戏当中。我们不能将心灵对应该所是的判断和它
的理想从认知中剥离出来，视它们为赘生物或最多只是残存物。"③ 这个结
论在《原理》中得到了进一步展开。詹姆士指出，心灵可以是"远观者"
（remoter），但不可以是"旁观者"（spectator）："为了认识、意指或'关
于'实在，心灵必须采取一种远观者的状态，或者作用于实在，或者与实
在相类似"，但如果我们由此认为"观念必须摹写所知"，这将会是一个
"错误的假设"。④

但詹姆士在界定这种非镜式复制的实在论时遇到了巨大的困难。他在
《实用主义》中指出："我们对实在有怎样的说法取决于我们采取何种视
角。实在的存在取决于它自己，而实在是什么则取决于视角，而视角又取
决于我们。"⑤ 他还在《真理的意义》中写道，当被问及实在如何被认识

---

① WWJ 9：1172 - 1173.
② WWJ 1：119.
③ WWJ 5：21.
④ WWJ 8：445.
⑤ WWJ 1：118.

时，"在一个意义上是你创造了它，在另一个意义上是你找到了它"①。这些表述暴露了詹姆士在解释实在时的不确定性：是被动地发现（find）实在，还是主动地发明（invent）实在？被动性和主动性之间的这种张力是詹姆士式实在论的显著特征。

詹姆士建议我们用"引导"（guide）来理解被动性，用"增加"（add）来理解主动性。一方面，他指出："在最宽泛的意义上，符合（agree with）实在或者意味着被直接引导到实在，或者意味着被引导到实在的周围，或者意味着与实在发生有效接触，使得我们在处理实在或与实在相关的事物时比不符合实在要做得更好一些。……摹写实在的确是一种非常重要的符合方式，但它远不是根本的方式。被引导的过程才是根本的。任何观念，只要能够帮助我们在实践上或理智上处理实在或实在所属物，只要不使我们的进展受到挫折，只要能让我们的生命适合和适应整个实在，就充分达到了符合的要求。"② 他还指出，引导就是将思维"引入包含重要对象的地方"，不管是引入"有用的语言和概念领域"，还是"直接引入有用的可感目标"，引导就是"引向连贯、稳定和流动的人类交往"。③ 在功能主义的语境中，引导首先意味着有机体根据环境做出选择性的调适。在将《认知的功能》收入《真理的意义》时，詹姆士增加了一个关键性的注解。他指出了这篇文章的几个缺陷，其中之一是"对下面这个一般观念的展开不够，即感觉或观念的适用性就是根据某个具体实在的满意性调适（satisfactory adaptation）"，这个一般观念包含了"指向、适合、作用或类似"，是"杜威、席勒和我自己的成熟观点"。④ 要特别指出的是，这种"满意性调试"是具体的。在詹姆士那里，并不存在"普遍意义上的满意"（satisfaction überhaupt），满意必须是"多元的"，是"具有存在的人在他们的信念中实际找到的"。因此，不同于"懒惰的认识论者"，实用主义者

---

① WWJ 2：56.

② WWJ 1：102.

③ WWJ 1：103.

④ WWJ 2：32.

"追问符合的细节"，并且，"他越是进一步地界定自己，就变得越具体"。①根据这样的理论诉求，他在给罗素的信（1908 年 5 月 24 日）中写道："一言以蔽之，我的观点是：实在和观念之间并不存在某种自成一类的普遍关系，相反，存在的是许多特殊关系，它们因特殊的条件的不同而不同，并由观念在周围经验（实在和观念都是经验的一部分）中的'工作'或'引导'方式构成。"②

另一方面，詹姆士又在《实用主义》中指出："无论是对实在的主词还是谓词部分，我们都在增加。世界是可塑的，等待我们的手对它进行最后的定型。"③他在这里援引了洛采的一个深刻洞见。洛采要求我们反思理智与实在之间的摹写关系，他问："难道我们的摹写本身不是对实在的重要增加吗？难道先在的实在本身不是为了刺激我们的心灵，使它们用这种增加来提高宇宙的总体价值，而不仅仅是为了能在我们的知识中不变地复现吗？"詹姆士借用德国哲学家欧肯（Rudolf Christoph Eucken）的表述来总结这一洞见："提高已被发现的存在（Die erhöhung des vorgefundenen daseins）。"④他还列举了一系列"增加"的例子："27 这个数，你可以认为它是 3 的立方，或 3 乘 9 的乘积，或 26 加 1 的和，或 100 减 73 的差，等等"；"一个棋盘，你可以认为它是白底黑方，或黑底白方"；"一条线，你可以说它是向东，也可以说它是向西"；"我们把天上的星划分成许多星座，它们只是耐心地听我们划分和命名"；等等。在以上这些例子中，"我们都人为地增加了可感实在，实在也容忍了这种增加"。⑤

但公允地看，詹姆士给出的这两种理解模式并不能完全打消普特南式的疑虑，即过度强调"人造"的部分会威胁到实在论的根基。詹姆士在

---

① WWJ 2：104.

② CWJ 12：18.

③ WWJ 1：123.

④ WWJ 1：123. 在 19 世纪后半叶至 20 世纪前半叶的美国哲学图景中，洛采的重要性是毋庸置疑的。当时有一大批美国哲学家（包括詹姆士）曾在德国追随洛采学习，桑塔亚那在罗伊斯的指导下完成了以洛采为主题的博士论文。

⑤ WWJ 1：121.

《实用主义》中指出：“虽然有一个可感的实在之流存在，但它的真从头至尾主要地是由我们自己创造的。”① 我们注意到，詹姆士在这里使用了“主要地”（largely）一词，这说明他本人也意识到了这种威胁，并试图通过保留一部分非人造的实在来规避它。他在《理性的情感》中指出：“从逻辑上来说，存在的基底（bottom）对我们来说是不透明的，它在严格意义上就是材料，我们只能在偶遇中发现它。（如果愿意），我们应该尽可能不停下来去惊叹它。”②

现在的问题是，应该如何来刻画这部分作为“基底”的实在？尽管詹姆士要求我们尽可能不停下来去惊叹它，但他还是至少给出了两条路径。首先，实用主义者都充分地意识到，经验在支撑（sustain）着我们的同时也抗拒（resist）着我们，前者被我们体验为对象对我们的“迎合”，后者则被体验为对象给我们造成的“阻力”，前者让我们感受到顺畅和愉悦，后者则让我们产生怀疑和不确定感。这些体验在超验主义者那里已经得到了提示。爱默生在《命运》中指出：“从前我们认为正面的力量就是全部，现在我们学到，负面的力量，或者说周遭的环境占了世界的一半。”③ 他还告诉我们，“自然是暴虐的环境”，是“必然的活动，狂暴的方向，使用工具的条件”。④ 在相同的意义上，皮尔士指出，“或多或少地，人总会平静地期望某个结果，但突然被迫认识到某个完全相反的结果”，这些陌生的新现象则来自于作为“非我”（Non-Ego）的外部世界。⑤ 杜威则在《经验与自然》中指出，世界是“一个巨大而不可抗拒的混合体，它混合了充足性、紧实的完全性、秩序、让预测和控制成为可能的重复、特殊性、模糊性、不确定的可能性，以及走向结果然而又未被决定的过程”⑥。基于类似的体验，詹姆士在《实用主义》中区分了实在的三个部分：第一部分是

① WWJ 1：122.
② WWJ 5：59.
③ WE 6：8.
④ WE 6：20.
⑤ CP 5：57.
⑥ LW 1：47.

"强加给我们的感觉流"，我们"无法控制它们的性质、秩序和数量"；第二部分是感觉之间某些关系，其中包括"可变的和偶然的关系，比如日期和地点"和"固定的和根本的关系，比如相似和不相似"；第三部分是"每个新探究都必须考量的先在真理"。詹姆士告诉我们，在这三部分中，只有第三部分给我们的阻力较小。① 在《彻底经验主义》中，詹姆士还将这种阻力界定为大写的"事实"（Fact）。他指出："给予实在的不是理性，而是事实。事实空洞、野蛮而盲目地存在，拒绝将所有东西都溶解为逻辑关系的绝对逻辑，事实是唯一坚持存在的东西。绝对逻辑的愤怒也就是由此产生——它不承认事实，并'切割'事实。"②

其次，詹姆士试图用"界限"（limit）来理解这部分实在。如果说阻力是被体验到的外部冲击，那么界限则是一种观念性构想。詹姆士指出，我们可以像席勒那样将独立的实在设想为"实在的可感核心"（the sensible core of reality），我们可能"遭遇"（encounter）它，但无法"拥有"（possess）它。观念论者认为不存在这样的核心，经院哲学家认为核心就是"物质"，柏格森等人认为这个核心是可以界定的，并用各种方式尝试界定，而杜威和席勒则将核心把握为"界限"。詹姆士告诉我们，他认为杜威和席勒的观点如果不是最令人满意的，也更真实一些。③ 他指出，作为界限的实在"刚进入经验，尚未被命名，或是经验想象中的原始呈现，我们尚未对此产生任何信念，人的概念也尚未应用。它绝对是哑的、转瞬即逝的，只是我们心灵的理想界限。我们可能瞥见（glimpse）它，但绝对无法把握它，我们把握的总是人的思维已经'消化'和'烹调'过的替代物"。④ 我们可以从前一章的讨论中看到，皮尔士的思路是向后界定这一界限，将它理解为探究共同体的"最终意见"，而詹姆士的思路则是向

---

① WWJ 1：117－118.
② WWJ 3：140.
③ WWJ 1：120.
④ WWJ 1：119.

前追溯的。在这个意义上，他的思路更接近于现象学的还原。① 但在詹姆士看来，探讨"界限"的目的并不是要建立一门以还原为方案的严格科学，因为"瞥见"尽管在原则上是可能的，在实际上却是不可操作的，我们把握的总是已经被"消化"和"烹调"的实在。

以上我们对詹姆士的实在论做了初步的刻画，并结合詹姆士的讨论试图澄清其中的两个关键问题，即如何理解被动性和主动性之间的张力，以及如何刻画实在中非人造的"基底"部分。接下来，我们将在两个理论语境——人本主义和彻底经验主义——中更加深入地探讨詹姆士的实在论。最后，基于詹姆士的特殊理论旨趣，我们的讨论将从作为哲学立场的实在论进展到作为生命洞见的实在观。

个体性与共享性：人本主义视角下的实在论

哲学的根本目标是通过研究人的现象和人的问题推动人的发展，因此任何哲学问题都必须被置于人的视域下加以考察，这是贯穿詹姆士思想发展始终的一个基本确信。1968 年，时年 26 岁的詹姆士在给好友瓦德的一封信中写道："我们所知、所是的每一样东西都必须通过人，只有通过人我们才能获得启示。温暖你胃部的每一种情感，让你血脉偾张的每一个壮举，你的每一次呼吸都是人的行为。"② 随着詹姆士思想的推进，这个早年的信念在席勒的帮助下演变成作为"人本主义"（humanism）的实用主义。席勒在《人本主义》（1903 年）中提出了作为哲学方法的人本主义：人本主义"认为人类经验是理解经验世界的线索"，而"一种试图通过分析将

---

① 参见 Bruce Wilshire, *William James and Phenomenology: A Study of the Principle of Psychology*. Bloomington：Indiana University Press，1968；D. C. Mathur, *Naturalistic Philosophies of Experience: Studies in James，Dewey and Farber against the Background of Husserl's Phenomenology*. St. Louis：Warren H. Green，1971；Richard Stevens, *James and Husserl: The Foundations of Meaning*. The Hague：Martinus Nijhoff，1974；James Edie, *William James and Phenomenology*. Indianapolis：Indiana University Press，1987。

② CWJ 4：249.

人消除的终极哲学一定无法实现它的目标"。① 在人本主义的视域中，"思维和实在是不能分离的，因此，思维和实在相互符合的理论最终是没有意义的。我们能够意识到的实在只能是它在我们思维中的表征，同样，思维的所有意义最终在于它对实在的指涉"②。詹姆士在给席勒的信（1904 年 2 月 1 日）中写道："对我而言，实用主义只是一种讨论的方法，你和杜威赋予这个观念的巨大范围超出了我更敬小慎微的哲学思考。……人本主义这个概念一开始并没有吸引我，但我现在认为它是正确的。"③ 这一确信在《实用主义》以及之后的《真理的意义》中得到了明确的表达。詹姆士首先界定了席勒提出的人本主义理论："在一个无法确定的程度上，我们的真理都是人造的产物。人的动机让所有问题变得尖锐，人的满意潜藏在所有问题中，我们的所有方案都带有人的因素。……席勒说，世界是可塑的。"④ 在此基础上，他试图用人本主义来拓展作为方法的实用主义："我认为席勒提出的建议——用'人本主义'来称呼一种更为宽泛的实用主义——是极好的，而且应该被接受。更为狭窄的实用主义仍然可以作为'实用主义方法'得以谈论。"⑤

在人本主义的视角下，实在不再是抽象的概念或符号，而是由具体的人类现象构成。詹姆士在《宗教经验之种种》中指出："只要我们还是在处理宇宙的和一般的问题，我们所处理就只是实在的符号。然而，一旦我们开始处理私人的和个体的现象，我们就开始处理最完整意义上的实在。"⑥ 他在《真理的意义》中提出了人本主义关于实在的几点考量：第一，"真的知觉经验或概念性经验都必须符合（conform to）实在"；第二，"人本主义所谓的'实在'只意味着和某个当下特殊经验混合在一起的其他概念性经验或知觉经验"；第三，"人本主义所谓的'符合'意味着如此

---

① F. C. S. Schiller, *Humanism: Philosophical Essays*. New York: MacMillan, 1903, pp. xix-xx.

② Schiller, *Humanism: Philosophical Essays*, p. 46.

③ CWJ 10: 369.

④ WWJ 1: 116 - 117.

⑤ WWJ 2: 38.

⑥ WWJ 15: 393.

考虑以获得在理智上和实践上令人满意的结果"；第四，"这里的'考虑'和'令人满意的'没有明确的定义，在实践中有很多方式可以满足这些要求"。① 可以看到，人本主义在将人的因素引入实在的同时，又试图坚持一种实在论立场，即探讨一种"令人满意的符合"。

我认为，我们应该结合这种人本主义倾向来理解詹姆士提出的实用主义原则：真即令人满意的效果。这样一来，"正统"实在论者——比如罗素和摩尔——对实用主义真理观的攻击就无法成立了。② 詹姆士在《理性的情感》中指出："哲学或者通过取消对象，或者通过将对象视为是与情感无关的，从而废止了指涉的有效性，任何这样的哲学都排除了所有可以让心灵去关心（care for）、去为之行动（act for）的东西。这样的情形恰好是梦魇的反面，但两者所制造的恐惧却是相近的：在梦魇中，我们有行动的动机，却没有力量；而这里我们拥有力量，却没有行动的动机。"③ 因此，人本主义意义上实用主义不是要退回主观性内部，而是要出于某个具体的动机去"关心"非我的对象，并为之"行动"，这就是詹姆士所说的"符合"；与此同时，对象在这种关心和行动中带上人的要素和人的色彩，这就是心灵对实在的"指涉"。在詹姆士的语境中，"符合"和"指涉"都不是单向的关系，而是一个双向的进程，而在这个双向进程中生成的实在和真理在任何意义上都不是"自我主义"（egoism）的。

晚年的詹姆士在给米勒（Dickinson Sergeant Miller）的一封信中（1907 年 8 月 5 日）用"描述豆子"的例子生动地刻画了他的人本主义实在论："世界本质上就像桌上的一把豆子。这些豆子本身没有任何意味。一个旁观者可以将它们任意组合，可以计算和排列它们，也可以选出几组，随意地或根据自己的目的加以命名。无论他怎么做，他都在考量这些豆子，这种考量既不是错的，也不是无关的。那么，我们为什么不能说他

① WWJ 2：59 - 60.

② 参见 Bertrand Russell，"James's Conception of Truth"，in *Philosophical Essays*. London：Allen and Unwin，1910；G. E. Moore，"Professor James' 'Pragmatism'，" in *Philosophical Studies*. London：Routledge，1922。

③ WWJ 6：71.

的考量是真的呢？他的考量既符合除去他的豆子（beans-minus-him），又表达了加上他的豆子（beans-plus-him）的总体事实。因此，这种总体意义上的真带有一定程度的模糊性。即便只是简单地计算和排列豆子，他也服从了一种主观的兴趣。我们在勾描轮廓时也带有这种兴趣。我们将这种兴趣称为纯粹'理智的'兴趣，而将豆子以不同的形式分组则代表了非理智的兴趣。基于此，我认为真理不能离开兴趣存在，无论是理智的兴趣，还是非理智的兴趣。如果仅仅是持这样的观点就被指控说是否认了豆子，或者否认我们的认识受到了豆子本身的限制，那就太愚蠢了！"① 如果一定要界定这个例子所展示的实在论立场，我们不妨借用普特南的表述："如果我们一定要用隐喻性的语言，那就说：心灵与世界一起构成了心灵与世界。"② 极为类似地，詹姆士在 1907 年的访谈中指出："真理是一个结果，心灵和实在共同制造了真理……这里的实在不是真理，这里的心灵也不是单纯的镜子。心灵在实在之上引发了真理，我们的真理系统本身就是实在的一部分（对我们来说是最为重要的一部分）。我们可以这样说，实在在最广泛的意义上确实是通过人类思维生长起来的。因此，我们的心灵并不是简单地摹写已经完成的实在。心灵是去完成实在的，是通过重塑实在增加后者的重要性，是将实在的内容移注进一个更为重要的形态。"③

在人本主义实在论的视域下，詹姆士进一步提出了实在的两个"存在模式"：个体性和共享性。在第一个模式下，实在总是对某一个体视角而言的实在。詹姆士在《原理》中区分了上帝的实在（God's reality）和实践的实在（practical reality），并指出："我们需要的是实践的实在，为我们自己存在的实在。为此，对象不应该只是出现，它必须引起我们的兴趣且具有重要性。我们否定地对待既不有趣也不重要的对象世界，将它们界定为非实在。……实在只是意味着和我们的情感的和活动的生命相关。"④ 在

① CWJ 11：411.

② Hilary Putnam, *The Many Faces of Realism*. La Salle：Open Court，1987，p. 1.

③ WWJ 18：228.

④ WWJ 9：924.

他看来，这种基于个体视角的实在观完全以实践为根本诉求，即在各种可能的视角中找出那个能让个体生命受益最多的视角，然后尽可能地发挥它的优势。这种探索是实验性的，一个视角应该随时准备被另一个更好的视角所替代，实践的实在也总是处在变动和重构的过程中。

实在的第二个模式是共享性，即我们总是面对同一个世界中的同一些对象。詹姆士在《原理》中指出："同一个实在可以被无数心灵状态认知到，这些心灵状态本身可能极为不同，但它们都可以解释所涉及的那个实在。"① 关于这一点，他试图从两个角度给出说明。首先，詹姆士看到，为了寻找这一结论的依据，我们不能停留在心理学内部，而应该进展到作为形而上学的彻底经验主义。不可否认，彻底经验主义以日常经验为出发点。比如，"你的手抓住绳子的一端，我的手抓住绳子的另一端，我们往两个方向拉。如果我们两人的手在这个经验中是共同的对象，那么绳子能不是共同的对象吗？"又比如，"你的对象总是我的对象。如果我问你，你的某个对象，比如我们的老纪念堂，在哪里，你用我看见的手指出了我的老纪念堂。如果你改变了你的世界中的一个对象，比如熄灭了一支蜡烛，那么我的蜡烛事实上也熄灭了。"② 但詹姆士试图进一步阐明，这些日常经验背后必须以某种形而上学构想为依托，即流经一个心灵的纯粹经验也可以多次流经其他心灵。他指出，"如果同一个经验能够被计算两次，一次在心理中，一次在物理中（就像我在《"意识"存在吗？》中所阐明的那样），那么我看不出为什么它不能三次、四次或任意多次地进入不同的心理结构，就像各线相交处的点可以引出不同的线一样"，或者像"两根绳子可以捆同一捆东西"。③

不同于上面这条形而上学路径，另一条更为隐蔽，通常被詹姆士的研究者所忽视的路径是下面这条社会性路径。一般认为，较之于社会性，詹姆士更强调个体性，这是他与其他实用主义者的一个重要区分。和超验主

① WWJ 8：174.
② WWJ 3：39.
③ WWJ 3：40.

义者一样，詹姆士对社会性保持天然的警惕，甚至视之为个体意志的阻碍。他在给惠特曼（Sarah Wyman Whitman）的信中（1899 年 6 月 7 日）中写道："我反对所有形式的巨大和伟大，我赞同在个体间运作的分子式的道德力量。……处理的单位越大，就越空洞、越无情，所展示的生命也就越虚伪。因此我反对一切大组织，首先是国家。我反对所有大成功和大结果，而偏爱总是在个体中运作的真理的永恒力量，这种运作直接来看往往并不成功且居于下风，但历史却会在个体死亡很久之后将他们置于顶端。"① 但社会性维度在詹姆士那里并不是缺失的。虽然他像尼采一样深刻地意识到群体生活对个体意志造成的危害，但他并没有像尼采那样极端地认为获得生命的高度必须以丧失生命的宽度为代价。他在《实用主义》中指出："世界的安全是未被保证的。它是一场真正的冒险，我们会面临真正的危险，但又能获得最终的成功。这是需要真正实现合作的社会方案。"② 他还在收入《彻底经验主义》的《人本主义的本质》中指出："多元论本质上是一种社会哲学，一种让联合发挥作用的'共同'哲学。"③

根据这条社会性路径，詹姆士试图用一种"社会性心灵"的构想来解释实在的共享性。他在《原理》中区分了主我（I）和宾我（me），这一区分对米德产生了直接影响。詹姆士指出："主我和宾我的区分并不神秘，也不难理解。在根本上，它们不过是针对强调的不同方面而给出的名字。思维总是在做出强调。"简言之，主我是"思维瞬时感受到的身体性生命"，而宾我则是思维的其他部分。④ 米德在这一区分的基础上进一步阐明，宾我这部分可以无限拓展，和其他心灵一起构成一个更为宽泛的社会性心灵。乔阿斯（Hans Joas）认为，《原理》已经就这一点给出了提示，在这个意义上，他将美国社会学中"自我"概念追溯至 19 世纪末，并将詹姆士的《原理》作为这一概念的起点。乔阿斯指出，《原理》"试图解释一

---

① CWJ 8：546.

② WWJ 1：139.

③ WWJ 3：99.

④ WWJ 8：324.

种意识，这种意识不再是储存外在世界印象的容器，而变成了一种流动，在这种流动中，思维和感觉根据它们自身的法则出现和沉淀"①。詹姆士在《原理》中探讨了人的"社会伙伴"（Socius）。他指出，"人的经验性自我的最内核部分是一种社会性自我"，但是最理想的社会伙伴只能是作为"绝对心灵"和"伟大同伴"的上帝，而这就是我们通过祈祷与之交流的根本原因。② 在《多元的宇宙》中，他还将这些宗教语境中的探讨移置到宇宙论层面："我们所有人的共同社会伙伴就是伟大的宇宙，我们都是它的孩子。"③ 可以看到，这些表述尽管离米德式的"心灵"仍有一段距离，但已经足以帮助我们勾勒出一条从詹姆士到芝加哥学派的隐藏线索。

　　对实在的把握在主我和宾我的维度上同时展开。与之对应，詹姆士在《实用主义》中区分了直接证实和间接证实，并将它们视为实用主义方法的两个重要维度，这是经常被我们忽视的一点。在詹姆士看来，"真"不仅是对"我"而言为真，还必须是对"我们"而言为真。他指出："和完全的证实过程一样，间接的或只是潜在的证实过程也可以为真。"④ 他还指出，在直接证实的基础上，我们可以维持一种有效的、可信赖的间接证实系统："事实上，真理在大部分情况下是靠信用制度存在的。只要没有阻碍，我们的思想和信念就算'通过'了，就像只要没人拒收，钞票就可以流通一样。但所有这些都指向某些面对面的直接证实，没有这些直接证实，真理的建筑就会坍塌，就像没有现金作为基础的金融体系会崩溃一样。你接受我对一件事的证实，我接受你对另一件事的证实。我们交换彼此的真理。但被某人具体证实的信念是整个上层建筑的支柱。"⑤ 这两种证实方式分别对应于个体性和社会性这两条路径。对詹姆士的人本主义实在论而言，这两条路径都是不可或缺的。实在总是基于某一个体视角的实在，但围绕个体展开的实在并不是自我封闭的独立存在，任何一个视角都

---

① Hans Joas, *The Genesis of Values*. Chicago: University of Chicago Press, 2000, p. 149.
② WWJ 8：301.
③ WWJ 4：19.
④ WWJ 1：100.
⑤ WWJ 1：100.

必须和其他视角发生关系，并在由此建立的关系系统中共享一个连续的实在。正如他在《多元的宇宙》中所指出的，"个体形式是实在的永恒形式，也是时间性显现的永恒形式。尽管如此，我们仍然拥有一个连贯的世界，而不是一个具体化的不连贯世界"①。詹姆士试图阐明，每个视角在拥有同等地位的同时又在最大程度上关联在一起。每个视角既要在围绕它展开的意义空间内进行自我求证，又必须在它所处的公共空间内履行对彼此的智性义务，它们在相互塑造的过程中为同一个实在负责。

因此，在共享性的模式下，基于个体视角的多元实在呈现连续性的特征，正是在这个意义上，我们共享了同一个世界中的同一些对象。对詹姆士而言，这里的关键在于阐明一种不会损害多元性的连续性。一方面，他在《多元的宇宙》中强调"个体形式"（each-form）之于"总体形式"（all-form）的优先性，并质疑后者的存在。他指出："我所乐意接受的多元论愿意相信最终也许并不存在总体形式，并且，实在的基质也许永远不能被完整地收集，其中有一些也许会永远处在最大化的组合之外，而实在的个体形式同总体形式（很明显，这种形式是被普遍默许的）一样在逻辑上是可接受的，且在经验上是可能的。"② 但另一方面，他又在《宗教经验之种种》中指出："实在之轴（the axis of reality）穿过每一个自我，将他们像珠子一样穿起来。"③

可以看到，"个体形式"和"实在之轴"之间存在着显见的矛盾。但我们可以通过詹姆士在《彻底经验主义》中提出的一组区分来解释这个表面的矛盾，即"连锁联合"（concatenated union）和"总汇联合"（union of total conflux）。连锁联合的模式是"通过各自和中介关联，两个本身分离的部分可以相互关联，整个世界最终可以以类似的方式联合起来"，而总汇联合则是一种"一在全中，全在一中"的联合，是将事物纳入一元论

---

① WWJ 4：147.

② WWJ 4：20.

③ WWJ 15：309.

的绝对体系中。① 詹姆士认为个体性实在之间的相互关联以连锁联合的模式发生，这种模式不引入任何先天的预设和超验的帮助，只在"票面价值"（经验层面）上探讨连续性。这样一来，我们就可以在拒斥"总体形式"的同时又保留"连锁联合"。正是在这个意义上，詹姆士认为多元论的宇宙并不是无政府主义的，而是（与"帝国"或"王国"相对的）"联邦共和国"（federal republic）。② 杜威明确地看到了这一点。他指出，詹姆士在强调个体形式的同时也探讨了"汇流"（confluence），并且，对詹姆士的多元论而言，"和"（and）与"接着"（next）是两个最基本的范畴。③

通过以上的讨论，我们阐明了人本主义实在论的基本特征，也就是将个体性和共享性同时纳入考量的双层结构。在上一节的讨论中，詹姆士对感知观从基于感知者的分析进展到了基于纯粹经验的分析。现在我们要问的是，詹姆士的实在观是否也存在一个对应的推进步骤？人本主义视角下的实在论是否也需要进展到彻底经验主义视角下的实在论？推进之后的实在论是否仍然具有类似于人本主义实在论的双层结构？我认为这些问题的答案是肯定的。下一部分就是围绕这些问题展开的讨论。

一与多：彻底经验主义视角下的实在论

我们在讨论詹姆士的感知观时指出，作为心理学家和作为形而上学家的詹姆士之间存在着巨大的张力。随着思考的推进，詹姆士越来越感到对经验的探索必须落脚于一个最终的形而上学框架。虽然他在《原理》中就已经开始引入形而上学，但那时他寻求的只是一种"关于世界的整体感觉或意义"④。他的形而上学直到彻底经验主义才呈现其完整形态。

---

① WWJ 3：52.
② WWJ 4：145.
③ LW 15：5.
④ WWJ 8：379.

根据这一条推进线索，人本主义实在论也必须落脚于围绕纯粹经验展开的彻底经验主义。由此产生的问题是：彻底经验主义试图阐明"关系"之于"关系项"的优先性，并同时取消主体和对象，而实在论的基本前提是在一定程度上保留认知和所知之间的外在关系，那么彻底经验主义究竟在何种意义上还能被称为实在论？当然，我们可以说詹姆士式的人本主义实在论试图以一种特殊的方式取消传统实在论所要求的外在关系，但它和彻底经验主义之间仍然存在着不可调和的矛盾：前者自始至终都是从人的视角出发，而后者的一个主旨则是将经验理解为与个体意识无关的中立进程。这些问题不可避免地引向如下的结论：詹姆士的人本主义实在论和他的彻底经验主义之间存在着本质性的断裂。正是在这个意义上，普特南认为我们应该在接受詹姆士的实在论洞见的同时抛弃后者的形而上学。他指出，尽管詹姆士和奥斯汀都试图阐明一种直接实在论的洞见，但詹姆士的问题在于，尽管他试图修正经验主义的错误，但他的彻底经验主义仍然"深深地植根于传统经验主义的形而上学"[①]。

与之相关的另一个通常看法是，我们应该将詹姆士的实用主义和他的彻底经验主义分离开来，它们不仅分属两个不同的理论视域，甚至还出于两种相互对立的理论诉求。艾耶尔对詹姆士的批评是，尽管后者"认为实用主义提供了解决形而上学争论的一个手段，但他并没有将它应用于自己的彻底经验主义"[②]。事实上，詹姆士本人也倾向于将彻底经验主义视为独立于实用主义的理论。他在《实用主义》中指出："我理解的实用主义与我最近提出的'彻底经验主义'之间并不存在逻辑联系。彻底经验主义单独成立，一个实用主义者可以完全拒绝它但仍然是一个实用主义者。"[③] 但我在上一节的讨论中指出，詹姆士的思想是一个连续的渐进过程，中间并不存在任何意义上的断裂。这里我仍然坚持这一看法。我对詹姆士的一个

---

① Hilary Putnam, "Pragmatism and Realism," in Hilary Putnam & Ruth Anna Putnam, *Pragmatism as a Way of Life: The Lasting Legacy of William James and John Dewey*. Cambridge, MA: Harvard University Press, 2017, p. 158.

② Ayer, *The Origins of Pragmatism*, p. 324.

③ WWJ 1: 6.

基本解读是，彻底经验主义并不像詹姆士自己所说的那样是独立于实用主义的理论，实用主义在某种意义上反倒是彻底经验主义的一个准备步骤。不仅如此，彻底经验主义甚至是我们解读詹姆士的基本前提，他的其他思想部件只有在彻底经验主义的视域中才能得到完整的理解。事实上，詹姆士本人也在《真理的意义》中指出："我对另一种我称之为彻底经验主义的哲学理论感兴趣，在我看来，为了让彻底经验主义流行，建立关于真理的实用主义理论是一个头等重要的步骤。"① 并且，他还在《信念的意志》的前言中指出，收入该文集中的文章虽然"没有论证彻底经验主义立场的有效性"，但可以被视为"彻底经验主义者态度的例证"。② 概而言之，詹姆士的人本主义（作为实用主义方法的拓展）也必须在彻底经验主义的语境中得到考察。进一步，与本节的论题相关，彻底经验主义的构想并没有推翻人本主义实在论，而是后者的彻底化。为了说明这一点，我们要再次对彻底经验主义做一些考察。

詹姆士在《真理的意义》中指出，彻底经验主义包括一个预设、一个事实陈述和一个结论。预设是："只有那些以经验中的概念来界定的事物才是哲学上可争论的。"事实陈述是："事物间的分离性和连接性关系和事物本身一样，都是直接的具体经验的对象。"结论是："经验的各个部分通过关系联系在一起，这些关系本身也是经验的组成部分。简言之，被我们直接把握的宇宙不需要超越经验的外在支撑，它自己就具有连锁或连续的结构。"③ 这组界定中包含了纯粹经验理论的两个基本预设：第一，纯粹经验是一个"双管"概念，将它进一步区分为"单管"概念的做法是一种超出经验的虚构；第二，纯粹经验可以在不诉诸先验自我或经验主体的前提下通过经验内部的分离性和连接性关系进行有序的自组织。

詹姆士从这两个预设出发对实在进行了重新界定。首先，根据第一个预设，这个形而上学构想中实际上只有一种存在，即纯粹经验。这样一

---

① WWJ 2: 6.

② WWJ 6: 7.

③ WWJ 2: 6 - 7.

来，纯粹经验就成了构成实在的唯一材料。詹姆士指出，在纯粹经验理论中，"具体的思维和事物是用同样的材料（stuff）做成的"①。他还指出："如果我们从下面这个假设出发，即世界上只存在一种构成所有事物的第一材料（primal stuff）或物质，并将这种材料称为'纯粹经验'，那么我们就能很容易地将认知解释为各部分纯粹经验相互进入的特殊关系。这种关系本身就是纯粹经验的一部分，它的一端变成主体或知识的承载者，也就是知者，另一端变成所知的对象。"② 作为实在材料的纯粹经验具有以下三个特征。首先是基底性。它是形而上学层面的基底性存在，而非经验科学层面的对象性存在。其次是中立性。彻底经验主义的理论方案要求我们同时放弃物的优先性和心的优先性，将一种中立性的材料作为理论的出发点和落脚点。正是在这个意义上，罗素在《心的分析》（1921 年）中明确指出了詹姆士对他的影响，并在此基础上提出了"中立一元论"（neutral monism）的构想。③ 米萨卡（Cheryl Misak）甚至认为，詹姆士本人的立场也是一种中立一元论。④ 最后是特殊性。詹姆士指出，不存在经验的"一般材料"（general stuff），"经验的事物有多少种'性质'就有多少种材料。如果你问一段纯粹经验是用什么做的，答案永远是相同的：它是用'那'（that）做的"⑤。

在明确了这三个特征之后，还要特别指出两点。第一，在上述引文中，詹姆士将纯粹经验特别地界定为"那"。"那"是尚未被任何知性建构或理性框架所限制的原初经验，这种状态是纯粹经验在当下此处的直接表现，也是纯粹经验的首要形态。詹姆士指出："任一时刻的当下瞬时场域就是我称为'纯粹'经验的东西。它只是潜在地或可能地是对象或主体。眼下它只是未经限定的现实性或存在，一个简单的'那'。在这种朴素的

---

① WWJ 3：19.

② WWJ 3：4-5.

③ 参见 Bertrand Russell, *The Analysis of Mind*. London：George Allen & Unwin，1921。

④ Cheryl Misak, *Cambridge Pragmatism: From Peirce and James to Ramsey and Wittgenstein*. Oxford：Oxford University Press，2016，p. 55.

⑤ WWJ 3：14.

直接性中，它当然是有效的；它在那里，我们在此之上行动；我们通过反思将它二分为心灵的状态和心灵所指的实在，这种二分恰恰只是行动的一种。"① 第二，詹姆士并没有由此认为纯粹经验之流可以完全排除概念的运作，尽管后者一定会损害和削减原初经验。在他看来，也许只有新生的婴儿或处于半昏迷状态的人才有可能拥有不带任何规定性的经验，但在通常的情况下，原初的"那"必然会在经验的进程中转化为描述性的"什么"（what）。根据这两个要点，纯粹经验之流是由"那"和"什么"这两部分构成的，而由纯粹经验构成的实在领域也是它们共同构成的协同领域。在这个领域中，我们无法实际地区分出前概念的原初经验和概念化的经验，它们都是纯粹经验之流中的暂时状态。前面提到，在将《认知的功能》收入《真理的意义》时，詹姆士增加了一个关键的脚注，他指出，之前他认为"知觉是实在的唯一领域"，而现在"我认为概念也是一个协同的领域"。② 这里，詹姆士并不是要放弃他的反理智主义立场，而是试图在彻底经验主义的视域中重新界定实在：知觉和概念作为纯粹经验的有机组成部分，都是实在的主要构件。

　　其次，根据第二个预设，经验不是最小单位的抽象联合，纯粹经验之流中已经存在丰富的关联、倾向和过渡。詹姆士指出，彻底经验主义从某种意义上来说是休谟式的，但比休谟更彻底："一种彻底经验主义既不能将任何非直接经验到的元素纳入它的结构，也不能将任何直接经验到的元素排除在它的结构之外。对这种哲学而言，连接各经验的关系本身也必须是经验到的关系，而任何经验到的关系都和系统中的其他东西一样'实在'。"③ 这里的要点是，将分离性和连接性关系视为纯粹经验本身的成分。詹姆士认为，只有看到经验中的分离性和连接性关系既不是经验背后的组织原则，也不是超经验的总体结构，我们才能跳脱经验是如何被组织的难题，真正看到经验是如何以一种有机的方式自我生长的。较之于分离性关

---

① WWJ 3：13.

② WWJ 2：32.

③ WWJ 3：22.

系，对连接性关系的这种视角转换更为困难。他指出，传统经验论普遍存在一种"抛弃事物之间的联系，而坚持分离的倾向"，而彻底经验主义就是要"完全公正地对待连接性关系，但又不像理性主义常常做的那样，认为它们的正确性是通过某些神圣的方式获得的，就好像事物的统一性与事物的多样性分属于不同的真理和生命次序"①。关于如何公正地对待连接性关系，詹姆士在《原理》中给出了提示："我们应该说，对'和'（and）的感受，对'如果'（if）的感受，对'但是'（but）的感受，对'通过'（by）的感受，就像我们说对蓝色的感受或对寒冷的感受一样。"② 简言之，为了实现这种思维范式的更新，我们应该去感受和体验经验中的关系，而不是试图用理智去把握它们。

一旦我们将关系纳入纯粹经验之流，由纯粹经验构成的实在领域就从最小单位的集合变成相互关联的整体场域。在 19 世纪晚期，实用主义是试图以"场域"（field）范式取代"微粒论"（corpuscularianism）范式的主要声音。正如詹姆士在《多元的宇宙》中所指出的，"实在都不是绝对简单的，每一个最小经验都相互联系，小中见大（multum in parvo），每一种关系都是其他关系的一个面向、特征或功能"③。事实上，他在《原理》中就已经指出："存在判断和属性判断都代表了一种综合。'存在'这个词中的音节'ex'和德语'此在'中的音节'da'都表达了这一点。说'蜡烛存在'就等于是说'蜡烛在那里'，并且'那里'意味着和其他实在物相关的真正空间。因此，这一陈述也等于在说'蜡烛和其他实在物处在同一个空间中'。这一陈述为蜡烛断言了一个非常具体的谓词，即与其他特殊的具体事物的关系。"④ 也就是说，存在的本质就是在关系中存在，如果否认这一点，被我们把握到的就只是抽象的存在概念，而不是生成的实存。到了彻底经验主义的语境中，"存在"被替换为"纯粹经验"，但基本

---

① WWJ 3：29.
② WWJ 8：238.
③ WWJ 4：145.
④ WWJ 9：919.

的构想没有改变。在关系中存在被詹姆士进一步解释为纯粹经验的"易感性"（susceptibility）。他指出："某些经验可以通过一些有明显特征的中介经验把这一些经验引到那一些经验上去。"①

　　根据以上的讨论，我们就能理解为什么彻底经验主义是人本主义实在论的彻底化。首先，如果说人本主义语境中的詹姆士仍然在试图区分被动接受的实在和主动创造的实在，那么彻底经验主义语境中的詹姆士则通过作为唯一材料的纯粹经验完全克服了从主体或对象出发界定实在的思路。在人本主义的视角下，詹姆士指出："是河造就了岸，还是岸造就了河？人走路是以右腿还是以左腿为主？在认知经验的生长过程中，我们不可能把实在的因素和人的因素区分开来。"② 而在彻底经验主义的视角下，对实在的探讨最终落脚于纯粹经验这个"双管"概念。这时的核心问题不再是心灵与世界的关系，而是如何来理解纯粹经验中的分离性和连接性关系。其次，如果说人本主义的语境中詹姆士仍然试图保留作为"基底"的实在部分，那么彻底经验主义语境中的詹姆士则完全取消了这种外在性诉求。不过，他并没有由此走向观念论，而是用同一个范畴（纯粹经验）的不同面向取代了跨范畴的意识和对象，用纯粹经验之间的作用与反作用转译了意识和对象的相互外在性。根据以上两个要点，我们可以得出如下结论：如果说詹姆士的人本主义实在论是一种非常特殊的实在论，那么彻底经验主义则通过一种基于纯粹经验的形而上学构想对这种"特殊性"做出最终的说明。

　　可以看到，彻底经验语境中的实在论构想涉及传统实在论不会遇到的两个问题：首先，如何理解作为构成实在的唯一材料，每一个纯粹经验又是具体而特殊的？其次，如何在"连锁联合"而非"总汇联合"的意义上理解由纯粹经验构成的关系性整体？这两个问题最终可以收束到一个问题，即一与多的问题。如果说内与外的问题是近代世界观之下的核心问题，那么一与多的问题则是在古代世界观的基本发问方式，前者试图在两

① WWJ 3: 117.

② WWJ 1: 120.

个根本异质的存在领域（心理与物理）之间重新建立起关系，后者则试图在一个整体视域中探讨不同存在是如何相互区分和相互关联的。每个哲学家都有他（她）的唯一问题（THE question），一与多的问题正是贯穿詹姆士思想历程的那个唯一问题。

这里我们要再次提及爱默生对詹姆士的影响。爱默生在《哲学家柏拉图》中指出："哲学就是人的心灵给自己做出的关于世界构造的说明。在根本上永远存在着两种基本事实：'一'和'二'——1. 统一性或同一性；2. 多样性。我们把万物统一起来，就因为我们发现了渗透于万物的那种法则，就因为发现了表面的差异和深层的相似。"① 和爱默生一样，詹姆士将一与多视为关于世界构造的两个基本命题。他在 1875 年的一篇书评中将此称为"古老的希腊谜题"②。他还在《实用主义》中指出，一与多的问题是"所有哲学问题中最核心的问题，之所以是核心，是因为它如此意味深长"，也就是说，"相信一还是相信多，这个分类中包含了最多的后果"。③

爱默生给出的答案是：每一个"多"中都蕴含着最终的"一"。比如，他在《补偿》中指出："世界把自己浓缩在一颗露珠里。"④ 詹姆士并不认同爱默生的结论，而是试图通过实用主义方法给出自己的回答。他在《实用主义》中指出，我们不是要以纯粹理智的方式讨论一与多，而是要考察这两个概念在实践上产生的不同效应："理论的运用会产生实践上的不同，根据这个实用主义标准，我们可以看到实用主义一定会同样地拒绝绝对一元论和绝对多元论。世界是'一'，但只是指它的各部分以任何明确的联系关联在一起；世界是'多'，但只是指我们无法获得任何明确的联系。随着时间的推移，人类的能量不断构成着这些联系的系统，最终宇宙也由此逐渐变得更加统一。"⑤ 因此，我们不能决然地断定世界是一还是多，只能说世界在某个面向下更多地呈现出一的性质，而在另一个面向下则更多

① WE 4：49. 爱默生. 爱默生随笔［M］. 蒲隆，译. 上海：上海译文出版社，2010：278.

② WWJ 17：306.

③ WWJ 1：64.

④ WE 2：99. 爱默生. 爱默生随笔［M］. 蒲隆，译. 上海：上海译文出版社，2010：109.

⑤ WWJ 1：76.

地呈现出多的性质。

更进一步，詹姆士将这种实用主义方法应用于他本人，由此得出的结论是：他更倾向于接受"多"对他造成的实际效应。他在《信念的意志》中批评了一元论观念论者，认为他们"说的好像部分之间最小剂量的不连接、最少量的独立、关于未来的最微弱的不确定就会毁掉一切一样，他们认为这些东西会将美好的宇宙变成一个无理性的沙堆或纯粹混乱的宇宙（nulliverse），甚至导致不存在任何宇宙"①。他还在《一些哲学问题》中指出了一元论的四个问题：第一，在绝对知者的视域中，无法真正解释个体心灵；第二，恶的问题，无法解释在一个完满的一元结构中如何产生不完满；第三，无法解释确实被我们经验到的变化和新事物；第四，自由的问题。②詹姆士的思想气质让他倾向于认为总有一些"多"逃脱"一"的控制，可见地或不可见地散落在统一的形式之外，无法被还原为统一体中的各个部件。用他的话来说，"实在的材料也许永远不能被完整地收集，其中有一些也许会永远处在最大化的组合之外"③。詹姆士指出，较之于一元论，"多元论只接受感知经验的表面价值。……它承认世界的某些部分无法离开整体而存在，但同时也承认另一些部分可以离开整体而存在"④。并且，不同于一元论，"多元论却不需要这种专断而坚硬的气质。只要你允许事物中的某些分离，某些独立的震动，部分之间的某些自由游戏，某些真正的新事物或机会，无论它们多么微小，多元论者便非常满足了，还会允许你有真正的联合，无论这种联合的程度有多高。至于这种联合的程度可以有多高，多元论者认为这个问题只能被经验性地决定"⑤。

基于这些思考，詹姆士在《实用主义》中得出了一个关于世界构造的暂时性结论："事物中的联合与不联合到底各有多少，在获得最终的经验性确证之前，实用主义明显站在多元论这一边。实用主义者甚至承认，最

---

① WWJ 6：121.
② WWJ 7：72.
③ WWJ 4：20.
④ WWJ 7：73.
⑤ WWJ 1：78.

终有一天，完全的联合以及与之相随的唯一知者、唯一始基、一个在所有可想象的方面都团结在一起的宇宙，也许会变成一个最能被接受的假设。但是现在，我们必须真诚地接受相反的假设，即世界还没有完美地统一起来，也许要永远保持这种状态。而后一种假设正是多元论的理论。既然绝对一元论禁止人们严肃地思考这一假设，并从一开始就将它归为非理性，那么很明显，实用主义必须反对绝对一元论，而追随更加经验性的多元论路径。"① 但这个暂时性结论在彻底经验主义的视角下变成了一个决定性的结论：纯粹经验之流本质上是"多"。詹姆士指出，尽管纯粹经验之流"同时充满着一与多"，但就其本质而言，"它是彻底的变化，它是如此模糊，以至于各方面都相互渗透，我们既抓不住其中的区别点，也抓不住其中的同一点"。② 从这个最终结论来看，詹姆士走向了爱默生的反面。如果说在爱默生那里，多只是"表面的差异"，而一则是"深层的相似"，那么在詹姆士那里，一只是表面的相似，而多则是深层的差异。在这个意义上，我们应该将詹姆士的彻底经验主义界定为"一元论的多元论"（monistic pluralism），而非"多元论的一元论"（pluralistic monism）。这个落脚于"多"的最终结论不但没有违背实用主义的方法论要义，反而例证了实用主义方法的一次有效应用：尽管世界在不同的状态下呈现一或多的性质，但就它对詹姆士本人所造成的效应而言，世界的本质是多。

詹姆士的多元论是这种世界观在哲学层面的具体表达。他指出，自己的哲学方案是"从部分开始描述事物，整体只是二级的存在。我的哲学本质上是一种基于多元事实的镶嵌哲学（mosaic philosophy）"③。如何在这种"镶嵌哲学"的视角下理解由纯粹经验构成的实在领域？詹姆士指出："纯粹经验主义中不存在基底（bedding），各个部分从边缘黏连起来，它们之间被经验到的过渡就成了它们的胶泥。"④ 这一表述明确揭示了这种实在

---

① WWJ 1：79.

② WWJ 3：46.

③ WWJ 3：22.

④ WWJ 3：42.

观的两个特征：首先，它强调多的首要性，并拒斥人本主义视角下作为"基底"的实在部分；其次，这种多元论实在观并不是离散的，在它背后起支撑作用的是一种根本的连续性。这里我们要特别强调第二点。

詹姆士认为，为了说明实在中的这种连续性，我们必须从关于纯粹经验的形而上学进展到多元的宇宙论。将形而上学和宇宙论关联起来，这是实用主义者的思想特色。詹姆士在《原理》中用多重世界理论来解释实在的程度（degrees of reality）。①"实在的程度"并不是詹姆士的原创概念，柏拉图、斯宾诺莎、洛克、布拉德雷（Francis Herbert Bradley）等人都有相应的讨论。詹姆士的创见在于，他在宇宙论层面提出了和"封闭宇宙"（block universe）相对的"多元宇宙"（plural universe，multiverse）。

詹姆士意义上的多元宇宙包含两个主要维度：偶成论和连续论。他在给皮隆（Francois Pillon）的一封信（1904 年 6 月 12 日）中写道："我把我的哲学叫做彻底经验主义、多元论、偶成论，这一哲学展示了一个逐渐形成、并且永远处在塑造当中的秩序。它是有神论的，但不必然如此。它拒斥所有的绝对理论。"②"偶成论"是詹姆士从皮尔士那里借用的概念，在皮尔士的语境中，偶成论和连续论一起构成"综合哲学"的两个面相。皮尔士在给詹姆士的信（1897 年 3 月 13 日）中写道："偶成论只是连续论这个一般原则的一个部分和一个推论。这是我近 15 年来一直在研究的，看到它完全契合你的理论，我越来越受到鼓舞和感到高兴。"③ 詹姆士和皮尔士的分歧在于，皮尔士认为宇宙的演化最终服从于"三"的法则，而詹姆士则认为法则是不必要的，因为偶成论和连续论足以刻画出一幅"可塑的"（plastic）宇宙论图景。他指出，在最低等级的宇宙中，各部分只是单纯地"在一起"（withness），但是随着"感觉和身体运动"的加入，宇宙逐渐向更高的等级统一。"人类的能量在时间进程中不断建立联系的系统，

---

① WWJ 9：920.

② CWJ 10：410.

③ CP 8：252.

通过这些系统，宇宙最终会变得越来越统一。"① 这样的宇宙拥有一种"既弱且强"的结构：说它弱，是因为它"屈从于任何势力的影响"；说它强，是因为它能做到"不是一下子屈从于所有势力"。② 并且，根据这幅可塑的宇宙论图景，"'绝对'的观念必须被'最终'的观念取代。这两个观念具有相同的内容，即在最大程度上统一起来的事实内容，但它们的时间关系却恰恰相反"③。绝对的宇宙是一开始就被设定的，而最终的宇宙则处在演化进程的终点。

这些宇宙论层面的思考可以反过来帮助我们理解彻底经验主义视角下的实在观。詹姆士一方面强调实在是"多"的领域，另一方面又试图阐明连续论意义上的"一"是一个不可或缺的实在维度。他在《实用主义》中指出："理智的目标既不是单纯的多元，也不是单纯的统一，而是整体性。对此而言，熟悉实在的多样性和熟悉多样性之间的联系一样重要。"④ 可以看到，这种超越"一"和"多"的"整体性"在演化的多元宇宙论中得到了最终的说明。根据这个多元的演化模式，由纯粹经验构成的实在领域在相互关联中形成一个演进的有机整体，这种演进的目标不是统一的状态或绝对的形式，而是多元状态下的有序组织，是一种以异质性为前提的同质性。杜威将这个过程称为"生长"（growth）。事实上，"生长"概念在詹姆士的思想中也占据了核心位置。他在《一些哲学问题》中指出："在经验中，现象来来往往，有新事物的出现，也有旧事物的消失。至少在眼下的具体层面上，世界是真正生长的。"⑤ 在《实用主义》中，詹姆士还将"生长"视为实用主义和理性主义的关键区别："理性主义认为实在是现成，是永恒完成的，而实用主义则认为实在仍在建造中，要等未来才能完成。前者认为宇宙是绝对安全的，后者认为宇宙仍在进行它的冒险。"⑥

---

① WWJ 1：76-77.

② WWJ 14：126.

③ WWJ 1：78.

④ WWJ 1：64-65.

⑤ WWJ 7：29.

⑥ WWJ 1：123.

因此，詹姆士的最终结论是，如果我们要探讨由纯粹经验构成的实在领域，就不能局限于一和多之间的选择，而应该将自己的视角从"非此即彼"（either/or）转向"更多"（more），进而提出一种真正生长的实在观。站在同一性逻辑的角度来看，这种生长的实在观无疑是非逻辑的。詹姆士在《多元的宇宙》中写道："多年以来，我真诚而耐心地与这个问题斗争，写下了上千页的笔记和备忘录，和我自己讨论这个难题。许多意识如何同时是一个意识？同一个事实如何以不同的方式经验其自身？这些斗争是徒劳的，我走进了死胡同。"最后，詹姆士发现自己只剩下一个选项："放弃理智的逻辑，也就是同一性逻辑，采纳理性的某种更高（或更低）形式"，并"最终直面如下事实：生命在逻辑上是非理性的"。① 从某种意义上来说，这种非同一性逻辑也是黑格尔所探讨的逻辑。但詹姆士看到，非同一性逻辑的运作不应该是概念的自我展开，而应该是生命的生长。他在给瓦德的信（1909 年 6 月 27 日）中写道："如果放弃以同一性逻辑为手段去理解具体事物的本质，我们就证明了黑格尔式的倾向。但不同于黑格尔令人憎恶的做法，我们将概念世界置于一个明确且不可或缺的位置，同时我们也允许新事物存在，并和生命联系在一起。"② 正是这一洞见让我们最终从作为哲学立场的实在论进展到了作为生命洞见的实在观。

活生生的实在：作为生命洞见的实在观

为了探讨詹姆士的实在观，我们从作为人本主义的实用主义出发，经过关于纯粹经验的形而上学，最终落脚于演化的多元宇宙论，从一种仍然试图区分人和实在的实在论进展到一种有机生长的实在观。我们在前一节中指出，在詹姆士那里，哲学思考必须落脚于某个"活的理由"或"活的假设"。他对任何封闭的结论抱有天然的警惕，认为结论一旦完成就已经在某种意义上丧失了活性，因为它试图通过论证和说理固定自身，而不再

---

① WWJ 4：94 - 95.

② CWJ 12：279.

寻求进一步生长的可能性。用杜威的话来说，詹姆士"在生命的范畴和机械的范畴之间有一个极其深刻的区分"①。基于这样的信念，詹姆士认为作为哲学立场的实在论必须最终进展到作为生命洞见的实在观，因为后者才是真正"活的假设"。

从表面上来看，这是一个极端的推进步骤，它要求我们将目光投向理论哲学的视域之外。詹姆士告诉我们："逻辑服从于实在，而非实在服从于逻辑。"② 他甚至建议我们"完全地和不可撤销地"放弃作为方法的逻辑，因为"现实、生命、经验、具体、直接，随便你用什么词，超越了我们的逻辑，溢出并包围了它"。③ 在他生命的最后几年，詹姆士一直在试图传达这种"反哲学"的洞见。他在给罗素的信（1908 年 11 月 4 日）中写道："我给你的临终遗言是：'如果你希望保持和具体实在的关系，那就和数学逻辑说再见。'"④

但实际上，至少对詹姆士而言，作为哲学立场的实在论和作为生命洞见的实在观之间并不存在矛盾，因为他自始至终都在探讨与自身生命相关的实在。实在并不是抽象的概念，而是对个体而言最为重要的东西，这一洞见最初是在他的法国精神导师勒努维耶（Charles Bernard Renouvier）的帮助下形成的。勒努维耶不仅塑造了詹姆士的意志哲学，还在很大程度上启发了后者的多元论实在观。勒努维耶从康德的第一批判出发，得出了完全不同于康德的结论：他认为现象并不是物自体的现象，而是个体自身的现象。詹姆士在《一些哲学问题》中指出："对勒努维耶而言，事实是相互交错叠加的，对此，概念化的解释是远远不够的。最终，实在必须是以零碎方式获得的，一个实在并不能由另外的实在永恒地推演获得。……我承认勒努维耶犯了一些错误，而且我觉得他的哲学方式和哲学工具过于经院主义式了，但他是最伟大的哲学家之一。他在［19 世纪］70 年代对

---

① LW 5：157.

② WWJ 4：94.

③ WWJ 4：96.

④ CWJ 12：103.

多元论的高超辩护对我产生了决定性的影响，若不是如此，我也许永远不会从伴随我成长的一元论的迷信中解放出来。"① 在《原理》中，詹姆士将这些以"零碎方式"获得的个体性实在称为"活生生的实在"（living realities，注意这里的复数形式）。他指出："作为没有情感反应的单纯逻辑性的思想家［以康德和休谟为例］，我们可以将实在赋予任何思维对象……但作为有情感反应的思想家，我们所选择、强调和意愿的则是更高程度的实在。这些以及与之相关的其他事物是活生生的实在。"② 在这个意义上，与自我的活动和体验相关"生动性"就成了区分实在和非实在的唯一标准："与非实在相对的活生生的实在的世界锚定在运动的和情感性的自我中。这是其他事物悬挂的钩子，是绝对的支撑。……任何与我的生命连续而紧密相连的事物都是我无法怀疑的实在。"③

　　沿着同一条思路，詹姆士在《真理的意义》的增补部分批评了实证主义的"证实原则"，他指出："你无法界定这样一个进程而不认识到它的构成中包含信念持有者的主观构想，不管这部分的程度多么小。和直接咬钩的鱼相比，躲开鱼钩的鱼拥有关于'鱼钩'的更真实的感觉。鱼钩的单纯存在并不能明确而恰当地决定关于它的真实性。"④ 这些思考在《多元的宇宙》中达到了高潮。他指出："把握实在厚度的唯一方式是，通过成为实在的一部分而去直接经验实在，或者通过同情地直觉他人的内在生命而在想象中唤起实在。"⑤ 他还指出："实在在概念分析中逝去，在连续的生命中繁衍——发芽、生长、变化、创造。一旦接受了生命在任何时刻的这种运动，我们就理解了柏格森所说的事物赖以演化和生长的生成的现实（devenir réel）。哲学应该寻求对实在运动的这种活生生的理解，而不是徒劳地跟着科学将已死的碎片拼接起来。"⑥

---

① WWJ 7：85.
② WWJ 9：925 - 926.
③ WWJ 9：926.
④ WWJ 2：310.
⑤ WWJ 4：112.
⑥ WWJ 4：117 - 118.

　　"活生生的实在"并不是关于实在的认识，而是在生命活动中获得的关于实在的确证，因此最终必须是一种信念（belief），甚至信仰（faith）。詹姆士在《实用主义》中指出："最终决定这类问题的是我们的信仰，而不是我们的逻辑，任何假装的逻辑都没有权力否决我的信仰。"① 他还在《理性的情感》中指出："信仰是我们永远无法从哲学建构中驱逐出去的一个因素，通过很多方式，信仰为它自己提供证明。"② 但我们要注意，在实用主义的语境中，信念或信仰不具有任何意义上的普世性。詹姆士指出："所有抽象真理的分歧都必须表达为具体事实以及后续行动的差别，必须在某时某地以某种方式强加于某人。哲学的全部功能在于找出，如果这个或那个世界公式（world-formula）为真，它会在我们生命的某个时刻给你我造成何种差别。"③ 根据这样的理解，作为信念甚至信仰的实在观只有在相信并践行它的人那里才能发挥出全部效力。正如詹姆士所言，一个真正的实用主义者"愿意以他所信赖的、未经确证的可能性方案生活，愿意在必要的时候付出自己的生命去实现他所建构的理想"④。

　　这样一来，围绕实在展开的探究就超出了理论层面，最终变成如何提升个体生命的实践问题。詹姆士在《宗教经验之种种》中写道："关于生命的知识是一回事，在生命中有效地占据一个位置，让生命的潮流流经你的存在则是另一回事。"⑤ 他还在《实用主义》中指出，他并不排斥使用"上帝""物质""理性""绝对"和"能量"这些形而上学的名词，但是"如果你遵循实用主义的方法，这些词便不能成为你探究的终结点。你必须将每个词实际的兑现价值表达出来，并将它们置于经验之流中加以运用。这些词与其说是解决问题的答案，不如说是展开进一步工作的方案，特别是指出了能够改变现存实在的方法"⑥。对实用主义者而言，考察一个

① WWJ 1：142.
② WWJ 6：89.
③ WWJ 1：30.
④ WWJ 1：142－143.
⑤ WWJ 15：386.
⑥ WWJ 1：31－32.

概念的"兑现价值"（cash value）并不是将它肤浅化和表面化，恰恰相反，这种考察试图从抽象的理论层面转向概念和生命真正发生关联之处。对"实在"的探讨同样如此。

更进一步，如果我们认同并贯彻了詹姆士的实在观，那么真正重要的问题就不再是如何界定他的哲学立场，而是思考对我们自身而言何谓实在。为此我们需要抛开一切先入之见，全身心地投入到经验的洪流中去，并在经验性的反思中更新自己的认识。詹姆士的洞见正是在这个意义上具有借鉴意义。他在《一些哲学问题》中批判了理性主义者所持的"封闭视角"（rounded-in view）："理性主义哲学往往以一种封闭视角来把握事物的整体，这种视角是一个封闭的体系，在这种观念之下，任何可能的、在本质上是新的东西都被提前排除掉了。"而在他看来，"实在不能受限于概念的围栏，它必须是流溢、超出而变化的。我们只有在自身经验的生长中紧跟实在从这一瞬间到下一瞬间的变化，才能把握实在所展现的新的形态"，这一立场"否认了包罗一切的视角，并以有用但不带统治性的概念为狭窄的个体经验提供了补充。不过，它完全是处于生命之流内部的，它记录事实，却不反抗法则，且从不假装哲学家与事物总体的关系同处于实际事件中的日常行动者与事物部分的关系有着本质上的不同"。① 因此，詹姆士的最终洞见是，对实在的探讨应该是邀请性的，用他自己的话来说，"哲学，就像生活，必须让大门和窗户永远敞开"②。这一结论已经超出了方法和体系的层面，最终展现为一种极为开放的世界观。正如杜威在《实用主义式的默许》（1927 年）中所指出的，"很久之后，除了代表詹姆士的世界观，任何意义上的'实用主义'都会归于湮没（这种湮没也许是件好事）。但詹姆士的名字会存留下来，连同他的一些基本观念：宇宙是开放的，其中充满了自然化之后的不确定、机会、假设、新事物和可能性。我们越是将詹姆士置于历史的语境下加以研究，他的观念就越显得原创而大胆"③。

① WWJ 7：55.
② WWJ 7：55.
③ LW 3：149.

第九章　米德论感知与实在：
感知的二重维度和实在的双层构造

你不是你的脑。

诺伊（Alva Noë）：《头脑之外》

引言：功能主义心理学与社会建构理论

本章的研究对象是芝加哥学派的主要代表米德。詹姆士曾指出："一些大学有许多思想，但没有学派；另一些有许多学派，但没有思想。芝加哥大学……有真正的思想和一个真正的学派"。[①] 作为一个学派，米德、杜威、安吉尔（James Rowland Angell）、摩尔（Addison Webster Moore）等人提出了一条极具特色的思想路径。虽然在一些历史性研究的帮助下，我们发现芝加哥学派并不是一条完全与实用主义重合的线索[②]，但可以肯定的是，芝加哥学派不但在极大程度上分享了实用主义的核心思路，还实质性地影响并推进了实用主义的后程发展。并且，考虑到米德和杜威在历史和理论上的巨大交集，将米德视为实用主义的核心人物在任何意义上都是不为过的。

---

① WWJ 5：102.

② 参见 Andrew Feffer, *The Chicago Pragmatists and American Progressivism*. Ithaca：Cornell University Press，1993；J. David Lewis & Richard Smith, *American Sociology and Pragmatism：Mead*, *Chicago Sociology*, *and Symbolic Interaction*. Chicago：University of Chicago Press，1980。

芝加哥学派将"社会性"（sociality）作为基本的理论前提。他们既不像笛卡尔那样通过独白式的进路探讨自我意识，也不像黑格尔那样将个体意识视为绝对精神的前史，而是试图在发生学的层面上将个体意识理解为社会性语境中的突现，认为心灵的形成和发展自始至终都是一个社会行为。对芝加哥学派而言，从"我"到"我们"转向同时也意味理论范式的根本性转换。杜威在《经验与自然》的第五章（"自然、交流与意义"）中给出了这个转换方案的概观，而米德的《心灵、自我与社会》（1934 年）则更为完整地展现了它的全部内涵。米德指出："意识是行为中的一个突现，它并不是社会行为的前提条件，相反，社会行为是它的前提条件。为了刻画社会行为的机制，我们不需要在行为中引入意识这个分离的元素。"① 他还在一个更为宏观的层面上指出："自我并不是某种预先存在，然后与他人发生关系的东西，自我是社会潮流中的一个漩涡，它是社会潮流的一部分。"② 这个以社会性为前提的理论方案最终落脚于"心灵"（mind）这个关键概念。在社会性心灵的语境中，任何"我思"（cogito）本质上都是"我们思"（cogitamus），哲学和心理学理论同时也必须是社会理论。

尽管芝加哥学派将主要论域从个体性的"意识"转向了社会性的"心灵"，但他们并没有放弃对意识的探讨，而是试图在社会性视角之下重新审视意识的内涵和外延。米德在《心灵、自我与社会》的副标题中将自己的立场界定为"社会行为主义"（social behaviorism）。这种特殊的"行为主义"具有行为主义的一般特征，即用可观察的外显行为取代内在的心理状态和心理进程。米德在《十九世纪思想运动》（1936 年）中指出，行为主义心理学的主要优势在于"规避了意识的模糊性"，并将我们引向"行动的有机体"，在这个意义上，行为主义心理学是实用主义产生的一个主

① George Herbert Mead, *Mind*, *Self*, *and Society: From the Standpoint of a Social Behaviorist*. Chicago：University of Chicago Press，1934，p. 18.

② Mead, *Mind*, *Self*, *and Society: From the Standpoint of a Social Behaviorist*, p. 182.

要动因。① 但我们必须将米德式的行为主义和华生式的行为主义区分开来。华生指出："心理学必须抛弃所有对意识的指涉，它不再需要欺骗自己，认为自己是在将心理状态作为观察对象。"② 而米德则认为，完全拒斥意识并不是心理学的唯一出路，我们可以在生物和社会层面的交互语境中重新考察意识的发生和发展。在这个意义上，我建议将米德的立场更为确切地界定为"生物-社会行为主义"（bio-social behaviorism）。

米德的"生物-社会行为主义"包含两个主要维度。首先，在生物层面，它表现为功能主义心理学。和詹姆士一样，米德对冯特或铁钦纳式的内省心理学持保留态度。他认为内省心理学的主要失误在于，从有机体的中心位置中错误地归纳出了主体意识。他试图阐明，我们应该在有机体和环境的交互关系中探讨有机体所发挥的核心功能，而不是将这些功能实体化为一个封闭的存在，而心理学的基本思路也应该从围绕主体展开的分析和构造转向交互情境中的功能性区分。

米德在《心理的定义》（1903 年）中提出了功能主义心理学的初步方案，并在 1909 年至 1914 年间发表了一系列论文，由此奠定了功能主义心理学的基础。③ 而《心灵、自我与社会》（主要基于 1927 年在芝加哥大学开设的社会心理学课程笔记）则代表了这条思路在结构和细节上的最终完成。他在《心理的定义》中提出的主要观点是："心理"（the psychical）并不是意识内容，而是意识的一种功能性状态，心理意识是有机体在与环境的协同性调适中出现的功能性效应。需要指出的是，米德的功能主义既非分析的功能主义，也非机器的功能主义，因为它既拒斥物理主义的还原论，也没有将心理过程简单地等同于计算过程，而是试图将心理状态、感

① George Herbert Mead, *Movements of Though in the Nineteenth Century*. Chicago：University of Chicago Press，1936，p. 404.

② John Watson, "Psychology as the Behaviorist Views it," *Psychological Review*，20（1913），p. 162.

③ 参见 George Herbert Mead, "Social Psychology as Counterpart to Physiological Psychology"（1909）；"What Social Objects Must Psychology Presuppose?"（1910）；"Social Consciousness and the Consciousness of Meaning"（1910）；"The Mechanism of Social Consciousness"（1912），all collected in George Herbert Mead, *Selected Writings*. Indianapolis：Bobbs-Merrill, 1964。

觉输入、行为输出共置于一个复杂的因果网络中，并"陈述产生认知行为，以及感觉、情感、努力这些认识内容的客观条件"①。他还在《心灵、自我与社会》中提出了功能主义心理学的六个预设：（1）意识指涉行为，认知经验中的对象都是实现行为目的的手段；（2）这里的目的，用心理学概念来表达，就是冲动；（3）处于协同中的刺激物是由之前行为决定的对象；（4）除了对行为的指涉，意识的其他领域都指涉对象，这种指涉要么是肯定的，要么是否定的；（5）只要处于协同中的目的能够被充分地表达为手段，行为和行为条件的区分就不会出现；（6）当协同被打破时，意识就被分成两个领域，即构建新刺激或新对象的领域和剩下的领域，并且，对新对象来说，剩下的领域只是形成它的条件。② 这六个预设非常全面地概括了米德意义上的功能主义心理学。

其次，根据芝加哥学派的基本预设，任何个体发生（ontogeny）本质上都是种系发生（phylogeny）。因此，在社会层面，米德的"生物-社会行为主义"又表现为社会建构理论。从米德那里汲取主要资源的哈贝马斯（Jürgen Habermas）清楚地看到，米德的"社会行为主义"在以下两个方面有别于一般意义上的行为主义心理学：首先，米德的出发点"不是对环境刺激物做出反应的个体有机体行为，而是至少两个有机体相互回应、相互关联的互动"。其次，在米德那里，"行为的概念并没有被限制为可观察的行为反应，它还包括以象征为导向的行为，这种行为概念允许我们对由语言中介的互动的一般结构进行重构"。③ 可以看到，这两个要点都超出了上面讨论的功能主义心理学，指向一种更广义的社会心理学。而米德本人也在一场早期讲座中指出："个体心理学将个体当作一个功能性的整体，而社会心理学则将个体当作更大整体中的一个功能。"④ 他还指出："你不

---

① Mead，*Selected Writings*，p. 34.

② Mead，*Mind*，*Self*，*and Society*，p. 50.

③ Jürgen Habermas，*The Theory of Communicative Action*，vol. 2. Boston：Beacon，1987，p. 4.

④ George Herbert Mead，"The Evolution of the Psychical Element，By George Herbert Mead (Dec. 1899 - March 1900 or 1898 - 1899)，" *Transactions of the Charles S. Peirce Society*，44：3 (2008)，p. 502.

能将个体心理学和社会心理学分开，它们是同一的。"① 米德认为，如果说功能主义心理学考察的是有机体和环境在相互协同中达到的稳定状态，那么社会心理学探讨的则是有机体通过相互合作让各自的欲望服从于共同的目标。在这个意义上，社会心理学同时也是社会建构理论。

在考察米德的感知观和实在观时，我们必须将"生物-社会行为主义"的这两个维度都纳入考量。在米德的语境中，对感知和实在的探讨必须同时涉及生物层面的协同和社会层面的合作：对感知而言，这两个维度分别对应于操作的知觉态度和智性的视角建构；对实在而言，这两个维度分别对应于作为当下突现的实在和作为象征结构的实在。我将在下面的讨论中阐明：首先，对感知和实在的探讨在米德那里是紧密地关联在一起的：作为当下突现的实在为操作性的知觉态度奠定了基础，而作为象征结构的实在则是智性的视角建构的最终产物。其次，对米德而言，感知的二重维度和实在的双层构造并不指向任何意义上的二元论，它们是连续演化进程中的阶段或面向。

感知作为操作的知觉态度

米德在《心理的定义》中批判了"试图将一个心理状态植入一个非心理进程"的"心理学谬误"。他指出，假定一个正在运动的人意识到自己在运动，但如果他坚持认为除了对运动的意识，还有一个运动之外的主体意识为这一运动做出努力，那么他就是试图将一个心理状态植入一个非心理进程。而事实上，这里的主体意识只不过是一种"登记的感觉"（sensation of registration），也就是将运动的意识记在某人名下。② 米德的最终结论并不是像詹姆士那样要取消意识，而是试图阐明，探讨感知的基本框架要从心理状态转向非心理进程。当然，这里的非心理进程并不是与

---

① Mead, "The Evolution of the Psychical Element, By George Herbert Mead (Dec. 1899 - March 1900 or 1898 - 1899)," p. 501.
② Mead, *Selected Writings*, pp. 44 - 5.

心理进程相对的物理进程，而是他在《行动的哲学》（1938 年）中提出的
"行动"（act）。

　　"行动"在米德的语境中具有特殊的含义。杜威在《心理学中的反射
弧概念》（1896 年）中批判了反射弧（reflex-arc）模式下的还原论心理学
路径。根据反射弧理论，先于有机体存在的刺激物刺激有机体，然后有机
体对此刺激做出应激反应。而杜威则认为，有机体对刺激物的可能回应定
义了刺激物本身，因此刺激物并不是整个反应过程的起点。在此基础上，
他试图用作为"感觉‐动作协同"（sensori-motor co-ordination）的"回
路"（circuit）模式来替代时序性的弧形传导模式。大致而言，米德的功能
主义心理学是沿着杜威的思路展开的。他在《建立一种哲学学科理论的建
议》（1900 年）中指出："杜威教授在讨论反射弧时认为，感觉总是作为一
个问题在意识中出现，只有个体在抽离旧意义、获得新意义的过程中将对
象的特征作为需要解决的问题确定下来，注意力才能被放到一个所谓的意
识元素上。"[1] 但米德又对杜威的理论做出了实质性的推进：杜威意义上的
"协同"被米德进一步解释为"行动"。他在《行动的哲学》中指出："存
在的单位是行动，而非环节（moment）。行动从刺激一直延伸至回应。"[2]
这一替换并不是单纯术语上的，它不仅为讨论感知提供了基本视角，还奠
定了米德整个思想体系的理论特色。

　　米德区分了两种知觉"态度"（attitudes）：直接经验的态度和反思性的态
度。在第一种态度中，有机体通过身体活动直接"操作"（manipulate）事
物，而不是在反思层面和事物的符号打交道。[3] 在第二种态度中，有机体与
环境的关系被反思性把握为主体和对象的关系，并特别地将"整个包括有
机体在内的知觉场分解为物理性元素，这些元素又被把握为假设性知觉中
的对象"[4]。米德试图阐明，第一种知觉态度是第二种知觉态度的基础，行动

----

[1] Mead, *Selected Writings*, p. 6.

[2] George Herbert Mead, *The Philosophy of the Act*. Chicago: University of Chicago Press, 1938,
　　p. 65.

[3] Mead, *The Philosophy of the Act*, p. 214.

[4] Mead, *The Philosophy of the Act*, p. 14.

中的操作是第一位的，反思性的认知是第二位的。事实上，他在《心理的定义》中就已经指出："我们看到、听到、感觉到、尝到、闻到什么取决于我们在做什么，而不是相反。"① 在《行动的哲学》中，行动的优先性得到了更加明确的表达："行动先于事物和作为对象的有机体的表象。"② 毫无疑问，这一思路是对自古希腊以来的西方哲学传统的反动。亚里士多德在《形而上学》的开篇就指出，我们在诸感觉中尤重视觉，因为"能使我们认知事物，并显明事物之间的许多差别，此于五官之中，以得于视觉者为多"③。而在米德那里，"操作"取代了"看"的核心位置。他在《审美经验的本质》（1926年）中指出："人生活在意义的世界中。他将如何操作决定了他的所见和所闻。……知觉实在和物理事物的世界是我们接触和操作的世界。"④

我们还可以在其他实用主义者那里看到对操作的强调。比如，詹姆士在《信念的意志》中指出："我们可以看到，世界是因为需要被我们操作才存在。无论如何，我们得以接近世界的唯一机会便是操作它，离开了操作，我们连想瞥一眼处于原始状态下的世界都是不可能的，这种世界一定是不可想象地枯燥无味。"⑤ 米德继承了这种操作主义的倾向，并进一步将它引申至芝加哥学派的教育理念，即手（hand）之于脑（head）的优先性。在本书的叙事线索中，对"脑"的质疑和拒斥还可以一直向前追溯至爱德华兹，只不过他并没有像米德那样将"心"和身体性明确地关联起来。

我们还可以看到，处在实用主义语境之外的海德格尔也在类似的意义上区分了"在手存在"（Vorhandenheit，presence-at-hand）和"上手存在"（Zuhandenheit，readiness-to-hand）。他认为，"在手存在"是基于看或直观的现成在场，而比它更为基础的"上手存在"则是人通过操作和使用与之打交道的东西。和海德格尔一样，米德也试图揭示一种比看更基础的实践态度，只不过海德格尔的"上手存在"是一个存在论范畴，而米德

---

① Mead，*Selected Writings*，p. 37.

② Mead，*The Philosophy of the Act*，p. 147.

③ 亚里士多德. 形而上学［M］. 吴寿彭，译. 北京：商务印书馆，1995：1.

④ Mead，*Selected Writings*，p. 294.

⑤ WWJ 6：103.

的"操作"则是功能主义语境中的关系性概念。另一方面，米德的结论也得到了当代神经科学研究的支持。比如，镜像神经元的发现者里佐拉蒂（Giacomo Rizzolatti）等指出："我们因为操作才看到，我们因为看到而得以操作。米德在近一个世纪之前强调，没有手的控制，知觉是不可能的。"① 又比如，诺伊指出："想象一个盲人在拥挤之处摸索着前进，在灵巧的探索和运动中一步步通过触摸感知空间。这就是，或者说应该成为知觉的范型。……所有知觉都是触摸式的。"② 这些关于认知的当代探索也从一个侧面反映了米德的先见性。

在探讨感知的论域中，直接的操作性态度最终落脚于"接触经验"（contact experience）。米德在《论动物知觉》（1907 年）中区分了动物的两类感知经验，即接触经验和远距离经验（distant experience），前者主要指触觉，后者则包括视觉、嗅觉、听觉等。对动物而言，关于对象的视觉、嗅觉和听觉完全取决于它在过去与对象的接触经验，而人与动物的不同之处就在于能够将接触经验和远距离经验相对明确地区分开来，即"从本能活动中孤立出对某个'事物'的意识"，将此作为可供操作的对象。③但即使对人而言，接触经验和远距离经验的区分也不是绝对的。米德认为，任何远距离经验都必须以接触经验为基础，换言之，远距离经验是由接触经验所引导的。他在《行动的哲学》中指出："在碰到锤子之前，我们已经准备好去抓住它，这种操作性回应的态度引导着我们和锤子的接触。我们将要做的事情既决定了接触的线路，也在某种意义上决定了接触的方式。"④ 从这个前提出发，米德得出了两个结论：首先，我们在远距离

---

① Giacomo Rizzolatti & Corrado Sinigaglia，*Mirrors in the Brain: How Our Minds Share Actions*，*Emotion*，*and Experience*. Oxford：Oxford University Press，2004，p. 50.

② Alva Noë，*Action in Perception*. Cambridge，MA：MIT，2004，p. 1.

③ Mead，*Selected Writings*，p. 79.

④ Mead，*The Philosophy of the Act*，p. 24. 接触经验在生物演化中的优先性同样得到了来自当代科学的支持。比如，蒙哥马利（Sy Montgomery）指出："章鱼的绝大多数神经元并不在脑中，而是在触手上。这可能是章鱼对极端的多任务处理的适应：协调所有的触手，改变颜色和形态，学习、思考、决定和记忆；同时处理来自每一寸皮肤的味觉和触觉信息，并理解由发展完善的、接近于人眼的眼睛所提供的繁杂的视觉图像。"Sy Montgomery，*Soul of an Octopus*. London：Simon & Schuster，2015，p. 49.

经验中感知到的对象性质是来自过去的接触经验（操作行动）在当下知觉中的汇合，在这个意义上，知觉的本质是"塌缩的行动"（collapsed act）。其次，远距离经验中所有对象都是从接触过程中经验到的作用与反作用关系中提炼而来，在这个意义上，通过其他感官的感知和手的努力是连续的。

在说明了接触经验的基础性地位之后，米德进一步区分了行动的四个连续阶段：冲动（impulse）、知觉（perception）、操作（manipulation）和完成（consummation）。其中，冲动属于"发起"（initiating）阶段，知觉和操作属于"中介"（mediating）阶段，完成属于"终结"（terminating）阶段。在发起阶段，远距离经验产生于感觉刺激和过去的接触经验的结合；在中介阶段，有机体准备性地预期相关的接触经验（知觉），并采取关于对象的操作态度（操作）；最后，在终结阶段，有机体完成对对象的"消耗"（consumption），这种消耗不仅仅是知觉到该对象，还包括食用、杀戮、交配等行为。① 米德认为，动物和人的主要区别在于，动物可以准备性地预期相关的接触经验，但不能像人那样意识到来自对象的抵抗和自身努力之间的张力，并在此基础上通过有意识的操作将行动引向完成。在动物的知觉活动中，操作步骤或者缺失，或者和完成步骤混合在一起。当然，在人的知觉活动中，操作步骤也有可能表现得不是那么显著。比如，一个疲惫的人对床做出的回应一般是直接躺下，这一回应主要由知觉和完成组成，操作的成分是极少的，但是如果他在躺下之前铺了床，那么操作阶段就不容忽视了。可以看到，在米德的语境中：首先，知觉只是连续性行动进程中的一个阶段，在脱离其他阶段的情况下单独讨论狭义的知觉是毫无意义的；其次，如果我们要讨论人的知觉，让它有别于动物的知觉，就必须将它和操作的阶段紧密关联起来。这是他在《行动的哲学》中得出的关于感知的核心结论。

除此之外，这些讨论还引出了另一个重要结论：由于每个行动都处在

---

① Mead，*The Philosophy of the Act*，pp. 3 - 25.

具体的交互关系中，因此"对知觉条件的解释或陈述并不是知觉本身，对知觉条件的陈述也无法取代知觉对象"。在这个意义上，我们无法给出一个普遍的"知觉理论"，只能去"界定一个特殊的对象并决定这个知觉对象的本质"。① 根据这个结论，我们需要在具体的情境中分析和考察感知行动，而不是给出关于感知的一般理论。在米德看来，真正的感知理论不仅要强调"操作"之于"看"的优先性，还要用具体的探究取代抽象的认识。从某种意义上来说，这个结论并不是额外附加的，而是从更深的层面规定了功能主义心理学的理论取向，同时也鲜明地体现了米德的实用主义倾向。

感知作为智性的视角建构

米德在《行动的哲学》中指出："知觉情境本质上是社会的。"② 为了理解这一点，我们要再次回到接触经验和远距离经验。米德认为，我们在远距离经验中感知到的对象性质是来自过去的接触经验在当下知觉中的汇合。但当下的知觉行动并不是单纯地复现过去的接触经验，而是根据这些经验主动地预期将来的接触经验。他指出："远距离的知觉对象并不存在于远距离经验的时间层面，而是一个保证会出现在行动终点的接触对象。我们知觉到的是一个将来的接触对象。"③ 知觉行动根据过去的经验来预期将来的经验，由此将不同时间层面的视角内化于自身。米德认为，这个过程的实质就是"有意识地为了一种经验而使用另一种经验"，它必然包含理性的运用。他指出："知觉意识和被称为推理的更为抽象的进程之间并不存在硬性区分。任何知觉行为中都存在有意识的中介过程，而有意识的中介就是理性（ratiocination）。"④ 可以看到，米德意义上的"理性"实际

---

① Mead，*The Philosophy of the Act*，p. 10.

② Mead，*The Philosophy of the Act*，p. 149.

③ Mead，*The Philosophy of the Act*，p. 598.

④ Mead，*Selected Writings*，pp. 80 - 1.

上就是杜威意义上的"智性"（intelligence）。

根据这条思路，探讨感知的重心就从"态度"转向了"视角"（perspective）。如果说态度表达的是行动自身的倾向性，那么视角则表达了行动的回应性（responsiveness）。回应的主旨并不是用操作的态度去处理对象，而是在自身中提前把握到被回应对象的态度，并在此基础上做出相应的答复，因此它必然涉及不同视角之间的比较和选择。在米德那里，对态度和视角的探讨紧密地结合在一起，他的"知觉理论"也就必然包含操作的知觉态度和智性的视角建构。

根据这个二重维度的知觉理论，知觉行动中的操作态度必然进展为社会空间中的共享意义，知觉对象（perceptual object）必然转化为诸视角的对象（object of perspectives）或社会对象（social object），而探讨感知的论域也就必然从主体意识转向社会性心灵。米德指出，知觉对象在首要意义上是社会对象，"物理对象不过是对社会对象加以抽象得到的"①。这个结论完全符合芝加哥学派的基本前提。他要求我们超出意识哲学的狭窄论域，在社会维度下探讨不同视角之间的交互活动以及由这些活动构成的意义整体。这是一种思维范式的根本转变，它意味着我们必须将视角间的对话性结构引入每一个思维进程，这些思维进程中当然包括感知。

对话的本质是扮演他人的角色。自清教传统和超验主义以来，强调"独自存在"一直是贯穿美国思想的母题。比如，惠特曼（Walt Whitman）在《我自己的歌》中写道："我的伙食、服装、郊游、容貌、向谁表示敬意、义务"等，"这些都不分昼夜地临到我头上，又离我而去"，但"这些都并非那个'我'自己"。②在惠特曼看来，只有当作为自我附加物的社会角色被剥去之后，真正的自我才能够显露出来。但我们可以从本书的讨论中看到，在美国思想的发展历程中，这种个体性诉求背后还存在着一条关于社会性的隐藏线索。到了芝加哥学派这里，这条线索终于由隐性变为显性。米德试图阐明，个体性只有在对话性的结构中才具有意义，社会角色

---

① Mead，*The Philosophy of the Act*，p. 430.
② 惠特曼. 草叶集［M］. 赵萝蕤，译. 上海：上海译文出版社，1991：64.

并不是个体性的对立面，而是个体性的本质。因此，成为个体的首要前提是成为他人，也就是"扮演他人的角色"（taking the role of the other）。而所谓扮演他人的角色，就是"通过占用他人的态度，有机体可以将他人的角色用到自己的态度当中"①。米德指出："个体在群体中的生活机制就是扮演互相的角色，这种机制当然就是交流。……我所谓的交流总是意味着意义的传输，这种传输就是在一个个体中唤起他人的态度，并对他人的这些回应做出回应。"②

米德还指出，视角间的对话并不一定要实际发生，它内化于每一个思维中，因而是一种"内化对话"（internalized conversation）或"内部对话"（inner conversation）。为了说明这种对话，米德区分了自我中的两个不同视角："主我"（I）和"宾我"（me）。这一区分有两个思想资源。首先是美国社会学家库利（Charles Horton Cooley）的镜中自我理论（looking-glass theory of the self）。③ 库利本人又受到斯密（Adam Smith）的影响，后者认为，在道德和经济的世界中，法官必须从被告的视角来看待自己，卖家必须从买家的视角来看待自己，反之亦然。库利将这个步骤称为"同情性想象"（sympathetic imagination），它直接启发了米德提出的"扮演他人的角色"。但米德和库利之间有一个重要分歧：库利的出发点是已经完成的自我，而在米德那里，自我是在相互扮演对方角色的过程中逐渐完成的。

米德的第二个思想资源是詹姆士。詹姆士在《原理》中区分了主我和宾我，这一区分对米德产生了直接的影响。詹姆士指出："主我和宾我的区分并不神秘，也不难理解。在根本上它们不过是针对强调的不同方面而给出的名字。思维总是在做出强调。"简言之，主我是"思维瞬时感受到

---

① Mead，*Mind，Self，and Society*，pp. 85 - 6.

② Mead，*Mind，Self，and Society*，p. 83.

③ 参见 Charles Horton Cooley，*Social Organization: A Study of the Larger Mind*. New York：Charles Scribner's Sons，1909；*Human Nature and the Social Order*. New York：Charles Scribner's Sons，1922。

的身体性生命"，而宾我则是指思维的其他部分。① 米德继承了詹姆士的区分，但他并不认同詹姆士从自我感受出发对这两部分做出的界定，而是试图在社会交往的语境中界定这两个范畴："主我是有机体对他人态度的回应，宾我是我所假定的他人态度的有序集合。他人的态度构成了宾我，然后主我对此做出回应。"② 除此之外，他还试图将宾我拓展到更为宽泛的"一般化他人"（generalized others），而扮演他人的角色最终意味着扮演一般化他人的角色。一般化他人是共同体的声音，它在不同的层面上对个体产生影响。引入这一概念的根本动机在于，米德认为宾我仍然受制于个体的有限性，因而需要从个体心灵推进到社会心灵。

米德对主我、宾我和一般化他人的讨论遗留了两个关键问题。第一个问题是主我和宾我的关系。米德认为，主我与宾我的区分并不是决定性的。他指出："这两个层面虽然在过程中被区分，但因为它们同属一个整体，因而是联系在一起的。它们既可被区分，又不可被区分。"③ 尽管如此，我们在讨论主我和宾我的对话时还是会不可避免地遇到逻辑优先性的问题，即对话的发动者问题。米德指出："主我唤出宾我，并对此有所回应。这两个我一起建构出了显现在社会经验中的人格。自我在本质上是发生在这两个可区分的层面之间的社会进程。"④ 这一表述中的对等性只是表面的。一方面，米德将主我界定为对宾我的回应，在这个意义上，宾我具有逻辑上的优先性。他指出，"主我是一个预设"，它"永远不能是意识经验的呈现"，换言之，"自我无法在意识中显现为一个主我，它永远是一个对象，也即是一个宾我"。⑤ 但另一方面，米德又指出："离开了主我的宾我是无法设想的。"⑥ 他还像詹姆士一样认为主我是能够做出自主行动的自

---

① WWJ 8：324.

② Mead，*Mind*，*Self*，*and Society*，p. 175.

③ Mead，*Mind*，*Self*，*and Society*，p. 178.

④ Mead，*Mind*，*Self*，*and Society*，p. 178.

⑤ Mead，*Selected Writings*，p. 142.

⑥ Mead，*Selected Writings*，p. 142.

由意志。① 这让我们对宾我的逻辑优先性产生了质疑。哈贝马斯从米德对主我的界定中看出了自律性自我（autonomous self）的特征：首先，"个体自我必须首先将自身设定为一个自发活动的主体"；其次，"个体必须被把握为个体的自我实现"。② 乔阿斯也指出，米德的主我包含了自发性和创造性的原则。③

第二个问题是对一般化他人的理解，以及与此相关的决定论或非决定论解读。一方面，作为宾我的扩大化和体制化，一般化他人在一定程度上类似于弗洛伊德（Sigmund Freud）的"超我"（super ego）。米德本人也指出："用一个弗洛伊德式的表达来说，宾我在某种意义上是一个审查者。它决定何种表达可以发生，它设定舞台，并给出线索。"④ 从这个角度来看，米德是决定论者。但另一方面，弗洛伊德的超我处在压抑心理学的语境中，它的主要功能是抑制。而在米德那里，一般化他人的主要功能不是抑制自我，而是作为社会态度和文化传统的承载体来引导社会建构，它不是超主体的，而是主体间的，用米德的话来说，一般化他人是"共同体的符号系统"⑤。作为引导性的符号系统，一般化他人是反思性自我的拓展。米德指出："个体指向他人的行动在其自身内唤起了回应，于是总有另一对象性我在批评、认同、建议和有意识地计划。这个我就是反思性的我。"⑥ 因此，米德的一般化他人可以在社会交往过程中得到不断的修正，在这个意义上，他是非决定论者。

关于这两个问题，我个人的结论是：在米德那里，"主我"具有逻辑优先性；同时，他又是非决定论者。但是从更深的层面来看，产生这些问题的根本原因还是在于我们没有彻底实现米德所要求的范式转换。我们没有

① Mead，*Mind*，*Self*，*and Society*，p. 117.

② Jürgen Habermas，*Postmetaphysical Thinking*. Cambridge，MA：MIT，1992，p. 152.

③ Hans Joas，*G. H. Mead: A Contemporary Re-examination of his Thought*. Cambridge，MA：MIT，1985，p. 118.

④ Mead，*Mind*，*Self*，*and Society*，p. 210.

⑤ Mead，*Mind*，*Self*，*and Society*，p. 156

⑥ Mead，*Mind*，*Self*，*and Society*，p. 145.

看到，在这条将社会性作为根本前提的理论路径中，视角间的对话性结构是首要的，特殊视角（不管是主我、宾我还是一般化他人）的逻辑优先性是次要的。因此，对我们的论题而言，米德的最终结论是：作为智性的视角建构，感知是主我、宾我和一般化他人之间的对话性结构，在这个意义上，知觉行动同时也是"联合行动"（joint action）。在联合行动的视角下，推进感知的关键方法不是"独处"，而是在社会语境中的假设、求证、交流和批评。在米德那里，这种由智性方法驱动的感知理论最终落脚于"共同视角"（common perspective）。他在《当下的哲学》（1932 年）中指出："最重要的事情是如何将个体视角与共同视角关联起来。"① 这种关联的目的并不是"让个人服从多数人的意见"，"而是通过与他人，从而也是与其自身的对话来发展一个新的自我"。②

实在作为当下突现

尽管米德在讨论感知时多次使用了"对物理世界的知觉"这样的表达，但这并不意味着他承认独立于感知进程的外部世界。和其他实用主义者一样，米德反对心灵以旁观者的方式认识外部世界。他认为不存在任何脱离交互情境的认识进程，而认识中的主体性和对象性仅仅是交互进程的功能性面向。他在《行动的哲学》中这样界定"知觉对象"（perceptual object）：知觉对象"并不在脑中或在作为副现象之流的意识中"，而是"情境中可观察和可实验的分子（molecule）"。③ 这种交互论视角下的实在观让米德从根本上超越了"观念论或实在论"的论域。正是在这个意义上，杜威在为《当下的哲学》所写的前言中指出："米德的问题并没有落到观念论或实在论的范畴和类别下，他在说一些别人看不到的东西。"④

---

① George Herbert Mead, *Philosophy of the Present*. La Salle: Open Court, 1932, p. 167.

② Mead, *Philosophy of the Present*, p. 172.

③ Mead, *The Philosophy of the Act*, pp. 77‑8.

④ Mead, *Philosophy of the Present*, p. xxxvii.

在米德那里，探讨交互的首要语境是接触经验，实在的概念最初是从接触这个交互行动中派生得到的。根据德国生物学家尤克斯奎尔（Jakob von Uexküll）在 20 世纪初提出的构想，由于表皮和感觉器官在选择和过滤外部信息上的功能性差异，处于同一个环境中的两个有机体很有可能生活于两个完全不同的"周遭世界"（Umwelt，ambient world）中。[1] 米德看到了这个生物学结论的重要意义，他指出："有机体依赖于它的场，这是生物学中占主导地位的出发点。"[2] 在交互论的语境中，这个结论被进一步表述为：实在就是围绕每个有机体展开的交互和协同关系的集合。米德指出："除了认识到有机体，你还必须认识到世界的实在和有机体有关。世界是根据每个有机体组织起来的。由此来看，世界就是有机体的视角。实在就是这种视角的总和。"[3] 需要注意的是，"周遭世界"并不是"我的世界"，这里的要点不是以"我"为原点建立一个标准坐标系，而是探讨有机体是如何从自身所处的位置出发参与到一个不断发展的意义系统中的。因此，虽然实在围绕着有机体的视角展开，但这个视角既不是康德意义上的先验主体，也不是维特根斯坦意义上的形而上学原点，而是交互情境的质性整体。

如果将实在理解为有机体的周遭世界，就不会存在独立于交互情境的实在一般，任何实在都是当下此处的"这一个"实在。因此，如果说对感知的探讨以"行动"（act）为中心点，那么对实在的探讨则以交互行动展开的"当下"（present）为中心点。米德在《当下的哲学》中提出了一种围绕"当下"展开的形而上学构想，该构想不仅是米德思想体系的有机组成部分，还为米德对实在的思考提供了最终的落脚点。这一点往往被米德的研究者所忽视。但事实上，和其他实用主义者一样，形而上学在米德的思想中处于核心位置。

米德试图在《当下的哲学》中阐明，过去和将来都是随附于当下的，

---

[1] 参见 Jakob von Uexküll, *Umwelt und Innenwelt der Tiere*. Berlin: J. Springer，1909。

[2] Mead, *The Philosophy of the Act*, p. 164.

[3] Mead, *The Philosophy of the Act*, p. 315.

任何超越当下的时间维度都必须在当下的突现中展示自己，过去和将来只有从当下的视角来看才是有意义的。由此推得的必然结论是："实在只存在于当下。当然，当下暗示了过去和将来，但我们否认后两者的存在。"①如果说在对感知的探讨中逻辑上最优先的范畴是"行动"，那么在对实在的探讨中，逻辑上最优先的范畴则是"当下"。由此来看，《行动的哲学》和《当下的哲学》这两个标题很好地概括了米德对感知和实在的思考。

当然，米德并不是首次提出这一观点的哲学家。比如，霍布斯（Thomas Hobbes）告诉我们："只有当下在自然中存在。过去的事物只存在于记忆中，而将来的存在则没有任何形式的存在，将来的存在只是心灵的虚构。"②但米德和霍布斯对当下的理解存在着明显分歧：霍布斯处在物理学的时空观之下，而米德则处在生物学的时空观之下。这里要特别指出柏格森对米德的影响。③米德在1920年的夏天仔细研读了柏格森的《物质与记忆》（1896年），他的思考成果在《当下的哲学》中得到了集中体现。我们知道，柏格森试图扭转空间之于时间的优先性，为此他明确区分了广延的空间和非广延的时间，并试图用纯粹的"绵延"（durée）替换被空间化了的时间。米德完全接受柏格森的构想。他指出，在牛顿式的世界观中，"空间提供了让时间进程继续的永久性"④。和柏格森一样，米德意义上的当下是有机体所处的"绵延性当下"（durational present）。

但米德和柏格森之间又存在着一个关键的区分。作为一个自觉的二元论者，柏格森将空间和时间、理智和直觉明确地对立起来，他试图阐明，我们只能通过非理智的直觉去把握绵延。而米德则认为柏格森的二元论构想是不成立的，我们也可以通过理智的方式去把握绵延性当下，比如相对论。米德认为，相对论探讨的时空连续体并不是时间和空间的概念性结合，因此我们不能像闵可夫斯基（Hermann Minkowski）那样将时空作为

---

① Mead，*Philosophy of the Present*，p. 1.

② Thomas Hobbes，*Leviathan*. Oxford：Oxford University Press，1998，p. 18.

③ 参见 Jon Moran，"Bergsonian Sources of Mead's Philosophy，" *Transactions of the Charles S. Peirce Society*，32：1（1996），pp. 41 - 63。

④ Mead，*The Philosophy of the Act*，p. 324.

固定的第四维，赋予它特殊的本体论位置。在他看来，闵可夫斯基的错误在于，在所有可能世界的背后设定了一个"事件的固定秩序"，最终得到一个用概念建构起来的封闭宇宙。① 基于这样的认识，米德接受了爱因斯坦（Albert Einstein）的相对论，后者要求我们拒斥由心灵提供的时空参照系，并拒斥如下推论，即存在一个绝对时空，该时空在原则上让绝对变化具有意义，并让变化至少在原则上可以被一个绝对视角经验到。根据爱因斯坦式的相对论构想，米德在最大程度上强调了当下的突现性。

在米德的时空观中，"突现"（emergence）是第一位的。他指出："如果没有突现，就不会有可区分的事件，时间也就不会产生。"② 米德在探讨突现时借鉴了怀特海的思路，但他对过程哲学背后的形而上学框架持保留态度。③ 怀特海在《过程与实在》（1929 年）中提出了"现实实体"（actual entities）和"永恒客体"（eternal objects）这两个首要范畴，并讨论了永恒客体如何"进入"（ingression）现实实体。米德认为这种形而上学构想和过程哲学的主旨是背道而驰的，因为柏拉图式的永恒客体最终决定了现实实体的现实化程度。在他看来，在当下展开的实在必须是一个彻底的生成过程，它的背后既不存在任何固定的结构，也不存在任何实体化的基础。米德试图用"通路"（passage）这个非实体性概念来界定作为当下突现的实在：实在是由通路构成的。他在《过去的本质》（1929 年）中指出："实在的实际通路就是从一个当下到另一个当下的通路，这些通路就是实在的全部。被另一个当下融合的当下并不是过去，实在永远是当下的。"④

我们可以从以下三个角度来理解米德意义上的"通路"。首先，通路是纯粹的流动。米德在《行动的哲学》中指出："通路不包含任何不会经

---

① Mead，*Philosophy of the Present*，p. 82.

② Mead，*Philosophy of the Present*，p. 49.

③ 参见 Gary Cook，"Whitehead's Influence on the Thought of G. H. Mead，"*Transactions of the Charles S. Peirce Society*，15：2（1979），pp. 107 - 31。

④ Mead，*Selected Writings*，p. 345.

过（pass）的内容。它是单纯的发生，从发生到消失。"① 作为纯粹流动的当下是"似是而非的"（specious）。在心理学的语境中，"似是而非的当下"被用来指明当下这个时间维度是一种虚构，因为当下是由过去和将来共同托出的。比如，詹姆士在《原理》中指出："被实际认识到的当下并没有明确的界限，它是一个有一定宽度的马鞍，我们可以坐在上面同时看向时间的两个方向。"② 但是在米德的语境中，当下在任何意义上都不是一种虚构，相反，它是构成实在的唯一材料。但是在另一个意义上，当下在米德那里也是"似是而非的"，因为作为通路的当下永远处在流动和延展的状态中，它无法驻留，也不具有明确的形式或秩序。

其次，通路是在两个或更多的视角在相交（intersecting）时发生的生成性事件。关于这种相交，米德指出："这不是从一个事件到另一事件的通路，而是在一个持续的框架下发生的通路，通路可能朝着很多方向，沿着很多道路发生。"③ 视角的相交是不可预测的突现，虽然突现总是能追溯至因果链中的某些要素，但突现中总会出现一些我们无法从过去结构中推导出的"新要素"（novelty）。与此同时，因为相交的视角在分开之后可以各自和其他视角相交，所以最初的相交可以在一个无限的进程中得到保留和延伸。

再次，视角的每一次相交都构成一个特殊的时空参照系。米德极端地认为，不是说每次相交都对应于一个特殊的时空参照系，而是说每次相交都制造了一个特殊的时空参照系。在这个意义上，实在是极端多维的。在实用主义的语境中，特殊的时空参照系被进一步转译为"情境"。和杜威一样，米德也是情境主义者。他在《当下的哲学》中指出："情境包含了朝向过去的调整和朝向将来的选择敏感性。"④ 他还在《行动的哲学》中指出："反思的经验、世界以及世界中的事物都以情境的形式存在。……不

---

① Mead，*The Philosophy of the Act*，p. 331.

② WWJ 8：574.

③ Mead，*The Philosophy of the Act*，p. 185.

④ Mead，*Philosophy of the Present*，p. 24.

同情境的特殊性并不在于不恰当地反应绝对实在的表象或现象。情境就是实在。"①

以上我们概览了通路的三个基本特征，即它的流动性、突现性和情境性。最后要特别指出的是，在米德的语境中，通路并不是我们赋予实在的形式或结构，而是作为当下突现的实在本身。因此，通路并不是认识论范畴，而是本体论范畴。和詹姆士的纯粹经验一样，它是构成实在的基本材料。

实在作为象征结构

米德在讨论语言时批判了"牢房中的囚徒"（prisoner in a cell）模式："囚徒知道其他人也处在类似的位置，他想和他们交流，于是就想出了一些任意的交流方式，比如敲打墙壁。根据这种构想，我们每个人都被关在自己的意识牢房中，并且知道其他人也是如此，于是就想出某些方法去和他们交流。"② 米德的结论是，这并不是我们理解语言的正确模式，语言的功能应该是行动之间的相互合作，而不是表达某个预先存在于个体意识中的私人意向。我们在前面指出了形而上学在米德思想中的关键位置。这个批判可以从"语言"拓展到更宽泛的"认识"（当然包括感知），并进一步延伸至以"共存"作为"存在"前提的形而上学构想，由此进展到一种围绕"视角"而非"私人意向"展开的实在观。

我们在讨论感知时涉及了米德的视角主义（perspectivalism）。一般而言，视角主义的落脚点是相对主义，它认为任何观点都是基于某个特殊视角，不存在任何形而上学的、认识论的或伦理的绝对观念。这样的观点最早可以追溯至智者学派，最极端的例子则可以举出尼采。根据塞尔（John Searle）的定义，"视角主义认为，所有知识的特征本质上是视角性的，也就是说，知识的断言和评估总是发生于某个框架内，这个框架提供了描述

① Mead，*The Philosophy of the Act*，p. 215.
② Mead，*Mind，Self，and Society*，p. 6.

和解释世界的概念资源。根据视角主义，没人直接看到实在本身，而是从自己的前提和预设出发有倾向地看待实在"①。

但这种相对主义恰恰是米德式视角主义的反面。对客观性的诉求是米德思考的一个主要驱动力。他在《心理的定义》中指出："客观性是实现了自身目标的认识过程的特征。认识行为的成功为客观性提供了标准，却没有对这一范畴的本质进行定义。"② 可以看到，这一界定非常契合詹姆士或席勒意义上的实用主义语境。但随着思想的推进，米德放弃了对客观性的这种唯名论式刻画。他在《当下的哲学》中指出："个体有机体的视角符合它所处的整个行动的形式，正是这种相符构成了视角客观性（objectivity of perspectives）。"③ 这里，"整个行动的形式"是对社会心灵而言的，它是共相层面的法则或规范。和皮尔士一样，晚期的米德是唯名论的坚定反对者。从这个角度来看，米德也许是最接近皮尔士的实用主义者。正如刘易斯（J. David Lewis）所指出的，在所有美国哲学家中，米德对复兴皮尔士所做的贡献也许是最大的："首先，米德分享了皮尔士的观点：认识主体的有机体构成为知觉产生的中介……其次，和皮尔士一样，米德坚持认为这种知觉相对性并不必然引向主观主义……而是构成了建立'视角客观性'的地基。"④

现在的问题是，应该如何理解作为共相的视角客观性？这既是米德的核心问题，也是皮尔士的核心问题。皮尔士在哲学和符号学的语境中探讨了共同体层面的"最终意见"。类似地，米德在《对蕴意象征的行为主义解释》（1922 年）中提出了一种"群体团结"（group solidarity）的构想，并指出群体团结是"共相的唯一来源"⑤。但因为米德对于突现的强调，皮尔士式的理想性共识在他看来并不是一个合理的选项。他在《实用主义真

① John Searle, *Mind*, *Language and Society: Philosophy in the Real World*. New York: Basic Books, 1998, pp. 20‑1.

② Mead, *Selected Writings*, p. 25.

③ Mead, *Philosophy of the Present*, pp. 174‑5.

④ J. David Lewis, "The Classic American Pragmatists as Forerunners to Symbolic Interactionism," *The Sociological Quarterly*, 17: 3 (1976), pp. 351‑2.

⑤ Mead, *Selected Writings*, p. 245.

理理论》（1929 年）中指出，实用主义必须"拒斥任何绝对秩序，即将过去、当下和将来的事件最终汇聚在一起的秩序"①。除此之外，米德和皮尔士还在另一个关键问题上产生了分歧，即如何理解作为共相的实在。皮尔士认为，实在虽然独立于个体思维，但不独立于共同体心灵。在此基础上，他最终走向了客观观念论：所有物理实在本质上都是潜在的心理事件。而米德则试图阐明，皮尔士的客观观念论混淆了个体层面的"心理"事件和共同体层面的"心灵"事件。作为心灵事件，在视角的交互活动中形成的象征结构具有另一种意义上的实在性，这种实在性和我们在个体层面探讨的实在性有着本质的区分。简言之，米德认为实在包含以下两个可以被明确区分的维度，即作为当下突现的实在和作为象征结构的实在，前者在接触性操作中生成，后者在象征性互动中产生。

我们可以通过象征的运作机制来理解作为象征结构的实在。米德指出，象征的运作机制从相对低阶的姿势（gesture）开始。不同于达尔文和冯特，他认为姿势在首要意义上并不是情感的表达，而是一种社会行为。这一点也完全符合他对囚徒模式的批判。姿势的意义在于他人对该姿势做出的回应。孩子看到妈妈向他伸出手来，会以笑回应，伸手的姿势由此具有了意义。但姿势的意义并没有就此完成，做出回应的他人还能想象或预见到自身回应的结果，以此来引导进一步的行动。孩子本能地知道，如果自己做出笑的回应，妈妈就会抱起他。他人的姿势引发了自身的回应，而这些回应又最终实现了他人姿势的意义。

进一步，作为发声姿势（vocal gesture）的语言起源于姿势之间的这种对话性互动。如果说姿势是"非蕴意象征"（non-significant symbol），那么语言则是"蕴意象征"（significant symbol）。在蕴意象征中，交流的参与者通过普遍的象征符号实现意义的共享和传递。米德认为，从非蕴意象征到蕴意象征的演进是一个姿势逐渐内化的过程，因此他又将蕴意象征称为"内化姿势"（internalized gesture）。他指出："我们在社会进程中与

---

① Mead，*Selected Writings*，p. 344.

他人进行姿势的外在对话，这些对话在经验中的内化是思维的本质。内化姿势是蕴意象征，因为它们对特定社会或社会群体的所有个体成员都具有相同的意义。也就是说，它们在做出姿势和回应姿势的个体中唤起相同的意义。"① 米德的基本思路是，从不同程度的姿势互动出发，将这些互动过程逐步内化，在这种以语言为载体的内部对话中建构起相对稳定的象征意义。

在阐明了象征互动的运作机制之后，米德进一步指出，我们在象征互动中逐渐建构起一个超越当下时空的世界，也就是作为象征结构的实在。从某种意义上来说，米德所探讨的社会心灵不仅是一个认识论范畴，还是一个本体论范畴，而作为象征结构的实在就是社会心灵在本体论层面的"兑现价值"。伯格（Peter Berger）和卢克曼（Thomas Luckmann）在《实在的社会建构》（1966年）中提出了"象征宇宙"（symbolic universe）的概念，我认为这个构想很好地阐明了作为象征结构的实在。他们指出："象征宇宙的根源在于人的构成。如果说社会中的人是世界的构造者，那也是因为世界本质上是敞开的，这种敞开性意味着秩序与混乱之间的冲突。人的存在从一开始就是一个持续的外在化过程。当人将自身外在化时，他就构造了这种外在化所发生的世界。在外在化的过程中，人将自我的意义投射到实在。象征宇宙认为所有实在都具有人的意义。整个象征宇宙都指明了人存在的合法性，它构成了人的自我投射所能达到的最远界限。"②

米德将作为当下突现的实在和作为象征结构的实在明确区分开来。对当下突现的考察涉及生成和涌现的动态学（dynamics），而对象征结构的考察则涉及象征互动的运作机制和总体结构。为了完整地把握米德的实在观，我们应该将这两个维度同时纳入考量。

---

① Mead, *Mind*, *Self*, *and Society*, p. 47.
② Peter Berger & Thomas Luckmann, *The Social Construction of Reality: A Treatise in the Sociology of Knowledge*. New York: Doubleday, 1966, p. 104. 伯格和卢克曼是舒茨（Alfred Schütz）的学生，而米德又是舒茨的主要思想资源。

演化视角下的双重性

我们已经在上面的讨论中阐明了引言中的第一个结论：在米德的语境中，对感知和实在的探讨紧密地关联在一起的，认识论层面的讨论必须落脚于形而上学层面的讨论。可以看到，作为当下突现的实在为操作性的知觉态度奠定了基础，而作为象征结构的实在则是智性的视角建构的最终产物。下面我们要进一步阐明引言中的第二个结论：在米德那里，感知的二重维度和实在的双层构造并不指向任何意义上的二元论，它们是连续演化进程中的阶段或面向。

根据本书的理论叙事，美国思想中的二元论实际上又是由交叉和互返关系构成的双重性。从清教传统开始，双重性的确立同时也意味着二元论的弥合。在处于后达尔文时代的实用主义者那里，这种构想得到了进化论的有力支持。米德试图阐明，从功能主义心理学到社会心理学是一个连续的进程，生物性交互和社会性交往之间并不存在质的区分，后者是前者在不断演化过程中达到的最终阶段。他在《心灵、自我与社会》中指出，心灵的"本质是演化，其演化的顶点是作为发生的原则和形式的社会性"[1]。因此，操作的知觉态度和智性的视角建构、作为当下突现和作为象征结构的实在之间并不存在绝对的界线，它们是同一个演化进程的不同阶段或面向。

对感知而言，生物层面的协同必然进展到社会层面的合作。米德指出："反思的智性可以将原因和结果转化为手段和后果，将反应转化为回应，将自然进程的终点转化为可预见的目的。"[2] 在同样的意义上，杜威在《作为经验的艺术》中指出："经验是有机体和环境之间互动的结果、符号和回报。这种互动完全实现时，就转化为参与和交流。"[3] 在此基础上，米

---

① Mead，*Mind*，*Self*，*and Society*，p. 85.
② Mead，*The Philosophy of the Act*，p. 517.
③ LW 10：28.

德还试图阐明，围绕"身"（接触性操作）展开的感知理论和围绕"心"（社会性心灵）展开的感知理论可以在一幅更为包容和立体的图景中得到统一。他指出："区分身心的合法基础在于我们可以在社会形式与有机体本身的形式之间做出区分。我们必须通过教育将两者紧密地结合起来。目前我们还没有一个可以接受的范畴，但这并不意味着这个目标在逻辑上行不通，而仅仅是因为我们缺少工具或知识。"①

对实在而言，突现和象征这两个维度在明确区分的同时又相互关联。一方面，从进化论的视角来看，正如象征功能是从接触经验演化而来的，作为象征结构的实在也从作为当下突现的实在演化而来。并且，在米德看来，所有象征符号的上层建构最终还是取决于有机体的生命活动以及周遭世界中的诸要素。另一方面，对作为当下突现的实在观而言，作为象征结构的实在又是一个必要的补充。如果说当下是实在涌现的位置，那么象征结构则提供了实在的丰富内容。从某种意义上来说，我们必须通过后者来认识前者，缺少内容的位置会变成一个空集。米德指出："所有元素都必须落入有效的共相中，因为我们的所有知识都是基于也必须基于共相。"②米勒（David Miller）也在同样的意义上指出，在米德的体系中，"自然的逻辑结构如果要被理解，就必须以互动、交往的社会性自我之间的社会性心理进程的结构为基础"③。

这两个维度之间的辩证张力给研究者的解读造成了一定程度上的困难。我的看法是，我们不妨跳脱基础主义的思维方式，不是将其中一个维度作为另一个维度的基础，而是将这两个维度同时视为广义的社会实在论的有机组成部分，在一个更为宽泛的视角下同时保留实在的双层构造。关于这种社会实在论构想，米德在《十九世纪思想运动》中提供了一条线索。柏格森在《物质与记忆》中提出了这样一种构想：宇宙中不存在任何

---

① Mead, *Mind, Self, and Society*, p. 187.
② Mead, *Selected Writings*, p. 11.
③ David Miller, "DeLaguna's Interpretation of G. H. Mead," *Journal of Philosophy*, 44: 6 (1947), p. 160.

"本体性实在"（noumenal reality），只存在各种意义上的"像"（image）。米德指出，柏格森不应该将讨论局限于"内意识流"，而是应该看到，"像"不只是"直觉"的对象，还可以是"反思"和"科学"的对象，在这个意义上，怀特海对柏格森做出了关键的补充。[①] 从某种意义上来说，米德的工作是柏格森与怀特海的结合。和柏格森一样，米德认为必须在内时间性的"通路"中理解实在。但米德又试图阐明，我们不应该像柏格森那样只在直觉中把握实在，还应该引入怀特海的思路，即在视角间的客观结构中理解实在。米德认为，我们可以将柏格森和（经过相对论改良的）怀特海结合起来，在一个连续的自然主义视角下探讨实在的突现性和客观性。根据这样的构想，生物层面的"协同世界"（co-gredient world）和社会层面的"共居世界"（co-habitat world）有机地整合在一起，互相作为对方的有益补充。

---

① Mead, *Movements of Though in the Nineteenth Century*, p. 325.

第十章　杜威论感知与实在

第一节　感知、审美与共识：交互论语境中的
分析与推进

> 人类的所有错误都源自于不耐心，提前终止了有条不紊的方法，将表面的对象以表面的方式固定下来。
>
> 卡夫卡（Franz Kafka）：《格言》

从"回路"到"交互"

在近代认识论传统中，刺激物的刺激与生命体的应激是两个完全不同的序列，它们通过"反射弧"关联起来，构成一条"物理刺激—中枢处理—反射行为"的时序链。达尔文在《人与动物的情感表达》（1872 年）中给出了对反射弧的明确定义："在严格意义上，反射行为是由于周围神经在受到刺激后，将所受影响传输给某些神经细胞，这些神经细胞又刺激某些肌肉或腺体做出动作。这个过程可能在脱离感觉或意识的情况下发生，尽管感觉或意识通常是伴随的。"[①] 这种以因果链条为基本模型的理解方式反映了自近代以来占主导地位的物理学世界观。尽管达尔文的进化论是生物学语汇取代物理学语汇的关键契机，但他本人并没有摆脱后者的影响。随着科学的进展，反射弧中的传导介质从笛卡尔式的神经液（nerve

---

① Charles Darwin, *The Expression of The Emotions in Man and Animals*. New York：Dover，2018，p. 36.

fluid）变成了神经电流（nerve electricity），但弧形传导的基本模式并没有改变。从 18 世纪到 19 世纪，心理学中的大量实验是围绕测定反射弧的运作机制和传导速率而展开的。

但是在詹姆士的帮助下，杜威在自己的心理学研究中得出了完全不同的结论。詹姆士在《反射行为与有神论》（1881 年）中探讨了感觉刺激、中枢处理与反射行为的协同结构。他指出："神经系统的结构实际上是三元的（triad），它的任何一个元素都不是独立的存在。感觉印象的存在只是为了唤起核心反思进程，而核心反思进程的存在只是为了引出最终行为。"[1] 但他并没有进一步展开这一构想，而是在《原理》中保留了"反射弧"的概念，并探讨了反射时间和反射的性质（与意志无关的生理进程）。[2]

詹姆士的心理学研究在杜威的早期思想发展中占据着关键位置。杜威告诉我们："《原理》作为一个明确的哲学要素进入我的思考，我的思考由此获得了新的方向和性质。"[3] 在《原理》出版 6 年之后，杜威发表了著名的《心理学中的反射弧概念》（1896 年），明确阐述了他的功能主义心理学。杜威对詹姆士的推进在于，他试图用前者提出的"感觉-动作协同"模型彻底取代时序性的弧形传导模型。杜威将这种协同进一步界定为"回路"（circuit）。他指出，"反射弧不是一个全面或有机的统一体，而是由脱节部分组合起来的拼凑物和不相关过程的机械组合"，而在真实的反应中，刺激物和有机体是"单一的具体整体中的不同分工和不同的功能性要素"。[4] 因此，刺激物并不是整个反应过程的起点，刺激物本身是由整个协同行为所规定的；同样，应激行为也不是整个反应过程的终点。概而言之，杜威意义上的"回路"是始于协同并终于协同的圆，而"不是一段弧或一个圆的片段"，在这个意义上，"回路应该被真正称为有机的，而不是

---

① WWJ 6：92.

② WWJ 8：92 - 103.

③ LW 5：157.

④ EW 5：97.

反射的"。①

　　纵览杜威之后的思想发展，我们可以将他的主要思路概述为，将"回路"概念从心理学的语境转置到哲学的语境。他在《直接经验主义的假设》（1905 年）中提出了一种被他称为"直接经验主义"（immediate empiricism）的立场。和《心理学中的反射弧概念》一样，这篇文章在杜威的思想发展中是关键性的，因为它是杜威系统建构经验理论的起点。他在该文中提出了"回路"在哲学语境中的对应物：作为首要存在范畴的直接经验。杜威指出，直接经验主义认为"事物就是被经验为所是的东西"，在这个意义上，它站在先验主义和感觉主义经验论的对立面，因为后两种立场"都试图用某些非直接经验到的东西证成直接经验到的东西"。② 他还指出，在直接经验主义的视域中，真正要得到区分的不是"实在"与"实在的表象"，而是"经验的不同实在物"（different reals of experience）。③ 这些思考在《经验与自然》中最终完成，刺激物与有机体的协同性回路推进到了围绕"经验"展开的形而上学构想。杜威借用詹姆士的表达指出："经验是'双管的'，因为在经验的原初整体中并没有行动与材料、主体与对象之间的区分，经验将它们包含在一个未经分析的整体中。'事物'与'思维'，就像詹姆士在同样的意义上所指出的，是单管的，因为它们是对原初经验进行区分之后的产物。"④

　　但杜威的思考没有止步于此，他并不认为"哲学的复原"就此实现，也不认为"哲学的改造"已经完成。因此，晚年的杜威试图以一种更极端的方式来彻底清除二元论的残余。他在与本特利（Arthur Bentley）合著

————————

① EW 5：102.

② MW 3：158.

③ MW 3：159.

④ LW 1：18 - 19. 詹姆士的表述是："哲学家越来越倾向用'经验''现象''材料'（datum）、'Vorfindung'这些双管概念所暗示的二元论来取代'思维'和'事物'这样的单管概念。我也保留了这种二元论，但重新做出了解释，它不再是神秘而捉摸不定的，而是具体且可证实的。"（WWJ 3；7）前面提到了詹姆士的《原理》对杜威的影响。事实上，詹姆斯不仅启发了杜威的心理学，还在很大程度上影响了杜威的整体哲学构想。如果我们仔细考察杜威的《直接经验主义的假设》，就会发现它在很多地方体现了詹姆士的彻底经验主义的影响。

的《认知与所知》（1949 年）中提出了"交互"（transaction）概念。《认知与所知》扮演了多重角色：它既是一部认识论著作，也是探究逻辑的进一步展开，而从更宽泛的视角来看，它也是杜威在本特利的帮助下对自己的整个思想体系所做的一次关键性重构。"交互"的提出并不意味着杜威放弃了围绕"回路"展开的理论方案，而是这一方案的彻底化。

我们可以从杜威和本特利的通信中看到，"交互"概念是从密集的讨论中逐步提炼得到的。他们讨论了"交互"之于"互动"的优先性，并试图将"经验"替换为"认知与所知的交互"（knowing-known transaction）。这一步骤背后的主要考量是，正如本特利所指出的，互动（interaction）仍然暗示了两个"行动者"（actors）和一种"关系"（inter），因而并没有真正刻画出关系之于关系项的优先性。[1] 杜威则指出，交互指的是"实际的事实事件"（actual fact-event），互动指的是"二级事实事件"（secondary fact-event），前者是"首要和总体性的"，而后者是将交互进一步分析为"构成的条件"，比如，"所有人类行为都是交互的，但可以根据某个特殊问题被分析为具体有机体和环境条件之间的互动"。[2]

在《认知与所知》中，他们在这些讨论的基础上区分了物理学的三种模式：自动（self-action）、互动（inter-action）和交互（trans-action）。这三种模式分别对应于亚里士多德的物理学、牛顿的物理学，以及从麦克斯韦到爱因斯坦的现代物理学。其中，自动模式认为事物的成因在于它们的本质，互动模式试图在已经区分的认知和所知之间建立某种动态的关联，而交互模式则将认知和所知视为同一进程的不同面相，这一模式"不将行为的面相和阶段归属于独立的自我行动者，也不将它们归属于独立的互动元素或互动关系"[3]。他们还指出，在自动模式下，"事物以自身的力来行动"；在互动模式下，"事物在与事物的因果关系中得到平

---

① Sidney Ratner & Jules Altman, eds. *John Dewey and Arthur F. Bentley: A Philosophical Correspondence*, 1932-1951. New Brunswick: Rutgers University Press, 1964, p. 125.

② Ratner & Altman, eds., *John Dewey and Arthur F. Bentley: A Philosophical Correspondence*, 1932-1951, p. 236.

③ LW 16: 112.

衡"；在交互模式下，"描述和命名的体系被用于处理行动的不同面相和阶段，但不最终诉诸'元素'或其他假设性的可分离'实体'、'本质'或'实在'，也不会将假设性的可分离'关系'从可分离'元素'中孤立出来"。①

杜威晚年的思考在很大程度上是围绕"交互"概念展开的，他试图通过一种交互论思维彻底拒斥任何有二元论倾向的理论方案。他在晚年手稿中指出："'环境'和'有机体'这两个词是高度概括性的，为了解释心理现象，我们必须将它们分解为各自所代表的具体的不同交互。在具体的使用中，甚至是空气和呼吸机制这样的词也仍然过于'一般化'。……哲学的一个功能是将我们从分析（出于某个特殊目的）的结果唤回到更广阔、更粗糙、在许多方面更原始的具有首要存在性的事件中去。"② 可以看到，交互论思维的核心方法是在存在性事件的交互情境中探讨一般概念的"票面价值"，这也是杜威对实用主义方法的拓展和推进。我们还可以在该手稿中找到这样的表述："活生生的存在不断地（即使是在睡眠中）与环境进行互动。或者说，站在构成生命的事件角度来看，生命是一个交互行为，如果对此进行分析性的检查，我们会发现在有机体结构及过程和环境条件之间存在着交互行为的连续序列，这些交互行为是自然的，就像碳、氧和氢在糖中进行有机的自然交换一样。任何将构成生命（从最简单到最复杂的形式）的交互行为作为出发点的人都会看出下面这一观点的荒谬性，即在'看'这一事件中，眼睛（或者说视觉器官）同构成光线的物理震动可以分开来看。"③ 这些论述很好地阐明了交互论立场的彻底性。

概而观之，杜威的思考从"回路"开始，到"交互"结束，构成了一个渐进的历程。研究者争论的一个核心问题是，杜威的思想基点究竟在哪里？比如，瑟尔（H. S. Thayer）和伯克（Thomas Burke）认为我们必须

① LW 16：101 - 102.
② 约翰·杜威. 非现代哲学与现代哲学 [M]. 孙宁，译. 上海：华东师范大学出版社，2017：279.
③ 约翰·杜威. 非现代哲学与现代哲学 [M]. 孙宁，译. 上海：华东师范大学出版社，2017：206.

从杜威的逻辑着手①，而波艾斯冯特（Raymond Boisvert）则认为杜威思想的基石是他的形而上学②。又如，希克曼（Larry Hickman）认为理解杜威的钥匙是他的工具主义③，而亚历山大（Thomas Alexander）则认为审美经验才是杜威思想的真正秘密④。这些不同的解读策略充分展现了杜威思想的深度和厚度。不同于这些解读策略，我认为交互论才是贯穿杜威思想的真正轴线。以此为前提，我将在交互论的语境中探讨杜威的感知观和实在观。在本节的讨论中，我会首先考察交互论语境中的动态层次，然后从"质性"和"智性"这两个关键维度出发探讨推进感知的两个步骤。

交互论语境中的动态层次

杜威在讨论感知时较少使用"感觉"（sensation），而较多地使用"感知觉"（sense perception）。这里涉及两个原因。第一，杜威认为并不存在纯粹被动的感觉，而相比于"感觉"，"感知觉"显然更能够体现这个融合了被动接受和主动建构的进程。第二，他认为"感觉"是一个含义极为模糊的概念。他在《作为经验的艺术》中指出，感觉可以是 the sensory、the sensational、the sensitive、the sensible、the sentimental、the sensuous，简言之，"它几乎包含了从单纯的物理和情感性震惊到感觉本身——也就是呈现在直接经验中的事物意义——之间的所有东西"。⑤ 根据以上两点，我们默认杜威即使在使用"感觉"时，谈论的也是"感知觉"。

关于"感知觉"，杜威在《心理学》（1887 年）中给出了一个明确的定

---

① 参见 H. S. Thayer，*The Logic of Pragmatism: An Examination of John Dewey's Logic*. New York：The Humanities Press，1952；Thomas Burke，*Dewey's New Logic: A Reply to Russell*. Chicago：University of Chicago Press，1994。

② 参见 Raymond Boisvert，*Dewey's Metaphysics*. New York：Fordham University Press，1988。

③ 参见 Larry Hickman，*Philosophical Tools for Technological Culture: Putting Pragmatism to Work*. Bloomington and Indianapolis：Indiana University Press，2001。

④ 参见 Thomas Alexander，*John Dewey's Theory of Art*，*Experience and Nature: The Horizons of Feeling*. Albany：State University of New York Press，1987。

⑤ LW 10：28.

义："感觉是心灵的被动或接受性面向。这并不意味着心灵是单纯被动的，或者像蜡版一般单纯地接受印象。相反，感觉是心理-物理有机体的活动结果，它是被制造的，而不是被接受的。"① 可以看到，在杜威那里，交互论是理解感知觉的首要前提。在交互论的语境中，不仅不存在单纯被给予的材料，感知进程中的主动建构部分也不是主体能力的单方面运用，而是交互情境中的协同效应；被动和主动体现了同一个交互进程中不同的功能性面向。

我们还注意到，杜威有时会区分"感知觉"（sense perception）和"知觉"（perception）。可能有两个原因让杜威做出这样的区分。首先，杜威认为感知觉是一种特殊的知觉，但并不是所有知觉（比如回忆）都是感知觉，因为感知觉必须涉及特定的感觉器官。他在《自然主义的感知觉理论》（1925 年）中指出："所有知觉都是相同的，感觉这样的修饰性前缀指的是它的手段或器官。有通过感觉手段知觉到的对象，也有通过其他有机体结构知觉到的对象。"②

其次，杜威有时会将感知觉进一步区分为模糊的感知以及相对明确和完整的感知，并将前者称为相对意义上的感觉，将后者称为相对意义上的知觉。比如，他在 1899 年的课堂笔记中指出："一旦一个人意识到自己在感到不舒服，他就开始将这种不舒服对象化，由此得来的知觉中具有较少的感觉元素和较多的对象化元素。……感觉和知觉之间的唯一区别在于明确化的程度。不舒服的一般感觉是感觉。之后我们或许会明确知觉到这种不舒服是由于从打开的窗户进入的气流，这时它就变成了彻底对象化的知觉。"③ 当然，杜威也看到，这种区分只有在反思中才是可能的，我们无法在实际的生理心理进程中找出由感觉转变为知觉的明确节点。他指出，我们总是在感觉到"嘀嗒"声的同时获得了"手表发出了声音"这样一个知

---

① EW 2：43.

② LW 2：45.

③ John Dewey, *The Class Lectures of John Dewey*. Carbondale：The Center for Dewey Studies，2010，pp. 598 - 9.

觉。因此，"当我使用'感觉'这个概念时，你总是可以用'知觉'这个概念来代替"①。

因此，杜威在谈论"知觉"时，并不是想探讨一种脱离感觉的认知运作，而是想阐明被传统经验论所忽视的一个关键要点，即经验中存在着明确的推论面向。他在《哲学复原之需要》中指出，传统观点将经验与理性的概念运作对立起来，认为推论是处于经验之外的，而事实上，"如果我们将经验从旧概念的桎梏中解放出来，会发现经验中充满了推论。很明显，推论存在于每一个有意识的经验中，反思是本能的，且是持续的"②。他还在《我们如何思维》（1933 年）中指出："事实上，所有对事物的处理都浸透了推论，即便小孩子的处理也是如此。……没有什么比脱离思维来处理事物，脱离判断进行感知更不自然的了。"③ 需要特别指出的是，我们仍然应该在交互论的语境中理解这种"推论主义"：杜威意义上的推论不是以判断或命题的形式确定一个感知觉，而是从一个感知情境引导出另一个感知情境，通过对交互进程的动态分层推进我们的感知。在这个意义上，交互论语境中的推论主义是一种探究主义。

可以肯定的是，当杜威在谈论"感觉""感知觉"或"知觉"时，实际上谈论的是有机体与环境之间的同一个交互进程。但以上这些功能性的区分提示我们，他试图对这个交互进程做出动态的分层。这种分层的目的不是对某个一次成形的感知觉做出静态的结构分析，而是说明经验的连续生长是如何可能的。这种说明的难点在于，因为杜威明确拒斥材料和形式的二分，也抛弃了从感觉印象上升到概念运作的抽象主义路径，我们就需要用另一种方式来说明这些动态层次以及它们之间的相互转化。

首先，我们来看感知进程中的"低级"层次。杜威并不否认我们的感知需要材料，但这种材料并不是感觉材料论意义上的"感觉材料"（sense data）。在他看来，材料不是"被给予的"（given），而是"被拥有的"（had），

---

① Dewey，*The Class Lectures of John Dewey*，p. 1374.

② MW 10：6.

③ LW 8：293.

它涉及有机体和环境在交互过程中形成的原初情境。因此，并不存在具有普遍认知价值的"一般材料"，每个材料都是具体的"这一个"，我们必须在具体的交互情境中探讨它们的兑现价值。杜威将这种特殊意义上的材料界定为交互情境的"质性"（quality）。质性是所有感知的起点。

杜威意义上的质性不是传统经验论意义上的"第一性的质"（primary quality）或"第二性的质"（secondary quality），因此我们将它译为"质性"以示区别。杜威在《作为艺术的经验》中强调了"质性"之于"性质"的优先性，这种优先性的实质是活的有机体之于抽象主体的优先性："活的动物不需要将情感投射进经验对象。远在被数学界定之前，甚至远在被诸如颜色和形状的'第二'性质描述之前，自然就已经是可亲和可恨、冷漠和阴郁、恼人和宽慰的了。甚至长和短、实和虚这样的词，除了那些特别理智化的人，也已经承载了道德和情感的内涵。"① 概而言之，"质性"和"性质"的根本区别在于："质性"不是对象或主体的性质，而是交互情境的性质；它既不"在外"（out there），也不"在内"（in here），而是在不断延伸的交互关系中获得它的规定性。杜威在《经验与自然》中指出："质性永远不在有机体'之中'，它们总是由有机体之外的事物和有机体共同参与的互动的性质。……因此，它们既是事物的性质，也是有机体的性质。只是为了控制的目的，它们被归属为事物、有机体或有机体的特殊结构。"②

为了理解杜威意义上的质性，这里要特别指出三点。第一，质性不是被认识的，而是被直接"感受"（felt）或"拥有"（had）的。杜威在《经验与自然》中区分了感受（feeling）、意谓（sense）和意义（significance）。其中，感受对应于交互情境的整体质性，这种质性是原始而单一的，杜威称之为"潜没的未经区分的质或调"（submerged unidentified quality or tone）。③ 第二，"被感受"这样的表达在一定程度上是误导性的，因为质

---

① LW 10：21－22.
② LW 1：198－199.
③ LW 1：199.

性在首要意义上并不是心理性的感受和情感，而是交互情境的质性。正如杜威所指出的，"当我说我感受、印象或'直觉'事物是如此这般时，真正的意思主要是指一个作为整体的情境呈现出一个主导的性质，这里的感受不是心理或心理学意义上的"①。可以这样说，只有在情境的质性被感受到的前提下，心理性的感受和情感才有可能出现。第三，质性是情境的性质，这不是说情境中包含了某些性质，而是说情境作为"质性整体"（qualitative whole）本身就是一种质性，或者说，质性在情境中是"充盈的"（pervasive）。这里的要点在于，除了质性，情境不具有任何意义上的规定性（"本质"）。杜威指出："由于其直接而充盈的质性，一个情境便是一个整体。……普遍的质不但将所有的成分都组合成一个整体，同时其自身又是特殊的，它将每一个情境都构件成一个个体性的、不可分割且不可复制的情境。"②

　　下面再来看交互进程中的"高级"层次。前面提到，杜威区分了模糊的感知（相对意义上的感觉）和相对明确和完整的感知（相对意义上的知觉）。他认为，虽然感觉和知觉之间并不存在明确界线，但两者在一般化的程度上还是存在区别的。他在前面提及的课堂笔记中指出，"感觉越一般化，就越被限制在一个中心"，前者譬如红的感觉，后者譬如指向某本红色封面的书的知觉。③ 一般性的获得意味着特殊性的丧失，詹姆士和杜威都看到了这一点。但不同于詹姆士，杜威并不认为知觉的明晰性必定以感觉的丰富性为代价。在他看来，从特殊到一般的过程并不是削减和损耗的过程，而是智性建构的过程。如果说詹姆士较为关注意义在原初状态下的多样性和开放性，那么杜威则较为关注增殖和生长的可能性。但杜威也看到感知进程中的生长并不是单向的：感觉可以进展到知觉，知觉也可以在某种意义上返回到感觉。他指出，感觉和知觉之间存在一种"逆向的比

---

① LW 5：248.
② LW 12：73－74.
③ Dewey，*The Class Lectures of John Dewey*，p. 35.

例"："当感觉元素增加时，知觉元素就缩减到了最小，反之亦然。"① 杜威认为，我们可以通过前进与后退的持续运作来调节感觉和知觉的比例分配，这种调节可以让一个已经明晰化了的感知再次返回模糊阶段，由此触发更多前所未现的意义。在他看来，这种双向往复的运动不但能够在极大程度上打消詹姆士的担忧，还能通过感知能力的不断练习扩展感知的范围和深度。关于这一点，我们将在下一部分继续探讨。

在交互论的语境中，感知进程中的高级层次和低级层次处在动态的相互建构中。如何理解这个既非"联合"也非"抽象"的建构过程？我们可以从杜威的论述中总结出两条路径。第一条路径是，在探究逻辑的视角下转译作为低级层次的质性和作为高级层次的知觉。杜威试图阐明，如果我们将交互情境的质性理解为引导进一步探究的逻辑初始项，将一般化的知觉理解为解决问题性情境的预测性判断，那么这两个动态层次就变成了探究活动的两个有机组成部分，它们在特定的探究情境中获得功能性的意义。

首先，杜威在《实践判断的逻辑》（1915 年）中指出，作为"逻辑初始项"（logical primitives）的质性是"为了推论目的而无法再还原的东西"，它们是"在最好的条件下被知觉到的东西，并且它们并不偶然地呈现自身，而是必须通过有意识的实验得到建立，对它们的检查需要用到大量的科学命题"，它们"在实验中被决定"，且"通过实验手段被替换"。② 杜威还指出，作为逻辑初始项的质性不是被观察和测定的对象，它们既不是洛克意义上的"简单观念"，也不是罗素意义上的"感觉对象"，而是"实践知识中的某项"或"推论的一部分"，是引导进一步推论的"符号"。③

其次，杜威将一般化的知觉理解为实践判断，即关于将要做什么的命题，它的主旨不是描述和断言，而是面向未来的引导和调适。他在《命题、有根据的断言性和真理》（1941 年）中区分了在探究之后做出的断言

---

① Dewey，*The Class Lectures of John Dewey*，p. 1227.

② MW 8：58.

③ MW 8：54.

与在探究的过程中被"肯定但未被断言"的命题，知觉判断显然属于后者。在后一种情况下，命题的提出与肯定只是实验性的，它们是"手段和工具，因为它们是运作的媒介，通过它们，有足够的理由被接受的信念成为探究的结点"①。作为实践判断的知觉推论将当下维度的"一般性"转化为将来维度的"可控性"，它们的意义不在于告诉我们感知到了什么，而在于告诉我们可以感知到什么。杜威在《经验与自然》中指出："我们要能够知觉事物，而不只是感受和拥有它们。知觉就是认识到尚未实现的可能性，它是根据后果理解当下，根据问题理解显现，进而按照事件之间的联系来行动。作为一种态度，知觉或觉察是带有预测的期望和留意。"②

杜威提出的第二条路径是，在功能主义心理学的语境中将这种动态建构理解为习惯的更新。杜威认为，习惯是在交互进程中达到的暂态形式，这种形式必须和单纯出于主体的倾向和意图明确区分开来。他在《作为艺术的经验》中指出："环境与有机体的互动是所有经验的直接或间接来源。当来自环境的抑制、阻挠、促进、平衡以适当的方式和有机体的能量相遇时，就构成了形式。"③ 在杜威看来，作为交互形式的习惯是所有生命活动（包括感知）的基本形态。他在《人性与行为》（1922 年）中指出："具体的习惯完成所有的感知、辨识、想象、回忆、判断、把握和推理工作。'意识'，无论是作为意识流，还是作为特殊的感觉和图像，表达的都是习惯的功能，也就是习惯的形成、运作、中断和再组织。"④ 因此，感知进程中的建构不是用形式去组织材料，而是从一种交互模式进展到另一种交互模式，它的动因不是为了把握和理解对象，而是为了通过习惯的不断更新实现进一步的交互。

为了理解习惯的更新，这里要特别指出两点。首先，习惯不仅涉及有机体的生物本能和生理倾向，还反映了社会和文化层面的累积效应。在杜

---

① LW 14：175.

② LW 1：143.

③ LW 10：152.

④ MW 14：124.

威的早期心理学著作中，本能和习惯以"冲动"（impulse）的形态混合在一起。但随着思想的推进，他越来越倾向于区分本能和习惯。一般认为，杜威的思想在 1917 年至 1922 年间出现了一个摒弃本能的明显转变。他将弗洛伊德作为主要的批判对象，在《人性与行为》中将后者的理论称为"孤立个体和主观道德的错误心理学"①。杜威认为，弗洛伊德式的生命本能和死亡本能在先天与后天之间设立了强加的区分，将这些先天本能视为不可更改的生命行为，这样的二元论构想与实用主义的基本诉求背道而驰。在杜威看来，习惯不是给定的，而是养成的；并且，我们必须超出个体本能的限制，在"生物-社会-文化"的连续体中探讨习惯的更新。

其次，杜威特别强调，拒绝自我更新的习惯会导致生命活动的固化。他在《民主与教育》（1916 年）中指出："常规习惯（routine habits），也就是那些支配我们而不是被我们支配的习惯，终结了可塑性。"② 杜威有时也将常规习惯称为"习性"（habituation）。他指出："习性的特征是与环境保持一致，它不需要有机体具有改变周遭环境的能力。"③ 他要求我们将习惯和习性区分开来："重复根本不是习惯的本质"，习惯意味着"对某类刺激的特殊敏感性或易近性，它是持续的偏爱和厌恶，而不是特殊行为的单纯重复"。④ 如果说詹姆士强调用自由意志来冲破阻碍生命提升的旧习惯，那么杜威则更强调通过系统而有效的探究——"智性"（intelligence）——来克服习惯的常规化。他指出："习惯将自身削减为常规的行为方式，或退化为与智性无关的、奴役我们的行为方式。常规习惯是未经思考的习惯；'坏'习惯是与理性断裂的习惯，它抵制我们通过有意识的慎思和决定得出的结论。"⑤ 他还在《人性与行为》中指出，智性就是"沉思存在的连续性，将孤立的欲望和它的同伴重新关联起来"⑥。因此，智性"不是一种反对冲动

---

① MW 14：41.
② MW 9：55.
③ MW 9：52.
④ MW 14：32.
⑤ MW 9：53-54.
⑥ MW 14：178.

和习惯的力量，它是在不同的欲望之间实现一种运作中的和谐"①。

可以看到，探究逻辑和功能主义心理学这两条路径下的探讨都没有明确说明交互进程中的动态层次是如何相互建构的。这背后的主要原因是，我们无法将这些动态层次放到一个静态框架中加以分析和刻画。杜威的最终目标并不是对感知的形成和运作机制给出描述性的说明，而是如何丰富和拓展我们的感知。正如他在《有效知识与"经验的主体性"》（1910 年）中所指出的，我们要追问的是"好知识与坏知识之间的区别，而非知识一般（knowledge überhaupt）的问题"②。在杜威这里，对生长的强调淡化了对究底的渴望，对不确定性的展望取代了对确定性的寻求。在同样的意义上，感知的分析必须进展到感知的推进。

以上的讨论揭示了"质性"和"智性"这两个关键维度，它们分别对应于感知进程的两个动态层次。现在我们要从这两个维度出发来考察杜威的主要议题：感知的推进。我们会看到，质性"和"智性"维度下的推进最终落脚于"从普通感知到审美感知"和"从感知到共识"这两个关键步骤。我们还将看到，在杜威的语境中，它们并不是两个相互独立的步骤，而是在一幅更为立体的图景中有机地整合在一起。

从普通感知到审美感知：质性层面的推进

前面指出，杜威的推论主义以交互论为前提。在交互论的语境中，推论不是思维内部的运作，而是交互情境中的协同效应。因此，杜威的推论不是高阶的思维活动，而是一种更为基本的生命活动。他将这种活动称为"质性思维"（qualitative thinking）。

杜威在《质性思维》（1930 年）中指出："我们直接生活，在其中奋斗、取得成功和遭受失败的世界是一个质性世界。我们所处理、忍受和享

---

① MW 14：136.

② MW 6：86.

受的事物都通过它们的质性得到确定。在这个世界场域中形成了思维的特殊模式，思维是由质性所规定的。"① 简言之，质性是所有思维的生成性起点和构成性原则，而产生于交互进程的质性思维是一切思维的基础。质性思维的主要功能是通过一个主导的质性去理解某个复杂情境，它是我们做出断言和推论的前提步骤。杜威指出，思维作为"生存性命题最终指涉的内容可以是一个聚拢在一起的复杂存在，不管这一存在的内在多么复杂，它仍然可以被单一的质所主导并以此为特征"②。因为质性思维在逻辑上优先于任何概念性运作，所以它必须是被直觉到的。杜威指出，直觉的真正含义是指出直觉到"所有清晰推理的背后存在单一的质性"。在这个意义上，认为"直觉比概念更深刻"的柏格森是正确的，因为"直觉先在于反思和理性阐述，后者是对前者清晰化"。③

因为质性思维是一切思维的基础，对感知的推进也必须在质性思维的层面展开。现在的问题是，应该如何在质性思维的层面探讨感知的推进？杜威的主要思路是将质性层面的感知理解为审美性的经验事件。这里涉及两个主要原因。首先，杜威认为审美经验最典型地示例了思维的质性特征。他指出："界定艺术作品的质性既从外部限制它，也从内部整合它，这个质性也控制着艺术家的思维。他的逻辑就是我所谓的质性思维。"④ 其次，更为重要的，他认为每个感知都本质地包含了审美性。他在《经验与客观观念论》（1906 年）中区分了知觉的两种不同含义：一方面，知觉可以是"一种类型明确的活动，它主要是实践性的，但以重要的认识或审美性质作为它的内核"；另一方面，知觉可以是"一种特殊的认知性经验，它的功能是具有清晰逻辑性的观察，因为它是科学的一个因素"。⑤ 杜威指出，我们对感知的理解不应该停留在第二种含义，感知不只是狭义的认识论步骤，还是具有审美内核的实践活动。

① LW 5：243.
② LW 5：246.
③ LW 5：249.
④ LW 5：251.
⑤ MW 3：137.

　　根据这条思路，在质性思维层面推进感知就意味着揭示并提升隐含在普通感知中的审美性。杜威在《作为经验的艺术》中明确区分了"非审美"（non-esthetic）经验和"审美"（esthetic）经验：非审美经验倾向于两个极端，或者是"松散的连续，这种联系既不在特定的位置开始，也不在特定的位置结束"，或者是"停顿和制约，这种停顿和制约来自于相互之间只有机械连接的各部分"；而审美经验则"与这幅已经形成的经验图景形成了鲜明的对比"。① 他进一步指出："在外部环境的压力下，或者因为内部的松弛，普通知觉的对象缺少完整性。当我们将它们辨识为某一类中的一个，或某一类中的一种，它们就被切断了。这样的辨识足以让我们根据惯常的目的使用对象。……但另一方面，我们用审美知觉来指称完整的知觉和作为其相关物的对象或事件。这种知觉伴随着最纯粹的能量释放，或者毋宁说是由这些释放的能量所构成的，这种释放，正如我们所见的，是有组织和有节奏的。"②

　　根据杜威的理解，审美感知主要有三个特征。首先是"融入"（absorption）的状态。他指出："艺术的自发性并非和一切相对，相反，它标示着有序发展过程中的完全融入。"③ 杜威意义上的融入既不是忘我，也不是被对象控制，而是完全沉浸于交互情境中，对象引导主体的过程同时也是主体创造对象的过程，在对象将主体纳入自身的同时，主体也将对象占为己有。可以看到，杜威对"融入"的探讨实际上是交互论在审美语境中的重新表达，有时他也用"摄入和消化"（ingesting and digesting）这组生理学概念来说明这种融入状态。④ 在融入状态下，协调和参与是首要的，主动和被动的区分是次要的。在探讨审美经验时，杜威还特别地将交互理解为艺术活动中的"服从和反思的节奏"："我们会打断对对象的服从，探问它会将我们引向何方，以及如何引向。"⑤

---

① LW 10：47.
② LW 10：181－182.
③ LW 10：285.
④ LW 10：62.
⑤ LW 10：149.

审美感知的第二个特征是它的无限延展性。审美性的经验事件并不是孤立的，它可以不断地延伸和拓展。首先，这种延展是时序上的。杜威在《作为经验的艺术》中指出："看和感知并非只是辨识。它不是从与当下脱节的过去出发去界定当下的某物，相反，过去延伸至当下，拓展和加深着当下的内容。"① 其次，这种延展从可见的一直延伸至不可见的。他在《经验与自然》中指出："斯宾塞有时用直接经验的事实来渲染他对象征经验的热爱。当他说每一个事实都有对立的两方面——'近的或可见的方面和远的或不可见的方面'，他表达了每个经验对象的永久特征：可见的处于不可见的之中，最后是不可见的决定了可见的发生；可触及的东西动荡地位于不可触及和不可把握的东西上。"② 导致这些延展性的根本原因在于，交互论的语境中既不存在封闭的独立单位，也不存在确定的关系集合，交互进程在一个极端开放的状态下形成和发展。杜威在《经验与自然》中指出："交互事件具有或紧或松的关系，这些关系让它们具有特定的开端和结尾，将它们和其他交互场域标示开来。这些相对封闭的场域有时会联合起来产生互动，这样就产生了重要的改变。一个更大的新场域由此形成，新的能量被释放，新的质开始关联。"③

审美感知的第三个特征是它的整体性。杜威指出："大多数普通知觉的对象缺少完整性。"④ 不同于普通感知，审美感知最终呈现为"一个经验"（an experience）。在杜威那里，"一个经验"是经验的完成或高潮形态（杜威所用的"consummation"有完成和高潮两层含义）。关于"一个经验"，杜威在《作为经验的艺术》中举了一个例子："有人在横渡大西洋时遭遇暴风雨——在他的经验中，暴风雨非常猛烈，包含了一切暴风雨可能有的样子，这个经验自身是完成了的，通过与之前和之后的经验有所区分而凸显了自身。"⑤ 他指出："当经验进程趋于完成时，我们获得了一个

---

① LW 10：30.
② LW 1：44.
③ LW 1：207－208.
④ LW 10：181.
⑤ LW 10：43.

经验。只有这时这个经验才内在整合起来，并和一般经验之流中的其他经验区分开来。……这样一个经验是一个整体，它带有自身个体性的质，且是自足的。"① 关于"一个经验"的完整性，我们还要特别指出两点。首先，一个经验不是简单叠加的结果，而是在流动中实现的完成。杜威指出："在一个经验中，流动发生在一个事物与另一个事物之间。一个部分引向另一个部分，每个部分都继续着前面的部分，每个部分都在自身中获得独特性。持续的整体在接续的阶段中呈现多样性，这些阶段有着各自不同的色调。由于连续的融合，被我们拥有一个经验中并不存在漏洞、机械的联合和僵死的中心点。其中当然存在暂停和休憩的地方，但它们强调和界定的是运动的性质。"② 其次，一个经验的完成与否不是取决于外在标准，而是取决于情境中的感受。我们感受到一个经验已经完成，因为这时候不存在任何对于不完整的疑虑或焦虑。杜威指出，这就好像画家总是知道在哪一刻停笔并宣布画作的完成，"当色块获得平衡，颜色获得和谐，线条和平面恰当地交汇，知觉就会变得有序，以便于把握整体。每个序列中的行为都会增进并加强之前的行为。即使只看一眼，就有一种质性统一的感觉"③。

下面这段论述完美地示例了审美感知的融入性、延展性和整体性。杜威在《作为经验的艺术》中写道："然而任何经验，即便是最平常的经验，都带有一种不明确的整体框架。在这种不确定的延展性整体中，事物与对象不过只是以当下此处的形式出现的焦点。这种经验的整体框架是一种质性背景，它通过特殊的对象和特别的性质得到定义或被明确地意识到。……我们感受到有超越的某物存在，这种感受我们永远都不能够完全摆脱。在直接可见的有限世界中，我们看到长在岩石上的一棵树，然后我们将视线置于岩石上，再置于岩石上的苔藓上，如果我们再使用显微镜，也许还能看到一些微小的地衣。然而无论我们的视野是大还是小，我们当下关注的经验都是属于一个更大的、包容广泛的整体。我们可以拓宽我们

---

① LW 10：42.
② LW 10：43.
③ LW 10：141.

的视域，但无论怎么拓宽，我们始终觉得它并不是整体，视域的边界消融进一个不确定的广阔区域中，这一区域被我们的想象称为宇宙。"①

以审美感知的这三个特征为前提，杜威提出了在质性维度下推进感知的几条思路。我们在讨论詹姆士时提到了爱默生的影响。这里，我们也要特别指出爱默生对杜威的影响。首先，和爱默生一样，杜威也要求我们从表面进展到深处。他在《作为经验的艺术》中指出："在多数人的生命中，感觉只有在偶然的情况下才会对内在意义有深刻的认识。我们受到机械性或刺激性刺激，但感觉不到这些刺激内部或背后的实在。在大部分经验中，我们无法统一不同的感觉，讲述一个共通的、拓展的故事。我们看，但没有感受；我们听，但只听二手的、没有在视界中的得到增强的报道；我们触摸，但只触摸外围，因为没有和那些表面之下的感觉的质融合起来。通过感觉，我们只产生激情，没有得到洞见，这不是因为感觉的运作中没有潜在地包含洞见，而是因为我们屈从于那些强迫感觉停留在表面的生命条件。"② 杜威试图阐明，为了获得关于实在的真正洞见，我们不能停留于机械的应激，也不能局限于理智的沉思，而应该努力地挖掘感知的深度和厚度，并在生命的交互情境中反复地体认这些在通常状态下隐而未显的审美性。他在《作为经验的艺术》中引用了爱默生《论自然》中的一段话，并指出："我认为没有任何方式可以解释这种经验的多样性……除非我们认为，生命和它的环境之间有一种原始的关系，我们无法在明确的或理智的意识中找到这些关系，而这些被激发起来的经验反映了在这些关系中获得的倾向。"③

其次，和爱默生一样，杜威要求我们关注总体形式之外的偶然和意外。他在 1903 年的一次讲演中指出，爱默生既是"民主的哲学家"，又是

① LW 10：198 - 199.

② LW 10：27.

③ LW 10：35. 杜威所引的原文是："在薄暮时分，我穿越一片布满了雪坑的荒地，头上是密云笼罩的天空，此时，虽然在我的思想中没有什么特别幸运之感，但我却实实在在体验到一种欢乐之情。站在恐惧的边缘，我感到快意。" WE 1：15. R. W. 爱默生. 自然沉思录［M］. 博凡，译. 上海：上海社会科学院出版社，1993：5 - 6.

一位诗人，而作为哲学家的爱默生从作为诗人的爱默生那里学到的关键洞见是："感知比推理有力，交流的形成比论述的链条更让人渴望，意料之外的接收比意料之中的结论更有效力。"① 杜威还指出，爱默生虽然强调真理，但他"在路上、在未经教授的尝试中、在预期之外的观念中寻找真理，这让他和其他超验主义者区分开来。他的思想并不执着于超越的、背后的或以任何方式远离我们的实在，因而并不需要屈从于后者。他的思想是关于当下此处的，它们自由地流淌"②。这些表述同样也是杜威本人思想的生动写照。

再次，杜威要求我们像诗人那样耐心地处理具体性。他在《作为经验的艺术》中指出："知觉对象并不是某一类，它不是云彩或河流的一个样本，而是这一个存在于当下此处的个别事物，伴随和标示这一存在的是不可重复的特殊性。它作为知觉对象的能力就在于它能和进行感知活动的生命进行互动。"③ 对具体性的耐心处理意味着在感知进程中辨识并保留尽可能多的细节，尽量避免过于急切的分类和界定。杜威在上面提及的讲演中指出，诗人的工作是"发现而非分析，是辨别而非分类"④。他还在《作为经验的艺术》中指出，我们要放弃"对事物和特征的模仿"，转向"对比性概念"，而这意味着"较之于先在的节奏，对存在的节奏的某个方面有更深更广的敏感性"。⑤

但在继承超验主义遗产的同时，杜威又对此做出了重要更新：他试图将实验主义的思路引入超验主义的语境。感知的推进不是被动地等待"超灵"的进入，而是主动地进行实验。事实上，这种关于感知的实验主义在清教神学家和超验主义者那里已经有所萌芽，但它在杜威那里得到了更为明确的表达。实验性方法要求我们积极地将质性情境问题化，在直接经验中看到可能的关联和过渡，最大限度地拓展已有的感知层次和感知结构。

---

① MW 3：185.
② MW 3：189 - 190.
③ LW 10：181.
④ MW 3：186.
⑤ LW 10：157.

杜威在《经验与自然》中指出："增强形成习惯的能力意味着增强感受性、敏感度和反应度。即使我们认为习惯中有很多常规路径，但获得多种不同常规的能力也意味着高度的敏感和爆发力。"① 他建议我们用不同寻常的方式转移、放大、删减、叠加既有的感知。他在课堂笔记中指出："重复一个熟悉的词直到它变得不自然，上下颠倒地看一处风景，在留声机里听你自己的声音，从下往上看说话者的下嘴唇，如此等等。这样就产生了一个明显不同的意义——对象的质在错位中向我们呈现，给我们震惊、问题、错位、对思维的刺激。"②

杜威还试图阐明，关于感知的实验需要我们在最大程度上发挥想象力。他在《人性与行为》中区分了"假想"（the imaginary）与"想象"（the imaginative）："生命的材料在想象的影响下成为一个年轻化的、沉着的、增强的形式"，而假想则"以自身为目的。它沉溺于幻想当中，这些幻想从所有的现实中撤退，无法用行动来创造一个世界，又希望能以此带来短暂的刺激"。③ 杜威还指出，假想和想象以不同的形式重构质性情境：假想的形式是随意的虚构，而想象的形式则以质性整体的"平衡和比例"（balance and proportion）为最终考量。他指出："所有审美知觉中存在着一种激情的元素。但是，当我们被激情所淹没，就像在极端的愤怒、恐惧和妒忌中一样，这时的经验一定是非审美的。对产生激情的行动而言，它的性质中并不存在关系，经验的材料因而也就缺少平衡和比例。"④

在杜威的语境中，想象并不是主体内部的心理活动，而是有机体与环境的交互运作，它的实质是对质性情境的创造性重构。关于这种重构实验，杜威提出了三个步骤。第一个步骤是感受直接的质性情境（immediate qualitative situation）。第二个步骤是质性区分（qualitative differentiation），这里包括寻找和标记关系，并探讨这些关系的相互指涉。在这个步骤中，

---

① LW 1：214.

② Dewey，*The Class Lectures of John Dewey*，p. 654.

③ MW 14：113.

④ LW 10：55.

杜威用到了一种特殊的指示性方法（denotative method），我们将在下一节具体讨论这种方法。第三个步骤是通过质性控制（qualitative control）来重构质性整体。可以看到，第二个和第三个步骤已经超出了原初的质性情境，涉及对质性整体的智性重构。正是在这个意义上，"从普通感知到审美感知"和"从感知到共识"并不是两个相互独立的步骤。

从感觉到共识：智性层面的推进

杜威在《经验与自然》中区分了"存在"（existence）和"本质"（essence）："本质永远不是存在，但它又是存在的本质，是从存在中提炼出来的意义。对存在而言，本质是重要的，是存在的理智凭证，是推论和广泛转移的手段，是审美直觉的对象。"① 不同于传统形而上学，杜威语境中的存在就是"事件"，而本质则是事件的"意义"。他在《意义与存在》（1928 年）中指出，"当我们指称无意义的事件时，事件就进入了思维的领域，同时也就被赋予了意义"，我们甚至可以说："指出某物是一个事件，就是赋予其性质或特征，从而也就是赋予其意义。"② 可以看到，在杜威那里，存在（事件）和本质（意义）是无法独立存在的，其根本原因在于，事件的唯一存在状态就是作为符号指称其他存在，在这种指称关系中，指称和被指称的事件同时获得了意义。杜威指出："通过成为一个确实的符号，一个事物得以指示另一个事物，在这一关系中，两个事物都获得了意义。"③

从某种意义上来说，这是一条非常接近皮尔士的思路。杜威在存在和本质之间做出的区分就是皮尔士在第一性和第三性之间做出的区分。在皮尔士那里，从第一性到第三性的演进是宇宙的基本法则；在杜威这里，具有意义的存在则是自然演化至心灵阶段所出现的特殊现象。与心灵相关的

① LW 1：144.
② LW 3：88.
③ LW 3：91.

事件作为符号指向其他事件，并通过这种指向交流和分享自己所处的质性情境。

　　因为涉及相互指称的符号关系，所以交流和分享意义的心灵必然是社会性的。换言之，意义只能在社会心灵的层面被讨论。我们在前一章中指出，芝加哥学派的共享前提是，将社会心灵作为个体意识的前提。杜威在《经验与自然》中区分了"意识"和"心灵"。他指出："在心理和物理层面上，意识是指实现了的直接质性的整体，或者说'感觉'的总体。……心灵是指体现在有机体生命过程中的整个意义系统。……意识行为或意识状态只体现了心灵的一部分，心灵的领域，或者说意义运作的领域，要远远广于意识的领域。心灵作为语境是持续的，而意识则是聚焦的和及物的；心灵可以说是结构性和基础性的，是持续性的背景和前景，而知觉性的意识则是一个过程，一个由现在和当下组成的序列。心灵持续地发光，意识则是间歇性的，是由不同强度的闪光组成的序列。意识时不时地打断正在连续传输的信息，就像一个机械接收装置在大气中选择一些震动，让它们被我们听到。"①

　　杜威不仅区分了意识和心灵，还认为从个体意识到社会心灵的发展是一个连续的演化进程。米德在《心灵、自我与社会》中指出，心灵的"本质是演化，其演化的顶点是作为发生的原则和形式的社会性"②。这也是杜威试图在《经验与自然》中阐明的结论。他区分了演化的三个层次（plateaus）：首先是包含无生命体的物理化学活动的"物理层次"；其次是包含动植物的心理物理活动的"生命层次"；最后是"联合、交流和参与的层次"，在这个层次，有机体"拥有了意义，并能够对意义做出回应"，从"个体性心灵"（individual minds）演化为"有心灵的个体"（individuals with minds）。③杜威的交互论在这个视角下得到了拓展：因为意识必然演化至心灵，所以生物层面的交互（事件性存在）最终会进展到

────────────

① LW 1：229 - 230.

② Mead，*Mind，Self，and Society*，p. 85.

③ LW 1：208.

社会层面的交流（作为意义的本质）。他指出："如果我们没能认识到以交流为形式的自然交互存在并展开运作，就会在存在和本质间制造一条鸿沟。"①

因此，根据杜威的构想，我们不仅要将探讨感知的论域从个体意识拓展到社会心灵，还应该在这个演化的视角下将感知最终理解为社会性活动。换言之，"感觉"（sense）必须进展到"共同感觉"或"共识"（common sense），感知不仅是"独白"（soliloquy），还是"对话"（dialogue）。杜威在《经验与自然》中指出，共识维度下的感知就是"理解"，而理解就是"一起预见"（anticipate together）和"互相参照"（make a cross-reference）。②

现在的问题是，如何推进作为共识的感知？不同于质性维度下的讨论，这个维度下的讨论明确涉及意义在社会语境中的更新。杜威在《经验与自然》中指出："意义确实不是心理存在，它首先是一种行为属性，其次是一种对象属性。但这里的行为是一种独特的行为，这种行为是合作性的，并且，回应他人的行为同时包含了回应进入他人行为中的事物。"③ 在社会语境中，推进作为共识的感知不仅要以社会情境中的交互为基本参照系，还需要用到协商、说服、谈判、交流与合作的智性方法。而运用这些智性方法的前提则是杜威意义上的"慎思"（deliberation）。他在《人性与行为》中指出："慎思是一种实验，其目的在于从各个方面考量一个可能的行动。它将所选的习惯和冲动进行各种实验性的组合，看会引发什么样的行动。但是这种实验是在想象中进行的，而不是实际发生的。"④

除了以慎思为前提的智性方法，我还想提出另一条往往被杜威的研究者所忽视的路径，即通过更新我们所使用的符号来推进作为共识的感知。

---

① LW 1：133.

② LW 1：141.

③ LW 1：141.

④ MW 14：132－133.

前面提到，意义在一个事件成为另一个事件的"符号"时产生，因此，意义不但在社会交往活动中形成和发展，还在符号系统的层面得到保留和传递。杜威认为，语言是人类使用的主要符号系统，他将语言称为"工具的工具"，认为语言是"所有意义的母亲"。① 这样一来，感知的推进就和语言的使用深刻地关联起来。

杜威在《我们如何思维》中指出了语言的三个基本功能：第一，将意义从模糊的流动中择取和分离出来；第二，保留、分配和储存这个意义；第三，在需要的时候，用这个意义去把握其他事物。在此基础上，他概括了语言的三个功能，即分别作为栅栏（fence）、标签（label）和载体（vehicle）。② 通过这三个功能，语言拉开了和指称对象之间的距离，为相对自由地操作意义提供了可能的空间。除此之外，语言还有另一个重要功能，即作为组织意义的工具。杜威指出："语言符号不只标示具体或个别意义，还是将意义关联起来的工具。语词不只是单个意义的名称或头衔，还形成将意义相互关联起来的句子。"③

但另一方面，杜威也看到了语言的内在限制：第一，在分离和保存意义时，语言必须首先和事物发生直接接触，我们无法只通过语词就获得意义；第二，虽然我们可以在没有事物介入的情况下制造新的语词组合，但这种做法也是有限的；第三，思维的惯性会让我们停止探究和检验，重复使用已经固化的语言。④ 为此，杜威建议我们从以下几个方向上改进：首先是拓展语汇；其次是让语言的使用变得更加精确；最后是养成使用连贯话语（consecutive discourse）的习惯。⑤ 不过，这些建议只是非常有限地提示了如何通过语言的改进推进作为共识的感知。

关于语言的改进，这里还要特别指出两点。首先，杜威对语言的理解非常宽泛。他指出，语言不仅包括"口头和书面的语言"，还包括"姿势、

---

① LW 1：146.
② LW 8：303.
③ LW 8：305.
④ LW 8：306－308.
⑤ LW 8：309－314.

图画、纪念碑、视觉图像、手指运动"，概而言之，"从逻辑上来说，任何被有意地和人工地作为符号加以运用的东西都是语言"。① 因此，在杜威的语境中，语言的改进必须在一个更宽泛的视角下得到理解，这个意义上的"语言"远远超出了狭义的语言学，和人类文化的其他层面紧密地交缠在一起。他在给本特利的一封信（1951 年 4 月 9 日）中写道："如果我能够得到所需的力量，我想要阐明这样一种认知方式：语言工具和物理器物、工具、器械、仪器之间不断交互，它们都是出于目的的计划，将对必然性的探究变成一种实验性的交互。"②

从更宏观的视角来看，杜威对语言的这种理解也可以被归于从 19 世纪晚期开始，在哲学、艺术理论、语言学、人类学、神话学等领域中出现的"象征主义"（symbolism）思路。这些在背景、主旨和方法上大相径庭的理论共同分享了一个核心观念：将人和动物区分开来的关键在于象征符号（symbol）的使用。在这个意义上，人不仅是"理性动物"（animal rationale），还是"象征动物"（animal symbolicum）。作为象征动物的人通过象征符号表征各种意义上的对象。象征符号是一个极为宽泛的范畴，它可以是一个词语、一个句子、一个科学公式、一个神话、一首诗、一个仪式、梵高的星空、哥德堡变奏曲，等等。对象征的探讨涉及最宽泛意义上的人类经验，它可以从罗素和怀特海在《数学原理》中使用的符号系统一直延伸至弗洛伊德探讨的梦，或荣格探讨的原始意象。

其次，更为重要的是，语言的改进和质性层面的推进并不是两条相互独立的路径。杜威认为，作为人工符号（artificial sign）的语言从自然符号（natural sign）发展而来。所谓自然符号，即指示其他事件的自然事件。杜威在《我们如何思维》中举了如下几例：云作为自然符号指示了雨，脚印作为自然符号指示了游戏或敌人，裸露的岩石作为自然符号指示了地表下的岩石。③ 他还在《经验与自然》中指出，如果我们在社会语境中使

---

① LW 8：301.

② Dewey & Bentley，*A Philosophical Correspondence*，1932 - 1951，p. 646.

③ LW 8：302.

用自然符号，自然符号就变成了"信号"（signal），而人工符号就是由作为信号的自然符号发展而来："动物在比较宽泛的行为形式内通过发信号的手段彼此相连，其后果是，有些行动及其后果被延迟了，直到因为发信号而产生了联合行为。在人类这里，这一功能就变成了语言、交流、话语。"① 他还指出："当交流出现时，所有自然事件都需要被重新考虑和修正，它们必须被调整到适应交谈的要求，无论是公共性的话语，作为初级话语的思维。……在交流存在的地方，事物获得了意义，由此也就获得了代表、代理、符号和含义，较之于初始状态下的事件，它们绝对更服从管理，更加持久和适用。"②

杜威还在《逻辑：探究的理论》中指出，尽管我们可以将自然符号和人工符号区分开来，认为前者涉及"意指"（significance），后者涉及"意义"（meaning），但讨论何者在先的问题是一个没有答案的"修辞性"问题。一方面，"如果我们不能通过象征标示和保留作为推论基础的事物性质，将事物作为符号的能力就不会走得很远。比如，如果没有语词或象征来区分并把握构成'烟'的视觉和嗅觉性质，我们就会像动物一样对这些性质做出反应并采取适当的活动"；另一方面，意义又必须回溯至"存在对象和事件的意指能力"，否则就会做出"盲目而愚蠢的"推论。③

通过考察自然符号和人工符号的关系，杜威得出了如下结论："人引入和使用象征的功能……是和低等有机体的行为相连续的。"④ 由此得到的两个推论是：首先，包括语言在内的象征运作和物理操作无法分割，这一点鲜明地体现在我们至今还在用物理操作层面的词汇来表示理性运作，比如慎思（deliberation）、默想（pondering）、反思（reflection）、计算（counting）、盘算（calculation）等。⑤ 其次，包括语言在内的象征运作必须以"存在性的条件和后果"（existential conditions and consequences）

① LW 1：213.
② LW 1：132.
③ LW 12：61-62.
④ LW 12：66.
⑤ LW 12：392.

为基础，符号系统必须根植于生命实践的背景中。[①]

一旦将这些结论纳入考量，我们就必须从生成的视角来探讨象征形式的运作，从静态的符号体系转向活生生的象征符号（living symbol）或动词化的象征过程（symbolizing）。这样一来，推进感知的两个步骤就在一幅更为立体的图景中得到了统一：质性层面的"想象"和智性层面的"慎思"、审美经验的拓展和语言的改进、生命活动和象征行为在一个连续的演化进程中有机地整合在一起。

这幅图景要求我们超越认识论的狭义论域，在一个更为整全性的视角下考察人对世界的认识，这个视角不仅要求我们抛弃感性（aisthesis）与推论（dianoia）的区分，还要求我们反思所谓的哲学理论是否从根本上限制了我们对感知（以及人类知识）的理解。在这个意义上，任何关于感知的理论都必须坦诚地面对杜威在《作为经验的艺术》中提出的问题："为什么将更高的理想经验与基本的生命根源联系起来的尝试经常被认为是背叛了这些经验的本性，否定了它们的价值？为什么我们会排斥将艺术的高成就与所有生物共同分享的普通生活联系起来？为什么生活会被视为低品位的事情，或者至多是基于粗俗感觉的，并随时会从它的最佳状态下降到肉欲和残酷的水平？"[②] 概而言之，杜威追问的是，什么是真实的感知理论，什么又是虚构的感知理论？在他看来，为了回答这些问题，我们必须从根本上超出狭义的理论活动，在具体的生命实践中寻找答案。

第二节　超越实在论和观念论：经验形而上学与自由自然主义语境中的实在观

事物永远处于不平衡状态，因而永远在散播。平衡是一种完美的"健

---

① LW 12：22.

② LW 10：26.

康"，丹纳先生称之为令人愉悦的意外，但它在物理上是无法实现的。

纪德（André Gide）：《日记》

超越实在论和观念论：经验形而上学构想下的实在观

在 1894 年加入芝加哥大学之后，杜威对哲学的系统改造就开始了。他在达尔文的帮助下从黑格尔的视域中解放出来，开始建立一种使用生物学语汇的有机哲学。公允地看，当时极少有人认识到这个方案的彻底性。杜威在 20 世纪前期卷入了当时的实在论（以新实在论者和批判实在论者为代表）和观念论（以罗伊斯为代表）之争，他的交互论立场让他在这场争论中处于一个极为尴尬的位置。实在论者发现实在，观念论者创造实在，而杜威则试图阐明，在交互进程中，实在是同时被发现（discover）和创造（create）的；实在论者敦促杜威承认外部对象的贡献，而观念论者则试图帮助杜威确立主体的决定性地位。就连接受交互论立场的本特利也对杜威提出了如下批评："当涉及主动创造的主体时，你指出你并不需要它。然而，当涉及必要的对象时，你又无法允许它完全消失。"[1] 这种定位上的困难提示我们，杜威意义上的交互论也许并不是和实在论或观念论同级的第三个选项，它无意摇摆于这两个立场之间，而是想要从根本上消解"实在论/观念论"的论域。

不过，杜威本人的论述也在一定程度上掩盖了交互论的彻底性。他有时会将自己的立场界定为实在论。比如，他在《实用主义的实在论》（1905 年）中指出："对我个人而言，实用主义的前提和倾向明显是实在论，而不是任何观念论或认识论意义上的观念论。"[2] 他还进一步指出："知识，甚至获得知识，都必须基于事实或事物。"这里的"事物"不仅包括物理事物，还包括心理事物："心理事物本身也被实在论地理解，它们通过生物学和生理学的概念以及（科学性的）化学物理概念得到描述和界

---

① LW 16：xxxvi.

② MW 3：151.

定。就心理学而言，它们是如实发生的情感和被感受到的冲动。并且，它们在生成上也受制于实在的条件。它们的存在起源于习惯和生物性功能的调适和失调。"在这个意义上，实用主义试图"对所有的认识机制——感觉、观念、概念等——进行彻底的重新解释"，也就是用"物理性实在论方式"去解释。①

应该如何理解这里的"事实或事物"？进一步，应该如何理解"物理性实在论方式"中的"实在"？在交互论的视角下，它们并不是一般实在论意义上的外部对象，而是围绕有机体展开的交互进程（"习惯和生物性功能的调适和失调"）。这种非观念论意义上的实在既指限制和阻碍有机体的"事实性"（factuality），又指可以被有机体预测和控制的周遭环境。杜威在《经验与自然》中指出：一方面，"如果事件不具有野蛮的、无条件的'存在'（isness）面向，我们有理由相信'意识'这样的东西就不会存在"②；另一方面，实在又包含世界的可预测性和可控制性。他指出，世界是"一个巨大而不可抗拒的混合体，它混合了充足性、紧实的完全性、秩序、让预测和控制成为可能的重复、特殊性、模糊性、不确定的可能性，以及走向结果而又未被决定的过程"③。在这两部分实在中，前一部分更能给我们造成一种非我的强制性感受。杜威在《哲学的改造》中将这感受称为"最低程度的正确性"（minimum of correctness）："环境确实将一种最低程度的正确性强加给我们，如果不遵守它们，我们就会面临灭绝的惩罚。"④　不过在交互论的语境中，这种被强加的感受并非源于事物的外在性，而是源于交互进程中相对稳定的"规律"（regularity）："水能淹没、火能燃烧，尖锐的东西能刺穿和切割，重物没有支持就会落下，日夜的交替、冷热的变化、干湿的转化都有某种规律。"⑤

而在另一些时候，杜威又倾向于将自己的立场界定为观念论。比如，

①　MW 3：154-155.
②　LW 1：75.
③　LW 1：47.
④　MW 12：85.
⑤　MW 12：85.

他在早期的《伦理学纲要》（1894 年）中指出，自己的立场是"实验观念论"（experimental idealism）：不同于"将自我还原为理性或思维"的抽象观念论，实验观念论认为："活动是首要的实在，这使它对思维和情感一视同仁。它不去尝试解决为活动设定某个外在目的这个不可能完成的任务，不管这个目的是某种情感状态，还是出于完美的理性。"① 近 30 年之后，杜威在《确定性的寻求》中再次界定了"实验观念论"，并提出了实验观念论的三个基本特征：首先，"观念和观念论在具体的经验情境中具有运作效力，它们的价值受到具体运作后果的检验"；其次，"观念和观念论本身是假设，而不是终极结论"；最后，"行动是观念的核心"。② 可以看到，因为此时的杜威已经有了成熟的"工具主义"（instrumentalism）构想，所以实验观念论和一般观念论的分歧就能在工具主义的语境中得到更加明确的刻画：观念不是思维内部的心理图像，而是界定和解决问题性情境的行动，它不是思维内部的创造，而是交互情境中的实践工具。但是对大多数解读者而言，"观念论"这样的提法在很大程度上掩盖了工具主义的关键维度。比如，米萨卡在 21 世纪初指出，"对杜威而言，知识的对象并不存在于探究之前。探究创造了知识的对象。事物从我们的探究中产生，我们建构它们，而非发现它们"，在这个意义上，杜威否认了"实在论的核心原则"，即"存在外部世界，我们可以获得关于它的知识"。③

希尔德布兰德（David Hildebrand）很好地归纳了杜威思想中的实在论和观念论倾向：作为实在论者的杜威认为"自然是一个总体，它不取决我们对其存在的认识；物理事物和自然法则不是由认识产生的，相反，它们构成了知识的限制"。而作为观念论者的杜威则认为"自然一旦被认识就改变了，也就是说，作为被知的存在是'对象'，它们并不先于认识存在；对象（具有意义的存在）通过认识行为而存在，它们是事件性对象，

---

① EW 4：264.

② LW 4：133 - 134.

③ Cheryl Misak，*The American Pragmatists*. Oxford：Oxford University Press，2013，p. 122.

它们的创生不是自然中的真实变化，而是对自然的主观调适"①。但杜威并没有在这两个选项之间寻找某个折衷的位置，而是试图阐明，实在论和观念论的表面矛盾可以在一个更深的层次上得到消解，而这需要我们回到人为区分心灵与世界之前的天真状态。

杜威将这种状态称为"经过教化的天真"（cultivated naïveté）。他在《经验与自然》中指出："我们无法恢复到原始的天真，但是我们可以实现观察、聆听和思考上的经过教化的天真。"② 事实上，这就是后来普特南从詹姆士和奥斯汀那里获得的关键洞见。在极为类似的意义上，普特南指出："基于奥斯汀和詹姆士的观点，我指出问题的出路在于实现一种我所谓的'二次天真'（second naïveté）。这一立场充分意识到 17 世纪哲学家所指出的深刻困难，但它试图克服这些困难，而不是屈服于它们。这一立场看到，这些困难的存在最终并不需要我们拒斥下面这一观念，即我们可以在知觉中无中介地与我们的环境接触，我们不需要接受界面的概念。"③ 杜威试图阐明，如果我们不能彻底取消心灵与世界之间的"界面"（interface），就无法从根本上超越"实在论/观念论"这个非此即彼的理论框架。但杜威的批评者往往没有看到这一要求的彻底性，将由自身视域所限而造成的困惑错误地归咎于杜威的含混不清。正如罗蒂所指出的，"对语言转向的热情改变了美国哲学系特征，导致这一点的主要原因是 20 世纪 20 年代和 30 年代杜威与其他哲学家之间那些悬而未决的争论激怒了人们。……40 年代和 50 年代许多一流的哲学家说他们永远不知道杜威在某个特殊问题上到底站在哪一边。哲学家逐渐开始一致认为杜威的术语是含混的，而非清晰的"④。

---

① David Hildebrand, *Beyond Realism and Antirealism: John Dewey and the Neopragmatists*. Nashville：Vanderbilt University Press, 2003，p. 60.

② LW 1；40.

③ 希拉里·普特南. 三重绳索：心灵、身体与世界［M］. 孙宁，译. 上海：复旦大学出版社，2017：48 - 49.

④ Richard Rorty, "Response to Richard Bernstein," in Herman Saatkamp, Jr. ed., *Rorty and Pragmatism: The Philosopher Responds to His Critics*. Nashville：Vanderbilt University Press, 1995，p. 70.

　　为了实现这种思维范式的转换，杜威提出了两个主要建议。首先，他试图阐明，并不存在任何意义上的"实在一般"。他在《哲学复原之需要》中指出："人们常说，除非实用主义只满足于做出方法论上的贡献，否则，它就必须发展出一种实在理论。但是，实用主义实在观的主要特征恰恰在于，任何关于实在一般的理论都是不可能的，也是不需要的。"① 在他看来，实在是极为多元和开放的，所有关于实在的"一般理论"都是抽象的虚构，而以牺牲具体性和丰富性为代价得到的哲学立场不仅无法真实地呈现实在的结构和肌理，还会反过来阻碍我们在具体的实践中推进和更新实在。杜威在《自然主义的感知觉理论》（1925 年）中指出，在不同的对象之间，我们无需"决定哪个是'实在'的"，也无需"寻找某种方法去'调和'一种对象的实在与另一种对象的实在"。② 在他看来，我们真正需要的并不是关于实在的一般理论，而是关于如何解决问题性情境的智性能力。

　　杜威提出的第二个建议是，思维范式的彻底更新需要我们对迄今为止的形而上学做彻底的更新。根据一般的看法，不同于皮尔士和詹姆士，杜威是最具有反形而上学倾向的实用主义者。但我认为，杜威在《经验与自然》中所做的工作恰恰是围绕"经验"展开的系统形而上学建构。在某种意义上，正如史密斯所指出的，《经验与自然》是"美国思想中阐述最完整的自然主义形而上学"③。杜威在这部著作中将自己的立场界定为"经验主义的自然主义"（empirical naturalism）或"自然主义的经验主义"（naturalistic empiricism）。④ 在此基础上，他还将他的整个理论构想称为"自然主义形而上学"（naturalistic metaphysics）：自然主义形而上学"将反思本身视为自然事件，该事件因为自然的特征而发生于自然内部"⑤。

---

① MW 10：39.

② LW 2：45.

③ John E. Smith，*The Spirit of American Philosophy*. New York：Oxford University Press，1963，p. 212.

④ LW 1：10.

⑤ LW 1：62.

从时间上看，《经验与自然》的写作时间和逻辑实证主义掀起的反形而上学浪潮恰好重合。在反形而上学的视角下，罗蒂得出了这样的结论：有"好的"杜威，也有"坏的"杜威，前者是治疗的、游戏的和富有想象力的，后者则是建构的、严肃的和体系化的，而在《经验与自然》中尝试建构形而上学的杜威显然属于坏的杜威。罗蒂指出，杜威在这两条路径之间做出调和的努力是不成功的，因为"他从未真正看到……如果治疗一般，哲学的任务就是淘汰其自身"①。不同于罗蒂，我认为形而上学是杜威思想的核心环节，我们必须在他的经验形而上学中理解他的全部洞见。这也是我对杜威的一个主要解读。我认为，虽然形而上学的工作看似和前一个建议（拒斥关于"实在一般"的理论）背道而驰，但杜威关于实在的理解恰恰在他的形而上学构想中得到了最终的落实。这里要特别指出两个要点，这两个要点共同塑造了经验形而上学语境中的实在观。

关于经验形而上学的第一个要点是，以"事件"（event）取代"事物"（thing），以"生成"（becoming）取代"存在"（being）的经验形而上学为我们界定和刻画实在提供了新的视角。在这种围绕生成性事件展开的新形而上学构想中，杜威对传统形而上学的关键概念做出了一系列更新，比如将"实体"更新为"事件"，将"属性"更新为"质性"，将"目的"更新为"可预见目的"等。更为关键的是，他试图阐明，帮助我们界定和刻画实在的各种"概念"或"范畴"既不是心灵的构造，也不是世界本身的肌理，而是蕴含于交互情境中"存在的类别特征"（generic traits of existence）。

为了说明这一点，我们可以概要地比较亚里士多德的"范畴"和杜威的"存在的类别特征"。根据罗斯（David Ross）的定义，亚里士多德的范畴是"一组最广泛意义上的谓词，用于本质地断言各种可命名的实体，即告诉我们实体究竟是哪个种类"②。从这个角度来看，存在的类别特征似乎

---

① Richard Rorty, *Consequences of Pragmatism*. Minneapolis：University of Minnesota Press，1982，p. 82.

② David Ross, *Aristotle*. London：Methuen，1966，p. 23.

与亚里士多德的范畴并无二致。杜威指出，《经验与自然》的目的是"寻找被经验事物的一般特征，并解释它们对关于宇宙的哲学理论而言的意义"①。他和亚里士多德的亲缘性还不止于此：他们都认为范畴的本质并不是概念性的，而是实体性的。换言之，范畴是实在本身的最一般特征，它们既不单纯地起源于人的心灵，也不只在思维内部得到应用。

但杜威和亚里士多德之间存在着两个重要分歧。第一，不同于固定的范畴，存在的类别特征不是用于区分和定义存在的固定类，而是有机体和环境在交互过程中形成的暂态模式。杜威在《经验与自然》中指出，经验有自己的"拍子和节奏"（tempo and rhythm），"重要的是尺度、关系、比例，以及对于拍子的相对变化的知识"。② 在《作为经验的艺术》中，杜威还将这种暂态模式界定为"运动中的平衡"③。第二，不同于终极的范畴，存在的类别特征是交互情境中的工具，用于帮助我们把握具体情境的特征，而这些特征有极大的可能在进一步的探究中得到修正和更新，正如杜威所言，认识到这些特征只是"智慧的开端"④。根据这两个要点，不同于亚里士多德的十范畴、康德的十二范畴或皮尔士的三范畴，存在的类别特征在杜威的语境中并没有固定的数量。波艾斯冯特认为，在杜威的"初始范畴体系"（incipient categorial scheme）中，"事件"和"关系"是两个最关键的"首要范畴"。⑤ 但宽泛地看，《经验与自然》各章标题中的诸概念都是杜威意义上的类别特征。更宽泛地看，我们还可以在《经验与自然》中找到大量其他的类别特征。⑥

---

① LW 1：14.

② LW 1：64.

③ LW 10：20.

④ LW 1：309.

⑤ Boisvert, *Dewey's Metaphysics*, p. 129.

⑥ 根据我的统计，杜威《经验与自然》中至少还提到了 40 多个类别特征：稳定性（stability）、运动性（movement）、安全合理性（safe and sane）、偶然性（contigency）、变异性（variation）、变化性（change）、未决定性（indeterminateness）、逻辑性（logicibility）、优先性（preference）、价值多元性（pluralism of values）、连续性（continuity）、阻碍性（arrest）、结构性（structure）、不连续性（discontinuity）、危险性（hazard）、模糊性（ambiguity）、开放性（openness）、趋向性（tendency）、方向性（direction）、目的多元性（pluralism of ends）、重复性（repetition）、潜在性（potentiality）、不安全性（precariousness）、未完成性 （转下页）

杜威试图阐明，围绕"存在的类别特征"展开的形而上学构想能够帮助我们彻底超越"实在论/观念论"的理论框架。首先，存在的类别特征不是心灵内部的概念，也不是事物本身的固定类，而是在交互情境中展现的模式和节拍，它既是心灵的构造，又是世界的肌理。其次，存在的类别特征是交互情境的特殊形式，它刻画的并不是实在的一般结构，而是不断生成的实在进程所呈现的动态特征。这样一来，探讨实在的场域就从围绕"形式"和"材料"展开的抽象理论转向了具体的交互进程。

关于经验形而上学的第二个要点是杜威对形而上学的独特理解。在杜威看来，形而上学应该从研究存在之为存在（being qua being）转变为探究最宽泛意义上的经验，这种探究不应该只揭示经验的结构，还应该提示经验的具体走向。促成这种形而上学构想的根本原因在于，形而上学的研究对象本身是"动荡的"（precarious）："存在既是稳定的又是动荡的，既是固定的又充满了预期之外的新事物，既是确定的又是不确定的，正是这种错综复杂的混合促生了作为智慧之爱的哲学。"① 杜威指出，面对动荡的存在，形而上学应该成为"批评的地形图（ground-map），为接下来的更为复杂的三角丈量法建立基线"②。《经验与自然》提出的正是这样一种作为地形勘探学的形而上学。

为了说明这种形而上学构想，我们可以借用斯特劳森（Peter Frederick Strawson）在《个体》（1959 年）中提出的一个著名区分。斯特劳森区分了"描述性"（descriptive）和"修正性"（revisionary）形而上学：描述式形而上学意图"描述我们思考世界的实际结构"，而修正式形而

（接上页）（incompleteness）、不确定性（uncertainty）、不规则性（irregularity）、可能性（possibility）、偏见性（bias）、多样性（diversity）、互动性（interaction）、统一性（unity）、质性（quality）、完成性（finishedness）、联合性（association）、特殊性（specificity）、时间性（temporality）、确定性（certainty）、持续相关性（constant relations）、量性（qualitative）、个体性（individuality）、经受（undergoing）、做（doing）。可以看到，在这些类别特征中，有些是互补的，比如"确定性"和"不确定性"，"未完成性"和"完成性"；有些则是独立的，比如"逻辑性"和"时间性"。

① LW 1：55.

② LW 1：309.

上学则意图"制造一个更好的结构"。① 但在杜威看来，这两种形而上学都属于旧形而上学，应该它们的目的是找出或制造一个确定的世界结构，而不关心能否为世界带来真正的更新。不同于这两种形而上学，杜威要探讨的是一种面向未来的"处方式"（prescriptive）形而上学。

我们知道，皮尔士在提出实用主义方法时借鉴了康德在《纯粹理性批判》中探讨的"实用的信念"。康德指出："医生必须对处在危险中的病人有所作为，但他不了解这种病。他观察现象，判断这可能是肺结核，因为他不知道有更好的判断。他的信念甚至就他自己的判断来看也只是偶然的，另一个人也许可以得出一个更好的判断。我把这种偶然的、却给现实地运用手段于某些行动上提供根据的信念称为实用的信念。"② 杜威将这种"开处方"的方法进一步推进到形而上学层面，将对存在的研究更新为对存在的预判。这种处方式形而上学包含两个要点。首先，它的主要功能是对既有存在模式的批评和对将来存在模式的预测；其次，它本身也是生成性的，它在批评的同时也进行自我批评，在引导经验的同时也接受着经验的指引。在这个意义上，它是一个完全开放的体系。杜威指出："我们只能用对存在的生成性洞见来界定任何在经验上可理解的形而上学，这种洞见本身也是在互动中增加的事实，和其他自然发生一样，它也必须服从同样的智性要求，也就是说，必须探究它所发现的东西的影响、倾向和后果。"③

根据这种形而上学，我们的实在观也得到了相应的更新。首先，我们必须看到，实在本身就是一个巨大的绵延性事件，在每个当下都有新的实在正在被塑造成形。正如杜威在《作为经验的实在》（1906 年）中所指出的，我们不能说"早先的实在"或"后来的实在"，我们只能说"在某个

---

① Peter Frederick Strawson，*Individuals: An Essay in Descriptive Metaphysics*. London：Methuen，1959，p. 9.

② 康德. 纯粹理性批判 [M]. 邓晓芒，译. 北京：人民出版社，2004：624.

③ LW 1：310.

方向上的连续转化"。① 其次，更为关键的，我们必须从认识实在转为改造实在，从反思实在转为先行筹划实在。这种实在观要求我们将最宽泛意义上的存在纳入考量，并在"现实-理想"的维度下考察它们的具体走向和可能形态，从狭义地"认识"实在转向广义地"探究"实在。

可以看到，这种处方式形而上学并不与拒斥关于实在的一般理论相矛盾。相反，它们相互支撑，共同构成一种超越"实在论/观念论"论域的实在观。在杜威看来，真正有意义的实在观不是在两个虚构的选项中做出非此即彼的选择，而是在生命实践中探索能够给实在带来何种更新，也即"经验"的生长。在这个意义上，他在消解传统哲学问题之后给我们提出了新的问题，而新问题的难度并不亚于旧问题。杜威认为，新问题的解决需要我们在方法论和世界观上做出彻底的更新。以下两部分的讨论就是在两个层面上展开的。我们还将在最后看到，本节中的三个结论，即"超越实在论和观念论"、"超越'是'与'应当'"和"超越属人与非人"，共同构成了一幅在流动中生长的实在图景。

超越"是"与"应当"：从辩证法到经验的指示性方法

摩尔在《伦理学原理》（1903 年）中将用非伦理概念定义伦理属性的思路称为"自然主义谬误"（the naturalistic fallacy）。他指出，自然主义谬误"就是用其他概念来界定'善'这个简单概念"②。更宽泛地看，自然主义谬误指从"是"（is）推出"应当"（ought）的谬误。很明显，这是一个在区分了事实（"是"）和价值（"应当"）之后才会出现的问题。在古希腊人那里，事实和价值始终整合于"自然"（physis）中，区分自然中的不同维度，并探讨它们之间的过渡和转化，是从近代机械论世界观之后才开始出现的"问题"。

① MW 3：103.
② G. E. Moore，*Principia Ethica*. Cambridge：Cambridge University Press，1903，pp. 61 - 2.

　　《经验与自然》的主要任务是重新揭示古希腊人的洞见，即事实与价值的纠缠，"经验"这个整体性范畴就是为了实现这一目标而提出的。杜威试图阐明，"是"和"应该"既不相互独立，也不相互派生，而是"经验"这个双管概念的不同面向。因此，我们要考虑的不是如何从"是"推出"应该"这个虚构的问题，而是如何促进经验本身的"生长"。这两个截然不同的问题域意味着方法论层面的彻底转换。

　　为了说明经验的生长，我们需要两个理论步骤。第一个理论步骤是，不再对经验做事实与价值的区分，而是通过功能性的动态区分来刻画经验的生长过程。杜威在《逻辑：探究的理论》中指出："说某物被享受是在陈述一个事实，也就是陈述已经存在的某物，它不是在判断这个事实的价值。这个命题和说某物是甜或是酸、是红或是黑没有区别。它要么是对的，要么是错的，别无其他可能。但是将一个对象称为价值就是在断言它满足或实现了某些条件。"① 有批评者认为杜威实质上是在区分事实（de facto）判断和价值（de jure）判断，因而违背了他的总体原则。② 这种批评在极大程度上误解了杜威，杜威在这里区分的并不是事实与价值，而是初始的价值（value）和对某个探究情境而言有价值的部分（the valuable），它们是程度和方向上的区分，而不是质的区分。这种区分又具体地表现为以下三种形态。

　　首先，杜威区分了"原始"（primary）经验和"二级"（secondary）经验：前者是被拥有的，后者则是被认识的；前者"附带最低程度的反思"，后者则是"连续的、有规则的反思性探究"的结果。③ 他指出，原始经验是尚未进入某个特定探究谋划的经验，它作为直接的质性"包含了所有的价值和意义，但它是不确定、不稳定和动荡的"④。而在反思性的二级经验中，"一种明确的连续性取代了经验到的不连续性和因为分离而导致

---

① LW 12：207.

② 参见 Morton White，"Value and Obligation in Dewey and Lewis," *The Philosophical Review*，LVIII (1949)，pp. 321‑9；*Social Thought in America*. New York：Viking，1949，ch. XIII。

③ LW 1：15.

④ LW 1：94.

的碎片化性质"①。

其次，杜威区分了"现实"（actual）经验和"理想"（ideal）经验：前者是经验的当下维度，后者则是经验的将来维度；前者是经验中的动力因，后者是经验中的目的因（作为可预见目的）。他指出，"现实和理想之间如何联系或缺少联系一直就是哲学在形而上学层面的核心问题"，现实"由给定的条件构成"，而理想则"指示了当下不存在的目的或后果"。②

最后，杜威区分了"经受"（undergoing）和"做"（doing）：前者是经验的被动维度，后者则是经验的主动维度。他指出，一方面，"经验在首要意义上是经受的过程，即忍受某物，也即字面意义上的遭受、激情和爱慕。有机体必须承受和经受自己行为的后果"③。另一方面，经受"永远不只是被动的。最耐心的承受者也不只是接收者（receptor），还是行动者（agent）和反应者（reactor）。他进行实验，知道自己的经受会以某种方式影响正在发生的事件。单纯的承受，作为一种规避，已经知道自己对环境的处理会产生怎样的结果"④。还要特别指出的是，在杜威的语境中，这组区分并不是心理学层面的，而是存在论层面的，这也是我们将它放到最后的原因。在《经验与自然》中，"经受"和"做"是存在的类别特征，它们是杜威对"被生的自然"（natura naturata）和"能生的自然"（natura naturans）这对范畴所做的重要改造。

可以看到，以上三个视角下的区分并不是事实与价值的区分，而是探究情境中的功能性区分。在某个特殊的探究情境中，探究者从作为价值的质性整体中找出对当下的探究有价值的部分，通过进一步的建构暂时地获得"二级经验""理想经验"和"做"的部分。这种区分是流动的，它的最终目的不是区分，而是推进。现在我们需要用第二个理论步骤来说明这些动态层次是以何种方式实现有机生长的。

---

① LW 4：194.

② LW 4：239.

③ MW 10：8.

④ MW 10：8.

和皮尔士一样，杜威认为实用主义方法不能只满足于零敲碎打，而是应该落脚于一种"综合哲学"。这一认识反映了黑格尔对杜威的巨大影响。杜威在新黑格尔主义者莫里斯（George Sylvester Morris）的指导下完成了博士论文，主题是康德的心理学。他从黑格尔主义的立场出发批判了先验哲学下的经验观，他试图阐明，范畴不是先天的，而是经验意识的环节。杜威在他的两篇早期文章中进一步发展了博士论文的思路。他在《康德与哲学方法》（1884 年）中指出："虽然范畴制造了经验，但它们的材料是外来的，它们与材料之间的关系是纯粹外在的。它们构成了对象，但这些对象并不是普遍指涉的，而只涉及我们的感受能力那样的存在。范畴不关心存在本身，而只关心受存在影响的我们自身。"[1] 他还在《心理学与哲学方法》（1886 年）中进一步指出，先验哲学既无法解释"未知的物自体是如何作为经验的最终根据和条件的"，也无法"将知觉和概念结合成有机的经验"。[2] 杜威在黑格尔那里找到了克服这些缺陷的思路。他在《康德与哲学方法》中指出，黑格尔的辩证法"既是哲学方法，又是哲学标准。作为方法，它既指明了达到真理的道路，又是建构中的真理本身；作为标准，它为我们提供了经验的形式，所有被组织的经验事实都必须服从这一形式"[3]。此时的杜威认为，不同于先验哲学的分离性构想，黑格尔的辩证法给出了在综合视角下探讨经验生长的核心方法。

随着思想的推进，杜威逐渐离开了黑格尔意义上的辩证法，开始用探究逻辑取代辩证逻辑。他在《逻辑：探究的理论》中指出："正题、反题、合题的辩证法虽然认识到最初的对立并不是最终的，但仍然犯了一个逻辑谬误，它认为'合题'直接产生于对立，而不是对立所指示的特定探究。科学的探究从来不认为合题是从正题和反题中产生的。"[4] 在这种情况下，应该如何在另一种"综合"视角下探讨经验的生长呢？杜威在《经验与自

---

[1] EW 1：39.
[2] EW 1：152.
[3] EW 1：46.
[4] LW 12：192.

然》中提出了一种特殊的"经验的指示性方法"（denotative-empirical method）。他指出："经验作为哲学方法的价值在于，它迫使我们注意到，指示（denotation）是贯穿始终的。为了解决争议、消除疑虑、回答问题，我们必须回到被指出（pointed to）和指示（denoted）的事物，在那里找到答案。"他还进一步指出，如果"指出、寻找、展示的方法"（method of pointing，finding，showing）被哲学家接受，那么"经验这个词和概念就可以被抛弃了，因为一旦我们拥有它所代表的所有东西，它就变得多余了。但是只要我们偏爱在哲学（和科学）中根据审美、道德和逻辑标准来界定和构想'实在'，那么我们就需要经验这个概念来提醒我们，'实在'包含了所有被指示的东西"。[1]

亚历山大认为，经验的指示性方法在杜威后期思想中占据关键位置。他指出，指示的主要功能是"在被遭遇、生活、享受和经受的世界这个更一般的语境中定位探究本身。简言之，指示性方法既要求我们承认人性，又要求我们记住世界存在于我们的思辨展开之前，也持存于我们的理论化活动结束之后"[2]。他还指出，较之于杜威的工具主义，指示性方法是一种更宽泛和更深刻的哲学方法，"它防止哲学服从于'理智主义'，它是将'认识'放回语境中，是让'经验'服务于真正的哲学方案：智慧"[3]。当然，基于他的解读倾向，亚历山大最终将指示性方法落实为"审美接受性和开放性的方法"（method for aesthetic receptivity and openness）[4]。不同于亚历山大，我认为可以对杜威提出的这种方法做更为宽泛的解读。在审美经验的语境之外，它至少还具有以下三个基本特征，这三个特征共同刻画了一种真正"有机"的生长。

第一，经验的指示性方法将最宽泛意义上的经验纳入实验性探究的进

---

① LW 1：371－372.

② Alexander，*John Dewey's Theory of Art*，*Experience and Nature*，p. 89.

③ Thomas Alexander，"Dewey's Denotative-Empirical Method：A Thread Through the Labyrinth，"*The Journal of Speculative Philosophy*，18：3（2004），p. 248.

④ Alexander，"Dewey's Denotative-Empirical Method：A Thread Through the Labyrinth，" p. 251.

程，其中包括那些只能被指出和指示，但无法被描述或界定的质性经验。不仅如此，这种方法还要求我们最大限度地停留于具体性之中，对任何概括和归纳保持充分的警惕。杜威在《直接经验主义的假设》中指出，直接经验主义的要点在于，探讨"哪一种经验被指称或指示了"，而不是归纳出某个一般的经验概念。① 他深刻地认识到，人的思维总是倾向于从"这个"（this）或"那个"（that）滑向"一些"（some），进而滑向"大部分"（most），最终滑向"所有"（all），但是如果我们能努力地让自己停留于具体性之中，我们的认识就能获得前所未有的解放，其中当然包括对"实在"的认识。杜威在《哲学复原之需要》中指出："实在作为一个指示性概念无偏向地指示所有发生的事件。谎言、梦、非理性、欺骗、神话、理论都是实在所指示的事件。"在这个意义上，实用主义的实在观是一种"解放的经验主义"（emancipated empiricism）或"彻底的天真实在论"（thoroughgoing naïve realism）。这种实在观的最终洞见是："不让实在成为总括性概念的唯一方法是诉诸具体经验的多样性和个体性。"②

第二，经验的指示性方法不是经验主体对经验片段的指示，而经验内部各个动态层次之间的相互指示。以"原始经验"和"二级经验"的区分为例：一方面，通过"以精炼的二级经验为路径去指示和回溯原始经验中的某些东西"，原始经验"获得的意义被包含在相关对象的完整系统中，它们与自然中其他事物相联系，并获得了与之相连续的意义"③；另一方面，二级经验只是"一种手段，用于控制普通事物，拓展它们的使用和享受"，为此，它必须一次次回溯至原始经验，在这种回溯中，它们不仅得到"检验与核对"，还避免成为"独断而孤立"的抽象理论④。可以看到，经验的指示性方法将动态层次之间的双向指示同时纳入考量。杜威指出："有两条达到哲学目标的途径。我们可以从显而易见的、原始而粗糙的经验开

---

① MW 3：159.
② MW 10：39.
③ LW 1：16-17.
④ LW 1：17.

始，通过它的特征和倾向，注意到产生和维持这些经验的世界是如何构成的。或者，我们可以从精炼的选择性产物开始，从最好的科学方法的权威声明开始，从那里回溯至原始的生活事实。"而每一条途径都有它的"优势和危险"：对第一条途径而言，"从宏观经验开始的方法需要超乎寻常的真诚和耐心"；对第二条途径而言，"很容易将科学视为某种已经完成的、本身是绝对的东西"。① 概而言之，经验内部的这种双向指示不是螺旋形的上升，而是在连续的推进和回溯中实现经验的有机生长。

第三，经验的指示性方法将经验的生长形式理解为控制经验生长的规范性要素，这些要素不是经验进程之外的原则，而是引导探究的实验性假设，它们在经验进程中生成并发展。以因果性为例，杜威在《逻辑理论的当下立场》（1891 年）中指出："在康德那里，因果原则的合法性是这样得到证明的：经验的可能性意味着思维必须不断地将这一原则注入经验，以防止经验消失。也就是说，经验必须不断地得到思维综合活动的支撑和加固，否则它就会崩塌。简言之，经验对因果原则的需要意味着它需要某些自身之外的支撑。"② 而在杜威看来，因果原则并不是先于经验的支撑，而是经验内部的指示性运作。他在为《教育百科全书》撰写的"因果性"辞条中指出："任何特殊连续性的出现都不存在先天的保证，心灵通过假设重复出现来控制未来经验。只要未来事件证明了预期，这个假设就得到了证实。如果这个假设不成立，那么我们就放弃或修改已经确认的连续性。一般的因果性观念是基于它在控制经验事件上的成果而得到证明的。"③

可以看到，通过以上这两个理论步骤，静态二分的实在观让位给动态综合的实在观，抽象的辩证法让位给始于具体并终于具体的指示性方法。除此之外，这幅有机生长的实在图景还提示我们，在抛弃了"是"与"应当"的区分以及跟随这一区分而来的虚构问题之后，我们仍然可以在一个

① LW 1：366 - 367.

② EW 3：138.

③ John Dewey，"Causation，" in *A Cyclopedia of Education*，Vol. 1，ed. Paul Monroe. New York：MacMillan，1925，p. 553.

演化的世界观下来探讨经验的生长。这样一来，杜威的"自然主义"就自然而然地进入了我们的视野。

超越属人与非人：自由自然主义视域下的实在领域

自然主义是贯穿杜威思想历程的一条主要线索。他在公开发表的第一篇文章《唯物论的形而上学假设》（1882 年）中指出，除非心灵已经隐含于物质中，否则无法解释心灵是如何从物质中突现的。① 在中期的《哲学复原之需要》中，这个"形而上学假设"得到了来自经验科学的有力支撑："根据当下的经验情境——包括进化（生物连续性）的科学观念和控制自然的现存技术——所提供的线索，我们不会否认主体和对象处在同一个自然世界中，正如我们会毫不犹豫地认为动物和它的食物是维系在一起的。由此得到的结论是：知识是自然能量合作的产物。"② 这些思考在晚期的《经验与自然》中得到了完整的阐述，最终呈现为系统性的"自然主义形而上学"。下面我们要探讨的是杜威意义上的自然主义，以及这种自然主义会给我们带来关于实在的何种洞见。

无论是从哲学史还是从当下的理论视角来看，"自然主义"都是一个极为复杂的概念。斯宾诺莎和休谟这两条风格迥异的思路都被称为自然主义，而在当下的理论语境中，各种极为不同甚至相互抵牾的立场都将自己界定为自然主义，这让自然主义在很大程度上变成了一个空洞无力的概念。尽管如此，我们还是认为当代自然主义者共享了物理主义这个基本预设。正如德雷斯基（Fred Dretske）所指出的，自然主义本质上是一种"唯物论形而上学"，即"只使用物理的酵母和面粉烘焙出一个心理的蛋糕"。③ 基于这一预设，科学自然主义的还原论方法也就自然成为自然主义者的主要理论路径，这一方法在不同语境中表现为将心理内容还原为物理

---

① EW 1：3-8.

② MW 10：24.

③ Fred Dretske, *Knowledge and the Flow of Information*. Cambridge, MA：MIT, 1981, p. xi.

存在，将属人的认知状态和认知进程还原到非人或前人阶段，将规范层面的"应当"还原为因果层面的"是"等。

这种还原论自然主义思路遇到的根本难题是：我们至今没能在哲学和科学的帮助下找到那个由物理突变为心理、由非人突变为属人、由"是"突变为"应当"的中介性节点。怀特海在 20 世纪 30 年代就指出："任何拒绝将人类经验置于自然之外的理论都必须在描述人类经验时找到一些要素，这些要素也必须出现在对较不特殊的自然事件的描述中。如果不存在这种要素，那么人类经验是自然事实的理论就只是一种虚张声势，这种模糊措辞的唯一优点是提供了令人宽慰的熟悉感。我们要么承认二元论，至少视之为一种临时理论，要么就应该指出将人类经验与物理科学连接起来的同一性元素。"① 到了 20 世纪末，我们发现斯特劳森（Galen Strawson）仍在这样感叹："基于当下的物理学，我们还无法理解经验本身如何是一种物理事物。"② 这种理论上的局限让自然主义在很大程度上变成一种猜想。罗蒂指出："在我们和野兽之间寻找一种连续性的问题在于，它将不连续性这个令人尴尬的哲学问题推到了病毒与变形虫之间的断裂。但为什么在那里止步？为了消除这种尴尬，我们只能认为蛋白质分子，甚至夸克，也拥有某种类似于经验的东西。"③ 但问题在于，正如内格尔（Thomas Nagel）所指出的，"如果向下沿着进化之树走得过远，人们就会逐渐丧失他们的信仰，认为那里并不存在任何的经验"④。杜威要求我们反思的是，自然主义是否一定要坚持这条还原性的路径？换言之，我们否认有可能构想一种不采用还原论的自然主义？

首先要指出的是，杜威的自然主义并不是一个孤立的思想事件。比如，詹姆士就在《心理学原理》中明确阐明了自己的自然主义立场："在大多数科学领域，连续性的要求已经被证明具有真正的预言力。因此，我

---

① Alfred North Whitehead, *Adventures of Ideas*. New York: Free Press, 1967, pp. 184 – 5.

② Galen Strawson, *Mental Reality*. Cambridge, MA: MIT, 1994, p. 180.

③ Richard Rorty, "Dewey between Hegel and Darwin," in *Truth and Progress: Philosophical Papers III*. Cambridge: Cambridge University Press, 1998, p. 296.

④ Thomas Nagel, *Mortal Questions*. Cambridge: Cambridge University Press, 1979, p. 168.

们应该真诚地尝试用所有可能的模式去理解意识的起源，意识不是突然侵入宇宙的新事物，在此之前，它并不是一种非存在。"① 事实上，正是詹姆士在《原理》中所采取的自然主义路径促使杜威放弃了早期的观念论立场，转而在自然进程的语境中探讨心灵现象。20 世纪中叶，任职于哥伦比亚大学的杜威和柯亨（Morris Cohen）、蓝道尔（John Herman Randall, Jr.）和胡克（Sidney Hook）等人一起被称为"纽约自然主义者"。② 这场在美国本土兴起的自然主义思潮在短暂的活跃之后很快让位给从欧洲引入的逻辑实证主义，因此很容易被今天对自然主义的讨论所忽视。纽约自然主义者要求我们反思如下问题：自然主义是否一定要坚持还原性的思路，换言之，我们是否有可能构想一种非还原论自然主义？ 这种构想要求我们同时看到心理事件的随附性和突现性。关于随附性，我们可以在由杜威等人合写的回应文章中找到如下的表述：除了还原性的唯物论，还可以有另一种唯物论，后一种唯物论认为"心理事件的发生随附于某些物理-化学-生物的复合事件和结构，因此，只有在物体被适当组织的前提下，痛苦、情感、美或神圣的经验才能存在"③。关于突现性，要而言之，突现意味着新形式产生于旧形式，但又不能被完全还原为旧形式。杜威在《经验与自然》中指出："心理-物理层面既不废除物理-化学层面，也不是物理和心理的特殊混合（就像人马怪那样）。心理-物理层面意味着拥有一些不会在无生命存在那里显示出来的性质和效应。"④

---

① WWJ 8：151. 詹姆士还指出："我们进化论者坚信的观点是，所有新存在形式出现的原因不过是已有材料的重新分配。混乱散播的原子组成了星云，现在，同一些原子暂时地挤入特殊的位置，构成了我们的大脑。这样一来，脑的'进化'不过是解释这些原子如何成为现在的样子。在这个故事中，所有在后来的阶段中被引入的因素，从一开始就都存在。"（WWJ 8：149）

② 参见 Morris Cohen, *Reason and Nature: An Essay of the Meaning of Scientific Method*. New York：The Free Press, 1959；John Herman Randall, Jr. *Nature and Historical Experience: Essays in Naturalism and in the Theory of History*. New York：Columbia University Press, 1958；Sidney Hook, *The Quest for Being and Other Studies in Naturalism and Humanism*. Westport：Greenwood Press, 1961；Yervant Krikorian, ed. *Naturalism and the Human Spirit*. New York：Columbia University Press, 1944.

③ John Dewey, Sidney Hook & Ernest Nagel, "Are Naturalists Materialist?" *The Journal of Philosophy*, 42：19 (1945), p. 519.

④ LW 1：196.

我们可以从以上论述中清楚地看到杜威所持的非还原论自然主义立场。我建议将杜威的立场进一步界定为自由自然主义。尽管杜威本人并没有使用这一提法，但正如普特南所指出的，晚近对自由自然主义的探讨在很大程度上是"杜威意义上的"，即在拒斥超自然实体的同时拒绝将审美和伦理的概念还原为自然科学的概念。① 除了已经指出的非还原性，杜威式自由自然主义还具有以下两个关键特征：

首先，这种自由自然主义要求彻底的连续性。杜威认为，在自然的连续过程中并不存在任何可被明确界定的接合点。他指出："为了回答困扰哲学的问题，我们必须看到有机体在环境中，神经系统在有机体中，脑在神经系统中，大脑皮层在脑中。并且，它们并不像弹子在盒子中，而是作为事件在历史中，在一个运动的、生长的、永不结束的进程中。"② 杜威探讨了两个层面上的连续性：内外间的连续性（inner-outer continuity）和高低间的连续性（higher-lower continuity）。前者涉及有机体和环境的交互，后者涉及有机体在物理层次、心理-物理层次和心灵层次这三个"层次"（plateaus）上的连续演进。③

其次，这种自由自然主义要求最大程度的全局性。这一点是我们要在这部分中重点讨论的。为了说明这种全局性，我们要特别提出杜威和桑塔亚那在 20 世纪 20 年代进行的关于自然主义的著名论战。桑塔亚那在《杜威的自然主义形而上学》中指出，杜威的自然主义是一种属人的自然主义，而真正的自然主义必须符合自斯多亚派和斯宾诺莎以来的自然主义传统，即从某种派生一切事物的更为基质性的存在出发。桑塔亚那认为，杜威的问题不仅在于将词语、观念或精神实体化，还在于试图将它们置于自然主义图景的核心位置，试图用属人的自然（"前景"）主导非人的自然（"背景"）。他指出："自然没有前景或背景，没有此处，没有当下，没有

① Hilary Putnam, "Naturalism, Realism, and Normativity," in *Naturalism, Realism, and Normativity*. Cambridge, MA: Harvard University Press, 2016, p. 22.

② LW 1: 224.

③ LW 1: 208.

道德的神坛，也没有能把其他所有事物削减至边缘和远景的真正中心。根据定义，前景是与一些被选择的视角和某些生物（这些生物因为偶然的运气在特殊的时间和地点出现）所设想的自然当中的位置相关的。如果这样一种前景在哲学中占据主导，那么自然主义就会被抛弃。……杜威的思想传统完全是前景的主导：前景的主导是超验主义和经验主义的灵魂。"①

杜威在《半心半意的自然主义》中对桑塔亚那的批评做出了回应。他指出，桑塔亚那认为前景是纯粹属人的存在，但他没有看到属人的存在同时也是自然的一部分，在这个意义上，桑塔亚那的自然主义是"半心半意的"。杜威指出："用桑塔亚那喜欢的说法来说，经验构成了前景。但是经验的前景也是自然的前景。我和桑塔亚那的不同就在于这一点：他认为前景像屏风一样遮住了背景，而在我看来，我们思维的展开形式恰恰是前景作用于背景之上的。桑塔亚那明显认为前景是置于人类直觉、经验与背景之间的，而在我看来，人类所经验着的正是前景——自然本身的前景。桑塔亚那也许还认为只有除去了前景的背景本身才是自然，对此我不敢确定，不过我可以确定的是，前景本身就是自然的一个有机的组成部分。"②

我们可以通过这组辩驳清晰地把握杜威对自然的构想。桑塔亚那要求我们将自然理解为生成和涌现的基质，他要求我们区分自然中"能生"和"被生"的部分，而杜威则要求我们将所有属人和非人的存在都纳入"经验/自然"这个整体性的范畴中。他在《经验与自然》中指出："经验既是自然的，又是在自然之中的。被经验到的不是经验，而是自然——是石头、植物、动物、疾病、健康、温度、电力，等等。以一定方式互动的事

---

① LW 3：373-374. 桑塔亚那的论断得到了其他批评者的响应。比如，亚当斯（George P. Adams）指出："我们希望，经验能够得到明确的考察、分析和解释，不是我们'拥有'的经验，而是世界的性质，它们构成了人类生命的环境。"George P. Adams，"Review of *Experience and Nature*," in George Dykhuizen, *The Life and Mind of John Dewey*. Carbondale：Southern Illinois University Press, 1973，p. 215.

② LW 3：76.

物就是经验，它们是被经验的东西。"① 他还在给《实验逻辑论文集》（1916 年）写的序言中指出："如下这些事件和行为是完全自然的，它们是'实在的'。它们包括棍子和石头、面包和黄油、树和马、眼睛和耳朵、爱人和怀恨者，以及平常经验中的叹息和快乐。"② 可以看到，根据杜威的理解，"经验/自然"这个整体性范畴实际上变成了一个极其宽泛的存在领域。亚里士多德在《形而上学》中告诉我们："一事物被称为'是'，含义甚多。"③ 在同样的意义上，杜威试图阐明，"经验/自然"是具有不同"类别特征"的存在构成的。

　　晚年的杜威认为需要再次拓展"经验/自然"的内涵。他在给《经验与自然》写的再版前言中提出了用"文化"代替"经验"的构想。初看起来，这一推进步骤暴露了杜威对经验的人类中心主义理解，同时也印证了桑塔亚纳对杜威的批评，即试图将所有非人的存在都置于人的语境中加以理解。当时作为纽约自然主义者一员的柯亨也在同样的意义上批评杜威："如果我们没有另外的选项去指示非经验的东西，那么经验就不具有任何实用意义。……经验在杜威那里适用于所有思维对象。除了对生命的赞美之意，我看不出它还有其他明确的理智功能。"④ 但我们要帮助杜威澄清以下两点。首先，杜威想要强调的并不是经验的人类中心主义特征，相反，他试图将所有人造的东西（artefacts）都纳入自然的领域，文化不仅是自然演进过程中的一种突现，同时也是自然的完成和重塑。他在《作为经验的艺术》中指出："经验是有机体和环境之间互动的结果、符号和回报。这种互动完全实现时，就转化为参与和交流。"⑤ 其次，杜威要求我们在一个全局性的"自然/经验/文化"视域中对经验事件进行勘查、定位和更新，这也是他对哲学活动的最终构想。这种全局性的自由自然主义既不是

---

① LW 1：12.

② MW 10：339.

③ 亚里士多德. 形而上学［M］. 吴寿彭，译. 北京：商务印书馆，1995：56.

④ Cohen，*Reason and Nature*，pp. 453 - 4.

⑤ LW 10：28.

由低阶的生物层面驱动的，也不是由高阶的文化层面主导的，它探讨的既不是"人的下降"（descent of human），也不是"人的上升"（ascent of human），而是人如何与其他存在"交缠"在一起。杜威试图阐明，属人的东西和非人的东西自始至终都是交缠在一起的。因此，任何试图区分人与非人的自然主义都是"半心半意的"，演化并不是从非人状态进展到人的状态，而是一个混合性存在转化为另一个混合性存在。

以上我们概览了杜威式自由自然主义的三个特征，即非还原性、彻底的连续性和最大程度的全局性。可以看到，杜威式自由自然主义并没有违背非还原论自然的基本预设，即世界的基本特征从本质上来说是物理的，但是在演进过程中出现了一些无法被完全还原为物理实体的存在，它并不执着于找出突现的节点，而是试图在一个全局性的自然观中理解不同层面的存在是如何在一个整体性视域中交缠在一起的。较之于还原论自然主义，这无疑是一种极为自由的自然主义构想。

这种自由自然主义构想产生了两个关键的理论后果。首先，它促使杜威重新规定哲学的根本任务。维特根斯坦认为哲学的首要功能是帮助苍蝇飞出捕蝇瓶。哈贝马斯将哲学的功能界定为"示范者"（Platzhalter）和"解释者"（Interpreter）：作为"示范者"的哲学在和经验科学的紧密联系中发挥它擅长普遍理论的优势，而作为"解释者"的哲学则在专家知识和日常实践之间充当有效的沟通媒介。而杜威则认为，哲学的首要功能是扮演"通信员"（messenger）和"联络官"（liaison officer）的角色，即"使各地的方言相互理解，并拓展和修正这些方言的意义"。[1] 在这个意义上，哲学是"批评之批评"（a criticism of criticisms）。[2]

其次，以上面这种方法论为前提，这种自由自然主义构想最大限度地拓展了实在的领域。在经过拓展的实在领域中，事实和价值、自然与规范、非人的存在和属人的存在最大限度地整合在一起。杜威在晚年的手稿中探讨了一种真正的"现代"哲学：这种哲学希望彻底扭转旧的知识论传

---

① LW 1：306.

② LW 1：298.

统，将知识置于最宽泛的文化综合体中加以考察，并将自然与文化、科学与政治、非人的部分和属人的部分全部纳入科学探究的视域。①

遗憾的是，杜威的洞见在当下的科学共同体中仍然是一个微弱的声音。一个典型的例证是，在《经验与自然》出版半个多世纪之后，法国科学建构论者拉图尔（Bruno Latour）仍然在呼吁我们反思现代科学的合法性。拉图尔在《我们从未现代过》（1993 年）提出一种"非现代"的理论方案。他指出，现代性的理论方案"就是逐渐退出一个将社会需要和科学真理混合起来的晦暗时代，进入一个最终明确区分非时间性自然和属人部分、基于事物和属于符号的新时代。现代的时间性不但预先区分了过去和将来，更为重要的，还预先区分了中介和净化"②。他试图阐明，建立在区分之上的现代性方案不但在历史上从未成立，在人类发展的当下阶段更是毫无价值的理论虚构。他问道，臭氧空洞、全球变暖、艾滋病、禽流感、疯牛病等现象到底是自然的产物，还是文化的产物？是属人的进程，还是非人的进程？这些交缠的"混合对象"（hybrid object）向我们明确揭示了"我们从未现代过"的事实。在拉图尔看来，非现代方案不是要在已经由现代性搭起的结构中间寻找异质的元素和开放的空间，而是要通过反思颠覆现代性方案本身。在这个意义上，非现代方案的工作正是从现代方案失败的地方开始的："现代主义者总是从困惑走向清晰，从混合走向简单，从过去走向客观，因为他们总是在攀爬进步的阶梯。非现代主义同样也在进步，却是通过下降，只不过这种下降并不是堕落。我们总是从混合走向更加混合，从复杂走向更加复杂，从清晰走向隐含。我们不再期望将来会把我们从所有的纽带中解放出来，相反，我们期望将来会把我们和更多的

---

① 在提出用"文化"代替"经验"之后，杜威计划完成一部以此为主题的著作，并在生前初步完成了这部手稿，但之后不幸遗失了这部手稿。50 年之后，研究者在南伊利诺伊大学特殊收藏馆的杜威文献中找到了这一手稿，并以"非现代哲学与现代哲学"为题编辑出版。参见 John Dewey, *Unmodern Philosophy and Modern Philosophy*. Carbondale: Southern Illinois University Press, 2012。中译参见约翰·杜威. 非现代哲学与现代哲学［M］. 孙宁，译. 上海：华东师范大学出版社，2017。

② Bruno Latour, *We Have Never Been Modern*. Cambridge, MA: Harvard University Press, 1993, p. 71.

非我更加紧密地维系起来。"① 如果说拉图尔试图阐明我们从未现代过的事实，那么杜威所要阐明的则是我们的现代性远未完成的事实。拉图尔指出了现代性方案的失败，并试图回到非现代的理论语境，而杜威则试图阐明，我们应该用一个真正现代的方案替代现有的方案。这两个看似"相反"的理论方案实际上是殊途同归的。我认为，一种真正自由的自然主义必须对经验科学做出这样的反思。这种反思要求我们构想一种更为开放和多元的科学探究形式，不用任何既有的理论框架来回避经验探究的复杂性，并以一种完全开放的态度将所有可能对我们的经验探究产生影响的因素都纳入考量。概而言之，它要求我们思考，一种非还原论的自然主义是否应该在拒斥科学自然主义的同时反思后者为我们规划的实在本身。

在流动中生长的实在观

我在本章的开头指出了交互论在杜威思想中的关键位置。本节的讨论通过三个递进的视角立体地呈现交互论图景下的实在观：借助面向未来的经验形而上学超越实在论和观念论的二难选择，使用围绕具体性展开的指示性方法刻画各动态层次之间的交互关系，通过非线性和祛中心的自然主义将非人的存在和属人的存在整合为一个宽泛的实在领域。概而言之，这是一种在流动中生长的实在观。

根据这种实在观，我们无法对实在做出一次成形的解释和刻画，因为流动的实在不能作为静止的认识对象。杜威在《经验与自然》中指出："真正在经验中的东西远远超出了我们在任何时候所认识的东西，从知识的立场来看，对象必须是清晰的，它们的特征必须是明确的，模糊和未被揭示的东西是知识的界限。因此，只要将实在界定为知识对象的习惯仍然盛行，模糊就必须被解释掉。哲学理论当然应该意识到清楚明白的价值所

① Bruno Latour, *Politics of Nature: How to Bring the Sciences into Democracy*. Cambridge，MA：Harvard University Press，2004，p. 191.

在。但同样重要的是，它还必须注意到大量的黑暗与黄昏。"① 因此，真正的"经验主义者"不会试图一劳永逸地把握关于实在的真理，而是在经验的洪流中不断探索实在的意义。詹姆士在《实用主义》中指出："拥有真理并不是目的，它只是获得其他更为重要的满足的初步手段。"② 和詹姆士一样，杜威在晚年指出，我们必须从对真理的诉求中抽身而出，不断回到意义，意义是第一位的，真理是第二位的。他在一篇受到忽视的文章《哲学与文明》中指出："意义的范围要比真理广，也更有价值。较之于真理，哲学要更关注于意义。"他还告诉我们，真理就像"意义之海中的一个岛屿，对海洋来说，真与假都是不相关的"③。

与此同时，这种实在观也完全向未来敞开。杜威在晚年指出，"复原"和"改造"哲学的任务之所以没能实现，是因为学院哲学的工作没能让名词化的概念真正回归到动词状态。在动词化的哲学实践中，"存在"（being）应该通过"去存在"（to be）得到定义。他晚年的手稿中指出，"注意我说的话"（Mind what I am saying to you）和"我在照看孩子们"（I'm minding the children），这些日常语境中的动词化使用体现了哲学理论的贫乏。④ 因为"心灵"和"实在"在杜威的语境中是"经验"的两个不同面向，所以心灵的动词化必然要求实在的动词化。在杜威看来，动词化的实在不应该只是流动的，还必须是生长的。他在《经验与自然》中明确指出："实在就是生长过程本身。"⑤

德勒兹（Gilles Deleuze）和伽塔利（Félix Guattari）提出了一种以"根茎"（rhizome）为基本形象的理论模型：不同于树状结构，根茎的特点是"可以连接任意点与任意点，它的特征并不一定要和相同性质的特征联

---

① LW 1：27.
② WWJ 1：98.
③ LW 3：4-5.
④ 约翰·杜威. 非现代哲学与现代哲学［M］. 孙宁，译. 上海：华东师范大学出版社，2017：181.
⑤ LW 1：210.

系在一起，它可以引入环境下的符号，甚至是那些非符号的状态"①。在这个意义上，根茎"永远处在中间，它在事物之间，是间在和插曲"②。虽然"根茎"模型的提出是为了推翻既有的知识观和固化的社会结构，但它也可以在一定程度上帮助我们理解杜威的实在观。

首先，和德勒兹等人一样，杜威认为实在是无限增殖的，它的基本形态是复数形态。他在《半心半意的自然主义》中指出："桑塔亚那否认自然中存在此处、当下与视角，而我则认为，自然中存在着此处、当下与视角，并且它们都是复数形式的。……事实上，自然中存在着不计其数的此处、当下与视角，就像自然中有不计其数的存在一样。并且，将它们并入一个无所不包的实体只会让这一实体变得不可知，这也是绝对不可知论的逻辑前提。"③ 他还在《非一元论或二元论的实在论》（1922 年）中提出了一种和詹姆士极为接近的"多元实在论"（pluralistic realism）立场："一元实在论和二元实在论这一区分并没有穷尽所有可能。还有一种多元实在论，我提出的正是这种理论。意味或意指其他事物的事物本身是无限多样的，被意味的事物同样如此。"④

其次，杜威同样强调实在的间在性或居间性，在两个端点间的具体进程中探讨实在的生长。他在《经验与自然》中指出："我们一般将实在等同于确定的、有规律的、完成了的东西，与之相反，未经思辨的经验证实了一个不同的世界，并指向一种不同的形而上学。我们生活的世界深刻而不可抗拒地混合了下面两个方面：一方面是使遇见和控制成为可能的充足、完整、有序和反复；另一方面是尚未决定后果的独特、模糊、不确定的可能性和进程。"⑤

但这个无限增殖的形象并不能完全涵盖杜威的实在观。在杜威看来，

① Gilles Deleuze & Félix Guattari, *A Thousand Plateaus: Capitalism and Schizophrenia*. Minneapolis: University of Minnesota Press, 1993, p. 21.

② Deleuze & Guattari, *A Thousand Plateaus: Capitalism and Schizophrenia*, p. 25.

③ LW 3: 80.

④ MW 13: 54.

⑤ LW 1: 47.

实在不仅是无限增殖的，还是不断生长的。詹姆士说经验是一种"不断绽放、嗡嗡作响的混乱"（blooming，buzzing confusion）①。而杜威则指出，詹姆士虽然准确把握了经验的质性特征，但没有强调经验"会通过嗡嗡作响的产生效果，会在不断绽放后结出果实"，它能通过"理智的象征转变成思维的对象"。② 在他看来，经验的有机生长并不只是无序的增殖，还是新要素的不断整合（integration），它不仅是偶然的发生，还是智性的成就。因此，经验中必须包含目的性和规范性的维度，实在也由此成为一个由目的和规范引导的实验进程。在这个意义上，法语的"经验"也许更契合杜威对实在的构想，当法语的使用者说人们在经验时——"faire des expériences"，意味他们在进行实验（experiment），这种实验性的生长正是杜威强调的要点。

罗蒂曾有一个著名的论断：当福柯（Michel Foucault）、德勒兹等后现代主义者走到道路尽头时，他们会发现杜威已经在等着他们了。③ 希克曼也曾建议将杜威的理论方案界定为"后后现代主义"（Post-Postmodernism），因为杜威一方面拒斥现代的实证主义，另一方面又因为对逻辑探究的强调而与后现代主义者区分开来。④ 根据这幅在流动中生长的实在图景，我们可以清楚地看到杜威已经超越了德勒兹和伽塔利所处的后现代语境。后现代主义者利奥塔（Jean-François Lyotard）在《什么是后现代主义?》（1984）中指出："我们已经为整体和同一的乡愁、为调和概念和感性、为透明而可交流的经验付出了过高的代价。在松弛和缓和的一般要求下，我们可以听到想要回到恐怖、幻想抓住实在的轻声低语。我们的回答是：让我们发起对总体性的战争，让我们见证那些不在场的东西，让我们激活并荣耀差异。"⑤ 而杜威则试图阐明，对宏大叙事（grands recits）的放弃并

① WWJ 8：462.

② LW 5：254.

③ Rorty，*Consequences of Pragmatism*，p. xviii.

④ 参见 Larry Hickman，*Pragmatism as Post-Postmodernism*. New York：Fordham University Press，2007，pp. 13 - 29.

⑤ Jean-François Lyotard，*The Postmodern Condition*. Minneapolis：University of Minnesota Press，1984，pp. 81 - 2.

不必然引向支离破碎的微小叙事（petits recits）。在探讨实在时，我们还可以有"个体形式"（each-form）和"总体形式"（all-form）之外的第三个选项，那就是动态的生长形式。正是在这个意义上，杜威的实在观是一种"后后现代主义"的实在观。

下　编

观念的合生与互释：围绕古典实用主义展开的思想史研究

第十一章　从康德到皮尔士：继承与超越

> 我们首先必须尽可能全面地归拢一份范畴的目录，从我们能够发现的人类所使用过的所有范畴开始。然后我们将会看到，曾经有过，并且仍然还有很多月亮，它们或已死去，或显得幽暗而朦胧，高悬于理性的苍穹。
>
> 莫斯（Marcel Mauss）：《社会学与人类学》

引　言

詹姆士在首次引入"实用主义"概念的讲座（《哲学概念与哲学后果》，1898 年）中将英国经验论视为皮尔士的理论出发点："在研究一个概念时，伟大的英国方式就是问自己如下的问题：它的兑现价值是什么？皮尔士先生只是用明确的准则对此加以表达。"① 基于这样的解读，他将皮尔士提出的实用主义准则表述为："思维的灵魂和意义……只能将自己引向信念的制造。……当我们关于一个对象的思维变成信念时，我们就可以坚定而安全地开始行动了。简言之，信念是行动的准则，思维的全部功能不过是制造行为习惯中的一个步骤。如果思维中的任何一个部分不再对思维的实践后果产生不同的影响，那么这个部分就不再是思维意义的恰当元素了。"②

皮尔士并不同意詹姆士的解读。他认为自己的"实效主义"起源于他

---

① WWJ 1：268.

② WWJ 1：259.

在研究康德的过程中所做的反思。他在一段自传性文字中告诉我们："我读到的第一批严格意义上的哲学著作是德国古典哲学，它们的许多思维方式深深地影响了我，我永远没能完全摆脱。……在三年多的时间里，我一天花两个小时来学习康德的《纯粹理性批判》，直到熟记了整本书，并批判地检查了它的每一个部分。"① 根据这一表述，实效主义的主要资源并不是英国经验论，而是康德的先验哲学。皮尔士不仅从康德那里获得了关于"法则"和"目的"的关键洞见，还试图像康德那样用一种复杂的建筑术来构造自己的理论体系。公允地看，实用主义与康德的关联在皮尔士这里表现得尤为明显。正如罗蒂所指出的，皮尔士认为"哲学给了我们一个涵盖一切的非历史性语境，每一种话语都能在这个语境中找到适当的位置和等级。詹姆士和杜威反对的正是这样一种康德式预设，即有这样一种语境存在，并且可以通过认识论或语义学发现它"②。不同于罗蒂式的区分，库克里克则倾向于将所有实用主义者都纳入新康德主义这场主流哲学运动。③

尽管皮尔士和康德之间的亲和性是一个不争的事实，但澄清皮尔士和康德的关系并不是一个简单的任务。本章试图揭示皮尔士和康德在理论上的深度关联，并从三个方面具体阐明皮尔士对康德的继承和超越，即从殊相的实在进展到共相的实在，从知性范畴进展到自然法则，从个体意识进展到普遍心灵。这三个方面可以在皮尔士的广义符号学体系中得到有机的整合。最后我还将阐明，尽管皮尔士在极大程度上受惠于康德，但他最终呈现给我们的哲学形态并不是康德式的。皮尔士将主体和对象的二元世界观彻底更新为符号化的三元世界观，这一点对把握皮尔士与康德的关系是极为关键的。

从殊相的实在到共相的实在

皮尔士在1903年的哈佛讲座中指出，《纯粹理性批判》包含三个环节：

① CP 1：4.

② Rorty，*Consequences of Pragmatism*，p. 161.

③ Kuklick，*Josiah Royce: An Intellectual Biography*，p. 2.

第一个环节是，"我们所有的知识必须永远和人类经验以及人类心灵的本性相关"；第二个环节是，一旦我们认识到"每个逻辑形式和认知形式都本质地包含了概念"，就必须接受"概念对一切可能经验的有效性"；第三个环节是，"外在对象的存在只是一个编造的故事，可能经验的唯一对象只是我们自己的观念"。皮尔士认为，尽管先验辩证论的任务是在来自对象的部分和来自概念的部分之间保持平衡，但康德并没有最终完成这一任务。康德试图用物自体的设定将问题悬置起来，这一步骤阻止了他对第三个环节的后果进行彻底的思考。第三个环节并没有否认我们可以拥有关于事物本身的直接经验，而是说我们无法将形而上学概念应用于可能经验的界限之外，换言之，"我们关于事物本身的知识是完全相对的，但所有经验和知识的对象都独立于我们对它们的表征"。①

根据皮尔士对康德的修正性解读，我们可以在批判哲学内部实现对事物本身的认识，而实现这一点的关键是重新界定康德的物自体。他指出："并不存在和心灵无关的物自体，虽然和心灵相关联的事物无疑是处于这种关系之外的。"② 皮尔士指出，为了理解这一点，我们必须更新对实际存在的某物（实在）的理解。处在传统认识论语境中的康德认为实在是由当下此处（hic et nunc）的个体思维所指向的"这一个"（haecceitas），皮尔士则试图阐明，我们对实在的理解不应该停留在与个体思维相关的殊相层面，而应该进展到作为共相的一般思维进程。根据皮尔士的思路，实在独立于任何个体思维，但又依赖于共同体在探究过程中得到的"最终意见"（ultimate opinion），用他的话来说，"实在就是信息和理性推理迟早会得出的最终结果，它独立于你我的奇思和怪行"③。可以看到，皮尔士的关键步骤是将康德式的物自体从不可认知的殊相存在更新为原则上可认知的共相存在。

皮尔士将这一立场称为"经院唯实论"（scholastic realism）。需要指

① CP 6：95.
② CP 5：311.
③ CP 5：311.

出的是，皮尔士并不是从一开始就是唯实论者。他在 12 岁时阅读了惠特利（Richaed Whately）的《逻辑要素》（1826 年），并在该书的影响下自视为唯名论者。从唯名论者到唯实论者的转变突出体现在 1868 年至 1869 年的"认知系列"中。在 1871 年的《贝克莱评论》中，皮尔士进一步明确了唯名论与唯实论之间的区分以及自己的立场选择。他指出，区分唯名论者和唯实论者的关键问题是：何谓实在？唯名论者认为实在必须是"外在于生命的物"（res extra animam），而唯实论者则认为，"真判断中的直接思维对象是实在的"。① 换言之，唯名论者只相信物的客观性，而唯实论者则"相信所有必然概念的客观性，这些必然概念包括空间、时间、关系、原因等类似概念"②。我们可以在皮尔士为《世纪辞典与百科全书》所写的辞条中找到更为清晰的界定：一方面，唯名论"认为不存在一般性，只存在名称的理论。更为具体地说，唯名论认为像人、马这样的通名所代表的一般性并不指向实在事物，这些通名的存在只是为了便于我们同时指称很多事物，或者最终只是人类思考所必需的。（唯名论是）个体主义"。另一方面，唯实论"1. 坚持认为自然分类的本质以某种模式存在于实在事物中的逻辑学家，这种逻辑学家是与唯名论者相对的经院主义实在论者；2. 相信外在世界的实际存在独立于所有关于它的思维，至少独立于任何个体思维或任何数量的个体思维的哲学家"。③

这些界定清楚地阐明了皮尔士所持的经院唯实论立场：第一，真判断中的普遍观念是实在的；第二，实在意味着独立于任何个体思维，因此是个体思维的对立面，但实在并不是思维的对立面，它本质地依赖于共同体意义上的心灵；第三，唯名论者的主要问题在于忽视了个体存在之间的关系，换言之，唯名论者只关心事实，而唯实论者不但处理事实，还试图把握事实背后的法则。

皮尔士并没有停留在经院唯实论，而是试图将它推进到符号学语境：

———————————

① CP 8：17.
② CP 8：16.
③ EP 1：xxiv.

实在是符号进程（semiosis）中得到的共相。我们可以将这一立场称为符号唯实论（semiotic realism）。根据这一立场，实在本质上是由符号共同体在无限的互释进程中建构起来的关系序列，在这个过程中，个别符号的存在（existence）并不是关键性的，符号之间的交互延伸（co-extension）才是关键性的。皮尔士指出："实在概念的起源表明这一概念在本质上包含了一个共同体的观念，这一共同体没有明确的界限，但能够促成知识的明确增长。"① 这样的实在观具有两个特征：首先，实在是朝向未来的；其次，实在是属于共同体的。皮尔士在"认知系列"的第二篇文章《四不能的一些推论》中指出："任何真实的东西都是我们最终所知的完整信息的理想状态，因此，实在依赖于共同体的最终决定。而思维也只是基于它引出了一个未来的思维而存在，后者的价值在于与前者一致，但又发展了前者。以这种方式，现在的思维依赖于之后的思维而存在，因此，思维的存在只是潜在的，它依赖于共同体的未来思维。"②

　　通过由经院唯实论发展而来的符号唯实论，皮尔士最终取消了现象和本体的康德式区分。我们可以从以下两方面来理解皮尔士对康德的这种超越：第一，现象和本体都是符号进程中的暂态，它们之间的静态二分被替换为已有符号进程和未来符号进程之间的区分；第二，外部的对象不再是认知的起点，而是认知的终点，对象不再从个体性的主体那里获得它的客观性，而是从无限延伸的符号进程那里获得它的可认知性。皮尔士在"认知系列"的第一篇文章《关于人的某些官能的问题》中指出："与任何认知相对的只有未知但可知的实在，而与所有可能认知相对的只有矛盾。简言之，（最广泛意义上的）可认知性和存在不仅在形而上学上是相同的概念，还是同义的概念。"③ 因此，在皮尔士的符号学视域中，任何"自在存在"（ding-an-sich）原则上都可以转化为"为我［符号共同体］存在"（ding-für-mich）。

---

① CP 5：311.

② CP 5：316.

③ CP 5：257.

无论是就取消现象和本体的区分而言，还是就将存在等同于可认知性而言，皮尔士的思路都让人联想到黑格尔对康德的改造，正是在这个意义上，皮尔士说自己的哲学可能是"披着奇怪的外衣复兴了黑格尔"①。但我们也应该看到，皮尔士和黑格尔之间存在着非常关键的分歧：前者的符号进程是无限敞开的，而后者的辩证环节则处于朝向绝对的必然历程中。这些讨论已经超出了本章的论题，但皮尔士和黑格尔的"交集"至少说明，他们都在后康德的语境中尝试解决他们认为康德未曾解决的问题。

在符号共同体的互释语境中，殊相的实在进展为共相的实在。皮尔士试图通过这一步骤让康德从唯名论者转变为唯实论者。他在1903年的哈佛讲座中指出，虽然康德是一个唯名论者，但是"如果他读过邓·司各脱，就会坚持唯实论立场，这样他的哲学就会变得更坚实、更一致、更有力"②。因此，在皮尔士看来，从康德到唯实论者仅一步之遥。这里的关键步骤在于认识到事物本身的不可知性是可以逾越的，只要我们能够用批判的态度去对待那些被认为是客观有效的主体性观念，用无限的符号进程克服个体的有限性。皮尔士在生前未发表的文章《实用主义》（1905年）中写道："康德（我对他不止是赞赏）不过是一个有些困惑的实用主义者。……只不过实用主义者（在康德的训练下）的定义在某种意义上比康德更为明确：他们明确指出有多少心理成分是来自个体心灵（认知出现于此个体的经验中）的。这种常识主义批判了批判哲学，并认识到自身与康德的联系，因此完全可以自称为批判的常识主义。"③ 在皮尔士看来，这种对批判哲学的批判意味着我们必须从主体层面进展到共同体层面，从探讨对个体"有用"（实用主义）进展到对共同体"有效"（实效主义）。

从知性范畴到自然法则

我的一个基本判断是，皮尔士体系的核心在于他的范畴理论。皮尔士

---

① CP 1：42.

② CP 1：19.

③ CP 5：525.

在康德的帮助下认识到范畴的重要性，他在 1898 年回顾道："60 年代早期，我是康德的热情拥趸，至少就《纯粹理性批判》中的先验分析论而言。比起西奈山的训诫，我更加毫无保留地相信判断功能表和范畴表。"①

皮尔士第一次完整阐述他的三元范畴理论是在《新范畴表》（1867 年）中，他还将这篇文章作为《大逻辑》（1893 年）的第一章，试图以此为起点建构起整个逻辑理论。《新范畴表》是皮尔士对康德的范畴理论进行批判性检查得到的结果，他在文章的开头就明确提出一个康德式的结论："这篇文章的基础是已经建立的理论，即概念的功能是将感性印象的杂多还原为统一体，而概念的有效性在于，我们不可能在不引入概念的情况下将意识内容还原为统一体。"② 鉴于此，"新范畴表"的"新"毋宁说主要体现在数量上：不同于康德的十二范畴和亚里士多德的十范畴，皮尔士认为自己的范畴表只需要三个范畴：第一性（firstness）、第二性（secondness）和第三性（thirdness）。事实上，康德的范畴表也或多或少地暗示了这种"三"的形式。康德告诉我们，每一类范畴表中的第三个范畴是前两个范畴的结合。他说："第三个范畴到处都是由该门类的第二个和第一个范畴的结合中产生出来的。"③ 在康德那里仅仅被暗示的思路——一种生成性视角下的形式三元论（formal triadism）——在皮尔士那里成为主导性的思路。

这种三元的形式可以追溯至皮尔士思想的发端处。1857 年，在读了席勒（Friedrich von Schiller）的《美育书简》后，皮尔士毫无保留地赞同席勒的核心观点：游戏冲动（Spieltrieb）是另外两种冲动，即感性冲动（sinnlicher Trieb）和形式冲动（Formtrieb），完美平衡的结果。④ 1861年，皮尔士试图用我（I）、它（It）和你（Thou）来表达这种三元结构："思维（我、它和你）不能被独立地表达，它们必须相互关联，因为你就

---

① CP 4：2.

② CP 1：545.

③ 康德. 纯粹理性批判 [M]. 邓晓芒，译. 北京：人民出版社，2004：75.

④ WCP 1：11.

是它，它就是我。我向内看，它向外看，你同时向内和向外看。我流出（outwell），它流入（inflow），你汇流（commingle）。"① 但这些只是皮尔士范畴理论的萌芽。

1904 年，皮尔士在写给魏尔比夫人的信中提到，范畴学说的缘起可以追溯至他早年对于显观学（ideoscopy）的研究。他写道："在进行了三或四年的研究之后，我很早（1867 年，也就是发表《新范畴表》的这一年）就确信所有的观念都可以被归为三类：第一性、第二性和第三性。对我和任何其他人来说，这类观念都不是令人愉快的。这么多年来，我一直在试图蔑视和拒绝它，但它从很早以前就已经完全征服了我。"② 皮尔士在信中进一步解说这三个范畴：第一性是"感觉的质，或者是单纯的表象"，它既可以被理解为黑格尔辩证法的第一个环节，又可以被理解为康德每组范畴中的第一个范畴；第二性是"一个事物作用于另一个事物之上的野蛮行动"，之所以称其为"野蛮的"，是因为这种行动中不存在任何目的和法则；第三性既不是一值的质，也不是二值的作用与反作用，而是"存在于符号、对象与解释性思维之间的三元关系"，并且"其本身也是一个符号"，"它的基本功能在于让无效的关系变得有效，但不是将关系引向行动，而是建立起一种它们可以据此行动的习惯或一般法则"。③ 这三个范畴之间的关系是："第一性是明确存在，不涉及其他任何事物的存在模式；第二性是只关涉第二范畴，而不关涉任何第三范畴的存在模式；第三性是将第二范畴和第三范畴相互关联起来的存在模式。"④ 皮尔士的构想是，第二性不能割去第一性独立存在，第三性不能割去第一性和第二性独立存在；并且，一个真正的第三性不仅需要包括第一性和第二性，还必须包括它自身，换言之，第三性本身可以进一步细分为第一性、第二性和第三性，而区分之后的每一性又可以再进一步细分为第一性、第二性和第三

① WCP 1：45.
② CP 8：328.
③ CP 8：329 – 332.
④ CP 8：328.

性……从原则上来说，这一过程可以无限进行下去，并最终形成一个无限延伸的系统。

《新范畴表》可以说是上述构想的正式起点，但绝对不是皮尔士思想发展的终点。在《新范畴表》中，皮尔士以"主词-谓词"的模式来理解命题，并试图以这种模式来获取范畴，而这正是康德从亚里士多德那里继承而来的基本思路。大致而言，皮尔士的方法是：首先找出五个基本项——存在（Being）、性质（Quality）、关系（Relation）、表征（Representation）、实体（Substance）。在这五个基本项中，存在和实体是主词的两种类型，而性质、关系和表征则是谓词的三种类型。在亚里士多德那里，范畴的实质就是谓词，皮尔士的三个范畴同样也是从谓词的三种类型推演而来的。他指出，三个范畴"作为中介性概念可以被称为属性"①。在这三个谓词性范畴中，性质离存在最近，它涉及基底（ground）；关系处在中间，它涉及关联（correlate）；表征离实体最近，它涉及解释项（interpretant）。这就是三元范畴理论的原型。②

但是，就是在发表《新范畴表》前后这段时期，皮尔士开始研究德摩根（Augustus De Morgan）尝试建立的关系逻辑（logic of relations），并于 1870 年发表了著名论文《对一种关系逻辑标记法的描述：由对布尔逻辑演算概念的推广得来》，这篇论文是他对布尔的代数逻辑演算所做的改造。对关系逻辑的研究让皮尔士意识到，有一些关系性命题无法被还原为"主词-谓词"的命题模式，这样一来，在后一模式下获取的范畴是否适用于这些关系性命题就变成一个需要质疑的问题。墨菲明确指出了关系逻辑对《新范畴表》的摧毁性意义："一旦皮尔士完全掌握了这种新逻辑，他就能很快找到问题的答案。《新范畴表》的论证是基于将范畴界定为将存在和实体统一起来的连接性概念，而寻找范畴的方法和范畴表的完整性正是基于这一界定之上的。但实体和存在的概念明确是从主词和谓词的概念中派生的。一旦承认命题不需要主词-谓词的形式，实体和存在就失去了它们

---

① CP 1：555.

② CP 1：557.

的普遍性，范畴的普遍性也就失去了。……因此，一旦承认这种新逻辑，《新范畴表》就完全垮台了。"① 直到这时，皮尔士才开始真正超越康德式的范畴理论。

皮尔士开始严肃地思考如下问题：被康德视为经验之主观条件的东西是否同时也是事物的特征？思考的结果是，他开始跳出"主词-谓词"的命题模式，在显象（phaneron）本身中寻找和探讨范畴。在 1885 年之后，皮尔士开始区分范畴的形式方面（formal aspect）和实质方面（material aspect），并尝试证明他的三元范畴可以在经验中得到应用。他在 1905 年前后的笔记中写道："我们发现，显象中先天地存在三个范畴，这三个范畴是无法解体的元素。"② 从 1905 年到 1906 年，皮尔士在《一元论者》上发表了关于实用主义的三篇文章（这一系列没有完成）。他在《为实用主义辩证的序论》（1906 年）中建议用"predicaments"而非"categories"来指称范畴，前者是"谓词的谓词"（predicates of predicates），也就是说，是在对显象分析后做出的归纳。③ 我们可以从这些论述中看到，皮尔士对范畴的理解已经超越了康德式的形式范畴。关于这一点，最有力的证据是皮尔士在 1905 年给《新范畴表》增加的一条新脚注："首要问题……是思维的基本范畴是否真的依赖康德断言的形式逻辑。我彻底地确信这一关系真的存在，也必须存在。在一系列探究之后，我认识到康德不应该将自己限制在命题或'判断'（德国人会混淆这两者，将命题称为判断）的各部分当中，而是应该考虑到所有符号在形式上的一切基本和重要不同，最为重要的是，他应该考虑到基本的推理形式。"④

这些探索引导皮尔士得出了超越康德的重要结论：范畴不仅是思维层面的，还必须是存在层面的。在康德的体系中，范畴是纯粹知性的先天形式，范畴的运用应作为可能经验的先天形式严格地限制在经验领域。这种

---

① Murphey, *The Development of Peirce's Philosophy*, p. 153.

② CP 1：299.

③ CP 4：549.

④ CP 1：561.

限制是双方向的，范畴必须向前和与对象发生直接关系的纯粹直观形式（感性的先天形式）区分开来，又必须向后和作为理性先验要素的先天理念区分开来。保证对象实在性的感性被动性是前一区分的根源，而后一区分指明范畴是对经验对象进行思维的一般形式，它们虽然也指向超感性存在物，但永远不能规定后者。这两个方向上的限制让康德的范畴理论只在认识论基础上，而非本体论上有效。换言之，范畴不是对象形式，而是对象思维的形式；范畴也不是某类存在，而是关于存在之判断的规则。皮尔士指出，范畴的本质并不是知性运用的限制性概念，而是存在的基本模式。他指出："所有范畴都假装指出了一种思维方式，而科学的可能性却取决于下面这个事实：人类思维必然分享了遍及整个宇宙的特征，其自然模式倾向于变成宇宙的行为模式。"① 他还指出："范畴表是通过对思维进行逻辑分析得到的、能够应用于存在的概念表。这一描述不仅适用于我所发表的范畴表……还适用于亚里士多德和康德的范畴表。"② 基于这样的理解，范畴不再只是思维的工具，而是反映了实在本身的特征，或者说就"是"实在本身。换言之，范畴不应该只是思维的范畴，还应该是实在的法则。并且，在皮尔士那里，作为实在法则的范畴甚至比实在本身更为实在。他指出："存在的目的和最高的实在是进化所产生的观念的活生生的人格化。真实的东西是较不真实的东西的法则。"③ 概而言之，一旦开始在存在的层面上理解范畴，康德的逻辑在皮尔士眼里就变成了一种需要受到批判的心理学。④

　　从某种意义上来说，皮尔士的这一步骤是对亚里士多德传统的回归，在主体转向之后的近代认识论语境中，这个传统被完全抛弃了。和亚里士多德一样，皮尔士试图将范畴和事物的实存联系起来，并试图从康德式的概念性范畴（conceptual categories）转向亚里士多德式实体性范畴

---

① CP 1：351.

② CP 1：300.

③ CP 1：487.

④ CP 1：374；2：157.

(substantive categories)。但是，在超越康德的同时，皮尔士并没有回到亚里士多德。他和亚里士多德在范畴观上的相似性只是表面，它们之间存在着根本性的分歧。首先，在皮尔士那里，范畴必须关涉经验的具体演化过程，他考虑的是范畴对经验的适用性，而作为形式主义者的亚里士多德（以及作为先验论者的康德）并不考虑这种适用性。其次，在皮尔士那里，范畴首先必须是生成性的，他关心的是第一性如何进展到第二性，第二性如何进展到第三性，第三性又如何本质地包含第一性和第二性，这种有机演化的范畴观并不在亚里士多德（和康德）的视域之内。

在皮尔士看来，一种关于"是"的范畴理论最终应该落脚于不断展开和生成的自然本身当中。范畴本质上并不是逻辑的范畴，也不是实体的范畴，而是自然的范畴。皮尔士指出："自然中真的有一般原则在运作。"①他还告诉我们，我们可以在自然中找到第一性、第二性和第三性。第一性是各种颜色、声音、气味等。第二性是"我们连续遭遇坚硬事实。我们期待一个事物，下意识地认为它是理所当然的，在心灵中形成关于它的形象，但经验将那个观念驱入背景，强迫我们以极为不同的方式思维"②。并且，"第二性极为坚硬而确凿。……它每天都强加在我们身上，它是生活的主要教训。当我们年轻的时候，世界是新鲜的，我们是自由的，但经验的教训却是由局限、冲突、限制和一般意义上的第二性所构成的"③。第三性则是各种自然规律，比如日月更替、四季交叠、动物的行为模式等。皮尔士有时会将自己的范畴称为"类毕达哥拉斯式的"（cenopythagorean）范畴，因为他敏锐地把握到了自己的范畴理论与毕达哥拉斯学派的亲缘关系：数字的主要功能并不是用来表示特别的量，而是普遍的自然法则。正是在这个意义上，皮尔士指出："习惯绝对不只是一个心理事实。在经验中，我们发现一些植物也有习惯，在河床上流动的水流也处在形成习惯的

① CP 5. 101.

② CP 1：324.

③ CP 1：358.

过程中。"①

以上这些讨论都来自皮尔士的晚期文本。可以看到，皮尔士在超越康德式观念论语境的同时，事实上已经回归了美国的自然主义传统。在这个意义上，他和杜威是殊途同归的。杜威的做法是，在一种"经验/自然"的整体性视域中将经验的范畴等同于自然的范畴。皮尔士则试图阐明，符号进程本质上就是自然进程，范畴本质上并不是理论的原则，而是自然的法则。碍于篇幅和主题的限制，这里我们无法对此做进一步的展开。

从个体意识到普遍心灵

在《四不能的一些推论》中，皮尔士提出了一个贯穿其思想发展的核心观点："思维只有在指向一个未来思维时才成其为思维"，而人只有依赖于"共同体的未来思想"才成其为人。② 他在文章的最后写道："个体的存在只表现为无知与谬误。离开了他的同伴，离开了他和同伴将来之所是，他不过是一个否定。这就是人，'骄傲的人，以为确知，其实无知。他的如镜本质（glassy essence）'。"③ "如镜本质"这个隐喻借用自莎士比亚《一报还一报》的第二幕第二场："可是骄傲的世人掌握到暂时的权力！却会忘记了自己琉璃易碎的本来面目！像一头盛怒的猴子一样！装扮出种种丑恶的怪相！使天上的神明们因为怜悯他们的痴愚而流泪。"④ 1892 年，皮尔士再次借用了这一隐喻。他在《一元论者》杂志上发表了题为《人的

---

① CP 5：492.

② CP 5：316.

③ CP 5：317.

④ 莎士比亚. 莎士比亚全集［M］. 朱生豪，等，译. 北京：人民文学出版社，1994：257. 莎士比亚的这段文字让人联想到培根在《学术的进展》中的论述："人的心灵远不是一块清晰而均质的，可以真实反射事物光线的玻璃，相反，人的心灵是一块中了魔的玻璃，如果我们不能驱除这些魔法，它就会充满迷信与欺诈。" Francis Bacon, *The Advancement of Learning and The New Atlantis*. Oxford：Clarendon, 1974, p. 127. 在莎士比亚的隐喻中，人是上帝的不完美镜像；在培根的隐喻中，作为镜子的心灵天生地具有易错的倾向性。但皮尔士却从这个隐喻中得出了正面的结论。

如镜本质》的文章，他在文章中指出："个体不过是包含一般观念的符号。"①

显然，皮尔士的借用已经离开了莎士比亚的原始语境。他试图通过这个隐喻阐明，人本质上是一种符号性的存在。② 首先，"如镜本质"表达了人的映现（mirroring）功能。在皮尔士的语境下，映现并不是简单的镜像复制，而是折射与反射。光线经过反射与折射衍射出更多的光线，这些光线构成了一个没有穷尽的序列。折射与反射体现了人作为符号的基本特性：人并不是完全透明的，他总是在中介着通过他的光线，他在接收解释的同时也在制造解释，他的基本功能是在已有关系上建立新的关系。其次，"如镜本质"也指明了人的易碎（fragile）本质。人的易碎性既指出了他的可错性，更为重要的，还指出了人作为符号永远处于暂时的过渡状态中。作为暂态（transient）符号的个体并不是固定不变的实体，他永远处于打散与重组的过程中，永远都在移动、变化和更新。再次，"如镜本质"还规定了人的外向性（outreaching）特征，用皮尔士的话来说，作为符号的人可以"同时处于两个位置"，甚至可以"同时处于几个位置"。③ 皮尔士指出，这种向外的指涉意味着"同情与同感，以及所有不自私的兴趣"，意味着"人能够意识到（虽然并不是直接地）他的解释项，即意识到他的思想存在于他人的心灵中，他乐在其中，感觉到他自身在一定程度上存在于他人的心灵中"。④ 在《心灵的法则》（1892 年）中，皮尔士还试图用"传心术"（telepathy）来界定心灵之间的这种符号性交互。⑤

以上三个方面共同揭示了皮尔士的一个关键洞见："符号"在首要意义上不是一个名词，而是一个动词，因此，与其说人是静态的符号，不如

---

① CP 6：270.

② 我们注意到，罗蒂在《哲学与自然之镜》中也借用了这一隐喻（受皮尔士的启发），但罗蒂用它来表达心灵对世界的镜像复制，这显然和皮尔士的用法大相径庭。参见 Richard Rorty, *Philosophy and the Mirror of Nature*. Princeton：Princeton University Press，1979，pp. 41 ff.

③ CP 7：591.

④ CP 7：591.

⑤ CP 6：159.

说人是动态的符号进程。皮尔士将作为动态符号进程的人称为"人格"（person）。他在《实用主义是什么》中指出："我们需要提醒自己并时刻牢记十分重要的两点：第一，人格并不必然是个体。当一个人思维时，他其实是'对自己说'，这里的'自己'作为另一个自我出现在时间之流中，而当一个人理性思考时，他其实是在试图说服那个批判性的自我。无论如何，所有的思维都是符号，而语言的绝大部分本质也是符号。第二，我们可以将一个人的社会圈子（不管是广义上的还是从狭义上的）松弛地压缩为一个人格，这一人格在某种程度上比个体性的有机体更高级。"① 这里包含两个要点。首先，人格的基本运作机制是不同视角之间展开的内部对话。詹姆士和米德区分了"主我"（I）和"宾我"（me），皮尔士则试图阐明，人格内部的对话机制不仅涉及主我和宾我，还涉及"你"（thou）。正如维利（Norbert Wiley）所指出的，皮尔士符号性个体观是对米德式个体观的一个有益补充。在米德的模式中，主我和宾我分别对应于当下和过去这两个时间性维度，皮尔士则在此基础上增加了代表将来维度的"你"。② 其次，皮尔士认为，人格的统一性只是一种理论的抽象，实际的人格一定是多层和多义的。如果我们一定要探讨人格的统一性，也只能将它理解为由关系构成的关联体和集合体。皮尔士在手稿中用下面的比喻来说明这一结构：人格就像一个星丛（constellation）。在肉眼看来，人格也许只是一颗单一的星星，但在科学心理学这个望远镜的检视下，这颗星星的内部一定是多层的，并且，在它与邻近的聚合体（condensation）之间不存在绝对的分隔。③ 因此，我们不能将作为聚合体的人格统一性从具体的符号进程中孤立出来，而是要将它视为由关系聚合而成的基本解释单位。皮尔士在《大逻辑》中明确指出，"笛卡尔'我思'中的'我'不过是将观念聚在一起的容器"，我们并"没有充分的理由将它视为第一人称单数"。④

---

① CP 5：421.

② Norbert Wiley, *The Semiotic Self*. Chicago：University of Chicago Press，1994，pp. 42 ff.

③ MS 403.

④ CP 4：71.

不过，对于多层和多义的符号性人格而言，仍存在某种可以被称为本质的东西："我所说的本质并不是人的整个灵魂，而是他的内核，这一内核包含了建构个体发展及其情感、意图和思想的所有信息。当我——也就是我的思想——进入另一个人，我无须带上整个自我，只须带上未带上部分的种子——这些种子作为我的本质也就成了我的整个现实自我和潜在自我的种子。在纸上写作的我将我的一部分存在留于其上，这部分存在也许只包含了我与所有人共通的部分，在这个意义上，被我带入文字中的就是族群的灵魂，而不是我的个体性灵魂。因此，每个人的灵魂都是其所属家族、阶级、国家和族群的特殊表现。"① 我们可以在这段内涵丰富的论述中看到，皮尔士理解的本质不是私人或先天的内容，而是能够在符号共同体中分享和交流的意义，也就是皮尔士所说的"种子"。种子是自我的代表，但它包含的不是个体性灵魂，而是族群的灵魂。因为"其所属家族、阶级、国家和族群"，自我变成了一个活的符号，在符号共同体中生存和生长。

如果我们将皮尔士探讨的"如镜本质"和"族群灵魂"联系起来看，就会发现他要提出的其实是一个非常大胆的构想：将个体层面上的意识拓展为共同体层面上的心灵，也就是他所说的"群体心灵"（group minds）。皮尔士试图在群体心灵的层面上重新界定意识和自我意识。关于意识，他指出："意识是神经细胞之间的一种公共精神，人就像是细胞的共同体。"② 关于自我意识，他指出："自我意识在很大程度上是一个幻觉。当然我并不否认我们每个人都有一个自我；我的意思是，至少在很大程度上（很多心理学家也会认同这一点），心灵的绝大部分是处于自我的范围之外的。"③ 如果我们一定要谈论自我意识，也必须将它视为一种效应机制，而非激发机制，也就是说，我们只能根据自我意识的效应反思性地探讨它的功能。在美国思想的发展中，这条思路是非常关键的，罗伊斯以及后来的芝加哥

---

① CP 7：592.
② CP 1：354.
③ WCP 8：398.

学派都从不同的角度拓展了皮尔士的群体心灵观。皮尔士的不同之处在于其背后的主导思路，即他的符号化心灵观。正如卡拉佩特罗（Vincent Colapietro）所指出的，在皮尔士那里，"心灵的实在从本质上来说是一个符号体系的发展过程"，因此"心灵必须用那些表现符号性交互主体进程的概念来解释"。①

借助这种符号化的心灵观，皮尔士超越了从康德所处的近代主体性语境，进展到了主体间性的语境：主体的功能不是认识，而是中介；主体的规定性不是来自自身，而是来自它作为符号和其他符号发生的关系。在这样一种心灵观之下，符号代替了传统认识论语境中的观念，我们要探讨的不再是观念是如何被心灵把握的，而是心灵是如何由符号进程构成的。因此，无论是在广度还是在深度上，皮尔士探讨的心灵都远远超出了康德讨论的意识和自我。皮尔士甚至认为，死亡虽然终结了个体生命，但个体在生命结束之后依然会以符号的方式保留并参与到作为整体的宇宙进程中去。因此，自我在本质上是潜在的，它不但包含已经实现的部分，还包含尚未实现的部分，而后一部分在原则上是可以无限延伸的。

不过，在皮尔士看来，康德式的实践理性已经在某种意义上暗含了这条对"意识一般"加以拓展的思路，康德式的目的王国也已经初步具有共同体的特征。然而，只要康德还停留在基于先验统觉的主体性语境中，他就无法看到个体经验不过是一个无限序列中的一小个片段。在这个意义上，康德不但陷入了实在的唯名论，还陷入了个体意识的唯名论。皮尔士指出，为了克服后一种唯名论，我们不但需要从康德式的个体意识进展到群体心灵，还需要从群体心灵进展到无限延伸的普遍心灵，只有在普遍心灵的语境中，我们才能通过无限的中介和互释最大程度地克服（虽然无法彻底根除）个体的可错性，也只有以这种方式，我们才有可能探讨如何为知识奠基。在皮尔士看来，为知识奠基的方式并不是对先验主体展开的批判，而是通过诉诸普遍心灵的累积效应来无限切近最终意见。以这样的方

---

① Colapietro，*Peirce's Approach to the Self*，pp. xix-xx.

式，作为实在论者的皮尔士再一次超越了作为唯名论者的康德。我们可以看到，在通过普遍心灵超越康德式主体性的同时，皮尔士在很大程度上回归了他从小浸淫其中的新英格兰超验主义传统，我们完全可以将《心灵的法则》视为爱默生《超灵》（1841 年）一文的皮尔士版本。但篇幅和主题再一次限制我们对此做进一步的展开。

但我们应该看到，皮尔士在超越康德式主体的同时，也继承了康德的一些基本观念和思维模式。比如，我们在《关于人的某些官能的问题》中找到了这样的表述："无知和谬误是唯一可以将我们私人自我与纯粹统觉的绝对自我（absolute ego of pure apperception）区分开来的东西。"① 这里的"纯粹统觉的绝对自我"显然是指克服了个体可错性的普遍心灵。可以看到，尽管抛弃了康德式的先验主体，皮尔士还是下意识地使用了康德式的术语。这说明皮尔士在超越康德的同时，并没有真正离开康德哲学的语境。

皮尔士和康德的亲和性还不止于此。皮尔士探讨的普遍心灵已经在很大程度上超出了其他实用主义者（比如杜威和米德）探讨社会性心灵。不同于芝加哥学派的心灵概念，皮尔士的普遍心灵带有极强的目的论色彩。在皮尔士的语境中，所有的观念都倾向于形成一个连续的、和谐的整体，并落脚于在普遍心灵中呈现的最终意见。他指出，虽然"我们永远不能获得绝对的确定性，但通过某个真理所获得的清晰性和明确性会作为一个有机而不可分割的部分组成一个伟大真理"②。皮尔士所理解的"伟大真理"并不只是各种意见的集合，而是意见的最终"汇聚"（convergence），这种汇聚，用康德的话来说，必须体现"无目的的合目的性"。皮尔士在《实用主义是什么》中指出，有人认为他应该将自己的理论称为 practicism 或 practicalism，理由是，就希腊语而言，praktikos 是比 pragmatikos 更好的表达。但皮尔士不认同这一观点，在他看来，对自己的实用主义理论而言，康德在 praktisch 和 pragmatisch 之间做出的区分是非常关键的："前者属于这样一个思维领域，在那里没有一个实验主义者形态的心灵能够保

① CP 5：235.

② CP 4：71.

证自己站在坚实的地基上，而后者则表达了与某些明确的人类目的之间的关系"，而实用主义的最显著特征在于认识到"理性认知与理性目的间不可分割的关系"。① 这种目的论诉求既是实效主义和其他实用主义的关键区分，也是康德留下来的主要遗产。

小　结

在以上的讨论中，我们首先考察了皮尔士对康德式实在观的改造，其次辨析了皮尔士对康德式范畴理论的推进，最后讨论了皮尔士对康德式主体语境的更新。从 1891 年到 1893 年，皮尔士在《一元论者》杂志上发表了一系列关于形而上学的论文，他在第一篇论文《理论的建筑》（1891 年）中指出："自康德以来的教导是，体系应该以建筑术的方式被建构，但我认为我们并没有把握这一原则的完整含义。"② 在康德那里，建筑术是纯粹理性根据内在目的，从先天原则出发，制订一个完备计划，将各构件整合为一个统一的整体。驱动皮尔士建立"综合哲学"的正是这种康德式的建筑术诉求，从"三"的原则出发，皮尔士最终建立了包罗一切的广义符号学体系。因此，上面讨论的这三个方案最终在他的广义符号学中得到了有机整合：实在不再是外在于认知过程的先定存在，而是符号进程的最终结果；范畴不再是限制对象的思维概念，而是作为符号进程的自然本身所具有的法则；认识不再是个体意识的主体性活动，而是普遍心灵的符号化进程。但我们应该看到，尽管在原初动力和根本诉求上极为相似，皮尔士建造的理论体系和康德建造的理论体系还是存在着根本性的不同。尽管皮尔士在极大程度上受惠于康德，但他最终呈现给我们的哲学形态并不是康德式的，因为他已经将康德那里的主体和对象的二元世界观彻底更新为符号化的三元世界观。认识到这一点，对我们澄清皮尔士对康德的继承和超越是极为关键的。

---

① CP 5：412.

② CP 6：9.

第十二章　"像"和"纯粹经验"：
柏格森与詹姆士

无以计数经由神秘之手写就的悲喜相继刻写在你脑中的重叠抄本上，就像原始森林里每年的落叶，像喜马拉雅山上经年不化的积雪，像光落在光上，无尽的地层在遗忘中不断堆积。但是，在死亡降临之际，或者因为发烧，又或者在鸦片的助力下，所有这些都可以有力地重生。它们没有死去，只是入眠了。

德·昆西（Thomas de Quincey）：《人脑的重叠抄本》

引　言

刘易斯曾指出："在我们的时代，也许除了詹姆士，没有一个哲学家像柏格森那样有力地挑战了同时代人的思想，并为如此多人提供了新的思想方向。"[1] 本章要探讨的是这两位原创性思想家的思想关联。我认为，澄清并挖掘这个思想史事件对我们理解这两位思想家而言都是不无裨益的。

除了勒努维耶，柏格森是对詹姆士的思想发展起关键作用的第二位法国思想家。[2] 如果说勒努维耶启迪了詹姆士的意志哲学，那么比詹姆士小

---

[1] Clarence Irving Lewis, *Collected Papers*. Stanford: Stanford University Press, 1970, p. 4.

[2] 在詹姆士的著作中，对柏格森的讨论主要集中在《多元的宇宙》的第六讲"柏格森及其对理智主义的批判"（WWJ 4：101 - 124），以及发表于 1910 年的《布拉德雷或伯格森?》（WWJ 5：151 - 156）。

了近 20 岁的柏格森则实质性地帮助詹姆士完成了他的形而上学构想。1902
年，詹姆士重读了柏格森之前寄给他的《物质与记忆》（1896 年），并在给
后者的信（1902 年 12 月 14 日）中写道，当初"我看到了它巨大的原创
性，但发现您的观念如此新颖和广阔，我并不确定能否完全理解它们"，
现在"我能更加容易地理解这本书了"，这说明"即使到了 60 岁，人的心
灵也是能够生长的"。詹姆士继续写道："它让我的心灵充满了各种新的问
题和假设，并让旧的问题和假设成为一种最恰当的液化状态（liquefaction）。
我从心底感激您。"詹姆士还写道，柏格森"决定性地摧毁了知觉中对象
和主体的二元论"，并且"摆脱了所有旧范畴，否认了旧的过时信念，从
一开始就在完全崭新的位置上重新区分事物"。[1] 到了 1903 年，这些思考
已经有机地融入了詹姆士自己的思考。他在给柏格森的信（1903 年 2 月 25
日）中写道："我确信一种纯粹经验的哲学——也就是我所理解的你的哲
学——是可行的，它可以调和许多旧的长期以来相互对立的学派。"[2] 1903
年，詹姆士开始记录一本题为《纯粹经验的世界》的笔记（佩里认为这本
笔记在 1904 年 6 月完成）。[3] 根据该笔记的内容，詹姆士在格伦莫尔
（Glenmore）夏季哲学学校做了五场讲座（这些讲座的内容没有保留下
来），并在《哲学、心理学和科学方法杂志》发表了《意识存在吗？》
（1904 年）和《纯粹经验的世界》（1904 年），这两篇后来被收入《彻底经
验主义》的重要文章。

但我们可以从各种著作、讲座和书信中看到，这两位思想家的影响是
相互的，詹姆士反过来也为柏格森提供了界定和推进思想的契机。1908
年，詹姆士在牛津大学做了题为"多元的宇宙"的系列讲座。柏格森因为
有教学任务没能参加讲座，直到该年的 10 月才在伦敦见到詹姆士。不过，
在此之前他显然已经读了詹姆士的讲座稿，他告诉詹姆士，自己的思想和

---

[1] CWJ 10：167.

[2] CWJ 10：203.

[3] Perry，*The Thought and Character of William James*，vol. 2，p. 385.

后者的实用主义之间有一种"前定和谐"①。1910 年，詹姆士去世之后，柏格森在为《实用主义》法文版所做的序言中写道："詹姆士对真理的定义是他实在概念的一个有机组成部分。如果实在不是被逻辑所表象的这个经济而系统的宇宙，如果实在不在理智框架内持存，理智秩序的真理就是人的发明，它的功能是利用实在，而不是将我们引向实在。如果实在不是一个整体，而是多样而运动的，且由相互交叉的流动构成，那么通过直接参与某个流动而产生的真理（这种真理在被理解之前就被感受到）就比单纯被思维的真理更能把握和保存实在本身。"②

1913 年，柏格森在哈佛大学校长的邀请下访问美国，他在美国的第一场讲座是这样开场的："就算美国只产生了詹姆士，它在哲学和心理学领域也已经对世界做出了伟大的贡献。"③ 直到这时，美国思想界才开始意识到柏格森和詹姆士之间的紧密关联。《晚报》（The Evening Post）在当时的报道中写道："实用主义和柏格森主义本质上是同一种东西。"④ 《太阳报》（The Sun）则指出："晚期的詹姆士是柏格森教授的一位追随者。"⑤

如果我们将柏格森的生命哲学和詹姆士的彻底经验主义放在一起，就能很清楚地看到两者之间的亲缘性。其中最突出的是他们对经验主义联合论的拒斥。柏格森试图阐明，对绵延的探讨只能在质的层面，而不能在量的层面展开，换言之，我们只能谈论质的分衍，不能谈论量的叠加。在同样的意义上，詹姆士试图阐明，纯粹经验之流并不是由相互独立的"心理原子"（psychical atom）构成的。他在早期的《心理学原理》中就已经明确指出："来源于感觉的所有印象都同时进入一个尚未在经验中区分这些

① Larry McGrath, "Bergson Comes to America," *Journal of the History of Ideas*, 74：4 (2013), p. 608.

② Henri Bergson, *Oeuvres*. Paris：Presses Universitaires de France, 1959, p. 1449. Quoted from Ruth Anna Putnam, ed., *The Cambridge Companion to William James*. Cambridge：Cambridge University Press, 1997, pp. 143 - 4.

③ "Bergson Fills Hall at First Lecture," *The Sun*, Feb 4, 1913.

④ "A Philosopher of the Modern Spirit," *The Evening Post*, Feb 4, 1913.

⑤ "Henri Bergson：The Coming of the New Philosopher of Creative Evolution," *The Sun*, Feb 2, 1913.

印象的心灵，它们融合成一个未经区分的对象。这里的法则是，所有印象都融合可以融合的东西，除非必要，所有印象都不是分离的。"① 柏格森和詹姆士的共同洞见是，虽然我们可以对连续性做出暂时的区分，但是如果从区分开始，就永远无法再次得到真正的连续性。

当然柏格森和詹姆士的亲缘性远不止于此。比如，柏格森试图通过行动的自由来克服斯宾塞式的决定论。在类似的意义上，詹姆士在《多元的宇宙》中指出："我们不能通过说话回归生命。生命是行动，为了让你回归生命，我必须给你设立一个模仿的榜样：或者像柏格森那样禁止你说话，通过阐明语言中的概念是基于实践的目的而非洞见的目的而被塑造的，取消说话的重要性。"② 除此之外，格罗琴（Robert Grogin）还列举了两者在如下方面的相似性：对机械生命观的厌恶，将人格视为功能性整体，关注神秘主义和宗教，对灵魂现象感兴趣等。③

不同于这些视角，我选择以"像"（image）和"纯粹经验"（pure experience）这两个在柏格森和詹姆士思想中处核心位置的概念作为讨论的切入点。本章将首先考察柏格森对"像"的讨论，然后比较"像"和"纯粹经验"在所处体系和具体特征上的异同，最后在这些讨论的基础上进一步探讨两者在方法和体系上的亲缘性。

二元论语境中的"像"

柏格森在《物质与记忆》的英译本导言中坦率地承认自己的体系是"二元论的"④。他认为大多数哲学问题的促因就在于试图取消这种二元论的张力，用他在《时间与自由意志》（1889 年）中的话来说，试图"非法

---

① WWJ 8：462.

② WWJ 4：131.

③ 参见 Robert Grogin, *The Bergsonian Controversy in France 1900 – 1914*. Calgary：The University of Calgary Press，1988。

④ Henri Bergson, *Matter and Memory*. New York：Zone Books，1988, p. 9.

地将非广延翻译为广延，将质翻译为量"①。柏格森的二元论体系中存在着两组基本对立：理智和直觉、物质与生命。这两组对立中的后一个选项为柏格森的思想提供了两个支点："直觉"是他的基本哲学方法，"生命"则反映了他的主要哲学特色。在这两组对立的基础上，柏格森还提出了其他对立，比如数量和质量、同质和异质、空间和绵延、物质和记忆、知觉和记忆等。

在这两组基本对立中，理智和直觉的对立表达了意识的双重性。在柏格森的语境中，直觉是融入对象的活的意识，理智则是与对象分离的意识，它站在对象之外切分和重组对象。前者在对象中寻找活生生的关系，后者将抽象的概念强加给对象。物质和生命的对立则表达了实在的双重性。柏格森的宇宙是由生命冲动驱动（élan vital）的进化过程，物质则在任何方面都站在生命活动的对立面。他在《创造进化论》（1907年）中指出，物质"下降"，生命"上升"，生命是首要的，而物质"只有在和上升的东西相关联时才能持存"②。意识的双重性和实在的双重性本质是同一种双重性。对应起来看，理智指向惰性的物质，直觉则指向生命之流。

初看起来，柏格森的进化哲学和他所持的二元论立场之间存在着根本的矛盾。比如，柯林伍德对此提出了两个问题：首先，"是否有一些顽固抵抗生命的东西融入了生命概念，就好像抵抗物质的心灵融入了物质？"其次，"生命概念作为宇宙原则是否是自立的，它能否在周围的脚手架被全部拆除后继续运作？"③柯林伍德指出，柏格森既想"将物质视为生命的副产品"，又不得不"在生命之前预设物质本身"，以此作为"生命的舞台"，这样就形成了"恶性循环"。④他还指出，柏格森的哲学具有深刻的洞见，但为了解决这个恶性循环，我们必须"重新思考死的物质这个柏格森认为

---

① Henri Bergson, *Time and Free Will*. New York: Dover, 2001, p. xix.
② Henri Bergson, *Creative Evolution*. New York: Dover, 1998, p. 369.
③ R. G. Collingwood, *The Idea of Nature*. Oxford: Oxford University Press, 1945, p. 139.
④ Collingwood, *The Idea of Nature*, p. 140.

难以对付的概念"①，而这个工作是现代物理学的任务。

但经常被忽视的一点是，柏格森的二元论有着不同于一般二元论立场的独特之处：他试图在一个生成的过程中探讨对立的双方是如何交叉和互返的。因此，在柏格森的语境中，双重性同时也意味着交叉性和互返性。首先来看意识的双重性。一方面，柏格森试图阐明，着眼于物质的理智也许无意识地完成了某个完全不同的工作，即"唤醒沉睡的直觉的潜力"②。另一方面，正如朗格（Susanne Langer）所指出的，柏格森提出的先于一切理性运作的直觉也许本身就是理性的，只不过我们不能通过语言去把握它，但这些无法用语言把握的情感又无疑具有明确的形式，因此应该被理解为象征的产物。③ 再来看实在的双重性。柏格森明确指出，惰性的物质和生命之流"相互引导，形成一个圆圈。……意识穿过物质，在物质那里遗失自己又找回自己，分解和重构自己。只有看清了这一点，我们才能认识到这两个对立的概念也许拥有共同的源头"④。不同于黑格尔式的辩证法，柏格森探讨的这种交叉和互返不是抽象的步骤，而是具体的进程。德勒兹曾富有洞见地指出："柏格森所需要的不是辩证法，不是一般的对立概念，而是对多样性的细腻感知，对'什么样'和'多少'的细腻感知，以及对他所说的'微小差异'或潜在数目的细腻感知。"⑤

现在，我们要在这个独特的二元论框架中考察柏格森的"像"。柏格森对"像"的讨论主要集中在对詹姆士产生重要影响的《物质与记忆》中。《物质与记忆》的基本论域也是二元论的，即广延的物质（matter）和非广延的纯粹记忆（pure memory）之间的对立。这组对立之间同样存在着一种动态的交叉和互返关系，而理解这种动态关系的关键就在于"像"。

---

① Collngwood，*The Idea of Nature*，p. 141.

② Bergson，*Creative Evolution*，p. 178.

③ Susanne Langer，*Philosophy in a New Key: A Study in the Symbolism Reason*，*Rite*，*and Art*. Cambridge，MA：Harvard University Press，1979，p. 98.

④ Bergson，*Creative Evolution*，pp. 178 - 9.

⑤ 吉尔·德勒兹. 康德与柏格森的解读 [M]. 张宇凌，关群德，译. 北京：社会科学文献出版社，2002：134.

柏格森对"像"的界定是：它"比观念论者所谓的表象（representation）更多，比实在论者所谓的事物（thing）更少，它是事物和表象之间的存在"①。根据这一界定，我不主张将"image"译为"图像"或"形象"，因为它们与表象在含义上过于接近，而"像"在含义上则更为中立。

在这一界定的基础上，柏格森区分了三种像。首先是物质像（matter-images）。他指出，"我们在观念论和实在论在存在及其表象之间制造分裂之前理解物质"，也就是说，物质是像或者说"像的集合"（an aggregate of images）。② 其次是记忆像（memory-images）。简言之，记忆像就是和当下知觉行为发生关系的纯粹记忆。最后是身体像（body-image）。身体像是一种特殊的物质像，它是物质像和记忆像交汇的中心。柏格森指出："在我称之为宇宙的像的集合中，新的东西只有通过某些特殊的像才能发生，这些像就是我的身体。"③ 可以看到，《物质与记忆》实际提出了两类存在：尚未进入实际知觉进程的纯粹记忆和进入实际知觉进程的像（包括物质像、记忆像和作为特殊物质像的身体像）。

在所有像中，身体像无疑是最关键的，物质像和记忆像交汇于以身体为中心展开的知觉行动。柏格森认为这种交汇实际上是两个进程的结合。第一个进程是身体对物质像的选择。他指出，知觉"只是一种选择，它不创造任何东西，相反，它的职能在于从像的总体中排除所有我不关注的像，然后从保留下来的像中排除与我的身体这个像无关的像"④。第二个进程是记忆像不断作用于当下的行动中心。柏格森指出："所有知觉都充满记忆。感觉的当下直接材料混合着数以千计的过去经验的细节。……不管我们认为知觉有多简短，它总是占据了一定的绵延。"⑤

柏格森用下图来表示实际的知觉过程。可以看到，这幅图包含了交叉和互返两个要点。首先，知觉一定是以下两个进程的结合：一方面，记忆

---

① Bergson, *Matter and Memory*, p. 9.

② Bergson, *Matter and Memory*, p. 10.

③ Bergson, *Matter and Memory*, p. 18.

④ Bergson, *Matter and Memory*, p. 229.

⑤ Bergson, *Matter and Memory*, pp. 33 – 4.

像从锥体底部向以身体像为中心的知觉行动点 S 慢慢缩减；另一方面，身体像又在物质像的平面做出过滤和选择。其次，记忆像从位于锥体底部的纯粹记忆向以身体像为中心的知觉行动慢慢缩减，并最终凝缩为当下的知觉行动点 S；与此同时，在知觉行动点 S 产生的像又向位于锥体底部逐渐反弹并最终回到纯粹记忆。通过这一图示，我们可以清楚地看到物质像和记忆像是如何在以身体像为中心的知觉行动中动态地关联起来的。

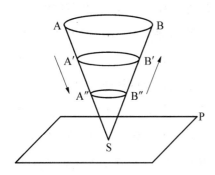

AB：纯粹记忆（pure memory）
A′B′、A″B″：记忆像（memory-images）
S：产生当下知觉的身体像（body-image that generates the present perception）
P：物质像的平面（the plane of matter-images）

"像"与"纯粹经验"

在澄清了柏格森的基本构想之后，我们可以来比较"像"与"纯粹经验"。因为本书的上编已经对詹姆士的纯粹经验理论做了较为详细的讨论，所以这里就直接进展到比较。

与柏格森截然相对，詹姆士的主要目标是拒斥二元论。尽管《原理》的整体框架还是意识和对象的二元论，但詹姆士已经开始通过功能主义的路径来削弱这种二元论倾向。到了《彻底经验主义》，詹姆士完全摆脱了意识哲学的束缚，开始探讨同时包含心理和物理维度的纯粹经验。他在《"意识"存在吗？》中明确指出："具体的思维和事物是用同样的素材做成的。"① 初看起来，詹姆士的思路和坚持二元论的柏格森产生了明显的分歧。但是在读完《物质与记忆》之后，詹姆士认为该书的主要结论也是拒

---

① WWJ 3：19.

斥意识和对象在知觉中的二分。他在给柏格森的信（1902 年 12 月 14 日）中写道："我相信，经过您的处理，对象将永远失去它'超越性'。我自己也沿着这条思路工作了很多年，只不过使用了不同于您的概念。现在我从您那里获得了最令人愉悦的支持。"①

《物质与记忆》的"二元论"和《彻底经验主义》的"一元论"之间到底是什么关系呢？在熟悉了这两个哲学体系之后，我们可以明显看到以下两个分歧。首先，《物质与记忆》中有两种存在，即纯粹记忆和像；而《彻底经验主义》中只有一种存在，即纯粹经验。萨特（Jean-Paul Sartre）曾指出，柏格森将纯粹记忆作为"惰性的像（inert images）留在纯粹绵延的核心，就像池底的瓦片"②。但实际上，根据柏格森的构想，纯粹记忆并不是任何意义上的像。他指出："未被使用的纯粹记忆是无力的，它脱离任何感觉的混合，和当下没有任何关系，因而也是无广延的。"③ 他还指出，纯粹记忆"在原则上是绝对独立于物质的力"④。詹姆士无法理解这种不能被纳入经验之流的纯粹记忆，他在给柏格森的信（1903 年 2 月 25 日）中写道，"记忆在无意识和潜意识中的持存"对他而言难以理解。一方面，这些讨论让他联想到"另一种形式的灵魂"；另一方面，柏格森探讨了记忆如何"插入"（insert）脑部，而在詹姆士看来，"这种内外区分的观念仍需大量的说明"。⑤ 其次，《物质与记忆》探讨物质与记忆之间的交叉和互返，而《彻底经验主义》则试图探讨纯粹经验这个整体范畴中的分离性与连接性关系。这一分歧是前一个分歧的必然后果。

但是在充分认识到这两个分歧的基础上，我们又可以看到"像"和"纯粹经验"之间存在着各个层面上的相似性。其中最突出的相似性当然是对这两个概念的界定。我们在前面提到，柏格森将"像"界定为事物和表象之间的中立存在。与之类似地，詹姆士认为纯粹经验是一个"双管"

---

① CWJ 10：167.

② Jean-Paul Sartre, *Imagination*. Ann Arbor：University of Michigan Press，1962，p. 51.

③ Bergson，*Matter and Memory*，pp. 140 - 1.

④ Bergson，*Matter and Memory*，p. 73.

⑤ CWJ 10：203 - 204.

概念，他要求我们放弃物的优先性和心的优先性，将一种中立的材料作为纯粹经验理论的出发点和落脚点。

除了界定上的相似性，我们还要特别指出以下三点。首先是"像"和"纯粹经验"的连续性特征。我们在前面提到了柏格森和詹姆士对联合论的拒斥。柏格森在《创造的心灵》（1946 年）中指出，像就好比是"白光"，虽然由不同的颜色组成，但本身却是一个"不可分割的统一体"。①在《物质与记忆》的语境中，对联合论的拒斥特别表现为对当下瞬时的知觉行为的拒斥。柏格森试图阐明，记忆像不断流入围绕身体像展开的当下知觉行动并向未来延伸，因此每个知觉行动都是一个实际的绵延。根据中世纪以来的"三室理论"，心灵有三个室，即印象、认知和记忆，而柏格森试图阐明，记忆不是心灵的某种功能，而是一切意识的先决条件，当下只有和记忆发生关系时才是可显现的。他指出："你的知觉，无论多么瞬时，都是由不可计数的记忆元素组成的。事实上，每个知觉都已经是记忆了。我们实际上只能知觉到过去，单纯的当下是过去咬啮进未来（past gnawing into the future）的无形进程。"②

在詹姆士那里，纯粹经验之流的连续性是彻底经验主义的一个基本预设。但是早在《原理》中，他就以一种非常接近于柏格森的方式探讨连续性。他指出，每一个"似是而非的当下"（specious present）都由我们的"原初记忆"（primary memory）维系在一起。并且，"不管我们认为当下有多长，我们在任何时刻直接知觉到的当下永远无法超出那个时刻的'原初记忆'的范围"③。和柏格森一样，詹姆士认为原初记忆不仅是一切经验的先决条件，还决定了所有经验在本质上都是关联在一起的。晚年的詹姆士在《一个"心灵研究者"的自信》中进一步探讨了这种基于原初记忆的彻底连续性。如果说《原理》中詹姆士在某种程度上预见了柏格森的思路，那么他在晚年的思考则明确体现了柏格森的实质性影响。

---

① Bergson, *The Creative Mind*. New York: Philosophical Library, 1946, p. 267.

② Bergson, *Matter and Memory*, p. 150.

③ WWJ 8: 600.

"像"和"纯粹经验"的第二点相似性在于，它们的实际运作过程中伴随着缩减和过滤。柏格森探讨了记忆像向以身体像为中心知觉行动点的缩减，以及身体像在物质像的平面做出过滤和选择。除此之外，柏格森还试图阐明，记忆并不是关于过去的知识，而是能够被再次实现的活生生的经验，但这种再次实现是有限制的。他指出："我们的身后无意识地跟着我们的整个过去，但我们只能让一些零星的记忆进入当下，以某种方式完成我们的当下情境。"① 他还指出，在思维中，我们只能唤起一小部分过去，但是在"欲望、意愿和行动"中，我们能唤起整个过去，"我们的整个过去在冲动中呈现给我们，它以倾向的形式被感受到，尽管它的一小部分只能以观念的形式被认识"②。但换一个角度来看，无法让整个过去当下在场也是我们的一种优势，因为我们必须遗忘才能所有行动。柏格森指出："我们要考虑的不再是记忆，而是遗忘。"③

我们在讨论了詹姆士的感知观时提到了"筛子"和"网"的意象。除此之外，詹姆士还在《彻底经验主义》中探讨了"据为己有的经验"（appropriative experience）。柏格森在给詹姆士的一封信（1905 年 7 月 20日）中指出，詹姆士探讨的意识对纯粹经验的"占有"（appropriation）就是像的"缩减"（diminution）。④ 詹姆士指出："大量的经验向我们涌来，如果我们将它们一起接受下来，它们不可通约的关系就会乱作一团，让我们无法清理。为了谈论它们，我们不得不将它们抽象为不同的群组，分别地处理它们。但是，经验自己是如何出现的，它们的特征和关系为什么如此显现，对于这些问题我们无法理解。……下面这个观点中也不存在任何荒谬之处，即一个感觉可以在同时以两种不同的方式——你的和我的——被感觉。诚然，只有在我感觉到的时候，这个感觉才是'我的'；而只有在你感觉到的时候，这个感觉才是'你的'。但在这两种情况下，这个感

---

① Bergson，*Creative Evolution*，p. 167.

② Bergson，*Creative Evolution*，p. 5.

③ Bergson，*The Creative Mind*，p. 181.

④ Perry，*The Thought and Character of William James*，vol. 2，p. 616.

觉都不是通过自身被感觉到，而是在被两个记忆性经验'占有'时才被感觉到，这种情况就像是一份未分的地产被几个继承人同时占有一样。"① 詹姆士试图通过这些讨论来解答同一个经验如何出现在两个意识中的问题，但它们同时也体现了纯粹经验之流的基本运作方式，即当下占有中的分类、缩减和选择。

"像"和"纯粹经验"的第三点相似性在于它们对身体的强调。在《物质与记忆》中，身体是最关键的像。柏格森指出，物质像和记忆像在当下的知觉行动中实现交叉和互返，而"我的当下是由感觉和运动联合构成的系统。我的当下本质上是感觉运动的（sensori-motor）"，换言之，"我的当下是由我对自身身体的意识构成的。我的身体在空间中具有广延，经验感觉并同时执行运动。感觉和运动局限于这个广延性身体的决定点上，在特定的时刻只能有一个运动和感觉系统。这就是为什么较之于过去，我的当下对我而言是完全被决定的"② 他还在《创造进化论》中指出，身体的当下行动让对象具有明确的界限，离开了身体，一个被明确勾勒出来的对象会"再次融入普遍的互动，而这种普遍的互动就是实在本身"③。

与之类似地，詹姆士在《原理》中指出："我们对自己身体位置、态度和情况的意识总是伴随我们的知识，尽管这种意识并不是聚焦性的。我们在思维时感到身体性自我是思维的位置（seat）。思维要成为我们的思维，它的每个部分就必须弥漫着一种温暖而亲密（warmth and intimacy）的特殊感觉，正是这种感觉使它变成我们的思维。"④ 到了《彻底经验主义》，詹姆士更加大胆地指出，"我思"（I think）的实质是"我呼吸"（I breathe）："我自信地认为，我自身之内的（作为现象被我明确认识到的）思维之流不过是一个漫不经心的名称，如果我们仔细检视，就会发现它主

---

① WWJ 3：65 - 66.

② Bergson，*Matter and Memory*，p. 138.

③ Bergson，*Creative Evolution*，p. 11.

④ WWJ 8：235.

要是由我的呼吸之流构成的。"① 他还指出："被经验到的世界（或称'意识场'）总是以身体为中心——视觉中心、行动中心、兴趣中心。身体所在之处就是'这里'，身体活动之时就是'当下'，身体触碰之物就是'这个'，其余的东西都是'那里''别时''那个'。这些被强调的位置暗示了一个以身体活动和身体兴趣为焦点的事物体系。"②

我们可以从以上的讨论中看到，尽管"像"和"纯粹经验"所处的体系有实质性的区分，但它们在具体特征上又存在着诸多关键的相似之处。为了全面而深刻地理解柏格森和詹姆士的关系，我们必须将这些区分和相似全部纳入考量。

生命哲学与彻底经验主义：方法和体系上的亲缘性

在辨析了"像"和"纯粹经验"的异同之后，我们可以从一个更为宏观的视角来比较柏格森的生命哲学和詹姆士的彻底经验主义。

首先，两者都明确批判了理智主义的路径。柏格森在《物质与记忆》中指出，理智主义"将所有的过程切割成片段，然后再将这些片段固化为事物"③。他还在《创造进化论》中指出："我们不是将自己和事物的内在生成维系在一起，而是置身事外，人为地重构它们的生成。"我们的概念是我们给实在拍摄的"快照"（snapshots），它们最多只能"模仿"生成，因为后者"处于知识设备（apparatus of knowledge）的反面"。④ 读完《创造进化论》之后，詹姆士在给柏格森的信中（1907 年 6 月 13 日）写道："在我看来，这本书的重要成就在于给理智主义造成了无法恢复的死亡重创。"⑤ 在詹姆士看来，理智主义是一种固定而僵化的哲学方法，它试

① WWJ 3：19.

② WWJ 3：85.

③ Bergson，*Matter and Memory*，p. 125.

④ Bergson，*Creative Evolution*，p. 306.

⑤ CWJ 11：376.

图虚构事物，而不是深入地探索事物之间的实际关系。他在《多元的宇宙》中指出："思维只处理表面。思维可以给实在的厚度命名，但不能深入地探索它，思维的这种不充分性并不是暂时的，而是本质而永久的。"①

在柏格森那里，对理智主义的拒斥最终落脚于直觉性的方法：与直觉相反，理智的目的是用概念"清楚明白地"理解和表达事物，构造一个"可理解的世界"，它是用"非连续"或"非流动"的形式"转置"（transpose）实在。② 关于直觉性方法，德勒兹指出："直觉是柏格森的方法。直觉既非感觉，也非灵感，更不是一种模糊的感应，而是一种精心设计的方法，甚至是最精心设计的哲学方法之一。"③ 德勒兹还进一步归纳了直觉作为方法的三条主要规则：第一，"检验问题本身的真和假，揭露假的问题，在问题的层次上协调真实和创造"；第二，"同幻觉做斗争，发现真正的性质差异或实在的表达"；第三，"按照时间而非空间提出问题和解决问题"。④ 一方面，根据第二条规则，直觉性方法能够帮助我们看到并维持实质性的差异。在柏格森看来，不能辨识性质的差异是一切混淆的根源，比如，不能真正区分绵延和空间，从而制造了空间化的时间这种混合物。直觉作为方法的第三条规则正是针对这种错误的混合而提出的。另一方面，直觉性方法又帮助我们在差异之间建立起最广泛的联系。柏格森指出："直觉帮助理智认识到，生命既不符合多的范畴，也不符合一的范畴，机械因果性和最终因都不足以解释生命进程。直觉在我们和其他生命之间建立起共感的交流，产生并扩大我们的意识，以此将我们引入相互穿透、不断创造的生命领域。"⑤

在詹姆士那里，柏格森的直觉性方法变成对逻辑形式的拒斥。詹姆士建议我们"完全地和不可撤销地"放弃了作为方法的逻辑，因为"现实、

---

① WWJ 4：112.

② Bergson, *Creative Evolution*, p. 160.

③ 吉尔·德勒兹. 康德与柏格森的解读［M］. 张宇凌，关群德，译. 北京：社会科学文献出版社，2002：99.

④ 吉尔·德勒兹. 康德与柏格森的解读［M］. 张宇凌，关群德，译. 北京：社会科学文献出版社，2002：101－118.

⑤ Bergson，*Creative Evolution*，pp. 177－8.

生命、经验、具体、直接，随便你用什么词，超越了我们的逻辑，溢出并包围了它"①。他还要求我们尽可能地远离同一性逻辑，因为纯粹经验"同时充满着一和多，但各方面都不显露出来；它是彻底的变化，它是如此模糊，以至于各方面都相互渗透，我们既抓不住其中的区别点，也抓不住其中的同一点。在这一状态下，纯粹经验不过是情感或感觉的代名词。一旦纯粹经验试图在自身中注入各种强调，而这些显著的部分又继而被识别、固定和抽象，经验的流动就开始了。这时的经验流动充满了形容词、名词、介系词和连接词。它的纯粹性只是相对的，也就是指那些它仍然体现着的、还未被描述出来的那部分感觉"②。尽管有一些研究者在柏格森的直觉性方法和探讨"行动"及其"效果"的实用主义方法之间看到了不可调和的分歧③，但是至少对詹姆士而言，他不但倾向于接受柏格森的方法，还认为这种方法和实用主义的多元论方法是殊途同归的。正如他在《布拉德雷或伯格森?》（1910 年）中所指出的，作为一个彻底经验主义者，"我找不出任何可能的借口不倾向于柏格森的立场"④。

我们还应该看到，从最终的理论形态来看，这种反理智主义的直觉性方法实质上是一种反建筑术。柏格森在《创造进化论》中要求我们放弃"建构的方法"，并将康德视为这种方法的主要代表。他指出，建构的前提是区分"材料"和"形式"、"感觉的纯粹形式"和"知性范畴"，而事实上，"理智知识的材料和形式是通过相互调适而互相引发的，理智以物质为模式，物质也以理智为模式"⑤。在此基础上，柏格森进一步指出，正确的方法不是康德及其后继者所使用的建构方法，而是诉诸在绵延中展开的经验，后一种方法"跟随实在的所有蜿蜒曲折，它不像建构的方法那样将

① WWJ 4：96.
② WWJ 3：46.
③ 参见 Adrian W. Moore，"Bergson and Pragmatism，" *Philosophical Review*，21（1912），pp. 397-414；Horace Kallen，"James，Bergson，and Traditional Metaphysics，" *Mind*，23（1914），pp. 207-39；Barry Allen，"The Use of Useless Knowledge：Bergson against the Pragmatists，" *Canadian Journal of Philosophy*，43：1（2013），pp. 37-59.
④ WWJ 5：155.
⑤ Bergson，*Creative Evolution*，p. 361.

我们引向越来越高的一般性，就像宏伟建筑不断堆积的楼层"①。考虑到詹姆士在《原理》中将康德视为联合论的主要代表，他应该会完全赞同柏格森的这些结论。用他的话来说，对材料加以综合的思维完全是一个虚构的"内部机械车间"（internal machine-shop）。②

这些方法论上的亲缘性将我们直接引向两者在思想体系上的亲缘性。事实上，对柏格森而言，并不存在方法和体系上的实质性区分。扬凯列维奇（Vladimir Jankelevitch）正确地指出，在柏格森那里，"方法和对对象的沉思并不存在实质性和有意识的区分……生命哲学拥抱实在的蜿蜒曲线，没有一种先验方法可以稍弱这种严密的黏连。更确切地说，它的'方法'就是将思维引向事物厚度的运动线"③。这一点在詹姆士那里同样成立。在詹姆士看来，拯救方法就是在拯救实在。他在《多元的宇宙》中指出："主导哲学传统的是这条柏拉图和亚里士多德式的信念：不变比变化更高贵、更有价值。实在必须是不变的一。……这个传统就是哲学中的理性主义，而我所谓的理智主义不过是前者的极端应用。"④ 与理性主义传统相反，詹姆士认为："真正存在的不是已经被造的事物，而是正被创造的事物。创造一旦完成，事物就死亡了，我们就可以用无数不同的分解性概念去界定它们。……实在在概念分析中逝去，在连续的生命中繁衍——发芽、生长、变化、创造。一旦接受了生命在任何时刻的这种运动，我们就理解了柏格森所说的事物赖以演化和生长的生成的现实（devenir réel）。哲学应该寻求对实在运动的这种活生生的理解，而不是徒劳地跟着科学将已死的碎片拼接起来。"⑤

我们看到，《物质与记忆》的讨论从像的区分开始，到像的汇流结束。柏格森指出，哲学家的工作类似于数学家在确定函数时候所做的工作：始

---

① Bergson，*Creative Evolution*，pp. 362 - 3.

② WWJ 8：344.

③ Vladimir Jankelevitch，*Henri Bergson*. Durham：Duke University Press，2015，p. 3.

④ WWJ 4：106.

⑤ WWJ 4：117 - 118.

于微分（differential），终于积分（integration）。① 这种构想也就是詹姆士给出的关于宇宙演进的最终图景，即一种指向连续论的多元论。在他去世前一年，詹姆士在给瓦德的信（1909 年 6 月 27 日）中写道："自从多年之前读了勒努维耶，我认为我的核心观点就一直是，宇宙中有一些东西在运作，新事物是存在的。但是，只要我持有理智主义的同一性逻辑，我赋予新事物的形式就只能是偶成论，也就是说，我们对事物的最好描述只能是，在一些分离的元素消失之后，另一些元素在它们的位置上产生。……柏格森的连续论告诉我，还可以用另一种方式保留新事物和遵守变化法则的具体事实。放弃同一性逻辑可以帮助我们理解具体事物的本质。……解决方案不是偶成论，而是连续论！"② 他还在《多元的宇宙》中将皮尔士和柏格森置于同一个视角下加以考量："皮尔士的偶成论和柏格森的'生成的现实'实际上是同义的。不肯承认新事物的一般理由是，新事物突然从无到有，打乱了世界合乎理性的连续性，皮尔士将偶成论和明确的连续论或连续性结合起来，来反对这种意见。这两个理论融合为一个更高的综合，他称之为'泛爱论'（agapasticism）。这和柏格森的'创造进化论'完全相同。"③

基于这些方法和体系上的亲缘性，詹姆士乐于将自己视为柏格森的帮手。他在前面提到的信（1907 年 6 月 13 日）中写道："和你的伟大体系相比，我的《实用主义》是多么幼稚和欠考虑。但它和您体系的一部分是重叠的，并且和其他部分也极为契合。因此，您很容易就能理解我为什么如此热情。我感到，说到底我们是在进行同一场战斗，您是指挥官，我是您手下的士兵。我们是在拯救'偶成论'和一个真正生长的世界。然而，除了确认相互分离的存在元素的自发叠加（或删减），我至今没能找到一种更好的方式来为偶成论辩护，因此只能用理智主义者武器来玩这个游戏，

---

① Bergson，*Matter and Memory*，p. 185.

② CWJ 12：278 - 279.

③ WWJ 4：153.

而您却用实在的连续创造的特性一下子解决了问题。"① 正是在这个意义上，我们可以说詹姆士的彻底经验主义和实用主义（考虑到他的彻底经验主义和实用主义并不是相互分离的）是一种柏格森式的生命哲学。

① CWJ 11：377.

第十三章　杜威的探究逻辑：定位与考察

> 寻找简单性并质疑它。
>
> 怀特海：《自然的观念》

对探究逻辑的历史性定位

杜威的探究逻辑基本上游离于弗雷格（Gottlob Frege）、哥德尔（Kurt Gödel）、塔斯基（Alfred Tarski）等人建立的现代逻辑之外。这背后当然存在一些历史性因素。我们可以从杜威与本特利的通信中得知，他从 20 世纪 40 年代才开始接触塔斯基的工作①，而弗雷格的主要作品则在杜威死后的 50 和 60 年代才开始陆续被翻译为英文。但造成这种结果的根本原因是，不同于这些逻辑形态，杜威的探究逻辑是另一种意义上的"现代"逻辑。本章将对这种独特的逻辑形态进行历史性的定位，并探讨它的几个关键特征。

杜威最早发表的逻辑学文章是《逻辑是二元论科学吗？》（1890 年）、《证实的逻辑》（1890 年）和《逻辑理论的当下位置》（1891 年）。② 之后，杜威又发表了两篇重要文章：《逻辑思维的一些阶段》（1900 年）和《科学处理道德的逻辑条件》（1903 年）。③ 在缪尔黑德（John Henry Muirhead）

---

① 参见 Ratner & Altman, eds. *John Dewey and Arthur F. Bentley*, p. 251, pp. 587 - 8。
② EW 3：75 - 82；EW 3：83 - 89；EW 125 - 141.
③ MW 1：151 - 174；MW 3：3 - 39.

主编的"哲学图书馆"（1892—1897 年）的书目预告中，其中一本是由芝加哥大学的杜威教授所著的《工具逻辑原理》。尽管该书最终并未出版，但我们有理由相信，其中的关键部分已被杜威用作了当时的课程材料。在这些课程材料中，目前已经编辑出版的《伦理学的逻辑》（1894 至 1895 学年）和《政治伦理学》（1895 至 1896 学年）可视为《工具逻辑原理》的替代。① 另一个可能的替代是《逻辑学讲座》（1899 至 1900 学年）。② 在杜威的正式出版物中，逻辑理论的第一次完整呈现是他和芝加哥大学的同事合著的《逻辑理论研究》（1903 年），杜威贡献了该书的前四章。③ 后来他又将这四章（做了少量改动）和一些写于 1903 年至 1915 年间的文章放在一起，以《实验逻辑文集》（1916 年）为题出版。④ 约翰斯通（James Scott Johnston）建议以此为节点划分出杜威的早期和晚期逻辑理论，我认同这一划定。⑤ 按照这一划定，从这个节点一直到《逻辑：探究的理论》（1938 年）都属于杜威的晚期逻辑理论。

但是从更宏观的视角来看，杜威的早期到晚期逻辑理论之间并不存在任何实质性的断裂，它们的关系是论题的推进和论域的扩大，即从工具逻辑（instrumental logic）进展到探究理论（theory of inquiry）。杜威在《逻辑：探究的理论》的前言中指出，该书一方面关注于"将早期的观念应用于解释构成逻辑传统标准材料的形式和形式关系"，另一方面则特别关注"探究的连续性原则"。⑥ 鉴于这种连续性，我认为将杜威的逻辑理论统称为"探究逻辑"是妥当的。

---

① Donald Koch，ed. *Principles of Instrumental Logic: John Dewey's Lectures in Ethics and Political Ethics*，*1895 - 1896*. Carbondale：Southern Illinois University Press，1998.

② 诺夫辛格（Steven Nofsinger）编辑了这些讲座，并加入了一篇很长的分析性导论，作为他的博士论文（Michigan State University，1989）。

③ John Dewey，et. al. *Studies in Logical Theory*. Chicago：University of Chicago Press，1903. MW 2：293 - 375.

④ John Dewey，*Essays in Experimental Logic*. Chicago：University of Chicago Press，1916.

⑤ 参见 James Scott Johnston，*John Dewey's Earlier Logical Theory*. Albany：State University of New York Press，2014；*John Dewey's Later Logical Theory*. Albany：State University of New York Press，2020。

⑥ LW 12：3.

应该如何定位杜威的探究逻辑？这里尝试提出三个视角。首先，概而观之，西方思想史上大概出现了三种基本的逻辑形态。第一种逻辑形态是形式逻辑。宽泛地看，这种逻辑形态的跨度极广，它不仅研究思维运作的一般形式（亚里士多德），还研究将具体思维进程符号化为抽象的形式系统（现代符号逻辑）。第二种逻辑形态是以黑格尔为代表的本体论逻辑。这种逻辑形态将逻辑范畴视为实在的动态构件，试图用形式和内容的辩证统一代替单纯形式层面的建构。这种逻辑不仅涉及思维形式，还涉及存在判断，其目标不是形式真，而是关于某物为真，在这个意义上，它是一种"实在逻辑"（real logic）。第三种逻辑形态就是杜威的探究逻辑。这种逻辑形态试图在形式逻辑和本体论逻辑之间寻找一条中间道路，它探讨的不是思维形式，也不是存在形式，而是探究形式，其目标不是形式真，也不是本体论意义上的真，而是"有根据的断言"（warranted assertion）；它的基本工作语境不在思维的形式层面，也不在存在的形而上学层面，而是在具体的问题性"情境"（situation）中。不同于黑格尔式的辩证统一，情境是形式和内容的具体结合。对这种由情境驱动的逻辑形态而言，逻辑的法则会随着探究的展开而时刻进行调整，逻辑不再是自明而确证的，逻辑中存在着盲点、误区和暂时的晦暗不明之处。无论是对强调人类理性的形式逻辑还是对诉诸绝对精神的本体论逻辑而言，这种强调异质性甚至追求不确定性的逻辑观都是无法被接受的。

其次，19 世纪的逻辑学研究为我们提供了界定探究逻辑的第二个视角。当时的逻辑学研究主要有三条路径。第一条路径是流行于欧洲大陆的康德式逻辑观。这条路径抓住了康德对纯粹逻辑的探讨（忽视了康德对先验逻辑的探讨），将逻辑理解为关于思想形式的科学，在这个意义上，逻辑是一种不和知识对象发生直接关系的纯粹逻辑。第二条路径是由奥地利学派开创的。这条路径将逻辑理解为科学理论（Wissenschaftslehre），它处理的是宽泛意义上的对象，而不是与对象相关的心理状态，在这个意义上，它明确拒斥前一条路径的心理主义倾向。第三条路径由惠特利开创，并成为英国逻辑传统的范型。这条路径将逻辑理解为推理探究，将逻辑学理解为关于科学方法的一般性理论。它对皮尔士产生了巨大影响（皮尔士在 12 岁时熟读了惠特利的《逻辑要素》），并在实用主义的核心理论中得到了直接反映。很明显，杜威的探究逻辑属于第三条路径。他在《逻辑：探究的理论》中指出，探究逻辑完全是"实用主义的"，因为它试图解释"后果的功能是作为对命题有效性的必要检验，只要这些后果在操作中建立，并试图解决引发操作的特殊问题"①。与此同时，杜威还试图在心理主义和反心理主义、自然主义和柏拉图主义之间寻找一条中间道路。他在《哲学的改造》中指出，逻辑"既是经验的又是规范的，既是心理的又是规则性的"②。他还指出："数学通常被认为是纯规范思维的典型，它依赖于先天的原则和超经验的材料。但数学史的研究者很难不得出这样的结论：数学和冶金学一样都是经验性的。……当下的数学逻辑学家认为数学结构突然产生于宙斯大脑般的纯粹逻辑，然而这个结构却是漫长历史生长的产物。"③

再次，我们还可以从一个更为简单的视角来界定杜威的探究逻辑：这是一种带有强烈进化论色彩的逻辑。杜威在《达尔文主义对哲学的影响》一文中指出，哲学在达尔文之后不可避免地发生了如下转变："哲学抛弃了对绝对始基和绝对终极的探究，转而探究产生它们的特殊价值和特殊条件"，更具体地说，"古典逻辑认为哲学的必然任务在于证明生命必须因为某些遥远的原因和最终的目标而具有某些性质和价值"，但是现在，"为了提高我们的教育、改善我们的举止、增进我们的政治，我们必须诉诸当下的特殊条件"，而"这种新的逻辑将责任引入了理性生活"。④ 简言之，在达尔文之后，逻辑的对象从抽象的形式和关系变成了特殊的价值和条件，逻辑的任务也从形式化的推理和演绎变成了智性地引导个体实践和社会生活。可以看到，这是一种生成性的逻辑形态，它依赖的既不是先天理性，

---

① LW 12：4.

② MW 12：158.

③ MW 12：159 - 160.

④ MW 4：10 - 13.

也不是绝对精神，而是实验性的想象力。正是这种后达尔文的逻辑形态帮助杜威从机械的世界观进展到有机的世界观。

除了以上这三个视角，我们还可以借助实用主义的内部区分界定杜威的探究逻辑。首先，杜威和詹姆士之间存在着明确的分歧。我们已经在前面的讨论中指出，詹姆士具有强烈的祛逻辑化倾向，他建议我们"放弃理智的逻辑，也就是同一性逻辑，采纳理性的某种更高（或更低）形式"，并"最终直面如下事实：生命在逻辑上是非理性的"[1]。而在杜威看来，经验的生长只能通过智性的建构，而不能通过这条抛弃逻辑的非理性路径实现。

其次，尽管杜威和皮尔士都强调探究逻辑在实用主义思想中的核心位置，但他们之间也存在着关键的分歧。较之于杜威，皮尔士与传统逻辑观的距离要近得多。他在《小逻辑》（1902 年）的开篇即指出，作为一种规范科学，逻辑是研究"决定理性思维的安全条件的理论"[2]。逻辑的目的是"用理性的观点来装备对象"，其目的只有一个，那就是"认识"。[3] 根据这种理解，皮尔士对杜威的探究逻辑提出了两点主要批评。第一，杜威的探究逻辑在宽泛的意义上探讨我们思考什么，又该如何思考，而皮尔士则认为作为规范科学的逻辑必须和心理学、历史学、社会学等经验科学明确区分开来。皮尔士曾与杜威就《逻辑理论研究》进行了一系列通信，并在《国家》（The Nation）上发表了一篇批评色彩浓厚的评论文章。皮尔士在其中一封信（1904 年 6 月 9 日）中写道："你提议用一种思维或经验的'自然史'来取代规范科学，而后者在我看来是我们的时代最为需要的。当然这种做法远不会阻碍人类去找到他们正在试图找到的真理了，无论这种真理是什么，但我并不认为自然史可以解决以下问题的，在我看来极为迫切的需求，即人们因为不理解推论的理论而浪费了大量的思考、时间和

---

① WWJ 4: 94 - 95.

② CP 2: 1.

③ CP 2: 4.

精力。"① 他进一步指出，推理必须是严格的，而"教导人们用思想的自然史来替代规范科学会导致理性上的不严格，事实上在我看来认为您和您的学生正埋头于一种堕落而放任的理性思考中"②。基于这样的诉求，皮尔士在发表于《国家》的评论中指出，如果思维的自然史可以被视为逻辑的，那么我们就不再能够期望逻辑能够"宣称某个思维过程是合理有效的，而另一个则不亦然"③。第二，杜威在《逻辑理论研究》中将逻辑理论描述为"对我们的思考行为的生成性考量"④。而皮尔士则认为逻辑虽然产生于生成性的探究过程，但最终必须从中抽象出非生成性的法则，这些法则在离具体经验最远的研究（比如数学）中得到示例。他在上面提及的信中指出："我的一些非生成性的研究已经直接获得了数学和其他领域中的一些发现，在这些发现之上建立起来对实在的实验性研究，这种建构虽称不上坚固，但也不致有问题。简言之，我想知道有哪一个生成的逻辑学家能够接近我在实际科学中所做出的这些成果。"⑤

以上讨论分别从西方思想史的几个视角和实用主义的内部关系入手对杜威的探究逻辑进行了初步的定位。我们已经可以从这些讨论中看到探究逻辑的独特性。在接下来的篇幅中，我要对《逻辑：探究的理论》做概要性的考察，因为该书是杜威对探究逻辑所做的决定性阐述。在此基础上，我会分别从经验性、生成性、想象性、实践性这四个特征着手探讨这种独特逻辑形态的特征及效应。最后我将给出一个延展性的结论。

对《逻辑：探究的理论》的概览

约翰斯通认为《逻辑：探究的理论》有以下四个主要考量，而正是这

---

① CP 8：239.
② CP 8：240.
③ CP 8：190.
④ MW 2：300.
⑤ CP 8：243.

四个考量将杜威的早期和晚期逻辑理论区分开来（当然如前所述，这种区分是推进，而非断裂）。这些考量是：第一，通过一种关于经验的自然主义形而上学来理解探究过程；第二，探讨经验探究的两个"母体"（matrix）；第三，探讨科学探究与社会实践及常识的关系；第四，探讨各种探究工具（逻辑形式和命题的位置、角色和范围）之间的相互关系。[①] 我认为这四点非常精确地归纳了《逻辑：探究的理论》的问题域。

杜威在《逻辑：探究的理论》的前言中指出，该书试图将他早期的一些逻辑学研究放到"逻辑传统的标准材料"[②] 中重新加以解释。但我们实际看到的结果是，探究理论与传统逻辑的距离不但没有接近，反而越拉越开。在写作《逻辑：探究的理论》时，杜威有意识地将主要论敌设定为那些将逻辑与科学方法割裂开来的形式逻辑学家。[③] 他的主要观点是，作为探究理论的逻辑不能从具体的经验探究中抽象出来。根据这一要求，探究逻辑必须是"一种关于探究的统一理论，通过这一理论，实验性和操作性科学探究的真正形式可以被用来规范常识领域的探究所用到的习惯性方法；我们还可以通过这一理论得出结论，形成并测试信念"[④]。在此基础上，杜威提出了探究逻辑的两条基本原则：第一，"逻辑理论是对可控探究的体系化表达"；第二，"在这种控制中，并且由于这种控制，产生了逻辑的形式，并由此产生了作为结论的有根据的断言"。[⑤] 他试图阐明，逻辑形式是在经验探究的过程中生成和发展的。因此，逻辑不是超越经验的思维形式，而是由经验探究的过程决定的。在这个意义上，研究探究逻辑就是对探究的探究（inquiry into inquiry）。我们可以从探究逻辑的对象和目标这两个角度来说明这一点。

先来看探究逻辑的对象。杜威在《逻辑对象》（1916 年）中指出，对

---

① Johnston，*John Dewey's Earlier Logical Theory*，p. 198.

② LW 12：3.

③ 参见 Morris Cohen & Ernest Nagel，*An Introduction to Logic and Scientific Method*. San Diego：Harcourt Brace，1934。

④ LW 12：102.

⑤ LW 12：29.

"逻辑实体"（logical entities）的理解不外乎以下三种选择：经过抽象的物理属性、心理存在，或既非物理也非心理的特殊存在。杜威指出，柏拉图、笛卡尔和持实在论的现代分析哲学家（以罗素为代表）尽管在理论上存在较大的差异，但他们都认为第三个选择中的逻辑实体是存在的，即存在一种超出经验的形而上学实体。杜威对他们的主要批评是，他们都默认"进入推论功能的事物无法再获得任何新的特征"①。不同于这三个选项，杜威提出了理解逻辑实体的第四个选项："逻辑实体是真正逻辑的，这里的'逻辑的'意味着它们必须内在于推理过程。换言之，逻辑对象是并且只能是在推理中找到的事物（或事物特征）。"②

在《经验与自然》中，杜威进一步将这种内在于推理过程的逻辑对象放到经验形而上学的框架内，称之为"存在的类别特征"（generic traits of existence）。他在《形而上学探究的主题》（1915年）中将存在的类别特征界定为"我们在所有科学探究的对象中找到的某些不可化约的特征（irreducible traits）"③。他试图在《经验与自然》中阐明，作为分析和解决问题性情境的工具，这些特征并不是现成在手的，它们本身也是在探究过程中逐渐呈现的，它们可以帮助我们标示出进一步探究的路线，但无法一劳永逸地成为可以应用于任何情境的抽象存在。从这个意义上来说，探究逻辑是一种"彻底经验主义"，它不将任何超出具体经验进程的抽象归纳或先验设定作为自己的对象。正如杜威在《经验与自然》中所指出的，"采用经验性方法并不能保证与每一个特殊结论相关的所有事物都能够被实际找到，即便找到了，也不能保证它们能够被正确展示和交流。但是经验性方法向我们指明，我们可以在何时、何地、以何种方式达到所描述事物。这种方法给了我们一张地图，上面标示了别人已经走过的道路。如果我们愿意，我们可以重走这些道路，亲自探索沿途的风景。这样，一个人

---

① MW 10：97.

② MW 10：90.

③ MW 8：4.

的发现也许能够通过其他人的发现得到订正和拓展"①。

再来看探究逻辑的目标。探究逻辑的最终目标并不是大写的真理，而是"有根据的断言"。罗素曾对后者的有效性提出了质疑。他指出："探究将'断言'作为它的工具，并且，只要断言能够产生预想的结果，它们就是'有根据的'。但是同其他的实践运作一样，在探究中，更好的工具也许会时不时地被创造出来，而旧的工具则会被抛弃。确实，就像机器能够帮助我们造出更好的机器，探究中的暂时结果也是引向更好结果的手段。在这一过程中并没有最终点，因此并没有一个断言是永远有根据的，有根据的断言只出现在探究的某个阶段。"② 可以看到，这一批评也从一个侧面反映了对实用主义的一般误解，即将实用主义理解为极端的相对主义。杜威的回应是，断言的根据性并不是因为它们能够产生预想的结果，而是因为作为某一阶段的探究结果，它们是客观有效的，因为我们有足够的理由认为它们是某个探究进程的结点。

在探究逻辑的语境中，有根据的断言不是普遍性（universal）命题，而是生成性（generic）命题。在生成性命题中，主词永远是具体情境中的操作对象，系词代表了某个具体情境的实际建构，而谓词则标示了分析和解决该情境的主要手段。因此，作为生成性命题，有根据的断言并不具有任何超出探究情境的"真假值"。杜威在《命题、有根据的断言性和真理》（1941 年）中指出："真结论与假结论的区分是由运作程序的特性决定的，正是在这些程序中，关于材料和关于推论性元素（意义、观点、假设）的命题得以建立起来。"③ 他还在《排中律的应用域》（1929 年）中指出："（排中律）说，门要么是开的，要么是关的，这里的门指示的是一个实际的存在。但这一陈述忽视了两个事实。首先，门也许是正在被打开或关上，也就是说，处于从一个状态到另一个状态的过程中；其次，并没有一扇实际存在的门是百分之一百关上的，也许对特定的实践目的来说，门关

---

① LW 1：34.

② Bertrand Russell, *An Inquiry into Meaning and Truth*. London：Routledge，1995，p. 319.

③ LW 14：176.

得已经足够紧了，但门同时依然是敞开的——裂缝一定会存在。"①

在概览了《逻辑：探究的理论》之后，下面我们要从经验性、生成性、想象性和实践性这四个视角继续考察探究逻辑的特征及效应。

逻辑的经验性特征

前面提到，探究逻辑的最终对象是"存在的类别特征"，这一点从根本上规定了这种逻辑形态的经验性特征。在杜威那里，存在的类别特征有两个基本特征。首先，它们是在交互进程中形成的模式，是交互情境的"拍子和节奏"。因此，存在的类别特征并不是固定的，它们或许有一个模糊的内核，但具体的内涵随着交互进程的展开不断发生着变化。其次，存在的类别特征在首要意义上并不是被"认识"而是被"拥有"的，我们对它们的理解起始于被直接感受到的"质性"（quality），终止于在交互进程中实现的"质性统一体"（qualitative unity）。

这两个特征对理解探究逻辑而言是关键性的。首先，根据第一个特征，探究逻辑只能从具体的交互进程中归纳出相对固定的抓手和节点，而不能用既定的结构和形式去框定具体的探究过程。杜威的一个基本确信是，逻辑的有效性必须基于方法的有效性，而对经验探究而言，真正有效的方法是从具体的实验性探究中得出特定结论的"经验的指示性方法"（denotative-empirical method），这一点也要求探究逻辑必须是一种彻底基于经验的逻辑形态，它必须在由指示性节点构成的网络中发现和解决问题。杜威在《经验与自然》中指出，非经验性方法的错误并不在于从特殊到一般的归纳，而是在于没有"将提炼之后的、二级的结果作为一条通路再次回到原初经验"。具体而言，这一方法存在三个失败之处。首先，人们不再做出"测试和检查的努力"；其次，经验不再获得"意义的拓展和

---

① LW 5：201.

丰富"；最后，基于前两个失败，哲学以及哲学的材料都被抽象化了。① 不同于非经验性方法，经验的指示性方法是一种"指向、寻找和展示的方法"，根据这种方法，"指示的到来既处在最先也处在最后，为了解决任何讨论、遏止任何怀疑、回答任何问题，我们必须朝向某个被指向的和被指示的事物，并在那个事物中找到答案"②。为了探究的展开，我们必须首先有所指，知道该往何处寻找答案；而在探究告一段落之后，我们又必须知道如何从已有的探究成果引向另一个探究情境。这个定向与再定向的过程实际上就是通过探究逻辑描绘经验地图的过程。

其次，根据第二个特征，探究逻辑的工作语境必须始终是经验的质性情境。质性既不在有机体中，也不在环境中，它一定是在具体交互中产生的质性。更重要的是，不是说情境中包含了某些质性，而是情境本身就是一个质性整体。杜威在《逻辑：探究的理论》中指出："由于其直接而充盈的质，一个情境便是一个整体。当我们从心理学的一面去描述它，我们会说我们感觉到或感受到作为质的整体的情境。但是，这一表达的唯一价值在于从反面告诉我们情境其实并不是这样一种对象。说情境被感觉到完全是误导性的，因为它给人这样一种印象，好像情境是一种感觉、一种情感，或者任何其他精神性的东西。相反，感觉和情感只有被直接放在一种整体的质的情境当中才能得到规定和描述。普遍的质不但将所有的成分都组合成一个整体，同时其自身又是特殊的，它将每一个情境都构件成一个个体性的、不可分割且不可复制的情境。"③

逻辑的生存性基础

詹姆士认为生命的发展要求我们最终放弃理性的逻辑，但杜威却在《逻辑：探究的理论》中指出，逻辑是"由生命的活动形式的某些方面发展

---

① LW 1: 16 - 17.
② LW 1: 371 - 372.
③ LW 12: 73 - 74.

而来"①，或者说，"逻辑中联系性关系的基本重要性是植根于生命条件本身之中"②。在杜威看来，探究逻辑本质地内在于生命活动之中，它不是生命冲动的对立面，而是对后者的提炼、表达和实现。

为了说明这一点，杜威提出了探究的两个"母体"：生物性母体与文化性母体。③ 他试图阐明，探究逻辑的产生和发展不但是一个自然的生物性过程，而且还浸润在各种社会和文化的因素中。任何脱离这两个生存性语境的逻辑都是不会生长的"死"逻辑。关于前一个生存性语境，杜威在1922 年的教学大纲《哲学思维的形式》中写道："经验是一个运动的过程，其中包含着一种做与改变的节奏，或者说，由做带来的内在的扰动。做带来行动，也带来承受，我们要么适应或运用所要承受的，要么就'受苦'。为了恢复功能上的统一，我们要坚持、尝试、实验、承受、接收、受苦、经受各种后果。一个经验的特征或质性在于在任何情况下都存在的做、承受、继续做之间的那种联系。"④ 关于后一个生存性语境，杜威在《经验与自然》的再版前言中指出，文化"包括了所有处于交互关系中的物质与观念，与'经验'的流行用法相反，在这种交互关系中，'文化'还指称了所有被喜欢贴标签的人分门别类于'宗教''道德''美学''政治''经济'等条目之下的人类事物、兴趣、考量与价值的无限多样性"⑤。在由这两个母体构成的最宽泛意义上的生存性语境中，逻辑不仅是一种理性工作，还是一种生命活动。

杜威还试图阐明，这两个母体中不存在任何先在的目的，它们所包含的潜在性和可能性从本质上规定了探究逻辑的无限开放性。他在《逻辑中的新要素：回应罗宾逊先生》（1917 年）中指出："事实上，亚里士多德比我走得更远，因为他将未来的不确定性引入了所有关于未来事件的命题当

---

① LW 12：39.
② LW 12：41.
③ LW 12：26－28.
④ MW 13：379.
⑤ LW 1：363.

中，这种引入是至关重要的，因为它影响了任何对于这种不确定之逻辑特征的判断。"① 杜威认为，亚里士多德虽然意识到了这种不确定性，但他却用目的论将潜在性和可能性固定下来，由此僵化了探究的进程。而在他看来，任何被目的论预先把握的潜在性和可能性都不能进入探究逻辑的真实运作，因为探究逻辑是一种围绕生成性命题展开的逻辑形态，它必须包含真正意义上的"机遇"或未决定性。

逻辑的想象性维度

杜威在《作为经验的艺术》中指出，形式逻辑学家缺少的是像艺术家那样对生存性材料的关照。② 在他看来，一个好的逻辑学家必须首先是一个艺术家，因为促进经验的生长是逻辑和艺术的共同诉求。他在《经验与自然》中指出，促进经验生长的技艺是一种"为了强化、精炼、延长和加深自然事物自发地带给我们的满足而有技巧地和智性地处理它们的艺术"③。杜威将这种技艺界定为实验性的想象。他在《经验与自然》中指出："在新的机构中的改变客观秩序的想象力绝不仅仅是一种附加的重复。相反，想象力关涉到旧对象的解体和新对象的形成，正是在作为新旧对象之间的媒介的意义上，它可以被认为是主观的。"④ 在实验性的想象中，探究逻辑自由地寻找对象，对此进行定位、勘探和修正，从而形成新的对象。概而言之，在杜威看来，艺术冲动和探究冲动是同一种冲动，探究逻辑同时也是一种想象的艺术。

在杜威的语境中，想象不是凭空制造的，而是对交互情境的创造性重构，想象力并不先验地存在于主体中，而是产生于实际的交互进程。因此，发挥想象力的关键在于最大限度地考察交互进程的各个面向，尽量摆

---

① MW 10：100 - 101.
② LW 10：219.
③ LW 1：291.
④ LW 1：171.

脱各种偏颇和虚妄之见。除此之外，杜威还区分了"假想"（the imaginary）与"想象"（the imaginative）。他在《民主与教育》中指出，想象是"对一个情境整体的温暖而亲密的把握"①，它不应该被等同于假想。他还在《人性与行为》中指出，"生命的材料在想象的影响下成为一个年轻化的、沉着的、增强的形式"，而假想则"以自身为目的。它沉溺于幻想当中，这些幻想从所有的现实中撤退，无法用行动来创造一个世界，又希望能以此带来短暂的刺激"。② 想象与假想的最大不同在于它们的产物，想象能带来经验生长，而假想只能生产无根据的虚构。杜威在《作为经验的艺术》中指出："假想因为随意而消逝，而想象却持存下来，因为后者虽然初看起来奇怪，但与事物的本质发生持久的密切关联。"③

　　从实验性的想象出发，杜威还进一步强调了艺术创造和探究逻辑的关联。一方面，艺术家在艺术创造中将自身融入主体和对象、形式和内容的整体中，同样，运用探究逻辑的探究者将自身融入问题性的交互情境中。杜威在《作为经验的艺术》中指出，这种融入是"所有经验的一个理想，这一理想也在科学探究者和职业工作者的活动中得到实现，在这种情况下，自我的欲望和迫切需求完全融入了工作的对象当中"④。另一方面，艺术家在融入情境的同时也进行自发的创造。杜威指出："艺术的自发性与任何东西都不对立，它完全融入到有序的发展进程当中。"⑤ 艺术家在被情境驱动的同时不断想象自己与创作对象的关系，以这种方式让交互情境活动起来，最终完成"一个经验"。杜威指出："这里存在着一种屈从和反思的节奏。我们打断自己对对象的屈从，询问对象会将我们带向何处，又是如何将我们带向那里的。"⑥ 这一点同样适用于探究逻辑。在杜威看来，理想的逻辑形态应该能在受经验引导的同时将经验从已有的形式中解放出

① MW 9：244.
② MW 14：113.
③ LW 10：274.
④ LW 10：285.
⑤ LW 10：285.
⑥ LW 10：149.

来。运用探究逻辑的探究者最大限度地让自己暴露于交互情境，同时又不断反思自身在该情境中的位置，通过创造性的想象最大限度地组织和重构已有的经验。

逻辑的实践性基调

在实践中改造世界是实用主义的根本旨趣所在。已经完成的过去经验通过在当下展开的行动转化为未来的可能形态，这就是杜威所说的生长。在杜威看来，只要行动还在继续，生长就不会停止。需要特别指出的是，实用主义语境中的实践并不是单纯的行动，而是由探究逻辑引导的智性探究，实用主义者对理智主义（intellectualism）的拒斥并没有让他们走向蒙昧主义。皮尔士假想的如下问答很好地说明了这一点。提问者问："好吧，如果你选择将做（Doing）作为人类生活的一切与终结，那么为什么你不说意义是单纯地由做组成的？"实用主义者答道："你这个说法是强加给我的！你的大部分论点都应该被承认。但首先应该被承认的是，如果实用主义真的将做作为人类生活的一切与终结，那么这将会是实用主义自己的死亡。因为如果我们只是为了行动并且作为行动而生活，而不管行动所带来的思想，那就等于说并不存在理性意义这样的东西。"① 可以看到，在强调"行"之于"知"的优先性的同时，实用主义者也试图在一个更宽泛的视域——"知行结合"——中将两者统一起来。

作为引导实践的基本方法，探究逻辑天然地具有这种实践性基调。一方面，它是在具体的实践过程中形成和发展的逻辑形态；另一方面，它偏爱的不是等待被认识的世界，而是在实践中被不断塑造的世界。除此之外，在杜威的语境中，探究逻辑的实践性基调还有另外一层含义。在皮尔士那里，智性最终落脚于科学的共同体经过长期探究而获得的最终意见，而在杜威这里，智性则是落脚于一种对话性的探究逻辑。杜威在《公众及

---

① CP 5：429.

其问题》（1927 年）中指出：“最完善的逻辑应该回归逻辑这个词的原始意义，即对话。”① 正是这种对话性让探究逻辑跳脱了传统逻辑的狭窄领域，真正进入社会和政治实践的具体应用当中。杜威在一篇题为《何为语言符号或名称》（1945 年）的未发表手稿中指出，我们谈论的“逻辑语义”实际上是“社会用法”的“伪装”。② 从某种意义上来说，杜威和晚期的维特根斯坦（Ludwig Wittgenstein）分享了相同的洞见，只不过杜威语境中的“社会实践”要更为宽泛。

阿伦特（Hanna Arendt）在 20 世纪 50 年代提醒我们，一个由“语言和行动”组成的公共世界正在因为资本主义的价值体系和日益装置化的政治宣传而逐渐丧失。③ 事实上，杜威在《公众及其问题》中就已经明确指出了这一威胁，他呼吁我们通过交流建构一个“伟大共同体”（Great Community）。④ 他试图阐明，构筑伟大共同体的关键在于培养交流的意愿，改善交流的方法与条件，而这一点正是探究逻辑的实践目标。杜威还试图阐明，强调探究逻辑在社会实践中的关键作用是个体自由的最终保证。他在《自由的哲学》（1928 年）中指出，关于自由的讨论应该从争论人是具有自由意志转向这样一种认识，即“让人认识到自己的责任也许能够在他们将来的行为中产生决定性的不同”⑤。在杜威看来，这种指向反思力和责任感的自由才是真正建构性的自由，而这种自由表达的正是探究逻辑的根本旨趣。另一方面，杜威认为对自由的讨论必须从约束性转向创造力，换言之，自由的关键问题不在于个体与约束条件的关系，而在于个体如何自愿而有效地发挥创造力。而这也正是探究逻辑所追求的实践后果。

---

① LW 2：371.

② LW 16：300.

③ 参见 Hannah Arendt，*The Human Condition*. Chicago：The University of Chicago Press，1998，pp. 115 - 9，248 - 57，301 - 10。

④ LW 2：324.

⑤ LW 3：94.

哲学的改造与逻辑的改造

20 世纪 20 年代，杜威在拒斥"确定性"的基础上提出了"改造"哲学的系统方案，他的探究逻辑正是这个方案的核心部件。但事实证明，这个彻底的改造方案并没有得到太多正面的响应。詹姆士在给杜威的信（1908 年 8 月 4 日）中写道："在我看来，至今还没有人成功地进入你的核心洞见。一旦进入，所有的视角都会变得清晰而敞亮。当你或我们中的其他人将此洞见核心展示给所有人，并在它和旧的范畴及偏见之间加以中介，大家会觉得其他哲学不应该存在。如果这就是未来的哲学，我愿意赌上自己的生命。"① 到了 20 世纪 60 年代，从实用主义者那里汲取养分的普特南仍然在试图普及这些朴实而深刻的见解。他在《不是必然如此》（1962 年）中指出："我们不能放弃在与知识主题必然相关的陈述和偶然相关的陈述之间做出的方法论上的区分。但是，传统哲学的那种将必然陈述与偶然陈述永久性地区分开来的做法是行不通的。"②

我们已经从经验性、生成性、想象性、实践性这四个特征着手考察了探究逻辑的特征及效应。可以看到，杜威试图用一种生成性、功能性和情境性的探究逻辑去取代传统哲学观背后的"恶的理智主义"，在这个意义上，改造哲学的关键就在于改造逻辑。他在《逻辑：探究的理论》中指出，包括感觉经验主义、逻辑原子主义、唯物主义、实证主义、直接和批判的实在论，以及知觉的、理性的和绝对的唯心主义在内的所有认识论都试图"从可控探究的实际形式中选择性地抽取一些条件和要素"，它们"忽视并实际上否认了其他条件，正是这些条件将思维上的力量赋予那些被选中的要素，同时又规定了这些要素的应用界限"。③ 站在传统逻辑观的角度来

---

① CWJ 12：73.
② Hilary Putnam, "It Ain't Necessarily So," *The Journal of Philosophy*, 59：22（1962），p. 670.
③ LW 12：507.

看，杜威的这种探究逻辑无疑是一种极为模糊和不确定的逻辑形态，这种模糊性和不确定性让我们质疑探究逻辑是不是一种真正意义上的"逻辑"。但杜威试图阐明，产生这种质疑的根本原因在于我们没能彻底地更新自己的思维范式，和"哲学的改造"一样，"逻辑的改造"同样要求思维范式的根本转向。对探究逻辑而言，逻辑本身的规定性必须在探究情境展开的具体过程中获得，逻辑的主要兴趣不在于概括和组织经验，而在于引导和改造经验。

事实证明，要完成这种逻辑观的彻底更新是一个非常困难的任务。可以看到，尽管有一些哲学家认同或部分认同了杜威的探究逻辑[1]，但反对者的数量远远超过了支持者。主要的反对者当然是以罗素为代表的形式逻辑学家。还有一些批评者认为杜威的逻辑可以追溯至17世纪时用探究代替形式逻辑的做法，并将杜威视为后达尔文时代的密尔。另一些批评者则质疑了杜威试图用方法有效性来替代逻辑有效性的做法。除此之外，探究逻辑还面临着来自另一个方向的攻击。这些攻击在很大程度上是出于对科学探究本身的怀疑，这种怀疑在波普（Karl Popper）之后日渐盛行。波普在《科学发现的逻辑》中指出："并不存在获得新思想的逻辑方法，也不存在对于这一过程的逻辑重构。"[2] 探究逻辑完全不赞同这种祛方法论的倾向，因为它的基本预设是，存在某些对人类实践有指导意义的方法。但不同于固定的形式化方法，探究逻辑的方法强调通过合理而有效的引导让经验探究在各个层面上不断超出已有的限度和视域。这也从一个侧面反映了实用主义的进步主义倾向。正如杜威在《哲学复原之需要》中所指出的，"实用主义的教训在于，不要试图运用思维来达到某些在身体机制或社会存在中已经被给予的目的，而是要运用智性去解放行动和将行动自由化"[3]。

面对种种批评和误解，杜威晚年的很大一部分理论工作就是围绕对探

---

① 比如胡克、考夫曼（Felix Kaufman）、刘易斯、拉特纳（Joseph Ratner）、韦斯（Paul Weiss）、内格尔（Thomas Nagel）等人。

② Karl Popper，*The Logic of Scientific Discovery*. London：Routledge，2002，p. 8.

③ MW 10：45.

究逻辑的澄清和阐明展开的。比如，他在与本特利合著的《认知与被知》中尝试达成以下三个目标：第一，批判形式逻辑，从而为探究逻辑辩护；第二，批判逻辑实证主义，从而为实用主义辩护（考虑到彼时在北美高涨的逻辑实证主义思潮，杜威的工作多少带有一点悲剧意味）；第三，建构一套关于探究行为的新语汇。杜威还试图阐明，探究逻辑不仅需要理论上的论证，更需要来自经验的证据，我们需要在广阔的人类活动中应用并检验这一构想。正因为如此，探究逻辑始终是一个开放性的方案。在杜威看来，一种永远向经验探究的结果敞开，在具体探究过程中不断修正自身的逻辑才是真正意义上的"现代"逻辑。

第十四章　过程与事件：杜威的形而上学

人试着制造一个最适合自己的简单而又可理解的世界图景，然后试着用自己的这个宇宙去替代进而克服经验世界。画家、诗人、思辨哲学家、自然科学家都以自己的方式这样做。他们都用自己建构的宇宙作为情感生活的支点，以此来寻找那些无法在个体经验的狭小漩涡中找到的平和与安宁。

爱因斯坦：《在普朗克六十岁生日时的讲话》

引　言

与其他实用主义者相比，讨论杜威的形而上学要困难很多。皮尔士的整个形而上学建筑和詹姆士后期的形而上学构想都是非常明确的，但杜威是否有形而上学却是一个饱受争议的问题。有的研究者认为杜威出于实用主义的反体系化倾向一劳永逸地放弃了形而上学的体系建构。而有的研究者则持迥异的观点。比如，罗蒂指出："我和莱欣巴赫一样拒斥经典胡塞尔式现象学、柏格森、怀特海、《经验与自然》中的杜威、《彻底的经验主义》中詹姆士、新托马斯主义者的认识论实在论，以及其他 19 世纪晚期和 20 世纪早期的体系。在我看来，柏格森、怀特海，以及杜威和詹姆士中坏的（'形而上学'）部分只是弱的观念论版本，试图通过'天真的归纳和类比'回答'主体和对象的关系'这个'非科学性'的认识论问题，它们强调'感受'，而非'认知'。"① 可以看到，罗蒂并不认为杜威的工作与传统形而上学有实质性的区分。他认为有"好的"杜威，也有"坏的"杜威，前者是治疗的、游戏的和富有想象力的，后者则是建构的、严肃的和体系化的，而《经验与自然》中的杜威显然属于坏的杜威。

我认同罗蒂的判断，即杜威有明确的形而上学，这种形而上学构想在《经验与自然》中得到了完整阐述。但我不认同罗蒂对这种形而上学做出的评估。我认为，杜威提出一种经过更新和改造的新形而上学，这种新形而上学在任何意义上都不是"坏的"，且实质性地有别于传统形而上学。关于这种新形而上学，杜威在《经验与自然》之后随即发表的《半心半意的自然主义》中指出："下面是我的'形而上学'的范围与方法：人类在受难、享乐、磨炼、失败与成功中所展现出的主要而连续的特征，以及标志了这些特征的艺术、科学、技术、政治与宗教，体现了人类生活于其中的世界的真正特征。这一方法与任何研究者所持的方法并无二致：进行一定的观察与实验，并运用既有的观点进行计算与解释，继而真正找出一些关于自然的某些有限方面的结论。如果说《经验与自然》提出了什么新的东西，我应该说，其新颖之处并不在于提出了这一普通人的'形而上学'，而在于提出了我们应该运用这一方法去理解那些使哲学陷入麻烦当中的特殊问题。"②

杜威在《经验与自然》中将这种新形而上学称为"自然主义形而上学"（naturalistic metaphysics）。③ 他提出了两个要点：首先，经验是生存性和生成性的；其次，我们关心的不是如何描述，而是如何改造经验。他认为有价值的形而上学必须如实地展现第一点，并彻底地践行第二点，而正是这种要求让传统形而上学的抽象语汇永久失效。不同于在传统形而上学中占核心位置的"范畴"，杜威提出以"存在的类别特征"来引导经验的生长。他认为形而上学不仅应该揭示经验的内部结构，更应该揭示经验

---

① Rorty, *Consequences of Pragmatism*, pp. 213-4.
② LW 3: 75-76.
③ LW 1: 62.

的未来走向，用他的话来说，形而上学应该成为"批评的地形图（ground-map），为接下来的更为复杂的三角丈量法建立基线"①。杜威在《经验与自然》中提出的就是这样一种作为地形勘探学的形而上学。我们在上编的讨论中将这种形而上学界定为"处方式"形而上学。处方式形而上学为某个具体情境中的经验建构提供有目的的引导，在引导经验的同时也接受经验的指引。

现在的问题是：应该怎样来界定和刻画这种新形而上学？这并不是一个简单的任务。只有在追溯了它的形成过程，剖析了它的各个部件，并考察了它在各个思想层面的运用之后，我们才能真正理解这种新形而上学在何种意义上超越了旧形而上学。波艾斯冯特已经在 20 世纪完成了这个系统性工作，我认为他的成果是很难被超越的。② 在本章的讨论中，我仅尝试从两个关键概念着手来考察杜威的形而上学，即"过程"（process）和"事件"（event）。这两个概念虽然无法涵盖杜威式形而上学的全貌，但可以帮助我们理解这种新形而上学的基本特征和根本旨趣。朗格曾指出，"思维的界限不是由外部设定的，而是由概念的力量决定的，它不取决于和心灵相遇的经验是丰富还是贫乏，而是取决于和经验相遇的心灵有多少形式性观念"，这些观念"促生特殊的问题，并以这些问题的形式得到阐明。因此，我们或许可以将它们称为思想史中的生产性（generative）观念"。③ 我认为"过程"和"事件"就是典型的生产性观念，它们不仅规定了杜威的新形而上学，还展现了杜威所处时代的整体思想样貌。

"过程"：基于生成的形而上学

实用主义者所处的时代是一个新旧世界观更替的时代。为了理解这种更替，隐喻也许可以给我们提供一个最为直观的视角。每个时代的哲学思

---

① LW 1：309.

② 参见 Raymond Boisvert，*Dewey's Metaphysics*. New York：Fordham University Press，1988。

③ Langer，*Philosophy in a New Key*，p. 8.

考都有自己偏爱的隐喻，比如古希腊的"目的"（telos），中世纪的"永恒真理"（veritas aeterna），近代早期的"微粒"（corpuscle），以及本章所讨论的"过程"。从某种意义上来说，形而上学本质上就是一种隐喻性体系，我们选择一种形而上学的原因或许在于它的修辞和表达力量让我们相信它比其他隐喻更接近事物的实际所是。这种选择不仅涉及个体的倾向，也体现了时代的趣味。① "过程"不仅是实用主义者的选择，也是实用主义者所处时代的选择。从这个隐喻出发，我们可以理解实用主义者所处的时代如何从"存在"的世界观进展到"生成"的世界观，从一种基于"分类"（taxonomy）的形而上学进展到一种基于"合生"（concrescence）的形而上学。

这个围绕"过程"展开的世界观包含许多不同的面相。怀特海的过程哲学、皮尔士的连续论②、各种形态的经验论（比如柏格森和詹姆士）以及各种形态的观念论（比如罗伊斯和人格主义）都从不同角度体现了以过程为导向的根本旨趣。从某种意义上来说，柏格森的《创造进化论》（1907 年）、亚历山大（Samuel Alexander）的《空间、时间与神》（1920 年）、杜威的《经验与自然》、怀特海的《过程与实在》（1929 年）等作品都可以被纳入"过程哲学"这个宽泛的范畴。正因为如此，梅耶（William Myers）指出："所有美国古典实用主义者都是过程哲学家，但并不是所有过程哲学家都是实用主义者。"③

但我们也应该看到，这个范畴下的哲学家对形而上学的理解存在着关键分歧。以怀特海为代表的过程哲学家试图给出关于世界的总体框架，而以杜威为代表的实用主义者则要求我们抛弃一切先定结构，以本体论的平

---

① 布鲁门伯格（Hans Blumenberg）在《隐喻学范式》中探讨了一系列范式性隐喻，比如"赤裸"的真理、自然之"书"、世界"钟表"等，他认为这些隐喻比命题或概念更能精确而有效地反映人类精神的变迁。参见 Hans Blumenberg, *Paradigmen zu einer Metaphorologie*. Frankfurt am Main：Suhrkamp, 1960。

② 皮尔士这样界定他的连续论："连续论的基础是这样一个观念：联合、变得连续、变得受法则支配、直觉到一般观念都是同一个理性生长过程的不同面相。"（CP 5：4）皮尔士提到的"联合"（coalescence）与怀特海的"合生"（concrescence）之间存在着明显的亲缘性。

③ William Myers, "Dewey, Whitehead, and Process Metaphysics," in Steven Fesmire, ed. *The Oxford Handbook of Dewey*. Oxford：Oxford University Press, 2019, p. 53.

等性（ontological parity）取代本体论的优先性（ontological priority）。怀特海在《过程与实在》的第一部分提出了8个"存在范畴"（categories of existence），其中最重要的两个范畴是"现实实体"（actual entity）和"永恒客体"（eternal objects）。① 根据怀特海的有机哲学，现实实体是最现实的存在，而永恒客体则是最纯粹的可能性，在这两极之间还有其他类型的存在。现实发生与永恒客体的区别不是具体与抽象、殊相与共相的区别，而是现实态与可能态、主体（在怀特海的语境中，主体即生成的事件）与客体（非事件性的抽象存在或者说理念性的存在）的区分。而杜威则认为，一个真正过程哲学家应该抛弃这些固定范畴，直接在流动的经验中探讨经验的生长。他在《经验与自然》中指出："从事件进程中抽象出来的永恒客体，虽然被称为与表象对立的实在，实际上是最空白、最瞬息即逝的表象，它产生于个人渴望，并由私人幻想塑造成型。"② 在杜威看来，尽管怀特海试图从围绕事物展开的形态学分析（morphological analysis）进展到围绕事件展开的发生学分析（genetic analysis），但他的范畴表仍然桎梏于形态学分析，这暴露了过程哲学的非过程性一面。杜威在《经验与自然》中指出，从赫拉克利特到柏格森以来的关于变化的形而上学"显示出对确定和稳定的东西有一种强烈的渴望"，"他们通过将变化变成普遍、有规则、确定的东西而将它神圣化了"。为了防止这种倾向，他告诫我们"不能为了变化本身而歌颂变化"，不能"回避理解和控制变化所要求的艰苦劳动"。③ 从这个意义上来说，杜威是比怀特海更为彻底的"过程哲学家"。④

---

① Whitehead，*Process and Reality*，ch. 2.

② LW 1：325.

③ LW 1：49.

④ 当然，怀特海也指出，有机哲学的一个主要任务是消除"嗡嗡作响的世界"（buzzing world）与"柏拉图式实在论"（Platonic realism）之间的分裂。（参见 Whitehead，*Process and Reality*，p. 50.）为此他还提出了有机哲学的"终极范畴"（the category of the ultimate）：创造性（creativity）。在这个范畴下，没有绝对的流变，也没有绝对的不变，只存在基于偶性的突现（emergence）。但是在杜威看来，作为终极范畴的创造活动同样也是"将变化变成普遍、有规则、确定的东西，从而将它神圣化了"。

撇开这一分歧不谈，过程哲学家们还是分享了一种过程性思维。概而言之，这些哲学家以流变的视角看待世界，较之于现实世界，他们更关注可能和潜在的世界。诚然，这种流变的视角在人类文明的发端处就已存在。怀特海在《过程与实在》中指出，"万物皆流"是过程性思维的第一次直觉性概括，尽管这种概括是非体系化的、未经分析的。他还指出，我们可以在希伯来的《诗篇》、赫拉克利特的说理，甚至可以在盎格鲁-撒克逊人的故事（麻雀穿过诺森伯兰国王的宴会厅）中发现这一观念的最初表达。① 但应该看到的是，在实用主义者所处的时代，"万物皆流"已经从对生存体验的简单概括进展到了复杂的形而上学建构。它不只是简单地提供看待世界的另一个视角，还试图通过一种新的思维范式来给出关于世界的整体构想。

关于这种新形而上学，雷舍尔（Nicholas Rescher）曾给出了一组富有启发性的界定："1. 时间和变化是形而上学理解的首要范畴；2. 过程是本体论描述的首要范畴；3. 对本体论理论的目的来说，过程比事物更为基础，或者至少与事物一样基础；4. 对于本体论保留曲目中的一些（如果不是全部）主要元素（上帝、作为整体的自然、人格、物质性实体等），最好以过程概念加以理解；5. 偶性、突现、新要素和创造性是形而上学理解的一些基础范畴。"② 我们可以从这组界定中看到，"过程"是一个包含各种含义的伞式概念（umbrella concept）。但这些不同的含义分享了一个共同预设：世界的基本单位不是"存在"，而是"事件"。不同于静止的存在，事件像瀑布一样在流动中获得它的规定性，这种规定性不是确定不变的"本质"（essence），而是在"累积"（accumulation）过程中获得的"完成"（consummation）形态。概而言之，在旧形而上学中，存在是第一位的，而事件则是存在的特征或属性。现在，事件占据了首要位置，而存在则变成对汇聚的事件加以抽象而得到的二级概念。

---

① Whitehead, *Process and Reality*, p. 208.

② Nicholas Rescher, *Process Philosophy: A Survey of Basic Issues*. Pittsburgh: University of Pittsburgh Press, 2000, pp. 5 - 6.

因此，对过程性思维而言，"事件"是最核心的概念。怀特海在《相对性原理》（1922 年）中指出："我将时空性的发生称为'事件'。一个事件在任何意义上都不意味着快速变化，一块大理石的持存也是一个事件。自然本质上以生成的方式向我们呈现。只要最完整地保留了自然的具体性，自然中的任何一部分都是一种生成，我将这些部分称为事件。"① 为了彻底实现从存在到事件的范式更新，杜威在《经验与自然》中批判了"将事件性功能（eventual functions）转化为既有存在"的谬误。② 在同样的意义上，怀特海在《科学与现代世界》（1925 年）中批判了"错置具体性谬误"（the fallacy of misplaced concreteness）。他指出，抽象的逻辑结构之下往往隐藏着无法被"实体""性质"这类抽象概念所把握的具体事实，而在此基础上建立起来的形而上学只能是一种机巧的理性虚构。③ 他还在《自然知识原理》（1919 年）中提出了"广延抽象的方法"（the method of extensive abstraction）。这种方法的要点是：古典物理学考察非广延的空间点和瞬时点的集合是如何延伸和持续的，而怀特海则试图将这一方法倒转过来，从相对意义上的四维时空事件及其相互关系中导出非广延的空间点和瞬时点。该方法的实质是从可感知的事件出发界定几何学和物理学的基本概念。

如果说"过程"为杜威式形而上学奠定了基调，那么"事件"就是这种新形而上学的核心概念。正是在这个意义上，波艾斯冯特将杜威称为"事件主义者"（eventualist）。他指出："对杜威来说，事件本身就是反思和探究的界限。"④ 在接下来的篇幅中，我将从直接经验、工具化经验和审美经验这三个不同的视角来考察"事件"在杜威式形而上学中的丰富内涵。

---

① Alfred North Whitehead，*The Principle of Relativity*. Cambridge：Cambridge University Press，1922，p. 21.

② LW 1：34.

③ Alfred North Whitehead，*Science and the Modern World*. Cambridge：Cambridge University Press，1946，p. 52.

④ Boisvert，*Dewey's Metaphysics*，p. 204.

事件的时间性与个体性

　　杜威在《经验与自然》中明确地将存在等同于事件。他指出："事物可以持续，长存于现世，但无法永存。超过了一定的限度，它就会被时间的牙齿嚼碎。每个存在都是事件。"① 之后他又区分了"存在"与"本质"：如果说存在就是事件，那么本质就是"被宣告的意义"，它永远"带有主观的偏见"，且具有"重复出现的广泛后果"。② 我们不能根据这些论述将作为存在的事件理解为无意义的内容。在杜威的语境中，存在和本质的区分不是无意义和有意义的区分，而是意义域和意义的区分。换言之，作为事件的存在是本质（"被宣告的意义"）的基本场域。杜威认为，任何经验都处在一种总体情境中，这种情境无法被明确地陈述或阐明，但以一种前理智或前认知的方式规定了后续的所有经验进程。杜威将这种总体情境称为"质性"。他在后期的一篇重要文章《质性思维》（1930 年）中指出："主导性和弥漫性的质的直接存在是所有思维的背景、出发点和规范性原则。"③ 因此，过程性思维首先是一种质性思维，而理解事件的首要语境则是质性情境。

　　探讨质性情境的首要方法是直觉。杜威指出："直觉先于概念，且比概念更深入。……直觉指示了弥漫的质的实现，它决定了相关的区分，以及任何被思维接受为对象的东西，不管是以概念的方式还是以关系的方式。"④ 在过程哲学家那里，直觉的展开首先要求一种非空间化的时间观。比如，柏格森试图阐明，时间的空间化是西方思想的一个关键性谬误，哲学上的很多难题是由这一谬误造成的。为了克服文艺复兴以来围绕空间和位置展开的观物方式，我们必须放弃空间化的均质时间观，转向真正的"绵延"

① LW 1：63.
② LW 1：144.
③ LW 5：261.
④ LW 5：249.

(durée)。绵延不是外部时间的持续（endurance）或持久（lastingness），而是内部时间的流动和变形，是当下的无限延伸，前者是表盘上的一个小时，后者则是我们在等待爱人时经历的一个小时。和柏格森一样，杜威认为事件必须在真正的时间性中被把握，这种时间性不是线性的时间，而是同时包含了过去与将来并绵延于当下的时间。他在《经验与自然》中区分了时间性质（temporal quality）和时间序列（temporal order）："性质是质性的、直接的、无法定义的。序列则是一种关系、定义、标注、放置和描述，它是通过反思发现的，而不是作为时间性被直接拥有和指示。"① 他还指出："时间秩序是科学的事情，而时间性则是每个事件的直接特性，无论该事件发生于意识之内还是意识之外。"②

杜威不仅认为非线性的时间观是理解事件的基本视角，还认为时间性必须和个体性本质地关联起来，每个事件都因为围绕自身展开的特殊绵延而获得它的个体性。关于杜威所理解的个体性，这里要特别指出两点。首先，和其他所有事件一样，人也在时间性的展开中获得他的个体性。杜威在《时间与个体性》（1938 年）中指出，个体"是一个广泛的时间，或者你喜欢的话，可以说是一个由时间组成的进程，每一个事件都带上了之前的某些东西，又指向将要来临的东西"，并且"人类个体自身就是一段历史、一段轨迹，正是由于这样，人的传记只能是一个时间性的事件"。③ 杜威还在时间性中看到了创造性的源头。他指出，个体性不是"某种从一开始就被给予的，像解纱线球一样不断展开的东西"，相反，个体性是"一种时间性的发展"，它包含了"不确定性、未决定性或偶然性"，而"真正的时间，如果以在空间之中的可测量的运动之外的形式存在，一定只与作为个体存在的个体、创造性和不可预测的新要素的出现相关。所有与这一结论相反的观点只能说明个体已经丧失了他的个体性，个体被囚禁在常规性中，并堕入机械论的水平。真正的时间不再是他们存在的一个组成要

① LW 1：92.

② LW 1：91.

③ LW 14：102.

素。我们的行为也因此变成对过去的外在重组而变得可预测"。①

其次，杜威语境中的个体性并不是必然指向事件的相对性（relativity），相反，他强调的是事件的相依性（relatedness）。这里，杜威和怀特海分享了相同的洞见。怀特海指出，我们不能将事件之间的相依性原理（the principle of relativity）和物理学的相对性原理混淆起来。相对性原理指一切参照系在原则上是等效的，不存在绝对的参照系；而相依性则试图阐明，生成是第一位的，存在是第二位的，每个事件都处在成为所有其他事件的生成过程中，在这个意义上，发生就是"合生"，即"一起生长"（growing together）。在同样的意义上，杜威试图阐明，存在的本质在于存在的分享（sharing of beings），存在之存在（being qua being）只有在"共存"（co-existence）的维度下才能得到理解。正是在这个意义上，墨菲（Arthur Murphy）将杜威和怀特海立场界定为在相对视角中寻找客观共识的"客观相对主义"（objective relativism）。②

为了理解质性情境中的事件，时间性和个体性是两个关键维度。在这两个维度的共同作用下，直接经验中的事件最终呈现为一个"质性统一体"（qualitative unity）。杜威在《质性思维》中指出："生存性命题最终指涉的内容可以是一个聚拢在一起的复杂存在，不管这一存在的内在多么复杂，它仍然可以被一个单一的质所主导并以此为特征。"③ 他还试图阐明，时间性和个体性层面的创造性共同塑造了事件的原始"冲力"（impulsion）。他在《作为经验的艺术》中指出："任何经验，无论其意义微小还是巨大，都是从冲力开始的，或者说其本身就是一种冲力。"并且，不同于"冲动"（impulse），冲力不是调适过程中的一部分机械运作，而是指示了"整个有机体向外和向前的运动"④。比如，生命体对食物的欲求是

---

① LW 14：112.

② Arthur Murphy，"Objective Relativism in Dewey and Whitehead," *The Philosophical Review*，36：2（1927），pp. 121 – 44.

③ LW 5：246.

④ LW 10：64.

一种冲力，而吞咽过程中唇舌的反应则是一种冲动。

我们可以从这些论述中看到杜威式形而上学的独特之处：它的起点并不是某种最小单位（比如怀特海的现实发生），而是处在质性情境中的交互事件，这些体现原始冲力的事件既是动荡的，又是有机体与环境的相互调适的结果。正是在这个意义上，杜威的经验形而上学规避了对确定和稳定的东西的强烈渴望。也正是在这个意义上，这种形而上学从一开始就不是部分论的（meristic），而是整体论的（holistic）。并且，不同于怀特海的有机哲学，时间性和个体性在杜威那里并不是经过理论归纳后得到的"范畴"，而是有机体在生存性活动中所展现的原始状态和基本特征。没有作为生命欲求的冲力，有机体就无法生存和生长。

事件的工具性

直接经验（原始经验）与工具化经验（二级经验）是杜威的一个基本区分。工具化经验将直接经验置于探究的情境中，从而推进已有的质性统一体，并实现当下的实际意义向未来的可能意义的转化。在杜威看来，这种推进并不是一个简单的认识过程，而是在最宽泛意义上的生命活动（"经验"）中拓展意义和建构价值的过程。不是把经验作为认识的一个方面，而是把认识作为经验的一个方面，这是杜威的一个基本洞见。正因为如此，我们在理解经验事件的工具性时必须要超出狭义的认知语境。

杜威认为直接的经验事件之间存在着两种关系：匿名关系和工具关系。他在《经验与自然》中指出："或者屈服、顺从，为了和平的目的变成一个寄生性的附属体，沉溺在自我主义的孤独中；或者根据欲望去进行对环境的重塑。智性诞生于后一进程中。智性的心灵不是作为整体的一部分去占用和享受整体，而是作为个体去开辟、冒险、实验和消解。"[1] 可以看到，智性层面的目的性在工具关系中开始出现。在这种状态下，某个经验

---

[1] LW 1: 188.

事件不只感受到与其他事件交缠的张力，同时还认识到交缠这一事实本身，即能够明确地界定自己与其他事件所处的具体情境。这时的有机体不只是被动地经受这种交缠，同时还主动地探究交缠中的各种关系，对这些关系进行操作，以实现生命活动的各种目的。

工具化经验的主要功能不仅在于从相互交缠的事件中提取出具体情境，还在于想象直接的经验事件在进入该情境之后会如何进一步生长。处在工具关系中的有机体开始智性地思维：我作为一个事件与另一个事件处在关系 X 中，如果我采取行动 Y，就会导致结果 Z。这种"想象性排演"（imaginative rehearsal）标志着从直接经验到工具化经验的转化。杜威将这种前瞻性的想象称为"慎思"（deliberation）。他在《人性与行为》中指出："慎思是一种实验，其目的在于从各个方面考量一个可能的行动。它将所选的习惯和冲动进行各种实验性的组合，看会引发什么样的行动。但是这种实验是在想象中进行的，而不是实际发生的。"①

在工具化经验的语境下，我们对事件有了两个认识上的更新。首先，在直接经验中，事件与事件的遭遇意味着原初冲力或质性统一体的改变；而在工具化经验中，事件与事件的遭遇变成了一个需要解决的"问题"。不同于被感受到的张力，这种对于关系的明确意识直接引向进一步的行动，即问题的解决。如果说对直接经验的探讨涉及事件的可能性，那么对工具化经验的探讨则涉及事件的创造性。

其次，在工具化经验的视角下，经验事件同时包含瞬间拥有和持续累积这两个维度。德语中用来表达经验的两个词可以很好的表达这两层意味："Erfahrung"一般具有严格的认知意义，而"Erlebnis"则意味着经历和经受。在实用主义的经验概念中，"Erlebnis"是一个不可或缺的维度。杜威将经验的这个维度称为被动的"拥有"（had）、"经受"（undergone）或"遭受"（suffered）。而詹姆士则干脆认为经验就是"Erlebnis"，他指出："我认为经验就是被德国人称为 Erlebnis 的东西，即有意识生命中任何具

---

① MW 14：132 - 133.

体的整体瞬间。"① 杜威在《作为经验的艺术》中区分了随机而零星的独立经验与作为整体的统一经验。在后一种经验中，"每一部分都自由地流向相继的后一部分，没有接缝，也没有未被填充的空档。与此同时，每一部分的自我认同并没有被牺牲掉。与池塘不同，河流是流动的；河流的流动更加明确地关注前后相继的部分，而非存在于池塘中的同质部分。……经验并不是这些不同性质的总和，这些性质在经验中变成了可区分的特征。除非被本质上具有价值的整体性经验吸引并进而得到奖赏，没有一个思想者能够进行他的工作"②。我们还可以看到，杜威探讨的这种通过累积实现的整体性并不是部分的简单叠加。对他而言，整体的意义永远大于部分意义的总和，正如他在《逻辑：探究的理论》中所指出的，统一体中"包含着成员，但它并不是部件的集合或收集"③。

还需要指出的是，在杜威的语境中，直接经验和工具化经验的区分本身也是工具性的，它是为了改造经验的实际需要而做出的功能性区分。两者之间的界限随着有机体与环境之间的交互不断变动和调整，这一情境中的直接经验可能是下一个情境中的工具化经验，反之，亦然。在杜威式的工具主义中并不存在任何固定的因果链条和机械形式。我们可以从这幅流动的图景中看到一种非等级化的世界观：他探讨的既不是低级存在如何上升为高级存在，也不是高级存在如何下降为低级存在，而是不同意义上的事件是如何在最宽泛的视域中相互共存的。从这一点来看，杜威式形而上学和传统形而上学之间存在着根本性的不同。

事件的审美性

以上两部分考察了事件在直接经验和工具化经验这两个视角下的不同内涵，如果说前者主要涉及经验的"现实"（actual）维度，那么后者则主

---

① WWJ 18：21.
② LW 10：43 - 44.
③ LW 12：218.

要涉及经验的"理想"（ideal）维度。但杜威进一步指出，这两个维度可以在一个流动的整体中得到统一，其典型代表就是审美经验。审美经验并非原初的拥有，而是在深刻认识到质性统一体的复杂关系以及进一步展开这些关系的各种可能性之后，对质性统一体的再次把握。换言之，审美经验表达了一种提升后的直接性，它是对质性统一体的智性建构。在这个意义上，审美经验将我们引向了一种特殊的经验事件，即经验的"完成"（consummation）。杜威在《作为经验的艺术》中指出："如果我们获得了一个结论，那就是一个预期和累积的运动最终完结了。'结论'并不是分离和独立的东西，它是一个运动的完成。"①

在杜威的语境中，"完成"并不意味着终结，而是意味着某个经验事件在某个情境下达到了意义的最大化，也就是"consummation"的另一层含义：高潮。同时，事件之间的相依共生又让事件具有无限的开放性，一个完成的经验事件很有可能在下一时刻发生改变，这种改变或许是进入另一个新的情境中重新作为原初的直接经验，或许是作为促成其他经验生长的工具。不管怎样，完成形态只是经验进程中的一个暂态。

在杜威的艺术哲学中，完成形态的审美经验被称为"一个经验"（an experience）。他在《作为经验的艺术》中指出："当经验进程趋于完成时，我们获得了一个经验。只有这时这个经验才内在整合起来，并和一般经验之流中的其他经验区分开来。……这样一个经验是一个整体，它带有自身个体性的质，且是自足的。"② 他还举了一个例子："有人在横渡大西洋时遭遇暴风雨——在他的经验中，暴风雨非常猛烈，包含了一切暴风雨可能有的样子，这个经验自身是完成了的，通过与之前和之后的经验有所区分而凸显了自身。"③ 这里要特别指出两点。首先，一个经验不是简单叠加的结果，而是在流动中实现的完成。杜威指出："在一个经验中，流动发生在一个事物与另一个事物之间。一个部分引向另一个部分，每个部分都继

---

① LW 10：45.

② LW 10：42.

③ LW 10：43.

续着前面的部分，每个部分都在自身中获得独特性。持续的整体在接续的
阶段中呈现多样性，这些阶段有着各自不同的色调。由于连续的融合，我
们拥有的一个经验中并不存在漏洞、机械的联合和僵死的中心点。其中当
然存在暂停和休憩的地方，但它们强调和界定的是运动的性质。"[1] 其次，
一个经验的完成与否并不取决于外在标准，而是取决于情境中的感受。我
们感受到一个经验已经完成，因为这时候不存在任何对不完整的疑虑或
焦虑。

对审美经验的探讨将两个关键洞见引入了杜威式形而上学。首先，杜
威的艺术哲学试图消除 18 世纪以来艺术（fine art）与技艺（arts）之间的
人为分歧，他试图"恢复审美经验与一般生命进程之间的连续性"，并探
讨艺术"是如何将普遍经验中的质性理想化的"。[2] 他试图阐明，"作为精
炼和增强的经验形式"，艺术和"日常的事件、实践和经受"之间存在着
本质的连续性。[3] 因此，在杜威的语境中，审美经验的范围要远远大于通
常意义上的美学范畴。一切把握了质性情境的复杂关系的经验都可以被称
为"一个"审美经验，其中不仅包括直接经验和工具化经验，还包括理性
经验。杜威指出："一个思维经验具有自己的审美性质。它与那些审美经
验不同，但这种不同只是材料上的。艺术的材料由质组成，而那些具有理
性结论的经验则是以符号或象征为材料，这些符号或象征自身没有内在的
质，但代表了那些也许在其他的经验中被质性地经验到的事物。这里的不
同是巨大的，这也是严格的理性艺术永远不会像音乐那样流行的原因。但
是，思维经验本身具有一种令人满意的情感性的质，因为它具有通过有序
的和有组织的运动而得到的内在完整性和完成性。这种艺术性结构也许可
以被直接地感受到，在这个意义上，思维经验是审美性的。更为重要的
是，这种审美性不但是我们在从事理性探究中的一个重要动机，而且——
我们可以真诚地说——任何理性行为只有拥有了这一性质才能成为一个完

---

[1] LW 10：43.

[2] LW 10：16 - 17.

[3] LW 10：9.

整的事件（或者说成为一个经验）。缺少这一性质，思维是无结果的。简言之，我们不能将审美性从理性经验中明确地区分出来，因为后者只有具备了审美性才是完整的。"① 由此我们可以得出结论：任何事件不仅具有现实和理想维度，还必须具有审美维度。缺少最后一个维度，任何事件都缺少一个最终的完成。

其次，审美经验还让杜威以一种"游戏"（play）的视角来看待事件之间的关系。"游戏"是芝加哥学派的一个关键概念，它的要点在于，游戏者在游戏过程中能够自由地转换自己所扮演的角色，并随时预见到自己的回应会如何影响到其他游戏者的回应，从而事先调整自己的回应。简言之，游戏是一种实验性的自由探究。杜威在《民主与教育》中指出："游戏中带有目的，因为它引导观点，并提示接下来的行为。游戏中的人并不只是在做一些事情（单纯的物理运动），他们在试着去做某些事情或去影响某些事物，这一态度包含了激发他们当下回应的预见，而预见的结果则表现为相继而来的行为，而不是事物的特殊变化所造成的产物。因此，游戏是自由的和可塑的。"② 他还在《我们如何思维》中区分了"游戏"和"游戏感"（playfulness）。他指出："游戏感比游戏更为重要。游戏感是一种心灵的态度，而游戏则是这种态度的外在体现。"③ 在他看来，"游戏"和"游戏感"不仅是指导社会实践的原则，还生动地刻画了事件本身的存在模式：事件之间的相互交缠并不服从任何先在的目的，它们不但根据对方的回应做出实际回应，在交互的进程中不断调整自己的可能回应。正如杜威在《作为经验的艺术》中所指出的，"游戏是这样一种自由的态度，即不服从外在必然性强加的目的"④。在这个意义上，游戏不仅是一种理想的对话和交流模式，还是一种理想的存在模式。

---

① LW 10：45.
② MW 9：211.
③ LW 8：285.
④ LW 10：284.

小　结

以上我们从三个视角出发考察了事件在杜威式形而上学中的关键位置，这些分析最终都落脚于过程性思维这个时代语境。对这种新形而上学而言，并不存在一个固定的框架支撑我们对存在的全部理解。在杜威看来，形而上学的主要功能不是赋予世界以形式，而是在生存性实践的要求下出场的引导性工具，它不是经验之先或经验背后的结构或原则，而是具体经验进程中的勘探和预测活动。这种处方式形而上学考虑的并不是对世界做出一劳永逸的描述或规定，而是如何促进经验的实际生长。

关于形而上学的工作，黑格尔在《哲学史讲演录》中给出了一幅极为负面的图景："全部哲学史这样就成了一个战场，堆满了死人的骨骼。它是一个死人的王国，这王国不仅充满着肉体死亡了的个人，而且充满着已经推翻了的和精神上死亡了的系统，在里面，每一个杀死了另一个，并且埋葬了另一个。"① 而杜威则认为，与斗争和死亡相伴绝对不是形而上学的最终命运。他在《经验与教育》（1938 年）中指出了形而上学真正要考虑的问题："这一方向的生长是促进还是阻碍了一般性的生长？……这一方向是否为进一步的生长创造了条件，又或者对于向这一特殊方向生长的人来说，它所创造的条件是否关闭了朝新的方向继续生长的机会？朝某个特殊方向的生长对于态度和习惯（正是这些态度和习惯打开了朝其他方向发展的通路）有什么作用？"②

很遗憾，这些值得进一步挖掘的洞见迄今为止都没有进入大部分形而上学家的视野。杜威本人也清楚地看到了这一点。他在 1949 年的一篇回应文章中指出："以前我认为将'形而上学'这个词从其深陷其中的传统用法中解救出来是可能的，现在我意识到这是一个异常天真的想法。有时我

---

① 黑格尔. 哲学史讲演录：第 1 卷［M］. 贺麟，王太庆，等，译. 上海：上海人民出版社，2013：23.

② LW 13：19 - 20.

会想，如果我再也不将这个词用于我自己的哲学立场的任何方面，我有可能会得到什么样的安慰？"但杜威并没有推翻形而上学的合法性，也不打算放弃形而上学的工作。他接着写道："不管怎样，我的著作已经很清楚地表明了：我是在与传统完全不同甚至相反的意义上使用这个词的。并且，我认为这个词虽然受到了最为不幸的使用，但其所指的东西依然是真实和重要的。"① 可以看到，杜威一方面拒斥封闭的形而上学体系，另一方面又认为形而上学的冲动是不可遏止的。在他看来，真正"治疗性的"哲学不是要一劳永逸地抛弃形而上学，并对关于存在的议题保持沉默，而是要通过无休止地探问存在促成生命的生长。近半个世纪之后，普特南再次传达了杜威所要传达的讯息："我认为，关于生命的事实是，哲学的任务一方面是要克服形而上学，另一方面则是要让形而上学的讨论继续下去。"② 这样的声音虽然稀少，但值得一听。

---

① LW 16：388.

② Hilary Putnam，"After Metaphysics，What？"，in Dieter Henrich & Peter Horstmann，eds.，*Metaphysik nach Kant？*. Stuttgard：Klett-Cotta，1988，p. 457.

第十五章　古典实用主义与古希腊

对欧洲哲学传统最安全的概括是，它由对柏拉图的一系列注脚构成。我的意思不是指学者们从柏拉图著作中抽取的系统思想，而是指散布于柏拉图著作中的丰富的一般观念。

怀特海：《过程与实在》

引　言

在《实用主义》出版之际，詹姆士给这部著作额外增加了一个副标题："一些旧思维方式的新名称"。他指出，实用主义"来自希腊词πράγμα，它的意思是行动，英语中的'实践'（practice）和'实践的'（practical）亦出自于此。它最初由皮尔士于 1878 年引入哲学。……皮尔士指出，我们的信念实际上是行动的法则，为了确定思想的意义，我们只需要确定它能产生什么样的行为，行为是其意义的唯一来源"[1]。詹姆士接着又指出："实用主义方法中完全没有什么新的东西。苏格拉底熟练地使用它，亚里士多德有条理地使用它，洛克、贝克莱和休谟用这种方法对真理做出了重大贡献。"[2] 借用詹姆士的表达，皮尔士在《关于上帝实在的一个被忽视的论证》中指出，作为"一种旧思维方式"，实用主义就是"苏

---

[1] WWJ 1：28－29.

[2] WWJ 1：30.

格拉底的哲学"，而且"被斯宾诺莎、贝克莱和康德所实践"。① 他还在另一处指出，"实用主义的河流"可以回溯至苏格拉底和亚里士多德，并流经斯宾诺莎、贝克莱、康德和孔德（Auguste Comte）。② 这些论断促使我们追问：试图打破旧哲学范式的实用主义和作为西方思想源头的古希腊思想之间究竟存在何种渊源，让这两位实用主义创始者在一种"新"的思想形态中不断重提这些古老的遗产？

我们可以从下面三个方面概观实用主义和古希腊思想的亲缘性。首先是方法论层面的亲缘性。詹姆士在首次引入"实用主义"概念的讲座中指出，实用主义的方法就是问"一个概念是如何被认识的？它造成了何种事实？它在特殊经验中的兑现价值是什么？它的对错会给世界带来哪些具体的不同？"③ 在实用主义者看来，这种在具体的经验情境中界定概念和澄清意义的方法正是苏格拉底所用的方法，它在英国经验论者那里得到了并不彻底的应用，最终在皮尔士的"溯因推理"和杜威的实验性探究逻辑那里发展至成熟形态。除此之外，实用主义者还试图阐明，这种苏格拉底式的探究并非私人的独白，而是公共的对话。这一点是后期实用主义的核心原则。杜威在《公众及其问题》中指出："最完善的逻辑应该回归逻辑这个词的原始意义，即对话。没有被交流、分享和在表达中重生的观念不过是独白，而独白只是断裂而不完善的思想。"④

除了方法论层面的亲缘性，实用主义的总体理论路径也可以在古希腊思想中找到显见的关联。从某种意义上来说，实用主义者探讨的"人本主义"（humanism）是人作为万物尺度（homo mensura）的当代回响⑤，他们对"过程"和"关系"的探讨也让赫拉克利特式的流变在当代形而上学

---

① CP 6：490.

② CP 5：11.

③ WWJ 1：268.

④ LW 2：371.

⑤ 席勒指出，他的理论和普罗泰戈拉（Protagras）之间存在着亲缘性。参见 F. C. S. Schiller, *Studies in Humanism*. London：MacMillan, 1907，ch. II，"From Plato to Protagoras"；ch. XIV，"Protagoras the Humanist"。

的视域中得到了系统的阐释，而"经验"这个实用主义的核心概念更是在很大程度上回归了古希腊的"自然"（physis）概念。

最后，古希腊思想还对实用主义者的思想发展产生了实质性的影响。我们已经在上编的研究中指出，对亚里士多德、柏拉图、伊壁鸠鲁和早期宇宙论者的深入研究在极大程度上塑造了皮尔士的后期思想，而古希腊人对"一与多"的追问最终成为贯穿詹姆士思想历程的唯一问题（THE question）。在杜威那里，除了黑格尔这个"永久性遗产"，对柏拉图和亚里士多德的继承和克服也是其早期思想发展的主要动因。① 而在《经验与自然》以及其他晚期著作中，古代哲学和现代哲学的张力成为杜威阐述观点的主要抓手。他甚至在柏拉图那里看到了一种理想的哲学形态。比如，他在写于晚年的思想自传中指出："没有什么比一场'回到柏拉图'运动对当下的哲学更有帮助了，但这意味着回到柏拉图对话中那种戏剧化的、不停歇的合作探究，尝试不同的进攻模式，看它们能带来什么；回到总是让形而上学落脚于社会和政治转向的柏拉图，而不是由无想象力的评注者所虚构的柏拉图，他们认为柏拉图就是一个大学教授。"②

但是在看到这些亲缘性的同时，我们也必须看到，实用主义者并没有在任何意义上复制古希腊思想。以消解传统哲学形态为最终归旨的实用主义者对这些思想遗产的合法性是极为警惕的，这也意味着他们在继承古希腊思想的同时又对此作出了关键的修正。本章的任务是澄清实用主义在哪些地方贴近了，又在哪些地方远离了古希腊思想，并通过这种回溯和对勘澄清实用主义本身的思想位置。下面的讨论将围绕实用主义的三个基本思想特征展开，即目的论、反二元论和多元论。这意味着本章的讨论将实用主义作为思想的统一体加以处理，而实用主义内部的区分虽然无法最终回避，但至少可以在这个理论层面暂时搁置。

---

① 参见 J. J. Chambliss, *The Influence of Plato and Aristotle on John Dewey's Philosophy*. New York: Edwin Mellen, 1990; Robert Roth, *John Dewey and Self-Realization*. Englewood Cliffs: Prentice-Hall, 1962。

② LW 5: 156.

何种目的论?

怀特海在《科学与现代世界》中指出，近代以来的世界观曾经有可能沿着生物学模式发展，但因为种种原因走向了物理学模式以及在此基础上建立起来的机械论世界观。[①] 物理学的研究是围绕动力因展开的，而生物学的研究则是围绕目的因展开的，前者试图确定机械作用的因果链条，后者则试图探讨在目的引导下的生物功能和有机进程。从某种意义上来说，实用主义及其所属的过程性思维是生物学模式在经过了几个世纪的消沉之后，第一次向物理学模式的统治地位发起冲击。

出于对目的因的强调，实用主义这种基于生物学模式的思想形态必然意味着在一定程度上回归古希腊的目的论思维。但是在探讨实用主义语境中的"目的"时，我们必须清醒地意识到，实用主义同时也是一种后达尔文的思想形态。实用主义者从达尔文那里获得了关于偶然性的洞见，即进化由真正的"机遇"（chance）主导。承认真正的机遇意味着拒斥任何形式的前定目的。詹姆士在《实用主义》中指出："每一个步骤都将未被预见的机遇引入视野，并将旧的景象关在门外。对一般目的的界定每天都要改变。最终的结果可能比预想的好或坏，但它一定更为复杂而不同。……如果有人断言绝对的目的论的统一性，声称宇宙的每个细节都服从于一个目的，那么他就要面对教条主义的危险。"[②] 皮尔士用"偶成论"（tychism）这个古希腊概念来界定关于"绝对机遇"（absolute chance）的学说：绝对机遇是真正的未决定性，而不是由短视或无知而造成的暂时的不确定性，它是完全脱离法则的状态，因而是绝对不可控的。

但实用主义者并没有忽视进化中存在着以目的为主导的连续性。达尔文在《物种起源》中指出："自然选择的运作只是为了每个存在自身的利

---

① Whitehead，*Science and the Modern World*，p. 51.
② WWJ 1：70.

益，所有的身体和心灵能力都向着完满不断进展。"① 可以看到，强调偶然性的进化论不但没有规避"设计"（design），还将生命演化的目的置于理论的核心位置。还可以进一步追问的是，虽然达尔文的进化论中不存在柏拉图意义上的目的论（将目的本身作为第三领域中的实存），但是否存在亚里士多德意义上的目的论，甚至实际上复兴了后者？事实上，这个问题在当代的讨论中仍无定论。②

对此实用主义者的结论是一致的，他们以不同的方式汲取了进化论关于目的的洞见。杜威在早期的《灵魂与身体》（1886 年）中就明确地指出："试图摆脱目的论和智性的人只会发现目的论和智性是一种普遍原则和行动力。达尔文主义远没有抛弃这个原则，而是将它作为宇宙和事物结构的普遍法则。自然自始至终是目的论的。"③ 他还在《达尔文主义对哲学的影响》中指出："单纯用运动物质的重新分配来解释宇宙是不完整的，不管它看起来多么正确，因为它忽视了下面这个首要事实：运动物质及其重新分配的特征是不断累积以实现目的，即影响我们所知的价值世界。如果你否认这一点，你就否认了进化；如果你承认这一点，你就承认了唯一一种客观意义上的目的，也就是唯一一种可理解的目的。"④ 实用主义者不仅强调了生物学层面的目的性，还试图将这些讨论拓展到形而上学和宇宙论层面。从某种意义上来说，詹姆士在《彻底经验主义》和杜威在《经验与自然》中提出的形而上学构想探讨的就是指向目的的连续性，而皮尔士的晚期宇宙论构想同样将作为目的的"法则"置于理论的核心位置。

在实用主义者看来，古希腊的目的论和达尔文的进化论虽然分属于两种完全不同的世界观构想，但它们可以在一种更宽泛的过程性思维中统一起来。这个视角虽然无法消弭它们之间的关键分歧，但至少揭示了一种通

---

① Charles Darwin, *On the Origins of Species*. London：Murray，1859，p. 489.

② 参见 James Lennox，"Darwin Was a Teleologist，" *Biology & Philosophy*，8：4（1993），pp. 409 - 21；"The Darwin/Gray Correspondence 1857 - 1869：An Intelligent Discussion about Chance and Design，" *Perspectives on Science*，18：4（2010），pp. 456 - 79。

③ EW 1：102.

④ MW 9：23.

过生成来界定存在的可能性。皮尔士在《科学史的教训》（1896 年）中指出，亚里士多德探讨了从潜能到实现的过程，在这个意义上，"他的体系就像所有最伟大的体系一样，是进化性的"①。他还在哈佛讲座中指出："亚里士多德的理论和所有现代哲学有着实质性的区分（也许谢林或我的哲学除外），因为它至少区分了两个实在的等级。除了实际的反应性存在（actual reactive existence），亚里士多德还看到了一种生成的存在，一种潜能的存在（esse in potential），我喜欢称之为将来的存在（esse in futuro）。"② 可以看到，古希腊的思想资源在后达尔文的语境中得到了重新的阐释。

　　还要特别指出的是，实用主义者对目的的强调在皮尔士那里体现得尤为明显。皮尔士的"实效主义"（pragmaticism）最终落脚于作为普遍法则的"目的"，而非个体层面的殊相"效应"。他在《实用主义是什么》中指出，有人认为他应该将自己的理论称为 practicism 或 practicalism，理由是，就希腊语而言，praktikos 是比 pragmatikos 更好的表达。但皮尔士不认同这一观点，因为他认为康德在 praktisch 和 pragmatisch 之间做出的区分是非常关键的："前者属于这样一个思维领域，在那里没有一个实验主义者形态的心灵能够保证自己站在坚实的地基上，后者则表达了与某些明确的人类目的之间的关系"，而实用主义的最显著特征在于认识到"理性认知与理性目的间不可分割的关系"。③ 在皮尔士看来，正是这种对普遍目的的诉求将"实效主义"和强调个体效应的"实用主义"区分开来。

　　这种目的论倾向实质性地造就了皮尔士的思想形态。比如，他在《心灵的法则》中探讨了"人格"的发展。一方面，"对未来的指涉是人格的本质要素。如果一个人目的已经给出，就不再有发展和生长的空间，人格也就不会存在。先定目的（predetermined purposes）的单纯实现是机械

---

① CP 1：22.

② EP 2：180.

③ CP 5：412.

的"①。另一方面，人格的发展又体现了观念的最终协同，而"协同意味着观念的一种目的论式和谐，就人格而言，这种目的论不仅是对先定目的（predeterminate end）的追求，还是一种发展目的论。协同性是人格的特征，它是当下的、活生生的一般观念，尽管我们并没有在当下意识到，但这种协同性已经决定了我们的未来行为"②。卡拉佩特罗建议将这种关于人格的特殊目的论界定为"发展目的论"（developmental teleology）。③

不过，在实用主义的阵营中，即使最强调个体效应的詹姆士也认同目的在演化中的关键作用。皮尔士在给詹姆士的信（1897 年 3 月 13 日）中写道："偶成论只是连续论这个一般原则的一个部分和一个推论。这是我近 15 年来一直在研究的，看到它完全契合你的理论，我越来越受到鼓舞和感到高兴。"④ 詹姆士本人也在《实用主义》中指出，最低等级的宇宙中，各部分只是单纯地"在一起"（withness），但是随着"感觉和身体运动"的加入，宇宙逐渐向更高的等级统一，"人类的能量在时间进程中不断建立联系的系统，通过这些系统，宇宙最终会变得越来越统一"。⑤

但我们也应该看到，实用主义者的目的性思维和古希腊的目的论还是存在着关键分歧，这一点在杜威的成熟思想中得到了明确体现。首先，实用主义者不探讨"潜存"，只探讨"机遇"，机遇不是等待实现的阶段，而是真正的未决定状态。杜威在《逻辑中的新要素：回应罗宾逊先生》（1917 年）中指出了他和亚里士多德的关键分歧："事实上，亚里士多德比我走得更远，因为他将未来的未决定性引入关于某个未来事件的所有命题中，这种引入关键性地影响任何关于该事件的判断的逻辑特征。"⑥ 对亚里士多德而言，逻辑是寻找并定位可能性，它在首要意义上是演绎的和归纳的；而对杜威而言，逻辑是制造可能性，它在首要意义上是实验的。因此，在

---

① CP 6：157.

② CP 6：156.

③ Colapietro, *Peirce's Approach to the Self*, pp. 76 - 7.

④ CP 8：252.

⑤ WWJ 1：76 - 77.

⑥ MW 10：100 - 101.

亚里士多德那里，潜在性实际上是已经存在的命题；而在杜威那里，潜在性和现实性只是具体探究情境中的暂时性功能。杜威在《时间与个体性》中指出："潜在性必须被理解为和其他事物互动的结果。因此，潜在性只有在互动出现之后才能被认识。一个个体在某个特定时间具有未实现的潜在性，因为还存在它尚未与之互动的其他事物。"①

其次，实用主义者探讨特殊情境中的目的性（purposiveness），但不探讨目的论意义上的"目的"（telos）。在杜威的成熟思想中，这种目的性被界定为"可预见目的"（end-in-view），也就是有机体与环境在相互调适的过程中形成的一般化结果。不同于前定的目的，可预见目的可以被审慎地选择，并在后续的经验进程中得到修正和调整。在这个意义上，可预见目的是对目的论的重新激活，因为它重新打开了已经封闭的探究之路。杜威在《逻辑思维的一些阶段》（1900 年）中指出："苏格拉底学派对智者的反动可以用来说明思维的第三阶段。这一运动的兴趣并不在于动摇已有的观念，怀疑所有的思维，而在于诉诸某个将不同观点联系起来的共识。通过观点的比较和相互修正，它在冲突中看到持存的标准意义的运作，并揭示出共同原则和参照标准。它要做的不是动摇和消解，而是最终形成一个持存的综合观念。"② 他还进一步指出，第三阶段问题不在于试图寻找共识，而是将这些共识固化为终极真理。为了克服这一点，我们必须进展到逻辑思维的第四阶段，即围绕"怀疑—探究—信念"展开的探究理论，并在不阻碍探究之路的前提下保留第三阶段的核心洞见。

最后，我们还应该看到，以上这些区分最终揭示了关于存在的不同构想。在实用主义的语境中，界定存在的唯一途径就是看它如何和其他存在发生关系（to be is to be related）。因此，如果说古希腊的目的论是围绕着封闭的个体存在展开的，那么实用主义的目的论就是围绕着开放的交互系统展开的。在实用主义者看来，演化的最终目的不是个体的实现，而是系统的生长。正因为如此，一个"确定的"（目的论意义上的）演化进程在

① LW 14: 109.
② MW 1: 162.

实用主义者看来是非常可疑的。也正是在这个意义上，詹姆士说宇宙是"可塑的"（plastic）。他指出，可塑的宇宙拥有一种"既弱且强"的结构：说它弱，是因为它"屈从于任何势力的影响"；说它强，是因为它能做到"不是一下子屈从于所有势力"。[①] 对可塑的宇宙而言，我们不能构想"绝对"，但可以构想"最终"："这两个观念具有相同的内容，即在最大限度上统一起来的事实内容，但它们的时间关系却恰恰相反。"[②] 绝对的宇宙是从一开始就被设定的，而最终的宇宙则处在演化进程的终点。

何种反二元论？

实用主义的鲜明特征是拒斥各种意义上的二元论。在这个过程中，它对古希腊的思想资源做出了有意识的借鉴和创造性的转译。我们可以在实用主义的成熟形态（比如皮尔士的客观观念论、詹姆士的彻底经验主义和杜威在《经验与自然》中提出的形而上学构想）中明确地看到这种借鉴和转译。蓝道尔（John Herman Randall, Jr.）曾在一篇评论文章中指出："杜威的自然主义、多元论、逻辑和社会经验主义、实在论、自然目的论、潜能和现实的观念、偶性和规则的观念、质性趣分的个体性，最为重要的，他的彻底功能主义，都是以亚里士多德的方式将物质和形式转译到一个功能的语境。"在这个意义上，他"比其他任何哲学家都接近亚里士多德"。[③] 杜威在回应中部分地认同了这一论断，他指出，尽管他的思路和古希腊思想之间存在着"可协商的区别"，但这些区别"只是程度上的，而不是核心原则上的"[④]。但另一方面，杜威的这一论断也提示我们，实用主义者在向古希腊汲取思想资源时，也对后者做出了重要的修正和改造。这

---

① WWJ 14：126.

② WWJ 1：78.

③ John Herman Randall, Jr., "Dewey's Interpretation of the History of Philosophy," in Paul Arthur Schilpp, ed. *The Philosophy of John Dewey*. New York：Tudor，1939，p. 101.

④ John Dewey, "Experience, Knowledge, and Value：A Rejoinder," in Paul Arthur Schilpp, ed. *The Philosophy of John Dewey*. New York：Tudor，1939，p. 606.

部分的讨论将从三个方面来阐明这一点。

首先是取消认知经验（cognitive experience）和非认知经验（non-cognitive experience）的二分。早期希腊人的视域中并不存在身体和心灵的抽象区分。斯内尔指出，早期希腊人没有一个词来表示感受着和思维着的心灵。在荷马那里，"psyche"是"让人维持活力的力量"，是产生和维持生命"呼吸器官"或"生命的呼吸"。另外两个相关的概念是"thymos"和"noos"，前者作为"运动和情感的器官"是"运动或兴奋的产生者"，后者作为"理解的器官"是"观念和形象的成因"。斯内尔指出，在荷马的语境中，这三个概念都是身体层面的，它们"与物理器官并无多大的区别"。[①]

与之类似地，实用主义者的核心思路正是探讨作为身体器官的心灵，并在此基础上强调身心的连续性。詹姆士在他的心理学研究中得出了如下结论：所有思维都伴随着身体的向度。他指出："我们对自己身体位置、态度和情况的意识总是伴随我们的知识，尽管这种意识并不是聚焦性的。我们在思维时感到身体性自我是思维的位置（seat）。思维要成为我们的思维，它的每个部分就必须弥漫着一种温暖而亲密（warmth and intimacy）的特殊感觉，正是这种感觉使它变成我们的思维。"[②] 到了《彻底经验主义》，这个结论得到了更为极端的表达。詹姆士探讨性地指出，"我思"（I think）的实质是"我呼吸"（I breathe）："我自信地认为，我自身之内的（作为现象被我明确认识到的）思维之流不过是一个漫不经心的名称，如果我们仔细检视，就会发现它主要是由我的呼吸之流构成的。"[③] 杜威在他的早期心理学研究和之后的思想发展中完全继承了詹姆士的这个结论。他在《经验与自然》中建议我们回到"灵魂"（psyche）这个古老的概念："在去掉了所有传统物活论的痕迹之后，'灵魂'就是指那些已经组织成统

---

① Snell，*The Discovery of the Mind*，pp. 8 ff.

② WWJ 8：235.

③ WWJ 3：19.

一体的心理-物理活动的性质。"① 他还指出："在身心这个复合词（the hyphenated phrase body-mind）中，'身体'指代的是得到延续、保留、记录和累积的，与自然的其余部分相连续的各种有生命和无生命的因素；而'心灵'指代的是与上面这些因素有差别的特征和后果，当'身体'参与到更广泛、复杂和相互依赖的情境中时，这些特征就突现了。"②

但实用主义者也看到，身体与心灵的区分并不是一个近代现象，它在古希腊就已出现。在毕达哥拉斯派与俄耳甫斯教（Orphism）的影响下，身体（soma）逐渐和灵魂分离，最终成为后者的坟墓（sema），灵魂则从身体性的器官逐渐演变为与身体无涉的努斯（nous）。努斯是身体的囚徒，并且可以在离开身体之后进入生命的循环，这一观念在犬儒派那里达到高潮。柏拉图在《斐多篇》中借苏格拉底之口教导我们，"避免一切与身体的接触和联系，这时灵魂肯定能进行最好的思考"。因此，我们"要把纯洁的、未被玷污的思想运用于纯洁的、未被玷污的对象，尽可能地切断自己与眼睛、耳朵及身体其他部分的所有联系"。③ 而在实用主义者看来，当苏格拉底教导我们人的主要职责是关心自己的灵魂时，西方思想就在某种意义上走上了歧途。与苏格拉底和柏拉图相对的，杜威在《作为经验的艺术》中指出，自己的一个主要任务是历史性地阐明"对身体的鄙视、对感觉的恐惧，以及灵与肉之间的对立"④。

当然，实用主义者对"灵魂转向"的主要批判是在认识论上展开的：独立于身体的抽象心灵将不可避免地导致实用主义者所批判的"旁观者理论"。也正是在这个意义上，罗蒂后来将"镜式心灵"的源头一直向前追溯至柏拉图。实用主义者的结论是："旁观"是不可能的，我们一定是通过自己的身体和对象紧紧地交缠在一起；"理解"（understanding）本质地包含了"under"和"stand"这两个身体性维度，认识首先是像婴儿一样

① LW 1：223.

② LW 1：217.

③ Plato，*Phaedo*，65c - 66a.

④ LW 10：26.

通过摸、抓、踢、咬等身体活动来探索世界。杜威在《经验与自然》中指出："除非作为存在性事件的'心灵'具有生理学或生命性结构，除非它的功能是由有机行为的形式发展而来，否则心灵就无法与自然相关，自然也无法成为心灵的适当发明和计划，更无法成为知识的主题。"① 在实用主义者看来，区分心理性的认知经验和身体性的非认知经验只是理性主义（这里的理性主义不仅包括唯理论，还包括经验论）的一种幻想和僭妄，在理性主义构想中占核心位置的"概念"并不是心灵的产物，而是有机体和环境在交互过程中形成的复现形式（recurring patterns）。因此，他们将具身的心灵（embodied mind）作为探讨知识的首要前提，并将身体放在知识理论的核心位置。比如，米德强调了手（hand）之于脑（head）的优先性，并在此基础上区分了两种知觉态度：直接经验的态度和反思性的态度。有机体首先通过身体活动直接"操作"（manipulate）事物，然后才在反思层面处理事物的符号。

其次是取消人和自然的二分。在古希腊人那里，"自然"是一个事实与价值交缠的范畴。根据韦伯（Clement Webb）的分析，这种"自然"中至少包含三层含义：作为实际所是的（actual）自然，作为事物起源的（original）自然，以及作为目的的（ideal）自然。② 事实和价值的交缠正是实用主义的核心论断，正是在这个意义上，实用主义者认为他们继承了古希腊的基本精神。如果说实用主义者认为古希腊人在克服身心二元论时不够彻底，那么这种情况在探讨人与自然的关系时并不存在。杜威在《民主与教育》中指出，人和自然的区分"不像其他二元论，它并不是希腊思想的特征"③。

将自然中的不同维度区分开来并探讨它们之间的关系是一个在近代机械论世界观之后才开始出现的"问题"。这一点的突出体现是，心理实体和物理实体的关系在近代早期之前都不是问题。比如，泰勒（Charles

① LW 1：218.

② Clement Webb, *Studies in the History of Natural Theology*. Oxford：Clarendon，1970，p. 7.

③ MW 9：298.

Taylor）以"体液说"为例指出，物理和心理秩序在前现代心灵中并不存在明确的界限："忧郁是黑胆汁。……今天我们可能认为这是一种心理-物理关系。在我们的体系中，过多的黑胆汁会引发忧郁。……而在早期的人看来，并不是黑胆汁引起了忧郁，而是忧郁以某种方式存在于黑胆汁中，黑胆汁就是忧郁。"这里的关键在于，不是物理性的黑胆汁导致心理性的忧郁，而是黑胆汁就是忧郁。① 在实用主义者那里，心理和物理之间同样不存在的明确的界限。皮尔士在《心灵的法则》中指出："物质只是特殊的、部分死亡了的心灵。"② 类似的论断还出现在《人的如镜本质》中："物理事件只不过是心理事件的退化形式或未完成形式。"③ 但不同于前现代的构想，实用主义者的结论是经过长程迂回之后得到的"教化后的天真"（cultivated naiveté）。正如杜威在《经验与自然》中所指出的，"我们无法恢复到原始的天真，但是我们可以实现一种经过教化的、观察、聆听和思考上的天真"④。

在这一结论的基础上，实用主义者还通过一种演化的自然主义来说明物理和心理之间的连续性。詹姆士在《心理学原理》中指出："在大多数科学领域，连续性的要求已经被证明具有真正的预言力。因此，我们应该真诚地尝试用所有可能的模式去理解意识的起源，意识不是突然侵入宇宙的新事物，在此之前它并不是一种非存在。"⑤ 杜威在《经验与自然》中区分了演化的三个层次（plateaus）：首先是包含无生命体的物理化学活动的"物理层次"；其次是包含动植物的心理物理活动的"生命层次"；最后是"联合、交流和参与的层次"，在这个层次，有机体"拥有了意义，并能够

---

① Charles Taylor，*Sources of the Self: The Making of the Modern Identity*. Cambridge，MA：Harvard University Press，1989，pp. 188-9. 一个例证是，伯顿（Robert Burton）在《忧郁的分析》中引用盖伦（Galen）的话指出："当忧郁流出皮肤的表面，或因破痂、麻风、吗啡而爆发，或通过排便或排尿而净化……疾病就消失了。"Robert Burton，*The Anatomy of Melancholy*. New York：New York Review Books，2001，pt. 1，sec. IV.

② CP 6：102.

③ CP 6：264.

④ LW 1：40.

⑤ WWJ 8：151.

对意义做出回应",从"个体性心灵"(individual minds)演化成为"有心灵的个体"(individuals with minds)。① 要特别指出的是,实用主义的自然主义构想并不是还原论的,它不要求我们将进化的高阶阶段(心理层面)最终还原到低阶阶段(物理层面),而是要求我们在一个最宽泛的语境中探讨人和自然的关系,将属人的存在和非人的存在最大限度地整合在一起,在一个全局性的视角下考察不同层面的存在是如何交缠和共生在一起的。

最后是取消理论与实践的二分。实用主义是一种极具实践感的哲学,它要求我们彻底反转理论之于实践的优先性,让哲学的任务从认识世界转向改造世界,从抽象层面运作的理性(reason)变成在具体情境中引导行动的智性(intelligence)。比如,杜威试图让"知"落脚于"行"中,并在"经验"中将两者结合起来。他指出,在经验的语境中,重要的不是在"行动与思维"之间做出区分,而是在"盲目的、无创建的、无意义的行动与自由的、有意义的、被引导、负责任的行动"之间做出区分。②

一方面,这一思路是向苏格拉底传统的一次回归。在苏格拉底那里,合乎形式的理论认知和根据形式的实践制作本质上是统一的。另一方面,这一思路也从根本上挑战了由柏拉图开创的沉思传统。从总体上来看,在取消理论与实践的二分时,实用主义者对古希腊思想的批判要多于继承。这背后的关键原因是,实用主义者对"人"的定义从根本上有别于古希腊哲学家。在实用主义者那里,人在首要意义上不是理性动物,而是在环境中不断进行调适的有机体,它的首要功能不是抽象的认知,而是在具体的情境中解决问题。根据这个定义,实用主义者将所有围绕抽象认知展开的理论方案都称为"恶的理智主义"(vicious intellectualism)。詹姆士指出,实用主义方法必须明确拒斥理智主义,因为理智主义者"认为我们的心灵可以作用于一个已经完成的世界,并断言它的内容,但没有力量重新决定

---

① LW 1: 208.
② LW 1: 324.

已经被给予的世界的特征"①。

在杜威那里，这种在虚构的理论层面寻求确定性的"恶的理智主义"进一步成为实践哲学的反面。他在《确定性的寻求》中指出，古希腊哲学"将下面这种观点理性化了，即通过不积极地应付环境来逃避存在的变幻无常。它不再借助礼仪和祭祀，而是通过理性来寻求解脱。这是一种理智的和理论的事务，构成它的知识完全脱离了实践活动"②。我们可以由此看到杜威对古希腊文化的主要批评：古希腊有闲阶级对理论和实践的区分从根本上误导了西方思想之后的发展进程，而对这一点缺乏认识则进一步使西方哲学的核心问题无效化。这是《经验与自然》《确定性的寻求》等著作的核心议题。他在晚年的一篇回应文章中指出："主导我对历史性体系的讨论（起先是观念论和实在论的知识理论，之后是从古希腊继承的古典传统）的是如下信念：导致认知经验的至高性，并由此导致所有非认知经验都被贬至低级地位的文化（科学的、政治的和经济的）因素已经不再适用了。"③ 在杜威看来，这种区分还从根本上背离了哲学的初衷。他在《智性与道德》（1908 年）中指出："如果我们要获得更为平等和包容的行动原则，基于对共同的善的兴趣更为公正地运作自然的力量和资源，一个阶级的成员就不应该只满足于对本阶级负责（该阶级的传统构成了它的良心），而要对社会负责，这个社会的良心就是自由而有效地组织起来的质性。只有在这种良心中，苏格拉底的认识自己的规训才能实现。"④

何种多元论？

瓦尔（Jean Wahl）在《英美的多元论哲学》（1920 年）中用"多元论"来界定 20 世纪初的英美哲学图景，并将詹姆士视为多元论的主要代

---

① WWJ 7：111.

② LW 4：14.

③ Schilpp, ed. *The Philosophy of John Dewey*, p. 525.

④ MW 4：49.

表。除此之外，他还将洛采、冯特、勒努维耶、杜威、桑塔亚那、席勒等人归为多元论者，甚至试图将罗素和摩尔也纳入这一阵营。① 不管瓦尔提到的一些非实用主义者是否能被纳入多元论的阵营，仅就实用主义而言，这个判断是恰当的。杜威在《美国实用主义的发展》（1925 年）中明确指出了实用主义在这个问题上的立场："一元论要求一种引向固定的教条态度的理性主义气质，而另一方面，多元论则给偶然性、自由和新要素留出了空间，并赋予经验方法完全的行动自由，让它能够无限地拓展。"②

詹姆士在他的思想发展初期就展现出强烈的多元论倾向。他在《论某些黑格尔主义》（1882 年）中明确批判了总体主义的知识观："如果从一个视角出发的认识行为可以被纳入总体视角，并取消所有的单纯可能性，那么还有什么能超出这个认识行为的？我们为什么不复制这个认识，一点一点乏味地展开既成的实在？"③ 在《决定论的两难》（1882 年）中，多元论进一步和未决定论、机遇和道德希望联系在一起。詹姆士指出，未决定论"给了我们一个多元的、无休止的宇宙。在这个宇宙中，没有一个单一的观点可以纳入整个图景；如果一个心灵想要付出任何代价去满足它对统一性的热爱，那么它将永远无法得到这种满足"。④ 12 年后，在为收录这两篇文章的《信念的意志》撰写前言时，詹姆士再次界定了他的多元论立场："不可能有一个视角让世界呈现为绝对的单一事实。就像常识所理解的那样，真正的可能性、未决定性、开端、结局、恶、危机、灾难、逃离、上帝和道德生活会存留在经验主义中，这种哲学不会去尝试'克服'它们，也不会用一元论的形式去对它们再次做出解释。"⑤

前面提到，詹姆士从古希腊那里继承了贯穿其思想发展历程的唯一问题，即"一与多"的问题。他的多元论立场是他就此问题给出的最终答

---

① 参见 Jean Wahl, *Les Philosophies Pluralistes d' Angleterre et d' Amérique*. Paris: F. Alcan, 1920. Translated as *The Pluralist Philosophies of England and America*. London: Open Court, 1925.

② LW 2: 8.

③ WWJ 6: 201.

④ WWJ 6: 136.

⑤ WWJ 6: 6-7.

案。他在《实用主义》中指出："事物中的联合与不联合到底各有多少，在获得最终的经验性确证之前，实用主义明显站在多元论这一边。实用主义者甚至承认，最终有一天，完全的联合以及与之相随的唯一知者、唯一始基、一个在所有可想象的方面都团结在一起的宇宙，也许会变成一个最能被接受的假设。但是现在，我们必须真诚地接受相反的假设，即世界还没有完美地统一起来，并且也许要永远保持这种状态。而后一种假设正是多元论的理论。既然绝对一元论禁止人们严肃地思考这一假设，并从一开始就将它归为非理性，那么很明显，实用主义必须反对绝对一元论，而追随更加经验性的多元论路径。"[①] 在《彻底经验主义》中，"多"的绝对优先性在本体论层面得到了最终的确定。詹姆士指出，尽管纯粹经验之流"同时充满着一与多"，但就其本质而言，"它是彻底的变化，它是如此模糊，以至于各方面都相互渗透，我们既抓不住其中的区别点，也抓不住其中的同一点"。[②]

但我们仍然需要谨慎地谈论实用主义的"多元论"。如果说多元论在詹姆士、杜威、席勒等"人本主义者"那里得到了鲜明的体现，那么对皮尔士而言，多元论并不能充分地阐明他所提出的实用主义准则，因为多元论只停留在殊相层面的个体效应，没有最终进展到共相层面的普遍法则。皮尔士在给詹姆士的一封信（1905 年 7 月 23 日）中指出："多元论既不能满足我的头脑，也不能满足我的心灵。我很确定与多元论相连的逻辑——比如阿基里斯和龟等——是完全错误的。"[③] 但这个实用主义阵营内部的区分只是表面的，强调殊相的"实用主义者"和坚持共相的"实效主义者"实际上可以在更深的层面上统一起来。

阿普菲尔（Lauren Apfel）指出，在古希腊的多元论者（pluralists）那里，坚持绝对的"不可公度性"（incommensurability）的实际上只占少数，更多的是持一种弱意义上的多元论立场。这种弱意义上的多元论认

---

① WWJ 1：79.

② WWJ 3：46.

③ CP 8：262.

为，价值和视角之间的鸿沟并非在原则上不可跨越。① 洛夫乔伊提出的主导古希腊思想的三大原则，即丰沛性原则（the principle of plentitude）、连续性原则（the principle of continuity）和渐进性原则（the principle of graduation），② 实际上都是围绕着连续性展开的，而这种对连续性的诉求也就自然而然地成为所有多元论者的底色。可以肯定的是，实用主义者都是弱意义上的多元论者，他们并不否认多元论背后的统一性，只不过要我们进一步追问这是何种意义和何种程度上的统一性。更为重要的是，他们在强调多元性的同时也强调连续性。前面指出，连续性是实用主义者从进化论那里得到的核心洞见，即表面的随机性背后实际隐藏着深层的连续性。正如丹尼特（Daniel Dennett）所指出的，"'明确定义'的物种并不存在。达尔文的目的是解释物种的起源，但他不鼓励我们去寻找物种概念的'原则化'定义。达尔文坚持认为，差异（varieties）不过是'初始物种'（incipient species），让两个差异变成两个物种的通常并不是某些在场（比如每组都有一个新本质），而是某些缺席：有些曾经存在的中介（可被称为踏脚石）最终绝迹了，留下两组在繁殖上相互独立，在特征上互不相同的存在"③。从这个角度来看，从古希腊思想到达尔文进化论再到实用主义构成了一条关于连续性的完整叙事。

对连续性的强调最终让皮尔士将自己的思想界定为"连续论"（synechism）。他在《心灵的法则》的最后指出，自己的"综合哲学"（synechistic philosophy）包含三个主要维度：前两个维度是逻辑实在论和客观观念论，最后一个维度则是"偶成论，以及随之而来的彻底的进化论"④。但事实上，多元论和连续性、偶成论和进化论的这种结合正是实用主义者的共享思路。

---

① Lauren Apfel，*The Advent of Pluralism: Diversity and Conflict in the Age of Sophocles*. Oxford：Oxford University Press，2011，pp. 16 ff.

② Arthur Lovejoy，*The Great Chain of Being*. Cambridge，MA：Harvard University Press，2001.

③ Daniel Dennett，*Darwin's Dangerous Idea: Evolution and the Meanings of Life*. London：Penguin，1995，p. 45.

④ CP 6：163.

　　个体主义倾向最强烈的詹姆士在《多元的宇宙》中区分了"总体形式"（all-form）和"个体形式"（each-form）。他指出，总体形式对应于一元论的"绝对哲学"，个体形式则对应于多元论的"彻底经验主义"；前者认为"神只有在被经验为绝对总体的世界中才真正存在"，后者则认为"我们永远无法经验的事物的绝对总和，散播的、分散的或不完全统一的表象是实在可能获得的唯一形式"。① 要特别注意的是，詹姆士并没有用一个离散的世界观去取代一个聚合的世界观。他在《彻底经验主义》中指出："彻底经验主义平等地对待统一和分离。"② 因此，尽管瓦尔将詹姆士和罗素都纳入了多元论的阵营，而罗素本人也声称他从詹姆士那里得到了关键启示，但詹姆士的彻底经验主义和罗素的"中立一元论"（neutral monism）之间有着根本性的区分。罗素的世界是由相互独立的原子构成的，而在詹姆士那里，尽管不存在纯粹经验的总体，但连续的经验之流在原则上拒斥任何的切割和分解。

　　因此，在詹姆士的语境中，个体形式和总体形式的区分不是原子论和整体论的区分，而是对于"关系"的不同构想。他在《彻底经验主义》中用"连锁联合"（concatenated union）和"总汇联合"（union of total conflux）来阐明这种区分：连锁联合的模式是"通过各自和中介关联，两个本身分离的部分可以相互关联，整个世界最终可以以类似的方式联合起来"，而总汇联合则是一种"一在全中，全在一中"的联合，是将事物纳入一元论的绝对体系中。③ 詹姆士认为我们可以在拒斥"总汇联合"的同时保留"连锁联合"，连锁模式可以不引入任何先天的预设和超验的帮助，只在"票面价值"（cash value）上探讨经验中的各种关系。在《多元的宇宙》中，这种构想被实际地应用于詹姆士的宇宙论。他指出，多元论的宇宙并不是"帝国"（empire）或"王国"（kingdom），而是"联邦共和国"

---

① WWJ 4：25.

② WWJ 3：24.

③ WWJ 3：52.

（federal republic）。① 除此之外，他还对"连锁联合"做出了更为清晰的界定："这种结合不同于一元论的整体统一，它不是普遍的相互牵连或整合。它是我所说的串联型，也就是连续、毗邻或连锁型。如果你喜欢用希腊文，不妨称之为综合（synechistic）型。"②

　　杜威清楚地看到了连续性在詹姆士思想中的位置。他指出，詹姆士在强调个体形式的同时也探讨了"汇流"（confluence），并且，对詹姆士的多元论而言，"和"（and）与"接着"（next）是两个最基本的范畴。③ 杜威对詹姆士的推进在于，他试图在交互论的语境中进一步落实"连锁联合"的实际效应。他在《确定性的寻求》中指出："情境是动荡不安的，因为生命活动的持存取决于当下行动对未来行动的影响。生命进程的连续性只在如下意义上得到保证：当下的行动为之后的有机体行动制造了有利的环境。"④ 这里还要特别指出的是，在以杜威和米德为代表的芝加哥学派那里，这种对连续性的诉求被最终凝练为"心灵"（mind）这个核心概念。米德将"社会性"（sociality）作为理解个体意识的基本前提。他在《心灵、自我与社会》中指出，心灵的"本质是演化，其演化的顶点是作为发生的原则和形式的社会性"⑤。在同样的意义上，杜威在《民主与教育》中指出："通过社会交往，通过共同参与体现信念的活动，个体逐渐获得了自己的心灵。心灵是纯粹孤立的自我，这样的心灵概念是完全错误的。"⑥

　　我们可以从上面的讨论中看到，在回答"一与多"的问题时，实用主义者给了较为统一的回答。至少从这个角度来看，"实用主义"和"实效主义"的分歧也许并不像皮尔士想象中的那么大。从某种意义上来说，芝加哥学派的"心灵"是对皮尔士探讨的"一般观念"的具象化。我们甚至

---

① WWJ 4：145.

② WWJ 4：147 - 148. 在《实用主义》中，这种连锁联合又被界定为"生成的统一"（generic unity）。詹姆士指出，从实用主义的角度来看，这是"事物之间最重要的一类联合"。WWJ 1：66 - 76.

③ LW 15：5.

④ LW 4：187.

⑤ Mead，*Mind*，*Self*，*and Society*，p. 85.

⑥ MW 9：304.

也可以将詹姆士视为"实效主义者"。比如，他在《彻底经验主义》中指出："多元论本质上是一种社会哲学，一种让联合发挥作用的'共同'哲学。"① 他还在《实用主义》中得出了非常接近于芝加哥学派的论断："世界的安全是未被保证的。它是一场真正的冒险，我们会面临真正的危险，但又能获得最终的成功。这是需要真正实现合作的社会方案。"②

小 结

我们可以从目的论、反二元论和多元论这三部分的讨论中看到，主导古希腊思想的核心问题在实用主义者那里得到了延续和拓展。实用主义者不但使用了在具体的经验情境中探究问题的苏格拉底式方法，还在关于世界和宇宙的基本构想上继承了古希腊思想的关键洞见，并从自身的思想语境出发对此做出了重要的修正和改造。这些讨论让我们看到，实用主义深刻地处于发端于古希腊的西方思想传统中。

当然，我们也不能忽视实用主义者试图消解西方哲学传统的理论诉求。他们的根本意图不是用一种新哲学取代旧的哲学范式，而是对哲学本身做出反思，即所谓的哲学问题在何种意义上成为问题？实用主义者试图阐明，任何问题都处在特殊的历史和社会语境中。因此，一种健康的哲学应该在尽可能开放的经验域中提出和解决问题。尽管古希腊思想开启甚至规定了实用主义者所批判的旧哲学范式，但从另一个角度来看，实用主义者所构想的这种健康的哲学形态也在尚未学术化和学科化的古希腊文化中得到了鲜明体现。这一点是实用主义和古希腊思想的最深层次的渊源。杜威指出："在古希腊思想中，与逻辑学和心理学相区分的认识论很难说是存在的。古希腊的方法是客观的，它在不同种事物之间的关系或功能中理解正确或错误的知识。"③ 在经过了一个长程的迂回之后，实用主义者再次

① WWJ 3: 99.
② WWJ 1: 139.
③ MW 6: 440.

提出，哲学思考必须是一种真正意义上的"活生生的"思考，一个真正的哲学家也不应该自闭于某个理论框架之中，他需要的不是机巧和盲信，而是真诚的态度、反思的意愿、丰富的想象力和足够的责任感，以及向一切经验讨教的态度和意愿。遗憾的是，至少在当下学术工业式的哲学实践中，这并不是一个被广为接受的共识。

第十六章 古典实用主义的宗教维度

第一节 引论：世界与绝对者

和所有西方思潮一样，实用主义也无法摆脱"雅典与耶路撒冷"这个西方思想的永恒母题。尽管实用主义者的思考与进化论的发展紧密地结合在一起，但他们并没能完全放弃前达尔文的世界观。他们努力调和《物种起源》和《创世纪》这两个不可调和文本，尝试将它们整合到一个自洽的体系中。他们一方面认为偶然性和随机性并不只是表象，而是自然进程的基本事实；另一方面又试图在一个不确定的世界中寻找某种精神层面的确定性。正如詹姆士在《宗教经验之种种》中所指出的，"通过让自发的宗教建构和自然科学的结果面对面，哲学可以排除那些在科学上荒谬或不适宜的理论"，但"至少还有一些残余的概念是有可能被保留下来的"。[1] 从某种意义上来说，实用主义者的最终理论体系都是以这种调和为目标的进化宇宙论（evolutionary cosmology）版本。当然，实用主义绝不是这种理论路径的孤例，该路径还可以更为宽泛地包括同时代的其他理论，比如斯宾塞（Herbert Spencer）的综合哲学（Synethtic Philosophy）、菲克斯（John Fiske）的宇宙哲学（Cosmic Philosophy）、阿博特（Francis Ellingwood Abbot）的科学有神论（Scientific Theism）等。[2]

---

[1] WWJ 15：359.

[2] 参见 Herbert Spencer，*First Principles*. New York：D. Appleton，1896；John Fiske，*Outlines of Cosmic Philosophy*. Boston：Houghton Mifflin，1900；Francis Ellingwood Abbot，*Scientific Theism*. Boston：Little Brown，1885。

本章要考察的是，作为一种始于经验又终于经验的理论形态，实用主义如何在经验进程的内部实现对绝对者的体认和把握。这些考察将揭示出，在实用主义的语境中，"信念的意志"与"宗教经验"、"哲学的重建"与"共同信仰"之间并不存在实质的断裂，相反，它们共同构成了一幅"经验哲学"的立体图景。我认为，认识到这一点对我们完整把握实用主义而言不仅是不可或缺的，甚至是关键性的，因为它不仅揭示了实用主义思想背后的隐秘动力，也让我们看到了实用主义者在世求索的最终落脚点。

我们将会看到，实用主义者一方面试图克服西方思想的旧有痼见和顽疾，另一方面又不断回到西方思想的根本动因：人之为人，其本质在于他永远不会仅仅满足于人的状态，他要寻求超越。亚里士多德教导我们，"不要理会有人说，人就要想人的事，有死的存在就要想有死的存在的事。应当努力追求不朽的东西，过一种与我们身上最好的部分相适合的生活。因为这个部分虽然很小，它的能力与荣耀却远超过身体的其他部分。最后，这个部分也似乎就是人自身。因为它是人身上主宰的、较好的部分"①。在康德那里，这种冲动被表达为从现象人（homo phenomenon）到本体人（homo noumenon）的跃进。实用主义者也保留了相同的诉求，或者更确切地说，他们无法回避这个根本性的问题。他们在进行这种超越的同时又继承了清教传统和超验主义的个体化原则：任何超越都必须从切己相关之处开始，到切己相关之处结束。怀疑主义者桑塔亚那指出："我无意将自己假扮成处在宇宙的中心或是其源头，也无意划出它的圆周。我只是处在真理的牢笼里做动物式的勘探和幻想，首先从一个方面，然后再从另一个方面。"② 在相同的意义上，实用主义者试图阐明，个体所处的"位置"是自我超越的唯一出发点和落脚点。

个体的"位置"就是他的"世界"。在实用主义者的个体体验中，世界首先是一种约束。他们一方面强调积极而有力的行动，另一方面又清醒

---

① 亚里士多德. 尼各马可伦理学［M］. 廖申白，译注. 北京：商务印书馆，2003：307.

② Santayana, *Scepticism and Animal Faith*, p. vi.

地认识到我们并非不受限制的强力行事者，我们的行动受到来自世界的各种约束，世界中既存在着与我们的欲求和期望相违背的"野蛮事实"，也存在着阻碍我们发挥创造力和能动性的各种根深蒂固的旧习惯。更为根本的约束是，虽然我们可以假设不同的可能世界，但只能实际身处于某个特定世界中，这个有固定结构和框架的世界是每个个体的最大（outermost）语境。但另一方面，实用主义者也看到了这种约束性的积极意义：世界在阻碍和限制我们的同时也制造了经验持续生长所需的张力。因此，世界在约束我们的同时又是无限敞开的，正是这种开放性保证了超越的可能性。实用主义者认为，超越是在对世界的探究中实现的，我们既置身于俗常经验之中，又可以站在高于这些经验的位置问出自己的问题，这种在寻常（the ordinary）中探问超常（the extraordinary）的意愿和方法就是探究的根本特征。

在这种不断的探问中，实用主义者满足于半途的知识，而不冀求终极的结论。这是实用主义的基本底色。但我们也应该看到，他们在拒斥"绝对"和"终极"的同时并没有放弃"无限"的视角。这是他们从超验主义者那里继承的重要遗产。爱默生告诉我们："我们一生都在学习这样的真理：围绕每一个圆可以再画一个圆；自然没有终结，而每个终结都是一个开端；正午时分总有另一缕曙光升起，每个深渊下面还有一个更深的深渊。"① 这个无限的视角在皮尔士那里变成了无限延宕的符号进程，在詹姆士那里变成了永不驻留的纯粹经验之流，在杜威那里则变成了从生物层面一直延续到文化层面的交互进程。在无限的视角下，实用主义者还试图将"终极目的"重新界定为皮尔士意义上的"最终意见"（ultimate opinion）或杜威意义上的"理想"（ideal）。② 他们试图阐明，我们可以在不诉诸超越存在的前提下实现经验内部的无限跃升。

---

① WE 2：281. 爱默生. 爱默生随笔［M］. 蒲隆，译. 上海：上海译文出版社，2010：169.
② 杜威在《人性与自然》中指出："对包容一切的无限关系的意识就是理想。当我们感觉到占据微小时空点的一个物理行为可以无限延伸，当下行为的意义就变得无比广阔、无法测量、难以想象。这种理想并不是可以实现的目标，而是被感受和欣赏的意义。"MW 14：180.

实用主义者还试图阐明，这种超越并不是一个理论议题，而是一个实践议题，即探讨如何超越已有的习惯和视角，将生命提升至一个更好的位置。杜威在《民主与教育》中指出："在首要意义上，经验并不是思维的，而是主动与被动之间的一场事件。"①实用主义者认为，任何人在任何时候都可以站在高于已有经验的位置问出自己的问题，真正超越的态度不应该是撤退，也不应该是挣脱，而应该是探究。从这个角度来看，人的救赎并不在世界之外，而恰恰在世界之中，克服有限性的唯一途径是积极的行动。

但实用主义者在这个内在超越的过程中获得了某种可以被称为"宗教性"（religiousness）的情感体验，一种对于绝对者的"虔敬"（piety）和"惊叹"（awe）。奥托（Rudolf Otto）用"神圣"（numinous）来定义宗教情感，"神圣"是一种既敬畏又向往的情感体验，体验到"numinous"就是体验到一种超自然的实体"numen"，"numen"是绝对的他者，一种"令人惊颤的神秘"（mysterium tremendum），他既可怕又迷人，让人意识到自己只不过是被造物。②这样的情感体验在实用主义者那里同样存在。但对实用主义者而言，这种体验始终是个体的自发体验，而不是造物主的强制或规定，在这个意义上，实用主义者的宗教性是"人本主义"的。但不同于其他经验，这种特殊的体验无法停留在个体的内部，它不可避免地从个体流向"绝对者"，并在"绝对者"的视角下获得对个体的重新认识，在这个意义上，它的源头又不只在个体的心灵中。概而观之，实用主义者的宗教是一种寻求内在超越的"在世宗教"。这种宗教的最终目标是：将宗教从绝对主义的束缚中解放出来，又不丢失对绝对者的信仰；将科学从唯物主义的束缚中解放出来，又不丢失对物理世界的信念。用詹姆士的话来说，这是一种"实用主义或改良主义的有神论"，它处在"粗糙的自然主义"（crude naturalism）和"超验的绝对主义"（transcendental absolutism）

---

① MW 9：147.

② 参见 Rudolf Otto，*The Idea of the Holy*. Oxford：Oxford University Press，1950。

之间。①

在这个整体性的界定之后，这里还要特别指出三点。首先，实用主义者的宗教观和他们的其他理论是有机整合的。皮尔士的《如何使我们的观念清晰》与《关于上帝实在的一个被忽视的论证》、詹姆士的《实用主义》与《宗教经验之种种》、杜威的《哲学的改造》与《一种共同信仰》之间并不存在任何意义上的断裂。这里的关键问题在于，我们是否可以将宗教信念从由各种信念组成的网络中剥离出来，让它们成为独立的信条？对实用主义者而言，对这个问题的回答一定是否定的。可以独立存在的宗教信念不仅违背了实用主义的基本准则，还从根本上有悖于实用主义者坚持的整体论世界观。

其次，实用主义者虽然分享着共同的精神气质和理论诉求，但他们对宗教的理解并不是同质的。詹姆士对宗教的理解在很大程度上是个体性的。比如，他在《宗教经验之种种》中指出，宗教意味着"个体在独处时的情感、行为和经验，只要他们处在与他们所认为的神圣者的关系中"②。不同于詹姆士，杜威更多地将对宗教的探讨置于公共空间中。而皮尔士则更倾向于同时保留这两个维度。他指出："什么是宗教？对每个个体而言，它是一种情感或模糊的感知，一种对包容一切的某物的深刻体认。……但作为总体的宗教不能存在于单一个体中。就像每一种实在一样，它本质上是社会性的公共事务。"③ 除此之外，实用主义者探讨宗教的路径也不尽相同。皮尔士试图在他的宇宙哲学体系中整合《福音书》的训诫，将运作于宇宙背后的力理解为"创造性的爱"（creative love），由此提出了他的"泛爱论"（agapasm）。詹姆士则完全从他的"人本主义"（humanism）立场出发探讨宗教。他认为任何宗教本质上都由两部分组成，即不安（uneasiness）及其解决，也就是通过诉诸超越个体意志的力量来摆脱人的困境。他指出，不安是"感觉到我们自然所持的立场有哪里不对"，它的

---

① WWJ 1：144.
② WWJ 15：34.
③ CP 6：429.

解决则是"感觉到与高级力量的适当联系将我们从这种错误中拯救出来"。① 不同于皮尔士和詹姆士，杜威探讨的重心是如何从共享的社会经验中建构一种共同信仰，他试图将个体层面的"精神性"（spirituality）转译为社会层面的理想价值。他在《一种共同信仰》中指出："我们维系信仰的理想目的并非虚无缥缈，也不变动不居。根据我们所理解的相互关系以及包含在这些关系中的价值，这些理想获得了具体形式。"② 从这个角度来看，在三位实用主义者中，杜威的宗教观是最世俗化和最自然主义化的。

最后，我们不能对实用主义者的"在世宗教"做庸俗化的理解。罗素曾这样刻画实用主义的宗教观：实用主义"在地球的表面找到它的所有想象素材，它满足于进步，没有意识到对人类力量的非人限制；它热爱战斗以及随之而来的风险，因为它对最终的胜利毫不怀疑；它像渴望铁路和电灯一样渴望宗教，认为宗教是世间事务的慰藉和助力，而不是提供非人的对象来满足我们对完满的渴求，让我们可以毫无保留地崇拜"③。可以说，这种解读是根本错误的。尽管实用主义者试图在经验内部探讨宗教，但宗教经验与经验的其他面向之间存在着明确的区分，他们的"宗教感"也没有和道德情感混为一谈（尽管这种混淆在北美的宗教语境中经常可见）。除此之外，我们还应该看到，和所有宗教一样，这种"在世宗教"的核心维度是救赎。在实用主义者看来，最为迫切的问题并不在于寻求世间事务的慰藉和助力，而在于追问如下的问题：对完全身处经验洪流中的我们来说，自我救赎如何可能且是否足够？因此，用皮尔士的术语来说，实用主义的宗教观落脚于一种在根本上不涉及"实用性"的"沉思"（musement）。

皮尔士不止一次地指出，只要给予足够长的时间，探究共同体一定能够得到一个最终真理。但这一信念与他的一幅涂鸦画（插图一）产生了根本性的矛盾。画中展现的是皮尔士所理解的符号化宇宙，这是一个无解的

---

① WWJ 15：400.

② LW 9：57.

③ Bertrand Russell, "Pragmatism", in *Philosophical Essays*. London：Allen and Unwin, 1910, p. 110.

迷宫，我们可以试着从四个角出发，无论从哪一个角出发都不能达到中心点。晚年的皮尔士越来越觉得必须为他的信念寻找一个更为确定的基础，他在为鲍德温（James Baldwin）主编的《哲学和心理学词典》所写的辞条中指出，实用主义准则的精神"将我们引向某些不同于实践事实的东西，也就是一般观念，一般观念是我们思维的真正解释者"①。我们注意到，不同于通常所用的"解释项"（interpretant），皮尔士在这里使用了人格化的"解释者"（interpreter）。这个细节是否在提示我们，晚年的皮尔士开始倾向于让一个罗伊斯意义上的"绝对知者"来担任经验探究和符号进程的最终保障？

"意志论者"詹姆士从未真正摆脱下面这种担忧："从最终意义上来说，我们都是这种无助的失败者。我们当中最理性、最出色的人同那些疯子和囚徒一样，都是由同一个泥坯塑造的，最强健的人最终也要败在死亡脚下。每当我们如此感受时，我们便觉得自身意志的行为不过是虚空和昙花一现，我们的道德不过是无用的石膏，其下隐藏着永远无法治愈的痛处。"② 显然，这种担忧是非常危险的，如果被一味地放大，就极有可能会否定詹姆士的整个意志哲学。詹姆士也认识到了这一点，他在《宗教经验之种种》中指出，个体在某个时候"意识到自身当中的崇高部分与一个相同性质的'更多'毗邻相继，'更多'在他之外的宇宙中运作，但又和他保持有效的接触，当他的低劣部分遭遇海难，分崩离析时，他可以以某种方式登船得救"③。可以看到，这里的"更多"（More）尽管没有以明确的人格形态出现，但确实发挥了弥赛亚式的救赎功能。

杜威告诉我们，我们应该用"有根据的断言"代替大写的真理，用"可预见的目的"代替终极目的，但他又在晚年的思想自传中写道："对那些将自己称作哲学家的人来说，一个主要的任务乃是清除那些阻碍我们思维通路的无用的废木，努力使通向未来的道路畅通无阻。40 年来，我一直

---

① CP 5：3.
② WWJ 15：45－46.
③ WWJ 15：400.

徘徊在旷野中，至今依然如此。然而在我看来，这样的命运并不坏，只要我们不把旷野当作最后的应许之地。"① 杜威认为，实用主义者的首要准则当然是"不要阻碍探究之路"，但除此之外，他们不应该只满足于半途的知识，还应该将自己的目光放在最后的"应许之地"（the promised land）上。他在《经验与自然》中告诉我们，作为"地形图"（ground-map）的哲学可以为复杂的经验探究建立基线，但我们又在他的诗集中找到这样的诗句："无舵小船行驶不休/颠簸飘零无处停泊/灵魂沮丧并且怯弱/切切哀诉庇护之所。"② 这些诗句提示我们，作为进步主义者的杜威是否遇到了和叔本华相同的困惑：单薄的小船应该如何在经验的怒涛中避免倾覆呢？

更进一步的思考是，作为保障者和支撑者的上帝是否能够帮助实用主义者克服生命体验中最深层次的不安呢？因为深刻地继承了清教传统和超验主义的基因，实用主义者对经验中持存的两极性极为敏感。爱默生在《补偿》中指出，上帝创造了一个善的宇宙，从长远来看一切都是最好的，但"上帝造的每一件事物都有缺陷。似乎总是有这样一种惩罚性的事件出人意料地悄悄潜入"③。在皮尔士、詹姆士和杜威那里，这种缺陷在哲学语汇中得到了重新表达，但这些思考的根源是与爱默生如出一辙的生命体验。

以上这些思考迫使我们追问如下的问题：实用主义在何种意义上是一种世俗哲学，在何种意义上又是一种超越世俗的哲学？探讨人如何在世界中安身立命的"实用"态度最终又落脚于何种精神视域中？以下的讨论就是围绕着这些追问展开的。这些讨论将揭示出，从清教神学家到超验主义者再到实用主义者存在着一个在经验中感受超越的神学传统。爱德华兹要求我们通过"心的感觉"品味和感受上帝，爱默生则在《论自然》中写道："就像一棵植物生长在泥土里，人栖息于上帝的心胸中。他吮吸着

---

① LW 5：160.

② John Dewey, *The Poems of John Dewey*. Carbondale：Southern Illinois University Press，1977，p. 54. 诗句原文为：Driven forever our uncaptained ship / As portless as a bobbing chip. / Let souls dispirited and craven / Whine for some rewarding haven.

③ WE 2：104. 爱默生. 爱默生随笔［M］. 蒲隆，译. 上海：上海译文出版社，2010：113.

插图一：皮尔士所画的符号的迷宫，年代不详，哈佛大学档案馆

插图二：正在讲授《宗教经验之种种》的詹姆士［切斯特顿（G. K. Chesterdon）绘，1908 年］

插图三

插图四
杜威在加拿大新斯科舍省（Nova Scotia）的哈伯兹（Hubbards）
劳动和写作（1940 年，南伊利诺伊大学特殊收藏馆）

永不枯竭的源泉，按其需要汲取无尽的力量。"① 这样的感受在实用主义者那里同样强烈地存在。詹姆士在《实用主义》中指出，想在哲学中寻找慰藉的人总是会找到"某种不够宗教的经验哲学，和某种不够经验的宗教哲学"②。而在他看来，真正意义上的"实用主义"能够规避这两种缺陷，因而它同时具备充分的经验性和宗教性。

第二节　通向上帝的三条道路：皮尔士的宗教观

一切存在的事物莫不以某种一定的方式表示神的本性或本质，换言之，一切存在的事物莫不以某种一定的方式表示神的力量，而神的力量就是万物的原因，所以任何存在的事物都必定会产生某种结果。

斯宾诺莎：《伦理学》

引　言

作为一种经验性的哲学形态，皮尔士的"实效主义"却内在地包含了"上帝"这个关键的理论部件。在皮尔士看来，对上帝的理解不仅示例了个体经验的出发点，还标示了经验探究的落脚点。关于前一点，他在《关于上帝实在的一个被忽视的论证》（1908 年，以下简称《论证》）中指出："上帝这样的观念除了来自直接经验，还能来自哪里呢？……睁开你的眼睛——还有同样是感知器官的心——你就能看到上帝。"③ 关于后一点，他在《回答对我的上帝信仰的提问》（1906 年，以下简称《回答》）中指出："科学发现让我们预测自然的进程，这证明虽然我们不能思考上帝的任何思维，但能把捉上帝思维的一个片段。"④ 可以看到，皮尔士不仅像清教思

---

① WE 1：68. R. W. 爱默生. 自然沉思录 [M]. 博凡，译. 上海：上海社会科学院出版社，1993：54. 译文有改动。
② WWJ 1：15.
③ CP 6：492 - 493.
④ CP 6：502.

想家和超验主义者那样试图通过个体的直接经验体认神性存在，还试图将经验探究的最终结果理解为上帝思想的某些片段。我们甚至可以大胆地推测，他或许从《圣经》中得到了实用主义方法的某些启示。比如，《马太福音》说："凭着他们的果子，就可以认出他们来。"（7：16）《帖撒罗尼迦前书》则告诫我们："但要凡事察验，善美的要持守。"（5：21）我们不难领会这些教诲与实用主义准则之间的亲缘性。以上这些简要的论述提示我们，皮尔士的宗教观对准确理解他的思想而言是一个不可或缺的维度。

但我们在看到这些宗教性因素的同时也应该看到，皮尔士自视为最严格意义上的科学家，他甚至质疑杜威在对待探究上的不严肃性，认为后者试图用一种经验的"自然史"来取代严格基于推理的"规范科学"。站在科学家的角度，皮尔士清楚地看到了宗教与科学之间的紧张关系，并认为迄今为止人类为科学和宗教的联姻而做出的努力大都毫无意义。他在一篇回应文章中指出，科学与宗教的真正结合不能通过互相妥协实现，相反，两者必须"拒绝向外在的次要目的妥协，而是沿着自己的道路不断推进自己的思想。这样，当调和到来的时候——这种调和一定会到来——它就会具有积极的价值，并成为一种纯粹的善"①。基于这样的确信，他为自己设定了如下任务：一方面，在直接的经验中沉思上帝的观念；另一方面，将科学沿着最严格的道路推进。他深信这两条道路最终能有机地整合为一幅完整的图景，而这幅图景正是本文试图呈现的。

我们的讨论所依据的一个主要文本是《论证》。该文的标题"A Neglected Argument for the Reality of God"向我们提示了两个要点。首先，皮尔士要进行的工作是一种"论证"。他明确区分了"论证"（argument）和"证明"（argumentation）：任何产生明确信念的推理都可以被称为论证，而证明只能是在明确前提的基础上进行的推理。② 波特（Vincent Potter）就这一区分进一步指出："论证是活生生的思维过程，

————————

① CP 6：603.

② CP 6：456.

而证明则是非模糊概念所表达的判断对这一过程的表征。"① 可以看到，皮尔士意义上的"论证"包含了证明性和非证明性的要素，其中非证明性要素的运作方式也即皮尔士强调的"日常逻辑"（logica utens）。不同于"习得逻辑"（logica docens），日常逻辑的基本运作模式是不涉及明确命题性判断的习惯，并依赖于直觉、常识和情感，有时又被皮尔士称为"非认知性逻辑"。② 基于日常逻辑的推理虽然不是真正的推理，但能让我们得到某些安全的结论，这种逻辑对信念的确定而言是不可或缺的。作为包含非证明性要素的论证，皮尔士的工作不是向非教徒证明上帝的存在，而是探讨信仰者如何在直接经验中体认上帝的实在。上帝的实在不是在明确前提的基础上推论得到的确定结论，而是从某个处在萌芽状态的信念自然生长而来，逐渐累积和沉淀而成的一个不可辩驳的最终真理。这个论证所依据的原则不是狭义的学院逻辑，而是广义的心灵法则。

其次，我们注意到，皮尔士要论证的是上帝"实在"（reality），而非上帝"存在"（existence）。我们已经在讨论皮尔士的实在观时详细阐述了"实在"在皮尔士语境中的含义。皮尔士在《回答》中明确区分了"存在"与"实在"。他指出，在严格的哲学意义上，存在是指"在环境中回应其他同类事物"，而实在则是指"不管任何人以前或以后怎么想都丝毫不会改变其特征的东西，这里的想包括想象、认为和欲求"。③ 在皮尔士的语境中，实在的上帝并不是指它是一个外在于我们的实体，而是指它是一个不受个体思维影响的普遍观念（"共相"）。

在明确了以上两点之后，下面我们要来考察皮尔士的具体论证。皮尔士在对《论证》的《附言》（1910 年）中指出，《论证》实际是由三个论证套叠在一起的，这三个论证分别是"谦逊的论证" "被忽视的论证"和

---

① Vincent Potter, "C. S. Peirce's Argument for God's Reality: A Pragmatist's View," in Joseph Armenti, ed., *The Papin Festschrift: Essays in Honor of Joseph Papin*. Villanova: Villanova University Press, 1976, p. 227.

② CP 4: 476.

③ CP 6: 495.

"科学的论证"。我主张将"谦逊的论证"和"被忽视的论证"归为一组，然后再加上"宇宙论的论证"，这样我们就有了通向上帝的三条明确的道路。我认为，尽管第三条道路并没有出现在《论证》中，但它是最为关键的一条道路。我们可以清楚地看到，皮尔士是如何沿着前两条不同方向的道路推进，最终在第三条道路的终点获得了他对上帝的最终理解。这三条互相整合在一起的道路共同构成了皮尔士的宗教观。

谦逊的论证和被忽视的论证

皮尔士认为上帝的观念首先可以通过"沉思的纯粹游戏"（the Pure Play of Musement）获得，他在《回答》中这样描述这种游戏："有时我会在晚上出去散步，在完全无人行走的路上走上大约一英里，这些路大多是在旷野当中，视野所及没有一栋房子。这样的环境不大适合严格的研究，却适合平静的沉思。在天空明朗的时候，我会默默地望着星空，想着如果通过望远镜的空隙观察这些星星，我们会发现多少之前肉眼看不到的星星啊。……让我们默想一个不存在任何特殊目的的物质性和精神性的宇宙，特别是默想一个与物质性宇宙一致的心灵的宇宙。我们当然会想到是否有一个上帝存在于这样的宇宙中，并且我们越这样想，就越爱这一观念。于是我们就问自己：是否真的有上帝存在？如果我们听从自己的本能，发掘自己的内心，最后会发现自己不由自主地相信了上帝存在。"[1] 皮尔士的传记作者布兰特（Joseph Brent）告诉我们，皮尔士从学生时代开始就热衷于进行这样的思维活动，并在席勒的影响下将此称为"游戏"。[2] 在席勒那里，游戏冲动在一个新的高度上协调感性冲动和形式冲动；而在皮尔士那

---

① CP 6：501.

② 参见 Brent，*Charles Sanders Peirce：A Life*，pp. 52-4。事实上，席勒在《论崇高》也提到了这种沉思游戏。他告诉我们："比起感性无限的自然来，可怕的和破坏性的自然会把我们带到更远的地方，只要我们还是自然的自由观赏者。感性的人以及理性的人身上的感性对什么都不怕，就是害怕掌管安康和生存的那种力瓦解。"他还指出："崇高的触动经常同破坏性的自然交往。"参见弗里德里希·席勒. 审美教育书简［M］. 冯至，范大灿，译. 上海：上海人民出版社，2003：264-265.

里，自发而自由的游戏性沉思能够让我们在感性经验中发现形式化观念的线索。在皮尔士的语境中，沉思至少包含三个层次上的含义：第一，它运用溯因推理；第二，它是"与自我的开放性对话"①；第三，它是一种游戏性的综合活动。这条通过沉思游戏得到上帝观念的道路被皮尔士称为"谦逊的论证"。

皮尔士在《论证》中列举了沉思游戏的各种形式："无论是以审美性沉思的形式，还是远距离地建筑城堡的形式（无论城堡是建在西班牙，还是建在我们的道德训练中），或是考量某个宇宙中的一些奇观，又或是思考三个宇宙［即第一性、第二性和第三性的宇宙］中两个之间的关系，以及造成这种关系的原因。"② 在这些形式中，皮尔士特别推荐最后一种，如果将这一形式单独取出，我们就有了"被忽视的论证"："对三个宇宙的沉思产生一个假设，并最终得出如下信念：这三个宇宙，或者至少这三个宇宙中的两个，具有一个独立于它们的创造者。"③皮尔士认为，这一论证被大多数自然神学家所忽视，因此它是一个被忽视的论证。皮尔士认为，被忽视的论证是谦逊的论证的提炼和升华。谦逊的论证"完全诚实、真挚、不矫揉造作"，能够将我们引向"对上帝之实在和切近的真正宗教信仰"；而被忽视的论证则是"对自然的、无处不在的谦逊论证的描述"，它是"一种辩护，是对谦逊论证活跃的实际心理运作的辩护性描述"。④ 以谦逊的论证为基础，被忽视的论证从未经整理的原初经验上升到经范畴整理之后的经验现象，试图通过围绕三元范畴展开的宇宙结构来揭示这一结构背后的创造者。需要特别指出的是，虽然被忽视的论证中的理性成分要远远多于谦逊的论证，但它依然是一种游戏性沉思，只不过这种沉思试图从感性体验之流中归纳出辩护的形式来。

可以看到，皮尔士探讨的"沉思"实质上是一种基于非证明性要素的

---

① CP 6：461.

② CP 6：458.

③ CP 6：483.

④ CP 6：486-487.

"论证"，这种论证的基本路径并不是给出关于上帝存在的证明，而是从个体的体验出发揭示出上帝实在的必然性。这种论证始于经验又终于经验，它从经验中的某个直觉性或情感性假设出发，最终落脚于关于上帝实在的固定信念。它指明了在经验内部通过溯因推理探究上帝的可能性。皮尔士建议我们将这种论证和关于上帝存在的本体论证明区分开来，他指出："在形而上学家看来，这一论证也许带有形而上学的意味，但在我看来，这种说法非但没有增加这一论证的力量，反而削弱了它。这一论证只不过同农夫心中的论证形式一样好（如果不是更好的话）。"[1] 并且，皮尔士还指出，关于上帝实在的结论也不是一个形而上学命题，而是一个与生命相关的实践命题，它来源于经验，又对接下来的经验进程产生实质性的效应："这一论证的结论不应该是一个形而上学命题，而应该能直接用于生命行为，并且充满了人类最高级生长所需要的养分。"[2]

但不同于一般溯因推理的结论，上帝实在的结论在这个论证中是绝对必然的。用皮尔士的话来说，上帝是一个"必然实体"（Ens necessarium）。[3]但皮尔士认为，探讨作为必然实体的上帝并不必然要求一个先天论证，我们仍然可以在经验内部理解这个必然的结论。在皮尔士看来，从谦逊的论证到被忽视的论证是一条必然的道路。因为我们在谦逊的论证中所诉诸的体验可以最终收束为一点，那就是对现象中"相连性的同质性本质"（the nature of homogeneities of connectedness）的感知。[4] 这种感知一定会将我们进一步引向对三元范畴的游戏性沉思，并通过这种沉思最终获得上帝实在的结论。皮尔士认为，这个必然的推进步骤是由心灵的法则所决定的。他试图在《心灵的法则》（1892 年）中阐明，所有观念都倾向于和其他观念结合在一起，最终形成一个连续的"协同"（coordination）。并且，所有观念都潜藏了最终协同的"种子"，我们所要做的就是耐心地培育这

---

① CP 6：483.

② CP 6：457.

③ CP 6：452.

④ CP 6：464.

些种子，等待它们成长为最终形态。游戏性沉思就是这样一种培育方式，个体通过游戏性沉思实现潜藏在心灵中的种子，即上帝实在的观念。正是在这个意义上，皮尔士探讨的是上帝的观念性"实在"，而非在心灵之外的"存在"。他指出："即便只是出于沉思的纯粹游戏，上帝实在的观念或早或晚也会变成一个有吸引力的设想，并且思考它的人会以不同方式发展这一设想。我们越是思考它，就越是会在心灵的每一部分都找到回应：上帝是美的，他赋予生活以理念，并为人类所处的三重宇宙提供了彻底令人满意的解释。"①

科学的论证

除了谦逊的论证和被忽视的论证，《论证》还提出了第三种论证：科学的论证。皮尔士认为，如果我们将科学沿着最严格的道路推进，就必然会遭遇上帝。他在早年的一篇文章《自然的秩序》（1878 年）中指出："任何涉及自然秩序的命题必须或多或少地触及宗教。"② 近 30 年之后，这一洞见在《论证》和《回答》中得到了更为明确的阐述。概而言之，科学的论证试图在科学探究的内部得出上帝实在的必然结论。皮尔士指出，科学的论证是"由对逻辑方法论的研究构成的，且通过对真正科学思想的第一手熟识而得到阐明，这种科学思想的工具不只是数学的精确观念，还包括熟练的操作者实际使用的工具"③。不同于前两个论证，这一论证的基本语境从经验中的游戏性沉思转向了对科学方法论的研究和具体的科学实践。皮尔士指出，谦逊的论证只是"论证的第一步"，也就是"对事实的观察"，被忽视的论证进一步提炼了谦逊的论证，而严格地沿着科学的道路推进到上帝则是第三个论证的任务。④

① CP 6：465.
② CP 6：359.
③ CP 6：488.
④ CP 6：488.

皮尔士指出，科学的论证并不是试图用某种奇怪的方式调和科学与宗教，而是试图揭示出科学的"宗教性"。他在《一种科学的宗教》（1893年）中探讨了"科学的宗教"（religion of science）。他指出："这一称呼并不是指这种宗教产生于科学或科学精神，因为从恰当的意义上来说，宗教只能由宗教情感产生。但科学的宗教又确乎是一种宗教，在科学精神激励下，它认定所有科学的征服最终都会成功。同科学家一样，这种宗教接受所有的科学结果，只要这些结果是朝向真理的；虽然有些结果暂时与其他真理相冲突，但只要假以时日，这些冲突一定会得到调整。科学的宗教坚持这种态度，它不命令科学，更不轻易妥协，它只是单纯地相信自己，并相信自己的命运。"① 所谓科学探究的宗教性，即科学家必须以宗教信徒的态度相信科学探究最终能够获得真理，他们还必须相信，只要给予足够长的探究时间，科学共同体最终一定能够找到一个大写的真理，也就是作为整体的真理体系。

但是揭示科学的宗教性还不是科学的论证本身。科学的论证要求我们回到科学探究的方法：溯因推理（abduction）。在皮尔士的方法论体系中，溯因推理是一种特殊的归纳。皮尔士指出："归纳要么是一种否定不可能性的论证（Pooh-pooh Argument），要么是对于一般预测的实验性证实，要么是一种基于随机抽样的论证。"② 他将"对于一般预测的实验性证实"抽取出来特别加以强调，并将这一模式称为溯因推理。皮尔士有时也称之为逆推（retroduction）或假设（hypothesis）。

在对科学方法的探讨中，归纳和溯因推理常常被不加区分地归在"假设"这一范畴之下，这种情况在亚里士多德那里就已存在，并在近代的经验论方法中得到了特别的突显，波普提出"假设-演绎模式"（hypothetico-deductive model）则是晚近的一个典型代表。③ 但皮尔士要求我们明确区分

---

① CP 6：433.

② CP 2：269.

③ 参见 Karl Popper, *Conjectures and Refutations: The Growth of Scientific Knowledge*. London：Routledge，2002，p. 221 ff，p. 239。

归纳和作为溯因推理的假设。区分这两者的关键在于：首先，溯因推理本质上是一种基于已有材料的猜测，这猜测虽然有一定的依据，但最终必须依赖于某种"预兆"（omen）或"预感"（hunch），因此不仅是可错的，也是易错的；其次，溯因推理重心不在于得出某个结论，而在于提出假设之后的有效验证，它是实验性的，而不是结论性的。皮尔士认为，可错的实验性溯因推理是实用主义方法的核心。他在 1903 年的哈佛讲座中指出："什么是好的溯因推理？怎样的解释性假设有作为假设的价值？假设当然必须解释事实，但一个好的溯因推理还必须满足其他什么条件？判断任何事物的好坏都要看它是否实现了目的。那么，一个解释性假设的目的是什么？它的目的是通过实验测试规避所有意外，并形成不会令人失望的积极预期的习惯。因此，在没有特殊反对原因的情况下，任何假设都是允许的，只要它能够被实验证实，且只能够被实验证实。这大概就是实用主义的理论。"[①]

溯因推理遇到的关键问题是：何如提高科学探究的效率，尽可能地用最简洁和最经济的步骤找出那个最值得一试的假设？皮尔士在哈佛讲座中指出："在不存在任何强制和强制性倾向的探究过程中，这些真理究竟是如何被找到的呢？是出自偶然的机会吗？关于一个现象，可以有很多理论上的建议。……试想，在数以万亿计的假设中或许只有一个是真的，但是在两到三个，最多十来个猜想之后，这个物理学家就能相当接近正确的假设。而仅就几率来说，也许用上地球形成以来的所有时间，他也可能找不到那个正确的假设。"[②] 皮尔士在《论证》中指出，这种已经被无数科学探究所例证的"运气"也许并不只是单纯的运气："为了发现他所发现的，人类的心灵或许已经经过调试而与事物的真理相一致了。这一点是逻辑真理的基石。"[③] 在他看来，如果科学探究者和自然之间不是预先存在某种同调或协调的关系，人类对真理寻求将会是一个不可想象的漫长过程。为了

---

① CP 5：197.
② CP 5：172.
③ CP 6：476.

说明这种关系，皮尔士从伽里略（Galileo Galilei）那里借用了一个表达——人类的理性中已经蕴含着某种"自然之光"（il lume naturale）来保证我们有效地获得真理。皮尔士指出："如果宇宙是以任何方式服从于某些普遍的高级法则的，如果人类的心灵是受这些法则影响的，那么人类应该会具有一种自然化的光，或自然之光，或本能的洞见，或天赋，这些东西让人类能够正确或几乎正确地猜测到这些法则。"[①] 他还将这种在自然之光引导下的同调或协调关系称为"对真理的本能嗅觉"[②]。皮尔士进一步区分了探究的两个简洁性原则：第一条是逻辑的简单性原则，即选取在既有事实上增加最少的那个假设；第二条则是伽里略式的简单化原则，即选取那个自然的、出自本能的假设。关于第二个原则，皮尔士指出："那些理解伽里略原则的人较早地开启了科学的秘密。我的眼睛渐渐地不再受蒙蔽，我的心灵也变得如同白日一样亮堂：我们必须选择那个更简单的假设，即更容易、更自然，由本能建议的假设。这样做的理由是：除非人具有与自然协调一致的自然天赋，否则他是无论如何都理解不了自然的。"[③] 他认为，对科学探究而言，第二个原则是根本性的，"对真理的自然本能是科学的主锚"[④]。

在皮尔士看来，自然之光的存在以及与自然同调或协调的关系无疑是上帝实在的最好证明。他以这种方式在科学探究内部得到了上帝实在的必然结论。他在1905年的手稿中指出，科学家的生命目的在于"在理念和真理的发展中崇拜上帝。……科学探究者将探索发现视为与上帝亲近，并认为它是人类受造的根本目的，或者说是上帝创造世界的根本目的。……科学探究者有一个必须服从的需求，那就是在自然中找到一个对象去爱，离开了爱的对象，他的科学是不能存活的。"[⑤] 皮尔士深刻地认识到，离开了一个必须服从的最高对象，通过科学活动获得真理的进程将是不可设

---

① CP 5：604.

② CP 6：531.

③ CP 6：477.

④ CP 7：220.

⑤ MS 1334.

想的。

可以看到，科学的论证和前一条论证道路之间存在着本质性的区分。首先，前一条道路是基于日常逻辑的论证，后一条道路则是在运用严格的探究逻辑的过程中得到的洞见。其次，前一条道路基于个体的直接经验，后一条道路则基于科学共同体的探究实践，换言之，前一条道路是"我"关于上帝实在的论证，后一条道路则是"我们"关于上帝实在的论证。皮尔士在前面提到的手稿中写道："我不把单个人的独自研究称为科学。一群人通过或多或少的交流互相帮助、互相刺激，进而获得关于某组特殊研究对象的认识，这些认识外人无法理解，我将这群人的生命称为科学。"①他还指出："科学寻求合作，期望以此找到真理，即使某些实际的探究者无法实现这一目标，运用他们的探究结果的后来探究者最终也一定能够实现。"②

现在的问题是，如何调和这两条存在根本分歧的道路？皮尔士的学生霍桑认为皮尔士并没有很好地完成这个工作，因此他的神学是不自洽的。③但实际上，通过反思科学活动而论证上帝实在的道路也是一种"沉思"，因为这种获得结论的方式在某种意义上也是基于直觉的。从这个角度来看，这两条相互独立的道路又是维系在一起的。除此之外，这两条道路还可以在更深的层面得到整合。关于这一点，我们在《回答》中找到了一条关键线索。皮尔士指出，回答上帝是否实在的唯一要点在于"爱的激情"（passion of love），这种激情"或多或少地控制着每一个持不可知论的科学家和每一个严肃而深入地思考宇宙的人"④。为了整合前两条道路，我们需要从个体经验和科学探究进展到流行于宇宙中创造性的爱（creative love），并在此基础上提出通向上帝的第三条道路：宇宙论的论证。

---

① MS 1334.

② MS 1334.

③ Charles Hartshorne, "A Critique of Peirce's Idea of God," *The Philosophical Review*, 50: 5 (1941), pp. 516 - 23.

④ CP 6: 503.

宇宙论的论证

　　早年皮尔士的宇宙论构想建立在达尔文理论的基础上。他在《设计与偶然性》（1884 年）中指出："每个有机体、系统、形式或复合体的觉醒过程都存在着绝对的界限。这一过程会以毁灭而告终，但其间力量的增强又是没有界限的。偶然性的运作倾向于消灭那些软弱的事物，并增强剩余事物的平均力量。拥有不好习惯的复合体系统迅速毁灭了，那些没有习惯的系统也会走上同样的路子，只有那些拥有好习惯的系统才能生存下来。"①但皮尔士逐渐发现，达尔文式的进化论并不能揭示宇宙的最终秘密。他在《心灵的法则》中指出："这一假设本身自然没有问题，但我们必须承认它并不足以说明这些概念如何能够以这样超凡的方式精确地应用于自然现象，其中可能还存在着某些尚未发现的秘密。"② 随着自然选择论、拉马克主义、灾变论（catastrophism）、谢林哲学、斯维登堡的神秘主义、福音书等元素被不断整合进皮尔士的思想建筑，他的宇宙论逐渐呈现为一幅基于三元范畴的独特图景。

　　皮尔士认为宇宙的演进有三个基本模式：偶成论（tychasm）、机械论（anancasm）和泛爱论（agapasm），分别对应于基于偶然变异的演进、基于机械必然性的演进和基于创造性的爱的演进。③ 第一种模式以纯粹的随机性和偶然性为特点，它将宇宙的演进视为纯粹的赌博；第二种模式认为整个宇宙是一个按无目的的机械法则运作的机器。皮尔士试图阐明，这两种模式都是错误而有害的。机械论的威胁是明显的，因为它取消了所有的创造性，认为我们尚未探索的部分与我们已经探索的部分完全一样。相比于机械论，皮尔士对偶成论持相对保留的态度，因为他相信宇宙中有绝对机遇的存在。他在《回应必然论者》（1893 年）中指出："在很长一段时间

① EP 1：223.
② CP 6：148.
③ 这三种模式以命题的形式分别记作 tychism、anancism、agapism。

内，我试图将法则以外的偶然性视为宇宙中的多样性，偶然性既不违背法则，也不是不受法则约束。我相信绝对的偶然性，我认识到，在我们所知或忽视的范围之外，偶然性一定在真实世界中扮演某种角色。"① 但皮尔士又试图阐明，我们不能在离开连续论（synechism）的前提下独立地探讨偶成论，因为"虽然偶然性的形式是自发性，但它必须形成一定程度的规则"，换言之，"这种自发性必须以一种非偶然性的方式发展自身"。② 根据皮尔士的构想，绝对机遇必须最终落脚于某种规定性和目的性。

为了理解这一点，皮尔士建议我们从福音书的视角来反思达尔文的进化论。他在《演化性的爱》（1893 年）中表达了对达尔文理论的保留甚至批判态度："正如达尔文在《物种起源》的标题页所写的：适者生存。他应该再加上另一条格言：人人为己，魔鬼带走落在最后的人！"③ 与此相对地，皮尔士在约翰福音中找到了一种更契合其宇宙论的表达："耶稣，在他的登山宝训中，则表达了另外一种见解。……基督的福音说，只有人人都爱他的邻居，进步才能产生。相反，十九世纪的信条是人人都要全力为己，并争取一切机会将邻人踩在脚下。也许用'贪婪的福音'来表达这个信念是最为确切了。"④ 皮尔士试图阐明，除了纯粹的偶然性和机械的必然性，宇宙的运作中还存在着另一种驱动力。不同于斯宾塞式的"力"（force）或柏格森式的"生命冲动"（élan vital），他将这种驱动力理解为"泛爱"（agape），或创造性的爱。不同于无序的混乱和机械的运作，泛爱在混乱的偶然性中找到连续性，在机械的必然性中找到目的性。

皮尔士在《演化性的爱》开篇明确指出，泛爱既非厄洛斯（eros）意义上的情爱（exuberance-love），也非恩培多可勒意义上的与恨相对的热爱（passionate-love），甚至不是上帝的仁爱（cherishing love）。⑤ 泛爱的本质是指向他人的爱。如果说作为利己之爱的厄洛斯引向贪爱（cupiditas），

---

① CP 6：602.
② CP 6：603.
③ CP 6：293.
④ CP 6：294.
⑤ CP 6：287 - 288.

那么作为利他之爱的泛爱则引向博爱（caritas）。但我们要注意，皮尔士那里的泛爱论并不是伦理意义上的利他主义（altruism），他认为在慈善（charity）和善行（benevolence）的意义上理解泛爱是狭窄的。皮尔士建议我们将利他性更为宽泛地理解为观念之间的相互吸引和相互关心。进一步，在这种相互吸引和相互关心之下，观念最终在连续论的法则之下生长为一致的同意，在这个意义上，泛爱又是将小理论汇进大理论的爱。皮尔士写道："每个人都可以看出，圣约翰的话实际上是一种演化论的哲学。圣约翰教导我们，生长是源于爱，是源于——我并不想说自我牺牲——想要实现他人最高需要的热情冲动。比如我得到了一个有意思的观念，这一观念是我创造的，正如我在去年7月份的《一元论者》杂志上所说的，它是我的造物，一个小我。我爱它，不停地雕琢完善它。它之所以能够生长，并不是因为我将它置于自己所持的其他观念中，让后者对它进行冷漠的判断，而是因为我珍惜它、呵护它，就像关爱花园里的花朵一样。我们从约翰福音中得到的哲学是，心灵正是以这种形式发展的，而拥有心灵并由此具有生命的宇宙也是以这种方式演进的。爱在恨中识别出爱的种子，温暖它，让它成长，并成为可爱的。每一个认真阅读我的《心灵的法则》的读者都会看到，这种演化模式正是连续论所要求的。"[1] 这样的思路在思想史中并非个例，比如布罗诺夫斯基（Jacob Bronowski）曾指出，牛顿和开普勒（Johannes Kepler）的引力观念来自于新柏拉图主义者库萨的尼古拉（Nicholas of Cusa），后者认为引力就是物体间相互吸引的爱，而这一观念的源头可能是伪狄奥尼修斯（Pseudo-Dionysius）。[2] 皮尔士的独特创见在于，他试图在符号学的语境中重新理解泛爱论，将观念之间的相互吸引进一步界定为符号间的互释倾向。皮尔士认为，泛爱指的是符号化宇宙的基本运作形态：一个符号总是指向另一个符号，并为另一个符号而存在。这种普遍存在的、永远朝向他者的互指和互释关系被皮尔士把握为符号之

---

[1] CP 6：289.

[2] Jacob Bronowski, *Magic，Science，and Civilization*. New York：Columbia University Press, 1978，pp. 7 ff.

间的同情性和同感性力量。在皮尔士看来，符号的互释进程并不是冷漠而机械的，而是一种充满爱意的联合，符号进程背后的驱动力并不是抽象的原则，而是生命的法则。

皮尔士试图阐明，我们可以通过泛爱论这个宇宙论构想得出上帝实在的观念。在这个"论证"中，上帝同时是前提和结论，上帝实在的观念是这个宇宙论构想的必然前提，同时又在这个宇宙论构想中得到了更新。首先，这幅图景以福音书的训诫为基础，在上帝之爱的引导下，偶然性和法则本质地关联在一起，构成了宇宙演进的最终图景。其次，皮尔士对泛爱论的理解最终又超出了基督教的语境，进展到了一种以符号论为基本语境的宇宙论构想，符号之间的互释关系不仅是上帝之爱的明确表达，还是上帝实在的最好示例。在这个意义上，上帝本身也在某种程度上被符号化了。皮尔士在哈佛讲座中指出，从某种意义上来说，"宇宙就是一个论证"，也就是说，"宇宙是一个巨大的表征体（representamen），是上帝之目的的伟大象征，宇宙在活生生的实在中发展出自己的结论"[1]。他还在《论证》中指出："上帝作为明确的对象既模糊又是真的，它不断定义自己，这种定义的增殖是没有界限的。因此，这一假设必然服从生长的法则，并以一种模糊的方式来表现上帝。"[2] 拉波萨（Michael Raposa）指出："不管皮尔士多么创造性地提出了自己的观念，他的大多数宗教文本的框架还是有神论和基督教的。"[3] 从符号化上帝的视角来看，拉波萨的这一论断是值得商榷的。我们应该看到，虽然皮尔士在很多时候保留了基督教的语汇，但这些语汇因为符号学宇宙论的语境中的重新改写而获得了新的意义。

以上我们沿着三条看似不同道路论证了上帝的实在，可以说这三条道路构成了皮尔士的"神学"。我们在谦逊的论证中通过经验性的沉思把握

---

① CP 5：119.

② CP 6：466.

③ Michael Raposa, *Peirce's Philosophy of Religion*. Bloomington：Indianan University Press，1989，p. 84.

上帝的观念，而被忽视的论证则进一步地归纳和澄清了这些基于日常逻辑的经验进程。科学的论证在起点和目标上与这条常识性道路明确区分开来，它的素材不是直接经验，而是严格的科学探究。但这两条道路并不是截然分开的，它们都以最后一条道路——宇宙论的论证——为基本前提。首先，对第一条道路而言，如果我们不能理解在宇宙中流行的泛爱，就不可能从直觉性和情感性的体认进展到关于上帝实在的确定信念。只有以创造性的爱为根本驱动力，我们才能理解观念是如何在一个连续的进程中向一个普遍观念演进的。皮尔士指出："思维的泛爱性发展如果存在，目的性一定是它的特征，而这里的目的就是一个观念的发展。为此我们需要一种泛爱的理解力或同情的理解力，并在思维的连续性中意识到这种理解力。"① 其次，对第二条道路而言，皮尔士将科学共同体的探究活动视为泛爱的最佳示例。在皮尔士看来，科学共同体并不是科学探究者的简单集合，而更应该像是一个家庭，其中的成员关心彼此的探究意图，不是对彼此作冷漠的判断，而是以珍惜与呵护的态度互相帮助和相互批判。皮尔士指出："如果某个特定的科学拥有特定的名称、特定的杂志和特定的组织，它研究一组事实，研究者大体上能够互相理解，并自然地联合在一起，我就将这样的科学称为一个家庭。"② 科学共同体必须是由互爱的兄弟姐妹组成的共同体，科学共同体的一切活动都必须通过爱得到统一和协调，只有这样，我们才能理解理性的法则就是爱的法则，并通过心灵与自然之间的同调或协调洞察神性的存在。

可以看到，基于直接经验和科学探究的论证最终在基于宇宙论的论证中有机地整合在一起。论证上帝实在的三条道路也由此成为一个整体性论证的不同面相：个体经验的有机生长，科学探究的目的性维度，以及流行于宇宙中的创造性的爱无不指向一个实在的上帝以及上帝的创造性活动。

---

① CP 6：315.

② CP 1：238.

实用主义者与神学家

根据实用主义准则，概念的效应就是概念本身。因此，为了理解上帝，我们只能从这一概念的效应着手，这就意味着上帝的意义只能在个体的具体经验进程中逐渐丰满起来。对皮尔士（和所有实用主义者）而言，任何关于上帝的"论证"首先必须是一种切己相关的生命实践。他在《什么是基督教信仰?》（1893 年）中指出："说宗教仅仅是一种信仰是荒谬的。……宗教是一种生命，如果我们非要将它等同于信仰，也只能说它是一种活的信仰——宗教是活出来的，而不是说出来或想出来的。……基督徒的宗教如果真的具有某些特殊性，这种特殊性也不在于追求成为每一条宗教道路的终极结果，而在于它是一种生命方式。"[①] 在这个意义上，皮尔士提出的这三条道路并不具有普世性，它们自始至终都是皮尔士从自身的视角出发所理解的上帝。

皮尔士指出，自己的关于宇宙的构想只是一种"猜谜"（guess of a riddle），在同样的意义上，他关于上帝的"论证"也是一种"猜谜"。根据皮尔士的构想，这两个谜语的谜底实际上指向的是同一个基本结论：基于三元范畴的三元结构。宇宙最终是围绕三元范畴而展开的，第一性、第二性和第三性不仅是现象层面的范畴，也是宇宙本身的基本结构。三元结构不仅刻画了宇宙的基本特征，即从特殊到一般的连续性演进，还在更深的层面揭示了宇宙的本质，即一种在无限拓展和延伸的关系中建立起来的秩序。皮尔士试图阐明，"一"只是一个点，"二"只能形成一条线，而"三"却能以无限的网络结构建构起整个宇宙。与此同时，三元结构也将我们引向了上帝实在的观念。皮尔士确信，只要我们深入地思考"三"的结构，并且惊叹和崇敬由这个精妙结构构成的宇宙，就必然会通向一个实在的上帝。并且，在实现了这一步骤之后，我们必然还会将在三元结构中

---

① CP 6：439－440.

展开的连续性关系进一步理解为创造性的爱。

可以看到，作为现代科学家的皮尔士和中世纪灵魂（比如但丁）一起分享了对"三"的狂热。正如布兰特所指出的，"皮尔士一生的最大悲剧在于……他构建了一个抽象的世界——一个瓶子——然后将自己囚禁在了里面"①。产生这种狂热的根本原因在于，皮尔士深刻地认识到，不同于其他的经验性探究，这个最大的假设不存在被证实或证伪的可能性，也不涉及任何意义上的或然性，宗教问题的本质是相信或不相信，而这个三元结构和这个结构背后的创造者正是皮尔士所相信的。

但另一方面，尽管皮尔士给出了三元结构的最终谜底，但他仍在终极问题上保持了开放性的姿态，在这个意义上，他并没有将自己囚禁在自己建构的"瓶子"中。他在 1885 年写道："一个特定问题能否最终得到回答并不是一个简单的问题。问题的数量不断增加，而回答问题的能力也在不断增强。如果后者的速率超过了前者，那么任何特定问题就有可能得到回答；反之，可能性就为零。出于无法在这里详细解释的理由，我相信前一种是事物的实际状态。在这种情况下，只有极微小的一部分问题没有得到回答，虽然大量的未回答问题永远在增加。……但我承认，存在有限数量的一些问题，它们永远逃避被我们回答，我们也无法知道它们是哪些问题。"② 皮尔士看到，在三元结构这个谜底之外，还存在某个永远逃避我们的答案，这个答案已经在根本上超出了人类思维的限度。他在 1902 年写道："当我们讨论一个棘手的问题，我们希望存在某个可确定的真理，这样讨论就不会无休止和无目的地进行下去。一个超验主义者会认为下面这个'预设'是不可或缺的，即每个可理解的问题都有一个真答案。我曾经也这样谈问题，因为在我还是哲学的幼童时，我的奶瓶里装满了康德的乳汁。但现在我想要的是某种更为实质性的东西。"③ 在皮尔士看来，这些"更为实质性的东西"（something more substantial）无法被理性地认识，

① Brent，*Charles Sanders Peirce: A Life*，p. 339.

② CP 8：43.

③ CP 2：113.

只能在祈祷中被触及。他在《回答》中指出："我们所有人都有祈祷的本能，这实际上是上帝在邀请我们祈祷。我们不但能在祈祷中得到慰藉，还能得到巨大的精神上的善和道德上的力量。"[1]

第三节　在尘俗与神圣之间：詹姆士的宗教观

> 人一旦开始感受到宇宙的庄严伟大，感受到它的复杂和它的法则，便开始忘记无足轻重的自我。他迷失在崇敬和真正的谦卑当中，轻易地就忘记了他自己也是这些运行着的力量的一部分，也忘记了根据其自身的能力，他也可以改变世界命运的一小部分，而正是在这个世界中，伟大并不比微小来得更为精彩和重要。
>
> 弗洛伊德：《列奥纳多·达·芬奇及其童年的回忆》

存在即是被意愿

穷其一生，詹姆士都在与眼疾、皮肤病、胃病、背痛等生理疾病，以及精神上时常陷入的消沉和抑郁做斗争，并好几次陷入几乎自杀的境地。他将其中一次体验写进了《宗教经验之种种》中："一天晚上，在一种哲学上的悲观主义和一般性精神抑郁的笼罩中，我在暮色中走进更衣室去取一些东西。突然，毫无征兆地，就好像是来自黑暗中似的，一种对于我自身存在的恐惧感降临了。同时出现在我心中的还有一个以前我在收容所见过的癫痫病人的形象：一个黑发的年轻人，皮肤泛绿，完全痴呆，整日坐在一条凳子上，或者倚墙而靠，下巴抵着膝盖。他只着一件破烂的灰色内衣，这件内衣将他的整个形象都包在其中。他坐在那里，就像一尊埃及猫的雕塑，或是一具秘鲁的木乃伊，全身上下活动的只有他那黑色的眼睛，那双眼睛全然没有人类的气息。这一形象与我的恐惧结合在一起，我觉得

---

[1] CP 6：515.

那就是我潜在的形象，我所拥有的一切都不能帮助我抵御那种命运，降在他身上的同样要降在我身上。对于他我感到恐惧，并且感到我与他的不同只是暂时的，在这种感受下，我胸中那些迄今为止坚实的东西全都烟消云散了，我完全陷在恐惧的颤栗中。在这一体验之后，宇宙对我来说完全变了样。第二天早上醒来之后，我从胃部深处感受到一种极可怕的恐惧，同时还带有一种生命的不安全感，这种感受我以前从不知道，也从未有过。尽管稍纵即逝，这一体验就像是一种启示，我对他人的病态情感有了从未有过的同感。随着时间流逝，这一体验逐渐淡去，但有好几个月的时间我不敢独自走到黑暗中去。从此我很怕独处，我不停地想：在对生命表面下不安全的深渊如此无意识的情况下，其他人和我自己是如何生活的。"① 尽管詹姆士的儿子亨利（Henry James）认为这一体验可能发生于 1869 年至 1870 年间的冬天，但是对詹姆士而言这种感受显然不只是一次简单的孤例。② 受其父的影响，詹姆士从小就对终极层面的善恶斗争极为敏感，并且这种斗争往往以恶的胜利而收场。他在《宗教经验之种种》中这样描述这种路德式的"痛苦经验"（Anfechtungen）："绝对而完全的绝望，整个宇宙将受难者凝结成为压倒性恐惧的对象，在他周身没有开始，也没有结束。并不是恶的概念或对恶的理性把握，而是那种让人血液凝固、心律失调的可怕感觉，在这种感觉中，任何其他的概念或感觉都无法存活。"③

詹姆士在勒努维耶的帮助下找到了克服这种痛苦经验的方法。他在 1870 年 4 月 30 日的日记中写道："昨天我经历了生命中的一场危机。我读完了勒努维耶第二部《论文》的第一部分，我想不通为什么有人认为他对自由意志的定义会是一种幻觉，这一定义说：'自由意志就是我能够选择维持一种思想，尽管还有其他的选择存在。'无论如何，现在——至少直到明年——我都断定这不是幻觉。我的第一个自由意志的行为便是相信自由意志。在今年剩下的时间里，我将戒绝在单纯的思辨和沉思中寻找让我

---

① WWJ 15：134 - 135.

② James，ed.，*The Letters of William James*，vol. 1，p. 147.

③ WWJ 15：135.

的本性最感到愉悦的奥秘，我要有意地培养道德自由的情感，通过读这方面的书，也通过行动。……现在，我要更进一步，不但出于自己的意志而行动，更要相信自己的意志，我要相信自己个体性的实在和自身内创造性的力量。当然，我的信念并不是乐观的，但我要以如下的方式设定生命（真实的、好的）：生命为了世界自觉地抵制自我。生命必须是由做、受难和创造组成的。"① 詹姆士看到，为了摆脱生命的消极状态，通过思考得到的某些结论是远远不够的，我们必须根据自身的意志而行动，为此我们首先要有"信念的意志"（will to believe）。他在《信念的意志》中将驱动行动的信念称为"活的假设"，"这种假设的最大活力在于以一种不可撤销的方式行动的意愿"。② 在《实用主义》中，詹姆士又将基于意志的行动称为"活的可能性"，他要求他的听众找出那些他们"愿意为之生、为之劳作"的个人理想，"这些理想的每一次实现都是世界得救过程中的一个契机。然而这些特殊的理想并不是贫瘠而抽象的可能性。它们是有根据的、活的可能性，因为我们就是它们活的拥护者和保证者，所需的补充条件一旦具备，我们的理想就会变成现实的东西"。③

以信念的意志来驱动行动是詹姆士式意志哲学的核心原则。除此之外，他还提出了两个主要目标。第一个目标是通过出于意志的行动将人的能量激发至它的最大限度，由此提升个体在宇宙的位置。可以看到，詹姆士的很大一部分心理学研究是以此为目标而展开的。在这些研究中，他在各个层面（常态心理学和病态心理学、意识和潜意识）探究人类心灵的潜在力量，试图找到激发最大能量的途径。关于这些研究的复杂程度和可能方向，他在《人的能量》（1906 年）中指出："我们应该在每一个我们可以想到的方向上对人的力量界限做地形学的考察，就像一个眼科医生标记出人类视野的界限一样；我们还应该建立一个条分缕析的详细目录，标示出不同类型的人所具有的不同类型力量的访问通路或关键之处。这一研究将

① James，ed.，*The Letters of William James*，vol. 1，pp. 147 - 8.

② WWJ 6：14.

③ WWJ 1：137.

是一个绝对具体的研究，其主要素材应该是历史性和传记性的。力量的界限必须是在实际的个体中体现出来，而开启力量的不同方法则必须体现在个体生命中。"并且，这些研究的场地还必须从试验室拓展到具体的生命实践："实验室中的试验仅仅占了很小的一部分。心理学家的实验室动物，在被催眠之后所产生的能量远不如生命的紧急状况所激发出来的那样极致。"①

除了激发能量，意志哲学的第二个目标的是对能量的恰当控制。詹姆士在《人的力量》（1906 年）的中提醒我们注意两个要点："第一，很少有人以最大的能量生活；第二，任何人在不同的能量等级都有可能达到一种生命的平衡。"② 他乐观地看到，尽管大多数生命无法以最大的能量生活，但生命可以在暂态的平衡点上反思已有的进程，以便更好地规划未来的方向。同时，这些平衡点不仅是生命进程的重要节点，也在某种意义上标示了生命的界限。在詹姆士看来，尽管生命的本质在于不断地超越自身，但这种超越并不是没有界限的，且能量的最大化标准因人而异，只有懂得控制能量并能清楚地意识到自身界限的人才能更有力地生活。

詹姆士指出，能量的激发和控制并不是一个在理论上就可以解决的问题，实现它的途径唯有具体的实践训练。个体通过不断尝试和探索各种可能性来找出最适合自己的位置，这个过程由一系列试错和验证构成。但詹姆士也看到，并不是每个个体都具备这种自我实验的态度和意愿，因此他提出我们应该培养一种"奋发的情绪"（strenuous mood）。他在《道德哲学家与道德生活》（1891 年）中区分了两种不同的生活方式：一种是以"奋发的情绪"生活，另一种生活方式则更为"随和"（easy-going）。随和的心态只要求摆脱当下的病状，而奋发的情绪则追求更高层次的超越。在詹姆士看来，认真追求理想是道德上最值得称赞的行为，而奋发的情绪对这种不间断的追求而言是必须的。"随和"的人满足于现状，很容易就减弱或丧失了追求理想的意志，而"奋发"的人永远使自己的意志处于最强

---

① WWJ 11：145.

② WWJ 11：149.

有力的状态。奋发的情绪让我们不断地做出对于生命来说至关重要的决定，并随时充满"狂野的激情，以及大恐惧、大爱和大愤慨"。①

詹姆士还试图阐明，这种训练不仅涉及个体层面，还涉及共同体层面。他指出："没有将他的能量发挥至正常的最大化的人会在他的生活中丢掉许多可以获益的机会，而一个由这些人组成的国家较之于那些由更强的压力推动的国家就低等了许多。现在的问题是：应该如何训练人们，使他们能够将能量发挥至最为有用的程度？一个国家又该如何使它的每一个国民都能接受到这种训练？"② 在这一要求下，詹姆士和杜威一样看到了教育的关键作用。他指出："首先要找出力量的可能界限，其次要找出在不同的个体中开启这些力量的不同方法，这两个问题是个人教育和国家教育的全部问题。"③

概而观之，我们可以借用"存在即是被感知"（esse est percipi）这个贝克莱式的表达，将詹姆士式意志哲学的原则表述为"存在即是被意愿"（esse est volittum）。我们可以将这个命题和詹姆士对感知的探讨联系起来看。但需要指出的是，在詹姆士的语境中，"存在即是被意愿"最终并不是一个本体论或认识论命题，而是一个围绕"我能够"展开的生存性和实践性命题。他关心的不是认识对象或刻画存在，而是如何通过出于意志的行动让"我"存在。在这一点上，詹姆士非常接近古希腊的史诗传统：人生而在世的目的就是建功立业。也正是在这个意义上，他和卡莱尔的英雄主义产生了强烈的共鸣。詹姆士在《伟人与他们的环境》（1880 年）中批判了斯宾塞的社会理论，他认为社会的演进并不依赖斯宾塞式的"力"，而是"主要因为（直接地或间接地）某些个体的行动或榜样，并且这些个体能够产生影响的原因在于，或者他们的天赋恰恰与当时社会的接受力相适，或者他们恰好占据了重要的权威位置，在这些位置上，他们成了发酵的因素、运动的发起者、时尚的引领者、腐败的中心，或是他人的毁灭

---

① WWJ 6：160.
② WWJ 11：149.
③ WWJ 11：161.

者，总之，如果给予他们自由，他们就能将社会引向不同的方向"①。詹姆士相信，只有让出于意志的行动成为存在的主要来源，个体才能获得关于自身存在的最为确凿的安全感。

意志的限度

然而，任何围绕"意志"展开的哲学都潜藏着滑向"唯意志论"的危险，詹姆士的意志哲学也不例外。皮尔士曾指出，虽然信念的意志"对于我们行事是高度必要的"，但在"实践中却是破坏性的"，因为这种信仰意味着"在需要改变策略的时候，你却毫无警觉"。② 他还在给詹姆士的一封信（1909 年 3 月 9 日）中提出了更为尖锐的批评："我认为你的'信念的意志'是非常夸大的一种表达，它严重地伤害了一个严肃的人。但你现在所说的更加是自杀式的……哲学要么是一种科学，要么就是胡言乱语。"③

但正如詹姆士对个体效用的随意性和武断性持有清醒的认识（实用主义并不是一种只追求对"我"有用的哲学），他同样对意志行为的独断性做出了严肃的反思。他在《宗教经验之种种》中指出："如果'感觉好'就可以决定一切，那么酒醉就会变成极为正当的人类经验。"④ 他以不同的方式指出，意志的活动受限于个体所处的位置和已有的视域，它无法筹划自己所无法筹划的东西，用他的话来说，"树不能脱离土壤长到天上去"⑤。除此之外，意志的践行还受制于各种不可控的偶然因素，即便是天才也有生不逢时的时候。詹姆士告诉我们："并不是每个'人'都适合每一个'钟点'，不相容的情况总有存在，一个天才也许生得太早，也许来得太晚。"⑥

---

① WWJ 6：179.

② CP 8：251.

③ Perry，*The Thought and Character of William James*，vol. 2，p. 438.

④ WWJ 15：22.

⑤ WWJ 11：148.

⑥ WWJ 6：172.

　　詹姆士还试图阐明，除了以上诸种限制，意志行为本身也会遭遇根本性的困境。首先，如果说缺少行动的放松会造成精神的委顿和能量的流失，那么始终得不到放松的意志行为则会导致精神的自负和能量的失控。一个不够强大的个体最终会因为无法控制自己的意志反过来成为意志的奴隶，进而被自己的意志引向毁灭。从古希腊悲剧到浪漫主义文学并不缺少这样的佐证。其次，引导和训练意志的前提是要具有行动的意志，而这在很多时候是最为困难的一个步骤。詹姆士在《宗教经验之种种》中描绘了下面一番景象："当你看到这样一个人，他处于精神衰竭的边缘，陷在自己的原罪、匮乏和不完美当中，并且没有人安慰得了他，如果这时你告诉他一切都没有问题，因此别发愁，别不满，也别焦虑，那么你在他眼中一定是绝对荒谬的。此人唯一拥有的积极意识告诉他一切都出了问题，而你向他指出的更好的路子在他听来就好像你要他承认某些冷血的错误。"他接着评论道："'信念的意志'不可能以上面方式来实行。如果我们已经有了初步的信念，那么我们可以在此基础让自己更加相信这一信念，但我们不能在感知让我们确信的相反方向上凭空造出一个信念来。在后一情况下，这种凭空的信念对我们的心灵来说只是一个单纯的否定，我们无法积极地意愿一个单纯的否定。"①

　　但詹姆士并没有因为认识到意志的这些限度而成为悲观主义者。在这一点上，他明确批判了叔本华的悲观主义。在叔本华那里，意志和表象的对立是根本性的，意志无法在表象的世界中找到自我实现的恰当方式，表象世界永远是意志的不充分投射。根据这一思路，悲观主义是必然的结论。叔本华告诉我们，人永远摇摆在痛苦和无聊这两个极端之间：一方面，无法得到满足的意志引向困烦和痛苦；另一方面，"困烦和痛苦如果一旦予人以喘息，空虚无聊又立即如此围拢来……这样，我们就看到几乎所有无虞困乏和无忧无虑的人们在他们最后丢了一切其他包袱之后，现在却以他们自己为包袱了"②。在叔本华看来，摆脱这种困境的出路是有限的：要

_____

① WWJ 15：174.
② 叔本华. 作为意志和表象的世界［M］. 石冲白，译. 北京：商务印书馆，1982：429.

么诉诸审美经验，但这意味着完全沉浸在表象的世界中；要么诉诸伦理责任，但这最终意味着否定自身的意志。这样一来，最后一个出于意志的行为只能是自杀的行为，通过自杀，意志得以彻底地摆脱表象的世界。

这样的理论后果是詹姆士无法接受的。他在拒绝担任法兰克福叔本华纪念馆委员会成员的信（1883 年 8 月 10 日）中写道，叔本华的眼中的世界"比实际糟糕了十倍"，而他的形而上学则"集合了所有坏的性质"①。詹姆士建议我们用实用主义的开放态度去取消意志和表象之间不可调和的对立。叔本华认为，"肯定生命意志、现象世界、存在的多样性、个体化、自我主义、恨、恶行全都产生于一个根源"，而"物自体的世界、所有存在的同一性、正义、正直、慈善、否定生命意志也全都产生于一个根源"。② 而詹姆士则认为，这两个人为区分出来的选项都是抽象和贫瘠的概念，我们既不能用它们来表达生命本身的丰富性和充盈性，也不能用这种非此即彼的选择来规定生命本身的进程。他在 1894 年的一篇书评中指出，康德、黑格尔、叔本华、赫尔巴特（Johann Friedrich Herbart）这些"条顿人"的根本错误在于"将生命的审美情感还原为某个单一的本质概念"③。

从最终的表现形态来看，詹姆士的意志哲学更接近尼采的乐观主义。④

---

① CWJ 5：457.

② Arthur Schopenhauer, *The World as Will and Representation*, vol. II. New York：Dover，1969，p. 610.

③ WWJ 17：489.

④ 西美尔（Georg Simmel）这样区分叔本华和尼采："对叔本华而言，一切存在之物的永恒性必然是所有思想中最最可怕的东西。因为这对他意味着绝对的未解脱状态和世界历程无法结束，此进程的每一个瞬间都是毫无意义的痛苦。既然存在的内部没有解脱的可能，那么永恒就是叔本华能够从中看到生存之安慰与意义的那个唯一思想——对生存的精神否定和形而上学消灭——的逻辑对立物。然而正是这样一个思想——通过它尼采得以克服生命目的之丧失带来的悲观主义，达到无限的生命对每一个还不太完善的现实的胜利——恰好只能以永恒为前提，才可以被思考。它必须可供利用，至少作为理想和对存在之理想形式的象征表达，如同可以容纳世界的解脱过程和目标过程的一个框架。它是一座桥，尼采经由它从其悲观主义的起点抵达乐观主义；因为它提供了达到绝对的途径，也就是把对此刻而言是现实对每一个既存事实的否定，跟对存在的肯定完全联系起来；这时，存在为每一个尚不完善的当下现实提供趋向更完善性发展的无限空间。永恒思想是一道分水岭，它标明了同出一源的叔本华思想和尼采思想在各自发展过程中形成的对立。"格奥尔格·西美尔. 叔本华与尼采——一组演讲［M］. 莫光华，译. 上海：上海译文出版社，2006：12.

在詹姆士看来，探讨意志的最终目的在于能量的激发与生命的超越，而不是试图逃离悲观的世界图景。在彻底经验主义的语境中，这种正面的意志观在两个层面上得到了具体表达：在第一层含义上，意志被视为一种选择性行为，意志从经验之流中选择它的素材；在第二层含义上，意志指向的是一种创造性行为，它的根本作用不在于被动联合，而在于主动创造，经验中一切新的东西都来自意志的主动创造。在道德哲学的语境中，这种正面的意志观表现得更加明显。詹姆士在《道德哲学家与道德生活》中指出："我们一旦活生生地接受某个主张，就应该完全坚信它，不做二想。宇宙体现在这一主张中，任何关于事物的永恒本质的说法都不能遮掩或消除这一主张，在这一主张之下，心灵的异动得到了抑制，棘手的现象也变得无力。"①

但这种实用主义的乐观姿态并没有从根本上取消意志的界限。詹姆士在《宗教经验之种种》中赞扬了"强健的态度"（athletic attitude）："一个道德家（moralist）必须时刻屏住呼吸，并让他的肌肉处于紧张状态。"②但他马上发现，并不是每个个体都具备奋发的道德意志，随即表达了自己的担忧："只要我们能够维持这种强健的态度，那么一切都好办，道德可以自足。然而这种强健的态度是有可能崩溃的，并且我们也看到，即便是在它最为坚定的时候，当有机体开始腐朽，或当病态的恐惧开始入侵心灵，这种态度明显就会崩溃。如果我们向那些身染不治之症的无力病人建议个体的意志和努力，那么我们便是在建议最不可能的东西。对这种人来说，他所渴求的是对无力的安慰，希望在他的腐朽和堕落过程中宇宙精神能够认出他并保护他。不得不承认，从最终意义上来说，我们都是这种无助的失败者。我们当中最理性、最出色的人，同那些疯子和囚徒一样，都是由同一个泥坯塑造的，最强健的人最终也要败在死亡的脚下。每当我们如此感受时，我们便觉得自身意志的行为不过是虚空和昙花一现，我们的道德不过是无用的石膏，其下隐藏着永远无法治愈的痛处，我们所有的善

---

① WWJ 6：149－150.

② WWJ 15：45.

举（well-doing）不过是我们生活本该根据的福祉（well-being）最肤浅的替代品，然而，不幸的是，我们的生活实际并没有建立在这种福祉之上！"① 虽然以上是詹姆士对基督徒心理状态的描述，但同样反映了詹姆士自己的心理状态。詹姆士不但在他的父亲那里目睹了这种心理状态，而且他自己从未真正摆脱过。

詹姆士表达的不仅仅是对道德意志有可能衰弱或消失的担忧，他的担忧是更深层次的，是在否定他的整个意志哲学：对处于绝对无力状态的人（或者说所有人本质上都是无力的）来说，意志真的有用的吗？在《对学生的心理学谈话》中，詹姆士甚至建议我们放弃意志，转而诉诸"放松的福音"（the Gospel of Relaxation）。他指出："真正做事的方式就是不去在意你是否在做这件事，尽管这样说听上去有一些矛盾。由于上帝的恩典，你也许会发现你已经在做这件事了，在掌握了这种感觉之后，你会发现（再次由于上帝的恩典）你能够继续做这件事。"② 他还告诫我们："松开你智力和实践的机器，让它自由地运作。"③ 这些与意志哲学相悖的论述提示我们，在詹姆士那里，生命除了意志，或许还有其他支撑。正如他在《多元的宇宙》中所指出的，"真诚地放弃靠自己为善的自负或希望，这是通向宇宙更深处的唯一门路"④。下一部分要讨论的就是这条通向宇宙更深处的门路。

詹姆士的"上帝"

詹姆士在《实用主义》中指出，和其他真理一样，"上帝"是一个实用主义的假设："根据实用主义的原则，只要关于上帝的假设在最宽泛的意义上能令人满意地起作用，它就是真的。"这样一来，"问题只在于如何

---

① WWJ 15：46.
② WWJ 12：131.
③ WWJ 12：127.
④ WWJ 4：138.

建立并确定它，使它和其他实用的真理很好地结合"。① 他接着告诉我们：
"我们很可以相信，更高的力量是存在的，而且这些力量正是朝着与我们
的理想相类似的方向拯救世界的。"② 对詹姆士而言，上帝在首要意义上是
一个"活的假设"，但这个假设在何种意义上是一种宗教信仰，被实用主
义者假设的上帝在何种意义上是一种"有神论"，在何种意义上我们可以
说詹姆士持有"宗教"信仰？这些都是有待商榷的问题。

　　无论是对詹姆士本人还是对他的解读者而言，这些问题的答案都是悬
而未决的。有的时候詹姆士表现为坚定的无神论者。他在《原理》中指
出："出于荣誉和良心的动机，我勇敢地谴责我的家庭、社团和'集体'；
我从一个新教徒转向一个天主教徒，从一个天主教徒转向一个自由思考
者，从一个'规范的医师'转向一个顺势疗法医师。"③ 在给勒巴（James
Leuba）的一封信（1904 年 4 月 17 日）中，这位"自由思考者"写道，自
己"没有和上帝交通的生动感觉。我忌妒那些有这种感觉的人，因为我知
道这种感觉会给我莫大的帮助。在我的生命中，神圣者是一个抽象的概
念"④。但是同样在《原理》中，詹姆士又指出，每一个自我都在不断寻找
一个"最高的、终极的、永恒的'宾我'（Me）"，为此，我们不得不认定
一个最高的判断者——"作为绝对心灵和伟大同伴的上帝"。⑤ 他还指出，
"信念的完美对象是一个上帝或'世界灵魂'（Soul of the World）"，这样
一来，"所有的科学和所有的历史就能够以最深刻和最简单的方式得到解
释"。⑥ 这些表述中存在着明显的矛盾，但有一点可以肯定，詹姆士在脱离
宗教建制和教会实践的同时并没有放弃上帝的观念。不管怎样，正因为脱
离了具体的教义和教会，詹姆士的"上帝"或"世界灵魂"变成了非常模
糊的概念。他自己也在《宗教经验之种种》中指出："'宗教'一词并不代

---

① WWJ 1：143.
② WWJ 1：144.
③ WWJ 8：300.
④ CWJ 10：396.
⑤ WWJ 8：301.
⑥ WWJ 9：944－945.

表任何单一的原则或本质，它是一个集合名。"①

　　尽管宗教是一个集合名，詹姆士还是在《宗教经验之种种》中非常宽泛地将它界定为"个体在独处时的情感、行为和经验，只要他们意识到自己与自己所认为的神圣存在发生关系"②。这一界定提示我们，在詹姆士的语境中并不存在严格意义上的普世宗教；并且，任何意义上的群体宗教都必须以个体宗教为前提。他明确地指出："个体宗教将证明自己比神学或教会主义（ecclesiasticism）更基础。教会一旦建立，就依靠二手的传统生存；但每个教会的创始者最初都因为与神直接的个体交流而获得他们的原初力量。"③

　　1904 年，普拉特（James Bissett Pratt）和詹姆士就后者的宗教信仰进行了书面问答。普拉特问詹姆士，宗教对他而言是否意味着"相信有某个东西存在"？詹姆士回答"是的"，并且指出，这个存在是一种"社会性的实在"。普拉特又问上帝在詹姆士那里意味着什么，詹姆士回答："理想和（最终）效验的结合。"上帝是一个人格吗？回答："他必须能以某种方式认知和回应。"你为什么相信上帝？上帝是哲学论证的结果吗？回答："我明确强调，答案是否定的"，之所以相信上帝，是因为"我需要他，因此他'必须'是真的"。④ 关于这种被我需要的上帝，詹姆士在《宗教经验之种种》中指出："我们支持的神是我们需要和能够使用的神，神对我们的要求重申了我们对自己和对他人的要求。"⑤ 在他看来，所有的宗教在下面这两点上都是一致的。首先，存在一种"不安"（uneasiness）的感觉，这

---

① WWJ 15：30.

② WWJ 15：34.

③ WWJ 15：33. 这里我们可以看到爱默生对詹姆士的深刻影响。前者在《在神学院的演说》（1838 年）中指出："历史上的基督教已经蜕变为一种祸害，它使我们传达宗教情感的所有企图都归于失败。正如它的现实和历史所向我们表明的，它不是灵魂的教义，而是一种对神格、对实证、对仪式的铺张扬厉，它已经而且现在仍然与对耶稣神格的有害的夸张连在一起。灵魂是与任何神格都无缘的。基督要每个人都膨胀到与整个宇宙一般大小，使人除了对自发性的爱以外，对别的东西都不感兴趣。"WE 1：129. R. W. 爱默生. 自然沉思录［M］. 博凡，译. 上海：上海社会科学院出版社，1993：104.

④ James，ed.，*The Letters of William James*，vol. 2，pp. 212 - 5.

⑤ WWJ 15：266.

种感觉告诉我们"自己所处的自然位置出了问题";其次,相信"只要我们同高级的力量建立适当的联系,我们就能获得拯救"。① 概而言之,在詹姆士的语境中,宗教是被生命迫切需要的,用他自己的话来说就是"宗教问题的真正核心是:救命! 救命!"② 正是在这个意义上,他认为"帕斯卡的赌注"只是一种"赌桌上的语言",与生命的迫切需要毫无关系。③

可以看到,詹姆士在哲学上所持的"人本主义"立场完全可以沿用至他的宗教观。他将这种宗教观界定为人的宗教(religion of humanity),人的宗教为此世的生命活动提供根本的立足点。他在《道德哲学家与道德生活》中指出,任何伦理学体系,只要它将提升属于人类的有限的善作为人类的义务,奋发的情绪就会最终削弱并消失。有限而具体的道德目的必然会引向虚假而独断的道德命令,继而将意志从伦理学中排除出去。因此,"具体伦理学之所以不是最终的,主要是因为它们不得不依赖于某些形而上学的和神学的信念"④。在詹姆士看来,在有限的人中激发起无限的道德力量是唯一的道德目的,为了实现这一目的,上帝是必需的,因为仅凭有限的人类不足以最大限度地激发道德能量。上帝并不向我们提出任何道德命令,而是作为"神圣要求者"(divine demander),要求我们不要出于人的有限性而放弃奋发的情绪,让自己的意志萎靡下来。詹姆士写道,"在一个没有上帝的人的世界中,我们的道德能量会缺少最大化的刺激力量",而"伦理哲学家提出的稳定而有体系的道德宇宙只有在下面这一世界中才是有可能的,即存在一个包罗一切要求的神圣思考者"。⑤ 基于这样的考量,詹姆士得出了如下结论:"即使没有形而上学或传统的理由相信上帝,人们也应该假设一个上帝来作为努力生活的理由。"⑥

在人本主义宗教的语境下,作为神圣要求者的上帝和人的自由意志之

---

① **WWJ** 15:400.

② **WWJ** 15:135.

③ **WWJ** 6:16.

④ **WWJ** 6:159.

⑤ **WWJ** 6:161.

⑥ **WWJ** 6:161.

间并不存在矛盾。他在《决定论的困境》中指出："存在甚至不受上帝控制的机会，宇宙的进程也模糊不清，但最后所有的事物都符合上帝的永恒意图。"① 并且，"造物者不需要知道现实的所有细节"，但有一件事他是确定的，那就是"他创造的世界是安全的，无论过程如何曲折，他最终都会将这个世界带回家园"。② 他还在《多元的宇宙》中指出，比起黑格尔式的绝对，他更愿意相信一个"有限的上帝"，"上帝本质上是宇宙中的一个有限存在，而不是宇宙在上帝中。事实上，上帝在宇宙中占据某个特殊的位置，和某个局部个体单方面地维系在一起"。③

詹姆士还试图阐明，上帝的观念是一个实验性的假设。他在《信念的意志》的前言中指出："关于宇宙的宗教假设一旦建立起来，那么那些自由地在生活中表达自身的积极的个体信仰便成了这些假设得以证实的实验性测试，唯有通过这一方法，我们才能得知这些假设究竟是正确的还是错误的。"④ 在詹姆士看来，个体经过实验得到的最适合自己的信仰才是最强大的信仰，这种信仰能够最大限度地激发个体能量，并在最大程度上提升个体的生命。他指出："各种信仰之间的自由竞争，并最大限度地应用于信仰者的生活，这些是最适合的信仰能够存活并发展的最有利的条件。"⑤ 在反对者看来，这种完全从人的需求出发的宗教观已经在本质上超出了宗教的范畴，宗教作为神圣的信仰并不是可被检验的假设，我们不可能今天意愿一种宗教，明天又因为这种宗教行不通而放弃它，我们也不可能通过比较各种宗教而固定自己的宗教信仰。罗素由此提出了对詹姆士宗教观的三个批评：第一，混淆假设和信仰；第二，认为接受有神论的唯一条件是我们主观认为它是令人满意的；第三，鼓励互不相容的命题从而造成理智上的混乱。⑥

---

① WWJ 6：138.

② WWJ 6：140.

③ WWJ 4：54.

④ WWJ 6：8.

⑤ WWJ 6：8.

⑥ Russell，"Pragmatism，" in *Philosophical Essays*，pp. 79 - 111.

　　但是在詹姆士看来，作为"神圣要求者"的上帝并不是一般意义上的假设，而是"活的理由"（living reason）或"活的假设"（living hypothesis）。所谓活的理由或活的假设，首先，它必须是生动的，能给我们造成强烈的印象；其次，我们无法逃离这个理由或假设；最后，我们由此做出的决定在原则上是不可逆的。换言之，被詹姆士选择接受的上帝必须对他本人的生命实践而言是关键性的。他指出，这个假设必须符合三个标准：直接通透性（immediate luminousness）、哲学合理性（philosophical reasonableness）和道德有益性（moral helpfulness）。① 我们已经看到，詹姆士通过说理阐明了上帝这个假设的哲学合理性和道德有益性，但这三个标准中最关键的却是无法通过说理阐明的直接通透性。从这一认识出发，《宗教经验之种种》并没有讨论基督教的教义、教会以及相关的宗教实践，而是将所有篇幅都放在了对个体性宗教经验的描述和剖析上。从某种意义上来说，《宗教经验之种种》进一步深化和展开了爱德华兹在《论宗教情感》中提出的思路。和爱德华兹一样，詹姆士认为宗教在首要意义上是一种"心的感觉"，宗教的根源和意义只能在个体的情感和体验中寻找。詹姆士像爱德华兹一样区分了"脑的理解"和"心的感觉"，并试图在心理学研究的语境中重新解释后者。他试图在《原理》阐明，每一个意识都带有边缘（fringe）或光晕（halo）。在此基础上，他在《宗教经验之种种》中指出，上帝或许就是在这种"潜意识的连续"（subconscious continuation）中和个体交通的。②

　　在爱德华兹那里，"心的感觉"要求我们从一般性理解进展到"精神性理解"（spiritual understanding）。在相同的意义上，我们在《宗教经验之种种》中看到，直接通透的体验将不同程度的神秘性引入"人的宗教"，上帝从一个合理的假设变成了某种完全超出理智限度的体验。对这种仍然处在经验内部，但又带有超越倾向的体验而言，人的意志不再是主导性因素。詹姆士在《宗教经验之种种》中讨论了宗教改宗（conversion）的两

---

① WWJ 15：23.

② WWJ 15：403.

种形式，一种形式是自我意愿（volitional type），另一种形式则是自我屈从（self-surrender）。关于前一种形式，詹姆士指出："重生的过程通常是渐进式的，在这一过程中，道德的与精神的新习惯逐个累积，并形成一组新的习惯。但总是存在一些关键的节点，在这些关键之处，重生的运动看起来比平常要快很多。"[1] 但他接着又指出："即便是那种最出于自我意愿的重生类型也依然部分地夹杂着自我屈从；并且，在大多数情况下，即使意志尽了最大的努力将我们带向了精神上的完满统一，仍然有最后一步需要完成，而这最后一步需要其他力量在没有意志行为的帮助下完成。换言之，自我屈从这时候便成了不可或缺的因素。"[2] 意志的力量并不是终极的，在精神的重生过程中，最后的一步并不依靠意志来完成。相反，个体需要屈从于某种神秘而强大的外在力量来完成精神上的超越。在詹姆士看来，意志不可能无限地强大下去，因为意志的力量不是绝对的。人的有限性规定了意志的有限性，最终，我们屈从的不是意志，而是既外在于我们又内在于我们的神性力量。

　　詹姆士在《宗教经验之种种》的最后明确指出，这种神性力量就是基督徒的上帝。尽管詹姆士以极为宽泛的视角考察了各种宗教，但他对宗教经验的描述在结构和基调上都没有脱离清教传统。正如尼布尔（Richard Niebuhr）所指出的，詹姆士在《宗教经验之种种》中使用的种种语汇（比如"病态的灵魂""分裂的自我""改宗""神圣感"等）本质上都属于福音派的叙事。[3] 我们甚至还看到，在《原理》中自称为"自由思考者"的詹姆士已经自视为基督徒的一员："至少对我们基督徒而言，上帝是至高实在的自然名称，我将宇宙中的更高部分称为上帝。我们和上帝彼此往来，我们向上帝敞开自身，由此完成我们最深的命运。"[4]

---

[1] WWJ 15：170.

[2] WWJ 15：171.

[3] Richard Niebuhr, "William James on Religious Experience," in Ruth Anna Putnam, ed., *The Cambridge Companion to William James*. Cambridge：Cambridge University Press，1997, p. 225.

[4] WWJ 15：406.

这些表述在詹姆士的人本主义宗教和清教神学之间建立起若即若离的关系。不管詹姆士是否为了契合讲座主办方的主旨（吉福德讲座的目标是"促进和传播最广泛的意义上的自然神学研究"）而提出自己是"基督徒"的说法，可以肯定的一点是，詹姆士所理解的上帝已经超出了观念性的构想，变成了人格化的交流者，甚至规定者。在很多宗教人士看来，这种"半心半意"的宗教态度是无法被接受的。即使在同为实用主义者的皮尔士看来，这种宗教观也带有太多的个体性僭妄和傲慢。他在给詹姆士的一封信（1902 年 6 月 12 日）中写道："既然有这些精神性影响，你为什么不加入教会？想必你不会让那些如地下墓穴的灰尘一般的形而上学教条剥夺你受教会影响的权利吧？"① 而在詹姆士看来，这种"半心半意"并不是因为自己在信仰上的迟疑，而是因为人在本质上就是处于这样一种中间状态。反复确认并不是因为决心上的游移，而是因为有限存在和无限存在之间的决定性距离。

在尘俗与神圣之间

叔本华要求我们"放弃所有的意志，主动禁欲的苦行主义，将自己的内在存在和所有事物或世界的内核等同起来的神秘主义"②。他告诉我们，这不仅是东方宗教的教导，也是基督教的真正教义。③ 在詹姆士看来，这个选择从一开始就是不成立的。他的彻底经验主义拒斥任何意义上的二元论，认为意志的当下投射（表象）和永恒意志之间并不存在无法冲破的"摩耶之幕"（the veil of maya）。因此，生命的探问并不是从"这一边"问向"那一边"，而是在纯粹经验之流中探究关于经验本身的问题。他在《决定论的困境》中指出："我们的道德视域跟随我们移动，我们永远不可

---

① Perry, *The Thought and Character of William James*, vol. 2, p. 425.

② Schopenhauer, *The World as Will and Representation*, vol. II, p. 613.

③ Schopenhauer, *The World as Will and Representation*, vol. II, p. 615.

能接近水天的交际线。"① 不仅伦理层面的探究是如此，更深层的精神层面的探究也是如此。詹姆士试图阐明，如果我们的救赎存在，也只能在经验的内部寻找。他在《实用主义》中指出："对多元实用主义而言，真理是在所有有限经验的内部生长的。它们互相依赖，但真理的整体，如果这个整体存在的话，却不依赖任何东西。有限经验就是全部'家园'，而有限经验本身是没有家园的。流变之外没有任何东西来确保流变，内在于流变中的希望和潜力就是它的唯一救赎。"②

那么身处经验洪流中的我们又该如何做出选择，校准航线呢？詹姆士认为，坚持彻底经验主义的必然代价是我们无法跳脱经验本身来把握最终目的，既然经验内部的探索只能从自身的兴趣和视角出发，那么我们就必须以一种爱默生式的"自我依靠"坚持自己的信念并据此展开行动。但詹姆士清醒地认识到，选择并非易事。事实上，决定在詹姆士那里一直都是一个重大难题。他花了 15 年时间决定自己要做什么工作：从科学转到绘画，又转回科学，再次转到绘画，接着转到化学、解剖学、自然史，最后转到医学。1872 年，他开始在哈佛教授生理学，接着又转教实验心理学，接着又转教哲学。1903 年他开始考虑是否退休。他在 1905 年秋天的日记中写道，10 月 26 日："退休！" 10 月 28 日："退休！！！" 11 月 4 日："退休？" 11 月 7 日："退休！" 11 月 8 日："不要退休。" 11 月 9 日："退休！" 11 月 16 日："不要退休！" 11 月 23 日："退休。" 12 月 7 日："不要退休。" 12 月 9 日："明年还是在这里教书。"他最终于 1907 年退休。③ 并且，我们的选择是易错的。詹姆士指出，经验的哲学家"不能预先确知究竟选择哪一个特殊的宇宙，他只知道，如果他选择错了，伤痛的教训很快就会告诉他这一事实"④。

尽管选择是困难的且是易错的，但我们必须做出选择，那些不能践行

---

① WWJ 1：131.

② WWJ 1：125.

③ Perry，*The Thought and Character of William James*，vol. 1，p. 441.

④ WWJ 6：158.

自我意志的人永远不能达到生命应有的高度，我们必须出于信念而行动，并甘愿承担相应的风险。詹姆士指出："我们想获得一个真理，我们试图相信自己的实验、研究和讨论能够将我们置于一个能够获得真理的越来越好的位置。在这个意义上，我们决意要为自己所认定的生活一战。然而要是一个皮朗式的怀疑主义者问我们如何知道这一切的，或者要求我们在逻辑上给出证明，我们的答案自然是：不，我们不能！这里只是一个意志反对另一个意志，我们只不过是为生命做了一个可以信赖的假设，而这种假设怀疑主义者是不会去做的。"①

我们已经看到，詹姆士的宗教观将选择的重担和后果都放在人的身上。在这个意义上，它和存在主义一样是一种"人本主义"。库珀（Wesley Cooper）认为詹姆士意义上的上帝是"纯粹经验的目的性结构"（purposive structure of pure experience）。② 这一论断是可质疑的，詹姆士的上帝为经验的进程提供必要的能量，但不提供目的。但是除了最大限度地激发道德能量，詹姆士的上帝还通过其他的方式和人发生关系，并通过这些方式为经验进程提供非引导性的保障。首先，它是对"生命的总体反应（total reaction）"。不同于当下此处的"因果反应"（causal reaction），总体反应需要我们"走出经验的前景，对宇宙的整体有一种深入的好奇感，感受到它的永恒存在、它的亲密或疏离、可怕或有趣、可爱或可憎，这些是我们每个人多少会有的感受"③。詹姆士在《宗教经验之种种》中指出："人类意识中好像有一种实在感、感受到一种客观的在场，知觉到我们所说的'有东西在那'，这种感受比任何特殊的'感觉'更深刻、更一般。"④ 其次，我们不是通过理性而是通过某种直觉获得这个实验性假设。詹姆士指出："清醒进行缩减和区分，让我们说'不'；而酒醉则进行扩展和联合，

---

① WWJ 6：19.

② Wesley Cooper，"James's God," *American Journal of Theology & Philosophy*，16：3（1995），pp. 261-77. 也参见 Wesley Cooper，*The Unity of William James's Thought*. Nashville：Vanderbilt University Press，2002，pp. 6 ff.

③ WWJ 15：36.

④ WWJ 15：55.

并让我们说'是'。事实上，酒醉是人说'是'功能的伟大激活者，它将它的信徒从冷漠的事物边缘带向事物的辐射核心，它让它的信徒在一瞬间同真理在一起。"① 可以看到，在酒醉的迷狂中获得关于神性的洞见，这一古老智慧从柏拉图的《会饮》一直延续到詹姆士这里。

詹姆士将这种直觉性的总体反应界定为神圣感（saintliness），上帝不提供目的，但让我们产生神圣感。他认为这种神圣感在那些在宗教上获得二次重生的人那里体现得尤为明显，比如圣保罗、奥古斯丁（Saint Aurelius Augustinus）、班扬（John Bunyan）和托尔斯泰（Aleksei Tolstoy）。在他看来，宗教改宗后的人往往能够达到一种"确信的状态"（the state of assurance）。这种状态有三个基本的特征：第一，所有的烦恼都消失了；第二，感觉获得了前所未知的真理，特别是那些关于生命之神秘的真理；第三，对世界产生了一种变化了的、想为之祝福的观点。② 詹姆士认为，神圣感的获得不能只依赖主观的意志，最终还是需要依赖显灵（epiphany）。

显然，这个洞见已经完全超出了意志哲学的限度，存在的条件不再是被意愿，而是神性的进入。这两个行为的施动者分别是纯粹经验之流和上帝，而这两个无所不包的（all-inclusive）概念从根本上来说是相互排斥的（exclusive）。这就意味着我们永远无法消除两者之间的张力，生命必须在尘俗与神圣之间永恒摇摆。詹姆士的宗教观由此变成了一种在居间中寻找平衡的艺术。他在《宗教经验之种种》中多次指出的，如果神圣不受到俗世理智的限制而成为一种自足（self-sufficient）和自证（self-validating）的规定，那么它就很有可能成为一种荒谬甚至可怕的自我纵容（self-indulgence）。他还在《信念的意志》中谈到了两种"相对的危险"，即"相信的太少"或"相信的太多"。他指出，"并不存在科学或其他的方法能够让我们安全地行驶在这两种危险之间"，但"面对这些危险是我们的

---

① WWJ 15：307.

② WWJ 15：201－202.

责任，而找到正确的位置是衡量人智慧的尺度"。①

罗蒂敏锐地看到了詹姆士在宗教观上的摇摆。他指出，"人本主义"状态下的詹姆士将希望维系在我们自己身上，并试图呈现一幅"多元的民主图景"，而"浪漫主义"状态下的詹姆士则试图用"完满即是永恒"（perfection is eternal）这个"宗教假设"来摆脱人的根本困境。罗蒂认为，詹姆士的第一个洞见是健康的，而他的第二个诉求从根本上背叛了他的第一个洞见。但他随即又指出，也许只有"幸运的人"才能"不超出自然望向超自然，不超出此世望向彼世，而只超出人类的过去望向人类的将来"。因此，詹姆士的宗教观反映了人的基本境况，即摇摆于作为人类之理想未来的上帝和担保这种未来的上帝之间。② 更宽泛地看，我们还可以在詹姆士的哲学思想中发现这种摇摆。比如，盖尔（Richard Gale）指出，詹姆士的思想中存在着"本体论相对主义"（ontological relativism）和"神秘绝对主义"（mystical absolutism）的永恒张力：每个个体都以自己特有的方式把握实在，但这些经验最终又必须以某种神秘的方式整合为一个统一经验。③ 从某种意义上来说，在尘俗与神圣之间摇摆正是这种张力进一步深化之后的最终表现。

但我们要问的是，在詹姆士的思想中是不是真的存在"分裂的自我"（the divided self）？他的最终意图是不是要在这种摇摆中寻找某个平衡点？我认为这是值得进一步讨论的问题。詹姆士的多元论要求我们彻底抛弃"非此即彼"（either/or）的思考模式，坦然接受"同时"（both），甚至"更多"（more）。这种多元论思维模式的最终诉求不是调和，而是推进。一个多元论者（pluralist）虽然不是绝对主义者（absolutist），但可以是最大化主义者（maximalist），他甄别不同的视角，又在有所选择的基础上追

---

① WWJ 6：7.

② Richard Rorty, "Religious Faith, Intellectual Responsibility, and Romance," in *Philosophy and Social Hope*. London：Penguin, 1999, pp. 162 - 3.

③ Richard Gale, *The Divided Self of William James*. Cambridge：Cambridge University Press, 1999, p. 19.

求生命能量的最大化。因此，詹姆士的宗教观不仅是在居间中寻找平衡的艺术，同时也是一种不断寻求生长的艺术。他在《一些哲学问题》中指出："多元论既不是乐观主义的，也不是悲观主义的，而是改良主义的。"这种改良主义认为"世界是可以得到拯救的，只要组成世界的每一个部分都做到最好。尽管如此，局部的挫败，甚至整体的挫败仍然是可能的"①。

作为居间的生长，詹姆士的宗教观无法被静态地把握。但它最终落脚于两个洞见：首先，生命的唯一救赎是，在当下此处基于生命的意志而行动，而上帝对于在最大程度上激发人的意志而言是必须的；其次，因为经验本身是一个开放的进程，所以关于上帝的思考也必然是开放的，这种开放性不仅意味着上帝的意义必须在不断展开的经验进程中被不断地充实，也意味着在尘俗中摸索的行动者必须随时向神圣性敞开自身。

第四节 作为共同信仰的"宗教性"：杜威的宗教观

我们既有这许多的见证人，如同云彩围着我们，就当放下各样的重担，脱去容易缠累我们的罪，存心忍耐，奔那摆在我们前头的路程。

《希伯来书》12：1

引 言

杜威的母亲露茜娜（Lucina Rich Dewey）是一位虔诚的基督徒，她出生于普救派（Universalist）的家庭，后改宗公理会（Congregationalism）。杜威的传记作者戴奎森（George Dykhuizen）告诉我们，露茜娜总是不停地问年幼的杜威："你和耶稣在一起吗？""你是否向上帝祈祷请求原谅？"② 19世纪80年代，在老师莫里斯（George Sylvester Morris）的启发下，杜威尝试在观念论的视域下探讨一种"解放神学"，并在常规的大学课程之外

---

① WWJ 7：73.

② Dykhuizen，*The Life and Mind of John Dewey*，p. 7.

开设了以"寻找上帝""基督徒生命的动机""认识上帝的责任""宗教情感的位置"等为题的查经班。① 彼时正值欧洲的新心理学通过留学生的回归大规模地流入美国，这一思潮与宗教传统的交锋直接促生了所谓的"进步正教"（progressive orthodoxy）。杜威是进步正教运动的核心成员，他在《安多弗评论》（*Andover Review*）和《神圣文库》（*Bibliotheca Sacra*）这些进步正教色彩浓厚的杂志上表达了一系列的文章，比如《新心理学》（1884 年）和《灵魂与身体》（1886 年）。进步正教以公理会为主要受众，试图说明生理心理学的研究不会对宗教信仰构成威胁。杜威在《灵魂与身体》中指出，生理心理学为我们揭示出的身心关系也许只是"证实并加深了"圣保罗早已带给我们的讯息："我们既有自然的身体又有精神性的身体……然而先有的不是精神性的身体，而是自然的身体，精神性的身体是后来产生的。"②

但这个"神学阶段"只维持了一小段时间。根据一般的说法，自 1894 年离开密切根大学加入芝加哥大学之后，杜威就不再参加每周末的教会礼拜，并完全告别了教会生活，这种状态一直持续至他的生命终点。根据冯友兰的回忆，1947 年，他在纽约见到了杜威，杜威告诉他："美国的宗教势力，有抬头之势。他说，有一个有钱的老太太，向一个天主教的主教说：'你若能够保证在我死了以后我的灵魂一定得救，我就把我的财产全部献给教会。'那个主教说，当然保证。这位老太太信以为真，就把财产献给教会了。说到这里，我们都大笑不止。"③

我们可以明显地看到杜威在宗教观上的巨大转向。他在思想自传《从绝对主义到实验主义》（1930 年）中告诉我们，促成这一转向的并不是哲学上的思辨，而是纯粹出于个体感受的好恶取舍。他指出："我是在一个较为'自由'的传统福音教派的环境中成长起来的。后来我在接受信仰还

---

① Robert Westbrook, *John Dewey and American Democracy*. Ithaca: Cornell University Press, 1991, p. 22.
② EW 1: 114 - 115.
③ 冯友兰. 三松堂自序［M］. 上海：东方出版中心，2016：126.

是放弃传统教会信条之间所做的斗争乃是源自个人经验，而非受哲学的影响。换言之，哲学在这一方面对我既没有吸引力，也没有影响力。"① 他接着又指出："传统宗教信仰与我所接受的其他观点之间的冲突是一种个人的斗争与危机，在任何时候都与哲学问题无关。因此，宗教和哲学看起来是分离的。"②

毫无疑问，这个世俗转向对杜威的思想发展而言是关键性的。但我对它与哲学思辨无关的论断持保留态度。我的主要理由是：首先，黑格尔的观念论不仅在很大程度上塑造了杜威早期的"解放神学"，还为他提供了超越教会实践的隐秘契机。在由杜威的女儿简（Jane Dewey）执笔的另一篇自传性文章（1930 年）中，我们找到这样的表述："他尝试相信教会的教条，但他的信仰并不足以满足他的情感需要。通过经莫里斯解释的黑格尔观念论，他在他青年生涯的后期获得了一种情感与理智的融合，这种融合是他在童年宗教经验中遍寻未果的。"③ 从这个角度来看，杜威的宗教观与哲学思考有着紧密的关联。其次，在倡导进步正教的过程中，杜威对心理学研究和宗教信仰所做的哲学反思也已经为后来的背离埋下了伏笔。比如，杜威在《作为哲学方法的心理学》（1886 年）中指出："如果我们单从理性出发就永远无法达到事实。如果我们从事实出发，我们将会发现它将自身揭示为理性。拒绝将事实或经验作为哲学的不过是一种成见。"④ 他逐渐认识到，宗教启示也必须以经验性事实为前提，而这一点在狭义的宗教视域下是无法实现的。最后，考虑到杜威的思想倾向，即各个层面的经验必须在一个整体性的视域中有机地整合起来，宗教和哲学的这种表面性分离就更值得怀疑。杜威本人也在思想自传中指出："任何个体所拥有的真正健全的宗教经验能够且必须适应个体所持有的那些理智上的信念。这种感觉起初还是朦胧的，但在后来的岁月里逐渐深化，成了我的一个基本信

---

① LW 5：149-150.

② LW 5：153.

③ Schilpp，ed. *The Philosophy of John Dewey*，p. 17.

④ EW 1：161.

念。"[①] 基于以上这些理由，我认为不能脱离杜威的哲学思想来单纯地考察他对宗教的接受和拒斥，相反，杜威的宗教观在很大程度上是他将哲学思考落实到个体经验中之后获得的成果。这是我要提出的第一个判断。

我要提出的第二个判断是，杜威在宗教观上的转向并不能被简单地界定为从有神论转向无神论。他在给奥托（Max Carl Otto）的一封信（1935年1月14日）中写道："如果无神论只是意味着不是有神论，那么我当然是无神论者。但无神论的流行用法要广得多，它意味拒绝所有能够控制物质性价值的理想性价值。在这个意义上，我并不是无神论者，也不想被贴上无神论者的标签。"[②] 我的看法是，杜威在宗教观上的"转向"也许只是表面上的，透过这个表面的转向，我们可以发现某种贯穿其整个思想历程的连续性宗教体验，而杜威在《一种共同信仰》（1934年）中提出的用"宗教性"（religiousness）来代替"宗教"（religion）的思路不过是这一连续性体验经过不断生长最终呈现的"完成形态"（consummation）。

本节的讨论将以第一个判断为前提，着重探讨第二个判断所涉及的连续性。我将首先考察《一种共同信仰》中的"宗教性"，然后讨论杜威如何在"共存"维度下的将作为共同信仰的理想落实为"民主"，最后通过引入前瞻性和回溯性想象来揭示"宗教性"的两个维度，并探讨这两个维度如何在一个更宽泛的语境——"人在整体中"——中得到有机整合。

作为共同信仰的"宗教性"

1934年，时年73岁的杜威在耶鲁大学做了三个讲座，这三个讲座于同年以《一种共同信仰》为题出版。尽管和进步正教有根本性的区别，但《一种共同信仰》在很大程度上继承了后者的自由主义宗教传统（这一传统可以一直向前追溯至爱德华兹的神学）。杜威始终确信，宗教的本质不

---

① LW 5：153.
② CJD 08049.

是封闭的教义和教会，而是必须最大限度地整合人类经验中的各种要素。在《一种共同信仰》发表的前两年，保守主义者尼布尔（Reinhold Niebuhr）在《道德人与不道德社会》（1932 年）中重新捍卫了加尔文主义。尼布尔指出，以杜威为代表的自由主义者乐观地认为科学能够治疗社会的精神危机，但一战、大萧条、极权主义等各个层面的社会危机在最大程度上质疑了这一方案的可行性。① 杜威在《一种共同信仰》中正面回应了这种质疑，他指出："我不知道对社会关系的理解会进展到何种程度。我确实知道的是，这种理解只有通过努力才能进展，而认为只有超自然存在才能控制社会关系的预设无疑会阻碍这种努力。这一预设一定会阻碍社会智性的进展，正如它之前也阻碍了物理知识的发展。"②

　　但《一种共同信仰》的经验主义倾向并没有让它变成一个世俗性文本。正如进步正教并不试图用科学研究的结论来取代宗教信仰，杜威也并不认为我们应该在抛弃超自然存在的同时抛弃人类经验的宗教维度。在这个意义上，《一种共同信仰》是一个"自然神学"的文本。但杜威也意识到，这个文本的受众是非常特殊的。他在上面提到的信中指出："这本书首先写给那些隐约感觉到自己有某些宗教性的本质，但又因为接受不了宗教而感到困惑的人。"③ 但是除了能够确实和杜威产生共鸣的一小部分人，杜威所探讨的"宗教性"对宗教人士和非宗教人士而言都是难以理解的，前者认为宗教性远不够宗教，而后者则认为杜威完全没有必要保留这一提法。杜威在一篇回应文章中指出："《一种共同信仰》并不是讲给那些满足于传统的人听的，在这种传统中，'形而上学'在本质上等同于'超自然'。它的听众是那些放弃了超自然主义，并因此被传统派诟病为放弃了任何宗教性的人。这本书试图让这些人明白，在他们的经验中依然保留着所有那些让他们的态度具有宗教价值的要素。"④ 但"具有宗教价值的要

① 参见 Reinhold Niebuhr，*Moral Man and Immoral Society*．New York：Charles Scribner's Sons，1932。

② LW 9：51．

③ CJD 08049．

④ LW 14：79－80．

素”是一个非常微妙的提法：它所表达的究竟是一种世俗化的宗教，还是一种宗教性的世俗观念？①

　　概而观之，杜威探讨的宗教性具有以下三个主要特征。首先，不同于作为“实体性名词”的宗教，宗教性是一个形容“经验性质”的“形容词”。作为形容词的宗教性“并不表示任何可说明的实体，无论这种实体是体制性的还是作为一种信仰体系；同时，它也不表示任何我们可以特别指称的东西，比如历史上的这个或那个宗教或教会。因为宗教性不能表示任何可以自身存在，或者可以被组织成一个特殊而明确的存在形式的东西，它表示的是一种可以被用在任何对象、目的或理想之上的态度”②。杜威进一步指出，宗教性不只局限于形容狭义的宗教经验：“经验中实际的宗教性质是一种效应，是生命与环境之间一种更好的互相适应，而不是生命的样式和成因。经验运作的方式和功能决定了它的宗教价值。……宗教性的经验在不同的人当中以不同的方式产生。有时候它产生于对某个事业的热爱，有时候产生于一节视角新颖的诗歌，有时候则产生于哲学思考，就像被他的时代称为无神论者的斯宾诺莎所做的那样。”③ 这样一来，对宗教性的界定就变得极为开放和多元，它的含义在我们的经验进程中不断地得到充实。

　　其次，尽管杜威在《一种共同信仰》中使用了“上帝”一词，但宗教性并不必然引向上帝。在杜威去世后不久，他的学生胡克在一篇回忆文章中提到，杜威曾经对为什么仍然要使用“上帝”这个概念给出了四条理由：第一，“‘上帝’这个概念在思想史上的意义并不明确”；第二，“即使它被误解了也没有什么危险”；第三，“没有理由说与这一概念所引发的那些与神圣、深奥和终极联系在一起的情感就一定要是超自然主义的”；最后，“除此之外，如果我们否决了在理智上使用‘上帝’概念的权力，那

---

① 参见 Kuklick, *Churchmen and Philosophers*, pp. 250 ff; Michael Eldridge, *Transforming Experience: John Dewey's Cultural Instrumentalism*. Nashville: Vanderbilt University Press, 1998, pp. 126 ff.

② LW 9: 8.

③ LW 9: 11.

么很多人即便没有受到伤害，也会感到不知所措。他们不去教会，他们相信我所相信的，要是不能谈论上帝他们一定会感到失落。那么，为什么我就不能使用这个概念呢？"① 在宗教人士看来，这种将上帝经验化的做法本质上是在否定上帝。杜威本人也承认，我们并不一定要借助上帝概念来谈论宗教性。1933 年，杜威就魏曼（Henry Nelson Wieman）、麦金塔（Douglas Clyde Macintosh）和奥托合作的《上帝存在吗？》一文在《基督教世纪》（*Christian Century*）上发表了一篇评论。魏曼和麦金塔马上回应了杜威的评论，针对他们的回应，杜威再次回应道："通过将宗教性经验同上帝存在的问题分离开来（比如在相距甚远的佛教徒和孔德式实证主义者们那里），我发现自己的经验可以在许多人那里得到确证。所有那些传统宗教人士所珍视的、并将它们与各自的上帝概念维系在一起的东西都可以在人的普通经验中找到，这些经验包括人与自然世界的关系，以及蕴含在家庭、友谊、工业、艺术、科学和国籍当中的人与人之间的关系。……要么我们从真正的宗教性经验的角度出发，抛弃上帝这一概念，要么上帝的概念必须完全被置于由人类经验中的自然关系和人的关系组成的框架当中。"②

再次，虽然这种极为开放和多元的宗教性不涉及固定的教义和建制，但最终必须落脚于某种可被共享的完成形态，由此揭示人类精神生活的最深层维度。休谟在《宗教的自然史》（1757 年）中指出，如果我们将宗教定义为"对不可见的智性力量的信仰"，那么宗教的普遍性和共同性便是不可能达到的，因为"任何两个国家，或任何两个人之间都不可能正好拥有一模一样的宗教情感"。因此，宗教并不是内在的，也不是出自"自然的原始本能或首要印象"。在这个意义上，"第一位的宗教原则就变成是次

---

① Sidney Hook，"Some Memories of John Dewey，1859‒1952，" in *Pragmatism and the Tragic Sense of Life*. New York：Basic Books，1974，p. 114.

② LW 9：224. Henry Nelson Wieman, Douglas Clyde Macintosh & Max Carl Otto, *Is There a God? A Conversation*. Chicago：Willett Clark，1932；杜威的评论见 *Christian Century* 50（8 February 1933），pp. 193‒6；魏曼和麦金塔的回应见 *Christian Century* 50（1 March 1933），pp. 299‒302；杜威对他们的回应见 *Christian Century* 50（22 March 1933），pp. 394‒5。

要的了"，而正因为它们是次要的，也就会"轻易地在各种意外和外因的影响下发生改变"。① 不同于休谟式的自然神学，杜威的自然神学版本认为我们可以从人类的各种宗教性经验中提炼出一种可被共享的共同信仰，这并不是说每个人都必须拥有相同的宗教经验，而是说每个人都必须参与到一种共同信仰的建构中去。在这个意义上，一种抛弃了传统宗教框架的共同信仰是可能的。

　　杜威将宗教经验中的共同要素界定为人类的最终"理想"（ideal），这种理想是人类在生命实践中凝聚和累积的最大化和最优化价值。这一界定包含两个要点。首先，理想是在长期的社会交往过程中凝结而成的被珍视和可传承的理想价值。因此，理想不仅不和传统宗教价值对立，还是对后者的推进。杜威区分了三个历史阶段：在第一阶段，"人类之间的关系被认为是受到了堕落人性中恶的感染，因此需要外在的超自然力量的拯救"；在第二阶段，"那些宗教上的价值被认为是人类关系中重要的部分"，这一阶段现阶段已由自由派神学家们实现；在第三阶段，"人们意识到，那些宗教所珍视的、具有理想化要素的价值事实上不过是自然事物的理想化，人们为了保护和认可这些经过理想化的自然事物，才把它们置于超自然的领域当中"。杜威指出："除非我们能够进展到第三阶段，否则生命中根本的二元对立和分裂还将继续。"② 不过，我们还应注意到，杜威在某种意义上并未完全跳脱自己所处的传统宗教语境，因为他还是将进展到第三阶段的任务交给了教会："那些宝贵的、值得珍惜的人类价值，那些经过所有的人类考量和安排校正之后令人满意的价值，可以用不同的方式和不同的符号被教会所赞美和加强。以这种方式，教会或许真的能称得上是'包容性的'（catholic）。"③ 杜威的想法可能是，在我们还不能通过理想的教育形式传播和普及这种共同信仰之前，教会也许是我们可选的最有效的

---

① David Hume, *The Natural History of Religion*, in *Four Dissertations*. Oxford: Clarendon, 1976, p. 25.

② LW 9: 48-49.

③ LW 9: 54-55.

手段。

但不管怎样，杜威认为共同信仰的建构是一项面向未来的工作。虽然宗教性的最终基础是开放而多元的经验和文化，但基于智性方法的智性行动却是实现这种宗教性的唯一手段。这一构想具有强烈的改良主义色彩。尼布尔对杜威的一个批评是，杜威可能没有意识到，他对共同信仰的探讨已经非常接近先知宗教（prophetic religion），即相信"已经在神圣领域实现的预先存在的理想"，而不是"对正义的实现作历史性探究"。^① 这一批评是不成立的。杜威试图阐明，我们继承和传递的并不是某一个或某一组固定的宗教价值，而是体现为行动意愿和行动态度的宗教性，宗教价值的神圣性在这一过程中被转化为引导和提升人类精神的共同理想。他指出："我们的责任是保存、传递、订正和拓展我们所继承下来的遗产，这样当我们的后人从我们手上接过这些遗产时，他们所获得的东西就能更加坚实可靠、更易被广泛接受和分享。只有这样，一种宗教性的信仰才能不被限制在派别、阶级或种族当中。这样一种信仰一直以来都内含于人类的共同信仰中，我们所要做的便是彰显并发扬这种信仰。"^②

关于"理想"的第二个要点是，理想不是幻想或假想，它是一种引导实际行动的投射性想象，它必须和行动本质地关联起来。但不同于具体情境中的"可预见目的"（end-in-view），作为共同信仰的理想并不具体地指导当下的行动，而是提示我们当下的行为如何处在无限的视域中，以此来激励当下的行为，并拓展它的意义。杜威在《人性与行为》中指出："我们每一个微小的努力都与支撑和支持它们的无限事件连接在一起。对这一无限连接的意识就是理想。当这种无限感伴随一个物理行为出现时（尽管这个行为只占据空间中很小的一点，且只持续很短的一段时间），这一当下的行为就会变得巨大、不可测量而不可思维。这种理想并不是一个需要

① Richard Wightman Fox, *Reinhold Niebuhr: A Biography*. New York: Harper & Row, 1987, p. 165.

② LW 9: 57 - 58.

被实现的目标，而是一种需要被感觉和欣赏的重要性。"①

杜威还建议我们在这种理想与行动的动态关系中重新界定上帝。他指出，上帝是"激发我们欲望和行动的所有理想目的的统一体"②。他还指出："处于人类状态的我们并不能完全实现理想，但我们的理想也绝不是无根的、幻想性的和乌托邦式的，因为自然和社会中的力量产生并支撑着这些理想。并且，这些理想可以在行动中进一步统一起来，变得一致而坚固。我将这种理想与现实之间的行动关系称为'上帝'。"③ 我们可以在过程神学家那里找到同样的思路。霍桑在一篇评论文章中指出："对韦斯和我来说，终极理想和上帝的存在都不是偶然的。因此我们要么认为上帝和理想是相互依赖的，要么就只能回绝这一问题。根据我的理解，韦斯采取了第一条道路，我也同意这一选择：必然的上帝和永恒的理想是互相依赖的。……我们不需要说'除了上帝之外还有一个永恒的理想'。将这一理想永恒地作为其目的的上帝已经包含了这一理想。因此，说'上帝和理想'就等于是说'上帝'。"④ 更为宽泛地看，杜威对上帝的这种界定也和当时美国的人本主义神学思潮存在着交集。经由里奇尔（Albrecht Ritschl）等人发展后的康德式神学思潮通过劳申布施（Walter Rauschenbusch）和社会福音运动（Social Gospel movement）传入美国，直到二战之前都极具影响力，之后在尼布尔等人的攻击下才逐渐式微。这一思潮否认神圣精神在人类心灵中的神秘显现，认为善恶之间的斗争是纯粹道德性的，人的提升只能依靠道德律令，而非祈祷和圣恩。

在理想的这两个要点中，前一个要点整合人的价值，后一个要点解放人的行动。这里的关键在于，这两个要点中的"人"都是共同体维度下的人。杜威试图阐明，由理想激发和引导的行动不是个体的行动，而是共同

---

① LW 14: 180.

② LW 9: 29.

③ LW 9: 34.

④ Charles Hartshorne, "Paul Weiss's 'The God We Seek'," *The Review of Metaphysics*, vol. 25 (1972), pp. 111 - 2.

体的行动，任何从现实到理想的过程都不可能由个体独自实现的。因此，基于理想的宗教性必须是一种"共同理解"，而非个体性的精神启示。他指出："较之于对完全启示的信仰，通过指导人类合作来不断开启真理的信仰更具宗教性。"[1] 在杜威看来，无神论和超自然主义犯了一个共同的错误，即认为人是孤立的。为了克服这一错误，他要求我们在认识上做如下的更新："一种宗教性的态度需要人之间的维系感，我们通过想象感受到包围我们的世界是一个宇宙，在这个宇宙中人要相互依赖、相互支持。传达了现实与理想之间的统一的'上帝'或'神'也许能够防止人们产生一种孤立感和随之而来的失落感或自大感。"[2]

共存视域下的民主理想

在杜威的语境中，存在的本质在于存在的分享（sharing of beings），存在之存在（being qua being）只有在"共存"（co-existence）的维度下才能得到理解。他试图阐明，如果我们要探讨人这种特殊存在的信仰维度，就必须在人的共同体中加以探讨，任何信仰都必须是一种共同信仰。他在《一种共同信仰》中指出："本质上非宗教性的态度是，认为一个人的成就和目的可以孤立于自然和他的同伴存在。"[3] 可以看到，不同于其他实用主义者，杜威在很大程度上远离了清教传统和超验主义的个体化路径。他不再强调宗教在首要意义上必须是一种个体体验，也不再探讨有限存在与神性存在之间的特殊"通路"，而是将个体所处的社会性关系作为探讨宗教性的出发点和落脚点。

杜威的彻底性在于，他不是在强调社会性之于个体性的优先性，而是试图阐明个体宗教与群体宗教的关系是一个虚构的问题，因为实际上并不存在严格意义上的个体，任何个体首先都必须是一个处在社会关系中的

---

[1] LW 9: 18.

[2] LW 9: 36.

[3] LW 9: 18.

"人格"或芝加哥学派意义上的"心灵"。我们可以从杜威对格林（Thomas Hill Green）的批判中明确看到这一点。① 杜威认为格林的伦理学体系内存在着一个不可解决的矛盾：一方面是人性和欲望，一方面则是先定的道德理念。他认为造成这一困难的原因是格林过于依赖"永恒而完满的意识"。他指出："实现人的能力并不意味着去充填某些假定的理想自我"，为此他想要"强调一种工作的或实践的自我观去反对固定自我或假定自我"。② 在杜威看来，格林的自我观直接继承了亚里士多德式的"自我实现"（self-realization）。这种自我实现将人从与他人的具体关系中抽离出来，作为一个抽象概念来对待。当然，亚里士多德的"实践智慧"（phronesis）将人际关系作为主要的考量对象，而格林也将"人际之爱"（interpersonal love）视为除"不朽"之外最好的东西，但这些概念本质上都是从理想自我中派生的。杜威还看到，自我实现所指向的是目的论意义上的目的，而不是依赖于具体情境的"可预见目的"，在这种目的论的视角下，真正的自我生长是不可能实现的。基于这些考量，后期的杜威不再讨论"自我"，开始更多地谈论社会性的"人格"。比如，他在晚年的手稿中指出："一个人格一定是一个男人或女人，但还必须具有一些额外的能力，这些能力只有在一个具有关系性功能的群体中才能存在（或运作），这些关系性功能包括义务、权利、责任和豁免权。"③

在这种共存的视角下，杜威将《一种共同信仰》中探讨的最终理想界定为"民主"。韦斯特布鲁克（Robert Westbrook）指出："参与性民主是杜威提出的包容一切的理想目的，这个理性促生了他的道德信仰，并将他的全部工作统一在一起。"④ 我认为这个判断是准确的。事实上，杜威在早

---

① 杜威在 1892 年至 1893 年间写了三篇与格林相关的文章，分别是《托马斯·希尔·格林的哲学》（"The Philosophy of Thomas Hill Green"，EW 3：14 - 35），《格林的道德动机理论》（"Green's Theory of the Moral Motive"，EW 3：155 - 173），《作为道德理想的自我实现》（"Self-Realization as the Moral Ideal"，EW 4：42 - 53）。

② EW 3：43 - 49.

③ 约翰·杜威. 非现代哲学与现代哲学［M］. 孙宁，译. 上海：华东师范大学出版社，2017：175.

④ Robert Westbrook, "Democratic Faith：A Response to Michael Eldridge," *Transactions of the Charles S. Peirce Society*, 32：1 (1996), p. 31.

期的《基督教与民主》（1892 年）中就已经指出："通过民主，也就是在行动的共同体中实现的观念和兴趣的共同体，人（作为普遍真理的器官）的上帝才成为活生生的在场，才获得普通的自然意义。"①

如果我们对杜威式的民主做狭义的理解，就会认为这个世俗性价值和宗教性之间存在着不可跨越的鸿沟。正如罗斯诺（Eliyahu Rosenow）所批评的，"杜威试图让民主理想的世俗信念看起来像是一种宗教信仰，换言之，杜威并没有修改传统的宗教概念，而是将世俗概念伪装成宗教概念"②。这样的认识在很大程度上误解了杜威。我们必须看到，杜威式的"民主"至少具有以下四个特征：

首先是同情性和同感性。杜威在《哲学与民主》（1918 年）中提出了一幅基于友爱（fraternity）的民主图景。他指出，民主生活有两个基本层面：第一个层面表现为个体性的"民主式平等"；第二个层面是"作为联系性的友爱"，这种友爱表现为"没有界限的联合与互动"。③ 他还在第二版《伦理学》（1932 年）中指出："与共同体经验联系起来看，友爱是下面这种做法的代名词，即有意识地赏识那些产生于个体所分享的联合体，并能指导每一个个体行为的有益价值。"④

其次是教育性。杜威在《民主与教育》中指出："不但社会生活需要教和学来获得自身的持存，一起生活的过程本身就具有教育功能。"⑤ 在他看来，教育的本质不是实现某个既定的目标，而是组织和重构已有的经验，从而在最大程度上获得新的意义和价值，而这种教育的主要途径是在一起生活的过程中不断培养和提升我们的反思力、责任感和创造性。在这个意义上，真正的民主生活同时也是教育的过程。

再次是实验性。真正的民主是经验内部的实验性的探究。杜威在《经

---

① EW 4：9.

② Eliyahu Rosenow, "The Teacher as Prophet of the True God：Dewey Religious Faith and its Problem," *Journal of Philosophy of Education*, 31：3 (1997), p. 436.

③ MW 11：53.

④ LW 7：329.

⑤ MW 9：9.

验与自然》中指出:"经验性方法的最终问题在于:信念与行动的指导和标准是处于可分享的生命情境之中的,还是之外的?"① 作为实验性探究的民主进程随时准备修正甚至抛弃既有的结论和规则,它的最终诉求不是绝对的一致性,也不是毫无共性的个体,而是创造能够帮助人类进一步生长的公共空间。

最后是对话性。强调对话一直以来都是美国思想的重要特征。如果说马克·吐温是崇尚对话的叙述者(storyteller),惠特曼是崇尚对话的诗人(poet),爱默生是崇尚对话的布道者(preacher),那么杜威就是崇尚对话的哲学家(philosopher)。这里我们要特别提及惠特曼对杜威的影响。在惠特曼看来,相似或相近的心灵总能互相切近和相互发现:"只有灵魂才能懂得灵魂。"② 这些相互切近的心灵能够在对方之中发现自身,由此构成一个心灵的整体:"我赞美我自己,歌唱我自己,/我承担的你也将承担,/因为属于我的每一个原子也同样属于你。"③ 惠特曼认为,一个伟大的国度应该是一个由完整而健康的灵魂所构成的共同体,而构成这个共同体的关键正是交谈。灵魂在交谈中完全向其他灵魂敞开,在分享和批评中建构起一个健康的关系之网。他写道:"陌生人,如果你在路上遇到了我,愿意和我交谈,/为什么就不该和我交谈呢?/我又为什么不该和你交谈呢?"④ 惠特曼这种共同体想象正是杜威提倡的民主形式,他在给第一任妻子爱丽丝(Alice Dewey)的信(1887 年 4 月 16 日)中写道:"随着我对惠特曼阅读的增多,我越来越发现他有着非常明确的哲学。他关于民主的哲学及其与宗教的关系对我造成了巨大的冲击。"⑤

以上这些特征让杜威式的民主从根本上超越了狭义的政治形式,推进到一种广义的存在模式,它不是派系纲领或意识形态,而是对社会生活组织方式的开放性批评。爱默生在《自我依靠论》中指出,一旦我们任由

---

① LW 1: 391.
② 惠特曼. 草叶集 [M]. 赵萝蕤,译. 上海:上海译文出版社,1991:456.
③ 惠特曼. 草叶集 [M]. 赵萝蕤,译. 上海:上海译文出版社,1991:59.
④ 惠特曼. 草叶集 [M]. 赵萝蕤,译. 上海:上海译文出版社,1991:37.
⑤ CJD 00057.

"党派的囚服穿在我们身上"，就会"逐渐换上同一副面孔和相貌，逐渐获得一副最驯服的、像蠢驴一样的表情"。① 如果我们在爱默生批评的意义上理解杜威式的民主，那么它和宗教性之间确实存在着不可跨越的鸿沟。但是如果我们能跳脱狭隘的视角，就会发现这种围绕民主生活展开的理想价值中确凿无疑地带有某种宗教性，即对于"共存"的确信，对于共存方法的探讨和修正，以及由此获得的开放性和超越性。

可以看到，不同于其他实用主义者，杜威对宗教性的探讨从个体层面的精神性转向了社会层面的理想价值，这让他在很大程度上背离了清教传统和超验主义强调的个体化路径。我认为这和杜威的思想取向有很大的关联。胡克指出，如果说詹姆士是"劣势者的哲学家"（philosopher of the underdog），那么杜威就是"平常人的哲学家"（philosopher of the plain man），"杜威的兴趣永远不在于特殊情况，不管是出格的天才、问题儿童，还是一般个体，他感兴趣的是影响大多数个体的情况和问题"。② 这个视角从根本上决定了杜威探讨宗教性的基本路径。另一方面，从外部因素来看，在《一种共同信仰》发表的前后几年间，美国社会发生了急剧的变革。人们发现自己越来越不能固守原本的私人空间，个体被暴露在社会生活的各个方面中。即便是那些宗教人士也意识到，原本那种个体与上帝之间的个体化通路已经不再可能，在这种相互见证的社会环境中，我们需要更多的东西。

杜威试图阐明，作为共同信仰的民主理想正是我们所需要的东西。应该如何来理解共同体和宗教性的这种结合？利科（Paul Ricoeur）在一次访谈中指出，民主从本质上来说继承了神学政治体系的遗产，也就是说，"作为有爱的实践而生活在一起的愿望"实际上是憧憬一个"垂直结构"，即试图将一个政治的王国建立在神学之上。③ 可以看到，尽管杜威提出的

① WE 2：56. R. W. 爱默生. 自然沉思录 [M]. 博凡，译. 上海：上海社会科学院出版社，1993：132.

② Sidney Hook, *John Dewey: An Intellectual Portrait*. New York：John Day，1989，p. 17.

③ Paul Ricoeur, *Critique and Conviction*. New York：Columbia University Press，1998，p. 105.

共同信仰在某种意义上也是一种神学政治构想，但它并不是一个垂直结构，而是一个不断拓展的对话性框架。正如尼凯尔克（Anton Niekerk）所指出的，杜威的宗教哲学本质上是"宗教经验与政治生活的对话"①。这种"神学政治"追求的不是统一的人类经验，而是共享的交流意愿和智性追求。在这种宗教性形态中，自信的理智主义和盲目的宗教信仰都让位给一种保存和丰富人类价值的强烈冲动。在杜威看来，这种冲动才是宗教性的不竭动力。基于这种冲动，杜威在脱离狭义教会的同时又试图建立一个"包容性的"（catholic）教会。正是看到了这一点，1952年6月1日，92岁的杜威因肺炎去世后，其妻罗贝塔（Roberta Dewey）在纽约市的联合教堂（Community Church）为他举行了葬礼，该教会的核心教义是："信仰的核心以及教会生命的目的是，在地上实现至爱的共同体。"②

"人在整体中"：前瞻性想象与回溯性想象

但我们的讨论并没有到此结束。现在我们要问的是：这种基于民主共同体的最终理想是否涵盖了宗教性的所有层面？杜威在《作为经验的艺术》中提到，有一类哲学家"完全接受生活与经验中的不确定、神秘、怀疑以及半途的知识，通过想象和艺术，他们不断回到这些经验，以获得更深、更强的经验"③。杜威将莎士比亚和济慈（John Keats）归于这类哲学家，毫无疑问，他认为自己也是这类停留于半途并满足于半途的哲学家。但我在本章的引论部分引用了杜威的诗句。根据这些诗句的提示，我们不禁会想，杜威是否真的满足于在人类共同体内部进行勘探并寻找答案的处境？在生命中的某一个时刻，他是否想过求助于超验的存在呢？他在去世前三年的一篇回应文章中写道："卡恩先生在文章的结尾这样问道：'在杜

---

① Anton Niekerk，"Pragmatism and Religion，" in Alan Malachowski，ed.，*The Cambridge Companion to Pragmatism*. Cambridge：Cambridge University Press，2013，p. 308.

② Dykhuizen，*The Life and Mind of John Dewey*，pp. 320 - 1.

③ LW 10：41.

威的形而上学中，包括任何经验之外的存在吗？'我的回答是：在我的经验观或经验理论中，不包括任何经验触及不到的存在。"① 细细体会，我们会发现杜威只是断言他的经验理论中不包括任何经验之外的存在，并没有断言经验理论就是他的全部思想，也没有否认有超验存在的可能性。尽管这些未被明示的思考不会取消在共存维度下探讨宗教性的主导思路，但也让我们看到了杜威作为一位探究者的思想厚度。在他看来，对任何问题而言，尤其是涉及人类存在的根本性问题，反复的探究总好过匆忙的结论。

我们在《一种共同信仰》中找到一段不同寻常的论述："想象与自我和谐之间的关系比我们通常所想的更为紧密。整体的观念，无论是整体的人格存在还是整体的世界，都是想象性的观念，而不是如实的观念。只有通过想象性的延展，有限的观察与反思之下的世界才能成为宇宙。这种转变不能通过知识获得，也不能由反思实现，无论是观察、思考还是实践活动，都不能获得这种我们称之为整体的自我的完全统一。整体的自我是一个理想的、想象性的工作，因此那种自我与宇宙（这里的宇宙指的是与自我相关的条件的整体）之间深入而彻底的和谐观念只有通过想象才能运作起来，这也是这种整体的自我构成并不能通过特殊的意志或决心实现的原因。"② 可以看到，这里的想象似乎不同于对未来行动的想象性排演，因为杜威告诉我们，它不能通过知识获得，也不能由反思实现。而另一方面，这种想象的结果——"自我与宇宙之间深入而彻底的和谐观念"——似乎也在根本上有别于作为共同信仰的理想。那么应该如何理解这两条不同的路径呢？

桑塔亚那曾区分了"虔敬"（piety）和"精神性"（spirituality），前者是"回溯性的"（retrospective），而后者则是"前瞻性的"（prospective），因为"虔敬着眼于能量获得进程的条件和源头"，而精神性则"着眼于我

---

① LW 16：383.

② LW 9：14.

们朝向的目的"。① 借用桑塔亚那的这一区分，我建议在杜威的语境中区分前瞻性和回溯性想象。

前瞻性想象指向可预见目的，它的范例是道德想象。在杜威看来，说一个人道德高尚就是说这个人有很强的意愿并能慎重地去进行道德想象，即创造性地探索已有的经验结构和未知的经验领域，在两者的张力中实现意义的拓展和价值的丰富。这种想象又被杜威称为"慎思"："慎思是一种实验，其目的在于从各个方面考量一个可能的行动。它将所选的习惯和冲动进行各种实验性的组合，看会引发什么样的行动。但是这种实验是在想象中进行的，而不是实际发生的。"② 我们注意到，休谟《人性论》的副标题是"将实验推理方法引入道德主题的一种尝试"。如果说休谟的道德观强调对情感的经验观察，那么杜威的道德观则落脚于通过道德想象去前瞻性地把握行为及其后果之间的关联，在这个意义上，杜威真正运用了"实验推理方法"（experimental method of reasoning）。

不同于前瞻性想象，回溯性想象则着眼于整体。杜威在《作为经验的艺术》中指出，高强度的审美感知往往伴随着某种"宗教情感"（religious feeling）："我们被引入了一个超越此世的世界，较之于我们所生活的日常经验的世界，这个世界有更深的实在性。"③ 当然，这种宗教情感并不只在审美感知中产生："任何经验，即便是最平常的经验，都带有一种不明确的整体框架。在这种不确定的延展性整体中，事物与对象不过只是以当下此处的形式出现的焦点。这种经验的整体框架是一种质性背景，它通过特殊的对象和特别的性质得到定义或被明确地意识到。……我们感受到有超越的某物存在，这种感受我们永远都不能够完全摆脱。在直接可见的有限世界中，我们看到生于岩石之上的一棵树，然后我们将视线置于岩石上，再置于岩石上的苔藓上，如果我们再使用显微镜，也许还能看到一些微小

① George Santayana, *Reason in Religion*, in *Life of Reason or The Phases of Human Progress*. New York: Charles Scribner's Sons, 1905 - 06, III, p. 179, 193.

② MW 14: 132 - 133.

③ LW 10: 199.

的地衣。然而无论我们的视野是大是小，我们当下关注的经验都是属于一个更大的、包容广泛的整体。我们可以拓宽我们的视域，但无论怎么拓宽，我们始终觉得它并不是整体，视域的边界消融进一个不确定的广阔区域中，这一区域被我们的想象称为宇宙。"① 这段引文中的"超越的某物"（something that lies beyond）不是指超出经验的某种存在，而是指我们当下的智性筹划无法达及的整体框架。杜威试图阐明，前瞻性想象无法把握的整体框架可以在艺术性想象中实现，艺术性想象在这一瞬间脱离了当下此处的现实状态，直接把握到了经验的无限延展性，并在这种无限延展中将过去和未来的经验，将自我与宇宙关联起来。

　　这种趋向整体性的回溯性想象还可以进一步升华为"自然虔敬"（natural piety），通过想象性地反思人与自然的关系得到"自我与宇宙之间深入而彻底的和谐观念"，进而实现"整体的自我的完全统一"。这一观念深深地植根于美国的超验主义和自然主义传统，并在实用主义者（特别是杜威）这里得到了突出体现。在杜威看来，这种感受无法通过假设和求证获得，也不能在对话和批评中得到界定，而是需要我们回到经验的原初发生，也就是人与世界的根本关联，以及这种关联所指向的"一种不明确的整体框架"。事实上，在早于《一种共同信仰》的《确定性的寻求》中，杜威就已经开始探讨一种宗教性层面的自然虔敬（值得一提的是，和詹姆士的《宗教经验之种种》一样，《确定性的寻求》也是吉福德讲座的其中一期，而吉福德讲座的主旨正是推进自然神学）。杜威指出："自然（包括人性）连同它的所有缺陷和不完满可能唤起由衷的虔敬，这种虔敬是理想、可能性和渴望的来源，也是所有财富和尊贵的最终居所。"② 这种感受在《一种共同信仰》中得到了更加充分的表达。杜威指出："对自然的虔敬并不一定是对自然事件的宿命论者式的默许，也不一定是对世界的浪漫主义者式的观念化。它可以基于一种对自然的恰当感受，即我们是作为整体的自然的一部分，并且，作为自然的一部分，我们的特征是智性和目的

---

① LW 10：197 - 198.

② LW 4：144.

性，在自然的帮助下，我们有能力在自然与人类欲望之间达成更为和谐的一致。"①

可以看到，前瞻性和回溯性想象在杜威那里有着不同的功能：我们通过前瞻性想象建构起共同理想，通过回溯性想象获得整体性的规定；前者指向未来，后者指向原初；前者激发基于自我肯定的行动，后者则将一种谦逊的态度引入这种行动，使我们时刻意识到自己处在一个更大的整体中。在杜威那里，这两个维度上的想象共同构成了宗教性的本质，我们不可能在忽视任何一个维度的前提下把握宗教性的完整内涵。他在《作为经验的艺术》中指出，想象是"一种看待和感受那些构成有机整体的事物的方式。它是心灵和世界接触时出现的大量丰富兴趣的混合。想象伴随着旧的、熟悉的事物在经验中的更新。新经验的创造使原本遥远而奇怪的东西变成了世界上最自然、最必然的事物。心灵与宇宙的接触是一场以一定尺度展开的冒险，而这场有尺度的冒险就是想象"②。想象既帮助我们在现实性中看到可能性，将尽可能多的意义引入我们的视野并加以组织，又帮助我们在寻常之处看出不寻常来，通过这些超常的意义发现我们的经验扎根于更为深厚的背景中。

美国的哲学传统始终保持着对这两种想象的深刻认识。在爱默生那里，群体与超灵（作为个体的无限扩大）之间始终保持着紧张的张力。这样的张力在皮尔士和詹姆士那里同样存在。而罗蒂则更为极端地指出，理性主义的公共语汇（"我们"）和浪漫主义的私人语汇（"我"）之间存在着不可调和的永恒张力。③ 根据罗蒂的构想，真正的民主形态必须永恒地延宕于公共语汇和私人语汇之间，而在这种延宕中起关键作用的既不是公共哲学家，也不是私人哲学家，而是"反讽者"（ironist）。反讽者能够随时意识到自身语汇的偶然性，不断致力于发现自身语汇的界限，并有充分

---

① LW 9：18.

② LW 10：271－272.

③ Richard Rorty, *Contingency, Irony, and Solidarity*. Cambridge: Cambridge University Press, 1989, p. xiv.

的意愿去理解其他语汇。

　　杜威也看到了这种张力。他试图阐明，对宗教性的探讨必须同时兼顾理想和虔敬两个维度。但不同于罗蒂，杜威认为这两个维度上的想象可以在一个更大的语境中统一起来。他在《确定性的寻求》中指出："宗教信仰和自然及共同生活的可能性维系在一起，它既忠实于理想，又表现出对实际存在的虔敬。"① 他还指出："我们共同参与存在的不可避免的不确定性，同时我们也在共同努力中共享命运。"② 在杜威的语境中，这两个维度可以通过如下的构想统一起来：作为共同信仰的民主理想和在艺术性想象中呈现的整体框架都指向一幅"人在整体中"的图景。他在《作为经验的艺术》中指出："想象将所有元素焊接在一起，无论这些元素在平常经验中是多么不同，将它们变成一个新的、完全统一的经验。"③

　　无论是对前瞻性想象还是对回溯性想象而言，"人在整体中"的图景都是至关重要的。在前瞻性想象中，我们认识到自己处在一个更大的共同体中，并通过参与共同体的建构而实现自我超越。杜威在《一种共同信仰》中指出："和对自然的敬畏和崇敬（awe and reverence）一样，人性的尊严也是宗教性的，只要我们将人性视为更大整体的一个协同部分。"④ 在回溯性想象中，我们认识到自己从属于宇宙的整体框架，并通过自己的努力为这个整体做出贡献。杜威在《经验与自然》中指出："心灵需要和宇宙保持统一。心灵的信仰，以及它所激发出来的思维和挣扎同样也是宇宙的活动，它们尽管微弱，却仍能通过某种方式推动宇宙的前进。我们应该意识到自身的重要性并不是衡量宇宙的规尺，但我们同样也应该坚信我们和我们的努力不管就其自身而言，还是对整体来说，都是极为重要的。"⑤ 概而言之，杜威的宗教观有机地整合了"人在整体中"的这两个维度，这两个维度共同构成了"宗教性"的丰富内涵，这种宗教性让我们同

① LW 4：144.
② LW 4：146.
③ LW 10：272.
④ LW 5：18.
⑤ LW 1：313－314.

时看到了人的有限性以及超越这种有限性的可能性。一方面，这种宗教观强调最大限度的对话、交流和合作。在杜威看来，和任何经验性探究一样，终极层面的探究不能让固定教条阻碍探究之路。另一方面，这种宗教观又强调这种探究活动必须最大限度地超出当下此处的视域，在想象中体认当下的存在状态如何处在一个不断延伸的协同整体中。

结语：一种可能的世界观

我在导论中指出，本书的一个主要目标是在"方法—体系—世界观"的整体视域中考察古典实用主义。作为一本哲学著作，本书的讨论主要是围绕方法和体系展开的。现在，在这些讨论完成之后，我们可以去试着理解这些问题的提出和解决被何种诉求所驱动，体现了何种思想特质，又落脚于怎样的精神视域中。托克维尔（Alexis de Tocqueville）曾指出："较之于其他文明世界中的国家，美国对哲学的关注更少。美国人没有特有的哲学流派，也极少关注与之竞争的欧洲流派。尽管如此，我们还是应该注意到美国人民在理智探究中几乎都用到了统一的方法和规则。因此，虽然嫌麻烦没有去定义这些规则，但他们毕竟还是拥有一种哲学方法。……美国人不需要让书本教会他们哲学方法，他们在自身中就能找到。"① 尽管美国是否有特有的哲学流派是一个值得商榷的问题，但托克维尔非常敏锐地把捉到，有某种更深层次的东西从根本上规定着美国思想的表现形态。

我在研究过程中越来越感受到存在一些可以将实用主义和其他哲学思潮区分开来的特征，这些特征不仅规定了实用主义的内在逻辑和建筑形态，甚至超出了哲学理论的界限，深刻影响着美国思想的其他各个层面。詹姆士将这种总体性特征称为"气质"（temperament）。他告诉我们，一种理论的气质或者是"刚性的"，或者是"柔性的"。② 但我们不能忘记，气质的拉丁语"temperamentum"原意为按一定比例和关系的混合。任何理论气质本质上都是一种混合气质，这一点在实用主义这里体现得尤为明

---

① Alexis de Tocqueville, *Democracy in America*. New York：Harper & Row，1969，p. 429.
② WWJ 1：11.

显。用詹姆士的话来说，实用主义"可以像理性主义那样具有宗教性，也可以同时像经验主义那样保留与事实的最丰富的亲密性"①。或者说，它可以是"刚性和柔性的中介"②。

较之于"气质"这个相对模糊的概念，我更倾向于用19世纪中叶开始流行的"世界观"（Weltanschauung）来指称这些支撑方法和体系，并在哲学的分析和论证中得到体现的总体性特征。为了说明"方法/体系"与"世界观"的关系，我们可以借助洪堡（Wilhelm von Humboldt）在"作为概念的世界观"（Weltansicht）和"世界观"（Weltanschauung）之间做出的区分："作为概念的世界观"必须在语言中获得意义，它是语言的产物，并通过语言发挥自己的功能，在这个意义上，作为概念的世界观就是语言共同体本身；而"世界观"则是被意识把握的世界，它作为一种整体性经验规定了世界的本质以及个体在世界中的位置，它并不受限于语言，而是从本质上规定了语言。③ 根据这一区分，尽管我们必须通过"作为概念的世界观"来探讨"世界观"，但"世界观"在更深的层面规定了"作为概念的世界观"的具体表现形态。还要特别指出的是，实用主义的"世界观"（world view）应该被更确切地称为"世界感"（world sense）。因为正如我们在本书的导论和具体讨论中所阐明的，在实用主义的语境中，离开触觉、味觉、嗅觉、听觉等其他感觉形式的纯粹观看只是一种无法成立的理论虚构。

正如洪堡所指出的，我们只能通过"作为概念的世界观"来探讨"世界观"，所以完整地揭示实用主义的世界观就意味着重述本书的全部分析和论证。这里只能概要性地指出几点。首先，在实用主义的语境中，因为个体与世界的关系处于不断生成过程中，所以世界观在首要意义上并不是名词，而是动词，它意味着个体与世界的动态关系。世界观不是理性伪造

① WWJ 1：23.

② WWJ 1：129.

③ 参见 James Underhill，*Humboldt，Worldview and Language*．Edinburgh：Edinburgh University Press，2009，pp. 53 ff。

的结构或模式，而是暂态的生命习惯，是生命进程中的踏脚点和脚手架，它为我们的当下行动提供方向，又能根据新的经验而随时修正自己的形态。在这个意义上，世界观不能被描述和分类，只能被不断塑造和拓展，它不是去被发现某个或某组确定的关系，而是去探索如何将一组关系引向另一组关系。在这个实验性的过程中，我们必须对一切看似明确的结论和简单的归纳保持最高程度的警惕。

其次，在实用主义的语境中，具有活力的世界观必须是一种开放和多元的世界观。这首先意味着向一切可能的经验敞开，在最大程度上保持思想的开放性和包容性。实用主义者认为，尽管每个人最终都会选择适合自己的世界观，但世界观之间的批评、比较、讨论和交流总是可能的。在他们看来，一个真正的哲学家不应该自闭于某个固定的理论框架，他需要的既不是机巧，也不是盲信，而是真诚的态度、反思的意愿、丰富的想象力和足够的责任感，以及向一切经验讨教的态度和意愿。

最后，也是最为重要的一点，根据实用主义的世界观，对世界的分析和综合必须以生命实践为导向，理论分析的结论同时必须是生命活动的结果，哲学的思考必须落脚于真实的生命语境。实用主义者的根本洞见是，缺少了对生命实践的关切，任何理论工作只会变成不健康的学术工业。詹姆士告诫我们："哲学家总是在黑暗中摸索，而那些正在生活和感觉的人却知道真理。"① 实用主义者偏爱一切"活的"东西，并甘愿冒任何风险来保持这种活性。杜威在1904年佛蒙特大学的毕业讲演中区分了两种哲学：一种哲学致力于建构体系，另一种哲学则"以工具性哲学而非最终哲学为目标。所谓的工具性并不是要建立和保证任何特殊的真理集合，而是要提供观点和可用的观念，这些观点和观念或许能澄清和阐明实际而具体的生活过程"②。实用主义者所倡导的无疑是后一种哲学。

以上几点已经在本书的研究中得到了明确的揭示，在这里重提它们的原因是，我在研究过程中和它们产生了切己的共鸣。通过研究他人的世界

---

① WWJ 1：22.

② MW 3：77.

观，我们也在建构自己的世界观，在了解他人的同时，我们也在塑造自身。思想研究的最终价值与其说在于被研究者，不如说在于研究者。从某种意义上来说，研究对象对研究者的帮助要远比研究者对研究对象的贡献来得重要。

我的博士阶段学习是在南伊利诺伊大学哲学系和美国杜威中心度过的。南伊利诺伊大学有着深厚的美国哲学研究传统。很幸运，在我读博期间，当时南伊大哲学系的美国哲学研究团队可以说是历史上最强的，其中包括专治杜威的希克曼（Larry Hickman）和亚历山大（Thomas Alexander），专治皮尔士的安德森（Douglas Anderson），专治清教传统的史提克（Kenneth Stikkers），专治罗伊斯和过程哲学的奥西尔（Randall Auxier），以及专治新实在论的曼弗雷迪（Pat Manfredi）。在四年的学习过程中，我参加了每位老师开设的全部研讨班，并参与了杜威中心的一系列工作，包括杜威课堂笔记、杜威书信集和罗伊斯标准版文本的编订工作。我的博士导师希克曼教授还花了三个学期的时间和我一起重读了詹姆士和杜威的几部关键著作。这些良师是各自领域的杰出学者，我从他们那里习得了让我终身受益的学术品格和学术方法。他们不仅是美国哲学传统的细致解读者和有力推进者，还对学术保持着极大的热忱和敬畏。我至今仍然清晰地记得，自己的博士论文答辩从原计划的两个小时延长至半天的"研讨班"，五位答辩委员会成员就几个关键问题展开了激烈的争论，让本该画下的句号变成了无限延伸的省略号。除了南伊大哲学系的诸位教授，我还在不同场合向美国哲学促进会和欧洲实用主义协会的各位教授求教过关于实用主义的种种问题，受益良多，无法在此一一尽数。

尤其值得一提的是，南伊利诺伊大学还组织出版了著名的"在世哲学家文库"（*Library of Living Philosophers*）。该系列由谢尔普（Paul Arthur Schilpp）于 1939 年创立，他一直担任编辑至 1981 年，之后由汉（Lewis Edwin Hahn）、奥西尔、安德森和比尔兹沃思（Sarah Beardsworth）相继担任主编，至今已出版 30 余卷。谢尔普最初的构想是让仍然在世的杰出哲学家来澄清自己的思想。该系列的每一卷都收录了其他哲学家和主要研究者对某位杰出哲学家的批评，该哲学家分别对此做出回应，并专门撰写详尽的思想自传。除此之外，该系列还收录了完整的参考文献、有学术价值的照片和手稿样张等。事实证明，这个文库的影响已经远远超出了谢尔普的预期，甚至成为这些杰出哲学家的核心著述。近年来，随着各位教授的相继退休和因为种种原因的离职，南伊大哲学系的美国哲学研究已经不再有当年的气象，而位于南伊利诺伊大学的杜威中心也在 2016 年因为经费等问题而停办。所以，本书除了致敬，更多地还是一种纪念和缅怀。

中国的实用主义研究经历了曲折的过程。实用主义在 20 世纪初就已传到中国，并和刚刚传入中国的马克思主义一起构成了新文化运动的统一战线，对推动中国的思想启蒙起过重要作用。后来由于中国出现了极为复杂的社会和思想环境，中国的马克思主义者与非马克思主义者之间产生了严重的误会，有时甚至是尖锐的对立，实用主义研究也由此长时期停顿了。这种情况直到 20 世纪 70 年代末才开始改观。从 80 年代开始，以刘放桐教授为代表的中国学者与美国实用主义哲学家开始了实质性的交流。1988年，中国哲学界举行了一次较大规模的全国性实用主义讨论会，就如实评价实用主义达成了广泛的共识。与此同时，涂纪亮、王守昌、车铭洲等前辈也开始从不同角度对实用主义进行深入的研究，为国内的实用主义研究奠定了扎实的基础。2004 年，复旦大学成立了杜威与美国哲学研究中心（于 2014 年改名为复旦大学杜威中心）。至此，实用主义在中国的研究上可以说全面恢复了。在回国进入复旦大学哲学学院工作之后，我就一直在参与杜威中心的工作。在陈亚军教授的带领下，这个因为实用主义研究而凝聚起来的学术共同体不仅汇聚了在该领域深耕多年的各位前辈老师，还吸引了许多在学术事业上满怀热忱的同道学友。我很荣幸能够加入这个充满活力的共同体，也很荣幸能够为之服务。在这个过程中，我从各位师友那里受益良多，虽无法尽数，但心怀深深的感恩。没有诸位师友的帮助和激励，本书是无法完成的。同时也要感谢哲学学院为我提供了极为舒适的环境，让我能心无旁骛地做自己感兴趣的研究。最后还要感谢华东师范大学出版社的王海玲老师，她细致认真的工作实质性地提高了书稿的最终品质。

　　本书的一些章节曾以不同的形式在杂志上发表或在会议上宣读过。上编中讨论桑塔亚那的一章是我硕士论文的主体部分，之所以将它收入本书，一方面是出于历史性的兴趣，更多地则是为了纪念我的硕士导师汪堂家（1962—2014）先生。在这一章中，除了增加的"引言"，我只做了极少的改动，因而也就保留了很多不成熟甚至幼稚的痕迹，特此说明。

　　我在本书的写作过程中获得了无上的乐趣。阿伦特曾将本雅明（Walt Benjamin）比作深海采珠人："他知道，为了打破传统的魔咒，没有什么方法比将那些'丰富而奇怪的'东西——那些珊瑚和珍珠——从被传承下来的一整块坚石中挖割出来更有效了。"[①] 本雅明相信，那些曾经鲜活之物会在历史的进程中留下一些永恒的结晶，它们沉积在海底，等待采珠人将它们带到当下的世界中来。本书的工作与本雅明的工作并无二致。但不得不承认，碍于学力，我的勘探和挖掘工作并不完善，很多时候也没有对手头的材料做恰当而充分的雕琢。因此，本书仅仅是我个人研究实用主义的一个阶段性总结。但无论如何，实用主义这种"丰富而奇怪"的思想值得我们进行反复的勘探和挖掘。"尽我所能，但不如我所愿"（ut potui, non sicut volui），这是中世纪的抄书匠经常在工作结束时题写的句子，出于同样的想法和心情，我把它放在本书的最后。本书中的一切不妥及讹误之处，本人应负全部责任。

---

① Hanna Arendt, *Men in Dark Times*. New York：Harcourt Brace，1955，p. 196.

参考文献

一、主要外文文献

为了简便起见，一些主要文献采用了国际学界通用的缩简引用方式，已在文献后用黑体标注，同时也在第一次引用时做出了说明。

Dewey, John. (1969 – 1991) *The Collected Works of John Dewey*，1882 – 1953. Carbondale：Southern Illinois University Press. 〔**EW, MW, or LW（vol：page）**〕

——. *The Correspondence of John Dewey*，1871 – 1952. The Center for Dewey Studies (electronic edition). 〔**CJD（no. ）**〕

——. (1964) *John Dewey and Arthur F. Bentley: A Philosophical Correspondence*，1932 – 1951. New Brunswick：Rutgers University Press.

——. (1977) *The Poems of John Dewey*. Carbondale：Southern Illinois University Press.

——. (1998) *Principles of Instrumental Logic: John Dewey's Lectures in Ethics and Political Ethics*，1895 – 1896. Carbondale：Southern Illinois University Press.

——. (2010) *The Class Lectures of John Dewey*. The Center for Dewey Studies (electronic edition).

——. (2012) *Unmodern Philosophy and Modern Philosophy*. Carbondale：Southern Illinois University Press.

Edwards, Jonathan. *The Works of Jonathan Edwards*. Jonathan Edwards Center at Yale University (http：//edwards. yale. edu). 〔**WJE（vol：page）**〕

——. （1955） *The Philosophy of Jonathan Edwards from His Private Notebooks*. Eugene: University of Oregon Press.

——. （1959） *Religious Affections*. New Haven: Yale University Press.

——. （1995） *A Jonathan Edwards Reader*. New Haven: Yale University Press.

Emerson, Ralph Waldo. （1909） *The Works of Ralph Waldo Emerson*. Boston & New York: Fireside. [**WE** (**vol: page**)]

——. （1971 - 2013） *Collected Works of Ralph Waldo Emerson*. Cambridge, MA: Harvard University Press. [**CE** (**vol: page**)]

——. （1982） *Emerson in His Journals*. Cambridge, MA: Harvard University Press.

James, William. （1975 - 1988） *The Works of William James*. Cambridge, MA: Harvard University Press. [**WWJ** (**vol: page**)]

——. （1992 - 2004） *The Correspondence of William James*. Charlottesville: University Press of Virginia. [**CWJ** (**vol: page**)]

——. （1920） *The Letters of William James*. Boston: The Atlantic Monthly Press.

Mead, George Herbert. （1932） *Philosophy of the Present*. La Salle: Open Court.

——. （1934） *Mind, Self, and Society: From the Standpoint of a Social Behaviorist*. Chicago: University of Chicago Press.

——. （1936） *Movements of Though in the Nineteenth Century*. Chicago: University of Chicago Press.

——. （1938） *The Philosophy of the Act*. Chicago: University of Chicago Press.

——. （1964） *Selected Writings*. Indianapolis: Bobbs-Merrill.

——. （2008） "The Evolution of the Psychical Element, By George Herbert Mead (Dec. 1899 - March 1900 or 1898 - 1899)," *Transactions of the Charles S. Peirce Society*, 44: 3, pp. 480 - 507.

Peirce, Charles. （1931 - 1958） *Collected Papers of Charles Sanders Peirce*. Cambridge, MA: Harvard University Press. [**CP** (**vol: paragraph**)]

——. （1977） *Semiotics and Significs: The Correspondence between Charles S. Peirce and Victoria Lady Welby*. Bloomington: Indiana University Press.

——. （1982 - 2009） *Writings of Charles S. Peirce: A Chronological Edition*. Bloomington: Indiana University Press. [**WCP** (**vol: page**)]

——. (1992) *The Essential Peirce: Selected Philosophical Writing*. Bloomington: Indiana University Press. [**EP** (**vol**: **page**)]

——. Microfiche version of the Peirce manuscripts. Houghton Library at Harvard University (http: //www. cspeirce. com/digitized. htm). [**MS** (**no.**)]

Royce, Josiah. (1878) "Of the Interdependence of the Principles of Knowledge." Ph. D. Dissertation (John Hopkins), Harvard University Archives.

——. (1881) "Kant's Relation to Modern Philosophic Progress," *Journal of Speculative Philosophy*, 15, pp. 360 – 81.

——. (1885) *The Religious Aspect of Philosophy*. Boston: Houghton Mifflin.

——. (1892) *The Spirit of Modern Philosophy*. Boston: Houghton Mifflin.

——. (1899 – 1901) *The World and The Individual*, first & second series. New York: MacMillan.

——. (1913) *The Problem of Christianity*, vols. I & II. New York: MacMillan.

——. (1919) *Lectures on Modern Idealism*. New Haven: Yale University Press.

——. (1998) *Metaphysics*. Albany: State University of New York Press.

——. (2001) *The Sources of Religious Insight*. Washington: The Catholic University of America Press.

Santayana, George. (1900) *Interpretations of Poetry and Religion*. New York: C. Scribner's Sons.

——. (1905 – 1906) *Life of Reason or The Phases of Human Progress*, vols. I – V. New York: C. Scribner's Sons.

——. (1906) *Sonnets and Other Verses*. New York: Duffield.

——. (1923) *Scepticism and Animal Faith: Introduction to a System of Philosophy*. New York: C. Scribner's Sons.

——. (1933) *Some Turns of Thought in Modern Philosophy*. New York: C. Scribner's Sons.

——. (1942) *Realms of Being*. one volume edition. New York: C. Scribner's Sons.

——. (1986) *Persons and Places: Fragments of Autobiography*. Cambridge, MA: MIT.

——. (1995) *Dominations and Powers*. London: Transaction.

——. （1998） *The Genteel Tradition: Nine Essays by George Santayana*. Lincoln：University of Nebraska Press.

Thoreau，Henry David. （1894） *The Writings of Henry David Thoreau*. Boston：Houghton Mifflin. ［**WT**（**vol：page**）］

——. （1962） *The Journal of Henry D. Thoreau*. New York：Dover. ［**JT**（**data**）］

——. （2004） *Walden*. Princeton：Princeton University Press.

二、其他外文文献

Abbot，Francis Ellingwood. （1885） *Scientific Theism*. Boston：Little Brown.

Abrams，M. H. （1953） *The Mirror and the Lamp: Romantic Theory and the Critical Tradition*. Oxford：Oxford University Press.

Adler，Mortimer. （1995） *Platonism and Positivism in Psychology*. New Brunswick：Transaction.

Alexander，Samuel. （1920） *Space，Time，and Deity*. New York：MacMillan.

Alexander，Thomas. （1987） *John Dewey's Theory of Art，Experience and Nature: The Horizons of Feeling*. Albany：State University of New York Press.

——. （2004）"Dewey's Denotative-Empirical Method：A Thread Through the Labyrinth," *The Journal of Speculative Philosophy*，18：3，pp. 248 – 56.

Allen，Barry. （2013）"The Use of Useless Knowledge：Bergson against the Pragmatists," *Canadian Journal of Philosophy*，43：1，pp. 37 – 59.

Almeder，R. F. （1970）"Peirce's Theory of Perception," *Transactions of the Charles S. Peirce Society*，6：2，pp. 99 – 110.

Anderson，Douglas. （1995） *Strands of System: The Philosophy of Charles Peirce*. West Lafayette：Purdue University Press.

Apfel，Lauren. （2011） *The Advent of Pluralism: Diversity and Conflict in the Age of Sophocles*. Oxford：Oxford University Press.

Arendt，Hanna. （1955） *Men in Dark Times*. New York：Harcourt Brace.

——. （1998） *The Human Condition*. Chicago：The University of Chicago Press.

Armenti，Joseph. ed. （1976） *The Papin Festschrift: Essays in Honor of Joseph*

Papin. Villanova: Villanova University Press.

Atkins, Richard Kenneth. (2018) *Charles S. Peirce's Phenomenology: Analysis and Consciousness*. New York: Oxford University Press.

Auxier, Randall. (2011) *Time, Will, and Purpose: Living Ideas from the Philosophy of Josiah Royce*. La Salle: Open Court.

Ayer, A. J. (1968) *The Origins of Pragmatism: Studies in the Philosophy of Charles Sanders Peirce and William James*. San Francisco: Freeman, Cooper.

Axelrod, Howard. (2015) *The Point of Vanishing: A Memoir of Two Years in Solitude*. Boston: Beacon.

Bacon, Francis. (1974) *The Advancement of Learning and The New Atlantis*. Oxford: Clarendon.

——. (2000) *The New Organon*. Cambridge: Cambridge University Press.

Baker, John Tull. (1930) *A Historical and Critical Examination of English Space and Time Theories from Henry More to Bishop Berkeley*. Bronxville: Sarah Lawrence College.

Berger, Peter & Thomas Luckmann. (1966) *The Social Construction of Reality: A Treatise in the Sociology of Knowledge*. New York: Doubleday.

Bergson, Henri. (1946) *The Creative Mind*. New York: Philosophical Library.

——. (1988) *Matter and Memory*. New York: Zone Books.

——. (1998) *Creative Evolution*. New York: Dover.

——. (2001) *Time and Free Will*. New York: Dover.

Berkeley, George. (1996) *A Treatise Concerning the Principles of Human Knowledge*. Oxford: Oxford University Press.

Berlin, Isaiah. (2001) *The Roots of Romanticism*. Princeton: Princeton University Press.

Bernstein, Richard. ed. (1965) *Perspectives on Peirce: Critical Essays on Charles Sanders Peirce*. Westport: Greenwood Press.

Bengtsson, Jan Olof. (2006) *The Worldview of Personalism: Origins and Early Development*. Oxford: Oxford University Press.

Blumenberg, Hans. (1960) *Paradigmen zu einer Metaphorologie*. Frankfurt am

Main: Suhrkamp.

Boisvert, Raymond. (1988) *Dewey's Metaphysics*. New York: Fordham University Press.

Boler, John. (1963) *Charles Peirce and Scholastic Realism: A Study of Peirce's Relation to John Duns Scotus*. Washington: University of Washington Press.

Boller, Paul. (1974) *American Transcendentalism, 1830 - 1860: An Intellectual Inquiry*. New York: Capricorn.

——. (1981) *American Thought in Transition: The Impact of Evolutionary Naturalism, 1865 - 1900*. Lanham: University Press of America.

Bradstreet, Anne. (1867) *The Works of Anne Bradstreet in Prose and Verse*. Charlestown: Abram E. Cutter.

Brent, Joseph. (1993) *Charles Sanders Peirce: A Life*. Bloomington: Indiana University Press.

Brightman, Edgar Sheffield. (1958) *Person and Reality*. New York: Ronald.

Bronowski, Jacob. (1978) *Magic, Science, and Civilization*. New York: Columbia University Press.

Browne, Thomas. (1964) *Religio Medici and Other Works*. Oxford: Clarendon.

Buell, Lawrence. (2003) *Emerson*. Cambridge, MA: Harvard University Press.

Bugbee, Henry. (1958) *The Inward Morning: A Philosophical Exploration in Journal Form*. New York: Harper & Row.

——. (1974) Wilderness in America," *Journal of the American Academy of Religion*, 42: 4, pp. 614 - 20.

Burke, Thomas. (1994) *Dewey's New Logic: A Reply to Russell*. Chicago: University of Chicago Press.

Burton, Robert. (2001) *The Anatomy of Melancholy*. New York: New York Review Books.

Carson, Clayborne. ed. (1998) *The Autobiography of Martin Luther King, Jr*. New York: Warner.

Cavell, Stanley. (1992) *The Senses of Walden*. Chicago: The University of Chicago Press.

Chambliss, J. J. (1990) *The Influence of Plato and Aristotle on John Dewey's Philosophy*. New York: Edwin Mellen.

Clendenning, John. ed. (1970) *The Letters of Josiah Royce*. Chicago: University of Chicago Press.

——. (1985) *The Life and Thought of Josiah Royce*. Madison: University of Wisconsin Press.

Cohen, Morris. (1959) *Reason and Nature: An Essay of the Meaning of Scientific Method*. New York: The Free Press.

Cohen, Morris & Ernest Nagel. (1934) *An Introduction to Logic and Scientific Method*. San Diego: Harcourt Brace.

Colapietro, Vincent. (1989) *Peirce's Approach to the Self: A Semiotic Perspective on Human Subjectivity*. Albany: State University of New York Press.

Coleridge, Samuel. (1939) *Biographia Literaria*. Oxford: Oxford University Press.

Collingwood, R. G. (1945) *The Idea of Nature*. Oxford: Oxford University Press.

——. (1946) *The Idea of History*. Oxford: Oxford University Press.

Cook, Gary. (1979) "Whitehead's Influence on the Thought of G. H. Mead," *Transactions of the Charles S. Peirce Society*, 15: 2, pp. 107 - 31.

Cooley, Charles Horton. (1909) *Social Organization: A Study of the Larger Mind*. New York: Charles Scribner's Sons.

——. (1922) *Human Nature and the Social Order*. New York: Charles Scribner's Sons.

Cooper, Wesley. (1995) "James's God," *American Journal of Theology & Philosophy*, 16: 3, pp. 261 - 77.

——. (2002) *The Unity of William James's Thought*. Nashville: Vanderbilt University Press.

Copleston, Frederick. (1964) *A History of Philosophy*. Garden City: Doubleday.

Crèvecoeur, J. Hector St. John. (1981) *Letters from an American Farmer and Sketches of Eighteenth Century America*. London: Penguin.

Darwin, Charles. (1859) *On the Origins of Species*. London: Murray.

——. (2018) *The Expression of The Emotions in Man and Animals*. New York:

Dover.

Deely, John. (1990) *Basics of Semiotics*. Bloomington: Indiana University Press.

——. (2001) *Four Ages of Understanding*. Toronto: University of Toronto Press.

Deleuze, Gilles & Félix Guattari. (1993) *A Thousand Plateaus: Capitalism and Schizophrenia*. Minneapolis: University of Minnesota Press.

Dennett, Daniel. (1995) *Darwin's Dangerous Idea: Evolution and the Meanings of Life*. London: Penguin.

Dewey, John, Sidney Hook & Ernest Nagel. (1945) "Are Naturalists Materialist?" *The Journal of Philosophy*, 42: 19, pp. 513 – 30.

de Waal, Cornelis & Krzysztof Piotr Skowronski. eds. (2012) *The Normative Thought of Charles S. Peirce*. New York: Fordham University Press.

Dickinson, Emily. (1976) *The Complete Poems of Emily Dickinson*. Boston: Little Brown.

Drake, Durant. et al. (1920) *Essays in Critical Realism: A Co-Operative Study of the Problem of Knowledge*. New York: MacMillan.

Dretske, Fred. (1981) *Knowledge and the Flow of Information*. Cambridge, MA: MIT.

Durant, Will. (1933) *The Story of Philosophy: The Lives and Opinions of the Great Philosophers of the Western World*. New York: Time Inc.

Dykhuizen, George. (1973) *The Life and Mind of John Dewey*. Carbondale: Southern Illinois University Press.

Eco, Umberto. (2000) *Kant and the Platypus: Essays on Language and Cognition*. New York: Harcourt Brace.

Edie, James. (1987) *William James and Phenomenology*. Indianapolis: Indiana University Press.

Eldridge, Michael. (1998) *Transforming Experience: John Dewey's Cultural Instrumentalism*. Nashville: Vanderbilt University Press.

Ellis, Willis D. ed. (1938) *A Source Book of Gestalt Psychology*. New York: Harcourt Brace.

Farber, Ilya. (2005) "Peirce on Reality, Truth, and the Convergence of Inquiry in the Limit," *Transactions of the Charles S. Peirce Society*, 41: 3, pp. 541 – 66.

Feffer, Andrew. (1993) *The Chicago Pragmatists and American Progressivism*. Ithaca: Cornell University Press.

Fesmire, Steven. ed. (2019) *The Oxford Handbook of Dewey*. Oxford: Oxford University Press.

Fiering, Norman. (1972) "Will and Intellectual in the New England Mind," *William and Mary Quarterly*, 29: 4, pp. 515 – 58.

Fisch, Max. (1971) "Peirce's Arisbe: The Greek Influence in his Later Philosophy," *Transactions of the Charles S. Peirce Society*, 7: 3, pp. 187 – 210.

Fiske, John. (1900) *Outlines of Cosmic Philosophy*. Boston: Houghton Mifflin.

Flower, Elizabeth & Murray Murphey. (1977) *A History of Philosophy in America*. New York: Putnam.

Fox, Richard Wightman. (1987) *Reinhold Niebuhr: A Biography*. New York: Harper & Row.

Froude, James Anthony. (1884) *Thomas Carlyle: A History of His Life in London, 1834 – 1881*. New York: Charles Scribner's Son.

Gale, Richard. (1999) *The Divided Self of William James*. Cambridge: Cambridge University Press.

Gardiner, H. N. (1900) "The Early Idealism of Jonathan Edwards," *The Philosophical Review*, 9: 6, pp. 573 – 96.

Gibson, Eleanor. (1991) *An Odyssey in Learning and Perception*. Cambridge, MA: MIT.

Gilson, Etienne. (1940) *The Spirit of Mediaeval Philosophy*. New York: Charles Scribner's Sons.

Goodman, Russell. (1990) *American Philosophy and the Romantic Tradition*. Cambridge: Cambridge University Press.

Goudge, Thomas (1950) *The Thought of C. S. Peirce*. Toronto: University of Toronto Press.

Grogin, Robert. (1988) *The Bergsonian Controversy in France 1900 – 1914*.

Calgary: The University of Calgary Press.

Haack, Susan. (1994) "How the Critical Common-sensist Sees Things," *Histoire Épistémologie Langage*, 16: 1, pp. 9 – 34.

——. (1996) "Reflections of a Critical Common-sensist," *Transactions of the Charles S. Peirce Society*, 32: 3, pp. 359 – 73.

Habermas, Jürgen. (1984, 1987) *The Theory of Communicative Action*, vols. 1 & 2. Boston: Beacon.

——. (1992) *Postmetaphysical Thinking*. Cambridge, MA: MIT.

Hartshorne, Charles. (1941) "A Critique of Peirce's Idea of God," *The Philosophical Review*, 50: 5, pp. 516 – 23.

——. (1948) *The Divine Relativity: A Social Conception of God*. New Haven: Yale University Press.

——. (1971) *Reality as Social Process: Studies in Metaphysics and Religion*. New York: Hafner.

——. (1972) "Paul Weiss's 'The God We Seek'," *The Review of Metaphysics*, 25, pp. 108 – 16.

Hausman, Carl. (1990) "In and out of Peirce's Percepts," *Transactions of the Charles S. Peirce Society*, 26: 3, pp. 271 – 308.

——. (1993) *Charles S. Peirce's Evolutionary Philosophy*. Cambridge: Cambridge University Press.

Henrich, Dieter & Peter Horstmann, eds. (1988) *Metaphysik nach Kant?* Stuttgard: Klett-Cotta.

Hickman, Larry. (2001) *Philosophical Tools for Technological Culture: Putting Pragmatism to Work*. Bloomington and Indianapolis: Indiana University Press.

——. (2007) *Pragmatism as Post-Postmodernism*. New York: Fordham University Press.

Hildebrand, David. (2003) *Beyond Realism and Antirealism: John Dewey and the Neopragmatists*. Nashville: Vanderbilt University Press.

Hobbes, Thomas. (1998) *Leviathan*. Oxford: Oxford University Press.

Hocking, William Ernest. (1956) "On Royce's Empiricism," *The Journal of*

Philosophy, 53: 3, pp. 57 - 63.

Holt, Edwin B. et al. (1912) *The New Realism: Co-Operative Studies in Philosophy*. New York: MacMillan.

Hook, Sidney. (1961) *The Quest for Being and Other Studies in Naturalism and Humanism*. Westport: Greenwood Press.

——. (1974) *Pragmatism and the Tragic Sense of Life*. New York: Basic Books.

——. (1989) *John Dewey: An Intellectual Portrait*. New York: John Day.

Hookway, Christopher. (1985) *Peirce*. London: Routledge & Kegan Paul.

——. (1988) "Reference, Causation, and Reality," *Semiotica*, 69: 3, pp. 331 - 48.

Howe, Mark DeWolf. ed. (1941) *Holmes-Pollock Letters: The Correspondence of Mr. Justice Holmes and Sir Frederick Pollock 1874 - 1932*. Cambridge, MA: Harvard University Press.

Howgate, G. W. (1938) *George Santayana*. New York: Russell & Russell.

Hume, David. (1976) *Four Dissertations*. Oxford: Clarendon.

——. (1978) *A Treatise of Human Nature*. Oxford: Clarendon.

Jankelevitch, Vladimir. (2015) *Henri Bergson*. Durham: Duke University Press.

Jefferson, Thomas. (1999) *Notes on the State of Virginia*. London: Penguin.

Joas, Hans. (1985) *G. H. Mead: A Contemporary Re-examination of his Thought*. Cambridge, MA: MIT.

——. (2000) *The Genesis of Values*. Chicago: University of Chicago Press.

Johnston, James Scott. (2014) *John Dewey's Earlier Logical Theory*. Albany: State University of New York Press.

——. (2020) *John Dewey's Later Logical Theory*. Albany: State University of New York Press.

Kagg, John. (2009) "American Interpretations of Hegel: Josiah Royce's Philosophy of Loyalty," *History of Philosophical Quarterly*, 26: 1, pp. 83 - 101.

Kallen, Horace. (1914) "James, Bergson, and Traditional Metaphysics," *Mind*, 23, pp. 207 - 39.

Krikorian, Yervant. ed. (1944) *Naturalism and the Human Spirit*. New York:

Columbia University Press.

Köhler, Wolfgang. (1947) *Gestalt Psychology: An Introduction to New Concepts in Modern Psychology*. New York: Mentor.

Knudson, Albert C. (1927) *The Philosophy of Personalism*. New York: Abingdon.

Kuklick, Bruce. (1972) *Josiah Royce: An Intellectual Biography*. Indianapolis: Bobbs-Merrill.

——. (1985) *Churchmen and Philosophers: From Jonathan Edwards to John Dewey*. New Haven: Yale University Press.

——. (2001) *A History of Philosophy in America, 1720 - 2000*. Oxford: Clarendon.

Lamont, Corliss. ed. (1959) *Dialogue on John Dewey*. New York: Horizon.

Langer, Susanne. (1979) *Philosophy in a New Key: A Study in the Symbolism Reason, Rite, and Art*. Cambridge, MA: Harvard University Press.

Latour, Bruno. (1993) *We Have Never Been Modern*. Cambridge, MA: Harvard University Press.

——. (2004) *Politics of Nature: How to Bring the Sciences into Democracy*. Cambridge, MA: Harvard University Press.

Lennox, James. (1993) "Darwin Was a Teleologist," *Biology & Philosophy*, 8: 4, pp. 409 - 21.

——. (2010) "The Darwin/Gray Correspondence 1857 - 1869: An Intelligent Discussion about Chance and Design," *Perspectives on Science*, 18: 4, pp. 456 - 79.

Lewis, C. I. (1970) *Collected Papers*. Stanford: Stanford University Press.

Lewis, J. David. (1976) "The Classic American Pragmatists as Forerunners to Symbolic Interactionism," *The Sociological Quarterly*, 17: 3, pp. 347 - 59.

Lewis, J. David & Richard Smith. (1980) *American Sociology and Pragmatism: Mead, Chicago Sociology, and Symbolic Interaction*. Chicago: University of Chicago Press.

Locke, John. (1990) *An Essay Concerning Human Understanding*. Oxford: Clarendon.

Lovejoy, Arthur. (1963) *The Thirteen Pragmatisms and Other Essays*. Baltimore: The Johns Hopkins Press.

——. (2001) *The Great Chain of Being*. Cambridge, MA: Harvard University Press.

Lyotard, Jean-François. (1984) *The Postmodern Condition*. Minneapolis: University of Minnesota Press.

Malachowski, Alan. ed. (2013) *The Cambridge Companion to Pragmatism*. Cambridge: Cambridge University Press.

Margolis, Joseph. (2002) *Reinventing Pragmatism: American Philosophy at the End of the Twentieth Century*. New York: Cornell University Press.

——. (2010) *Pragmatism's Advantage: American and European Philosophy at the End of the Twentieth Century*. Stanford: Stanford University Press.

Mathur, D. C. (1971) *Naturalistic Philosophies of Experience: Studies in James, Dewey and Farber against the Background of Husserl's Phenomenology*. St. Louis: Warren H. Green.

McCormick, John. (1987) *George Santayana*. New York: Alfred A. Knopf.

McDermott, John. (1976) *The Culture of Experience: Philosophical Essays in the American Grain*. New York: New York University Press.

——. (1986) *Streams of Experience: Reflections on the History and Philosophy of American Culture*. Amherst: University of Massachusetts Press.

——. (2006) *The Drama of Possibility*. New York: Fordham University Press.

McGrath, Larry. (2013) "Bergson Comes to America," *Journal of the History of Ideas*, 74: 4, pp. 599 – 620.

Merleau-Ponty, Maurice. (2002) *The Phenomenology of Perception*. London: Routledge.

Miller, David. (1947) "DeLaguna's Interpretation of G. H. Mead," *Journal of Philosophy*, 44: 6, pp. 158 – 62.

Miller, Perry. (1964) *Errand into the Wilderness*. New York: Harper.

——. (1967) *Nature's Nation*. Cambridge, MA: Harvard University Press.

——. (1982) *The New England Mind: The Seventeenth Century*. Cambridge, MA:

Harvard University Press.

——. ed. (1957) *The American Transcendentalists: Their Prose and Poetry*. Garden City: Doubleday Anchor.

——. ed. (2001) *The Puritan: A Sourcebook of Their Writings*. New York: Dover.

Miller, Perry & Thomas Johnson. eds. *The Puritans*. 2 vols. New York: Harper & Row, 1963.

Misak, Cheryl. ed. (2008) *The Oxford Handbook of American Philosophy*. Oxford: Oxford University Press.

——. (2013) *The American Pragmatists*. Oxford: Oxford University Press.

——. (2016) *Cambridge Pragmatism: From Peirce and James to Ramsey and Wittgenstein*. Oxford: Oxford University Press.

Monroe, Paul. ed. (1925) *A Cyclopedia of Education*. New York: MacMillan.

Montgomery, Sy. (2015) *Soul of an Octopus*. London: Simon & Schuster.

Moore, A. W. (1912) "Bergson and Pragmatism," *Philosophical Review*, 21, pp. 397 – 414.

Moore, Edward & Richard Robin. eds. (1964) *Studies in the Philosophy of Charles Sanders Peirce*. Amherst: The University of Massachusetts Press.

Moore, G. E. (1903) *Principia Ethica*. Cambridge: Cambridge University Press.

——. (1922) *Philosophical Studies*. London: Routledge.

Moran, Jon. (1996) "Bergsonian Sources of Mead's Philosophy," *Transactions of the Charles S. Peirce Society*, 32: 1, pp. 41 – 63.

Morgan, Edmund. ed. (2003) *Puritan Political Ideas, 1558 – 1794*. Indianapolis: Hackett.

Murphy, Arthur. (1927) "Objective Relativism in Dewey and Whitehead," *The Philosophical Review*, 36: 2, pp. 121 – 44.

Murphey, Murray (1961) *The Development of Peirce's Philosophy*. Cambridge: Cambridge University Press.

——. (1968) "Kant's Children: The Cambridge Pragmatists," *Transactions of the Charles S. Peirce Society*, 4: 1, pp. 3 – 33.

Mustain, Megan Rust. (2002) *William James, Maurice Merleau-Ponty, and the*

Search for Relations. Carbondale: Southern Illinois University Press.

Myers, Gerald. (1986) *William James: His Life and Thought*. New Haven: Yale University Press.

Myerson, Joel. ed. (2000) *Transcendentalism: A Reader*. Oxford: Oxford University Press.

Nagel, Thomas. (1979) *Mortal Questions*. Cambridge: Cambridge University Press.

Niebuhr, Reinhold. (1932) *Moral Man and Immoral Society*. New York: Charles Scribner's Sons.

Noë, Alva. (2004) *Action in Perception*. Cambridge, MA: MIT.

Ong, Walter. (1958) *Ramus, Method and the Decay of Dialogue: From the Art of Discourse to the Art of Reason*. Cambridge: Cambridge University Press.

Oppenheim, Frank. (1987) *Royce's Mature Philosophy of Religion*. Notre Dame: University of Notre Dame Press.

——. (1993) *Royce's Mature Ethics*. Notre Dame: University of Notre Dame Press.

——. (1998) "The Peirce-Royce Relationship, Part 2," *The Journal of Speculative Philosophy*, 12: 1, pp. 35 – 46.

——. (2005) *Reverence for the Relations of Life: Re-imagining Pragmatism via Josiah Royce's Interactions with Peirce, James, and Dewey*. Notre Dame: University of Notre Dame Press.

Otto, Rudolf. (1950) *The Idea of the Holy*. Oxford: Oxford University Press.

Perry, Ralph Barton. (1935) *The Thought and Character of William James*, 2 vols. Boston: Little Brown.

Poirier, Richard. (1986) *The Renewal of Literature: Emersonian Reflections*. New York: Random House.

Popper, Karl. (2002) *Conjectures and Refutations: The Growth of Scientific Knowledge*. London: Routledge.

——. (2002) *The Logic of Scientific Discovery*. London: Routledge.

Potter, Vincent. (1997) *Charles S. Peirce: On Norms and Ideals*. New York:

Fordham University Press.

Putnam, Hilary. (1962) "It Ain't Necessarily So," *The Journal of Philosophy*, 59: 22, pp. 658 – 71.

——. (1987) *The Many Faces of Realism*. La Salle: Open Court.

——. (1994) *Words and Life*. Cambridge, MA: Harvard University Press.

——. (2016) *Naturalism, Realism, and Normativity*. Cambridge, MA: Harvard University Press.

Putnam, Hilary & Ruth Anna Putnam. (2017) *Pragmatism as a Way of Life: The Lasting Legacy of William James and John Dewey*. Cambridge, MA: Harvard University Press.

Putnam, Ruth Anna. ed. (1997) *The Cambridge Companion to William James*. Cambridge: Cambridge University Press.

Randall, John Herman. Jr. (1958) *Nature and Historical Experience: Essays in Naturalism and in the Theory of History*. New York: Columbia University Press.

Raposa, Michael. (1989) *Peirce's Philosophy of Religion*. Bloomington: Indianan University Press.

Reid, Thomas. (1983) *Inquiries and Essays*. Indianapolis: Hackett.

Rescher, Nicholas. (2000) *Process Philosophy: A Survey of Basic Issues*. Pittsburgh: University of Pittsburgh Press.

Ricoeur, Paul. (1998) *Critique and Conviction*. New York: Columbia University Press.

Riley, I. Woodbridge. (1907) *American Philosophy: The Early School*. New York: Dodd, Mead.

Rizzolatti, Giacomo & Corrado Sinigaglia. (2004) *Mirrors in the Brain: How Our Minds Share Actions, Emotion, and Experience*. Oxford: Oxford University Press.

Robinson, David. (2004) *Natural Life: Thoreau's Worldly Transcendentalism*. Ithaca: Cornell University Press.

Rorty, Richard. (1979) *Philosophy and the Mirror of Nature*. Princeton: Princeton

University Press.

——. (1982) *Consequences of Pragmatism*. Minneapolis: University of Minnesota Press.

——. (1989) *Contingency, Irony, and Solidarity*. Cambridge: Cambridge University Press.

——. (1998) *Truth and Progress: Philosophical Papers III*. Cambridge: Cambridge University Press.

——. (1999) *Philosophy and Social Hope*. London: Penguin.

Rosensohn, William. (1974) *The Phenomenology of Charles S. Peirce*. Amsterdam: B. R. Grüner.

Rosenthal, Sandra. (1969) "Peirce's Theory of the Perceptual Judgment: An Ambiguity," *Journal of the History of Philosophy*, 7: 3, pp. 303 – 14.

——. (1994) *Charles Peirce's Pragmatic Pluralism*. Albany: State University of New York Press.

Rosenow, Eliyahu. (1997) "The Teacher as Prophet of the True God: Dewey Religious Faith and its Problem," *Journal of Philosophy of Education*, 31: 3, pp. 427 – 37.

Ross, David. (1966) *Aristotle*. London: Methuen.

Roth, Robert. (1962) *John Dewey and Self-Realization*. Englewood Cliffs: Prentice-Hall.

Russell, Bertrand. (1910) *Philosophical Essays*. London: Allen & Unwin.

——. (1921) *The Analysis of Mind*. London: George Allen & Unwin.

——. (1995) *An Inquiry into Meaning and Truth*. London: Routledge.

Saatkamp, Herman. Jr. ed. (1995) *Rorty and Pragmatism: The Philosopher Responds to His Critics*. Nashville: Vanderbilt University Press.

Sartre, Jean-Paul. (1962) *Imagination*. Ann Arbor: University of Michigan Press.

Schiller, F. C. S. (1903) *Humanism: Philosophical Essays*. New York: MacMillan.

——. (1912) *Studies in Humanism*. New York: MacMillan.

Schilpp, Paul Arthur. ed. (1951) *The Philosophy of John Dewey*. New York:

Tudor.

——. ed. （1951） *The Philosophy of George Santayana*. New York: Tudor.

Schopenhauer, Arthur. （1969） *The World as Will and Representation*, vols. I & II. New York: Dover.

Searle, John. （1998） *Mind, Language and Society: Philosophy in the Real World*. New York: Basic Books.

Sebeok, Thomas Albert. ed. （1977） *A Perfusion of Signs*. Bloomington: Indiana University Press.

Short, T. L. （2007） *Peirce's Theory of Signs*. Cambridge: Cambridge University Press.

Smith, John E. （1963） *The Spirit of American Philosophy*. New York: Oxford University Press.

Snell, Bruno. （1953） *The Discovery of the Mind*. Cambridge: Cambridge University Press.

Spencer, Herbert. （1896） *First Principles*. New York: D. Appleton.

Spiegelberg, Herbert. （1956） "Husserl's and Peirce's Phenomenologies: Coincidence or Interaction," *Philosophy and Phenomenological Research*, 17: 2, pp. 164 – 85.

Stevens, Richard. （1974） *James and Husserl: The Foundations of Meaning*. The Hague: Martinus Nijhoff.

Strawson, Galen. （1994） *Mental Reality*. Cambridge, MA: MIT.

Strawson, P. F. （1959） *Individuals: An Essay in Descriptive Metaphysics*. London: Methuen.

Stuhr, John. （1987） *Classical American Philosophy*. New York: Oxford University Press.

Taylor, Charles. （1989） *Sources of the Self: The Making of the Modern Identity*. Cambridge, MA: Harvard University Press.

Thayer, H. S. （1952） *The Logic of Pragmatism: An Examination of John Dewey's Logic*. New York: The Humanities Press.

Tocqueville, Alexis de. （1969） *Democracy in America*. New York: Harper & Row.

Townsend, Harvey. (1934) *Philosophical Ideas in the United States*. New York: American Book.

Uexküll, Jakob von. (1909) *Umwelt und Innenwelt der Tiere*. Berlin: J. Springer.

Underhill, James. (2009) *Humboldt, Worldview and Language*. Edinburgh: Edinburgh University Press.

Vico, Giovanni Battista. (1948) *The New Science of Giovanni Battista Vico*. Ithaca: Cornell University Press.

Wahl, Jean. (1925) *The Pluralist Philosophies of England and America*. London: Open Court.

Watson, David. (1980) "The Neo-Hegelian Tradition in America," *Journal of American Studies*, 14: 2, pp. 219 - 34.

Watson, John. (1913) "Psychology as the Behaviorist Views it," *Psychological Review*, 20, pp. 158 - 77.

Webb, Clement. (1970) *Studies in the History of Natural Theology*. Oxford: Clarendon.

West, Cornel. (1989) *The American Evasion of Philosophy: A Genealogy of Pragmatism*. Madison: University of Wisconsin Press.

Westbrook, Robert. (1991) *John Dewey and American Democracy*. Ithaca: Cornell University Press.

——. (1996) "Democratic Faith: A Response to Michael Eldridge," *Transactions of the Charles S. Peirce Society*, 32: 1, pp. 31 - 40.

White, Morton. (1949) "Value and Obligation in Dewey and Lewis," *The Philosophical Review*, LVIII, pp. 321 - 9.

——. (1949) *Social Thought in America*. New York: Viking.

Whitehead, Alfred North. (1920) *The Concept of Nature*. Cambridge: Cambridge University Press.

——. (1922) *The Principle of Relativity*. Cambridge: Cambridge University Press.

——. (1946) *Science and the Modern World*. Cambridge: Cambridge University Press.

——. (1967) *Adventures of Ideas*. New York: Free Press.

——. (1978) *Process and Reality: An Essay in Cosmology*. corrected edition. New York: Free Press.

Whitman, Walt. (1902) *The Complete Writings of Walt Whitman*. New York: G. P. Putnam's Sons.

Whitney, Lois. (1965) *Primitivism and the Idea of Progress*. New York: Octagon.

Wiener, Philip. (1949) *Evolution and the Founders of Pragmatism*. Cambridge, MA: Harvard University Press.

Wiley, Norbert. (1994) *The Semiotic Self*. Chicago: University of Chicago Press.

Wilshire, Bruce. (1968) *William James and Phenomenology: A Study of the Principle of Psychology*. Bloomington: Indiana University Press.

——. (2000) *The Primal Roots of American Philosophy: Pragmatism, Phenomenology, and Native American Thought*. University Park: The Pennsylvania State University Press.

Wohlgelernter, Maurice. ed. (1980) *History, Religion and Spiritual Democracy*. New York: Columbia University Press.

Woodward, Anthony. (1988) *Living in the Eternal: A Study of George Santayana*. Nashville: Vanderbilt University Press.

三、译著及中文著作

R. W. 爱默生. 自然沉思录 [M]. 博凡, 译. 上海: 上海社会科学院出版社, 1993.

爱默生. 爱默生随笔 [M]. 蒲隆, 译. 上海: 上海译文出版社, 2010.

乔治·贝克莱. 人类知识原理 [M]. 关文运, 译. 北京: 商务印书馆, 1973.

吉尔·德勒兹. 康德与柏格森的解读 [M]. 张宇凌, 关群德, 译. 北京: 社会科学文献出版社, 2002.

约翰·杜威. 非现代哲学与现代哲学 [M]. 孙宁, 译. 上海: 华东师范大学出版社, 2017。

黑格尔. 哲学史讲演录: 第 1 卷 [M]. 贺麟, 王太庆, 等, 译. 上海: 上海人民出版社, 2013.

惠特曼. 草叶集 [M]. 赵萝蕤, 译. 上海: 上海译文出版社, 1991.

康德. 纯粹理性批判 ［M］. 邓晓芒, 译. 北京：人民出版社, 2004.

尼采. 查拉图斯特拉如是说 ［M］. 钱春绮, 译. 北京：生活·读书·新知三联书店, 2007.

牛顿. 光学 ［M］. 周岳明, 等, 译. 北京：科学普及出版社, 1988.

培根. 新工具 ［M］. 许宝骙, 译. 北京：商务印书馆, 1986.

希拉里·普特南. 三重绳索：心灵、身体与世界 ［M］. 孙宁, 译. 上海：复旦大学出版社, 2017.

莎士比亚. 莎士比亚全集 ［M］. 朱生豪, 等, 译. 北京：人民文学出版社, 1994.

叔本华. 作为意志和表象的世界 ［M］. 石冲白, 译. 北京：商务印书馆, 1982.

斯宾诺莎. 伦理学 ［M］. 贺麟, 译. 北京：商务印书馆, 2005.

亨利·戴维·梭罗. 瓦尔登湖 ［M］. 徐迟, 译. 上海：上海译文出版社, 1982.

费尔迪南·德·索绪尔. 普通语言学教程 ［M］. 高名凯, 译. 北京：商务印书馆, 1999.

马克斯·韦伯. 新教伦理与资本主义精神 ［M］. 袁志英, 译. 上海：上海译文出版社, 2019.

格奥尔格·西美尔. 叔本华与尼采——一组演讲 ［M］. 莫光华, 译. 上海：上海译文出版社, 2006.

弗里德里希·席勒. 审美教育书简 ［M］. 冯至, 范大灿, 译. 上海：上海人民出版社, 2003.

休谟. 人性论 ［M］. 关文运, 译. 北京：商务印书馆, 2006.

亚里士多德. 形而上学 ［M］. 吴寿彭, 译. 北京：商务印书馆, 1995.

亚里士多德. 尼各马可伦理学 ［M］. 廖申白, 译注. 北京：商务印书馆, 2003.

威廉·詹姆斯. 彻底的经验主义 ［M］. 庞景仁, 译. 上海：上海世纪出版集团, 2006.

陈亚军. 超越经验主义与理性主义：实用主义叙事的当代转换及效应 ［M］. 南京：江苏人民出版社, 2014.

冯友兰. 三松堂自序 ［M］. 上海：东方出版中心, 2016.

刘放桐. 实用主义的研究历程 ［M］. 上海：复旦大学出版社, 2018.

孙宁. 匹兹堡学派研究：塞拉斯、麦克道威尔、布兰顿 ［M］. 上海：复旦大学出版社, 2018.